GEORG RATZINGER (1844-1899) ALS CHRISTLICHER WIRTSCHAFTSETHIKER

Veröffentlichungen
des Instituts für Gesellschaftswissenschaften Walberberg
Band X

Georg Ratzinger (zeitgenössischer Holzschnitt)

KARL-HEINZ GORGES

Georg Ratzinger (1844-1899) als christlicher Wirtschaftsethiker

Untersuchungen zur Kapitalismus- und Sozialismuskritik

Herausgegeben von Wolfgang Ockenfels

Institut für Gesellschaftswissenschaften Walberberg

Bonn 2015

Die Deutsche Bibliothek –CIP-Einheitsaufnahme

Gorges, Karl-Heinz:

Georg Ratzinger (1844-1899) als christlicher Wirtschaftsethiker: Untersuchungen zur Kapitalismus- und Sozialismuskritik / Karl-Heinz Gorges. Hrsg. von Wolfgang Ockenfels. –
(Veröffentlichungen des Instituts für Gesellschaftswissenschaften Walberberg; Bd. 10)
ISBN 978-3-87710-600-6

Alle Rechte vorbehalten
Institut für Gesellschaftswissenschaften Walberberg e.V.
Rechte der Übersetzung beim Institut für Gesellschaftswissenschaften Walberberg e.V.
Herstellung: Franz Schmitt, Siegburg
ISBN 978-3-87710-600-6
Printed in Germany

VORWORT

Als sich mit der Wahl *Joseph Kardinal Ratzingers* zum Papst am 19. April 2005 die Weltöffentlichkeit für seine Familie näher zu interessieren begann, konzentrierte sich dieses Interesse zunächst auf seinen leiblichen Bruder Georg, der als Regensburger Domkapellmeister und Leiter der „Regensburger Domspatzen" weltweite Anerkennung genoß. Auf den anderen *Georg Ratzinger*, nämlich den Großonkel, der im allzu fernen 19. Jahrhundert als Priester, Politiker, Reichs- und Landtagsabgeordneter, als Sozialreformer, Publizist und vor allem als Wirtschaftsethiker wirksam war, erstreckte sich die durch wenige Publikationen erzeugte Aufmerksamkeit lediglich auf einen kleinen Kreis von sozialethisch und sozialgeschichtlich ausgerichteten Fachleuten.

Die mikro- und makroökonomische Wissenschaft nahm kaum Notiz von *Georg Ratzinger* (1844-1899) und bestätigte damit das Vorurteil gegenüber jener heute an unseren Universitäten vorherrschenden Ökonomik, die lediglich an quantifizierbaren, mathematisierbaren Relationen interessiert zu sein scheint und der geschichtliche und theologische, ethische und kulturelle Zusammenhänge ziemlich gleichgültig sind. Auch wenn sich inzwischen – vor allem seit 1989 – die globale Wirtschaftsform in einem schwankenden und höchst krisenanfälligen Sinne bewegt. Die weltwirtschaftliche Krisenakkumulation, die von kaum einer der gängigen, sich gegenseitig widersprechenden modernen Theorien hinreichend geklärt oder gar geregelt zu werden scheint, bedarf einer wirtschaftsethischen Korrektur, die auf universalisierbaren und reziprok geltenden Regeln beruht.

Hier erweist sich *Georg Ratzinger* als ein kritischer Geist, dessen Wertkriterien sich bis heute nicht nur zur wertenden Beschreibung des Vorhandenen, sondern auch zur bewußt-verantwortlichen Mitwirkung am Aufbau politisch-ökonomischer Strukturen eignen, die in unserer Gegenwart von Belang sind. Denn seine normativen Maßstäbe, wenn sie auch vornehmlich dem Reservoir klassischer Wertbestände, besonders der Heiligen Schrift und den Kirchenvätern (weniger der aristolelisch-thomistischen Tradition) entnommen sind, verdienen es schon deshalb, bis heute ernstgenommen zu werden, weil sie nicht nur den Gläubigen, sondern auch kirchlich entfremdeten Zeitgenossen plausibel erscheinen können.

Georg Ratzinger war es nur für wenige Jahrzehnte zu leben und zu wirken vergönnt. Seine Wirkungsgeschichte - über den sozialen und politischen Katholizismus seiner Zeit hinausgehend - zu ermessen, dürfte schwierig sein, zumal auch die „soziale Marktwirtschaft", auf die man sich in Deutschland immer noch konfessionsübergreifend berufen kann, viele Väter und Großväter hat. Gewichtige Fragestellungen des 19. Jahrhunderts sind uns freilich bis heute erhalten geblieben. Beispielsweise die Frage, ob die Wirtschaftsordnungsfragen eher in kapitalistischer oder in sozialistischer Richtung zu beantworten sind, ein Problem, mit dem sich mehrere Möglichkeiten eines „Dritten Weges" eröffnen. Diese „Systemfragen" hängen erheblich mit dem Eigentumsbegriff zusammen und erstrecken sich auf die Zusammenhänge von Zins und Wucher, von Kapital und Arbeit, von Lohn und Gewinn, von Geld, Kredit und Währung, von Wettbewerb und staatlicher Ordnung, von Rechts- und Sozialstaat, von Armut und Reichtum.

Daß diese und andere sozialethische Fragen bis heute weithin als „umstritten" oder gar als prinzipiell „unlösbar" gelten, gehört zu den leidvollen Erfahrungen jener, denen es noch um Begründungen, Klärungen und Definitionen geht. Die Nähe *Georg Ratzingers* zu unserer Gegenwart besteht nicht in vermeintlich endgültigen Antworten auf die heutigen Herausforderungen. Seine Aktualität liegt vielmehr in der Art und Weise der Argumentation, *wie* diese Fragen in einem analogen Sinne angegangen werden können. Nämlich durch einen prinzipien- und wertbezogenen Dialog, der die Argumente (gerade auch der jeweiligen Gegner) sorgsam abwägt und diskutiert, um zu konsensfähigen und tragfähigen Lösungen zu kommen.

Da der geschichtlich-systematische Kontext heutiger Debatten um altbekannte wirtschaftsethische Fragen im vorherrschenden, auf kurzfristige Erfolge ausgerichteten Pragmatismus meist ausgeblendet, jedenfalls kaum hinreichend erörtert wird, ist die vorliegende Studie ein beachtlicher, anregender Beitrag zur Diskussion – nicht nur unter Ethikern. Sie beschreibt, analysiert, bewertet und aktualisiert jene Fragen, die *Georg Ratzinger* zu seiner Zeit bewegten und die sich bis heute als Grundfragen des Wirtschaftslebens behauptet haben. Im Mittelpunkt steht sein Hauptwerk „Die Volkswirtschaft in ihren sittlichen Grundlagen" (1881,1895). Dieses Werk ist wohl das erste, das sich aus christlichem Geist mit der Wirtschaftsordnung systematisch und geschichtlich beschäftigt hat.

Schon deshalb verdient die hier vorgestellte Arbeit von Dr. rer. pol. *Karl-Heinz Gorges* (1938-2013) Aufmerksamkeit, weil der Autor nicht lediglich *Georg Ratzingers* Gesamtwerk rekapituliert oder paraphrasiert, sondern es in den heutigen Problemhorizont stellt und kenntnisreich erörtert. Wenige Wochen vor seinem unerwartet frühen Tod, der ihn am 14. Juni 2013 ereilte, überreichte mir *Karl-Heinz Gorges* das vorliegende, nur unerheblich von mir gekürzte und korrigierte Manuskript, das eigentlich noch zu einer Doktorarbeit des diplomierten Theologen reifen sollte. Mit *Georg Ratzinger* hatte er sich schon seit seiner theologischen Diplomarbeit (Juli 1976, Universität München) intensiv beschäftigt, als einer der ersten – und hoffentlich nicht als einer der letzten.

Mit *Joseph Kardinal Ratzinger* und dem späteren, inzwischen emeritierten Papst *Benedikt XVI.* stand er in guter Verbindung, wovon das letzte Bild in diesem Band zeugt. Mit diesem Werk setzt das „Institut für Gesellschaftswissenschaften Walberberg" (Bonn) die Reihe seiner wissenschaftlichen Veröffentlichungen fort, die seit 1983 mit dem Band IX unterbrochen worden ist.

Prof. Dr. Wolfgang Ockenfels (Bonn, Trier)

Inhalt

Einleitung

E.1. Zur Aktualität von Georg Ratzinger	12
E.2. Die Ordnungsfragen von Wirtschaft und Gesellschaft	14
E.3. Zum Aufbau einer kirchlichen Sozialverkündigung	15
E.4. Zur Gliederung der Arbeit	19

Teil I: Biographischer Stellenwert

1. Kap.: Leben und Werk Georg Ratzingers — 21

1.1. Zur Biographie: Herkunft und Werdegang	21
1.2. Als Priester und Seelsorger	26
1.3. Als bayerischer Politiker und Publizist	28
1.4. Im Bayerischen Bauernbund, Verhältnis zu den politischen Parteien	31
1.5. Die sozialen Gedankenlinien des jungen Ratzinger	41
1.5.1. Thesen zur Promotion	41
1.5.2. Dissertation zur „Geschichte der kirchlichen Armenpflege"	45
1.5.3. Rede auf dem Katholikentag von 1876 zur „Arbeiterfrage"	48
1.5.4. Mitarbeit an der Formulierung der „Haider Thesen" von 1883	53
1.6. Standort in der katholisch sozialen Bewegung	56
1.7. Zum publizistischen und politischen Wirken	60
1.7.1. Literarische Hauptwerke und zeitnahe Bewertung	60
1.7.1.1. Die „Volkswirtschaft" im Spiegel der Rezensionen (1881, 1895)	60
1.7.1.2. Die „Geschichte der kirchlichen Armenpflege" (1868, 1884)	68
1.7.1.3. „Die Erhaltung des Bauernstandes" (1883)	70
1.7.1.4 „Die Bierbrauerei in Bayern" (1885)	71
1.7.2. Weitere publizistische Tätigkeit	72
1.7.3. Politisch-programmatische Reden	73

2. Kap.: Das Hauptwerk: Systemaufbau und Argumentation — 74

2.1. Allgemeine Systematik	74
2.1.1. Systemaufbau der 2. Auflage	74
2.1.2. Änderungen gegenüber der 1. Auflage	76
2.1.3. Ansätze im Vergleich mit anderen Systemdenkern	87
2.2. Basis der inhaltlichen Argumentation	90
2.2.1. Bezüglich der christlichen Ausrichtung	90
2.2.2. Bezüglich der volkswirtschaftlichen Orientierung	94

Teil II: Die „Volkswirtschaft": Grundlegende Begriffe

1. Kap.: „Kapitalismus"- Antithese zum Sozialismus? — 102

1.1. Zur Wortbedeutung der Begriffe „Kapital" und „Kapitalismus"	102
1.1.1. Analoge Verwendung der Begriffe (i.S. von Scheimpflug)	102

1.1.2. „Egoistischer" Kapitalismus 104
1.1.3. „Kapital" als „industrielles" Kapital analog zu Karl Marx 106
1.2. Zur Operationalisierung des Begriffes Kapitalismus 108
1.2.1.Kapitalismus als Wirtschaftsmechanismus 109
1.2.2. Kapitalismus als Gesellschaftsform, Antithese zum Sozialismus? 109

2. Kap.: Kritik an der Doktrin Darwins 110

2.1. Der 'Kampf ums Dasein' und das 'Naturgesetz' von Malthus 110
2.2. Darwinismus, Manchestertum und die Philosophie des 'Unbewußten' 112
2.3. Zur dialektischen Kohärenz von Sozialismus und Liberalismus 112
2.4. Der 'Daseinskampf' und die 'Geschichte der christlichen Civilisation' 113

3. Kap.: Der Faktor Mensch als maßgebliche ethische Option 114

3.1. Die Bedürfnisse des Menschen und die Sachgüter der Wirtschaft 114
3.2. Die „Gemeinschaftsbedürfnisse" 115
3.3. Die Lehre von einer „organischen Gesellschaft" 117

4. Kap.: Sachgesetzlichkeit und „sittliche Grundlagen" 120

4.1. Das „Wirtschaftsgut" und dessen sittliche Gewichtung 120
4.1.1. Kritik der Definition „Wirtschaftsgut" i. S. der Neoklassik 120
4.1.2. Die sittliche Gewichtung eines Wirtschaftsgutes 121
4.1.3. Die irdischen Güter und ihre sittliche Bestimmtheit 122
4.2. Wirtschaftlichkeit ein Synonym für Sittlichkeit? 123
4.2.1. Gesetz der Wirtschaftlichkeit: ein Moralprinzip 123
4.2.2. Folgen der Nichtbeachtung des Gesetzes der Wirtschaftlichkeit 126
4.3. Marktpreisbildung und Wertbestimmung 128
4.3.1. Die Monopolherrschaft unterdrückt die Marktpreisbildung 128
4.3.2. Der „gerechte Preis" und die Zuordnung von „Wert und Preis" 129
4.3.3. „Organe der Gesamtheit" und die Sachgesetzlichkeit der Wirtschaft 130
4.3.4. Zur Findung des „gerechten Preises", wirtschaftshistorisch 131

5. Kap.: Egoismus und Konkurrenz 134

5.1. Als Handlungsmaxime und Ordnungsprinzip 134
5.1.1. Als die zwei Grundpfeiler der „Manchesterschule" 134
5.1.2. Der „Kampf ums Dasein" als das maßgebliche Prinzip 136
5.2. Die Kritik am Egoismus 138
5.2.1. Der Egoismus als unsittliches Prinzip 138
5.2.2. Der Egoismus charakterisiert als „antisozial" 141
5.3. Kritik an der freien Konkurrenz 145
5.3.1. Aus ökonomischer Sicht 145
5.3.2. Aus sozialethischer Sicht 147
5.4. Zusammenfassende Beurteilung der egoistischen Konkurrenz 148

Teil III: Ratzingers kritische Analyse der Volkswirtschaft

1. Kap.: Zur Ausgewogenheit von „Armut und Reichtum" — 150
1.1. Die Befreiung aus Knechtschaft und Armut — 150
1.1.1. Freiheit und Gleichheit konstitutiv für das Christentum — 150
1.1.2. Materieller Reichtum und freiwillige Armut — 152
1.2. Brüderlichkeit zwischen Armen und Reichen — 154
1.2.1. Modelle der Brüderlichkeit und ihr Ursprung in der Liebe zu Gott — 154
1.2.2. „Gott ist die Liebe" als Ausgangspunkt der Brüderlichkeit — 157
1.2.3. Brüderlichkeit im Spannungsfeld von Freiheit und Gleichheit — 158
1.3. Allgemeiner Reichtum und verhältnismäßiger Wohlstand — 160
1.3.1. Entstehung, Erhaltung, Verwendung von Reichtum und Wohlstand — 160
1.3.2. Allgemeiner Wohlstand und soziale Gerechtigkeit — 163
1.4. Verteilung und Sicherung des Reichtums — 165
1.4.1. Die Menschheit ein Körper, dessen Haupt Christus ist — 165
1.4.2. Das Gesetz der Welt: Liebe und Gerechtigkeit — 167
1.4.3. Mäßiger Reichtum durch möglichst gleichmäßige Verteilung — 167

2. Kap.: Dualismus zwischen „Eigentum und Communismus" — 168
2.1. Die Eigentumslehre im Brennpunkt von Liberalismus und Sozialismus — 168
2.1.1. Eigentum als Korrelat der Freiheit — 168
2.1.2. Zur Eigentumsbegründung — 170
2.1.3. Eigentum aus der Sicht der Heiligen Schrift und der Kirchenväter — 173
2.1.4. Eigentum und Besitz als sittliche Verpflichtung — 175
2.2. Eigentum und die Sachgesetzlichkeit der Volkswirtschaft — 179
2.2.1. Eigentum und Arbeit; die industrielle Produktion — 179
2.2.2. Die Arbeitswertlehre und Mehrwertproblematik bei Karl Marx — 181
2.2.2.1. Adam Smith' Bedeutung für die Arbeitswertlehre von Karl Marx — 183
2.2.2.2. Kritische Analyse der Arbeitswertlehre — 185
2.2.2.3. Das Marx'sche Modell und die Bewertung des Eigentums — 187
2.2.3. Korrelation von Population und Subsistenzmittel — 191
2.2.3.1. Die Wachstumstheorie der Bevölkerung nach Malthus — 191
2.2.3.2. Der Pessimist Malthus versus Ratzinger als Optimist? — 192
2.2.3.3. Zwang zur Geburtenbeschränkung? — 195
2.2.4. Christliche Sittenlehre und Naturgesetze, Anmerkung zu Roscher — 197
2.3. Der Irrtum im Liberalismus und Sozialismus — 198
2.3.1. Liebe als das Grundgesetz der menschlichen Gesellschaft — 198
2.3.2. Ursprung des Sittengesetzes und der Rechtsgrund des Eigentums — 201
2.3.3. Das Eigentum in der christlichen Gesellschaft — 204

3. Kap.: Die Kritik an der Zuordnung von Kapital und Arbeit — 206
3.1. Die Lohnfrage — 206
3.1.1. Die Preisbestimmung für Lohn und die Arbeit als Ware — 207
3.1.2. Das „eherne Lohngesetz" und der „naturgemäße Arbeitslohn" — 210
3.2. Das Verhältnis von Produktion und Konsumtion — 213
3.3. Möglichkeiten des Zusammenwirkens von Arbeit und Kapital — 214

3.3.1. Die Forderung nach Wiedervereinigung von Arbeit und Kapital	214
3.3.2. Die Genossenschaftsidee	215
3.3.3. Das Anteilsystem und die Forderung der Teilhabe	216
3.3.4. Das Koalitionsrecht	218

4. Kap.: Wucher und Zins, Geld, Kredit und Währung — 218

4.1. Die Bekämpfung des Wuchers und die Bestimmung einer Zinsgrenze	218
4.1.1. Wucher als Sachverhalt und seine Verurteilung	218
4.1.2. Das kanonische Zinsverbot und die Scholastik	225
4.1.3. Geld und Kapital, Kredit und Zins bei Ratzinger und Karl Marx	230
4.1.4. Darlehen und Kredit, Geld und Kapital, Zinsbegrenzung	233
4.1.5. Geld- bzw. Kreditschöpfung und der Wucherkredit	237
4.1.6. Der internationale Zinsmechanismus und die Wucherfrage	240
4.1.7. Die Festsetzung einer Zinsgrenze nach Recht und Sittlichkeit	241
4.2. Geld und Kapital in Produktion und Konsumtion	242
4.2.1. Produktions- und Wachstumstheorie, der Faktor Mensch	242
4.2.2. Lukrativer Erwerb als Geldwucher contra produktiver Erwerb	245
4.2.3. Unternehmerkapital und Kredit	247
4.3. Die Staatsverschuldung und die Kapitalmacht in der Wucherfrage	249
4.3.1. Das Staatschuldenwesen und der Zinswucher	249
4.3.2. Die Börse und das Börsenspekulationsgeschäft	251
4.4. Die Wucherfrage und die soziale Frage	252
4.4.1. Die industrielle Produktion und die Auswucherung der Arbeit	252
4.4.2. Die Auswucherung der arbeitenden Klasse in Theorie und Praxis	254
4.4.3. Die Wucherfrage und das herrschende sittliche Bewußtsein	255
4.5. Weltkonjunktur und Staatsschulden; die Währungsfrage	257
4.5.1. Tilgung der Staatsschulden als Notwendigkeit	258
4.5.2. Über die Währungsfrage zur Solidarität	260
4.5.3. Börse und Geldhandel, die Aktiengesellschaft	264
4.5.3.1. Die Aktiengesellschaft: unsittlich und antisozial	264
4.5.3.2. Börsenfrage, Geldhandel, 'Judenfrage' und Erwerbsleben	268
4.5.3.3. Die Geldmenge und ihre Veränderung, das Say'sche Theorem	275

Teil IV: Ratzingers Wirtschaftsethik als Pionierleistung

1. Kap.: Der dialektische Zweiklang von Imperativen — 279

1.1. Die soziale Gerechtigkeit und die soziale Frage	279
1.1.1. Zum Begriff der sozialen Gerechtigkeit	279
1.1.2. Soziale Gerechtigkeit und christliche Liebe	282
1.1.3. Zur sozialen Frage	284
1.2. Sittlichkeit und Gesellschaft	286
1.2.1. Die soziale Frage als sittliche Frage	286
1.2.2. Zur Umgestaltung der Sittlichkeit der Gesellschaft	286
1.2.3. Zum Fortschrittsgedanken	287
1.2.4. Die christliche Demokratie	289

2. Kap.: Gemeinwohl und Staat — 290
2.1. Kompetenz des Staates — 290
2.2. Verhältnismäßigkeit und Subsidiarität — 290
2.3. Die Staatsbedürftigkeit der Wirtschaft — 292

3. Kap.: Humanität und christliche Lehre — 293
3.1. Verflechtung von Humanität mit christlicher Lehre — 293
3.2. Das Prinzip der Nützlichkeit als die Moral der Humanität — 294
3.3. Humanität als Ersatz für eine einheitliche Weltanschauung — 294
3.4. Rückkehr zur wahren Humanität im Sinne der christlichen Lehre — 295

Teil V: Bleibende Anregungen für die Zukunft

1. Kap.: In geschichtlicher Hinsicht — 297

2. Kap.: In systematischer Hinsicht — 298
2.1. Zur Auseinandersetzung mit dem Werk 'Das Kapital' von Karl Marx — 298
2.2. Ein Denken in Antinomien — 299
2.3. Das Ergebnis einer christlichen Kapitalismuskritik — 300

3. Kap.: Abschließende Wertung — 302
3.1. Das Problem der sittlichen Grundlagen — 302
3.2. Das Modell einer christlichen Gesellschaft — 303
3.3. Schlußbemerkung — 305

Quellenverzeichnis – Archiv — 307

Literaturverzeichnis — 307

Einleitung

E.1. Zur Aktualität von Georg Ratzinger

Die Frage nach den „sittlichen Grundlagen", nach dem Ethos einer Volkswirtschaft, die sich *Georg Ratzinger* in seinem Hauptwerk „Die Volkswirtschaft in ihren sittlichen Grundlagen" (1881[1],1895[2]) bereits im 19. Jahrhundert in kritischer Auseinandersetzung mit dem Kapitalismus bzw. Wirtschaftsliberalismus und dem Sozialismus bzw. Kommunismus seiner Zeitepoche stellt, ist heute nicht weniger aktuell. Geht es doch hier um grundlegende Verhaltens- und Handlungsweisen des Menschen, also auch um anthropologische Bestimmungen, welche in Korrelation zur Volkswirtschaft generell stehen.

Es ist eigentlich nicht verwunderlich, daß auf derartige Wirkungszusammenhänge erstmals *Adam Smith*, den die Wissenschaft den Vater der Nationalökonomie, ja den Begründer der modernen Wirtschaftslehre nennt, hingewiesen hat. Aber dies wird nur dann offenkundig, wenn man nicht nur sein berühmt gewordenes Hauptwerk vom „Wohlstand der Nationen" (1776), sondern auch das im deutschsprachigen Raum fast unbekannte, von *Adam Smith* lange zuvor geschriebene Buch zur „Theorie der ethischen Gefühle" (1759) einbezieht. *Smith* analysierte demnach nicht nur die Mechanismen einer effizienten Volkswirtschaft, wie in seinem Hauptwerk geschehen. Zur Begründung, „daß eine Freiheit in Ordnung einen soliden geistigen und sittlichen Unterbau benötigt"[1], erörtert *Adam Smith* in „Theorie der ethischen Gefühle" bereits dessen sittliche Voraussetzungen mit dem Ergebnis, daß „eine freiheitliche Wirtschaft- und Gesellschaftsordnung keinen Nihilismus vertrage".[2] *Georg Ratzinger* setzt sich in seiner Analyse lediglich mit dem Hauptwerk von *Adam Smith* auseinander, da dieses Werk primär nicht nur dem Entwicklungsprozeß einer klassischen Nationalökonomie, sondern auch jenem der marxistisch-sozialistischen Kritik am Kapitalismus seiner Epoche zugrunde lag.

So gesehen gewinnt das Hauptwerk von *Georg Ratzinger* aus dem 19. Jh. allein schon aus diesen Gründen und Zusammenhängen an Interesse, dessen Argumentationsbreite aus christlicher Sicht zu erforschen. Eine besondere Aktualität erhält es indes auch durch die Wahl von *Joseph Kardinal Ratzinger* im Jahr 2005 zum Papst *Benedikt XVI.*, des Großneffen jenes für Bayern bedeutenden *Georg Ratzinger* des 19 Jh. (1844 bis 1899)[3], des Priesters, Publizisten, Sozialreformers und Sozialpolitikers aus Bayern. Für *Georg Ratzinger* im 19. Jh. galt es, als The-

---

[1] Gerald Braunberger, Christentum und Soziale Marktwirtschaft, in FAZ, Nr. 299, 24.12.2003, 11.
[2] Ebd. 11. Zu Adam Smith: The Theory of Moral Sentiments, 1759/1982 vgl. Christel Fricke und Hans-Peter Schütt (Hrsg.): Adam Smith als Moralphilosoph, Berlin 2005, 389 S. Bspr. von Michael Pawlik: Welch ein Frühlingserlebnis! Heute schon Adam Smith gelesen? In: FAZ Nr. 123, 29.05.2006, S.41.
[3] Karl-Heinz Gorges, Georg Ratzinger als Sozialreformer, in: Die Neue Ordnung, Hrsg. Institut für Gesellschaftswissenschaften Walberberg, Jg. 59, Nr. 3/2005, 183-194.

ologe das Ethos des handelnden Menschen als ein Wertgefüge zu erforschen und zu orten, konfrontiert mit jenem neuartigen und übermächtigen Industrialisierungsschub im 19. Jh., der als solcher durchaus begleitet wurde von einer Reihe vorzüglicher Philosophen, die später zu den großen Nationalökonomen gerechnet werden sollten. *Ratzinger* stellt sich diesem Prozeß des Nachdenkens über seine Epoche, indem er anthropologische wie theologisch-soteriologische Gegebenheiten des Menschen in ihrer inneren Logik mit soziologischen, speziell ökonomischen Gesetzmäßigkeiten zu erfassen und in ihrem inneren Verbundensein zu erklären versucht.

So tangiert die Thematik von *Georg Ratzingers* „Volkswirtschaft" im 19. Jh. Kernaussagen jener, der Soziallehre der Kirche gewidmeten Enzyklika vom 29.06.2009 „Caritas in veritate" von *Benedikt XVI.*, wenn dieser sagt: „Der Bereich der Wirtschaft ist weder moralisch neutral noch von seinem Wesen unmenschlich und antisozial. Er gehört zum Tun des Menschen und muß, gerade weil er menschlich ist, nach moralischen Gesichtspunkten strukturiert und institutionalisiert werden".[4] Es ist also der mit Entscheidungsfähigkeit ausgestattete Mensch, der im Mittelpunkt der Wirtschaft stehend gesehen wird. Damit ist bereits die moralische Seite jedweder Wirtschaftstätigkeit angesprochen. *Benedikt XVI.* ergänzt fortfahrend, indem er auch deren rechtliche Verfaßtheit bewußtmacht, die Gerechtigkeit betreffe „alle Phasen der Wirtschaftstätigkeit, da diese stets mit dem Menschen und mit seinen Bedürfnissen zu tun hat. Die Beschaffung von Ressourcen, die Finanzierung, die Produktion, der Konsum und alle übrigen Phasen haben unvermeidbar moralische Folgen. So hat jede wirtschaftliche Entscheidung eine moralische Konsequenz", ein Sachverhalt, den die „Soziallehre der Kirche" immer bekräftigt habe[5]. So auch im Urteil von *Georg Ratzinger*, wie gezeigt werden kann und soll. Dies war auch die Praxiserfahrung und Antriebskraft jener der ersten Sozialenzyklika Rerum Novarum (1891) von Papst *Leo XIII.* vorausgegangenen katholisch-sozialen Bewegung im 19. Jh., die *Ratzinger* mitgetragen und zeitweise mitgeformt hat, so daß diese wesentlich zur Theoriefindung einer „christlichen Soziallehre" beigetragen hat, sich manifestierend und weiterentwickelnd in den Sozialenzykliken der Kirche bis in die Gegenwart.

Neben der Aufbruchsstimmung für Kirche und Gesellschaft, die das II. Vatikanische Konzil mit sich brachte, erfuhr, ebenfalls in den sechziger und siebziger Jahren des 20. Jahrhunderts, die Kritik am Kapitalismus, an der kapitalistischen Wirtschaftsweise wie überhaupt an der kapitalistischen Gesellschaft eine nie geahnte Renaissance. Eine Erfahrung, die den Verfasser dieser Analyse erstmals dazu inspirierte, sich die Frage nach einer „christlichen" Kritik des Kapitalismus am „Modell" des Hauptwerkes von *Georg Ratzinger* zu stellen.[6] Diese neu sich

---

[4] Vgl. *Benedikt XVI.* Enzyklika „Caritas in Veritate", (29. Juni 2009) Nr. 36.
[5] Ebd. Nr. 37.
[6] Vgl. Karl-Heinz Gorges: unveröffentlichte Diplomarbeit, Juli 1976, Fachbereich Theologie, Universität München, (Referent Universitätsprofessor Dr. Joachim Giers, Ordinarius für Christliche Soziallehre und Religionssoziologie), Thema: „Christliche Kritik am

entfachende Gesellschaftskritik „der 68er" war in ihren Anfängen durch eine sich auch an *Karl Marx* orientierende Kapitalismus-Kritik gekennzeichnet. Vor dem Hintergrund neu rezipierter *Marx*scher Theorien wie etwa der Akkumulations-, Konzentrations-, Verelendungs-, Krisen- und Vergesellschaftungs-Theorie wurde von entsprechend interessierter Seite der Versuch unternommen, soziale Konflikte und insbesondere den Klassenkampf als die grundlegende Tatsache „unserer", d.h. einer sogenannten kapitalistischen Gesellschaft hinzustellen. So folgerte man, daß es wohl außer Zweifel stehe, daß der Kapitalismus zu bekämpfen sei.

Leider vermochte es die kirchliche Sozialverkündigung jener Jahre, die es nicht unterließ, jeden ungehemmten Liberal-Kapitalismus offen anzuprangern, nicht, sich gegenüber einer marxistischen Argumentation in Wissenschaft und Publizistik durchzusetzen. Aber vielleicht dauerte auch jener verheißungsvolle und neu sich entfaltende „Dialog zwischen Marxismus und Christentum"[7], der bereits 1968 mit dem sogenannten Prager Frühling seinen Höhepunkt erreicht zu haben schien, nicht lange genug, um deutlicher gewisse Affinitäten, wenn auch nur in bestimmten Bereichen zwischen *Marx*scher Theorie und christlicher Lehre, abgrenzend aufzuklären. „Speziell der katholischen Sozialverkündigung war inhärent auch immer eine Kritik am Kapitalismus zu eigen"[8], so die zeitnahe Bewertung der 68er durch den Verfasser dieser Arbeit. Zudem erkannte man in jener Epoche nach dem II. Vatikanischen Konzil sogar eine „einmalige, vielleicht unwiederholbare Chance"[9] für die Neubelebung der Katholischen Soziallehre. Das gesellschaftskritische Klima war zugänglicher geworden für Prinzipien einer Christlichen Soziallehre. Nicht unberechtigt wurde damals von „einer Renaissance der Christlichen Soziallehre"[10] gesprochen.

E.2. Die Ordnungsfragen von Wirtschaft und Gesellschaft

Nach der Diskussion jener Jahre um 1968 bot sich dem Verfasser die Möglichkeit, *Georg Ratzingers* christliche Kritik am Kapitalismus zusammenfassend darzulegen. Im Mittelpunkt dieser vorausgegangenen Analyse von 1976 stand *Ratzingers* Kritik an der Zuordnung von „Arbeit und Kapital" sowie seine Kritik an der kapitalistischen Gesellschaftsform in Auseinandersetzung mit den Thesen von *Karl Marx* (1818-1883) bzw. *Friedrich Engels* (1820-1895), anderseits mit liberalen Thesen eines *John Stuart Mill* (1806-1873) bzw. denen des Begründers

---

‚Kapitalismus' nach Georg Ratzingers Hauptwerk ‚Die Volkswirtschaft in ihren sittlichen Grundlagen'", Einleitung S. 1- 4, 1.

[7] Vgl. hierzu Wolf-Dieter Marsch, Marxismus und Christentum - Beginn eines Dialogs? In: Internationale Dialog-Zeitschrift Freiburg·1 (1968) 50-56: vgl. auch andere Veröffentlichungen der Paulus-Gesellschaft um 1968.

[8] Karl-Heinz Gorges: unveröffentlichte Diplomarbeit, a.a.O., Einleitung S. 1- 4, 1.

[9] Vgl. Bernhard Vogel, Rede des Präsidenten des ZDK, Schlußkundgebung, 84 Deutscher Katholikentag, Mönchengladbach 1974, in : Berichte und Dokumente, Hrsg. ZDK, Nr. 24, 1975, 24 f.

[10] Vgl. Gieselbert Deussen, in: JChS, 16 (1975) 9-27: Christliche Soziallehre Renaissance oder Nostalgie?

der modernen Nationalökonomie *Adam Smith* (1723–1790) - in der Absicht, eine grundlegende Zusammenschau zu bieten. Hinführend zum Verständnis der Thematik des Hauptwerkes von *Georg Ratzinger* dienten bereits einige Vorbemerkungen des Verfassers zu Stationen im Leben und Werk *Ratzingers*. Auf Grund zwischenzeitlicher Forschung werden diese zu ergänzen und zu interpretieren sein. Desgleichen soll nun eine weiter ausgebaute Forschung auch jener allgemeinen und inhaltlichen Begriffssystematik seines Hauptwerkes geboten werden.

Aktuell von besonderem Interesse mit Blick auf die weltweite Finanzkrise seit 2008 erscheint - vielleicht visionär - *Georg Ratzingers* Kritik am Finanzkapitalismus und an den Finanzkrisen seiner Zeit in seinen grundlegenden Ausführungen über „Wucher und Zins", ferner die unterschiedliche Bewertung von Geld und Kapital, sowie seine Vorstellungen zur internationalen Währungsfrage und Währungskrise. Es stellt sich die Frage, inwiefern seine diesbezüglichen Analysen auch heute noch als aufschlußreich gelten können und vorausschauend waren.

Seit den Anfängen einer christlich-sozialen Bewegung und dem Bemühen um eine Antwort auf die „soziale Frage" besitzt unstreitig das Thema „Kapital und Arbeit" eine entscheidende Bedeutung. Die gesellschaftlichen Veränderungen, die sich im 19. Jahrhundert mit der Industrialisierung ergaben, ließen die Frage nach der Berechtigung des „Kapitalismus", nicht zuletzt in Auseinandersetzung mit dem „Sozialismus", nicht ruhen. Die Kritik an den Folgen der industriellen und „kapitalistischen" Wirtschaft verband sich zunächst mit einem Rückblick auf die idealisierte ständische Verfassung der Gesellschaft. Es dauerte einige Zeit, bis die Erkenntnisse der Volkswirtschaftslehre berücksichtigt und das Urteil über die Kapitalwirtschaft differenzierter wurde. *Ratzinger* vollzog diesen Schritt schon 1881 mit seinem Hauptwerk, so daß *Paul Jostock* hierzu feststellen konnte, *Ratzingers* Werk „Die Volkswirtschaft in ihren sittlichen Grundlagen" stehe „in etwa auf der Scheidelinie zwischen der antikapitalistischen Literatur alten Stils und den ernsthaft in die Wirtschaftsprobleme der Gegenwart eindringenden und sie besonnen abwägenden sozialpolitischen Schriften, jene gleicherweise an theoretischem Denken wie diese an grundsätzlicher Haltung übertreffend".[11]

E.3. Zum Aufbau einer kirchlichen Sozialverkündigung

Auch in der kirchlich-sozialen Verkündigung wird „Kapital und Arbeit" zu einem klassischen Thema. Beginnend mit dem Rundschreiben Papst *Leos XIII.* „Rerum novarum" (RN) im Jahr 1891, in welchem die grundsätzliche Zuordnung von Kapital und Arbeit erklärt wird, bleibt das Thema über Jahrzehnte hinweg aktuell und erfährt eine zeitgemäße und zeitbedingte Fortschreibung bis in die Gegenwart hinein. Stationen auf diesem Weg sind das Rundschreiben „Quadragesimo anno" (QA) Papst *Pius XI.* (1931), Verlautbarungen seines Nachfolgers Papst *Pius XII.* und die Stellungnahmen in „Mater et magistra" Papst *Johannes*

---

[11] Vgl. Paul Jostock, Der deutsche Katholizismus und die Überwindung des Kapitalismus. Eine Idee in geschichtlicher Studie. Regensburg o. J. (1932), 162 f.

XXIII. (1961), der Pastoralkonstitution „Gaudium et spes" (GS) des Zweiten vatikanischen Konzils und die Kritik an einem liberalen Kapitalismus im Rundschreiben „Populorum progressio" des Papstes *Paul VI.* (1967). Im Ganzen ist die Tendenz spürbar, nicht so sehr in wirtschaftlichen Kategorien über „Kapitalismus" zu urteilen, sondern die gesellschaftlichen Folgen zu beachten und die Trennung des Arbeiters von den Produktionsmitteln in einer dem Wesen und dem Wert der menschlichen Arbeit entsprechenden und gerechten Weise zu überwinden. Auch im Rundschreiben „Über die menschliche Arbeit" Papst *Johannes Pauls II.*, „Laborem exercens" (LE, 1981), wird der „Kapitalismus" in seinen unterschiedlichen Formen erfaßt, um so eine Ordnung menschlichen Arbeitens unter den Bedingungen einer entwickelten Wirtschaft zu entwerfen.[12]

Ganz anders und neu in „Centesimus annus" 1991 von Papst *Johannes Paul II.*, hundert Jahre nach dem Erscheinen von RN, bedient sich der Papst wirtschaftlicher Kriterien und Kategorien, wenn er analysierend etwa den „Marktmechanismen" sichere Vorteile einräumt. Oder wenn er es passender findet, statt vom „Kapitalismus" als Wirtschaftssystem von „Unternehmenswirtschaft" oder „Marktwirtschaft" oder einfach von „freier Wirtschaft" zu sprechen".[13] Weiterführend thematisiert sein Nachfolger *Benedikt XVI.* in „Caritas in Veritate" (CiV) die zukünftige „große Herausforderung" der international wirkenden wirtschaftlichen Eigendynamik der Globalisierung, verschärft durch die aktuelle Wirtschafts- und Finanzkrise,[14] deren schwerwiegende Verzerrungen und Mißstände zur Folge haben werden, daß sich das „Verständnis des Unternehmens tiefgreifend verändern muß"[15]. Er weist darauf hin, daß der internationale Kapitalmarkt einerseits „heute tatsächlich einen großen Handlungsspielraum bietet", woraus andererseits „zugleich aber auch das Bewußtsein für die Notwendigkeit einer weiterreichenden ‚sozialen Verantwortung' des Unternehmens" erwachse. So gibt er zu bedenken, welche Logik einer globalisierten Wirtschaft[16] innewohnt, was eine Logik des Marktes und die Logik des Staates[17] verbinden kann, aber auch die Logik der Politik und die Logik des Geschenks[18] mit Blick auf eine

---

[12] Vgl. Oswald von Nell-Breuning, Arbeit vor Kapital. Kommentar zur Enzyklika ‚Laborem exercens' von Papst Johannes Paul II., Wien 1983, besonders 84: Kapital, Kapitalismus; ders., Kapitalismus – kritisch betrachtet. Zur Auseinandersetzung um das bessere „System". Freiburg 1974.

[13] Vgl. Johannes Paul II.: Centesimus annus, 1991, Nr. 42; vgl. Nr. 40 : wo den Marktmechanismen „sichere Vorteile" zugebilligt werden: etwa den „besseren Gebrauch von den Ressourcen"; „sie fördern den Austausch der Produkte und stellen den Willen und die Präferenzen des Menschen in den Mittelpunkt, die sich im Vertrag mit denen eines anderen Menschen treffen". Die Gefahr wird gesehen in „einer ‚Vergötzung' des Marktes, der die Existenz von Gütern ignoriert, die ihrer Natur nach weder bloße Waren sind noch sein können".

[14] Vgl. *Benedikt XVI.*, CiV, Nr. 36, Abs. 4.

[15] Ebd. Nr. 40.

[16] Vgl. ebd. Nr. 37, Abs. 2.

[17] Vgl. ebd. Nr. 39, Abs. 2.

[18] Vgl. ebd. Nr. 37.

Zivilgesellschaft der Brüderlichkeit[19]; vielseitig zielgerichtet und doch ein zusammenhängendes, auszubalancierendes Kräfteverhältnis.

Neben der lehramtlichen Linie in der Beurteilung des „Kapitalismus" sind die vielfältigen Urteile von seiten sozialpolitisch engagierter Vertreter einer christlich-sozialen Bewegung durch die Jahrzehnte hindurch zu beachten. Sodann die Auseinandersetzungen bzw. das Aufleben eines „Antikapitalismus" nach dem Rundschreiben „Populorum progressio", das zu der Frage Anlaß gab: „ist die katholische Soziallehre antikapitalistisch?", und – auch unter dem Einfluß neomarxistischen Denkens - zum Überdenken der Positionen zwang.[20] Über eine Zeitspanne von 150 Jahren befaßte man sich im christlich-sozialen Denken mit dem Phänomen „Kapitalismus" und seinen Folgen für die Gesellschaft von sozialreformerischer wie sozialpolitischer Seite, von kirchlicher wie von sozialwissenschaftlicher Seite.[21] Die vorliegende Studie über *Georg Ratzinger* will in diesem Gesamt der Stellungnahmen und Urteile einen Beitrag leisten zu einer Geschichte der christlichen Kapitalismuskritik, die auch zugleich immer eine Sozialismuskritik war. Zugleich dürfte die Untersuchung auch einen Beitrag leisten zur Geschichte der christlich-sozialen Ideen, denn *Georg Ratzingers* Kritik ist im christlichen Denken verwurzelt, das in der Katholischen Soziallehre zu einer Erfassung der sittlichen Grundkräfte des gesellschaftlich-wirtschaftlichen Lebens von bleibender Gültigkeit führte.[22]

Es stellt sich allerdings die Frage, mit welchem Recht das christlich-soziale Denken Vorgänge der Wirtschaft seinem Urteil unterwirft, mit welchem Anspruch somit *Georg Ratzinger* ein Werk über „die Volkswirtschaft", basierend auf sittlichen Vorgegebenheiten, vorlegen kann. Es ist zu beachten, daß seit den Anfängen der christlich-sozialen Bewegung die Überzeugung herrschte, eine Überwindung der in der Gesellschaft im Gefolge der industriellen Entwicklung auftretenden Schäden sei durch die Kräfte christlicher Liebe möglich. Erst später reifte die Erkenntnis, daß das sozial-caritative Handeln durch ein gesellschaftsreformerisches und sozialpolitisches zu ergänzen, und daß die soziale Frage nicht nur ein religiös-sittliches, sondern auch ein wirtschaftlich–gesellschaftliches Problem sei. Hiermit waren die christlichen Volkswirtschaftler gefordert, christliches Denken mit gediegenen volkswirtschaftlichen Kenntnissen zu verbinden. Die Ansätze zu einer ethischen Beurteilung des volkswirtschaftlichen Geschehens, mochten sie noch so unvollkommen und auch umstritten sein, fanden wie-

---

[19] Vgl. ebd. Nr. 38.
[20] Vgl. Anton Rauscher. Köln 1968 (Hrsg.): Ist die katholische Soziallehre antikapitalistisch? Beiträge zur Enzyklika „Populorum progressio" und zur Offenburger Erklärung der Sozialausschüsse; ebenso Anton Rauscher (Hrsg), Kapitalismus in Widerstreit. Veröffentlichung der Katholischen Sozialwissenschaftlichen Zentralstelle Mönchengladbach. Köln 1973.
[21] Vgl. für die Anfänge der kritischen Auseinandersetzung: Karl Heinz Grenner, Wirtschaftsliberalismus und katholisches Denken. Ihre Begegnung und Auseinandersetzung im Deutschland des 19. Jahrhunderts. Köln 1967.
[22] Vgl. Joachim Giers, Der Weg der katholischen Soziallehre. In: JChS 13 (1972), 9-27.

derum in der späteren kirchlichen Sozialverkündigung ihre Rechtfertigung. *Leo XIII.* und insbesondere *Pius XI.* bestehen bereits auf der sachgerechten Eigenständigkeit des wirtschaftlichen Denkens, aber auch auf der Notwendigkeit des ethischen Denkens und Urteils, welches die Wirtschaftsgesetze in den größeren Zusammenhang eines um des Wohles der Menschen willen notwendigen und – christlich gesehen – vom Schöpfer des Menschen gewollten Zieles stellt.

„Die sogenannten Wirtschaftsgesetze, aus dem Wesen der Sachgüter wie aus dem Geist-Leib-Wesen des Menschen erfließend, besagen nur etwas über das Verhältnis von Mittel und Zweck und zeigen so, welche Zielsetzungen auf wirtschaftlichem Gebiet möglich, welche nicht möglich sind. Aus der gleichen Sachgüterwelt sowie der Individual- und Sozial-Natur des Menschen entnimmt sodann die menschliche Vernunft mit voller Bestimmtheit das von Gott, dem Schöpfer, der Wirtschaft als Ganzem vorgesteckte Ziel. Anders das Sittengesetz. Ihm allein eignet verpflichtende Kraft, mit der es unsern Willen bindet, wie in all unserem Tun und Lassen die Richtung auf unser höchstes und letztes Ziel, so in den verschiedenen Sachbereichen die Ausrichtung auf die jedem einzelnen von ihnen vom Schöpfer erkennbar vorgesteckten Ziele und damit zugleich die rechte Stufenordnung der Ziele bis zum höchsten und letzten allzeit innezuhalten" (QA)[23].

Das II. Vatikanische Konzil hat sich die Lehre von der relativen Autonomie der Kultursachbereiche, zu denen der Sachbereich Wirtschaft gehört, zu eigen gemacht, zugleich aber auch die Relation der sittlichen Verantwortung betont, die die Wirtschaft im „Dienst am Menschen" sieht, „am ganzen Menschen im Hinblick auf seine materiellen Bedürfnisse, aber ebenso auch auf das, was er für sein geistiges, sittliches, spirituelles und religiöses Leben benötigt. Das gilt ausdrücklich für alle Menschen und für jeden einzelnen, wie jede Gruppe, für Menschen jeder Rasse und jeden Erdteils. Daraus folgt: Alle wirtschaftliche Tätigkeit ist – nach den ihr arteigenen Verfahrensweisen und Gesetzmäßigkeiten – immer im Rahmen der sittlichen Ordnung so auszuüben, daß das verwirklicht wird, was Gott mit dem Menschen vorhat" (GS)[24].

Somit stellt sich also auch die Frage, in welcher Weise *Georg Ratzinger* zu seiner Zeit und in seinem Werk auf die christliche Lehre in ihrer Bedeutung für die Beurteilung der kapitalistischen Wirtschaftsweise zurückgreift. *Georg Ratzinger* war nicht nur Volkswirtschaftler und Theologe, er war auch Publizist und Politiker, der seinen sozialreformerischen Gedanken in breiter Form Ausdruck zu geben wußte. Die publizistische Tätigkeit entfaltete er in der Mitarbeit an den „Historisch – politischen Blättern" wie in Tageszeitungen, die politische Tätigkeit führte ihn in den Bayerischen Landtag wie in den Deutschen Reichstag. Es

---

[23] Papst Pius XI., QA Nr. 42, 43. Vgl. hierzu: Oswald von Nell-Breuning, Die soziale Enzyklika. Erläuterungen zum Weltrundschreiben Papst Pius' XI. über die gesellschaftliche Ordnung. Köln 1932, 58-64.

24 II. Vatikanisches Konzil, Gaudium et spes, Nr. 64. Vgl. hierzu Lothar Roos, Ordnung und Gestaltung der Wirtschaft. Grundlagen und Grundsätze der Wirtschaftsethik nach dem II. Vatikanischen Konzil. Köln 1974, 13-18.

bleibt einer monographischen Behandlung des Lebens und Werkes *Georg Ratzingers* vorbehalten, die Weite seines sozialpolitischen Interesses, das allen Ständen und Schichten der Gesellschaft, insbesondere auch dem Bauernstand galt, dokumentarisch zu erfassen. Seine Gedanken zu einer Gesellschaftsreform aus christlichem Geist, die *Georg Ratzinger* programmatisch auf der 24. Generalversammlung der deutschen Katholiken in München 1876 vortrug,[25] sind auch für eine christliche Kapitalismuskritik in der Gegenwart von Bedeutung, denn das Thema „Kapital und Arbeit" in ihrer personal- und sachgerechten Zuordnung ist immer noch aktuell.

E.4. Zur Gliederung der Arbeit

Die vorliegende Analyse will den Versuch unternehmen, das Denken und die Beweggründe *Georg Ratzingers* aufzuschlüsseln, wenn er sich selbst nach der „Bedeutung der Lehre unseres Erlösers und dem Einfluß der Kirche auf das soziale und wirtschaftliche Leben" fragt. Die Problematik will er nicht bloß in einer historischen Abhandlung erörtern, sondern er will dies „in theoretischen Formulierungen und in praktischen Forderungen" analysieren.[26] Darum erscheint es notwendig, zunächst Aussagen über die Persönlichkeit von *Georg Ratzinger* zu treffen.

Im *I. Teil* sollen Leben und Werk dargelegt und *Ratzingers* kämpferisches Eintreten für die erkannte Wahrheit im Dienst an der Gesellschaft und für die Kirche verständlich gemacht werden. *Ratzinger* hatte sich selbst das Ziel gesetzt, jenen zu helfen, welche „auf dem viel umstrittenen Gebiete des Erwerbslebens Orientierung suchen".[27] Insofern sind auch sein Standort und seine Einordnung innerhalb der katholisch-sozialen Bewegung im 19. Jahrhundert zu erwähnen von Wichtigkeit.

Im *II. Teil* der Analyse geht es um die Klärung grundlegender Begriffe in ihrer Semantik und zugleich im Verständnis maßgeblicher Denker im 19. Jahrhundert, mit denen sich *Ratzinger* direkt oder indirekt auseinandersetzt. Überdies geht es um das Verständnis bestimmter Handlungsaxiome und Gegebenheiten, welche eine gewisse „Naturgesetzlichkeit" beinhalten und für eine christliche Kritik von Bedeutung sind.

Einen Aufschluß über *Georg Ratzingers* Denkansatz, dessen Theorie und Praxiskritik aus einer christlichen Option heraus, soll der III. Teil bieten. Diesem Anliegen dienen vier komplexe Bereiche, in denen *Ratzinger* schon durch seine antithetischen Formulierungen jene zentralen Problembereiche einer katholischen Wirtschaftsethik anspricht, welche wesentlich sind für eine katholische Soziallehre. Es sind die folgenden Themenbereiche in der Reihenfolge seiner „Volkswirtschaft": 1. „Armut und Reichthum", ein Beitrag zu Verteilungsgerechtigkeit, 2. „Eigenthum und Communismus", mit Blick auf die Irrtümer des

---

[25] Verhandlungen der XXIV. Katholischen Generalversammlung Deutschlands zu München 1876, 306-319.
[26] Georg Ratzinger, Vw.2, Vorrede X.
[27] Vgl. ebd.

Liberalismus und Sozialismus, 3. „Arbeit und Kapital", und nicht umgekehrt, die Lohnfrage also, und 4. „Wucher und Zins" über die Bewertung des Überflusses, die Gier des Menschen und die Zügelung der Finanzmärkte inklusive der Anklage gegen die Kumpanei von „Großkapital" und Regierenden.

Im *IV. Teil* erfolgt der Versuch einer Klassifizierung von Modellen einer Ordnungspolitik im Sinne *Ratzingers* anhand des umfassenden Kapitels zu „Theorie und Praxis". Deutet die Umbenennung des Titels dieses Kapitels, in der 1. Auflage noch tituliert mit: „Vergangenheit und Gegenwart", auf eine wirkliche Theoriefindung hin, die Theologen oft voreilig abgesprochen wird? Ist „Theorie und Praxis" die Grundlage für jenes, alles zusammenfassende Gebäude von „Cultur und Civilisation", wie *Ratzingers* sein Schlußkapitel überschreibt? Will er gleichsam nochmals die analytischen Inhalte seines Denkens quantifizieren und qualifizieren als Ausblick, als Vision, um sein eigenes Verständnis seiner Aussagen dokumentierend festzuschreiben?

Zusammenfassend bewertend sollen in einem *V. Teil* aus *Ratzingers* Volkswirtschaft jene Kernaussagen im Sinne einer Wirtschaftsethik systematisiert werden, insofern sie als Masterplan für christliches Handeln in Wirtschaft und Gesellschaft gelten können im Spiegel der Analyse seines Hauptwerkes, seiner Reden im Bayerischen Landtag und biographisch-literarischen Vorgaben. Ob als Ideenvorgabe zu werten, wie sie sich in späteren Enzykliken der Päpste wiederfinden lassen, kann als Frage gestellt werden. Denn von *Georg Ratzingers* Hauptwerk wird gesagt, es stelle „den ersten umfassenden Versuch einer naturrechtlich und theologisch begründeten Wirtschaftsethik in Deutschland dar"[28]. Wenn *Max Weber* sein bedeutendes und immer wieder zitiertes Werk mit „Die protestantische Ethik und der Geist des Kapitalismus" überschreibt, so ist für *Ratzingers* Kapitalismuskritik lange zuvor die Frage von Interesse nach dem sozial- und wirtschaftsethischen Ansatz im Umfeld der vernichtenden Kritik der Zeitgenossen *Georg Ratzingers* - wie etwa *Karl Marx* - am Kapitalismus schlechthin.

---

[28] Clemens Bauer, Das Naturrecht in der ersten Auflage des Staatslexikons der Görres-Gesellschaft, in: Albrecht Langner (Hrsg.) Theologie und Sozialethik im Spannungsfeld der Gesellschaft. Untersuchungen zur Ideengeschichte des deutschen Katholizismus im 19. Jahrhundert, München 1974, 135-170, 166.

Teil I

BIOGRAPHISCHER STELLENWERT

Eine christliche Kritik am Kapitalismus bzw. Liberalismus und damit untrennbar verbunden am Sozialismus bzw. Kommunismus in der Art, wie sie *Georg Ratzinger* verstand und wie er sie in seinem Hauptwerk als Summe seines wirtschaftsethischen Denkens niedergeschrieben hat, erfährt erst vor dem Hintergrund der Daten und Fakten aus dem Leben und Werk *Ratzingers* ihre adäquate Bewertung.

Kap. 1: Leben und Werk Georg Ratzingers

1.1. Zur Biographie[29]: Herkunft und Werdegang

Einer „der bedeutendsten und auch originellsten Köpfe innerhalb des deutschen sozialen Katholizismus"[30], *Georg Ratzinger*, wurde als Sohn einfacher Bauersleute im niederbayerischen Rickering bei Deggendorf am 3. April 1844 geboren.[31] Über Familie, Herkunft und Milieu finden sich in neueren biographischen Essays zu *Georg Ratzinger*[32] bezeichnende Hinweise. So wird hervorgehoben, daß sich die Besitzer des vormals zum Kloster Niederaltaich in Niederbayern gehörenden Bauernhofes immer „als freie Bauern" gefühlt haben, wie es einmal *Ratzinger*[33] im bayerischen Landtag in einer Generaldebatte, als es um die Grun-

---

[29] Vgl. Kirchinger, Johann/Schütz, Ernst (Hrsg.): Georg Ratzinger (1844-1899) Ein Leben zwischen Politik, Geschichte und Seelsorge, Regensburg, 2008: Zehn Autoren geben Einblick in verschiedene Lebensbereiche der Persönlichkeit Georg Ratzingers in seiner Epoche im 19. Jahrhundert. Vgl. ebenso: Karl-Heinz Gorges, Georg Ratzinger (1844 bis 1899) als Sozialreformer, in: Die neue Ordnung 59 (2005), 183-194.
Als Quelle zur Biographie scheiden die Personalakten Georg Ratzingers der Erzdiözese München und Freising aus, da alle Personalakten der Buchstaben L bis Z im letzten Krieg verbrannt sind. Aufschluß über Daten seines kirchlichen Einsatzes bzw. publizistischen wie politischen Engagements bietet: der Schematismus der Geistlichkeit des Erzbistums München u. Freising, vorhanden in: Archiv des Metropolitan-Kapitels, München
[30] Clemens Bauer, a. a. O., 166.
[31] Ludwig Fränkel, Ratzinger, J. Georg, in: Biografisches Jahrbuch und Deutscher Nekrolog, hrsg. von Anton Bettelheim, Band IV, 1899, Berlin 1900, 246 f.; vgl. Herbert W. Wurster, Ratzinger. Eine Familiengeschichte aus dem Hochstift Passau, in: Kirchinger/Schütz, a.a.O. 25– 36. Ahnenreihe 34 f.
[32] Vgl. Johann Kirchinger - Ernst Schütz: Zur Einleitung: Eine (un-)gewöhnliche Priesterbiographie im 19. Jahrhundert, in: Kirchinger/ Schütz, a.a.O. , 11.
[33] Ebd. 12 mit Anm. 28, Hinweis auf Äußerungen Ratzingers in d. Kammer d. bay. Landtages 1897/98, Sten. Ber.Bd. 10, Sitzg 14.12.1897, 134-142.

dentlastung der Bauern in Bayern ging,[34] betonte. Schon 1801 hat *Georg Ratzingers* Großvater den Bauernhof von der Abtei Niederaltaich, sogar mit finanzieller Unterstützung durch deren Abt, käuflich erworben. Dies deutet auf ein besonderes Vertrauensverhältnis der *Ratzingers* zur Abtei hin. Der Lebensunterhalt für die Familie war dadurch gesichert, obschon man nicht sagen konnte, daß sie reich gewesen sei.[35]

Der Chronist bestätigt, daß „die Wurzeln der Ratzinger" familiengeschichtlich über Jahrhunderte „eng umgrenzt im heutigen bayerisch-österreichischen Grenzraum um Passau" lagen. In zwei Linien nebeneinander, noch vor der Ansiedlung im grenznahen Rickering, das bereits im Kurfürstentum Bayern lag. Also noch auf dem Nachbarterritorium des Hochstiftes Passau betrieben die *Ratzingers* einerseits über Generationen Bauernhöfe und waren andererseits auch „zumeist Passauer Untertanen bzw. teils hochrangige Amtsträger", viele „kirchennahe Züge" aufweisend.[36] Im altbayerischen Rickering, nun bayerische Untertanen, begann dort mit dem Priester *Georg Ratzinger*, der noch 7 Geschwister[37] hatte, durch drei Generationen hindurch auch eine Zeit geistlicher Berufungen. *Ratzinger* war noch jung, erst 18, da verstarb bereits mit 48 Jahren seine Mutter und drei Jahre später mit 58 sein Vater. Die Geschwister, zusammen mit Josef als Nachfolger, führten den Bauernhof weiter, um auf diese Art der Ausbildung von Georg, dessen große Begabung trotz einer kränklichen Natur bereits in Schulzeiten immer offenkundiger wurde, finanziell fördernd beistehen zu können.

Aus dieser dritten Generation der Familie *Ratzinger* auf dem Bauernhof in Rickering entstammte Sohn Josef, der die Laufbahn eines bayerischen Beamten wählen sollte, ein „für Bayern im 20. Jahrhundert exemplarischer Entwicklungsgang". Ergänzend bescheinigt der Chronist[38] historisch zutreffend für die „bäuerlichen Vorfahren" *Ratzingers*, daß sie „auch exemplarisch für ein über Generationen hinweg überlebensfähiges und durchsetzungsfähiges Geschlecht" seien. Der Bauernhof in Rickering war *Georg Ratzingers* Zuhause, und gewiß prägte die bäuerliche und niederbayerische Lebensart seine Persönlichkeit als Politiker und als Priester gleichermaßen. Das bodenständig Christliche und konservativ Bayerische zeigt sich auch in der Wahl[39] der Vornamen der *Ratzingers*; als vorherrschend: Georg. Aber bereits der Bruder des Priesters und bayerischen Sozialpolitikers *Georg Ratzinger* hieß Josef, der den Bauernhof weiter mit seiner Frau Katharina bewirtschaftete, die Großeltern von Papst *Benedikt XVI.*, auch selbst den Vornamen Joseph tragend wie sein Vater. Sein älterer Bruder hieß -

---

[34] Vgl. Generaldiskusion zum Ges. Entw. der Grundentlastung der Bauern: Archiv Bay. Landtag Repertorium 1997-1998, Seite 496: St.B.Bd. X S.134 Antr. dess., hierzu B.Bd. XIV Beil 775, S. 384 u. B egr.d.Antr. St.B.Bd. X S. 181.
[35] Vgl. Kirchinger – Schütz ebd. 11f.
[36] Herbert W. Wurster, Eine Familiengeschichte aus dem Hochstift Passau, in: Kirchinger/ Schütz, ebd. 25-35,33.
[37] Ebd. 34-35 Die Ahnenreihe von Georg Ratzinger in der väterlichen Linie.
[38] Herbert W. Wurster, ebd. 27.
[39] Ebd. 34, 35.

der Familientradition folgend - Georg. Bedenkenswerte Abfolge und Zusammenfügung zweier Namen und eines Gleichklangs in der priesterlichen Berufung; bezeichnend, wenn sich bewußt die Brüder Georg und Joseph in derselben Weihehandlung am Fest Peter und Paul 1951 zu Priestern weihen lassen.

Der junge *Georg Ratzinger* besuchte das Gymnasium in Passau und erwarb am dortigen Lyzeum sein Philosophicum. Er studierte von 1864-1867 an der Universität München für das Priesteramt katholische Theologie, als Alumne im Herzoglichen Georgianum wohnend, und wurde 1867, seit 1. April wieder im Priesterseminar seiner Heimatdiözese Passau, dort am 9.9.1867 zum Priester geweiht[40].

Als Neupriester trat er zunächst in der Diözese Passau in Mariahilf ob Passau als Wallfahrtskurat seine erste seelsorgerische Stelle an.[41] Durch seine Ernennung zum Prediger und Religionslehrer am angesehenen Maximilian-Gymnasium in München, ein Pastoralauftrag, welchen er von Mai 1868 bis März 1869 innehatte, wurde es ihm möglich, nach München zurückzukehren. In der genannten Zeitspanne wurde er am 8.8.1868 zum Dr. theol. promoviert und vollzog kurz danach mit Datum 28.9.1868 den Wechsel vom Passauer Klerus in den Klerus des Münchner Erzbistums durch seine Inkardinierung[42].

Sein zwei Jahre jüngerer Bruder Thomas studierte ab 1866 Jura ebenfalls an der Ludwig-Maximilians-Universität in München. Für kurze Zeit - von Oktober bis April 1868/69 - teilten sich beide ganz in Uninähe eine Wohnung, bis Georg als Kooperator nach Berchtesgaden berufen wurde. *Thomas Ratzinger* betätigte sich als Rechtspraktikant und, wie sein Bruder Georg, als katholischer Journalist. Noch in sehr jungen Jahren, als der Bruder Georg bereits Kooperator in Landshut war, erkrankte Thomas an Gehirntuberkulose, sodaß *Georg Ratzinger* seinen Bruder zu sich nach Landshut nahm, wo er 24jährig am 5.11.1872 verstarb. Die journalistische Zusammenarbeit beider Brüder war vielversprechend, und so sei mit dem Tode von *Thomas Ratzinger* „die kleine Schar katholischer Journalisten noch kleiner geworden"[43], wie es in einem Nachruf des Landshuter Pfarrers und Journalisten *Josef Lukas* steht.

Georg Ratzinger wurde vierundzwanzigjährig in Kirchengeschichte[44] durch den damaligen Lehrstuhlinhaber Universitätsprofessor Dr. *Ignaz von Döllinger* an

---

[40] Ebd. Fränkel 246. Vgl. Kirchinger/ Schütz, a.a.O. Anhang 375: Zeittafel.
[41] Vgl. Tobias Appl, „...denn allein fürs Blattschreiben ist ein Priester nicht ausgeweitet worden". Der Priester Georg Ratzinger als Seelsorger, in: Kirchinger/ Schütz, a.a.O., 165-220, 178.
[42] Ebd 180,181.
[43] Vgl. Johann Kirchinger – Ernst Schütz, Eine (un-)gewöhnliche Priesterbiographie im 19. Jahrhundert, in: Kirchinger/ Schütz, a.a.O. S. 17, Anmerkung 73, S. 18 Anmerkung 84–87, 89 Pfarrer Joseph Lukas: mit dem Tode von Thomas Ratzinger sei „die kleine Schar katholischer Journalisten noch kleiner geworden". Mit der Bemerkung, daß dieser den „publizistisch–dialektischen Eiertanz, den wir katholischen Journalisten zwischen den polizeilichen Fuchsfallen aufführen müssen, gut gelernt" habe.
[44] Archiv der Universität München, Fascikel: Georg Ratzinger, Dekan der Theologischen Fakultät : Fr.Xav. Reithmayer, Universität München 1868, Zur Biographie: Blatt 375-377

der Ludwig-Maximilians-Universität München mit einer von der Fakultät gestellten und von *Georg Ratzinger* mit Auszeichnung gelösten Preisfrage über die „Geschichte der kirchlichen Armenpflege"[45] promoviert. Noch 1868 im Herder-Verlag veröffentlicht (zweite umgearbeitete Auflage 1884), zählt sie mit zu seinen Hauptschriften und verweist vom Thema her bereits auf ein gleichermaßen volkswirtschaftliches wie auch ethisches Grundproblem: Die Überwindung der Armut, eine Thematik, welche er in seinem Hauptwerk im Kapitel „Armuth und Reichthum" volkswirtschaftlich und ethisch weitergehend analysiert.[46] So zeigt sich bereits die Frage, die *Georg Ratzinger* wissenschaftlich sein ganzes Leben begleiten sollte: die Frage nach dem Sittlichen in der Volkswirtschaft, also wirtschaftsethische Fragestellungen. So auch jene These u.a. aus dem Bereich der Moraltheologie, die das Privateigentum dann als sittlich gerechtfertigt ansieht, wenn es gerecht erworben und zum Lebensunterhalt unentbehrlich ist, eine These, die *Ratzinger* im Rahmen seiner Promotion öffentlich verteidigte[47], ebenfalls thematisiert im Kapitel „Eigenthum und Communismus"[48].

Georg Ratzinger wurde für kurze Zeit (1868/69) Sekretär bei seinem Lehrer *Ignaz von Döllinger,* noch unmittelbar vor dessen folgenschweren Stellungnahmen gegen die Beschlüsse des Ersten Vatikanischen Konzils. *Ratzinger* freundete sich aber nicht mit den Reformideen *Döllingers* an, denn künftig sollten ihn „dogmatische, überhaupt kirchlich-religiöse Streitfragen blutwenig beschäftigen"[49]. Diese zeitnahe biographische Feststellung wird neuerdings bestritten.[50] Dennoch stehen für *Georg Ratzinger*, den Wirtschafts- und Sozialethiker, fortan nicht dogmatische, sondern vielmehr weiterhin wissenschaftliche Fragestellun-

---

Dominus Georgius Rartzinger; Anlage 1: Blatt 365,f handschriftliches Schreiben Georg Ratzingers an die Theologische Fakultät das Rigorosum-Examen betreffend, München 5.Juni 1868.
8. August 1868; Blatt 274ff Ad disputationem publicam, mit den von Ratzinger gewählten und öffentlich verteidigten (Blatt 373, Protokoll Dr. Reithmayer, Dekan, München) Thesen aus den einzelnen theologischen Fächern. Blatt 2007 Promotionsurkunde.

[45] Veröffentlicht 1868: Georg Ratzinger, Geschichte der kirchlichen Armenpflege, Herder-Verlag, Freiburg 1868, 2. Umgearbeitete Auflage 1884, 3. Auflage als Reprint der 2. Auflage, Freiburg, 2001.

[46] Georg Ratzinger, Die Volkswirthschaft in ihren sittlichen Grundlage, Freiburg, Vw^1 1881, 35-64: I. Kap. „Armuth und Reichthum", Vw^2 II. 43–78. Vgl. Geschichte der kirchlichen Armenpflege^2, Reprint Ausgabe, Freiburg 2001, Einleitung, 12-13 Armuth und Reichthum im Christenthume 14-20.

[47] UniAM a. a. O. 274 Ad disputationem publicam, V. 44: Dominium privatum est justum et necessarium.

[48] Georg Ratzinger, Vw^1 II. „Eigenthum und Communismus." 65 –126; Vw^2 III. 79-152.

[49] Ludwig Fränkel, J. Georg Ratzinger, in : Biographisches Jahrbuch und Deutscher Nekrolog, Hrsg. Anton Bettleheim, Berlin 1900, IV (1899) 246 f.

[50] Vgl. Claudius Stein, Ignaz von Döllinger und Georg Ratzinger. Rückblick auf ein spannungsreiches Verhältnis, in: Kirchinger/ Schütz, a.a.O. 37-66, 49. Es zeigt sich hier ein aufschlußreiches kontroverses Beziehungsgeflecht unter herausragenden Theologen, Priestern und Kirchenhistorikern.

gen aus dem Bereich der Kirchengeschichte, und besonders der Moraltheologie, der Ethik, für die Umsetzung in praktische Politik im Vordergrund. *Ratzinger* bleibt sich selbst als Priester treu. Es wird von ihm in seinem persönlichen Verhältnis zu *Ignaz von Döllinger* historisch angemerkt, daß er als „einziger" von relativ zahlreichen Sekretären bzw. „Hülfsarbeitern" oder Zuarbeitern eben „nicht mit der katholischen Kirche brach"[51]. Dennoch blieb *Ratzinger* seinem Lehrer *Döllinger* in seinen späten Jahren verbunden. So verlangte *Ratzinger* noch am 10. Januar 1890, ans Sterbebett von *Döllinger* vorgelassen zu werden, um ihm „seinen geistlichen Beistand anzubieten und ihn so mit der Kirche zu versöhnen"[52], was man ihm verweigerte.

Vielleicht ist es bezeichnend, was *Georg Ratzinger* wenige Jahre später im bayerischen Landtag[53] zum Thema „Freiheit der Wissenschaft" am 8. März 1894 über *Döllinger* sagte: „Unser alter Lehrer Döllinger hat uns immer eingeschärft, die Freiheit der Wissenschaft sei sehr leicht zu prüfen, er hat leider hinterher am Ende seines Lebens die Prüfung selbst nicht bestanden, und das haben wir, seine Schüler, sehr bedauert". *Döllinger* habe immer den Grundsatz ausgesprochen: „Wenn Sie auf dem Wege ihrer wissenschaftlichen Resultate zu Anschauungen kommen, welche mit den Lehren des Weltheilands im Widerspruch stehen, dann, meine Herrn, suchen sie den Irrthum ja nicht auf Seite des Christenthums, sondern auf Seite ihrer Forschungen. Fangen sie von vorne an, und Sie werden zu einem wahreren und richtigeren Resultate kommen." *Ratzinger* empfiehlt dies als Grundsatz im allgemeinen der Wissenschaft, um sie so vor vielen Irrtümern zu bewahren, für *Ratzinger* Irrtümer, „welche die Gesellschaft aufrütteln, die Grundlagen unserer Gesellschaft erschüttern und Theorien zeitigen, mit denen überhaupt keine Gesellschaft mehr bestehen kann." *Ratzinger* hatte zuvor in seiner Rede im Landtag in diesem Zusammenhang auch den Leipziger Nationalökonomen *Roscher* und dessen Bewertung *Darwins* und den Malthusianismus kritisiert und glaubte selbst, daß man „in wenigen Jahrzehnten" genauso über den Darwinismus zur Tagesordnung übergehen könne, wie es seiner Meinung nach dem Malthusianismus bereits ergehe, den doch *Roscher* als dauernde Errungenschaft der Wissenschaft gepriesen habe[54], Problemfelder, die *Ratzinger* in seinem Hauptwerk zur Volkswirtschaft differenziert analysiert hat, wie noch zu zeigen sein wird.

---

[51] Ebd. 37.
[52] Ebd. 66. Dieses Anliegen wurde ihm mit der Auskunft, Döllinger sei nicht sehr krank und habe seine Dienste nicht angefordert, verweigert. Die letzte Ölung erteilte der Altkatholik Johann Friedrich.
[53] Vgl. Archiv Bayerischer Landtag (ABayL) Repertorium 1893 - 1894, I. Session des XXXII Landtags, München 1895, Bd. 33, R 367-370, 369 Ratzinger, St.B.Bad. III , Kammer der Abgeordneten. – 93. Sitzung vom 8. März 1894 Spezialdiskussion Universitäten..., für die Freiheit der Wissenschaft und für größere Pflege der Philosophie und Volkswirtschaft, R. 150–154, 152.
[54] Ebd. 152

1.2. Als Priester und Seelsorger

Für den Seelsorger *Georg Ratzinger* stellt der Historiker später fest, daß für *Ratzingers* „priesterliche Identifikation, aber auch für sein ganzes Selbstverständnis"[55], letztlich „seine Stationen in der praktischen Seelsorge, in Passau, München, Berchtesgaden, Landshut, Tegernsee und Günzelhofen eine nicht zu unterschätzende Rolle spielen"[56]. In dieser zeitlichen Folge bekleidete er in der praktischen Seelsorge in 33 Priesterjahren bis an sein Lebensende bei nur 55 Lebensjahren[57] jene Stelle als Wallfahrtskurat von Maria Hilf ob Passau, ferner die begehrte Prediger- und Religionslehrerfunktion am Münchener Maximilianeum, 1869 als Kooperator in Berchtesgaden, 1872-74 Kaplan in Landshut, Hofkaplan des Herzogs *Karl Theodor in Bayern* zu Tegernsee (1883-84) und drei Jahre als Pfarrer von Günzelhofen bei Naunhofen bis zur gesundheitlich bedingten ‚Resignation' im Jahr 1888. Zwischenzeitlich wechselte *Ratzinger* „wiederholt mit priesterlicher und publicistischer Thätigkeit".[58]

Die Persönlichkeit *Georg Ratzinger* als Priester hatte zunächst ihre eigene Ausstrahlung auf seine Familie, wie uns der Chronist[59] einfühlend berichtet. So wählte der 1884 geborene Neffe Alois ebenso die priesterliche Laufbahn, wobei dem Onkel, obwohl schon 1899 verstorben, hierbei wesentlicher Einfluß zugeschrieben wird. *Ratzinger* sollte seinen Neffen nur für wenige Jahre im Knabenseminar noch begleiten. Auch für die Nichte Anna Maria wird dem priesterlichen Onkel eine gewisse Bedeutung für die Entscheidung beigemessen, in den Orden der Armen Schwestern einzutreten. So erhält auch die Erfahrung in der Kindheit und Jugend eines *Joseph Kardinal Ratzinger*, Papst *Benedikt XVI.* und dessen Bruder *Georg Ratzinger* und deren Schwester Maria im familiären Verbundensein über drei Generationen mit dem priesterlichen Onkel und der Tante im Orden eine in sich besondere Qualität und religiöse Prägung[60]. Und sicherlich werden zusätzlich die Eltern von Papst *Benedikt XVI.* ihren Kindern noch viel Gutes über den priesterlichen Großonkel zu berichten gewußt haben. Eine geistliche

---

[55] Vgl. Tobias Appl, „...denn allein fürs Blattschreiben ist ein Priester nicht ausgeweiht worden". Der Priester Georg Ratzinger als Seelsorger - in: Kirchinger/ Schütz, a.a.O. 165-220, 220.

[56] Ebd. Appl 220.

[57] Vgl. Schematismus der Geistlichkeit des Erzbistums München u. Freising, 1872, Georg Ratzinger, „Redacteur in Würzburg, jetzt präsentierter Beneficiat bei St. Peter in München". Vgl. ebd. 1899, 60, „G. Ratzinger aus Rickering (Diözese Passau) Dr. der Theologie, freiresign. Pfarrer von Günzelhofen, zur Zeit Landtags- und Reichstagsabgeordneter, geb. 3.4.1844, Priesterweihe am 9.9.1867". Vgl. ebd. 1900, 222, „Georg Ratzinger, verstorben am 3.12.1899, Alter 55 Jahre und 8 Monate".

[58] Fränkel a.a.O., 246 und 247 mit Archiv- und Literaturangaben und insbesondere mit dem Hinweis auf den „Antiquariatskatalog No 30 von H. Lüneburg (Reinhard) München 1900, (Versteigerungskatalog) enthält s. 1-30 aus der Bibliothek Ratzinger 774 Bde". Die Titelvielfalt incl. den von Karl Marx, Das Kapital ², bestätigen sein umfangreiches und vielfältiges Fachinteresse.

[59] Vgl. Herbert W. Wurster, Kirchinger/ Schütz, a.a.O. 25–36, 33.

[60] Vgl. Ebd. 33.

Ausstrahlung bis in die dritte Generation hinein, und dies im stark katholisch geprägten österreichisch-bayerischen Grenzraum.

Georg, der Großonkel von Papst *Benedikt XVI.*, war intellektuell hoch begabt, dabei von fast ständiger Krankheit geplagt, brachte es aber zu einer erstaunlichen Lebensleistung. Mit Fleiß und Vielseitigkeit ausgestattet, von unbändiger Schaffenskraft und Wissensdrang beseelt, erscheint er umfassend belesen, sich auskennend in vielen Sach- und Kulturbereichen, repräsentativ nachweisbar im immensen Titelumfang seiner wissenschaftlichen Bibliothek[61], mit namhaften Autoren, die er auch zitiert. Bei allem eine leichte Feder des Schreibens, wie sein leicht verständlicher, essayhafter Schreibstil verrät, der auch auf ein hohes Maß an Eloquenz hindeutet, wie man es sowohl aus den Reden im Bayerischen Landtag, aus dem registrierten Beifall bzw. den Zurufen: „sehr richtig" der Abgeordneten, als auch aus den Reden *Ratzingers* auf dem Deutschen Katholikentag von München 1876, entnehmen kann.

Wachgeblieben ist im Bewußtsein der Geschichte für *Georg Ratzinger* nicht so sehr seine Tätigkeit in der praktischen Seelsorge etwa als Pfarrer, obwohl er teils als Prediger seelsorglich in bedeutender Position Einsatz fand. Nicht so sehr seine Priesterpersönlichkeit ist es, sondern mehr sein Engagement und seine herausragende Bedeutung als Publizist und christlicher Politiker, welches für den Historiker zurückblieb. Nun aber auf einmal durch die Wahl von *Joseph Kardinal Ratzinger* zu Papst *Benedikt XVI.* ist die Person von dessen Großonkel Georg von so großem Interesse.

Ratzingers Stationen seines seelsorglichen Wirkens[62] waren für sein Leben und Wirken später als „frei resignierter Pfarrer von Günzelhofen" durchaus identitätsstiftend. Als ein solcher wurde er als Abgeordneter und zugleich Priester im bayerischen Landtag geführt[63]; gewiß vielfach qualifiziert, ein pastoraler Auftrag von besonderer Art, den man indirekt aus seinen Reden im Landtag heraushört. Von der Sache her wirkt zudem der Erfolg als Publizist oder Politiker nachhaltiger in der Öffentlichkeit, während der priesterliche Dienst als Pfarrer mehr im Verborgenen geschieht. *Georg Ratzinger* sah sich letzlich infolge eines schweren

---

[61] Vgl. Fränkel, Deutscher Nekrolog ADB 1900, 447: Hinweis auf den „Antiquariatskatalog Nr. 30. Von H Lüneburg (E. Reinhardt) München (1900) enthält S. 1-30 aus der Bibliothek Ratzingers 774 Bde.: Nationalökonomie & Socialpolitik. Aus der Bibliothek des + Reichs – und Landtags-Abgeordneten Dr.G. Ratzinger in München"; Buchhandlungen Dr. H. Lüneburg's Sortiment und Antiquariat (E. Reinhardt) München Maximiliansplatz 3.
[62] Ebd., 246, Stationen als Seelsorger.
[63] Vgl. Landtags–Archiv, Maximilianeum, Verzeichnis der zur XXXII. Landtagsversammlung I. Session 1893/94 einberufenen Mitglieder der Kammer der Abgeordneten St.B.Bd. I, XIV Wahlkreis Regen Nr. 41 Ratzinger Dr. Georg, freires. Pfarrer in Oberigling bei Landsberg.
Vgl. Pius XI. in QA: „Ja, nicht selten sind Diener des Heiligtums, die ganz in Leos Gedankenwelt lebten, die Ausarbeiter und Einbringer solcher Gesetzesvorlagen gewesen, deren Verabschiedung und Vollzug sie dann weiter mit aller Kraft betrieben." Retrospektiv gilt dies auch für den Abgeordneten Ratzinger.

Magenleidens, das sich verschlechterte, auf ärztlichen Rat hin, zuletzt doch gezwungen, um die Enthebung von seiner Pfarrei zu bitten. Selbst die Übernahme einer neuen kleineren Pfarrei, von ihm zuvor erbeten, die Pfarrei Heldenstein bei Mühldorf, konnte er nicht mehr antreten. Diesem Gesuch *Georg Ratzingers* wurde nach Vorlage eines ärztlichen Attestes sowie der Zustimmung des erzbischöflichen Ordinariats von der Regierung in Oberbayern mit dem 6. März 1888 entsprochen, und *Georg Ratzinger*, erst 44jährig, als „frei resignierter Pfarrer von Günzelhofen"[64] in kirchlichen und staatlichen Personalakten fortan geführt.

Georg Ratzinger ist also gemäß der geforderten kirchenrechtlichen Begründung vorzeitig in den Ruhestand entlassen worden. Dies kann aber nicht, wie aktuell geschehen, mit „Laisierung" gleichgesetzt werden, wie man fälschlicherweise, mit negativer Akzentuierung, aus der hervorgehobenen Aussage des Journalisten *Gianni Valente* (2009) schließen könnte, wenn er aus der hier zitierten Stelle die Folgerung zieht, der Priester *Georg Ratzinger* habe sich „jedoch 1888 in den Laienstand zurückversetzen"[65] lassen. Eine Resignation, eine Niederlegung eines bestimmten, auf gewisse Zeit übertragenen Amtes ist noch kein Ausscheiden aus dem Klerus der Erzdiözese München und Freising, wie es auch deren Schematismus bestätigt.[66] *Ratzinger* widmete sich fortan bis an sein Lebensende zunächst in Wien und später zumeist in München der freien Schriftstellerei speziell auf volkswirtschaftlichem Gebiet und seinem Abgeordnetenmandat im Bayerischen Landtag.

1.3. Als bayerischer Politiker und Publizist[67]

Voraus vermerkt sei, dass *Ratzinger* bereits Anfang der siebziger Jahre im Grafen *Ludwig von Arco-Zinneberg* (1840–1882)[68] einen Gönner fand, der ihm eine lebenslange Rente gewährte. Es war die Zeit, kurz nach der Reichsgründung, als der Kulturkampf im Mai 1871 in Preußen und im Deutschen Reich begann. Den

---

[64] Vgl. Appl, Kirchinger/ Schütz, a.a.O. 214; die Regierung von Oberbayern hatte der Bitte Georg Ratzingers um die Enthebung stattgegeben.

[65] Vgl. Gianni Valente, Student Professor Papst, Joseph Ratzinger an der Universität, St. Ulrich Verlag Augsburg, 2009, Abschnitt: München Auf dem Weg zum Professor: Seite 30, mit Anmerkung 3 hierzu: Seite 174 mit Literaturhinweis: „Zur Person des Großonkels Georg Ratzinger jetzt: Georg Ratzinger (1844-1899), ein Leben zwischen Politik, Geschichte und Seelsorger, hrsg J. Kirchinger / E. Schütz, Regensburg 2008" – Seitenhinweis fehlt - vgl. dagegen und dazu Appl. a.a.O. 214 ! und dort hierzu Anmerkung 335: zur kirchenrechtliche Bedeutung einer Resignation des Klerikers auf ein Kirchenamt in Bezug auf Ratzingers Resignation, von Gianni Valente falsch und negativ ausgelegt.

[66] Schematismus der Geistlichkeit des Erzbistums München und Freising, 1899, 1900 Dr. Georg Ratzinger, freiresignierter Pfarrer.

[67] Karl-Heinz Gorges, Diplomarbeit in Theologie, Universität München 1976 a.a.O. 7 f. Ders. Georg Ratzinger (1844–1899) als Sozialreformer, in: Die neue Ordnung 59 (2005), 183–194, 186.

[68] Vgl. neue Forschung von Freya Amann, Steil, aber steinig: Die Anfänge der politischen Karriere Georg Ratzingers und sein Verhältnis zu Graf Ludwig von Arco-Zinneberg, in: Kirchinger/ Schütz, a.a.O. 125-152; vgl Graf Ludwig von Arco-Zinneberg (1840-1882) 125-128.

Grafen bezeichnete man als „eine Säule des katholisch-konservativen Hochadels" jener Jahre. Ihn beeindruckte die politische Agitationsfähigkeit *Ratzingers*.[69] Auch seine publizistischen Fähigkeiten als Redakteur machten von sich reden. So steht die Übernahme der Redaktion des „Münchener Wochenblattes für das katholische Deutschland" für die erste Zusammenarbeit[70] zwischen *Ratzinger* als Redakteur und deren Initiator *Graf Arco-Zinneberg*, wobei *Ratzinger* aber strikt jede juristische Verantwortung ablehnte, wie einem Brief *Ratzingers* an *Bischof Hofstätter* vom 7.5.1868[71] zu entnehmen ist. Publizistisch ist *Ratzinger* auch bereits anderweitig hervorgetreten. So finden sich seit 1867 Beiträge von *Ratzinger* in der führenden katholischen Zeitschrift, herausgegeben von *Joseph Görres* und redigiert von *Josef Edmund Jörg*, den „Historisch-Politischen Blättern für das katholische Deutschland", an denen er 30 Jahre mitarbeiten sollte. 1870/71 führte er kurz auch die Redaktion des „Fränkischen Volksblatts" in Würzburg.

Dennoch blieb ausschlaggebend in der Frühphase für *Ratzinger* die Redaktion des Münchner Wochenblattes zusammen mit *Graf Arco-Zinneberg*. Dieser bot ihm den finanziellen Rückhalt und damit jene Basis für seine beginnende und spätere publizistische und politische Karriere mittels jener bereits erwähnten lebenslangen Rentenzahlung[72]. Diese Zahlung erfolgte unabhängig, also zusätzlich zu den guten Konditionen für den Redakteur *Ratzinger*, jener von *Arco-Zinneberg* übernommenen Tageszeitung, den „Volksfreund". Gegenüber keiner anderen Person sei *Graf Arco-Zinneberg*, der mehrfach als Mäzen tätig wurde, so großzügig verfahren wie gegenüber *Georg Ratzinger*, welches die „Wertigkeit ihrer Zusammenarbeit" unterstreiche, so das Urteil des Historikers[73]. Zwei starke Persönlichkeiten waren zu einer guten politischen Zusammenarbeit fähig, welche aber nicht nur „auf der Übereinstimmung der politischen Ziele, sondern – wie zu vermuten – auch auf einer guten menschlichen Verbindung fußte"[74]. Die Betroffenheit *Ratzingers* über den frühen Tod seines Freundes *Arco-Zinneberg* schwächte ihn so sehr, daß er Gott „nur zwei bis drei Monate Arbeitsfähigkeit" zu schenken bat für „eine kleine Biografie des Grafen Ludwig Arco Zinneberg nebst seinem Agrarprogramm für Bayern"[75]. Im folgenden Jahr 1883 widmete

---

[69] Fränkel, ADB, a.a.O. 246.
[70] Vgl. Freya Amann, Kirchinger/ Schütz, a.a.O. 129, 130 ; Anm. 38: „Münchener Wochenblatt für das katholische Volk", Ratzingers Erster Leitartikel in: Nr 19 vom 7. Nov. 1868, 163.
[71] Vgl. 149 und hierzu dortige Anmerkung 139.
[72] Ebd. 149 mit Quellenangabe der Verträge in Anmerkung 141 BayHStA. NL Ludwig Arco-Zinneberg 19 (1.9.2.): Vertrag zwischen Ratzinger und Bucher vom 21. November 1873; Vertrag zwischen Ratzinger und Arco-Zinneberg vom 1. Januar 1874; Vertrag zwischen Arco-Zinneberg und Ratzinger 30.März 1875.
[73] Ebd. 151.
[74] Ebd. 151.
[75] Ebd. 151 Brief Ratzinger an Johannes Jansen, 4.Jan.1883: Anm. 150 Volltext vgl. Anhang 383, 384.

ihm *Ratzinger* diese seine Schrift mit dem Titel „Die Erhaltung des Bauernstandes. Ein Reformprogramm des hochseligen Grafen Ludwig zu Arco-Zinneberg". In der Behandlung der Agrarfrage, die in diesem Werk einer wissenschaftlichen und pragmatischen Erörterung unterzogen wird, qualifizierte sich *Ratzinger* mit zu den Experten seiner Zeit.[76]

Ratzinger gelang es trotz seiner kränkelnden Natur, einer vielseitigen und politisch engagierten Tätigkeit nachzugehen. Herausragend war seine Mitgliedschaft im Bayerischen Landtag wie im Reichstag in mehreren Legislaturperioden. So vertrat er als Abgeordneter ab 1875 den Wahlkreis Bad Tölz im Bayerischen Landtag und ab 1877 Rosenheim im Reichstag. Allerdings verzichtete er 1878 „wegen persönlicher Vorkommnisse in Tölz"[77] auf beide Mandate infolge einer gezielten Verleumdung gegen *Ratzinger* durch ein Gerücht seitens der liberalen Wahlkampfführung in Rosenheim, in einer noch „liberal dominierten Zeit des Kulturkampfes"[78]. Erneut wurde *Ratzinger*, diesmal für den Niederbayerischen Bauernbund, 1893[79] und widerspruchslos 1899 für den Wahlkreis Regen in den

---

[76] Rudolf Greß, Ratzinger. In: StL (5) IV (1931) 554, dort: Ratzinger's Agrarprogramm, u.a. Vorschläge für ein Güterzertrümmerungsgesetz, für die Regelung des landwirtschaftlichen Kreditwesens, für eine Förderung des landwirtschaftlichen Unterrichts- und des Ausstellungswesens. Forderung nach „rationeller Landwirtschaftspflege", nach „einem einheitlichen Getreidetypus", Vereinheitlichung der Agrarprodukte mit Markenstempel.

[77] Fränkel, ADB a.a.O., 246, vgl. auch Repertorium 1877/78, Bd 27, 283, München 1878. betr. Mandatsniederlegung, Verweis auf stenografischer Berichts-Band 1, Nr. 13, 118, „Mandatsniederlegung am 6. Nov. 1877", ebenfalls keine Begründung angegeben, Archiv des Bayerischen Landtages.

[78] Vgl. Freya Aman, a.a.O. 145. Ratzinger habe, so das Gerücht, nach Aussage eines politisch liberalen Bezirksamtmann „1875 einen unsittlichen Angriff auf eine Kellnerin begangen". Ratzinger klagte wegen Verleumdung. Obwohl man richterlich die Kellnerin der Lüge überführt erachtete, betrachtete man Ratzingers Verhalten als taktlos. Vgl. 145 hier Anmerkung 121 und 122. Vgl. 144 Anm. 111 Reichstag: Briefwechsel mit Jörg.

[79] Vgl. Joseph Kürschner, Der Bayerische Landtag 1893–1899, München (1893), Nachdruck Landshut (1989), 9, zur Sitzverteilung im XXXII bayerischen Landtag: Von 159 Abgeordneten waren: Zentrum 74, Liberale 67, Bauernbund 7, Sozialdemokraten 5, Volkspartei 1, Konservative 4. „Der Parteischattierungen" nach: 7 Bauernbündler, 10 Deutschfreisinnige, 4 Konservative, 13 Liberale, 42 Nationalliberale, 5 Sozialdemokraten, 1 Volksparteiler, 1 Wilder, 74 Zentrum. Nach Regier.-Bezirke: Oberb. 28 Abgeord., Niedb. 20 einschl. eines Wilden, Pfalz 20, Oberpf. 16, Oberfr. 18, Mittlf. 19, Unterfr. 19, Schwab. 19. S. 10: Verteilung der Abgeordneten nach Berufsklassen: Landwirt. 47, Industrie u. Gewerbe 29, Handel u. Verkehr 16, Staat Gmde. Krchd. 46, darunter Geistliche 17, Beruflos 16, freie Berufe 4. Nur der niederbayerische Bauernbund stellte die 7 Abgeordneten des Bauernbundes, darunter 4 Geistliche. S.7 f. „Wahlbetheilgung" 1893 zum XXXII. Bay. Landtag, Urwahl: Regensburg 73% (46% in1887), bei insges. 31% der Wahlberechtigten, 17% der Bevölkerung im Königreich waren berechtigt an den Urwahlen teilzunehmen: 959042 Personen. S. 43: Porträt von Georg Ratzinger (113 Stimmen, Bauernbund) und vgl. Nachdruck (1989) Seite XVI/ Nachwort Dr. Leonhard Lenk: obwohl der Schlachtruf des Bauernbundes: „keine Beamten, keine Adeligen, keine Geistlichen" lautete – wurde dennoch der erste Fraktionsführer des Bauernbundes „ein Pfarrer, freiresigniert zwar, aber immerhin, nämlich Ratzinger".

Landtag gewählt. 1898[80] gelangte er für seine Heimatgemeinde Deggendorf wiederum in den Reichstag.

Es wird berichtet, daß *Ratzinger* als Publizist wie als Politiker ein Einzelgänger war. Hervorgehoben wird seine „außerordentlich starke Persönlichkeit mit einem ebenso starken Unabhängigkeitsdrang"[81]. Hinzu kam als ein weiterer Charakterzug eine starke Sensibilität und große Gewissenhaftigkeit. Wie sehr er sich seiner persönlichen Überzeugung und damit seinem Gewissen verpflichtet fühlte, zeigt sein politisch sehr wandlungsfähiges Auftreten; so konnte er sich durchaus einmal mit ultra-reaktionären, ein andermal mit sozialistischen Vorschlägen befreunden.[82] Bezeichnend ist ebenfalls sein sehr wechselvolles Verhältnis zu politischen Parteien, denn er war ein Mann, der sich nicht in die engen Bahnen einer Partei zwingen ließ.[83] Ausschlaggebend war wohl: Er stand für die Idee einer konfessionellen Partei. Für *Ratzinger*s eindeutig geradlinige Natur war ein Taktieren im Grundsätzlichen unvorstellbar. Es gab keine Meinungen, die er vertrat, hinter denen er selbst nicht stand. Die Münchner Presse bewertete sein politisches Wirken rückschauend nach seinem frühen Tod am 3.12.1899 mit den Worten „Sein Ansehen im bayerischen Landtag war ein großes. Wenn Dr. *Ratzinger* zu reden begann, so schaarten sich die Abgeordneten um ihn, um seinen Worten folgen zu können"[84].

1.4. Im Bayerischen Bauernbund, Verhältnis zu den politischen Parteien

Beispiele für sein politisches Durchsetzungsvermögen liefern seine Tätigkeiten im Bayerischen Bauernbund. Zunächst gelang es *Georg Ratzinger* als Anhänger und Vorkämpfer der Patriotenpartei, für das Bayerische Zentrum erstmals in den Landtag 1875 gewählt zu werden. Infolge zunehmender partikularistischer Neigung wurde er bei Wahlen in der Zeit danach vom Zentrum fallengelassen, worauf er 1877 seinen Austritt erklärte.[85] *Ratzinger* erkannte frühzeitig, daß das Zentrum nur als selbständige katholische Volkspartei in Bayern existieren konnte; die Zukunft gab dieser visionären Einschätzung Recht.[86] Anstatt für eine neuzugründende, gegen das Zentrum gerichtete Bauernpartei zu sein, trat er anfänglich für eine aus dem Zentrum hervorzugehende eigenständige „Baye-

---

[80] Vgl. Benno Hubensteiner, Bayerische Geschichte, München 1977, 442: In einer Wahlrechtsreform wurde 1906 das direkte Wahlrecht erzwungen; damals nur für Männer unter der Bedingung, daß einer seit mindestens einem Jahr Steuer zahlte.
[81] Rudolf Greß, a.a.O., 552.
[82] Vgl. Ludwig Fränkel, a.a.O. 247.
[83] Vgl. Rudolf Greß, a.a.O., 552.
[84] Vgl. Freya Amann, Kirchinger/ Schütz a.a.O., 152 und Anm. 154 Münchner Tageblatt Nr. 338 und 339 vom 5 und 6. 12 1899.
[85] Ludwig Fränkel, a.a.O., 247 und Rudolf Greß, a.a.O., 552.
[86] Anmerkung des Verfassers: Eine „visionäre" Erkenntnis, welche sich für die Mehrheitspartei CSU als eine von der CDU selbständige christliche Volkspartei in Bayern bestätigt und der CSU über Jahrzehnte die Regierungsmehrheit sicherte.

risch-katholische Volkspartei" ein[87]. Die Machtstellung der alten Patriotenpartei, die schon seit 1869 die absolute Mehrheit im Landtag hielt, war nicht so leicht zu erschüttern. Zumal sie sich seit 1887[88] nicht mehr Patriotenpartei sondern Zentrum nannte, somit also ihre grundsätzliche Reichsfeindschaft abgestreift hatte, indem sie nun doch mehr dem konfessionellen als dem staatspolitischen Standpunkt Rechnung trug, und dies mit zunehmender bürgerlich-demokratischer Ausrichtung. Zwei Hauptgruppen standen sich bei Landtagswahlen in Bayern drei Jahrzehnte hindurch gegenüber: Liberale und Patrioten, d.h. „Ultramontane, katholisch-bayerische". Erst das Erstarken des Bauernbundes zwang letztlich das Zentrum zu einer aktiveren Bauernpolitik[89].

Als es schließlich 1893 mit Blick auf die Reichstags- und Landtagswahlen in Frontstellung gegen das Zentrum zur Gründung des „Niederbayerischen Bauernbundes" kam,[90] gehörte *Ratzinger* zunächst nicht direkt mit zu den Gründungsmitgliedern. Förmlich trat er erst nach den Wahlen zum Landtag dem Bauernbund bei, nachdem er als deren Kandidat mit großer Mehrheit ein Landtagsmandat erringen konnte[91]. Es war aber noch kein Jahr vergangen, als *Ratzinger* wieder seinen Austritt aus dem Bauernbund erklärte. Die Vorsitzenden des niederbayerischen Bundes *Wieland* und *Heim*[92], seine und *Sigls* Gegner im Bauernbund, hatten ihn zuvor auf die Einhaltung des § 3 der Bauernbundssatzung schriftlich hingewiesen, der u.a. die Mandatsträger im Landtag verpflichtete, „jederzeit und in allen Fragen im Einverständnis mit dem Bundesausschuß und Bundesvorstand" zu handeln. *Ratzinger* begründete seinen schnellen Austritt damit, daß er sich einer derartigen Diktatur nicht fügen könne.[93] Der Statuten-

---

[87] A. Hundhammer, Geschichte des Bayerischen Bauernbundes, München 1924, 17. Vgl. Hans Dieter Denk, Die Christliche Arbeiter Bewegung in Bayern bis zum ersten Weltkrieg, Mainz 1980, 111, zur Situation um 1899 zwischen katholischen Arbeiterorganisationen u. deren Bindung an die Zentrumspartei bzw. an den Bauernbund. Werben Sigls und Ratzingers um die Arbeiterschaft mittels Sigls, „Bayerisches Vaterland": vgl. Bayer.Vaterland Nr. 183, 14.8.1894 und Nr. 185, 15.8.1894.

[88] Kürschner, Bay. Landtag, (1893), Nachdruck 1989, Nachwort, Lenk XV und XVI: zum Verhältnis Parteien und Abgeordnete 1893/99, Dr. Sigl und Dr. Ratzinger einerseits und Dr. Heim andererseits.

[89] Ebd. XVI. Vgl. Hubensteiner, Bay. Geschichte (1977) 442.

[90] Hundhammer, Bay. Bauernbund, 1924, 57: Zur Gründung eines „Bayer. Bauernbundes", d.h. Zusammenschluß der Bündlerischen Organisationen Frankens, Schwabens und Niederbayerns kam es erst auf der Regensburger Tagung vom Februar 1895, auf der sich der Bund eine endgültige Satzung gab.

[91] Ebd., 33. Vgl Kürchner, Bay. Landtag, (1893), Nachdruck 1989, 43, Nachwort Lenk XVI.

[92] Vgl. Kürschner, Bay. Landtag, (1893), Nachdruck 1989, Nachwort, Lenk XVI. Vgl. ergänzend Kirchinger in: Kirchinger/Schütz, Agrarpolitik, 338-341 Ratzinger Selbstverständnis als Parlamentarier.

[93] Vgl. ergänzend Kirchinger, in: Kirchinger/ Schütz, S. 332 ff.: ausführlich über Wielands Vesuch mit Aufnahme eines „imperativen Mandates" in die Satzung des Niederbayerischen Bauernbundes Ratzinger als Vorsitzenden der Parlamentsfraktion zu disziplinie-

streit über § 3 sollte im Bayerischen Bauernbund noch weiter anhalten; er war auch der Grund, warum *Ratzinger* nicht in den oberbayerischen Bund überwechseln konnte[94]. Dennoch sollte *Ratzinger*, der von der ersten Landtagsfraktion des Bayerischen Bauernbundes zu ihrem Wortführer im Landtag gewählt war, das Amt bis 1898 behalten[95]. Als Abgeordneter des Wahlkreises Regen, Regierungsbezirk Niederbayern in den Landtag gewählt, wurde er Mitglied des Finanz-Ausschusses[96] und später auch des Justizgesetzgebungs-Ausschusses [97].

Bezeichnend ist für *Ratzinger*, daß er zeitlebens „im innersten Herzen nie ein richtiger Bauernbündler gewesen" sei[98], daß sein politischer Standort in der Mitte zwischen Zentrum und Bund zu suchen war[99], und daß er aber dennoch als „der tüchtigste vom Bauernbund gewählte Abgeordnete für die parlamentarische Arbeit des Bundes unentbehrlich" war, was zu seinen Lebzeiten in den neunziger Jahren allgemein anerkannt wurde[100]. Hatte er trotz eines schlechten Abschneidens des Bauernbundes bei den Wahlen von 1898 sein Mandat als Parteiloser retten können, - er galt nach dieser Wahl als der für den Bauernbund bedeutendste Abgeordnete[101], so fiel das Mandat in der Nachwahl wegen seines frühen Todes nun an die Zentrumspartei.

Ratzinger entfaltete ein umfangreiches parlamentarisches Programm,[102] welches also nicht unbedingt mit dem des Bundes übereinstimmte. *Ratzinger* lehnte

---

re, um ihn so auf die Einhaltung der Beschlüsse des Bauernbundes zu verpflichten. Wieland, nicht im Landtag, dominierte den Vorstand des Bauernbundes und Ratzinger dominierte deren Parlamentsfraktion.

[94] Hundhammer, Geschichte des Bayerischen Bauernbundes, München 1924, 43-46.

[95] Ebd., Anm.1, 206. Vgl.: ABayL Repertorium 1893 - 1894, I. Session des XXXII Landtags München 1895, Bd. 33, Ratzinger, 367-370; Repert. 1895 1896, II. Sess. d. XXXII. L. Mü. 1897, Bd. 34, 418,419; Repert. 1897 - 1898, III. Sess. d.XXXII. L. Mü. 1899, Bd. 35, 496, 497. Anlage 2 : Rep. 1893-94, I. Sess.d.L.: Mü.1895 Bd. 33, 367 Hinweis: Sten.Ber.Bd., S. XIII f: Verzeichnis der zur XXXII Landtagsversammlung I. Session 1893/94 einberufenen Mitglieder der Kammer der Abgeordneten.

[96] ABayL., Rept. 1893-94, I. Sess. a.a.O., 367 und Mitgl. der Abt. 3 Personalangaben: freiresign. Pfarrer in Oberigling bei Landsberg, Abg. des Wahlkreises Regen, Reg.bez. Niederbayern.

[97] Ebd. 1897-98, III. Sess. 496, Personalangaben: Freiresign. Pfarrer, Schriftsteller in Walchstadt am Wörthsee, B.A. München II.

[98] A. Hundhammer, a.a.O., 17.

[99] Ebd., 47.

[100] Ebd., 63. Vgl. Kirchinger, in: Kirchinger/ Schütz, S. 333, G. Ratzinger sei trotz dessen kurzer Mitgliedschaft im Bay. Bauernbund als einer von dessen „bedeutendsten parlamentarischen Repräsentanten in die Bayerische Landesgeschichte eingegangen". So im Urteil der Historiker: vgl. dortige Anmerkung.

[101] Hundhammer, a.a.O.200.

[102] Ebd., 205: Gesichtspunkte seines Reformantrags von 1893 waren Maßnahmen: 1. der Organisation des Bauernstandes, 2. der Bestimmung des Eisenbahntarifs, 3. in Steuergebühren-, Bank- und Versicherungsgesetzgebung, 4. im Handel und Verkehr u.a.m., ferner

grundsätzlich einen Fraktionszwang ab, und diesen sogar als Fraktionsvorsitzender. Andererseits wird ihm „eine tiefe Einsicht in die Funktionsweise des Parlamentarismus" bescheinigt, denn das Parlament müsse in der damaligen verfassungsmäßigen Ordnung im Königreich „als Ganzes der Regierung gegenüberstehen"[103], also, so könnte man interpretieren, immer das Gesamtwohl aller im Auge habend, ganz im Sinne einer gewissen Gewaltenteilung. *Ratzinger* entfaltete am 7.11.1893[104] in einer Grundsatzrede als Fraktionsvorsitzender des Bauernbundes in der Kammer der Abgeordneten des Bayerischen Landtages mittels einer Interpellation sein Programm für die Landwirtschaft. Die Anfrage lautete: Was gedenkt die königliche Staatsregierung gegen die „fortschreitende Verschuldung des Bauernstandes" zu tun? Die Beantwortung hierzu gibt in der Abgeordnetenkammer der Staatsminister des Innern, *Freiherr von Feilitzsch*.[105]

Zunächst setzt *Ratzinger* unterschiedliche Prioritäten. Für *Ratzinger* geht es nicht zuerst und nicht allein um die Verschuldung des Bauernstandes, sondern „hauptsächlich", mehr ursächlich, um das Problem der Minderung der Ertragsfähigkeit der Böden und der Erschöpfung des Vegetationskapitals. Für das Parlament, die Abgeordneten, so *Ratzinger*, sei daher vorrangig nicht das „Wohlergehen des Bauerstandes" maßgebend, sondern das „Interesse der Gesamtheit", nur so werde die Bauernbewegung „auf die Grundlage der Sittlichkeit" gestellt.[106] Dort von ihm positiv, vom Ziel her ergänzend ausgedrückt: „Nicht der Egoismus irgend eines Standes soll bei dieser Bauernbewegung maßgebend sein, sondern die Erhaltung der Ertragsfähigkeit, die Steigerung des Vegetationskapitals unseres Grund und Bodens, damit dieser Grund und Boden für die Gesamtheit das tägliche Brot zu liefern im Stande ist." Darin besteht *Ratzingers* ethische Option. Die Versorgungssicherheit mit täglichem Brot ist die Anspruchsgrundlage im Sinne *Ratzingers*, für „ein ideelles Gesamteigenthum der Nation auf den Grund und Boden", wobei dieser Anspruch, den „jedes Individuum einer Nation" hat, eng umgrenzt ist „auf das tägliche Brot, welches Grund und Boden hervorbringen soll".

Für *Ratzinger* gilt: „Die Grundbesitzer haben vor Gott und ihren Mitmenschen eine sittliche Aufgabe zu erfüllen", eine Pflicht, die zugleich deren eigener Existenzsicherung dient, worauf ausgleichend „die Harmonie der Interessen" beruhe. Die private Verteilung des Grundeigentums behalte so „ihre volle Berechtigung, weil sie uns allein den Fortschritt in Produktion und die höchste Ertragsfähigkeit garantiert". Damit dies entsprechend geschehen kann, muß „eine sittliche

---

Gesetzesanträge gegen Zertrümmerung der Bauernhöfe, zur Regelung des landwirtschaftlichen Kreditwesens u.a.m.

[103] Kirchinger, in: Kirchinger/Schütz, Agrarpolitik 339, vgl. dortige Anm. 306 und Anhang.

[104] ABay.Landtag, Repertorium 1893-1994, Sess.XXXII, München 1895, St.B. Bd. I, Nr. 22, 423-431.

[105] Ebd. 431, Spalte 1 - 434 Spalte 2.

[106] ABay.Landtag, Repertorium 1893-1994, Sess.XXXII, München 1895, St.B. Bd. I, Nr. 22, 423, 424.

Schranke existieren", konkret „eine Schranke gegen die Devastation, eine Schranke gegen die Zertrümmerung, eine Schranke gegen die Ausschlachtung, eine Schranke gegen den Spekulationskauf u.s.w". Werden derartige Schranken nicht mehr von selbst eingehalten, dann ist, so *Ratzinger*, die Staatsregierung verpflichtet, „diese sittliche Schranke in gesetzgeberischer Form tatsächlich auszurichten". Und *Ratzinger* appelliert ergänzend an „das Bewußtsein, daß Grundbesitzer der Gesamtheit sittlich verpflichtet" seien, ein Bewußtsein, welches sich mehr oder weniger bei allen Völkern der Welt finde.[107] Schwinde jedoch „die Kraft des sittlichen Bewußtseins", dann müsse schließlich „in der Organisation für die Interessen der Gesamtheit auch eine gesetzliche Schranke geschaffen werden".[108]

Ratzinger spricht in seiner Grundsatzrede auch die Wende in der Wirtschaftspolitik von *Bismarck* „vom Freihandel zum Schutzzoll"[109] an, welche zwar „tatsächlichen Bedürfnissen entgegengekommen" sei, wie er „ja sehr gerne einräume", welche aber hauptsächlich dem Egoismus der verschiedenen Erwerbsgruppen Rechnung trage, mit dem Ergebnis einer feindseligen Stimmung gegeneinander. Für *Ratzinger* sind primär die „Gesamtinteressen" das Regulativ. Als Ausrichtung für die Landwirtschaft in Bayern darf Grund und Boden als Privateigentum „keinen willkürlichen Charakter annehmen, sondern muß eine sittliche Schranke haben"[110], für *Ratzinger* ein eklatanter Unterschied zu „den norddeutschen Agrariern", jenem „sogenannten Agrarierthum" egoistischer Prägung.

Ratzinger beklagt weiter den Wandel in der Rechtsauffassung von Grund und Boden seit der französischen Revolution von 1789, die Abkehr von der altgermanischen bzw. christlichen Auffassung wieder hin zu Grundsätzen des römischen Rechtes. *Ratzinger* datiert für Süddeutschland ab 1860 mit der Einführung des Notariats auf dem flachen Lande das Entstehen der „Grundspekulation", welche die wirtschaftliche Einheit der Bauernhöfe zerstöre und zur „Zertrümmerung" der „wirtschaftlichen Zusammensetzung des Gutes aus Aeckern, Wiesen und Waldungen" führe. *Ratzinger* bestätigt zwar, daß „der Bauernstand heute unter dem kapitalistischen System leidet", er will aber unterschieden wissen „zwischen Kapitalisten und kapitalistischer Ausbeutung"[111]. So hält er die Klagen gegen die Banken und Kapitalassoziationen für oft übertrieben, „weil diese selbst meist unter dem Banne von Verhältnissen stehen, die sie gar nicht zu beherrschen vermögen", während anderseits der Bauernstand „durch hohe Überga-

---

[107] Ebd. 424, Spalte 2.
[108] Ebd. 430, Spalte 1.
[109] Ebd. 424, Spalte 1. Vgl. Gustav Stolper, Karl Häuser, Knut Borchardt, Deutsche Wirtschaft seit 1870, Tübingen 1966², 42 f, Zollgesetze von 1879/80 führten neu Agrarzölle, Eisenzölle und verschiedene Industriezölle ein. Die steigende Kurve der Gestehungskosten in der Landwirtschaft in Deutschland und deren fallende Kurve in Übersee kamen in den 70er Jahren zum Schnitt. Deutschland als klassisches Ausfuhrland wurde ein Einfuhrland.
[110] Ebd. 424.
[111] Ebd. 225, Spalte 2.

ben und Kaufschillingsreste und die Verschuldung, welche daraus resultieren", also durch Erb-, Zinszahlungen, Steuerabgaben und sonstige Lasten in eine mehr oder minder große Abhängigkeit vom Kapital geraten sei. Das „ausbeutende kapitalistische System"[112], jene Theorie seit der französischen Revolution, behandle Grund und Boden als Ware, obwohl es keine Ware sei. „Jede Waare" könne man beliebig produzieren, Grund und Boden aber seien „ein für allemal gegeben" und zwar „zum Nutzen der Gesamtheit".

Ratzinger fordert darum zum Schutz vor Spekulationskauf Organe der Gesamtheit, Gemeinden als „Wirtschaftsgemeinde"[113] bzw. als „Gemeinde Marktgenossenschaft" und eine „Gesamtorganisation des Bauernstandes"[114]. Sache einer Wirtschaftsgemeinde sei die Steigerung des Vegetationskapitals, der Ertragsfähigkeit heimischer Böden, deren Ertrag bei besserer Bebauung und besserer Düngung verdoppelt werden könne, so daß die Getreideproduktion durchaus mit der rasch zunehmenden Bevölkerung Schritt halten könne. Der „Wirtschaftsgemeinde" obliegt für *Ratzinger* die Auswahl und der Einsatz bestimmten, bestens geeigneten Samengutes für die heimischen Böden und die Beseitigung vielfacher Körnerkrankheit mit dem Ziel, Getreide als Markenartikel für den Weltmarkt zu produzieren. Dann könne, so *Ratzinger*, eine rasche Zunahme der Bevölkerung durchaus gleichen Schritt halten mit der notwendigen Getreideproduktion.

Gleiches kann sich *Ratzinger* vorstellen für die Rindviehzucht in der Hand der Wirtschaftsgemeinde. Als Institution könne, ähnlich den Raiffeisenvereinen, eine derartige Wirtschaftsgemeinde auch notwendige Personalkredite vermitteln, wobei *Ratzinger* als Rückendeckung für „solche Inkorporationen" die Schaffung einer staatlichen Hypothekenbank befürwortet. Mit diesen Vorschlägen will *Ratzinger* die ländliche Bevölkerung gegen den Zwang der Überschuldung schützen und die Schaffung einer gesicherten Existenz für den Bauern gewährleisten, inklusive einer finanziellen Unterstützung des Bauernstandes bei schlechten Ernten.[115]

Ratzinger bestreitet auch die Vorteilhaftigkeit von Großbetrieben in der Landwirtschaft, welche angeblich „die wenigsten Kosten erfordere und die höchsten Erträgnisse erziele". Wenn man in der landwirtschaftlichen Produktion als oberstes und erstes Ziel die Herstellung „des quantitativ und qualitativ besten Ertrages unter Aufwendung der relativ geringsten Kosten" anstrebt, könne dies nur der Großbetrieb, so die Ansicht bestimmter Agrarpolitiker und Agrarwissenschaftler[116]. Für *Ratzinger* erzielt dagegen den besten Ertrag „nur der mittlere Land-

---

[112] Ebd. 425, Spalte 2, 246, Spalte 1.
[113] Ebd. 426, 427, Spalte 2.
[114] Ebd. 427, Spalte 2.
[115] Ebd. 429, Spalte 2.
[116] Ebd. 429 Spalte 2, 230, Spalte 1, Ratzinger bestreitet die Thesen der Professoren, des Freiherrn von Hertling und Brentano; vgl. 428 Spalte 2: „Der Bauernstand muß verschwinden, die Zukunft gehört ausschließlich dem Großbetriebe (: Brentano!)"; Ratzingers Vorwurf, Agrarpolitik, Agrarwesen werde an den Universitäten nur nebenbei behandelt - und dies in einem Lande mit überwiegend Ackerbau.

wirtschaftsbetrieb", wie er ergänzt: „so weit das Auge des Besitzers ihn übersehen kann". Für *Ratzinger* ist der Getreideanbau, die Viehzucht, überhaupt die Landwirtschaft „nicht etwa eine mechanische Produktion, wie die Industrie". Nicht den Großbetrieb sondern den „individuellen Betrieb" hält *Ratzinger* für den „einzig richtigen", und Privateigentum an Grund und Boden als notwendig, wenn auch letzteres im Interesse der Gesamtheit „sittliche Schranken hat", aber nur dann, wenn „die Kraft des sittlichen Bewußtseins schwindet", seien mittels einer Organisation gesetzliche Schranken im Interesse der Gesamtheit berechtigt. Die „Lösung der Grundverschuldungsfrage", also die Lösung der Agrarfrage ist für *Ratzinger* zugleich auch die „Lösung der sozialen Frage". Als Folge des Mangels der Ertragsfähigkeit in der Landwirtschaft erhält, so *Ratzinger*, der Bauernstand für sich nicht mehr den richtigen Arbeitslohn, so daß deshalb so viele landwirtschaftliche Bewohner in die Städte strömen.[117] Um dem entgegenzuwirken, müsse der Bauer mit seiner Familie wieder seinen „hinreichenden Arbeitslohn" auf seinem Gut erwirtschaften können.

Zusammenfassend forderte *Ratzinger*, daß die Spekulation in Grund und Boden durch eine Organisation beseitigt werde, welche bei Übergabe, bei Käufen und Verkäufen tätig werde, damit „die Bauern vor Überschuldung, das Gut vor Zertrümmerung" geschützt und „als wirtschaftliche Einheit" erhalten werde. Woraus *Ratzinger* folgert, daß „sich die Gegensätze des Individualismus und des Sozialismus"[118] nirgends „so streng ausgeprägt wie bei Grund und Boden" finden, und doch durch eine gefundene ausgleichende Verbindung oder Organisation sich auflösen.

Ratzinger konstatiert ein Schwanken der Entwicklung von Grund und Boden „bei allen Völkern und zu allen Zeiten, so daß „bald der Sozialismus überwiegt in der Entscheidung überwiegenden Gesamteigenthums, bald der Liberalismus und Individualismus, in der Willkür des Besitzes allein maßgebend ist"; d.h. eine „viel zu große Freiheit" beinhaltet für ihn „eine förmliche Willkür". Eine Erkenntnis, welche er mit der Zusicherung verbindet, daß, wenn es sich um die Hilfe „für die ärmsten Klassen handelt", er auch, ohne sich zu genieren, den Sozialisten die Hand reiche, um dort zu helfen „wo es sich um den Wohlstand des Volkes handelt"[119]. *Ratzinger* fordert, „daß die rettende Tat zur rechten Zeit geschehe". Für *Ratzinger* kommt es letztlich darauf an, „die armen und ärmsten Klassen aus den elenden Zuständen wieder in wohlhabende und geordnete Verhältnisse hinaufzuziehen", und dies „sei nicht nur eine Pflicht des Herzens sondern auch eine Forderung des Verstandes". Die Staatsregierung und „alle hier", so *Ratzinger* in seiner Grundsatzrede, hätten „das Nöthige zu thun, damit ja unser Bauernstand nicht in proletarische Zustände versinkt". Wenn alle ihre Pflicht tun, werde „auch der Segen Gottes sicherlich nicht fehlen".[120]

---

[117] Ebd. 428 Spalte 2.
[118] Ebd. 430, Spalte1.
[119] Ebd. 431, Spalte 1.
[120] Ebd. 431, Spalte 1.

In seiner Beantwortung will der Staatsminister des Inneren nicht in Abrede stellen, daß sich die Landwirtschaft in Bayern „in einer ungünstigen Lage" befindet. Die Vorstellungen *Ratzingers* zur Verschuldung hält er für übertrieben. Ohne Hypothekenschulden sei mindestens 1/3 des ländlichen Grundbesitzes in Bayern, wie sich aus einer Erhebung des Hypothekenstandes zum Zwecke der Flurbereinigung feststellen ließ, und es gebe auch „in einzelnen Ortschaften fast gar keine Hypothekenschulden"; dennoch konstatiert er einen beachtlichen Verschuldungsgrad allein mittels Hypothekarkredit. Die ebenfalls kritisierte rasche Abnahme von Holzvorräten der Privatwaldungen einzelner Landesteile sei bedingt, so der Minister, durch hohe Holzpreise aufgrund des gesteigerten Holzverbrauches der Industrie, so in der Bau- und Möbel-Industrie, wie auch der Holzstoff- und Zellulose–Fabrikation. Aber auch aufgrund der Verbesserung der Verkehrsverhältnisse in einzelnen Landesteilen, die den Absatz und den Handel mit Holz begünstigen. Dem relativ günstigen Ertrage der Waldwirtschaft steht die negative Ertragsentwicklung in der Landwirtschaft entgegen, bedingt durch einen niedrigen Stand der Preise des Getreides und anderer landwirtschaftlicher Erzeugnisse. Als große negative Einflußfaktoren werden hier ebenfalls „die bedeutende Steigerung der Produktionskosten, die häufig sehr hohen Güterübernahmen, die erhebliche Leistung für Versicherung und Umlagen und, besonders gewichtig, die Preisbildung in Abhängigkeit vom Weltmarkt" benannt. Dies als Rückwirkung einer großartigen Verkehrsentwicklung in der zweiten Hälfte des 19. Jh., welche es „selbst entfernt gelegenen Produktionsgebieten ermöglicht, mit ihren Erzeugnissen in Wettbewerb mit der inländischen Produktion zu treten"

Ferner zu *Ratzingers* Ansicht, die zwar das Privateigentum als Institut nicht infrage stelle, so komme aus der Sicht des Staatsministers dessen Anregung „einem tiefen Eingriff in das Privateigentum" gleich, eine „Art von Expropriation desselben", welche nicht im Sinne der Mehrzahl der landwirtschaftlichen Bevölkerung gelegen sein könne. Jeder Landwirt wolle insbesondere sein Eigentum, soweit als möglich, zur freien Verfügbarkeit haben; wenn schon eine Beschränkung im Interesse der Gesamtheit dringend notwendig sei, so dürfe der Wert des Objektes dennoch nicht beeinträchtigt werden. Die von *Ratzinger* vorgeschlagene Gesamtorganisation des Bauernstandes wie auch die Schaffung von Wirtschaftsgenossenschaften würden unter der Bauernschaft, so der Staatsminister, „auf sehr großen Widerstand stoßen". Dies habe in Österreich der vorgelegte Gesetzesentwurf zur Errichtung von Berufsgenossenschaften der Landwirtschaft bereits ausgelöst, zumal eine derartige Berufsgenossenschaft auch berechtigt sein soll, eine Besteuerung der einzelnen Landwirte „bis zu 4% der Grundsteuer" zu erheben.[121] Den „Schutz nach Außen", hauptsächlich durch Getreidezölle, und „die Organisation nach Innen", welche teils bestehe und verbessert werden soll, von *Ratzinger* gefordert, wolle auch die Staatsregierung.[122]

Festzuhalten ist demnach, was auch für *Ratzingers* Kapitalismus-Kritik nicht unwesentlich ist, daß er - im Bewußtsein der wirklichen Notlage der Landwirt-

---

[121] Ebd. 434 Spalte 1.
[122] Ebd. 434 Spalte 2.

schaft, gestützt durch seine landwirtschaftliche Praxiserfahrung als Bauernsohn und seine umfangreichen historischen Kenntnisse wirtschaftlicher Entwicklungstrends, durch ein starkes Protektionismus-Denken motiviert wurde. Obwohl er als Kind und Theologiestudent noch jene Periode des Freihandels in Deutschland erlebt hat, in der auch die deutsche Landwirtschaft einen glänzenden Aufschwung verzeichnete, wo sich gerade in dieser Zeitepoche für Deutschland der Wechsel von einem Agrar- zu einem Industriestaat vollzog. Dennoch wollte *Ratzinger* in der Podukution des heimischen Getreides „bei besserer Düngung und bei besserer Bestellung"[123] vom Ausland möglichst unabhängig werden, wie er betont, „vollständig" im Gegensatz zum Reichskanzler *Grafen von Caprivi*, welcher den Standpunkt vertrete: „Deutschland werde nun einmal ein Industriestaat, darauf müßten wir uns einrichten, und die Einfuhr werde eben notwendig"[124].

Als politisch Agierender begann *Ratzinger* zudem in einer Zeit, in der gerade die Spekulationskonjunktur[125] in die tiefe und harte Depression, in die Gründerkrise von 1873 umschlug. Zu diesem Zeitpunkt also, als 1876 der liberale Freihändler *Delbrück*, der bis dahin über Jahrzehnte hinweg die preußische und später die gesamtdeutsche Handelspolitik bestimmte, zurücktrat, und als *Bismarck* 1879 zum Schutze der deutschen Wirtschaft vor der Weltkonkurrenz sich zur Anwendung des Instrumentes einer Schutzzollpolitik durchrang. Es war die Zeit des Übergangs von einer freihändlerischen Politik, vom Liberalismus hin zum Protektionismus.

---

[123] Ebd. 420 Spalte 1, Ratzinger bezweifelt hier, daß immer eine Überproduktion im Auslande, etwa in Nordamerika vorhanden sein wird und verweist auf das gerade erst von ihm gelesene Werk des Sozialökonomen Prof. Jannet von der katholischen Universität in Paris.
[124] Ebd. 429 Spalte 1. Vgl. Ratzinger Vw.²376 Skepsis gegenüber Schutzzöllen. Vgl. Caprivi NDB 3 (1957), 134 f. Vgl. Gustav Stolper, Karl Häuser, Knut Borchardt, Deutsche Wirtschaft seit 1870, Tübingen 1966² 43. Georg Leo Graf von Caprivi, Reichskanzler 20.30.1890 (nach v. Bismarks) bis 26.10.1894 (Entlassung wegen der sog. "Umsturzvorlage" gegen die SPD), Sozialistengesetze aufgehoben, Landwirtschafts- und Industriezölle ermäßigt; Zölle 1902 wieder erhöht. Vgl. Kirchinger, Ratzinger, (2008) 315 Hinweis auf Leo Caprivi (1831-1899) und die Frage nach dem ‚gerechten Preis' im Austausch Nahrungsmittel aus dem Ausland gegen Erlös der Industrieprodukte.
[125] Ebd. Stolper, Deutsche Wirtschaft seit 1870, 1966², 4 : Depression verstärkt durch Abschaffung der Eisenzölle 1873, daraufhin überschwemmt England den deutschen Markt mit Eisen und Eisenerzeugnisse zu niedrigen Preisen im Zeitpunkt, als die deutsche Landwirtschaft ihre traditionelle Ausfuhrfähigkeit einbüßte und von Einfuhr immer mehr abhängig wurde. Der Wechsel von der extensiven Dreifelderwirtschaft zur intensiven Fruchtwechselwirtschaft unter Einsatz von Kunstdünger verzögerte lediglich die Abhängigkeit von Übersee, speziell von amerikanischem Getreide. 42 f, die weltweite Depression und der Umschwung in den internationalen Konkurrenzbeziehungen führten zum Zollgesetz von 1879/80: neu waren zunächst Agrarzölle, Eisenzölle und verschiedene Industriezölle.

Ratzinger selbst war, wie sein Freund aus dem Bauernbund *Freiherr von Thüngen*, ein frühzeitiger Vertreter der Zollidee.[126] Und dennoch, *Ratzinger* war gegen eine *einseitige* Schutzzollpolitik, er trat vielmehr ein für eine internationale Regelung im Gesamtinteresse der Menschheit. Für ihn hatte der Schutzzoll primär sozialen Charakter,[127] wie man es auch zwischen den Zeilen in seiner Grundsatzrede im Bayerischen Landtag vom 3.11.1893 leicht erkennen kann. Seine Vorbehalte gegenüber einem Liberalismus, wie er ihn verstand, verdeutlichen seine Ausführungen auch in seinem Hauptwerk von 1881, wenn er jene falsche Freiheit anprangert, die z.B. den Boden zur „freien Waare" erklärt und damit zu einem Spekulationsobjekt werden ließ. Anhand der Statistik weist er in seinem Werk zur Volkswirtschaft für Frankreich, Österreich und Bayern auf die übergroße Verschuldung des Grundbesitzes hin und prophezeite sogar bei Fortgang der Dinge bis Ende des 19. Jahrhunderts einen völligen Wechsel der Eigentumsverhältnisse. Er macht dabei jene freihändlerische Politik der Ära *Delbrück-Camphausen* mitverantwortlich, die den Staat dieser Entwicklung gegenüber in Gleichgültigkeit verharren ließ [128].

Vor diesem Hintergrund wird sein parteitaktisches Verhalten verständlich. Das bayerische Zentrum, das, wie er sich ausgedrückt haben soll, ein „Haberfeldtreiben" gegen ihn inszenierte, da er ursprünglich eine eigene bayerisch-katholische Volkspartei zu gründen bestrebt war, konnte ihm nicht den Rahmen für sein politisches Engagement bieten. Obwohl sein Streben nach einer eigenen Parteigründung mehr aus volkspolitischer Rücksicht denn aus partikularistischer Neigung zu erklären ist. So war er letztlich gezwungen, sich dem „schroffen Partikularisten Joh. Sigl und dessen Bayerischem Vaterland"[129] anzuschließen. *Ratzinger* war in seinen letzten Lebensjahren vereinsamt, wenngleich sich gegen Ende „ein ehrlicher politischer Waffenstillstand" zwischen dem Zentrum und ihm sich abzeichnete.[130]

---

[126] Vgl. ABay.Landtag, Repertorium 1893-1994, Sess.XXXII , St.B.Bd. IV, Ratzinger: Zur Forderung des Wirtschaftsausschuß nach Einführung einer allgemein progressiven Einkommenssteuer: 328-333, 331: Hinweise auf Baron von Thüngen. Hundhammer, Bay. Bauernbund (1924) 33. 62-64 Vgl. Hubensteiner, Bay. Geschichte (1977) 441, Freiherr von Thüngen, eine zentrale Firgur im fränkischen Bauernbund mit konservativer Prägung. Georg Ratzinger wird in: Hubensteiner Bayerische Geschichte (1977) nicht namentlich erwähnt, wohl die Geschichte des Bay. Bauernbundes. Vgl. Kirchinger G. Ratzinger, (2008) 334 f. Karl Freiherr von Thüngen (1851-1926) ab 2.3.1895 Landesvorsitz im Bayerischen Bauernbund.

[127] Georg Ratzinger Vw^2. 387.

[128] Ders. Vw^1. 328-330.

[129] Rud. Greß, a.a.O., 552.

[130] Ebd., 552.

1.5. Die sozialen Gedankenlinien des jungen Ratzinger
1.5.1. Thesen[131] zur Promotion in Theologie

Hier ist zentral *Ratzingers* These 40 aus dem Bereich der Moraltheologie mit der Forderung: „Die Kirche muß höchste Sorge und Mühe auf die Abschaffung der Sklaverei verwenden."[132] Dies entsprach für *Ratzinger* der Sendung der Kirche von Beginn an. Er begründet dies in seiner „Volkswirtschaft" mit der Feststellung des hl. Paulus, der Sklave habe dieselben Menschenrechte wie der Freie[133]. Im 19. Jh. betraf der analoge Sachverhalt primär die „Arbeiterfrage" als soziale Frage, insofern die Ausbeutung der Arbeiter als Grundübel in *Ratzingers* Epoche erkannt war und zu überwinden galt. In seinem Hauptwerk klagt *Ratzinger* die praktizierte Sklaverei in ihren unterschiedlichsten gesellschaftlichen Ausprägungen in mehrfacher Hinsicht an. Historisch und exegetisch grundlegend thematisiert *Ratzinger* den Prozeß der Beseitigung der Sklaverei im Kapitel über „Arbeit und Kapital", gleichsam wie in einem Exkurs. Zu Beginn betont er die Bedeutung der Kirche, von ihrer Sendung her, für die Beseitigung der Sklaverei, wobei er zugleich die Sklaverei als ursächlich für den Untergang der römischen Welt bezeichnet.[134] Die Apostel und Kirchenväter seien nicht „als Agitatoren für wirtschaftliche Reformen" aufgetreten, sondern als „Sendboten der Liebe", wenn er jene Worte des hl. Paulus zitiert, welche die „Gleichheit aller in der christlichen Gesellschaft" festschreibt, so daß „in der Kirche kein Unterschied der Person gelten könne, daß es vor Gott nur Brüder Jesu Christi, aber weder Juden noch Heiden, weder Sklaven noch Freie gebe".[135]

Auch heute sind „immer neue Formen der Sklaverei" zu beklagen, „wie Menschenhandel, Rekrutierung von Kindersoldaten, Ausbeutung der Arbeiter, illegaler Drogenhandel, Prostitution"[136], deren Bekämpfung zu den zentralen Forderungen der Soziallehre der Kirche gehört. Ein Instrument, die Arbeiterfrage, das sklavenähnliche Los der Industrieproletarier zu überwinden, kann durchaus dann eine freie Wirtschaft sein, wenn, wie in den Enzykliken CA und RN, aber auch von *Georg Ratzinger* gefordert, der Staat subsidiär den rechtlichen Rahmen erstellt. Dieser rechtliche Rahmen wird hier herausgestellt als „die Grundvoraussetzung für eine freie Wirtschaft, die in einer gewissen Gleichheit unter den

---

[131] Archiv der Universität München Personalakte Ratzinger, Ad disputationem publicam ‚Theses defendendae fascikel 274: im Anhang Original-Dokumentation aller durch Georg Ratzinger zu verteidigenden Thesen in der öffentlichen Disputation zu Erlangung des Akademischen Grades des Doktor der Theologie, an der Universität München, am 8. August 1868.
[132] Ratzinger Vw.² 163 mit Hinweis auf Gal. 3,28; Kol. 4,11.
[133] Ratzinger Vw.² 163 mit Hinweis auf Gal. 3,28; Kol. 4,11.
[134] Ratzinger Vw.² 162-170: 171-175: Überwindung der Sklaverei im Mittelalter durch neue Strukturen im Arbeitsleben in Form klösterlicher Genossenschaften über die Bildung von Berufsständen bis hin zu einem „dinglichen" Knechtsverhältnis als Leibeigener und deren Beseitigung.
[135] Ebd. Vw² 162 f mit Hinweis auf: Gal. 3,28.
[136] Komp. der Soziallehre der Kirche, a.a.O., Nr. 158

Beteiligten besteht, so daß der eine nicht so übermächtig wird, daß er den anderen praktisch zur Sklaverei verurteilt"[137]. Insofern hat also der Staat die rechtlichen Voraussetzungen für das Zustandekommen des Marktgleichgewichts jedweder freien Wirtschaft als ständigen Balanceakt zu gewährleisten, also einen wirklich funktionierenden Wettbewerb.

In These 41 vertritt *Ratzinger* die Ansicht: „Die Meinung ist falsch, daß die Sklaverei meistens heilsamer sei als die Freiheit derer, die den Werkstätten der Gottlosen eingeschrieben sind"[138]. Die Entscheidung zu Gunsten der Freiheit der Person ist naturrechtlich konsequent, obwohl je nach Güterabwägung die Beantwortung auch anders ausfallen könnte, es sei denn das „Angehören" ist ein Akt der Freiheit. Naturrechtlich hat jeder Mensch grundsätzlich ein Recht auf „die Wahrung seiner Menschenwürde und die Entfaltung seiner persönlichen Kräfte"[139]. Allerdings galt es in urchristlicher Zeit auch zu bedenken, daß eine sofortige Entlassung aus der Sklaverei die Menschenwürde des Sklaven noch mehr hätte gefährden können. Darum die von Paulus betonte Forderung, die Sklaven „als Brüder"[140] zu behandeln.

Hierzu auch *Ratzingers* These 22 aus dem NT, I. Korinther 7, 21: „Aber wenn du die Möglichkeit hast, frei zu werden, so nimm sie um so lieber wahr." Exegetisch ist der Text an dieser Stelle nicht eindeutig[141]. Paulus habe, so *Ratzinger*, die „Gleichheit aller in der christlichen Gesellschaft streng betont", dennoch stelle er den „allgemeinen Grundsatz" auf, „jeder solle in dem Stande bleiben, in welchen Gott ihn gesetzt habe"[142]. „Bist du als Sklave berufen worden? Laß dich's nicht kümmern", denn sei er „Sklave oder Freier", „jeder, wenn er etwas Gutes tut, vom Herrn Vergeltung empfängt".[143]

Die These 44 „Privateigentum ist gerecht und notwendig"[144], findet ihre Ausdeutung später im Kapitel seines Hauptwerkes „Eigentum und Communismus". So

---

[137] Johannes Paul II. Enz. CA, a.a.O. 15: vgl Leo XIII. Enz. RN, AAS, 26-29.

[138] Archiv Uni. München, fascikel 274, 41: „Opinio falsa est, servitutem plerumque salubriorem esse, quam libertatem illorum, qui impiorum adscripti sunt officinis."

[139] Bernd Häring, Das Gesetz Christi, Moraltheologie, München (1961) Bd. 1, vgl.: 278.

[140] Ebd. 278. Vgl. G. Ratzinger Vw.² 163, Anm. Ratzinger zitiert Bischof v. Ketteler, Arbeiterfrage, 154, wo dieser den Brief des hl. Paulus an Philemon als den „antizipierten Freiheitsbrief aller Sklaven in der christlichen Weltordnung" angesehen habe.

[141] Archiv Uni. München, a.a.O. fascikel 273 : III. Ex Novo Testamento: 22: „I. Corinther 7, 21 ad μᾶλλον χρῆσαι supplendum est ἐλευθερίᾳ." Der Text ist an dieser Stelle nicht eindeutig (Wilckens, Ulrich (übers.), Das Neue Testament, Zürich; Gütersloh ⁸1991: in Anmerkung, das gibt der Textzusammenhang nicht her, weshalb er übersetzt: „Selbst wenn du die Möglichkeit hast, frei zu werden, so bleibe gleichwohl um so lieber (in deinem Stande)".

[142] G. Ratzinger Vw.² 162, 163 in Anm. 1 Kor. 7.10 betr. Hier die Ehe mit Heiden.

[143] Jerusalemer Bibel, Hrsg. Anton Vögtle u.a.Freiburg 1968, 1647: 1.Kor.7,21 vgl. mit Eph. 6.5-9, 1689.

[144] Archiv Uni München, a.a.O., fasc. 274, V. 44 : „Dominium privatum est justum et necessarium"

formuliert *Ratzinger* den Begriffsinhalt von Eigentum klassifizierend bereits als Antithese zum Kommunismus. *Ratzinger* hält das Recht auf Eigentum zugleich auch für eine sittliche Pflicht, „geheiligt durch Gerechtigkeit und Barmherzigkeit"[145]. Auch in RN ist das „Recht auf persönliches Eigentum heilig"[146] zu halten, wenn es zu einer „wirksamen Lösung der sozialen Frage" kommen soll, also konform zu *Ratzingers* Sicht. Für ihn ist der Rechtgrund des Eigentums die „aus dem Sittengesetz entspringende Befugnis, die Sache zu besitzen, die Sache zu haben, weil das Sittengesetz selbst seinen Ursprung in Gott hat". Insofern ist jedes Eigentum für „rechtmäßige Inhaber" von „Gott verliehen" und durch „sein Gebot geschütztes Recht"[147]. Bei einer höheren Form der Produktion, denn „Arbeit und Kapital müssen sich vereinigen", so *Ratzinger*, bedarf es „keiner Expropriation und keiner Konfiskation von Eigentum", aber auch „keines Staatssozialismus, durch welchen alle zu Sklaven des Staates würden." *Ratzinger* glaubt an eine evolutionäre Entwicklung, eine revolutionäre Umwälzung lehnt er ab.[148]

Hingewiesen sei auch auf seine These 68 aus dem kanonischen Recht: „Das Erbrecht ist ein echtes Recht und beizubehalten"[149]. Oder für den Bereich Geld und Kredit die Moraltheologie betreffend: These 42 „Bei Gelegenheit eines Darlehens über den Anteil hinaus etwas zu erhalten, ist fast immer erlaubt",[150] bzw. jene interessante These: 43 „Thomas von Aquin hat zu Unrecht behauptet, daß Zinsen zu erzielen aus geborgtem Geld aus sich heraus ungerecht sei"[151], Thesen, die *Ratzinger* in seinem Hauptwerk unter „Wucher und Zins" abhandelt. Zum Armenwesen stellt er in These 45 fest, „Die bürgerlichen Gesetze, durch die Ehen der Armen verhindert werden, sind fast immer schädlich."[152] Und in These 46: „Die Geistlichen sind gehalten, alles das, was auch immer sie aus den Kirchengütern an Überfluß haben, an die Armen zu verteilen oder für sonstige fromme Werke aufzuwenden"[153]. Alles Thesen, auf die in der hier vorgelegten Analyse differenzierend noch einzugehen sein wird.

---

[145] Ratzinger Vw.² 81.
[146] Friedrich Beutter, Die Eigentumsbegründung in der Moraltheologie des 19. Jh. Paderborn, 1971,35 f.: zur Heiligkeit des Eigentums, Anm. 9 in RN erklärt der Papst, „daß das Recht auf Eigentum heilig gehalten werden müsse, „ius privatum bonorum sanctum esse oportere": AAS 23 (1890/91) 663.
[147] Ratzinger Vw.² 145.
[148] Ebd. 469.
[149] Archiv Uni München a.a.O. 274, VII. 68: „Jus hereditandi verum jus est et retinendum."
[150] Ebd. 42: „Occasione mutui supra sortem quiddam accipere pro pecunia mutuata esse secundum se injustum."
[151] Ebd. 43: „Thomas Aquin. immerito dixit: usuram accipere pro pecunia mutuata esse secundum se injustum."
[152] Ebd. 45: „Leges civiles, quibus matrimoniua pauperum prohibentur, fere semper nocent."
[153] Ebd. 46: „Clerici bonorum ecclesiasticorum superfluum quodcumque habent in pauperes vel in alia pia opera tenentur erogare."

Scheinen die genannten Thesen bereits das Problem der „sittlichen Grundlagen" einer Volkswirtschaft direkt anzusprechen, so sind aus Sicht der christlichen Lehre, aus dem Bereich der Dogmatik für die wissenschaftliche Analyse *Ratzingers* immer mitzubedenken bzw. zu beachten: Etwa wenn er in These 31 darauf hinweist: „Wenn man die Überlieferung und die Glaubensregel entfernt, ist die Heilige Schrift weder eine ausreichende noch auch eine einleuchtende Quelle für den Glauben."[154] Auch für *Ratzingers* Ideenvorgabe einer sich herausbildenden Soziallehre der Kirche geht es nicht ohne die Lehren der Kirchenväter, die Tradition und die Glaubensregeln.

Zum *„Kreatianismus",* findet sich jene theologisch-dogmatische These 35 *Ratzingers*: „Weder der Generatianismus noch der Kreatianismus scheint mir die Vererbung der Erbsünde hinreichend zu erklären"[155]. Der „Kreatianismus"[156] vertritt in der Erbsündenproblematik die Lehre von der „unmittelbaren Erschaffung der Geistseele allein durch Gott und deren Eingießung in den Leib im Akt der Zeugung", während der „Generatianismus"[157] in der Form des Traduzianismus „die Herkunft der Seele genauso wie des Leibes aus dem Zeugungsakt, nämlich durch den Übergang eines Teils der Seelesubstanz der Eltern zusammen mit dem körperlichen Samen (tradux) auf das Kind" lehrt. Erst mit *Thomas von Aquin, Bonaventura* u.a. setzt sich der Kreatianismus durch.[158] In neuerer Zeit, d.h. im 19. Jh., also zur Zeit *Georg Ratzingers*, wurde die Problematik wieder diskutiert. Die Kirche betont erneut den Kreatianismus und widerspricht dem Generatianismus, zuletzt in der Enzyklika Papst *Pius XII., Humani generis*[159]. Auch die Evolutionslehre, wie sie *Ratzinger* versteht, steht im Gegensatz zum Kreatianismus: Die „Darwinsche Auffassung von der Naturentwicklung", wonach „alles Leben nicht nach dem göttlichen Plane eines Schöpfers, sondern unbewußt von selbst sich entwickle und ausgestalte durch den Trieb, sich zu

---

[154] Ebd. fasc. 773, IV. 31 : Remota traditione et regula fidei S. scriptura neque sufficiens neque perspicuus fons fidei est." Zur: „regula fidei" vgl. A. Mundó, LThK 8, 1963, 1102 ff.

[155] Ebd. fasc. 274, 35) „Nec generatianismus nec creatianismus peccati originalis propagationem satis explicare mihi videtur." Vgl. Zur Entwicklungsgedanken Darwins: Georg Ratzinger, Vw.¹ ,2 f., Vw², 503f. Generatianismus vgl.:A. Mitterer, LThK 4, 1960, 668) und Kreatianismus: F. Lakner, LThK 6, 1961, 597. – A. Mitterer, a.a.O. „Die Kirche lehrt...den Kreatianismus ...: Die Geistseele kann nicht aus der Potenz unbeseelter Materie heraus aktualisiert, sondern sie muß 'eingegossen' werden. Sie wird auch von Gott nicht aus etwas erzeugt, sondern aus nichts erschaffen. Dieses Erschaffen erfolgt nicht vor, sondern zugleich mit dem Eingießen. Man formulierte mit Augustinus und Thomas: „Die Seele wird von Gott eingießend erschaffen und erschaffend eingegossen".

[156] Raphael Schulte, Kreatianismus in: LThK Bd.6, Auflage (1993-2001)³, 2006³,433f. Hieronymus u.a.

[157] Raphael Schulte,Generatianismus in: LThK, Bd. 4, 2006³, 449 f. Tertullian, Augustinus.

[158] Ebd. vgl. Kreatianismus, LThK 6 (2006)³ ,433: bei Thomas: (S.th.I,118,2).

[159] Ebd. Vgl. Generatianismus, LThK. 4(2006)³,450.

erhalten und zu vermehren, durch den Wettkampf um Leben und Wohlleben"[160]. Speziell die Doktrin *Darwins* vom „Kampf ums Dasein" findet ihre kritische Analyse in der Arbeiter- und Lohnfrage, also der *sozialen* Frage in *Ratzingers* Volkswirtschaft gleichermaßen wie in RN.

Schon gegen jenen „Nihilismus des Unbewußten", auf den *Ratzinger* in seinem Hauptwerk eingeht, geht die dogmatische These 36 an: „Eine gewisse Gottesidee ist jedem Menschen eingepflanzt."[161] Es ist also letztlich die Antwort, die zur metaphysischen Frage führt, wodurch sich das Sein rechtfertigt. Sie stellt die Frage nach der Begründbarkeit des objektiven Sittengesetzes, nach den sittlichen Grundlagen. Und findet eine Antwort in einem ethisch begründeten Naturrecht. „Die legitimierende Kraft des metaphysisch verstandenen Naturrechtes ist eine übermenschliche Autorität, entweder die eines Weltgesetzes oder die des Gottesgesetzes", wobei das Naturrecht für den Rechtsphilosophen *Erik Wolf* „in vierfacher, - ontologisch, ethisch, logisch und metaphysisch -, Entfaltung seiner Doppelfunktion seine Aufgabe erfüllt..., wenn der Mensch in seinem rechtlichen Dasein wahrhaft zu sich selbst kommen und damit seiner Wesensbestimmung genügen will"[162]. Auch in neuester Zeit wird im Vergleich der Kulturen immer wieder deutlich, wie sehr dem Menschen sinnstiftend „eine gewisse Gottesidee" zu eigen ist.

1.5.2. Dissertation zur „Geschichte der kirchlichen Armenpflege"

Schon mit *Ratzingers* erster großer wissenschaftlichen Publikation zur „Geschichte der kirchlichen Armenpflege" von 1868[163] könnte man die Frage stellen, ob *Ratzinger* sich als Ideengeber einer katholischen Soziallehre ausmachen läßt. In neuerer Zeit wird ihm diesbezüglich bestätigt, daß gerade der „Reiz der Lektüre" von *Ratzingers* „Geschichte der kirchlichen Armenpflege" zur „Wiederentdeckung eines unorthodoxen katholische Reformers" führt. Abstrahiert von „aller Zeitgebundenheit", wird *Ratzinger* bestätigt, daß er „in mancher Hinsicht als Vorläufer so bedeutender Vordenker des Sozialkatholizismus wie Gustav Gundlach und Oswald von Nell-Breuning gelten darf"[164], ohne zu verschweigen, daß „manche seiner Gedanken und Theorien durch die geschichtliche Entwicklung widerlegt sind". Andererseits wird begründend verwiesen auf *Ratzingers* „Genossenschaftsgedanken" (von 1868) oder die These von „den volkswirtschaftlichen Interdependenzen von Armut und Wirtschaft", Interdependenzen, die durch eine innere Rationalität aufeinander zugeordnet erscheinen.

---

[160] Ratzinger Vw¹. 4 bzw. Vw². 507.
[161] Archiv Uni München fasc. 274, 36) „Dei idea quaedam omni homini inest."
[162] Erik Wolf, Das Problem der Naturrechtslehre, Karlsruhe (1959)², 160, Zitat ergänzt: z.B. der Ehe, oder des Eigentums als „höhere Vernunftnotwendigkeit" oder als „Stiftungen" Gottes.
[163] Georg Ratzinger, Geschichte der kirchlichen Armenpflege, Freiburg, 1. Auflage 1868, 2. umgearbeitete Auflage 1884, Reprint der Ausgabe der 2. Aufl. 1884, Freiburg 2001.
[164] Vgl. Andreas Wollasch: Vorwort zum Reprint 2001, Ratzinger, Armenpflege ²1884.

Ratzinger interpretiert diesen Sachverhalt so: „Genügsamkeit und Sparsamkeit, Arbeit und Betriebsamkeit bilden die Elemente der Tugend der Wirtschaftlichkeit." Und „auf Grund dieser Prinzipien überwindet", so fährt *Ratzinger* fort, die Gesellschaft „allmählich die Extreme äußersten Reichtums und äußerster Armut", und erreicht so „die Stufe allgemeiner Wohlhabenheit". Prinzipienhaft ergänzend fährt er fort: „Je mehr die sittliche, vernünftig wirkende Kraft zu Rathe gehalten, je mehr die haushälterische Maxime in Produktion und Consumtion angewendet wird, desto höher wird die sittliche Entwicklung des Einzelnen und der Gesamtheit gesteigert werden können."[165] Die Vernunft als „wirkende Kraft" darf nach *Ratzinger* nicht fehlen. Auch in seinem Hauptwerk zur „Volkswirtschaft" versteht *Ratzinger* das ökonomische Prinzip der „Wirtschaftlichkeit" als ein Moralprinzip, man könnte sagen, als ein Synonym zur Sittlichkeit, als „Gesetz", welches „so würdig, so großartig, so unentbehrlich für die Gesittung als das Recht" sei[166]; hierauf wird noch einzugehen sein.

Für die Bekämpfung der Armut, so *Ratzingers* Bekenntnis, „war und ist die christliche Caritas zuständig und nicht die staatliche Armenpflege"; dies ist, wenn auch „verkürzt gesagt der Kerngedanke"[167] in seiner „Geschichte der kirchlichen Armenpflege". Diese Feststellung in der Vorrede zur Reprint-Ausgabe von 2001 mit der durchaus naheliegenden Folgerung, daß sich damit *Ratzinger* als „Kronzeuge für radikale neoliberale Sozialstaatskritiker der Gegenwart geradezu aufzudrängen scheint", will man dennoch nicht so stehen lassen, denn diese Auslegung ließe „sich bei genauerem Hinsehen (...) nicht aufrechterhalten". Für *Ratzinger* ist Almosengeben immer ein Akt der Freiheit, das heißt „freiwillig am armen Leben teilzunehmen", so die Wendung für ihn von „Arm im Geiste", wenn es in der Bergpredigt heißt: „Selig die Armen im Geiste".[168] Staatliche Armenpflege hat für ihn nur eine subsidiäre Berechtigung: Nämlich nur dann, wenn der einzelne oder freie Träger der Gesellschaft sie nicht organisieren können, ist der Staat gefragt und verpflichtet.

Für die sozialethischen Gedankenlinien des jungen *Georg Ratzingers* in seiner preisgekrönten Dissertation ist auch die neuere Forschung von *Thomas Johann Bauer*[169] aufschlußreich, denn sie gesteht dem hier umschriebenen „sozialromantischen Programm von Ratzingers Armenpflege" durchaus eine punktuelle Übereinstimmung zu Forderungen einer „neuscholastisch–naturrechtlich argumentierenden Sozialenzyklika", wie in RN von Papst *Leo XIII.*, zu. Als Beispiele werden genannt: das Privateigentum bei gleichzeitiger Betonung seiner Sozialpflich-

---

[165] Ebd. Reprint ²1884, 22.
[166] G. Ratzinger, Die Volkswirtschaft², 5, zitiert hierzu: Schäffle, A., Das gesellschaftliche System der menschlichen Wirtschaft, Tübingen 1873, 25, vgl. Ratzinger Vw¹, 63 und Vw², 77.
[167] G. Ratzinger, 1884², „Geschichte der kirchliche Armenpflege", Vorwort zum Reprint.
[168] G. Ratzinger, 1884², „Geschichte der kirchliche Armenpflege" Reprint, 14.
[169] Thomas Johann Bauer, Theologische Apologetik als Aufgabe der Kirchengeschichte. Beobachtungen zu Georg Ratzingers *Geschichte der kirchlichen Armenpflege*, in: Kirchinger Schütz (Hsg.) 67-94.

tigkeit; Lohngerechtigkeit und Staatsintervention zur Eindämmung eines ungezügelten Kapitalismus und Wirtschaftsliberalismus[170]. Hieraus lasse sich aber eben nicht *Ratzinger* als einer der „Väter" jener Sozialenzyklika RN begründen.[171] Denn die Konvergenz mit *Ratzinger* sei auch vor dem Hintergrund der katholischen Sozialbewegung des 19. Jhs. zu sehen.

Ob man *Ratzinger* insofern als „Sozialromantiker" bezeichnen kann, weil man bei ihm „die in seinem Denken zentrale Wiederherstellung der berufsständischen Ordnung des vorindustriellen Zeitalters" als Forderung gestellt sieht, ist wohl eher strittig. Zunächst konstatiert hier der Forschungsbeitrag von *Bauer* für die „Geschichte der kirchlichen Armenpflege" *Ratzingers* einen „nostalgisch-romantischen Zug" entsprechend einer generell „unrealistischen Verklärung der Vergangenheit im 19. Jh. bei Katholiken, die sich der sozialen Frage zuwenden". Orientieren sich aber jene an einer „zünftisch-ständischen Gesellschaftsordnung" des Mittelalters, so ist dies etwas anders bei *Ratzinger*. Er „ergänzt" diese Sicht, durch „die Einbeziehung des idealisierten christlichen Altertums als Norm seines Reformprogramms"[172].

Trotz dieser Feststellung verneint *Bauer* für *Ratzinger* „einen signifikanten Einfluß", wie es jener „richtungsweisend" durch *Luigi Taparelli* vorgetragene „fruchtbare Neuansatz innerhalb der Neuscholastik" zeige. Denn *Taparelli* habe auf der Basis eines „aristotelisch-thomistischen Person- und Gemeinwohlbegriffs (bonum commune)" eben jene „Idee der 'sozialen Gerechtigkeit' als Norm und Ziel aller politischen, kulturellen und wirtschaftlichen Tätigkeit der Gesellschaft" entwickelt, wobei „soziale Gerechtigkeit" als konstitutiv für eine Gesellschaft die „solidarische Kooperation und wechselseitige Anerkennung der Rechte und Pflichten aller Individuen und Gruppen" voraussetze. *Ratzinger* fehle aber letztlich „die präzise Methode und Terminologie des neuscholastischen Sozialtheoretikers", obschon zugegeben „einzelne Beobachtungen" sich „zwar auch bei *Ratzinger* in dieser Richtung finden"[173], gemeint also doch in der Richtung des Erkenntnisfortschritts eines *Taparelli*.

Inwieweit und wie rasch sich *Ratzinger* etwa vom mittelalterlichen Denkansatz löst, wird in der Analyse seiner Volkswirtschaft zu zeigen sein. Es wird bestätigt, daß „die Affinität zur romantischen Tradition bei dem bayerischen Theologen geringer ausgeprägt als bei der österreichischen Traditionslinie"[174] sei. Auch *Gundlach* verweist mit Recht darauf, daß „die ersten Vertreter", zu denen man auch *Ratzinger* zählen kann, „eines Systems, das dann Ständische Ordnung genannt wurde, keineswegs nur aus einer solchen Herleitung"[175] verstanden werden

---

[170] Ebd. 88.
[171] Ebd. 88, Anm. 132.
[172] Ebd. 87.
[173] Ebd. 88.
[174] Felix Dirsch, Solidarismus und Sozialethik, Münster 2006, 168.
[175] Oskar Köhler, Die Ausbildung des Katholizismus in der modernen Gesellschaft, in: HKG, VI/2, 1973, 210; vgl. hier G. Gundlach, Berufsständische Ordnung: StL⁶ I, 1124-27.

können. Für RN sei die Entscheidung für die „Mitwirkung in der Sozialreform der kapitalistischen Gesellschaft" bereits zuvor gefallen,[176] bei *Ratzinger* ist dies nachweisbar. An dieser Stelle ist darauf hinzuweisen, daß die „Berufsständische Ordnung" in RN fehlt, während die Enzyklika QA von Papst *Pius XI.* dieser Ordnung einen „hervorragenden Platz"[177] einräumt. *Gundlach* erwähnt, daß der von Papst *Leo XIII.* geschätzte italienische Soziologe *Guiseppe Toniolo* die Wiener Richtung der Christlich-Sozialen, die in Rom angeklagt worden seien, verteidigt habe. Demnach habe *Toniolo*, so *Gundlach*, die „berufsständische Idee in Anbetracht der moralischen und sachlichen Verhältnisse der neuen industriellen Gesellschaft"[178] zunächst als nicht durchführbar angesehen.

Auf die berufsständische Struktur der Wirtschaftsgesellschaft wird an anderer Stelle, wie etwa bei *Georg Ratzingers* Mitwirkung an den „Haider Thesen"[179], noch einzugehen sein.

1.5.3. Rede auf dem Katholikentag von 1876 zur „Arbeiterfrage"

Mit den Generalversammlungen der katholischen Vereine in Deutschland, beginnend 1848 in Mainz, fand die katholisch-soziale Bewegung ihre Plattform, um miteinander die Auseinandersetzung in der Arbeiterfrage, der Massenarmut und dem Industrieproletariat, also mit der sozialen Frage des 19. Jahrhunderts, auszutragen. Diese Deutschen Katholikentage oder Delegiertenversammlungen waren im 19. Jh. das „soziale Gewissen" und „wie Marksteine und Brennpunkte im deutsch-katholischen Leben"[180]. Sie beschleunigten die Lösung der sozialen Frage durch den Prozeß der Meinungsbildung im Erfahrungsaustausch und durch Aktionsentfaltung, die ihre Wirkung für die Formulierung der späteren Sozialenzykliken nicht verfehlte[181] (vgl. CA 4 mit RN 35). Diese katholisch-soziale Bewegung in Deutschland war Schrittmacher einer Sozialreform und einer daraus erwachsenen Sozialpolitik, als Antwort aus der Praxis einer christlichen Kritik am Kapitalismus wie auch Sozialismus.

---

[176] Ebd. Köhler, 211; vgl. 214: die Idee der „Berufsständischen Ordnung" wurde erst in QA „im wesentlichen zu einer theoretischen Angelegenheit".

[177] Gustav Gundlach, Berufsständische Ordnung, in: StL^6 Freiburg I, 1957, 1124-1136, 1127.

[178] Ebd. 1127; vgl Francesco Vito, Toniolo in StL^6 Freiburg, VII, 1962, 1013-1015,1014: heute erscheine das soziale Reformprogramm von Toniolo als richtungsweisend für die Katholiken.

[179] Vgl. August A. Knoll, Der soziale Gedanke im modernen Katholizismus, Wien-Leipzig 1932, 138 f. mit Hinweis „zur rheinischen Antipathie" zur Wiener Richtung.

[180] Ephrem Filthaut O.P., Deutsche Katholikentage und soziale Frage, 1848 bis 1958, Essen, 1960, Seite 9.

[181] Vgl Johannes Paul II., in CA 1991, 4, Abs. 6: „Der Papst (Leo XIII.) ließ sich von der Lehre seiner Vorgänger inspirieren ..., er wurde angeregt von wissenschaftlichen Studien der Laien, von der Tätigkeit katholischer Bewegungen und Vereinigungen und von den konkreten sozialen Werken, die das Leben der Kirche in der zweiten Hälfte des 19. Jahrhunderts kennzeichneten."; vgl. Leo XIII., RN, 1891, 35.

Auf dem Katholikentag in München von 1876 war der 32jährige Politiker und Abgeordnete des Landtages *Ratzinger* der Hauptredner zum Thema: „Die soziale Frage". *Ephrem Filthaut*[182] findet *Ratzingers* einführende Rede von einer zu pessimistischen Grundhaltung gekennzeichnet, wenn dieser behaupte, die soziale Frage habe mehr als jedes andere Zeitproblem die öffentliche Meinung zwar bereits seit über 15 Jahren beschäftigt, aber dennoch seien die gegenwärtigen sozialen Verhältnisse erschreckend und die Perspektiven einer zukünftigen Lösung nicht minder traurig. Die Rede werde, so *Filthaut*, dem bisherigen christlich-sozialen Bemühen „kaum gerecht"[183]. Die von *Ratzinger* formulierten Anträge zur Arbeiterfrage, wenn auch von der Generalversammlung öfters an die Sozialausschüsse[184] zurückverwiesen, gehörten, modifiziert wie die Resolutionen, teils redigiert von *Ratzinger*, dennoch zu den „beachtlichen Beschlüssen"[185] dieser 24. Generalversammlung der Deutschen Katholiken 1876 in München[186].

Als Anträge, die „soziale allgemeine Arbeiterlage betreffend" beschloß man eine Vielzahl von Maßnahmen, größere Verbreitung und Ausdehnung der bestehenden Gesellen- und Meistervereine, sowie die „Hebung des Arbeiterstandes", etwa durch verstärkte religiös-sittliche Bildung, Gründung von Lehrlingsvereinen und -pensionaten und von gegenseitigen Unterstützungs- und Sparkassen. Auch die korporative Organisation des gesamten Arbeiterstandes wollte man wiederhergestellt sehen, ebenso wie den Abbau des Gegensatzes von Arbeitgeber und Arbeitnehmer, wenn auch im Sinne der alten „väterlichen und familiären Beziehungen". Die Arbeit von Kindern und Frauen in der Fabrik sei „auf das richtige Maß zurückzuführen", und der Wohnungsnot der arbeitenden Familien sei abzuhelfen. Der „katholisch deutschen Presse" wurde als eine der wichtigsten Aufgaben die intensive Aufmerksamkeit gegenüber „volkswirtschaftlichen Verhältnissen in Deutschland und insbesondere sozialen Fragen" zugewiesen. All dies sind ebenso Zielvorstellungen und Forderungen, die sich modifiziert später zunächst in RN, aber auch in QA und CA wiederfinden.

Ähnlich die Resolutionen des Münchner Katholikentages zur „Sozialen Frage", sie richteten sich generell als erstes gegen die „Idee des omnipotenten Staates", die *Ratzinger* als „eine der unheilvollsten Verirrungen des menschlichen Geistes" verurteilte. Die Staatsgewalt habe sich auf das ihr zustehende Gebiet zu beschränken und der „religiösen Überzeugung und Wirksamkeit der Kirche, der Entfaltung des Unterrichtes und der Wissenschaft und der Neugestaltung des sozialen Lebens die erforderliche Freiheit zu gewähren". Man protestierte darüber hinaus erneut gegen den „Vorwurf der Staats- und Reichsfeindlichkeit". Die

---

[182] Filthaut, Katholikentage, 67.
[183] Ebd. 67; Katholikentag, München 1876 : Verhandlungen der XXIV. kathol. Generalversammlung Deutschlands zu München 1876, 306-319 die Rede Georg Ratzingers.
[184] Filthaut, Katholikentage, 67.
[185] Ebd. 67.
[186] Katholikentag, XXIV. München, in: Verhandlungen der XXIV. katholischen Generalversammlung Deutschlands zu München 11.-14. Sept. 1876, 348 ff. A Beschlüsse, Sociale Frage 349 -353 und B Resolutionen Sociale Frage 354 – 357.

Grundsätze der Zehn Gebote und der christlichen Offenbarung sollten den „Regierenden und den Regierten als Richtschnur" dienen. Die Wiederherstellung des sozialen Friedens wurde angemahnt.[187] Es ging also den Delegierten nicht um eine Revolution der Arbeiterklasse, sondern um eine evolutive Verbesserung der sozialen Verhältnisse einer kapitalistischen Industriegesellschaft.

Es wurden hierzu entsprechende Verhaltensmaßstäbe für Arbeiter, Arbeitgeber, Klerus und Staat in den sozialpolitischen Resolutionen bestimmt und gefordert. Die arbeitende Klasse forderte man auf, Berufsgenossenschaften als Selbsthilfeorganisationen zu bilden. Die Arbeitgeber warnte man vor ausbeuterischem Eigennutz und ermahnte sie, nach Gerechtigkeit und Billigkeit und durch echtes Wohlwollen und tatkräftige Hilfe der arbeitenden Klasse beizustehen. Der Klerus wurde verpflichtet, die soziale Frage zu studieren, der arbeitenden Klasse jedwede Hilfe zu gewähren und auf die Eintracht unter den verschiedenen Gesellschaftsklassen hinzuwirken. Den Staat verpflichtete man zu flankierenden Maßnahmen zur Besserung der Arbeiterverhältnisse, sei es durch Aufhebung neuerer sozialer Gesetze, die sich als verderblich erwiesen hatten, oder durch Maßnahmen der Gewährung von gesetzlichem Rechtsschutz und staatlicher Finanzhilfe, um „die Not der Arbeiterschaft zu lindern, wo die christliche Nächstenliebe überfordert ist"[188], also als subsidiäre Hilfestellung.

Neben diesen maßgeblich von *Ratzinger* formulierten Beschlüssen und Resolutionen im Zusammengehen mit den Sozialausschüssen der Generalversammlung, tritt *Ratzinger* als Redner bei einem Katholikentag auf, der sich seit 1871 erstmals wieder „systematisch mit der sozialen Frage befaßt"[189] habe. Anderthalb Jahrzehnte lang habe man erfolglos versucht, mit den Schlagwörtern „Selbsthilfe, Staatshilfe"[190] das Problem der sozialen Frage anzugehen, ein für *Ratzinger* „vollständig überwundener Standpunkt". Selbsthilfe für den einzelnen, um „sich ein menschenwürdiges Dasein zu verschaffen", sei beim gegenwärtigen Stand der „kapitalistischen Produktion" für den einzelnen „ohne sein Verschulden, mit seinem besten Wollen und Streben" einfach nicht möglich. Auch der Staat hat für *Ratzinger* „weder die Aufgabe, noch den Beruf, noch die Möglichkeit, dem einzelnen zu helfen."[191] Für *Ratzinger* ist die „gesellschaftliche Lage" bestimmend, die es jedem einzelnen ermöglicht, „sich selbst ein menschenwürdiges Dasein zu begründen". Die staatliche Gewalt hat demnach, wie *Baldur Hermans* aus der Rede *Ratzingers* folgert, den „Raum für subsidiäres Wirken" abzusichern, damit „aus solidarischem Geist"[192] die Selbsthilfe als eigentliche gesellschaftliche Aufgabe Erfolg haben kann. Die Gesellschaft als Ganzes, nur sub-

---

[187] Katholikentag, XXIV. München, Verhandlungen, 354 ff.
[188] Ebd. 356 f.
[189] Baldur H.A. Hermans, Das Problem der Sozialpolitik und der Sozialreform auf den Deutschen Katholikentagen von 1848 bis 1891, Dissertation, Bonn 1972, 392.
[190] Vgl. Georg Ratzinger, XXIV. Katholikentag in München 1876, Verhandlungen, 307.
[191] Vgl. ebd.
[192] Baldur H. A. Hermans, Katholikentage, 392.

sidiär der Staat, ist gefordert, denn für *Ratzinger* ist die soziale Frage „gerade deshalb" eine direkte Folge aus der damaligen „kapitalistischen Produktion."[193]

Für *Ratzinger* ist die Antwort des Staates, speziell des Reichstages, insofern ideenlos. Denn der Staat habe „nicht mehr gewußt", als einen Strafparagraphen zur Lösung der sozialen Frage zu verabschieden, nämlich die „criminalistische Bestrafung des Contractbruches"; dies sei eine „Bankrott-Erklärung"[194] der modernen, liberalen Gesellschaft, ganz im Kontrast zu *Lassalle*. Dieser habe „Ideen unter das Volk geworfen", welche, „wenn sie auch falsch waren", so doch einem „genialen Kopf entsprungen" seien – so z. B. das „eherne Lohngesetz", dem Grundsatz von Angebot und Nachfrage folgend, dessen konstante Annahmen als „ehernes" Gesetz *Ratzinger* in seinem Hauptwerk[195] zur Volkswirtschaft als falsch und nicht für alle Zeiten als gesichert nachweist, worauf noch einzugehen sein wird.

Ratzinger bezeichnet in seiner Katholikentagsrede[196] drei Ursachen für das Auftreten der sozialen Frage: Erstens die Säkularisation der Kirchengüter, d. h. der Verlust jener Mittel zum Ausgleich unter den Klassen der Gesellschaft, zweitens jene falschen Ideen bezüglich der Verwendung des Eigentums in Theorie und Praxis, von *Adam Smith*[197] angefangen bis zu *Wilhelm Roscher*[198], verursacht durch die Maxime, „daß jeder alles tun kann, was nicht gerade in die Rechte des anderen eingreift"[199] - mit dem Eigennutz als Haupttriebfeder. Anders argumentiere dagegen die christliche Gesellschaft mit ihrem Gebot zur Nächstenliebe. Drittens habe die Idee der ungehinderten, individuellen Freiheit dafür gesorgt, daß die Zünfte verschwanden und Zersetzungserscheinungen im Handwerk zutage traten. Die Gewerbefreiheit bewirke die „reinste Rechtlosigkeit" und habe die „Herrschaft der Plutokratie" ermöglicht, womit der „wilde Konkurrenzkampf" seinen Anfang fand. Der Fabrikant als Arbeitgeber habe nur seinen Nutzen und Vorteil als „Schranke", um mittels Herabdrücken des Lohnes möglichst billig zu produzieren. Wenn auch die „persönliche" Freiheit des Arbeiters für den Arbeitgeber unantastbar war, so habe Hunger und Not den Arbeiter jener Epoche faktisch zur Arbeitsannahme gezwungen.[200] Diese Situation werde verschärft durch ein ständiges Streben, das Arbeitskräftepotential immer im Überfluß zu gewährleisten, durch liberale Gesetze zu „freier Verehelichung, freier Ansässigmachung

---

[193] Vgl. Georg Ratzinger, XXIV. Katholikentag München, 1876, Verhandlungen, 307.
[194] Vgl. ebd. 308.
[195] Vgl. ebd. 307; „ehernes Lohngesetz" 312; und Georg Ratzinger, Vw^2 211-224, 358 f., 515 f. Lassalle „ehernes Lohngesetz".
[196] Vgl. ebd. 307-319.
[197] Vgl. Theo Surányi-Unger, in: HDSW 12(1965), 83-103, Adam Smith 91f.
[198] Vgl. Carl Brinkmann, Roscher, Wilhelm Georg Friedrich, in: HDSW. 9(1956) 41-43.
[199] Vgl. Georg Ratzinger, XXIV. Katholikentag München, 1876, Verhandlungen, 310 f.
[200] Vgl. ebd., 310 ff., und B. Hermans Katholikentage 392 f.

und Freizügigkeit"[201], kurzum: Voraussetzungen, so *Ratzinger*, die letztlich zum Klassenkampf führten.

Ratzinger erinnert an die „grauenhaften Zustände" in den Arbeitsverhältnissen der vierziger Jahre in den Weberdistrikten Schlesiens oder in England, wie sie durch *Friedrich Engels*[202] in seinen statistischen Mitteilungen über die Arbeiterverhältnisse in England für die Jahre von 1820 bis 1860 bekannt wurden. Für diese Zeitphase habe *Engels* das „Blütezeitalter des herrschenden Liberalismus" festgestellt, ein Augenblick, mit dem auch „die Reaktion der Arbeiter" begonnen habe, denn die Arbeitskraft war nun deren Kapital. Streiks wurden organisiert, um die Arbeitskräfte zu mindern und um so den Arbeitslohn zu steigern. Diese Verhältnisse hätten „natürlich und notwendig" ins Zeitalter des Klassenkampfes, ins Zeitalter des Sozialismus geführt, auch als Folge des „Zerschlagens der alten Organisationen und Korporationen". Für *Ratzinger* waren diese neuen Zustände „ein falsches System, das den Menschen als souverän erklärt, ihn von allen rechtlichen und sittlichen Schranken emanzipiert", und ihm suggeriert, er sei „absoluter Herr, souveräner Gesetzgeber und Richter über sein Eigentum".

In scharfer Polemik also wandte sich *Ratzinger* gegen den Staat wegen der Abschaffung der Wuchergesetze,[203] sowie gegen den „Mammonismus" des Großkapitals, wenn er feststellt: „So entstand unter gesetzlichem Schutze das freiwerdende und alles verschlingende Großkapital, in dessen weit geöffneten Schlund das Nationalvermögen Stück für Stück hinein wandert." In der Rede fährt *Ratzinger* anklagend fort, daß „die goldene Internationale"[204] eine emporgewachsene, überreiche und „unter sich innig verbundene Kapitalherrschaft Europas", die auch die politische Macht in Händen halte, um so ihren „Mammonismus" abzusichern, gegen christliche Ideen gerichtet sei. In diesem Zusammenhang steht die von *Ratzinger* initiierte Resolution, die den „modernen europäischen Militarismus" als „Beeinträchtigung der individuellen Freiheit", als „Schädigung der Volkskraft" und mithin als „Ursache des gesunkenen Wohlstandes in der Landwirtschaft und in der Industrie" verurteilt.[205]

---

[201] Vgl. Georg Ratzinger, XXIV. Katholikentag 1876, Verhandlungen, 312, und B. Hermans Katholikentage 393.

[202] Vgl Georg Ratzinger, XXIV. Katholikentag München 1876, Verhandlungen, 312.

[203] Vgl. ebd., 313.

[204] Ebd., Zitat: „Es ist heute unter unseren Augen die goldene Internationale emporgewachsen, jene überreiche, unter sich innig verbundene Kapitalherrschaft Europas, in deren Händen die goldene Frucht fremden Schweißes zusammenfließt, die, ohne selbst zu arbeiten, den Ertrag des Fleißes anderer einheimst und ich darf hinzusetzen, an Frechheit in der Weltgeschichte ihresgleichen sucht." Zitat von Filthaut als hervorgehobene Überschrift zu seinen Artikel zum Katholikentag in München 1876 gewählt: 67-69, 67; ein agitatorisch drastischer Sprachstil, der in jener Epoche, noch ohne Fernsehen, den bodenständigen Geschmack seiner Zuhörer wohl treffen und offenkundige Mißstände veranschaulichen sollte.

[205] Vgl. B. Hermans, a.a.O. 357; vgl. Georg Ratzinger, Katholikentag München 1876, 316: „Der Mammonismus des Großkapitals von heute und der Kulturkampf" seien Zwil-

Die Rede abschließend, stellt *Ratzinger* die Frage: „Was können wir noch tun?"[206], seine Antwort: „Nichts Anderes als den Sauerteig der christlichen Lehre unter die Massen hinauswerfen" mittels der Presse, den Vereinen und alles, was sich hierzu darbietet. Es gelte, „christlichen Ideen wieder Eingang, Geltung und Verbreitung in der menschlichen Gesellschaft zu verschaffen". Als Weg dorthin verweist er auf die genannten Anträge. „Unter den gegebenen Verhältnissen" bestehe allerdings keine Aussicht, zur Lösung der sozialen Frage etwas beizutragen. Denn schlage man dem derzeitigen Sozialismus „einen Kopf ab", so wachsen „ihm am anderen Tage sieben nach". Der moderne Staat „mit seinem Militarismus, mit seinem Schulzwang, mit seinen kommunistischen Ideen" sei der „Vater des Kommunismus und des Sozialismus". Eine Veränderung könne nur jenes christliche Verhalten, im Sinne von „Sauerteigsein", in der Gesellschaft bewirken. Aber niemals sei die „menschliche Voraussicht trügerischer" als zur gegenwärtigen Zeit. Es bestehe immerhin eine Hoffnung, daß ein Zeitpunkt komme, an dem „eine Herde und ein Hirt sein" werden.[207] Somit offenbart *Ratzinger* sein starkes Bekenntnis und Eintreten für eine Gesellschaftsreform aus christlichem Geist, programmatisch vorgetragen auf der 24. Generalversammlung der deutschen Katholiken in München am 14. September 1876.[208]

1.5.4. Mitarbeit an der Formulierung der „Haider Thesen" von 1883

Georg Ratzinger war gefragt und integriert in den Kreis der Vordenker in der katholisch-sozialen Bewegung Deutschlands, die eine Sozialreform als notwendig erkannten und die zu einer offensiven Sozialpolitik überleiteten, in die der praktischen Politik wie auch in die der sozialen und schließlich volkswirtschaftlichen Theoriefindung. Diese „dialektische Bewegung des katholisch sozialen Denkens von der Sozialreform zur Sozialpolitik" vollzog sich in den achtziger Jahren des 19. Jhs.,[209] vorangebracht durch die 'freie Vereinigung katholischer Sozialpolitiker'[210] und deren 'sozialpolitischen Komitees', zu denen auch *Georg Ratzinger* zählte.

---

lingsbrüder, nehme man das Großkapital, welches in der „Presse, in öffentliche Meinung steckt", weg, so könne der Kulturkampf keinen Tag länger existieren.

[206] Vgl. Georg Ratzinger, XXIV. Katholikentag München 1876, Verhandlungen, 318.

[207] Vgl. ebd., 317 und 319.

[208] Vgl. E. Filthaut, Deutsche Katholikentage, a.a.O. 67.

[209] Vgl. Knoll, August M., Der soziale Gedanke im modernen Katholizismus, I. Bd. Von der Romantik bis Rerum novarum, Wien–Leipzig 1932, 76; zur Bewertung des sozialkonservativen Bischofs von Trier, Michael Fleix Korum, und zu seinem Hinweis auf die vielfältigen sozialen Studienzirkel in Lille nach 1880 vgl. Gorges, Karl-Heinz, Der christlich geführte Industriebetrieb im 19 Jahrhundert und das Modell Villeroy & Boch, Stuttgart 1989, 17.

[210] Vgl. Knoll a. a. O. 112, die 'freie Vereinigung' war „geistig vorbereitet von P. Albert Maria Weiß O.P., grundsätzlich getragen von Karl von Vogelsang, und präsidiert und organisiert von Karl Fürst zu Löwenstein"; Löwenstein war auch mit der Bildung des 'sozialpolitischem Komitees', beauftragt, gemäß Beschluß der Generalversammlung der deutschen Katholiken von 1882 in Frankfurt.

Als ein sehr wichtiges Ergebnis der Arbeiten des sozialpolitischen Komitees von 1882 sind die sozialpolitischen „Haider Thesen" zu werten, genannt nach dem ersten Tagungsort, Schloß Haid, im Juni 1883,[211] des Fürsten *Karl zu Löwenstein*, über die Handwerker-, Arbeiter- und Agrarfrage.[212] Die wichtigsten Thesen von Haid zur „Arbeiterfrage", der zentralen Thematik der sozialen Frage, handelten: 1. vom Arbeitsvertrag, 2. von der Lohnhöhe, 3. von der korporativen Organisation der Großindustrie, 4. von der stufenweisen Gliederung in der Arbeiterschaft der Großindustrie, 5. von Arbeiterkammern als Interessenvertreter.[213]

Der „sogenannte Arbeitsvertrag", als Vertragskategorie, so die Haider Thesen im christlich volkswirtschaftlichen Verständnis, sei „kein Kauf und Verkauf", denn die menschliche Arbeitskraft sei nicht vom Menschen, die Tätigkeit nicht von der Person zu trennen, sei eben nicht in das Eigentum eines anderen übertragbar. Der Arbeitsvertrag als Lohnvertrag fordere für die im Arbeitsvertrag dem Arbeiter auferlegten Verpflichtungen im Lohn ein „Äquivalent" all dessen, was der Arbeiter dafür einbringt; in der „christlichen" Gesellschaft ein Postulat der Gerechtigkeit. Juristisch sei der Arbeitsvertrag auch kein „Gesellschaftsvertrag", wenngleich man diese Rechtsposition „im christlichen Geiste" als höchst „wünschenswert" erklärte, damit nach „christlichen Grundsätzen" eine „gesetzliche" Regelung des Arbeitsvertrages der „Willkür der Kontrahenten" enge Grenzen ziehe. Für die Großindustrie forderten jene christlichen Sozialreformer ein vertragliches „Gesellschaftsverhältnis zwischen Arbeiter und Arbeitgeber", wobei beide Seiten „zu investierendes Kapital" zur Bildung von „Gesellschaftsvermögen von Unternehmung und Arbeiter" abzuzweigen hatten.

Ratzinger forderte schon in seiner „Volkswirtschaft" 1881 die „Wiedervereinigung von Arbeit und Kapital" mittels eines „Systems der Teilhaberschaft" oder „cooperativer Genossenschaft"[214]. *Ratzinger* wollte so den „Arbeiter zum Miteigentümer"[215] machen. Bei Aufrechterhaltung des Privateigentums sah er in der „genossenschaftlichen Ausgestaltung der industriellen Produktion" die Zukunft,[216] wobei er als „erste Bedingung" aufstellte, daß der größere Teil der benötigten Kapitalzufuhr durch Teilhaberschaft zu finanzieren sei. Als weitere Bedingung, die gesamte industrielle Produktion zusammenfassend, plädierte er für eine öffentlich

---

[211] Vgl. Knoll, a.a.O. 135 f. Teilnehmer: Fürst Löwenstein, Fürst Isenburg, Graf Blome, Graf Reventera, Graf Franz Kufstein, P. Albert Maria Weiss O.P., Msgr. Knab, Dr. von Steinle, Prof. Vering aus Prag, Pfarrer Wassermann aus Neu Isenburg, Dr. Georg Ratzinger, Kaplan Franz Hitze, Baron Morsey, Vogelsang, in der Mehrzahl konservativ.
[212] Vgl. Hermans, Katholikentage 1848-1891, Bonn 1972, XII. Exkurs: Die Haider und Salzburger Thesen über Handwerker-, Arbeiter- und Agrarfrage, 493f Thesenhafte Zusammenfassung, 494-504 Kritik und Bewertung.
[213] Vgl. Knoll, a.a.O., 122-125.
[214] Vgl. G. Ratzinger, Vw.[1], 204.
[215] Vgl. ebd. Vw[1], 399 bzw. 2Vw.[2], 223.
[216] Vgl. RN. Nr. 38, QA. Nr. 83.

rechtliche Berufsgenossenschaft, die auch das Risikokapital absichern sollte.[217] Gerade diese juristisch bindende Grundidee bewirkte eine starke „rheinische Antipathie" gegen die Beschlüsse von Haid.[218]

Für die Höhe des Lohnes forderte man in Haid eine „gerechte Bemessung" der Arbeitsleistung nach Kriterien wie: Zeit, Kraft, Geschicklichkeit, Intelligenz, die Vor- und Ausbildung für die zu erbringende Arbeit, wie auch die vom Arbeiter zu tragende besondere Verantwortung und Gefahr für Gesundheit und Leben. Der berechnete Lohn sollte ein Äquivalent für „alle erforderlichen Existenzmittel", gegebenenfalls auch für die Familie, incl. Sparpfennig für Arbeitslosigkeit gewähren; angepaßt an die „größere oder geringere Prosperität eines Unternehmens und „andere Verhältnisse", etwa konjunkturelle Schwankungen.[219] Gefordert wurde ein „corporatives Versicherungswesen, also Kranken- und Altersversorgungskassen, Unfallversicherung und Versicherung gegen unverschuldete Arbeitslosigkeit. Für die Arbeiterschaft in der Großindustrie hielt man eine „stufenweise Gliederung" für notwendig; nach Lehrzeit und „gleichmäßiger Gliederung innerhalb des gleichen Industriezweiges". Wie bei *Pius XI.* in QA kommt hier „das richtige Verhältnis der Löhne untereinander" zur Sprache.[220]

Diese Thesen, formuliert bereits im Jahrzehnt vor dem Erscheinen der ersten Sozialenzyklika von Papst *Leo XIII.*, erhielten so ihre aktuelle Gewichtung, auch und zugleich weil es ähnliche katholische sozialreformerische Bewegungen in den verschiedenen europäischen Sprachregionen gab. So in der Schweiz unter Führung von *Kardinal Mermillod*, in Frankreich *Graf de Mun*[221], in Italien *Graf Franz Kuefstein* und im Zusammengehen der deutschen mit den österreichischen Sozialreformern *von Vogelsang*, Wien. Die „Union de Fribourg" in der Schweiz, die „ins Internationale getragene Fortsetzung" der genannten nationalen Studienrunden unter Leitung von *Kardinal Mermillod* und dem Ehrenpräsidenten *Löwenstein*, „bereiteten materiell, teils auch ideell, den Weg zur Abfassung der sozialpolitischen Enzyklika Leos XIII. ‚Rerum Novarum'".[222] Diese zwar nur angedeutete Vorgeschichte zu 'Rerum Novarum' zeigt, wie sehr diese Enzyklika in ihrer theoretischen Formulierung und in ihren, für die soziale Praxis Orientierung gebenden Handlungsvorgaben, letztlich auch das Ergebnis einer europaweit bestehenden sozialen Bewegung und sozialen Praxis war, die gewissermaßen der Theoriefindung einer sich entwickelnden Soziallehre, nun im Rahmen erstmals einer Enzyklika als für verbindlich erklärt, vorausging.

---

[217] Vgl. G.Ratzinger Vw.², 456, 455-460, mit Vw.¹, 399-401: Erweiterungen und Umformulierungen.
[218] Vgl. Knoll a.a.O. mit Hinweis auf die „Kölnische Volkszeitung" 1883, Nr 207.
[219] Ebd. 124.
[220] Vgl. Pius XI., QA Nr. 75.
[221] Vgl. Gorges a.a.O. 218 und 216 zur Ansprache Leos XIII. zur sozialen Frage an die französischen Arbeiter am 20. Okt. 1889.
[222] Vgl. Knoll a.a.O. 114f.

Georg Ratzinger war also mit eingebunden in diesen historischen Prozeß. Sein Hauptwerk, „Die Volkswirtschaft in ihren sittlichen Grundlagen", erschien just in erster Auflage bereits 1881, also zehn Jahre vor „Rerum Novarum". In einem Brief[223] an Reichsrat *Maximilian Graf von Soden-Frauenhofen* von 1882 verweist *Georg Ratzinger* auf seine Privataudienz bei *Leo XIII.* in Rom. *Georg Ratzingers* Hauptwerk über das Ethos in der Volkswirtschaft, über die soziale Frage, über Arbeit und Kapital im 19. Jh war bereits ediert. Möglicherweise ein Anlaß, über diese Thematik zu sprechen. In der Enzyklika RN finden sich durchaus derartige Gedankenlinien, die *Ratzinger* als Sozialethiker seiner Epoche bewegten.

1.6. Standort in der katholisch-sozialen Bewegung[224]

Ratzingers Volkswirtschaft versteht sich insofern „in ihren sittlichen Grundlagen" als Ethik. Die „Ausbildung der verstehenden Methode", wie sie viel später mit dem Werk von *Max Weber* „Die protestantische Ethik und der Geist des Kapitalismus" die Diskussion angestoßen hatte, war in der „Erörterung dieser Frage", wie in der Einleitung zu dieser Analyse angedeutet, bereits früher „schon seit der Mitte des 19. Jh. im Gange".[225] Hier wird namentlich auch *Ratzinger*,[226] der in seinem Hauptwerk eben nach dem Ethos in der Wirtschaft fragt, eingeordnet - mit dem ergänzenden Hinweis, daß erst mit dessen Zeitgenossen *Guiseppe Toniolo*[227] und dessen „Arbeiten über die kapitalistischen Tendenzen in der mittelalterlichen Wirtschaft der Toskana, an die Stelle der Polemik das sachliche wissenschaftliche Interesse" getreten sei.[228] *Toniolo*[229] verwarf, „in Anlehnung an die deutsche Historische Schule der Nationalökonomie", jene „herrschende volkswirtschaftliche Theorie, die die sittlichen Werte der Gesellschaft nicht berücksichtigte".[230] So auch *Ratzinger*. Beide bejahen „die enge Verbindung, die zwischen der wissenschaftlichen

---

[223] Vgl. Kirchinger/Schütz, 384f. Anhang 7. Ratzinger an Reichsrat Maximilian Graf von Soden-Fraunhofen, München 12. Febr. 1884.

[224] Vgl. Günter Brakelmann, Die soziale Frage des 19. Jahrhunderts, Witten 1962, 109-112: Zeittafel zur Geschichte der evangelisch-sozialen und der katholisch-sozialen Bewegung.

[225] Vgl. Hermann Kellenbenz, Wirtschaftsgeschichte, in HDSW, Tübingen (1965), 12, 124-141, hier VI, 136.

[226] Vgl. Kellenbenz, Wirtschaftsgeschichte, VI, 136, genannt werden hier: „Donosco Cobbett, R.P.A. Flamerion, Emile de Laveleye, Georg Ratzinger, Alfred Young".

[227] Vgl. Kellenbenz, Wirtschaftsgeschichte 136.

[228] Vgl. ebd.

[229] Vgl. Oskar Köhler, die Ausbildung der Katholizismen in der modernen Gesellschaft, in: Handbuch der Kirchengeschichte, HKG, Hubert Jedin (Hrsg.), Freiburg, 1973, VI/207f. Der Rechtsphilosoph und Nationalökonom Guiseppe Toniolo (1845-1918), gründete 1889 die „Unione cattolica per gli studi sociali in Italia", welche die katholisch-sozialen Kongresse Italiens vorbereitete. Hinweis auf eine Beratertätigkeit Toniolos für Leo XIII.

[230] Vgl. Francesco Vito in: StL, Freiburg 6 (1962), Bd. 7/1014 f.: Guiseppe Toniolo.

Analyse der Wirtschaft bzw. Wirtschaftspolitik und in der Anschauung vom Menschen als Ziel des Gesellschaftslebens besteht",[231] eine dialektische Sicht, wie sie in *Ratzingers* Kritik am Liberalismus und Marxismus ebenfalls deutlich wird.

Im Verlauf des 19. Jahrhunderts standen mit der sozialen Frage zwangsläufig mehr die praktischen Fragen des wirtschaftlich-sozialen Bereichs im Vordergrund der Bemühungen einer sich formierenden katholisch-sozialen Bewegung, welche aber auch in theoretischen Überlegungen nach Lösungsmöglichkeiten suchte; ein Bemühen, das nicht zuletzt prägende Auswirkung hatte auf eine sich herausbildende katholische Soziallehre, ein Prozeß, der bis in die jüngste Zeit andauert.

Diese Entwicklung im 19. Jh. vollzog sich in dreifacher Richtung[232]: *Erstens* erstrebte man Maßnahmen in „betriebspolitischer Hinsicht", quasi wesentliche Gedanken der heutigen betrieblichen Sozialpolitik vorwegnehmend, welche „persönliche Beziehungen des Unternehmers mit den Arbeitnehmern und die Einrichtungen von betrieblichen Ausschüssen"[233] vorsahen. *Leo XIII*. forderte sodann 1891 in RN von den Arbeitgebern und Arbeitern, selbst „an einer gedeihlichen Lösung der Frage durch Maßnahmen und Einrichtungen mitzuwirken, die den Notstand möglichst heben und die eine Klasse der anderen näherbringen helfen. Hierher gehören Vereine zur gegenseitigen Unterstützung, private Veranstaltungen zur Hilfeleistung für den Arbeiter und seine Familie bei plötzlichem Unglück, in Krankheit und im Todesfalle, Einrichtungen zum Schutz der Kinder, jugendlicher Personen oder auch Erwachsener"[234]. Hierzu haben wohl jene betrieblichen Wohlfahrtseinrichtungen Pate gestanden, die als Musterstätten christlicher Fürsorge für das 19. Jahrhundert nachweisbar sind.[235]

Neben diesen betrieblichen Maßnahmen sah man *zweitens* „in sozialreformerischer Hinsicht" das Hauptziel in einer „korporativen Neuerung der Gesellschaft"[236]. Als Vertreter dieser Forderung nennt *Messner* für Deutschland Bischof *Wilhelm Emanuel Freiherr von Ketteler* und *Franz Hitze*. Ergänzend wäre im süddeutschen Raum gleichfalls bedeutend *Georg Ratzinger* zu nennen, der im Recht zur „Association in Corporationen"[237] ein wichtiges sozialreformerisches Instrument sieht. Für Österreich wird *Carl Freiherr von*

---

[231] Vgl. ebd.
[232] Vgl. Johannes Messner, Katholische Soziallehre, in: HDSW, Tübingen (1956) 575-581,575, als „Gedankenlinien" bei Messner bezeichnet.
[233] Johannes Messner, Katholische Soziallehre, in: HDSW, 575.
[234] Leo XIII., RN 36.
[235] Vgl. Karl-Heinz Gorges a.a.O., 66-112.
[236] Messner, Kath. Soziallehre, in: HDSW, 575. Vgl. auch Gorges, a.a.O., 8: Der christlich–soziale Aufbruch um die Mitte des 19. Jh. bewirkte die Gründung des Industriellenverbandes „Arbeiterwohl" 1880 in Aachen, ein erster kath. Unternehmerverband, dessen erster Generalsekretär Franz Hitze wurde.
[237] G. Ratzinger, Vw² 28: Association in Corporationen, nach Ratzinger ein Recht von Natur aus, der Staat darf sie nicht gewaltsam beseitigen.

Vogelsang[238] genannt, zu dem *Ratzinger* eine Beziehung von mehr „sachlicher als persönlicher Natur" pflegte,[239] und *Franz Schindler*[240], in der Schweiz *Kardinal Gaspard Mermillod*[241] und *Caspar Decurtins*[242]: Vertreter jener „dialektischen Bewegung des katholisch-sozialen Denkens von der Sozialreform zur Sozialpolitik" nach 1880[243].

Hieraus folgen *drittens* jene „Bemühungen in sozialpolitischer Hinsicht", mit den Hauptvertretern in Deutschland *Georg Graf von Hertling*[244] und *Franz Hitze*, als Reichstagsabgeordnete mit „starkem Einfluß auf die Sozialgesetzgebung."[245] Auch *Ratzinger* ist als Sozialpolitiker[246] hinzuzurechnen. In den siebziger und neunziger Jahren des 19. Jahrhunderts ist *Ratzinger* Mitglied im Reichstag und, wie erwähnt, insbesondere ein bedeutendes Mitglied des Bayerischen Landtages als Fraktionsvorsitzender des Bayerischen Bauernbundes, sowie bis in seine letzten Lebensjahre Mitglied des Finanz- und Justizgesetzgebungsausschusses.[247]

Ratzinger zitiert im Text seines Hauptwerks zur Volkswirtschaft mehrfach den Wissenschaftler und Sozialpolitiker *Hertling*, nicht dagegen *Franz Hitze*, *Vogelsang* seltener. Häufig nennt er dagegen den bedeutenden Dominikanergelehrten *Albert Maria Weiß*[248], ohne daß man *Ratzinger* eine

---

[238] Literatur: Carl Freih. von Vogelsang, (1818-1890), Gesammelte Aufsätze über socialpolitische Themata. Augsburg 1888. Vgl. HKG VI. 210. In Vogelsangs sozialen Theorien finden sich „Elemente" der Sozialromantik von Adam Müller.

[239] Vgl. Felix Dirsch, Solidarismus und Sozialethik, Ansätze zur Neuinterpretation einer modernen Strömung der katholischen Sozialphilosophie, ICS, Bd. 55, Berlin 2006, darin Georg Ratzinger, 168 -174, 168 und Karl Freih. von Vogelsang, 130-153.

[240] Vgl. HKG VI, 208ff: Franz Schindler (1847-1922), 1887 Prof. der Moraltheologie in Wien, das von ihm entwickelte christlich-soziale Programm (sah bereits eine „Gewinnbeteiligung der Arbeiter am Unternehmen" vor) war auch an Toniolo gerichtet (und Rampolla).

[241] Zu Mermillod vgl. August Knoll, Der soziale Gedanke im modernen Katholizismus, Wien 1932, 109ff. Mermillod gründete die „Union de Friburg"; HKG VI, 215, 81 f.

[242] Vgl. HKG VI, 208, 215 vgl. 83ff: Kaspar Decurtins aus Graubünden (1855-1916).

[243] Vgl. August M. Knoll, Der soziale Gedanke im modernen Katholizismus, I. Bd. Von der Romantik bis Rerum novarum, Wien–Leipzig 1932, 76; vgl. Gorges, Industriebetrieb 17.

[244] Vgl. Winfried Becker, Georg von Hertling (1843-1919) I. Kommission für Zeitgeschichte, (Hrsg.) Konrad Repgen, Mainz 1981, von Hertling; Literatur in: Ratzinger, Volkswirtschaft, 2/618.

[245] Vgl. Messner, Kath. Soziallehre, in HDSW, 575.

[246] Vgl. Karl-Heinz Gorges, Georg Ratzinger als Sozialreformer, in: Die Neue Ordnung, 59 Jg. Nr. 3/2005, 183–194, 189 f.

[247] Vgl. Archiv Bayerischer Landtag (abgekürzt: ABayL) Repertorium 1877-1878 Bd. 27, 283: Mitglied im Finanzausschuß, St.B.Bd.I N.2. S.10. Repertorium 1897-1898 Bd.35, 496: Justizgesetzgebungsausschuß, St.B.Bd XII N. 457 S. 1183.

[248] Vgl. Albert M.Weiß O.P. in: Dirsch, Solidarismus, 154-167; Ratzinger, Volkswirtschaft, kath.-socialpolit. Literatur 623.

ausgeprägte Affinität zur romantischen Tradition[249] bzw. zur „romantischen Richtung"[250] innerhalb einer sich herausbildenden katholischen Soziallehre unterstellen könnte. *Ratzinger* war offen für Sachargumente, für das, was „tatsächlich ist".[251] Er fragte nach der Sachgesetzlichkeit in der Wirtschaft, nach der Kausalität, nach den mikroökonomischen Bestimmungsfaktoren und Axiomen im Sinne einer Wirtschaftsethik,[252] allerdings nicht ohne nach dem zu fragen, was man „tun soll". Er fragt nach der Finalität, um eine Makroökonomik in ihrem Wirkungsgeflecht mit den teleologischen Gesichtspunkten einer christlichen Sozialethik[253] in innerer Rationalität verbunden, zu erkennen. Dies ist *Ratzingers* Bestreben, die „Volkswirtschaft" eben „in ihren sittlichen Grundlagen" zu erforschen.

Vielleicht stand *Ratzinger* doch jener „katholisch-liberalen Richtung"[254] der Soziallehre sehr nahe, deren hervorragender Vertreter, der Belgier *Charles Périn*,[255] weit in den europäischen Sprachraum hineinwirkte, und den *Ratzinger* zur Begründung seiner Argumente sehr häufig und großzügig zitiert. Zwar widmet *Ratzinger* der Analyse der Gesellschaftskritik von *Karl Marx* breiten Raum, die er in ihrer empirischen Analyse zur dramatischen sozialen Situation in der Arbeiterfrage oft als zutreffend und richtig bezeichnet, aber genauso entschieden lehnt er deren theoretische Schlußfolgerungen ab, weil diese letztlich für ihn im kommunistischen Zwang enden.

Darum wird man *Ratzinger* auch nicht zu der gegensätzlichen, der „katholisch-sozialistischen Richtung",[256] in Deutschland wissenschaftlich vertreten durch *Wilhelm Hohoff*,[257] zurechnen können. Gerade im Hauptwerk *Ratzingers*

---

[249] Vgl. Dirsch, Solidarismus, 168.
[250] Vgl. Messner, Kath. Soziallehre, 575: „die romantische Richtung" blieb „zu eng den mittelalterlichen Denkformen und Einrichtungen verhaftet".
[251] Vgl. Theo Suranyi–Unger, Wirtschaftsethik, in : HDSW, Tübingen (1965) 12, 83-103, 87. Generell werde das Problemen der ethischen Werturteile im 19. Jh. nur „vereinzelt und eher verstreut" angemerkt, ohne daß es zur Diskussion gekommen sei. Die Historische Schule der Nationalökonomie mit ihrer „relativistischen Anschauung" habe das „Bestreben, der praktischen Volkswirtschaftlehre im Rahmen der Wissenschaft allgemeine ethische Ziele als inhaltliche Richtlinien vorzuschreiben", verworfen, woraus sich „die vielfältige Zerrissenheit der Volkswirtschaft" ergeben habe. So verstehe sich die Forderung von Roscher, Schmoller, Brentano, sich mit der Erkenntnis auf das, was „tatsächlich ist", zu begnügen.
[252] Vgl. Ratzinger, Vw^2 1-17, im Sinne einer Wirtschaftsethik.
[253] Vgl. Ratzinger, Vw^2 18-42, im Sinne einer Sozialethik.
[254] Vgl. Messner, katholische Soziallehre, 576.
[255] Vgl. HKG, VI, 207 Charles Périn (1815-1905): wird weltanschaulich und politisch als ein entschiedener Anti-Liberaler, aber wegen seiner prinzipiellen Ablehnung staatlicher Intervention wird er dennoch als ein Vertreter des ökonomischen Liberalismus eingestuft. Vgl. Ratzinger: Literatur Périn, Ch. in: Ratzinger, Vw^2 612.
[256] Vgl. Messner, katholischen Soziallehre, 576.
[257] Hohoff, Wilhelm (1848-1923), vgl. Heribert Raab, Wilhelm Hohoff und Johannes Janssen in JChS, 22 (1981), 249-278.

offenbart sich jener Dualismus in der Auseinandersetzung der individualistisch-liberalistischen und kollektiv-sozialistischen Soziallehren, insofern sie, beide, im Widerspruch zu den Prinzipien einer katholischen Soziallehre stehen. Dies ist eine Analyse, eine Dialektik, die *Ratzinger* in der Reflexion seiner Wirtschaftsethik von 1881, also vor RN, und 1895, nach RN mithin gleichsam als eine Ideenvorgabe zu einer katholischen Soziallehre, wie sie sich stufenweise in den Sozialenzykliken bis heute weiterentwickelt hat, erscheinen läßt: Analogien, auf die einzugehen sein wird und auf die einleitend bereits verwiesen wurde.

1.7. Zum publizistischen und politischen Wirken

Der Chronist würdigt *Georg Ratzinger* im Deutschen Nekrolog mit den Worten: „Ratzinger besaß ausgedehnte Belesenheit, vielseitiges Wissen, Weltbildung. Auf sozialpolitischem und volkswirtschaftlichem Gebiete hat er gründliche Studien getrieben, deren Ergebnisse er freilich nicht völlig zu systematisieren und in ihrem Fazit in der Praxis zu verwerten verstand."[258] Diese zeitnahe grundlegende Bewertung zum wissenschaftlichen Schaffen *Ratzinger* macht deutlich, daß in einer Zeit, in der die Nationalökonomie als Wissenschaft in ihrem Findungsprozeß ebenfalls erst am Anfang stand, *Ratzinger* deren Systemschwäche erkannte und selbst nach volkswirtschaftlichen Lösungen suchte.

1.7.1. Literarische Hauptwerke und zeitnahe Bewertung

1.7.1.1. Die „Volkswirtschaft" (1881, 1895) im Spiegel der Rezensionen

Ratzingers „Lehrgebäude und Hauptwerk"[259], das hier zu erörternde, in zwei Auflagen erschienene Buch, weist bereits erstmals in seinem Titel „Die Volkswirtschaft in ihren sittlichen Grundlagen" auf eine Wirtschaftsethik hin. Es ist ein frühzeitiger Versuch, „lehrbuchartig"[260] die sozioökonomischen Zusammenhänge in Theorie und Praxis vor einem christlich-sozialethischen

---

[258] Vgl. Ludwig Fränkel, Ratzinger, J. Georg, in: BJDN, Hrsg. Anton Bettelhain, Bd.IV 1899, Berlin 1900, 246, 247.

[259] Georg Ratzinger, Die Volkswirtschaft in ihren sittlichen Grundlagen, Freiburg 1. Auflage (1881), Vw^1 und 2. Auflage (1895), Vw^2. Vgl. Karl-Heinz Gorges: unveröffentlichte Diplomarbeit, 1976, a.a.O. Christliche Kritik am Kapitalismus in Ratzingers Hauptwerk, S. 13-16: 13 u. 118, literarische Hauptwerke, publizistische Tätigkeit; Zusammenstellung aller Beiträge Ratzingers in den HPBl. Von 1869, 1890-1898: 16, 107-116. Kopie aus den Repertorien des Landtags-Archiv: politisch programmatische Reden. Vgl. Georg Ratzinger (1844-1899) Ein Leben zwischen Politik, Geschichte und Seelsorge, Johann Kirchinger, Ernst Schütz (Hrsg.), Regensburg 2008, Anhng 389-392, Chronologisch: 389 die größeren Werke Georg Ratzingers, 390, 391 Auswahl der Rezensionen zu Georg Ratzinger. 391, 392 Nachrufe und Biogramme zu Georg Ratzinger.

[260] Vgl. G. Grupp: Buchbesprechung von Georg Ratzingers Vw^2.: Unter dem Titel: Theorie der Volkswirtschaft, in: HPBl. Bd. 117(1896) München, LXXVIII. Theorie der Volkswirtschaft, 871-882, 872 zwar „kein Lehrbuch im strengen Sinne". Das Buch schließe sich aber (so gemäß der Kapitelfolge) dem „gewöhnlichen Gang der nationalökonomischen Systeme an".

Hintergrund umfassend darzustellen, indem er auf wichtige nationalökonomische Systemdenker seiner Epoche zurückgreift. In der einleitenden Vorrede zu seiner „Volkswirtschaft" bezeichnet er es demnach als Aufgabe seiner Abhandlungen, ausgehend von den zentralen Lehren des Christentums, die „Probleme der Volkswirtschaft und des sozialen Lebens, und zwar nicht bloß in geschichtlicher Betrachtung, sondern auch in theoretischen Formulierungen und in praktischen Forderungen"[261] zu erörtern. In jener Buchbesprechung in den Historisch Politischen Blättern von 1896 wird ihm bestätigt, daß er sowohl „die Grundfragen der Nationalökonomie" ausreichend behandelt, als auch „bei allen Fragen" bzw. Problemstellungen „den christlichen Standpunkt nicht nur bloß zur Correktur, sondern zum Ausgangspunkt" genommen habe.[262].

Georg Ratzinger präsentiert ein umfassendes Lehrgebäude in einem Buch, das durchaus gründliche Studien auf sozial-politischem wie volkswirtschaftlichem Gebiete verrät. Dabei ist er sich der Anordnung von Theorie und Praxis bewußt, wenn er pragmatisch feststellt, daß Wissenschaft zur Erkenntnis führe, und die Erkenntnis zur Tat. Dementsprechend beklagt er sich über das, was man zu seiner Zeit „Reform" nannte; es sei nur „ein unsicheres Hin- und Hertasten", weil eben „eine positiv-theoretische Grundlage" fehle.[263] Er will darum, wie er zusammenfassend festhält, wissenschaftlich widerlegen und wissenschaftlich begründen, um klare theoretische Kenntnisse zu vermitteln und um Anhaltspunkte für eine richtige, praktizierbare, zukunftsweisende Lösung seiner Gegenwartsprobleme zu gewinnen.[264] Welche Determinanten einer modernen Wirtschaftstheorie spricht er möglicherweise an? - obschon er deren analytisches Instrumentarium als Theologe nicht beherrschen kann, so sehr er auch umschreibend danach ringt, volkswirtschaftliche Wirkungszusammenhänge zu erfassen. Aber selbst bei seinem Zeitgenossen *Karl Marx* sind Fragezeichen angebracht, worauf auch *Ratzingers* Kritik am Hauptwerk in Zitaten von *Karl Marx* „Das Kapital" vielfach hindeutet. Die Logik der zeitbedingten Interpretation nationalökonomischer Zusammenhänge und deren innere Rationalität wird in der Analyse immer wieder mitzubedenken sein.

Ratzingers Werk kann dennoch und vielleicht gerade deshalb als ein wichtiger Beitrag gewertet werden, der es versucht, das Theoriedefizit eben im Sozialkatholizismus des 19. Jahrhunderts abzubauen. So sieht es auch *Grupp* in seiner Buchbesprechung, zumal er kritisch anmerkt, daß die Katholiken zwar in der praktischen Sozialpolitik „ohne Zweifel allen Parteien und Konfessionen voran sind", daß aber „die theoretisch-wissenschaftliche Behandlung der Volkswirtschaft und der sozialen Frage" nicht gleichen Schritt gehalten habe.[265] In diesem Zusammenhang wird darauf hingewiesen, daß etwa auch *Ketteler, Jörg, Vogelsang, Hertling* und *Hitze* die soziale Frage wissenschaftlich angingen

---

[261] G. Ratzinger Vw. ², X.
[262] Vgl. G. Grupp, Theorie der Volkswirtschaft, in: HPBl. 117(1896) 872.
[263] Vgl. G. Ratzinger Vw², VII.
[264] Vgl. ebd. IX.
[265] Vgl. G. Grupp, Theorie der Volkswirtschaft. In: HPBl. München 117 (1896) 871.

und die Verbindung von Theorie und Praxis erkannt hätten, dennoch, so *Grupp* ergänzend, gebe es aber im katholischen Bereich „nur ein Lehrbuch für Volkswirtschaft".[266] Einschränkend wird jedoch in einem Nachsatz hinzugefügt, daß es nicht als 'Lehrbuch' im strengen Sinne des Wortes gelten könne. Dies bezieht sich aber wohl mehr auf die stilistische Ausgestaltung des Buches, die in der Tat auf den Journalisten *Ratzinger* hinweist. Als verdienstvoll wurde es ihm dennoch angerechnet, kein trockenes Lehrbuch verfaßt zu haben, sondern ein leicht lesbares und interessant geschriebens Buch.[267] Gleichzeitig wird ebenfalls wohl im Hinblick auf die 1. Auflage vermerkt, daß, trotz des Verdienstes *Ratzingers* um die Volkswirtschaft, das Buch kaum Einfluß auf die Entwicklung der Wissenschaft hatte, wie es eben bei katholischen Werken der Fall sei.[268]

Innerhalb der katholisch-sozialen Bewegung hatte *Georg Ratzingers* „Volkswirtschaft" nachweislich eine nachhaltige Wirkung auf eine immer zahlreicher werdende Anzahl sozialwissenschaftlicher Publikationen bedeutender Verteter eines wissenschaftlichen Sozialkatholizismus, der nicht minder einflußreich bei der Abfassung jener ersten richtungsweisenden Sozialenzykliken war. *Franz Hitze* weist in einer Literaturliste zur sozialen Frage auf *Ratzingers* „Volkswirtschaft" hin.[269] Auch der bedeutende Moraltheologe *Victor Cathrein*[270] zitiert in den Bänden seiner Moralphilosophie in mehrfacher Auflage des öfteren *Ratzingers* Werk, so zur Eigentumstheorie, zum Zinsnehmen wie auch zu den Grundlinien der Sozialpolitik vom katholischen Standpunkt aus. Noch zahlreicher verweist *Heinrich Pesch*[271] in seinem fünfbändigen „Lehrbuch der Nationalökonomie" auf *Ratzinger*, ebenso auf dessen „treffliche Schrift über die Armenpflege". Umfangreiche Zitate aus *Ratzingers* Volkswirtschaft liegen der von *Ferdinand Buomberger* (Schweiz) 1926 verfaßten Schrift: „Katholische

---

[266] Vgl. Ebd. 872 mit Hinweis: „mittlerweile auch das Lehrbuch von Devas-Kämpfe erschienen".

[267] Vgl. ebd. 872.

[268] Vgl. G. Grupp, a.a.O., 871 f.

[269] Vgl. Franz Hitze (Hrsg), Literaturliste zur sozialen Frage in: Arbeiterwohl (1892) 181; H. Mockenhaupt: Franz Hitze (1851-1921) in: LThK, 5 (2006)³, 171: herausragender Vertreter der katholisch-sozialen Bewegung. Vgl. Karl-Heinz Gorges, Christl. geführte Industriebetrieb 19 Jh., (1988) 8-19, 14 zur Gründung von „Arbeiterwohl", des 1880 gegr. Verbandes kath. Industrieller und Arbeiterfreunde: Hitze: dessen 1. Generalsekretär. Hitze, Zeitgenosse Ratzingers und ebenfalls Priester und Sozialpolitiker, Mitgl. des Preuß. Abgeordnetenhauses 1884-1912 und des Dt. Reichstags, Zentrumspartei.

[270] Vgl. Victor Cathrein SJ (1845-1931) in: Moralphilosophie Bde I,II, Freiburg 1899³, zitiert des öfteren Ratzingers Werk, so z.B. zur Eigentumstheorie Bd II, 312, zum Zinsnehmen Bd II, 358, 361, zu den Grundlinien der Sozialpolitik Bd II, 607.

[271] Vgl. Heinrich Pesch (1854-1926) mit zahlreichen Hinweisen auf Ratzingers Vw² in seinen 5 Bänden „Lehrbuch der Nationalökonomie": Bd. I, Freiburg 1905, 107, 356; Bd. II. 188, 569, 600, 677, 680, 683; Bd.III. 295; Bd.IV, 81, 84, 119, 161, 263, 588, 688, 691, 865; Bd.V, 155, 484, 514, 745.

Grundsätze der Volkswirtschaft"[272] zu Grunde, ergänzt durch fast ebenso umfangreiche Zitationen aus *Franz Hettingers* „Apologie des Christentums". *Buomberger* ging es um klare Begriffsdefinitionen einschlägiger Grundsätze für volkswirtschaftliches Handeln aus katholischer wie ökonomischer Sicht.

Interessanterweise werden in den „Historisch-politischen Blättern für das katholische Deutschland" bereits 1881, dem Erscheinungsjahr der ersten Auflage von *Ratzingers* Volkswirtschaft, unter der Rubrik „Sozialpolitischen Novitäten" von der Redaktion in einer Buchbesprechung „drei neue Werke über Sozialpolitik vom christlichen Standpunkt", jenes von *Franz Hitze*, das des pseudonymen *Albertus* und das von *Ratzinger* vergleichend besprochen.[273] Die „historische Grundlage" sei diesen Forschern gemeinsam, mit dem Hinweis, daß „die neueste Geschichtsschreibung mehr und mehr sozialpolitischen Charakter" annehme, wozu der Historiker *Johannes Jansen* den Beweis geliefert habe, den auch *Ratzinger* zitiert. In den hier besprochenen „stattlichen" sozialpolitischen Bänden stehe *Albertus* mehr für den „Historiker der sozialen Frage", dagegen sei es bei *Hitze* „der Politiker", während bei *Ratzinger* „der Philosoph und Theologe überwiege". Das Buch von *Hitze* sei „wie ein verfrühter Codex der sozialen Frage". Die Arbeiter-Versicherungspläne, als „Kern und Stern der inneren Reichspolitik" des Fürsten *Bismarck*, habe *Hitze* schon vor Bismarck vertreten; denn die Grundanschauungen hierzu finde man bereits in *Hitzes* Buch. Als Aufgabenstellung bemühe sich *Hitze* um „die ernste Sozialpolitik" für die Lösung der sozialen Frage, und der Rezensent kommt (1881) zu der Bewertung: „Das ganze Buch steht auf dem Satz, daß die soziale Frage in ihrem tiefsten und allgemeinsten Grunde eine sittliche Frage sei und insoferne ihre Lösung der Kirche zufalle".[274]

Im Mittelpunkt dieser Rezension steht bei *Hitze* „der große Streit: was ist Pflicht und Recht des Staates in Bezug auf die Gesellschaft?" Die Antwort des Liberalismus sei, „die Gerechtigkeit zu handhaben"; hingegen sei für *Hitze* die Gerechtigkeit „nur das negative, die Liebe aber das positive und eigentlich constitutive Element der Gesellschaft". Und so sei der Staat zwar „zunächst und fundamental" Rechtsstaat, und doch zugleich habe er als „Ausgang und Ziel die Liebe". Daraus folgert *Hitze*: „Der christliche Staat ist nicht der liberale Rechtsstaat, sondern der Staat der Solidarität, nicht der der absoluten Freiheit, sondern der Gegenseitigkeit"[275]. Selbst wenn dem Staat „das soziale Recht der Erzwingbarkeit" zuerkannt werde, so nur dann dort, wo „das Prinzip der Freiwilligkeit nicht ausreicht oder die Vernachlässigung der Liebespflicht mit

---

[272] Vgl. Ferdinand Buomberger, Katholische Grundsätze der Volkswirtschaft, Weggis (Schweiz) 1926. Zu 33 maßgeblichen Problemstellungen der Vw begründet er, auf der Basis von spezifischen, teils umfangreichen Zitaten aus Ratzingers Vw² und gleichermaßen aus Franz Hettingers „Apologie des Christentums", Hrsg. Eugen Müller, 5 Bde. Freiburg 1908/14, seine katholischen Grundsätze.
[273] Vgl. HPBl, Hrsg. Ed. Jörg und Fr. Binder, Bd.88, München 1881, LXXII., 942-958.
[274] Vgl. ebd. 950.
[275] Vgl. ebd. 949.

dem öffentlichen Wohle in Conflikt kommt".[276] Also dem Subsidiaritätsprinzip folgend, ohne dieses Prinzip so zu nennen, in Sachen der Abgrenzung von „Pflicht und Recht" des Staates in bezug auf die Gesellschaft bzw. auf das Individuum[277]. Man könne es als ein „Gesetz der Weltgeschichte hinstellen", so *Hitze*, „daß mit fortschreitender Entwicklung der Staat immer mehr Gebiete der Freiwilligkeit in den Bereich des Rechts hineinzieht; sei es, weil die Kraft der individuellen Sittlichkeit nachläßt, sei es, weil mit dem Wachstum der Gesellschaft auch die Berührungspunkte zwischen Gesellschaft und Individuum mehrere werden und damit auch die Anlässe zu Conflikten, Verletzungen der Liebe; sei es endlich aber auch, weil das Rechtsbewußtsein durch eine veredelte, höhere sittliche Anschauung reicheren Inhalt erhält." *Hitze* bejaht also unter Vorbehalt, das heißt „wenn das Prinzip der Freiwilligkeit nicht ausreicht", die zu diesem Zeitpunkt aktuelle *Bismarck*sche Sozialgesetzgebung.

Friedrich August v. Hayek wird später, im 20.Jh., darauf hinweisen, daß die Sozialgesetzgebung auch der Weg eines Volkes in die Knechtschaft sein kann.[278] Für *Ratzinger* bestätigt der Rezensent der Historisch Politischen Blätter, daß er „im wesentlichen mit Hitze auf dem selben Standpunkte" in jener streitigen Frage „von der sozialen Berechtigung des Staates" stehe. Allerdings habe man *Ratzingers* Publikation bekanntlich sofort von den „Offiziösen in Berlin" für deren Staatssozialismus „in Beschlag nehmen wollen", aber „mit Unrecht", so das Urteil des Rezensenten. Denn wie *Hitze* vertrete *Ratzinger* bereits schon seit der Katholiken-Versammlung von 1876 in München im Antrag zur Zwangsversicherung der Arbeiter und der staatlichen Organisation des Versicherungswesens nachweislich dieselbe Ansicht.

Hinsichtlich der Bewertung von *Ratzingers* „Volkswirtschaft" bestätigt der Rezensent in den Historisch Politischen Blättern, dessen Buch sei zwar „nicht aus einem Guß", so seien neben „einer grundlegenden Einleitung" die folgenden „sechs in sich selbständigen Essays" dennoch „jedes ein Ganzes für sich", indem er hinzufügt, mit jedem einzelnen Essays „hätte sich Hr. Ratzinger für einen Lehrstuhl legitimiren können", denn in diesen Essays werde ein „vollständiges System der Volkswirtschaft" dargelegt und zugleich „alle Fragen der Societät behandelt".[279] Und er fügt hinzu, der Verfasser wolle zeigen, „daß alle Volkswirtschaft nicht das Resultat naturgesetzlich notwendiger Entwicklung, sondern daß sie bedingt sei von dem religiös-sittlichen Leben, daß überhaupt die Gesellschaft nur der äußere Ausdruck des inneren geistigen Lebens der Völker

---

[276] Vgl. ebd. 949f.
[277] Vgl. ebd. HPBl. 88(1881) 948-950, 950.
[278] Vgl. Gerold Blümle / Nils Goldschmidt: Sozialpolitik mit dem Markt. Sozialstaatliche Begründung und wirtschaftliche Ordnung, in: Die Neue Ordnung, 58 (2004), 180-193; vgl. unter III. Soziales Recht und ökonomische Effizienz: mit dem Hinweis auf Friedrich August von Hayek „der Weg zur Knechtschaft" Zürich 1952³, 168. Blümle / Goldschmied begründen mit Hayek in Bezug auf „das Prinzip der Sozialstaatlichkeit" hier ihre „Gefährdungsthese" analog zu Hayek.
[279] Vgl. HPBl. 88(1881) 954.

sei". Eine Aussage von Allgemeingültigkeit, die nicht immer bedacht wird oder sich in der Volkswirtschaft hinter einer „Ceteris paribus"- Klausel verbirgt.

Eine derartige Anschauung *Ratzingers*, so der Rezensent, gerate „sofort in Konflikt mit der ganzen modernen Wissenschaft; sein Buch starrt von den Waffen der Polemik. Er hatte nicht nur gegen die Naturphilosophie der sogenannten englischen Schule, sondern auch gegen die viel gerühmte ‚historische Schule' der deutschen Ökonomiker zu streiten". Selbst deren anfänglicher Hauptvertreter *W. Roscher*,[280] so im Urteil *Ratzingers*, „beschränke sich darauf, zusammenhanglose Notizen anzuhäufen und Citate zu sammeln, vergesse aber dabei auf den Geist, der lebendig macht,"[281] zu verweisen. Hier werde bei *Ratzinger* das Spannungsverhältnis von „historischer Nationalökonomie" und „Geschichte" angesprochen, so der Rezensent, wobei für *Ratzinger* „von allen Dogmen, welche Roscher derselben entnommen haben wolle, nicht ein einziges die Kritik des Geschichtsforschers (*Ratzinger*) bestehe".[282]

Ratzinger formuliert es begründend so: „Wie wenig die sogen. historische Schule der Nationalökonomie den Anspruch auf diesen Titel erheben darf, mag man daraus abnehmen, daß sie von der centralen Bedeutung der Lehre des Welterlösers, und der Alles umgestaltenden Macht des Christenthums, von dem überwältigenden Einfluß der christlichen Weltauffassung auf das soziale und wirtschaftliche Leben keine Ahnung verräth."[283] In Ergänzung zu der Einleitung seiner Volkswirtschaft 1881 fährt er fort, selbst „die Utopien von Plato bis Thomas Morus, die communistischen Systeme eines Campanella, Robert Owen oder Louis le Blanc nehmen die Aufmerksamkeit dieser angeblich 'historischen' Nationalökonomie viel stärker in Anspruch, als die Lehre des Welterlösers!"[284]. Dies sei der Grund, warum das Christentum sich nicht des materialistischen Einflusses erwehren könne.[285] Für die „historische Schule" sei zwar nicht der Egoismus die alleinige Triebfeder in der Gesellschaft, sondern gleichermaßen ebenso der Gemeinsinn. Dennoch sei „die materialistische Anschauung der älteren Schule", hier bis Datum 1881, die herrschende, und dies verstärkend im Zusammenhang mit der neueren „Naturwissenschaft". Schlußfolgernd vertrete

---

[280] Ebd. 954. Vgl. Wolfgang Zorn, 5. Staatliche Wirtschafts- und Sozialpolitik und öffentliche Finanzen 1800–1970, in: Aubin, Zorn (Hrsg.) HdbDWSG, Bd. 2 Stuttgart 1976, 148-197,152, hier die Feststellung, mit W.Roscher (1817-1894) habe mit seiner Göttinger Vorlesungen „Staatswirtschaft nach geschichtlicher Methode" (1843), die sogenannte Historische Schule der Nationalökonmie begonnen. Roscher war in Folge Leipziger Universitätsprofessor für Staatswissenschaft und Nationalökonomie.
[281] HPBl 88(1881) 948-950, 954, keine Hinweise wo bei Ratzinger: siehe Vw.[1] 168 bzw. Vw.[2], 197.
[282] Vgl. HPBl. 88(1881)948-950, 954 f
[283] Ratzinger Vw.[1], Einleitung 33-34, 33 vgl. teils wörtlich übernommen in HPBl 88 (1881) 955.
[284] Ratzinger Vw.[1], Einleitung 33-34, 33.
[285] Vgl. HPBl 88 (1881) 948-950, 955.

Ratzinger in seinem Hauptwerk zur Volkswirtschaft gleichsam ein Prinzip für christliches Handeln: „'Liebe und Freiheit' gegen Egoismus und Naturgesetz". Dies „zeige den Weg auf, auf dem das Interesse der arbeitenden Massen mit dem der capitalistischen Entwicklung in harmonischen Einklang zu bringen sei".[286]

Der „Geschichtsforscher" *Ratzinger*, indem er insofern die deduktive[287] „geschichtliche Denkweise" als methodischen Ansatz für seine Analysen ökonomischer Wirkzusammenhänge wählt, vertritt als seinen Standpunkt: „Der Historiker muß von umfassendem Standpunkte aus das Große und Ganze überblicken, muß ... erklären, ... darstellen ..., die wirkenden sittlichen Kräfte schildern und deren Einfluß auf die materielle Gestaltung klarlegen."[288] Für die „sogen. historische Schule" stellt er insofern ein Dilemma, gleichsam einen Paradigmawechsel fest, denn die historische (ältere) Schule konnte, so *Ratzinger*, „in Deutschland schon deshalb keinen wesentlichen Fortschritt bringen", weil sie das bereits fertige englisch-französische System, indem er auf *Karl Marx* verweist,[289] in die Geschichte hineintrug. Die geschichtlichen Daten, mit denen die Theorie verbrämt wurde, dienten nur als „Schmuck und Zierde. Eine umfassendere Kenntniß der geschichtlichen Entwicklung ist bis jetzt nicht erreicht worden, ja sie wurde nicht einmal angestrebt".[290]

Bei *Ratzinger* wird schon jenes Spannungsverhältnis transparent, wie es sich etwas später im sogenannten „Methodenstreit", zwischen *Carl Menger* und *Gustav Schmoller*[291] offenbaren sollte. *Ratzinger* stand auf der Seite von *Karl*

---

[286] Vgl. HPBl. 88(1881) 957.

[287] Vgl. K.H. Hansmeyer, Lehr- und Methodengeschichte, in: Kompendium der Volkswirtschaftslehre, 1(1969²) 47-49, 48f. Der „ältere" Methodenstreit über den scheinbaren Gegensatz von Induktion und Deduktion werde 20 Jahre später unter der Bezeichnung: „jüngerer Methodenstreit" weitergeführt, als Auseinandersetzung „zwischen positiver und normativer Ökonomik".

[288] G. Ratzinger Vw.¹, 33, vgl. Vw.², IX.

[289] Vgl. G. Ratzinger Vw.¹, 33, in Anm. Zitat von Karl Marx, Das Kapital², Nachrede 814 u. 816; Marx bemerke „scharf, aber treffend": „die politische Ökonomie" sei „in Deutschland bis zu dieser Stunde eine ausländische Wissenschaft" geblieben. „Sie wurde als fertige Waare importirt aus England und Frankreich; ihre deutschen Professoren blieben Schüler, Nachbeter und Nachtreter, Kleinhausirer des ausländischen Geschäftes. Ihre Wortführer theilten sich in zwei Reihen. Die Einen, kluge, erwerbslustige, praktische Leute, schaarten sich um die Fahne des Franzosen Bastiat, des flachsten und daher gelungensten Vertreters vulgär–ökonomischer Apologetik; die Anderen, stolz auf die Professorenwürde ihrer Wissenschaft, folgten J. St. Mill in dem Versuche, Unversöhnbares zu versöhnen."

[290] Vgl. G. Ratzinger Vw.¹, 33.

[291] Vgl. Wolfgang Zorn a.a.O. in: HdbDWSG, Bd. 2 Stuttgart 1976, 148-197, 154. Gustav von Schmoller (1838-1917) wird als Haupt der „sog. jüngeren historischen oder ethisch-historischen Schule der Nationalökonomie bezeichnet. Vgl. Carl Brinkmann: Gustav Schmoller, in: HDSW, 9(1956)135-137; 135f. „Methodenstreit" der 80er, vgl. zu Mengers Vorwurf des untheoretischen „Historismus". Vgl. Felix Dirsch, Solidarismus und Sozial-

Menger, auf dessen herausragende Schrift über „Die Irrtümer des Historismus in der deutschen Nationalökonomie" (1884) er sich in der zweiten Auflage seiner Volkswirtschaft in der Kritik an der historischen Schule berief.[292] Insofern erscheint es sachlich fraglich, ob es wirklich „verwundert, daß *Ratzinger* in seiner Vorrede zur zweiten Auflage die Kritik *Mengers* an der historischen Schule übernahm, obwohl er doch die von ihm beanstandete historische Methode selber anwandte", wie es für „Georg Ratzinger als Wirtschaftswissenschaftler" neuerdings von *Zschaler* behauptet wird,[293] indem er folgende ergänzende These zu *Ratzingers* Volkswirtschaft hinzufügt: „Tatsächlich ist ihm, das wird bei der Lektüre sehr deutlich, der theoretische Zugang Mengers zur Erklärung wirtschaftlicher Phänomene gänzlich fremd."[294]

Dies kann man für *Ratzinger* so nicht festlegen. *Ratzinger* war mit seiner „Volkswirtschaft" miteingebunden in den sich entfaltenden Werturteilsstreit, worauf noch spezieller einzugehen sein wird. *Ratzinger* stellt sich auch analytisch den Zusammenhängen von Geld, Kredit und Währung, wenn man ihn auch gewiß nicht wie *Karl Menger* als einen „hervorragenden Geldtheoretiker" bezeichnen kann. Ansichten von *Menger*, etwa die Auffassung, „daß das Geld lediglich ein Wertzeichen" sei, dessen Tauschwert „auf die Übereinkunft der Menschen, auf Konvenienz oder auf staatliche Einflußnahme zurückzuführen sei", lehnt er scharf ab. Vielmehr sei Geld, so *Menger*, eine Ware, die ihren Verkehrswert „aus der nämlichen Ursache ableitet wie die übrigen Objekte des Verkehrs"[295]. Auf die Bewertung dieser Zusammenhänge wird in der kritischen Analyse *Ratzingers* zu den entsprechenden Theorievorstellungen eines *Karl Marx*, wie auch jener „großartigen Abhandlung", so der Rezensent zu *Ratzingers* Volkswirtschaft über „Zins und Wucher", in *Ratzingers* Volkswirtschaft an entsprechender Stelle noch einzugehen sein.

Eine Vielzahl von Rezensionen[296] löste *Ratzingers* Hauptwerk zu seiner Zeit aus, wissenschaftlicher wie populär-wissenschaftlicher Art. Darunter fallen kompetente Fachzeitschriften verschiedenster Wissenschaftsbereiche, so etwa die Rezension im Fachbereich Nationalökonomie von *Albert Schäffle*, dessen Hauptwerke *Ratzinger* an vielen Stellen zur Begründung seiner These selbst

---

ethik, Berlin 2006, 307-311: 3. Teil: 3.2. Gustav von Schmoller und die kulturwissenschaftliche Dimension der Wirtschaftswissenschaft.

[292] Vgl. G. Ratzinger Vw.[2], IX in Anmerkung: Vgl. Karl Menger „Die Irrtümer des Historismus in der deutschen Nationalökonomie, (1884). Vgl. Otto Weinberger: Carl Menger (1840–1921) in : HDSW 7 (1961) 301–303.

[293] Vgl. Frank E. Zschaler, Georg Ratzinger als Wirtschaftswissenschaftler, in: Georg Ratzinger (1844-1899) Ein Leben zwischen Politik, Geschichte und Seelsorge, Johann Kirchinger, Ernst Schütz (Hrsg.), Regensburg 2008, 291-300, 295.

[294] Ebd. 296.

[295] Vgl. Otto Weinberger: Carl Menger, in : HDSW 7 (1961) 301.

[296] Vgl.: Kirchinger, Schütz (Hrsg.), Georg Ratzinger, Regensburg 2008, 390 Anhang

zitiert,[297] von *Gustav Cohn*[298], in Geschichtswissenschaft von *Victor Gramich*[299], in Gesellschaftswissenschaften von *Albert Maria Weiß*[300], in Theologie von *Franz-Xaver Linsenmann*[301], um nur einige fachlich bedeutende Besprechungen von *Ratzingers* Volkswirtschaft herauszugreifen, die sich oft dezidiert, teils kritisch differenzierend äußern.

1.7.1.2. Die „Geschichte der kirchlichen Armenpflege" (1868, 1884)

Weitere selbständige Schriften, die nicht nur auf den Sozialpolitiker und Volkswirt, sondern insbesondere auch auf den Historiker entsprechend seiner wissenschaftlichen Ausbildung hindeuten, ist zunächst die bereits erwähnte, biographisch bedeutsame Doktorarbeit, als sein Erstlingswerk: „Geschichte der kirchlichen Armenpflege"[302]. *Ratzingers* soziale Gedankenlinien, wie er sie *kirchenhistorisch* und theologisch vertritt, werden hier insbesondere erkenntnistheoretisch offenbar.

Dies vermittelt weiterführend die erwähnte Forschungsanalyse von *Thomas Johann Bauer* zu jener interessanten Thematik.[303] So wird hier für *Ratzinger* bestätigt, daß er „sich in seiner Geschichte der kirchlichen Armenpflege zwar grundsätzlich der historischen Methode, zugleich aber auch theologischen Prinzipien verpflichtet zeigt"[304] *Bauer* hält ergänzend fest, daß „durch den historischen Nachweis der Erfolge der kirchlichen Hausarmenpflege und des Versagens der staatlichen Armenfürsorge" in *Ratzingers* Kritik „gegenüber dem neuzeitlichen Liberalismus und Sozialismus die Überlegenheit der katholischen Lehre und der Anspruch der katholischen Kirche auf Mitbestimmung und Gestaltung des gesellschaftlichen Lebens untermauert werden". So steht auch *Ratzinger* für „ein Anliegen der traditionellen katholischen Apologetik"[305] und zugleich „mit dieser apologetischen Ausrichtung in der Tradition der katholischen Kirche des 19. Jhs. Für *Bauer* ergibt sich aus dieser Orientierung

---

[297] Vgl. Albert Schäffle, in: Zeitschrift für die gesamte Staatswissenschaft 38 (1882) 741-754.

[298] Vgl. Gustav Cohn, in: Jahrbücher für Nationalökonomie und Statistik 38 (1882) 383.

[299] Vgl. Victor Gramich, in: Historisches Jahrbuch der Görres Gesellschaft (1882), 319-354.

[300] Vgl. Albert Maria Weiß, in: Monatsschrift für Gesellschafts-Wissenschaft 4 (1882), 235-240.

[301] Vgl. Franz-Xaver Linsenmann, in: Tübinger Theologische Quartalsschrift 64 (1882), 351-300 56.

[302] Besprechung dieser preisgekrönten Dissertation, signiert mit WKR, in: HPBl, 64/2 (1869) 879-899. Vgl. Kirchinger-Schütz (Hrsg), Georg Ratzinger, 2008 a.a.O. 390f, Anhang: Rezensionen: WKR für Wilhelm Karl Reischl.

[303] Vgl. Thomas Johann Bauer, Theologische Apologetik als Aufgabe der Kirchengeschichte. Beobachtungen zu Georg Ratzingers *Geschichte der kirchlichen Armenpflege*, in: Kirchinger Schütz (Hsg.) 67-94.

[304] Ebd. 92.

[305] Ebd. 92.

die „Gefahr, oft unkritisch Späteres in Früheres hineinzulesen".[306] Eine Gefahr, der man gerade heute schnell unterliegt, wenn es retrospektiv gilt, Zusammenhänge des 19 Jhs. auch und gerade für *Ratzinger* aus heutiger Sicht verständlich und situationsgerecht zu deuten.

Ratzinger verweist an einschlägigen Stellen seiner „Volkswirtschaft", wenn auch nur selten, auf seine Schrift zur Geschichte der kirchlichen Armenpflege. Inwiefern sein Hauptwerk zur Volkswirtschaft Inspiration zur Überarbeitung der ersten Auflage von 1868 zur kirchlichen Armenpflege war, wird in einer abschließenden Würdigung dieser Analyse zu untersuchen sein. Dies auch schon deswegen, weil *Bauer* interessanterweise als neu in der zweiten Auflage von 1884 feststellt, *Ratzinger* „erörtere auf breitem Raum die Notwendigkeit struktureller Maßnahmen im Bereich der Wirtschaft, die das Entstehen einer verarmten Industriearbeiterschaft verhindern sollen", was, „bei einer Ablehnung der modernen Welt"[307], so von *Ratzinger* anscheinend nicht zu erwarten gewesen sei. Hier zeichnet sich bereits *Ratzingers* kritische und doch visionäre Offenheit für die sogenannte „moderne" Welt ab.

Auch die beiden Auflagen von *Ratzingers* „Geschichte der kirchlichen Armenpflege" erhielten eine beachtliche Aufmerksamkeit durch fachlich kompetente Rezensenten. Viel später, im Vorwort zur Reprint-Auflage von 2001, wird betont, daß vor hundert Jahren *Ratzingers* Geschichte der kirchlichen Armenpflege, obwohl „aus einem dezidiert katholischen, wenngleich oft unorthodoxen Perspektive geschrieben", dennoch „als Standardwerk galt". Man vermisse, daß *Georg Ratzinger* insofern „weder in der heutigen Sozialarbeit noch in der Sozial- und Wohlfahrtgeschichte eine bekannte Größe" sei.[308] Dies auch deswegen, weil *Ratzinger* „als Verfasser eines Grundlagenwerkes zur Volkswirtschaft" in seiner Geschichte zur Armenpflege „primär um eine wirtschaftspolitische Verortung der Armut" bemüht sei. In diesem Zusammenhang wird im Vorwort von 2001 auch bemängelt, daß dem Autor des Nachdrucks in der Neuauflage des Brockhaus kein Eintrag gewidmet sei.

Interessanterweise findet sich bereits im Wörterbuch der Politik, herausgegeben von *Oswald von Nell-Breuning SJ* und *Hermann Sacher*, Freiburg 1949, keine Eintragung über *Ratzinger* und dessen wissenschaftliche Hauptwerke, obwohl alle „einflußreichen Autoren" der katholisch-sozialen Bewegung, beginnend im 19. Jahrhundert bis hin in die Gegenwart, namentlich genannt werden.[309] Zumal auch der Hinweis nicht fehlt, daß für die Epoche um 1870 neben dem Kampf gegen den Wirtschaftsliberalismus, seit der Zeit um 1840, nun die „Auseinandersetzung mit der Ideenwelt des marxistischen Sozialismus" getreten

---

[306] Ebd. 92.
[307] Ebd. 87.
[308] Georg Ratzinger Geschichte der kirchlichen Armenpflege, Reprint: Auflage von 1884, Freiburg i. Brsg. 2001, Andreas Wollasch, Vorwort.
[309] Vgl. Oswald von Nell-Breuning SJ und Hermann Sacher (Hrsg.), Wörterbuch der Politik, Freiburg 1949, Heft 3, Zur sozialen Frage, 201-226.

sei. Vor allem der Kampf gegen dessen Religionsfeindlichkeit, seinen revolutionären Klassenkampf, seinen Vorstoß gegen die Familie als die Wurzel alles Gesellschaftslebens und gegen das Sondereigentum grundsätzlich; alles Themen, zu denen *Ratzinger* aus der Sicht der christlichen Lehre ebenso grundsätzlich in seiner Volkswirtschaft Stellung nimmt. Genauso, wenn in den 80er Jahren des 19. Jhs. sogar im Ausland die Sozialversicherung ihre Anerkennung gefunden habe, es zwischen *Hitze* und *Hertling* strittig war, welcher Weg vorzuziehen sei, der der Sozialpolitik oder der Sozialreform[310], oder dort in der Auseinandersetzung mit dem Sozialismus *Cathrein* und auch *Hohoff*[311] genannt werden, so hätte *Georg Ratzinger* als markantester Vertreter für den süddeutschen Raum genannt werden müssen, zumal wegen dessen Nähe zu bedeutenden Nationalökonomen der Wiener Schule; aber auch, wenn mit dem Hinweis auf die Haider Thesen Mitglieder der freien Vereinigung katholischer Soziologen,[312] so *A.M. Weiß*, *Vogelsang*, *Hitze* u.a. genannt werden, obwohl *Ratzinger* mit zu den Gründungsmitgliedern gehört.

Eine Erklärung hierzu kann in der Feststellung gesehen werden, daß „die katholisch-soziale Bewegung überwiegend im industriellen Westen verankert war", während „die christlich-soziale" Bewegung, also die evangelisch-christliche, „vorwiegend in Norddeutschland und Preußen ihre Anhänger" fand.[313] Oder zeigt sich hier auch eine nachhaltige Wirkung, welche „die rheinische Antipathie gegen die Beschlüsse von Haid",[314] die Haider Thesen, auslöste? *Ratzinger*, als markantester Vertreter der christlich-sozialen Bewegung in Bayern, hat sich in seinem christlich-sozialen Denken mehr an der „österreichischen" Schule der Nationalökonomie orientiert, wenn er deren wichtige Vertreter *Carl Menger* und besonders *Böhm-Bawerk* in der Kritik am Kapital in seiner „Volkswirtschaft" eher zitiert als jene ebenfalls dem „christlich-sozialen Denken" verhaftete und im Westen dominante rheinische Richtung.

1.7.1.3. „Die Erhaltung des Bauernstandes" (1883)

Wenn einer aus Überzeugung für den „Erhalt des Bauernstandes" zeitlebens publizistisch und programmatisch, intellektuell und politisch gekämpft hat, dann war dies *Georg Ratzinger* zu seiner Zeit. Von seiner Abstammung her aus dem Bauernstand kommend, war er ein authentischer Zeuge für Belange des Bauerntums regionaler, nationaler wie globaler Art. Dies wurde schon transparent, wie gezeigt, insbesondere als er sein Agrarprogramm im Bayerischen Landtag als Fraktionsvorsitzender des Bayerischen Bauernbundes vortrug - wie auch generell in seinem vielfältigen Eintreten für die Sache der

---

[310] Ebd. 202.
[311] Ebd. 211.
[312] Ebd. 212f.
[313] Vgl. Marie-Louise Plessen, Die Wirksamkeit des Vereins für Socialpolitik von 1872 – 1890, Berlin 1975, 119.
[314] Vgl. August M. Knoll, Der soziale Gedanke im modernen Katholizismus, Wien-Leipzig 1932, 139.

Bauern. Seine modern anmutenden agrarpolitischen Vorschläge zu einer Strukturreform finden sich wie in einem Kompendium in seiner Schrift „Die Erhaltung des Bauernstandes" mit dem bezeichnenden Untertitel „Ein Reformprogramm des Hochseligen Grafen Ludwig zu Arco Zinneberg". Ein Dokument für eine fortschrittliche, teils visionäre Agrarpolitik mit all ihrer zeitgebundenen Herausforderung zum steigenden Verschuldungsgrad der Bauern bis hin zu den Herausforderungen eines überregionalen, globalen Wettbewerbs in der Landwirtschaft. Und nicht zuletzt ein Dokument der persönlichen Dankbarkeit *Georg Ratzingers* gegenüber dem *Grafen Arco Zinneberg* für dessen freundschaftliche Gewährung jener lebzeitigen Rente, die für *Ratzinger* eine gewisse finanzielle Grundversorgung sicherte, die für sein Schaffen notwendig war.

Ein Einblick in diese Publikation, speziell zum Verhältnis von „Theorie und Praxis sozialethischer Agrarpolitik Georg Ratzingers und die Geschichte des ‚gerechten Preises'" wird ausführlich von *Kirchinger* gegeben.[315] So habe *Ratzinger* „erstmals" der Landwirtschaft „nun eine qualitativ herausragende Funktion innerhab der Volkswirtschaft" zugewiesen, wenn er „nun vom öffentlichen Charakter von Grund und Boden" spreche. Allerdings wird man bei *Ratzinger* „Grund und Boden" nicht finanzwissenschaftlich im engen Sinne als „öffentliches", also „nicht marktfähiges Gut" bezeichnen können. So wird, dort *Ratzinger* interpretierend, zurecht darauf verwiesen, daß er im privaten Eigentum an den Produktionsmitteln durchaus „ein hohes Gut, welches nicht leichtsinnig angetastet werden soll", sieht, auch wenn er fortfahrend die Forderung aufstelle, „gegen den Mißbrauch dieser Freiheit müssen gesetzliche Schranken existieren". Es gehe also *Ratzinger* darum, daß die Böden den möglichsten Ertrag an Früchten für alle liefern. Also neben dem Erhalt der Ertragsfähigkeit wird auch ein sozialethischer Aspekt transparent, wenn *Ratzinger* der „Gesamtheit" ein diesbezügliches Forderungsrecht zuschreibt, im Sinne von „agrarischen Sonderrechten"[316], wenn eine naturrechtliche Begründung dafür spreche.[317]

1.7.1.4. „Die Bierbrauerei in Bayern" (1885)

Auch hier können es landwirtschaftliche Fragen sein. Etwa, wenn es um den Ankauf von Gerste und Hopfen aus heimischer bzw. bayerischer landwirtschaftlicher Produktion und um deren Ankauf vom Einzelhändler oder von Genossenschaften, oder direkt von den Produzenten geht, Fragen, zu denen der Abgeordnete *Ratzinger* im Spezialetat des königlichen Hofbräuhauses im Landtag Stellung nahm, um auf Preisgestaltung Einfluß zu nehmen, wie auch Qualitätsstandard und Lieferzeitpunkt sicherzustellen.[318] So erwies sich

---

[315] Vgl. Johann Kirchinger, Theorie und Praxis sozialethicher Agrarpolitik, in: Georg Ratzinger Kirchinger-Schütz (Hrsg) 2008, 301- 348, 307ff.
[316] Vgl. Ebd. Kirchinger, Theorie und Praxis sozialethischen Agrarpolitik, 307.
[317] Ebd. Vgl. 318
[318] Vgl. Archiv Bay.Ltag, St.B.Bd. X, Kammer der Abgeordneten 352. Sitzung 20.12.1897, 246 f.

Ratzinger auch hier als sachkundiger Agrarpolitiker, wie er es anmerkend in seiner Schrift über „die Bierbrauerei in Bayern" bereits dargelegt hatte.
Weitere Schriften unterschiedlicher Thematik und Qualität seien hier nur erwähnt:
- „Geschichte der Wohltätigkeitsanstalten in Belgien, von Karl dem Großen bis zum 16. Jahrhundert", Verfasser: Paul Alberdingk-Thijm, Übersetzung aus dem Holländischen von Georg Ratzinger, Freiburg i. Brsg. 1883.[319]
- „Jüdisches Erwerbsleben, Skizzen aus dem sozialen Leben der Gegenwart", unter dem Pseudonym Dr. *Robert Waldhausen*, Passau 1892.
- „Das Judentum in Bayern, Skizzen aus der Vergangenheit und Vorschläge für die Zukunft", unter dem Pseudonym *Gottfried Wolf*, München 1897.
- „Bauern einigt euch!" ein Mahnruf, welcher der politischen und Wahl-Agitation diente, Kempten 1897.[320]
- Die „Forschungen zur bayerischen Geschichte" (1898).[321] „Eine Sammlung seiner historischen und geschichtlich–ökonomischen Untersuchungen bietet dieser, großenteils auf dem Passauer Cleriker und Geschichts Schreiber Albertus Bohemus, bezügliche Band."[322].

1.7.2. Weitere publizistische Tätigkeit

Kennzeichnend für *Ratzinger* ist seine äußerst umfangreiche publizistische Tätigkeit als Redakteur und Mitarbeiter der verschiedensten Zeitungen und Zeitschriften:
- Die „Reichszeitung", Bonn: *Ratzinger* war 26 Jahre (1871-1897) lang, abgesehen von einer zeitweisen Unterbrechung, Münchener bzw. bayerischer Berichterstatter der Bonner klerikal-großdeutschen „Reichszeitung".[323]
- Die *Görres*schen „Historisch Politischen Blätter": *Ratzinger* zählte seit 1869 zu den ständigen Mitarbeitern dieser führenden katholischen Zeitschrift seiner Zeitepoche. Seine Beiträge widmen sich dort historischen, sozialpolitischen und volkswirtschaftlichen Fragestellungen, zu diesen Themen finden sich ebenso zahlreiche, von *Ratzinger* verfaßte Buchbesprechungen.[324] Zu *Sigls* „Bayerisches

---

[319] Vgl. Hundhammer, Bayerischer Bauernbund, 87; vgl. Kirchinger/ Schütz, Ratzinger, Anhang 389, Anm. 57. Übersetzung erstmals Ratzinger zugewiesen in der „Neuen Freien Volkszeitung" vom 23./24. Okt. 1893.
[320] Vgl. Hundhammer, Bayerischer Bauernbund, 87; vgl. Kirchinger/ Schütz, Ratzinger, Anhang 389.
[321] Vgl. Besprechung von F. L. Baumann, in: HPBl 121/1 (1898) 305-308. Weitere Schriften Ratzingers vgl. Hundhammer, a.a.O. 87, insbesondere die unter einem Pseudonym herausgegebenen, von ihm verfaßten Schriften zur „Judenfrage".
[322] Vgl. Fränkel, BJDN 1900, 247.
[323] Ebd. Fränkel 247; Hundhammer, Bauernbund 87.
[324] Vgl. Antonius Liedhegener, Der deutsche Katholizismus um die Jahrhundertwende (1890-1914). Ein Literaturbericht. In: Jahrbuch für Christliche Sozialwissenschaften, Münster, 32 (1991) 361-392, 363. Vgl. Dieter Albrecht/Bernhard Weber (Bearb.), Die

Vaterland": Obwohl er in den letzten Lebensjahren bei dieser Zeitung eifrig mitarbeitete, wie erwähnt, strebte *Ratzinger* anfänglich bereits eine bayerisch eigenständige Zentrumspartei an, bevor er für den Bauernbund eintrat. So schrieb er später dennoch „daneben gleichzeitig auch in führenden Centrumsblättern"[325], in Zeitungen wie: Die „Germania", Berlin, Zeitung für das deutsche Volk; Die „Donauzeitung", Passau; die „Augsburger Postzeitung"; nach Rückkehr zur bayerischen Centrumsrichtung bei deren Hauptorgan. Außerdem: Das „Fränkisches Volksblatt", hier war er Mitarbeiter, später vorübergehend Redakteur; Der „Volksfreund", Münchener Ausgabe[326].

1.7.3. Politisch-programmatische Reden

Zu seinem Schaffen gehören auch politisch-programmatischen Reden, die er im Bayerischen Landtag und im Reichstag gehalten hat.[327] Als Fraktionsvorsitzender des Bayerischen Bauernbundes im Landtag, als Mitglied im Justizgesetzgebungsausschuß, wie auch teils im Haushalts-Wirtschaftsauschuß, nutzte er in vielen Generaldebatten die Gelegenheit, in Grundsatzreden die unterschiedlichsten Sachfragen offen anzusprechen, ohne seine Überzeugung zu verschweigen. Die Forschung bescheinigt, so sei es „bei Ratzingers gradliniger Natur unvorstellbar, daß er Meinungen (zudem von solcher Sprengkraft) vertrat, hinter denen er selbst nicht stand."[328] Viele Stellen belegen den ständigen Versuch der Umsetzung seiner erworbenen theoretischen Erkenntnisse, wie man sie auch in seiner „Volkswirtschaft" finden kann, in praktische Politik. Die Bandbreite seiner Themen umfaßt alle tagespolitischen Themen, u. a. das Verhältnis Staat und Kirche[329], Universität[330], Wuchergesetzgebung[331], berufsgenossenschaftliche Organisation[332], zur progressiven Einkommensteuer[333], Pflege der Philosophie und

---

Mitarbeiter der Historisch-Politischen Blätter für das katholische Deutschland 1863-1923. Verzeichnis (= Veröffentlichungen der Kommission für Zeitgeschichte, Reihe B, Bd.52) Mainz 1990.

325 Ebd. Fränkel, 247.
326 Vgl. Fränkel, 247, Hundhammer, 87.
327 Vgl. Anhang Dokum. II, Verzeichnis aller Äußerungen Georg Ratzingers im Bayer. Landtag in Kopie: Repertorien des Landtags-Archivs, München, Maximilianäum. Vgl. Gorges, Ratzinger 1976, Dipl.Arbeit, 107 f.
328 Vgl. Freya Aman, die Anfänge der politischen Karriere Georg Ratzingers, in: Kirchinger/ Schütz, 150, hierzu Anhang 387f Brief Ratzingers an Graf von Preysing 7.4.1887, Zitat: „einfach den Gewaltigen zu schmeicheln, finde ich für entehrend", im Urteil von Amann, ist dieser Satz bezeichnend für Ratzingers Persönlichkeit. Anlaß „die Idee einer konfessionellen Partei"
329 Vgl. ArchivBL, St.B.Bd.III, N.87, 1.März 1894, 31-36 gegen die Trennung von Kirche und Staat, über Gegensatz von Glaube und Wissen, christliche Heranbildung.
330 Vgl. ebd. St.B.Bd.IV, N.94, 9.März 1894, 173-174, 176, 177, 182, 183.
331 Vgl. ebd. St.B.Bd. V, N. 173, 403,415,419,421 (Preis- und Lohnbildung).
332 Vgl. ebd. St.B.bd. V, N 173 15.Nov, 1895, 525-529, unlauterer Wettbewerb.
333 Vgl. ebd. St.B.Bd. N 138, 21.Mai 1894, 328-333

Volkswirtschaft[334] bis hin zur sozialen Frage[335] u.a. mehr, quer durch alle Legislaturperioden, in denen er Mitglied des Landtags war. *Ratzinger* argumentierte umfassend, gerne mit den Kirchenvätern, Stellen aus der Bergpredigt, wie überhaupt aus der Hl. Schrift, den Enzykliken der Päpste, immer wenn es galt die Position der Lehre der Kirche klarzustellen; aber auch mit Nennung von bedeutenden Nationalökonomen seiner Epoche, besonders *Roscher, Schäffle, Ruhland*, sich kritisch auseinandersetzend mit *Marx*, dem Kapitalismus wie dem Sozialismus, das eherne Lohngesetz eines *Engels* in die Debatte einbringend, *Darwins* Kampf ums Dasein wie auch den Bevölkerungstheoretiker *Malthus*, um nur einige Blickfelder *Ratzingers* anzusprechen.

Seine politischen, parlamentarischen Reden weisen ihn zudem als global und europäisch argumentierender und denkenden Politiker aus. Zu Recht wird er als Europäer charakterisiert[336], wenn er schon in damaliger Zeit für Abrüstung und europäische Schiedsgerichte plädiert[337] und sich somit für den Frieden unter den europäischen Völkern einsetzte.

2. Kap.: Das Hauptwerk - Systemaufbau und Argumentationsbasis

2.1. Allgemeine Systematik
2.1.1. Systemaufbau der 2. Auflage

Was die inhaltliche Systematisierung betrifft, gibt ein sehr umfangreich tiefgegliedertes Inhaltsverzeichnis Aufschluß. Zunächst weisen sieben Kapitelüberschriften in ihrer problemorientierten, antithetischen Formulierung auf eine Gesamtbehandlung wirtschaftlicher und gesellschaftlicher Erscheinungen hin, wobei zugleich das Ziel der Abhandlung ersichtlich ist, nämlich die Volkswirtschafts- und Gesellschaftslehre in ihrem sittlichen Kontext zur Darstellung zu bringen. Einen thematisierenden Überblick im Inhaltsverzeichnis mit Angabe der Fundstellenbereiche in der Textausführung erleichtert erheblich den Nachvollzug in der Gesamtschau des Werkes wie der der Einzelbewertung der Kapitel als selbständige Essays. Das *erste* Kapitel mit dem Titel „Wirtschaft und Sittlichkeit", neu in der 2. Auflage, klärt vorweg jene Grundprinzipien, sofern sie für die weitere Beurteilung der volkswirtschaftlichen, gesellschaftspolitischen und sozialethischen Aussagen

---

[334] Vgl. ebd. St.B.Bl. N.93, 8.März.1894, 150-154 Freiheit der Wissenschaft.

[335] Vgl. ebd. St.B.Bl, III. N 87, 1. März 1894, 31-36.

[336] Vgl. K. Brüls, Ratzinger, in: Katholisches Soziallexikon, Hrsg. Kath. Sozialakademie Österreichs, Alfred Klose, Innsbruck 1. Aufl. 1964, 901.

[337] Vgl. AByLMü, Archiv Bayrischer Landtag, Maximilianäum, München, Repertorium ByL, 1893-1894, Session XXXII des Landtages, 368, und St.B.Bd. II N. 62 S. 514-516, N. 63, S. 538 ff den Militäretat 1893/94 betreffend.

von Gewicht sind, und bezieht neue wissenschaftliche Erkenntnisse, speziell die wirtschaftswissenschaftlicher Autoren, mit ein, eine thematisch kurzgefaßte Wirtschaftsethik.[338]

Die restlichen sechs Kapitel orientieren sich auf speziellere Fragestellungen. So werden im *zweiten* Kapitel unter dem Titel „Armut und Reichtum" bestimmte Zielfunktionen der Wirtschaftspolitik angesprochen, wie z.B. allgemeiner Wohlstand, soziale Gerechtigkeit, Ausgleich zwischen Arm und Reich. Die Kapitel drei und vier, „Eigentum und Kommunismus" und „Arbeit und Kapital" bilden insofern eine Einheit, als sie von den drei Produktionsfaktoren Natur, Arbeit und Kapital handeln. Im *dritten* Kapitel wird eingehend zur Frage des Privateigentums an Grund und Boden Stellung bezogen. Der liberalen und sozialistischen Theorie wird eine differenzierende christliche Auffassung gegenübergestellt. Neben der malthusianischen Populationstheorie wird ausführlich die klassische Theorie vom Wert und vom Arbeitsertrag behandelt.

Das *vierte* Kapitel schildert zunächst die verschiedenen historischen Formen von Arbeitsverhältnissen, ausgehend von der Antike über das Mittelalter bis hin zum neunzehnten Jahrhundert. Dabei wird eine Wertung der Arbeit aus christlicher Sicht gegeben. Eingehend wird das Verhältnis zwischen dem Arbeiter und dem Kapitalisten analysiert. Einerseits steht die Frage im Mittelpunkt, wie die Arbeit vor Ausbeutung zu schützen sei, andererseits wird die kapitalistische Produktionsweise, wie insbesondere das Profitstreben des Kapitalisten, kritisch erörtert. Das „eherne Lohngesetz" und das System der freien Konkurrenz erfahren vor dem Hintergrund der tatsächlichen Verhältnisse in Wirtschaft und Gesellschaft, also im Zeichen des 'Industrialismus'[339], eine eigenständige kritische Interpretation. Mit dem Ziel, die Mängel des kapitalistischen Systems zu überwinden, wird insbesondere über die Genossenschaftsidee gehandelt.

Das *fünfte* Kapitel „Wucher und Zins" könnte man auch moderner mit 'Geld und Kredit' überschreiben, insofern als hier ein volkswirtschaftliches Instrument der Ordnungspolitik behandelt wird. Dennoch werden Zins, Darlehen und Kredit nicht wertneutral als Mechanismen einer Geld- und Kapitalwirtschaft gesehen, sondern kritisch in ihrer Beziehung zu einem „christlichen Erwerbssystem."[340] Beginnend mit Ausführungen über den Begriff des Wuchers wird in diesem Kapitel in breiter Darstellung entwicklungsgeschichtlich zur Berechtigung des Zinsnehmens Stellung genommen. Ferner wird u.a. eingegangen auf die Mehrwertproblematik analog zu *Karl Marx* und die Frage einer gerechten Verteilung des Arbeitsgewinnes, wie auch auf die Problematik von Spekulationsgeschäften und Konjunkturkrisen.

Die beiden letzten Kapiteln *sechs* und *sieben* „Theorie und Praxis" und „Cultur und Civilisation", die zusammen an Umfang weit über ein Drittel des Buches

---

[338] Vgl. Ratzinger Vw.², XI: Inhaltsangabe von Kapitel 'Wirtschaft und Sittlichkeit'.
[339] Vgl. Ratzinger Vw.² 229.
[340] Vgl. Ratzinger Vw.², 297-300. (299 Röm. 1,29; 3,14: „den Spiegel egoistischer Verkommenheit".

ausmachen, behandeln eine sehr umfangreiche Palette von Problemstellungen. Es seien hier nur einige Themen, zum Teil in vorausgehenden Kapiteln schon angesprochen, wegen ihrer Vielfältigkeit und Unterschiedlichkeit aufgezählt. So wird im *sechsten* Kapitel eingegangen auf das Verhältnis von politischer Ökonomie und christlicher Lehre, Stellung bezogen zum Sozialismus und Kommunismus und zur liberalen Wirtschaftstheorie. Die Agrarfrage steht über weite Passagen des Kapitels im Mittelpunkt der Erörterung. Ferner wird gehandelt über die Währungsfrage und Mittelstandspolitik, über die Reform der Aktiengesellschaft, über den Militarismus, über die Börsenproblematik aktuell und generell, über die Handwerker- und Bildungsfrage, über die Frage, ob eine Staatswirtschaft vorzuziehen sei, über die Ausgestaltung des Unternehmungswesens, des Versicherungswesens, bis hin zu Fragen einer christlichen Sozialpolitik. Quasi in einem Exkurs wird speziell die Armenpflege und die Frauenfrage am Ende des Kapitels behandelt.

Das *siebte* Kapitel soll entsprechend der Absicht des Verfassers „die volle, umfassende christliche Weltanschauung und einheitliche Lebensauffassung"[341] dem Leser bieten. Hier geht es um die Frage: Was ist Fortschritt, was sind Naturgesetze, was Sittengesetze, was die Ursachen der Irreligiosität? Eingehend wird die Auseinandersetzung mit dem Darwinismus und der malthusianischen Bevölkerungstheorie geführt. Schließlich werden Aussagen gemacht zur Individualität des Menschen und zur Solidarität des Menschengeschlechts, zum Klassenkampf, zur Humanität und zur christlichen Nächstenliebe.

Diese Hinweise auf die inhaltliche Ausgestaltung des Hauptwerkes von *Ratzinger* mußten hier deshalb gegeben werden, weil auch das Inhaltsverzeichnis des Buches eine Systematisierung im eigentlichen Sinne der behandelten Themen vermissen läßt. *Ratzinger* selbst rechtfertigt diesen Mangel, da er als Form die „historisch-genetische Darstellung" gewählt habe, wobei einiges an Übersichtlichkeit geopfert werden mußte.[342] Diesem Mangel versucht der Verfasser durch ein umfangreiches Personen- und Sachregister, wie auch durch Sperrdruck einzelner Begriffe und Passagen im Text, zu begegnen. Außer den Kapitelüberschriften findet sich im Text des Buches keine Untergliederung. Dies ändert aber nichts an der Qualität der Aussagen zu den erörterten Einzelproblemen, die man mit *Heinrich Pesch* als „Essays"[343] bezeichnen kann.

2.1.2. Änderungen gegenüber der 1. Auflage

Formal kennt die erste Auflage nur sechs Kapitel, denen jene umfangreiche „Einleitung" vorgeschaltet ist. Inhaltlich signifikant für die Zeit um 1881 erscheint die Einstiegsthematik, welche *Ratzinger* für seine 1. Auflage zur Volkswirtschaft wählt: Es ist „Darwins Doctrin" und der „Sozialismus", eine Kritik in ihrer Dialektik. Um sodann direkt „die Nationalökonomie" und „die Doctrin des Egoismus", als bewegende Kraft, als das Movens der Ökonomie, in die Kritik zu neh-

---

[341] Vgl. Ratzinger Ratzinger Vw.², IX.
[342] Vgl. Ratzinger Vw.² X.
[343] Vgl. Heinrich Pesch, Lehrbuch der Nationalökonomie Bd II, Freiburg 1920, 194.

men, indem er ein Bild von „sittlichem Verfall und wirtschaftlichem Niedergang zeichnet", herrschende Mittelmäßigkeit, „öffentliche Meinung und Zeitungswesen" anprangert. Das „Nützlichkeitsprinzip" mit der „weisen Mäßigung", konfrontiert im Kontext einer gespaltenen Klassengesellschaft von „entarteter" gebildeter Klasse und der unteren Klassen. Um als Conclusio „das christliche Sittengesetz" herauszustellen als Grundlage für das soziale und wirtschaftliche Leben, dabei die seiner Meinung nach „gefährlichen Irrtümer" der „nationalökonomischen Wissenschaft" benennend, schließt er diese „Einleitung" mit einer bewertenden Stellungnahme zur „historischen Schule der Nationalökonomie"[344] ab, indem er Ziel und Anliegen seines Werkes benennt. Kurzgefaßt gelte für das wirtschaftliche wie für das sittliche Leben als Motto: „Liebe und Freiheit" - oder wie er auch formuliert: Zur „Freiheit und Gleichheit"[345] gehöre „als versöhnendes Dritte die Brüderlichkeit"[346]. Die Nationalökonomie verkenne zwei Hauptbeziehungen des Menschen: a) die Liebe zu Gott und b) die Liebe zum Nächsten, die Antwort für jene Zusammenhänge, die einer kritischen Analyse unterzogen werden.

An die Stelle dieser „Einleitung" von 1881 tritt in der zweiten Auflage jenes Kapitel über die „Grundbegriffe"[347] mit dem neuen Titel „Wirtschaft und Sittlichkeit", wodurch in Relation zur ersten Auflage auch eine stärkere Systematisierung erreicht wird. Die zum Teil wörtliche Übernahme von großen Partien aus der „Einleitung" findet sich verstreut in der zweiten Auflage. So stehen z.B. die Auseinandersetzungen mit dem Darwinismus in der ersten Auflage noch am Anfang seiner Erörterung; sie sind in der zweiten Auflage im Schlußteil,[348] einige Seiten wörtlich,[349] übernommen worden. Andere Abschnitte stehen in der „Vorrede", die in der zweiten Auflage der Abhandlung vorausgestellt wurde.[350]

In jenem neu von *Ratzinger* eingefügten Kapitel zum Thema „Wirtschaft und Sittlichkeit"[351] werden, beginnend erstens im Sinne einer 'mikroökonomischen' Analyse, jene grundlegenden Begriffe wie „Güter", „Wirtschaftlichkeit" und „Preisbildung" in ihrer volkswirtschaftlichen Gesetzmäßigkeit analysiert und wechselseitige Abhängigkeiten herausgestellt.[352] Zweitens werden folgerichtig 'makroökonomische' Wirkungszusammenhänge angesprochen, wenn von der

---

[344] Vgl. Gramich, Rezension über Georg Ratzinger Vw.[1], in: HPBl. (1882), 327.
[345] Vgl. Ratzinger Vw.[1], 1-34, 34.
[346] Vgl. Ratzinger Vw.[1], 31.
[347] Vgl. Ratzinger Vw.[2], Vorrede S. V.
[348] Von Ratzinger wörtlich übernommen: Vw.[1] Darwinismus 1-2 vgl. Vw.[2] 503-504, 505; Daseinskampf Vw.[1] 3 vgl. Vw.[2] 509; 7 vgl. 510; Sozialismus, Marx, Lassalle 5-6 vgl. 508-509, 7-11 vgl. 510-514; Solidarität 10-11 vgl. 513-514; mit Weglassungen, in Anm. zitiert oder neu; 13-14 vgl. 509-510: Schöpfer Gott 8 vgl. 511;
[349] Vgl. Ratzinger, Vw.[1] 3-6, mit Vw.[2] 506-509.
[350] Vgl. Ratzinger, Vw.[1] 34 mit Vw.[2] X.
[351] Vgl. Ratzinger, Vw.[2] XI.
[352] Vgl. Ratzinger Vw.[2] 1-17.

„Lohnfrage", er zitiert erstmals RN von Papst *Leo XIII*.[353], sodann von „Geld" und „Kredit", von „Recht" und „Staat" in ihrer Funktion abgrenzend, und von den „Rechts-" und „Liebespflichten" die Rede ist.[354] Vor diesem theoretisch-analytischen Hintergrund wird dann drittens jene Kohärenz von „Wirtschaft und Sittlichkeit" transparent, von der sich *Ratzinger* in seiner „Gesellschaftslehre"[355], in seiner Kritik an „Liberalismus, Socialismus, Anarchismus", bei der Frage nach dem Verhältnis von „Moral" und „Recht" und bei dem Modell einer möglichen korporativen Gesellschaftsorganisation leiten ließ. Insofern thematisiert dieses Kapitel 'in nuce' bereits Ansätze von Gesetzmäßigkeiten und Verhaltensweisen in einer ethischen Orientierung, die für das System einer Wirtschaftsethik mithin konstitutiv sind.

Mehr in Richtung Theoriebildung können kleine Nuancierungen in einem ansonsten unveränderten Textabschnitt hindeuten, wenn *Ratzinger* im Kapitel „Armuth und Reichthum" z.B. jenes berühmte Bild vorstellt, das Kapital habe „die Tendenz, wie ein Schwamm alle kleineren Kapitalien aufzusaugen, immer größere Massen von Besitzenden zu Besitzlosen herabzudrücken und auf diese Weise das Proletariat zu vermehren", und *Ratzinger* ergänzt: „Niemand hat dies mit solcher Schärfe der Beweisführung zur Evidenz gebracht, wie Lassalle"[356], statt '*Lassalle*' steht in der 2. Auflage „wie die socialistische Kritik", also von der Person zur Theorie weiterdenkend. Oder wenn er die in der 1. Auflage verwendete Bezeichnung „wissenschaftliche" Volkswirtschaft 1895 auswechselt gegen „die Ökonomie der Schule"; die „wissenschaftlichen" Theorien der Entstehung des Reichthums (1881) gegen die „liberalen" Theorien (1895) wechselt.[357]

Für *Ratzingers* Kritik an *Marx* wichtig ist jene Stelle unter der Überschrift „Die Theorie vom Werthe und vom Arbeitsertrage", wo er in der ersten Auflage im Inhaltsverzeichnis spezifizierend die These hinzufügt: „die Differenz zwischen Tausch- und Gebrauchswerth ist nicht im Eigenthume, sondern in der Beschränktheit der natürlichen Güter begründet", läßt er diese im Inhaltsverzeichnis der 2. Auflage weg. So im Kapitel „Eigenthum und Communismus".[358] Es geht also volkswirtschaftlich konkret um die Frage, was ist ein Gut[359], Wirtschaftsgut,

---

[353] Vgl. Vw.², 22; v. Hertlings These begründet Ratzinger mit einem Zitat aus RN von Papst Leo XIII.: es bleibe „die Forderung der natürlichen Gerechtigkeit bestehen, daß der Lohn nicht etwa so niedrig sei, daß er einem genügsamen, rechtschaffenen Arbeiter den Lohn und Gehalt nicht abwirft. Diese schwerwiegende Forderung ist unabhängig von dem freien Willen der Vereinbarenden."
[354] Vgl. Ratzinger Vw.² 18-25.
[355] Vgl. Vw.² 25-42. Vgl. Joseph Kardinal Höffner, Christliche Gesellschaftslehre, Hrsg. Lothar Roos, Kevelaer 1997, Inhaltsverzeichnis, 5-13.
[356] Vgl. Ratzinger Vw.¹ 50 in Anm.: „auch Karl Marx, Das Capital; Schäffle, Capitalismus u. Socialismus", diese Anmerkung fehlt in 2. Aufl., vgl. Vw.² 62.
[357] Vgl. Vw.¹ 50 mit Vw.² 63 bzw. Vw.¹ 51, vgl.Vw.² 64.
[358] Vgl. Vw.¹, VI, 101-107, 106 mit Vw.², XII. 123-131,129.
[359] Vgl. Vw.¹, 107 mit Vw² 131.

dessen Wert? - und um die Theorie von der Knappheit der Güter, die Definition von Arbeit, Arbeitsertrag und die für *Ratzinger* unhaltbare These der Sozialisten, daß Arbeit „allein" Werte schaffe,[360] Zusammenhänge, auf die *Ratzinger* in beiden Auflagen differenziert eingeht. Hierzu bringt er dann in der zweiten Auflage zum Begriff der Arbeit ein langes Zitat von *Ruhland*[361], sowie zum Thema „socialistische Gesellschaft" und zur Bestimmung des Begriffes „voller Arbeitsertrag" analytisch ein langes Zitat von *Hertling*[362].

An der Stelle im Kapitel „Arbeit und Kapital", wo *Ratzinger* die Lohnfrage[363] abhandelt, ergänzt er in der zweiten Auflage neu die Problematik zur Berechtigung und Gestaltung von Arbeitsverträgen, und nennt bereits Lösungsvorschläge. In diesem Zusammenhang gegenüber der ersten Auflage neu beginnend mit seiner Einstiegsthese: „Die Wurzel des Übels, welches wir soziale Frage nennen, liegt in einer falschen Zweckbestimmung der Production."[364] Hier ist für *Ratzinger* die Lohnfrage „im Sinne der ausgleichenden Gerechtigkeit" zu lösen. Er appelliert daran, daß die Arbeitskraft in einem „wahren Gemeinschaftsverhältnisse" mit „dem Unternehmer als Persönlichkeit" stehe, so daß für jenen „nach dem Bedarfe der gerechte Lohn" sich „leichter finde".[365] Bereits in der 1. Auflage ist zur Überwindung des „heutigen Lohnsystem" für *Ratzinger* „der nächstliegende Weg hierzu" bereits „das Anteilsystem (partnership)."[366] Sein Vorschlag, für alle Arbeiter die „mögliche Theilnahme an den Productionsmitteln", also der Arbeiter als Miteigentümer, oder sein Vorschlag der „Teilhabe am Reingewinn" verweist auf moderne Modelle einer Ertragsbeteiligung, auf die noch einzugehen sein wird.

In der Zinsfrage im Kapitel „Wucher und Zins" ist es von besonderem Interesse zu wissen, welche Vorstellung *Ratzinger* von einem Zinsmechanismus hat. Aus mikroökonomischer Sicht gibt es eine Entwicklung zwischen 1. und 2. Auflage,

---

[360] Vgl. Vw.¹, 107 mit Vw² 131: so „die Theorie der Adam Smith und Ricardo, der liberalen englischen Oekonomie und der Socialisten, daß Arbeit Werthe schaffe, ist hinfällig und unhaltbar".
[361] Vgl. Vw.² 127f in Anm. Zitat Dr. Ruhland a.a.O. 85, 478, „über die Güter erzeugende Kraft der Arbeit" aus der Sicht der „Socialdemokratie"
[362] Vgl. Vw.² 130f Hertling, (Naturrecht und Socialpolitik, S. 30.): Zur socialistischen Gesellschaft, „Es ist nicht möglich das Recht auf einen vollen Arbeitsertrag zur Grundlage einer Neuordnung zu machen.
[363] Vgl. Inhaltsverzeichnis: Vw.¹ 187-182: „ehernes Lohngesetz und die freie Concurrenz" und Vw.¹ 183-186: „Notwendigkeit, die Natur gegen Raubbau, die Arbeit gegen Ausbeutung zu schützen". Vgl. Vw.² 211-225: Angaben zusammengefaßt, Text in Vw¹ Inhaltsverzeichnis beibehalten, aber ergänzt in Vw.²: „Arbeitsvertrag und öffentliches Dienstrecht", die Thematik betrifft generell „die Lohnfrage".
[364] G. Ratzinger Vw.² 217-228, 217; Vw.¹ 187 hier eingefügt, Vw.¹ 188 hier Textfortsetzung Vw.² Abschnitt 2.
[365] Vgl. Vw.² 218.
[366] Vgl. Vw.¹ 399,400,403 („Vergangenheit und Gegenwart") mit Vw.² 223-226 („Arbeit und Kapital"); Vw.¹ 398, Hinweis auf französisches System der „Patronage", englisches der Companie, Geschäftskapital in Händen der Beamten und Arbeiter.

deren Bedeutung *Ratzinger* aus makroökonomischer Sicht der Zusammenhänge von Geld, Kredit und Währung moralisch wertend analysiert. Historisch schon deshalb besonders interessant, weil er dies bereits in der 1. Auflage 1881 formuliert, also kurz nach der Gründerkrise von 1873 in Deutschland. Ökonomisch wie sozialethisch ergeben sich möglicherweise Unterschiede in der Bewertung jener Spekulationskonjunktur im „Kapital- und Börsenbereich"[367] dieser Epoche in *Ratzingers* 2. Auflage der „Volkswirtschaft" von 1895.

Zur Wucherfrage speziell finden sich Korrekturen in beiden Auflagen, wenn er sich mit der Scholastik für seine Argumentation auseinandersetzt. Er bevorzugt einerseits in beiden eindeutig die Kirchenväter,[368] während er andererseits in der 1. Auflage die Scholastik offen[369] im Unterschied zur 2. indirekt kritisiert. In der 1. Auflage sieht er einen Dissens zwischen dem „scholastischen Wucherbegriff" und der christlichen Lehre und spricht dies offen an. Gleiche Stelle dagegen umformulierend in der 2. Auflage, relativierend sich ausdrückend, von dem „herkömmlichen Wucherbegriff"[370] sprechend, indem er indirekt sein kritisches Verständnis abschwächt und dennoch deutlich macht.

Ähnlich seine Analyse zur „scholastischen Werththeorie" in der 1. Auflage im Zusammenhang mit der „Anschauung des Aristoteles" von der Unfruchtbarkeit des Geldes. In der Zeitphase der „Entwicklung der scholastischen Doctrin" habe sich die ‚Creditnothwendigkeit'[371] nur für den Handel ergeben, so *Ratzinger*. Für seine Epoche sei aber „unbegreiflich", daß man zu Zeiten, in denen „die Arbeitstheilung die Creditnothwendigkeit für die gesamte Production mit sich brachte, an Doctrinen festhielt, welche ganz andere wirtschaftliche Verhältnisse zur Voraussetzung hatten", eine Stelle im Text, welche er in der 2. Auflage wegließ. Ebenso weglassend nach der Bemerkung, daß trotz der „nothwendigen Folgen dieser Verirrung in der Wertbestimmung" es einzelne „Professoren der Moraltheologie" gebe, welche „trotzdem an dieser Definition festhalten, ja sogar deren Uebereinstimmng mit den Socialisten selbstverständlich erklären".

Man könne nicht „aus der Annahme der Unfruchtbarkeit des Geldes" folgern,[372] daß „aller Werth, welcher aus einer Verbindung von Kapital und Arbeit ent-

---

[367] Vgl. Friedrich Wilhelm Henning, Die Industrialisierung in Deutschland 1800 bis 1914, Paderborn 1973, 209: mit dem Hinweis, daß die Gründerkrise stärkere Einschnitte „im Kapital und Börsenbereich als in der Produktionsentwicklung" bewirkte. 1873 im Börsen- und Geldgeschäft: Höhepunkt der Spekulationskonjunktur.
[368] Vgl Vw.¹ 287: „Freilich werden die Theologen immer weniger, welche die Kirchenväter anders, als aus Citaten kennen". Vgl. mit Vw.² 336.
[369] Vgl. Vw.¹ 287: „Warnung, die wissenschaftliche Fehler der Scholastik nicht mit Lehre der Kirche zu vermengen"; betrifft: „Begriff der Unproduktivität des Geldes", denn die Scholastik stehe in Widerspruch „mit den thatsächlichen Verhältnissen der Gegenwart" und „auch mit der Patristik": Absatz weggelassen in Vw.² 336.
[370] Vgl. Vw.¹, 225 vgl. Vw.² 276.
[371] Vgl. Vw.¹ 226 ff vgl. Vw.² 277 f.
[372] Vgl. Vw.¹ 226 mit Vw.² 277: „aus der Annahme, daß das Geld immer und unter allen Verhältnissen unfruchtbar sei (omnino sterilis), was ja beim Begriffe Geld als Wertmesser

springt, einzig und allein auf Rechnung der Arbeit zu setzen" sei;[373] mit der Ergänzung: „in dieser Definition folgten Adam Smith und Ricardo, Proudon und Lassalle den Scholastikern". Diese Namensnennungen insgesamt ersetzt *Ratzinger* in der zweiten Auflage durch „die ersten Schriftsteller". *Ratzinger* konstatiert so in beiden Auflagen: „Dann ergeben sich mit unerbittlicher Logik, jene unabweisbaren Consequenzen, welche Karl Marx in seinem ‚Kapitale' aus diesem Werthbegriffe gezogen" habe,[374] nämlich, „daß Arbeit allein werthbildend" sei, eine Analyse, auf die noch einzugehen sein wird.

Zum Verhältnis Patristik und Scholastik konstatiert *Ratzinger* „in den meisten Fragen", die hier genannt werden, „entschiedene Widersprüche", ein Urteil, das er in der 2. Auflage wegläßt. „Angelpunkte der scholastischen Beweisführung", so *Ratzinger*, bilden hier „der römische Mutuatarvertrag und die Unfruchtbarkeit des Geldes". Mit der Einschränkung, „nur in einem Punkte" habe ein Teil der Scholastiker „sich zu Recht auf Ambrosius berufen, nämlich in der Ansicht, daß das Zinsverbot des Alten Testamentes auch im neuen Bunde Geltung habe".[375]

Systematisch bezeichnend ist, daß eine Kapitelüberschrift eine Neuformulierung erfuhr. Das Kapitel „Theorie und Praxis" hieß in der ersten Auflage „Vergangenheit und Gegenwart". Die unter letztgenanntem Motto geführte retrospektiv-analytisch-kritische Betrachtung der geschichtlichen Entwicklung kann in der Tat zum Modell von „Theorie und Praxis" führen. Ob bei der Umarbeitung des Kapitels allerdings eine stärker theoretische Fundierung, etwa im heutigen Sinne, bemerkbar bzw. feststellbar ist, wird zu prüfen sein. Zumal das Neue in diesem Kapitel, seine Lösungsvorschläge, im Gegensatz zur ersten Auflage, in gewisser Hinsicht auf einen Wandel seiner Grundvorstellung zur Überwindung wirtschaftlicher und gesellschaftlicher Fehlentwicklungen hindeutet. So wird dies in der Handwerkerfrage, der Meisterlehre, deutlich, wenn für das Bestehen einer „vollständigen Handwerkerorganisation" zur „genauen Regelung der Meister-, Gesellen- und Lehrlingspflichten" noch in der 1. Auflage im Modell, „wie sie nur die Zwangsinnung zu bieten vermag", gesehen wird;

(nicht aber in der Tauschmittelfunktion) zutrifft, wurden später allerlei bedenkliche Konsequenzen gezogen."

[373] Vgl. Vw.[1] 226 mit Vw.[2] 277: In Anmerkung Hinweis: „Lucrum oritur ex mera industria. Funk hat mit Recht dies ex mera industria mit der sola fides im Vergleich gesetzt". In Vw[2] die Ergänzung: „Beide sind unhaltbare Übertreibungen."

[374] Vgl. Vw.[1] 226 mit Vw.[2] 277.

[375] Vgl. Vw.[1] 268f mit Vw[2] 320. Vgl. Vw.[1] 394 mit Vw[2] 451: „Treffend sagt Lassalle (Arbeiterprogramm)" mit Vw[2] „Lassalle sagte (Arbeiterprogramm)". Vgl. Lösungsansätze der sozialen Frage=als Bauernfrage+Handwerkerfrage+Arbeiterfrage, definiert in: Vw.[1] 398: Lösung fürs Handwerk: Innung; Arbeiterfrage: Anteilsystem (partnership)[1], französisches Patronage-System: Modelle in Anmerkung fehlen in Vw.[2] 455: statt Innung: In „Vereinigung von Arbeit und Kapital in der Berufgenossenschaft ... genossenschaftliche Regelung von Produktion und Absatz". Vgl. zum Verhältnis von Arbeitgeber und Arbeiter Vw.[2] 455-460 anders als Vw.[1] 399–402. Vgl. Vw.[1] 404 Anteilsystem ersetzt Vw.[2] 462 durch genossenschaftliche Idee, sonst Abschnitt gleich. Ratzinger favorisierte insofern ursprünglich das „Antheilsystem".

während an dieser Stelle der 2. Auflage, statt „Zwangsinnung" als Modell „Berufsgenossenschaft" steht. So komme man unter dem Gesichtspunkt von „Arbeit und Kapital" bzw. zur „Hebung des Gewerbes" gemäß der 1. Auflage „zur Forderung der Zwangsinnung", dagegen in der 2. Auflage „zur Forderung der berufsgenossenschaftlichen Organisation mit öffentlich-rechlichen Befugnissen"[376], eingeordnet unter „Theorie und Praxis", um sich, wie angedeutet, die sozialromantische Tradition verlassend, den Forderungen einer Sozialreform hinzuwenden. Hauptaufgabe einer berufsständischen Sozialpolitik sieht *Ratzinger* in der Einflußnahme auf die Preisbildung der Produkte „aus produktiver Arbeit" am Markt, damit jene nicht unter die Produktionskosten fallen - wie etwa in der Landwirtschaft.[377]

Der aktuelle Verweis auf den XII. Kongreß deutscher Landwirte in Berlin vom 22. Febr. 1881 mit statistischen Angaben zur Gefahr der Nordamerikanischen Konkurrenz[378] für die deutsche Landwirtschaft fehlt in der 2. Auflage.[379] *Ratzingers* Bewertung der vom Kongreß empfohlenen Schutzzölle inklusive verbesserter Transportwege, in der 1. Auflage erwähnt, finden sich an entsprechender Stelle in der späteren Auflage allgemeiner gehalten wieder. *Ratzinger* ist allenfalls für sogenannte „soziale" Schutzzölle, das Problem der Landwirtschaft sieht er mehr in deren Überschuldung[380].

Zur Thematik ‚Vereinigung von Kapital und Arbeit' unter der Option, daß „Privatinteresse mit Gesamtinteresse versöhnt wird",[381] bevorzugt er in der 2. Auflage als Modell die „berufsgenossenschaftliche Organisation", während er in der 1. Auflage für das System der Bodenscheine plädiert; Zusammenhänge, die er argumentativ in der 2. Auflage neu formuliert bzw. umarbeitet.[382] Diese Ausführungen führen *Ratzinger* schon in der 1. Auflage zu einer massiven Kritik der Staatsverschuldung, indem er in einem langen Zitat sich die Meinung von *Schäffle*[383] zu eigen macht. In der 2. Auflage fügt er an dieser Stelle neu, analog zu *Schäffles* Publikation von 1894 zu den „Kern- und Zeitfragen"[384], die Forderung zur „außerordentlichen Tilgung" von Staatsschulden „aus außerordentlichen Verwaltungs- und Finanzeingängen" hinzu. Wobei *Ratzinger*, fast visionär, wenn man an die heute neu ins Grundgesetz der Bundesrepublik Deutschland eingefügte ‚Schuldenbremse' denkt, ergänzend hinzufügt, daß es

---

[376] Vgl. Vw.¹ 393 mit Vw.² 441; Vw.¹ 391 vgl. Vw.² 447f.
[377] Vgl. Vw.² 382f.
[378] Vgl. Vw.¹ X Inhaltsverzeichnis 332-333, weggelassen in Vw.² 372.
[379] Vgl. Vw.¹ 332 f mit Vw.² 372.
[380] Vgl. Vw.¹ 333 mit Vw.² 378. Vgl. Vw.¹ 334 mit Vw.² 396, identisch wieder ab Abschnitt „Solange..." Vgl. zu Rodbertus Vw.¹ 335f mit Vw.² 397f: Neufassung.
[381] Vgl. Vw.¹ 366 mit Vw.² 411.
[382] Vgl. Vw.¹ 366 Mitte bis 368 bzw. X „Aenderung des Geld- und Creditsystems durch den Bodenschein. Staatscredit und Bodenschein" vgl. Änderung und Weglassung in Vw.² 411 bis 414 bzw. XV „Staatscredit und Schuldentilgung.
[383] Vgl. Vw.¹ 368, Hinweis auf Schäffle, Kapitalismus und Sozialismus, 550, 770.
[384] Vgl. Vw.² 415, vgl. Schäffle, Kern- und Zeitfragen, Berlin 1894, 449, 481: Anm.

„eine Zeitfrage ersten Ranges (sei), ob nicht verfassungsrechtliche Nöthigungen zur außerordentlichen Schuldentilgung geschaffen werden können".[385]

Dann, an dieser Stelle ebenfalls neu eingefügt, stellt er Lösungsansätze zur Währungsfrage vor. Seine Forderung: „Internationale Regelungen zur Währungsfrage".[386] Es stand für ihn fest, daß, „würden internationale Währung und einheitlicher Münzfuß existieren", der „Abrechnungsverkehr viel einfacher und umfassender" gestaltungsfähig würde, mit positiven Auswirkungen auf den Warenaustausch bzw. „die Preisentwicklung des Weltmarktes". Zur Bestätigung seiner Thesen zitiert er oft sehr umfassend bedeutende Geldtheoretiker wie auch Währungspolitiker seiner Zeit[387]. Die Reichsgründung von 1871 hatte die Schaffung einer einheitlichen Währung, die Mark, in bis dahin noch sieben getrennten Währungsgebieten, mit Goldstandard, 1873 im Reichsgebiet zur Folge. Mit dem Entschluß zur Golddeckung der Währung, der maßgeblich dem Wirtschaftstheoretiker und liberalen Politiker *Ludwig Bamberger*[388], auf den auch *Ratzinger* hinweist, zugeschrieben wird, leistete die noch neue Führung im Deutschen Reich einen äußerst wichtigen Dienst für die Entwicklung einer Weltwirtschaft. Lediglich Großbritannien hatte bisher den Goldstandard eingeführt, nun folgten auch Frankreich und die Vereinigten Staaten, so daß sich ein schneller Aufschwung des Welthandels einstellte.[389] Auf die Veränderung der Geldmenge im Zirkulationsprozeß und möglichen Schwankungen im Geldwert, die von *Ratzinger*[390] in ihrer Problematik angesprochen werden, wird noch einzugehen sein.

Ohne *Ratzinger* in seiner ökonomischen Analyse zu den Monetaristen zählen zu wollen, scheint er dort starke Schwankungen, Steigerungen der Geld- und Kreditmengen als gesamtwirtschaftliches internationales Problem erkannt zu haben. Auch in der jüngsten Finanzkrise von 2008/9 wird die hohe Bedeutung der Geld- und Kreditmengenpolitik der Zentralbanken anscheinend wiederentdeckt und damit die Wichtigkeit einer „monetaristischen Analyse"[391] in der Geldpolitik.

---

[385] Vgl. Vw.² 415.

[386] Vgl. Vw.² 415.

[387] Vgl. Vw.² 415; vgl. v. Schraut, Die Währungsfrage, Leipzig Duncker & Humblot, Zitat in Vw.²: 416–417. Vgl. 422, 423: vgl. J. B. Say Traité d'économie politique, livre 1er, chap. 15 (éd. 4) (1803) Chevalier La monnaie, 1876; Tellkamp, Geld und Banken; Bamberger Ludwig, Die Zentralbank vor d. Reichstag. 1874; Deutschland und der Socialismus 1778 (beide in Ratzingers Bibliothek vgl. Katalog a.a.O.).

[388] Vgl. Gustav Solper, Karl Häuser, Knut Borchert: Deutsche Wirtschaft seit 1870, Tübingen 1966², 22f; Vgl. Ratzinger Vw² 423.

[389] Vgl. Stolper, Häuser, Borchert 22.

[390] Vgl. Ratzinger Vw.², 423.

[391] Vgl. Gerald Braunberger, Die Rückkehr von Geld und Kredit, in: FAZ 10.Mai 2011, Nr. 108, S. 9: „Die Geldpolitik glaubte lange, ohne monetäre Analyse auszukommen. Das war ein Irrtum."

Auch gegenüber dem Institut einer Aktiengesellschaft, als Instrument der Geldschöpfung im Bankensystem, offenbart *Ratzinger* eine eigene kritische Haltung, wenn er sie sozialethisch, aber auch wirtschaftlich, und dies in der zweiten Auflage unterschiedlich zur ersten, bewertet. Auf seine Kritik und seine geäußerte funktionale Bedeutung an der 1875 geschaffenen Reichsbank, teils unterschiedlich in beiden Auflagen bewertet,[392] wird ebenfalls noch einzugehen sein. Was meint er, wenn er die Reichsbank als Monopolgesellschaft des Großkapitals[393] kritisiert, diese Formulierung aber später wegläßt, oder, wenn er für die Aktiengesellschaften vorschlägt, sie in öffentlich-rechtliche Erwerbsanstalten[394] umzugestalten; also schon in eine unabhängige Notenbank?

Unterschiedliche Akzente setzt *Ratzinger* auch im Thema „Credit und Versicherung". Beide „müssen sich gegenseitig ergänzen",[395] so noch in der 1. Auflage im Sinne einer gesetzlichen Versicherungspflicht, dagegen in der 2. Auflage: Beide „sollen sich gegenseitig ergänzen"; dies bedeutet nun „ein Versicherungswesen genossenschaftlich unter staatlicher Contolle organisirt",[396] als Versicherungsrentenkasse. *Ratzinger* erinnert in diesem Zusammenhang an seinen Antrag zur Arbeiterversicherung auf dem Münchener Katholikentag von 1876. In der zweiten Auflage allerdings nur mit einem Hinweis in der Anmerkung, ausführlicher dagegen im Text in der Auflage von 1881[397].

Eine abschließende zusammenfassende Gewichtung erfahren alle Kapitel im VI., so die 1. Auflage, bzw. alle im VII. Kapitel, so die 2. Auflage, als selbständige Analogiebereiche thematisiert, zu einem geschlossenen Ganzen im Kapitel „Cultur und Civilisation" von *Ratzingers* Volkswirtschaft. Essayhaft formuliert, und doch sehr kritisch sich mit den herrschenden wissenschaftlichen Standpunkten seiner Epoche auseinandersetzend, bedingen sich die Themenbereiche der Kapitel gegenseitig. Letztlich verstärken sie auch den Eindruck, daß sich hier eine komplette facettenreiche Wirtschaftsethik ausweist. So kann *Ratzinger*, auch auf Grund des zeitlichen Abstandes zwischen beiden Auflagen, seinen analytischen Stellungnahmen über die Kapitel hinweg sachbezogen einschlägige Zitate neu zuordnen.

Dies bestätigt auch für das Schlußkapitel die Herübernahme bereits ab der ersten Textzeile der Einleitung zur ersten Auflage[398], absatzweise über mehrere Seiten hinweg, teils unterbrechend, um neuere Literatur zitierend einzufügen bzw. teils wegzulassen, beginnend schon mit dem ersten Absatz des Kapitels „Cultur und Civilisation" in der 2. Auflage. Unterbrechend, um die Begriffe Kultur und

---

[392] Vgl. Ratzinger Vw.¹, 373-375, umgearbeitet vgl. Vw.², 430-432.
[393] Vgl. Vw.¹ 375, weggelassen in Vw.² 431-432.
[394] Vgl. Vw.² 432. Vw.¹ 377 Abschnit „Billiges Kapital..." fehlt in Vw. ² 433.
[395] Vgl. Vw.¹ 409 unten im Text, Vw.² 468.
[396] Vgl. Vw.² 467.
[397] Vgl. Vw.¹ 410-412 mit Vw.² 468.
[398] Vgl. Vw.¹ 1-6 mit Vw.² 502, 503-504, 506-509.

Zivilisation näher zu definieren, indem auf neuere Literatur verwiesen wird.[399] Andererseits aber auch, um anscheinend populistische Zitate früherer Autoren wegzulassen, wenn die Kritik am „Liberalismus" als „Utopie" und an dessen „Erfolgslosigkeit" abqualifizierend herausgestellt wird, welcher die „schrankenlose Freiheit" wolle und „die schmählichste Knechtschaft erzeugt" bzw. „höchste Sittlichung der Gesellschaft" wolle und doch jene „in sittliche Fäulniß versetzt" (nach dem Wort eines Nationalökonomen.[400]

Aus letztgenannter Umformulierung in der 2. Auflage des dem Zitat folgenden Satzes in der 1. Auflage ist auch die Bewertung *Ratzingers* zu entnehmen. Grund sei der „Nimbus wissenschaftlichen Gepräges", mit dem der „Darwinismus und das Manchesterthum" („der Liberalismus") auftrat. Deswegen, so *Ratzinger*, „erkannten ihn nur wenige (tiefe) Denker", (wie Marlo), nämlich „als das, was sie wirklich sind, als eine tiefe Verirrung, als Utopie", mehr noch „ihre soziale Gefahr", wie *Ratzinger* in der 2. Auflage ergänzend hinzufügt[401]. *Ratzinger* folgert hieraus, man falle „von einem Irrtum in den anderen", indem man „fälschlicher Weise immer auf denselben Boden" aufbaue, „welcher die liberale Nationalökonomie eingenommen" habe. So auch *Karl Marx*, *Lassalle*, wie auch die übrigen Begründer und Vertreter des Sozialismus,[402] worauf an anderer Stelle einzugehen sein wird. Auch der Begriff „heutige Wissenschaft" wird im Text einfach ausgewechselt durch „naturwissenschaftliche Richtung" bzw. „Theorie".[403]

Seine Kritik an Bevölkerungstheoretikern wie *Henry George*, *Malthus* und *Darwin* in der ersten Auflage ergänzt er in der zweiten Auflage durch eine Statistik der Münze der nordamerikanischem Union von 1881, welche bestätige, daß „je dichter die Bevölkerung wird, umso rascher der Nationalreichthum anwächst". Diese statistischen Zahlen beweisen für *Ratzinger* somit „gerade das Gegentheil der malthusianischen Theorie".[404] Die Auseinandersetzung mit *John Stuart Mill* und dem „Besiedlungsgesetz"[405] wird an anderer Stelle zu analysieren sein.

---

[399] Vgl. Vw.² 502 Anm.; Grupp, System und Geschichte der Cultur. Paderborn 1892. Ders.: Culturgeschichte des Mittelalters, 2 Bde. Stuttgart 1894.
[400] Vgl. Vw.¹ 5; Zitat von C. Marlo, „pseudonym für Prof.Winkelblech, 1850".
[401] Vgl. Vw.¹ 5 mit Vw.² 507 letzter Absatz.
[402] Vgl. Vw.¹ mit Vw.² 507/508.
[403] Vgl. Vw.¹ 6 mit Vw.² 514, 509: Der „Daseinskampf" der „naturwissenschaftlichen Richtung" sei „auf die Entwicklung des Menschengeschlechtes angewendet, eine Übertreibung", vielmehr sei „das Leben ein Kampf" analog zum hl. Ambrosius (Ps. 43, Nr.72): „Das Leben ist ein Schlachtfeld"; Fußnote nicht an Stelle Vw.¹ 6/7, aber vgl. Vw.¹ 13 mit Vw.² 505: „naturwissenschaftliche Theorie, Darwin", vgl. mit Vw.¹ 439 „die moderne „Wissenschaft der Nationalökonomie".
[404] Vgl. Vw.¹ 445 mit Interpretation und nordamerikan. Statistik in: Vw.² 520.
[405] Vgl. Vw.² 522 mit Vw.¹ 446: nur hier Ratzingers Bemerkung zu „J. Stuart Mill sagt..." ... „- und unsere Nationalökonomen schreiben es ihm denkfaul nach -...", ebd. „(... die Denker der ‚Nation der Denker', welche die Behauptung gläubig nachbeten)".

In diesem Zusammenhang findet sich auch *Ratzingers,* in einer Wahlkreisrede in Fürth-Erlangen formulierte Kritik an der These des christlich-konservativen Berliner Professors *Adolf Wagner,* „die deutsche Bevölkerung erlaube sich den Luxus, alljährlich 500.000 Kinder mehr in die Welt zu setzen, als sie ernähren könne". *Wagner* empfehle als Abhilfe sogar die Auswanderung: „irische Zustände", so *Ratzingers* Kritik[406]. Zum Thema „Vermeidung einer Überbevölkerung" erweitert *Ratzinger* in der 2. Auflage diese seine Kritik und verurteilt die Empfehlung, Kindererzeugung zu verhindern bzw. durch Eheverbote für bestimmte gesellschaftliche Gruppen, sich der Eheschließung zu enthalten, oder durch Zwangsgesetze die Fruchtbarkeit einzuschränken, wobei er als Hauptvertreter dieser „Naturgesetze" *J. St. Mill*[407] im Blick hat. Dieses Thema, also das Problem staatlicher Maßnahmen zur Geburtenregulierung bzw. -kontrolle, ist bis heute aktuell geblieben.

Ebenso *Ratzingers* Kritik an der „Behauptung, daß durch erbliche Übertragung der jeweilige Fortschritt fixirt und zu einer Stufe neuen Fortschritts" werde. Diese These ist für *Ratzinger* „sinnlos und grundlos".[408] Zuvor bestreitet *Ratzinger* in der 2. Aufl. ebenso jenes malthusianisch-darwinistisches „Naturgesetz", in dem „das individuelle Leben erlischt, aber die erreichte Vollkommenheit überträgt sich erblich der Rasse".[409] Diesen Thesen hält *Ratzinger* seine Grundüberzeugung entgegen, denn letztlich ist für ihn die „Ursache allen sittlichen und materiellen Fortschritts", deren „Motiv, das oberste Prinzip und die prägende Kraft" nur „in der dreifachen Liebe zu Gott, zu sich selbst und zum Nächsten – diesen Abglanz der göttlichen Dreifaltigkeit", zu sehen.[410] Ausführungen, welche er neu an dieser Stelle der 2. Auflage in Ergänzung der 1. Auflage einfügt, die eine theologische Dimension beinhalten, auf ein trinitarisches wie auch soteriologisches Glaubensverständnis hindeuten und die Beziehung des Menschen zur Natur wie auch zu seinem Schöpfer nicht außer acht lassen.

An anderer Stelle korrigiert *Ratzinger Thomas Buckle,* den er oft zitiert, hier mit der Feststellung: „Der Mensch ist kein Werkzeug der Naturkräfte".[411] *Buckle*

---

[406] Vgl. Vw.¹ 450 mit Vw.² 525: wahltaktische Polemik auf Zitat weggelassen. Vgl. in Vw.¹ 451/452 in Anmerkung Gladstone „irische Landbill" mit Vw² 527 zur „irischen Frage" zu Gladstone.

[407] Vgl. Vw.² 530f mit Vw.¹ 455; vgl.Vw.¹ 454: „Die ‚Naturgesetze', welche die bisherigen ‚wissenschaftlichen' Vertreter der materialistischen Weltauffassung angerufen haben"; in Vw² 529: „welche die naturwissenschaftlichenVertreter". Vgl. Vw.¹ XII Inhaltsangabe: „Der Darwinismus... - Sehnsucht nach Gott" in Vw.² XVI weggelassen, findet sich inhaltlich wieder in Vw.² 525.

[408] Vgl. Vw.¹ 455 mit Vw.² 532.

[409] Vgl. Vw.² 531: die Ausführungen hierzu ²530-532 neu eingefügt; ebenso neu ²533-535, vgl. mit ¹456 (Die Grundlage...).

[410] Vgl. Vw.² 534 mit Vw.¹ 456.

[411] Vgl. Vw.¹ 451 mit Vw.² 544 Anm.: Buckle ergänzt: - „auf den Schultern Buckles steht das System der Gesellschaftslehre des Philosophen und Soziologen Herbert Spencer

hält er entgegen: „Das gegenseitige Verhältnis ist das der Wechselwirkung" und eben „nicht das der Abhängigkeit". In gleicher Position „befindet sich unser Bewusstsein gegenüber der Außenwelt". Für *Ratzinger* folgt daraus: „Die Behauptung der Statistiker beruht auf einer Verirrung logischen Denkens, auf einer Verwechselung ganz verschiedener Begriffe." *Ratzingers* Vorwurf an die Statistiker:[412] „Sie geben Folgerungen aus tatsächlichen aber veränderlichen Verhältnissen als Naturgesetze aus". Es betrifft hier den Dissens zwischen einer Logik im Denken einerseits und den empirisch erhobenen Daten in einer Statistik andererseits, Vorgänge von unterschiedlicher innerer Rationalität, also nicht unbedingt deckungsgleich.

Die hier beschriebenen bedeutsamen Änderungen in bestimmten Themenbereichen zwischen der zweiten Auflage von *Georg Ratzingers* Volkswirtschaft von 1895 gegenüber der ersten von 1881 zeigen in ihrer personenbezogenen, wissenschaftlichen Kritik in der späteren Auflage, unter Weglassung genannter Personen, die stärkere wissenschaftliche Sachbezogenheit, indem er öfters die Schärfe der Kritik abmildert bzw. herausnimmt.

Soweit Problemstellungen genereller Art, welche vorweg wegen ihrer Gültigkeit über jene Epoche hinweg für die vorgelegte Analyse bewußtgemacht werden sollten. Weitere inhaltliche Änderungen zwischen den beiden Auflagen finden ihre Offenlegung und Einordnung auch zur Verdeutlichung des Erkenntnisfortschritts in *Ratzingers* Gesamtanalyse, innerhalb der hier vorgelegten Einzelanalyse bestimmter Themenkomplexe, zum Nachweis in ihrem Gesamtzusammenhang für eine wohl erste Wirtschaftsethik.

2.1.3. Ansätze im Vergleich mit anderen Systemdenkern

Auf katholischer Seite gelang es erst *Heinrich Pesch* (1904 ff.) in einem Werk von fünf Bänden ein umfassendes Lehrsystem der Nationalökonomie zu entwickeln. Daran soll auch der frühzeitige Versuch *Ratzingers* über die „Volkswirtschaft in ihren sittlichen Grundlagen", bewußt in einem Band und möglichst umfassend darzustellen, nicht gemessen werden, zumal *Pesch* als Schüler u.a. von *Gustav von Schmoller* und *Adolf Wagner* eine günstigere wissenschaftliche Ausgangsbasis mitbrachte. Für seine Zeit findet das Werk *Ratzingers*, seiner inhaltlichen Grundkonzeption nach, eine Einordnung unter jene Zahl von Sozialpolitikern, Philosophen, Theologen und Nationalökonomen, „die von einem ethisch-sozialen Ansatz in der Beurteilung der Wirtschaft sich gegen den kapitalistischen Individualismus aussprechen, der ihrer Ansicht nach den sozialen Tugenden der Gerechtigkeit und Liebe widerspricht und soziale Bindungen und Zusammenhänge zerstört".[413]

---

welcher trotz seiner Oberflächlichkeit, ähnlich wie seinerzeit A. Comte in Deutschland zahlreiche Nachbether fand".
[412] Vgl. Vw.¹ 451 „die Kurzsichtigkeit der Statisitker" mit Vw.² 544; vgl. Vw.² 584: „Fehler der Generalisierung ... bei den Statistikern".
[413] Vgl. Heinrich Pesch, Lehrbuch der Nationalökonomie Bd. I, Freiburg 1904, 194.

Inhaltlich vergleichbar sind die fast gleichzeitig erschienen Hauptwerke von *Hitze* und *Ratzinger*, wie oben aus der Buchbesprechung[414] in einem Artikel nachgewiesen, so das Buch „Kapital und Arbeit" von *Franz Hitze* aus dem Jahr 1880 mit dem Buch *Ratzingers*. Die Untertitel, die jeweils beide wählen, *Hitze* - „und die Reorganisation der Gesellschaft", *Ratzinger* - „ethisch-soziale Studien über Cultur und Civilisation", deuten auf eine jeweils andere Ausrichtung und auch Systematik beider hin. Bei *Hitze* sind es mehr Spezialstudien, Begriffsklärungen für sein Gesellschaftsmodell, während *Ratzinger* „das Große und Ganze überblicken" will, indem er die historischen Zusammenhänge und gegenseitigen theoretischen Bedingtheiten in Form von Antithesen zu analysieren, zu erklären und darzustellen sucht, um der Volkswirtschaft ein sozialethisches Gesicht zu geben, indem er nach deren sittlichen Grundlagen fragt.[415]

So stellt auch *Charles Périn* seinen Zeitgenossen die Frage nach einer „christlichen Nationalökonomie" in seinem Werk: „Die Lehren der Nationalökonomie seit einem Jahrhunderte"[416], Freiburg , 1882. *Périn* sagt, „daß, wenn es eine falsche Nationalökonomie gibt, es auch eine wahre gibt; daß es wie eine revolutionäre, so auch eine christliche Nationalökonomie gibt"; und dies für *Périn* „zu einer Zeit, wo die Menschen sich von Allem Rechenschaft geben wollen, man den menschlichen Geist nicht von einer tieferen Erforschung der Ordnung von Thatsachen ausschließen kann, die in unserem Leben eine so notwendige Stelle einnimmt und in der unserer Freiheit eine so große Rolle spielt". Denn es wende sich, wie *Périn* feststellt, „die öffentliche Aufmerksamkeit mehr und mehr auf die Nationalökonomie". Es gebe nach seiner Meinung, „um aus dieser kritischen und oft so schmerzlichen Lage herauszukommen, in der die Arbeiter unter der Herrschaft des Industrialismus zu leben haben, nur ein Mittel: man muß in den Ideen, auf denen diese Herrschaft beruht, eine Gegenrevolution hervorrufen". Also „in den Ideen", darunter versteht *Périn* „die Anbahnung eines besseren Verständnis der Theorie und der Praxis, gegen welche wir alle Tage bei dem gegenwärtigen Lauf der Dinge anzukämpfen haben", so „das Ziel" seiner vorgelegten „Auseinandersetzung der von den Ökonomisten seit einem Jahrhundert vorgetragenen Lehre".[417] Es geht ihm um eine intellektuelle Revolution, und das mit Blick auf die Lösung der „sozialen Frage", um so zu einer, sagen wir, katholischen Soziallehre zu gelangen.

Interessanterweise beginnt *Johannes Messner* in einem maßgeblichen Lexikonartikel über die „katholische Soziallehre" bei seiner Angabe zur Literatur mit *Charles Périn*, mit dessen erstem bedeutenden Werk „Über den Reichtum in

---

[414] Vgl. HPBl, Hrsg. Ed. Jörg und Fr. Binder, Bd.88, München 1881, LXXII, 942-958.
[415] Vgl. Ratzinger, Vw.², IX.
[416] Vgl. Les doctrines économiques depuis un siècle, Paris 1881. Autorisierte Übersetzung : „Die Lehren der Nationalökonomie seit einem Jahrhunderte" Freiburg 1882, S. XIV.
[417] Vgl. ebd. Périn, Nationalökonomie, XII f.

der christlichen Gesellschaft" (1861)[418] (übersetzt, Regensburg 1866/68), welches *Ratzinger* häufig zitiert. In seiner chronologischen Literatur-Auflistung bringt *Messner*, bevor er *Ratzingers* Hauptwerk nennt, lediglich die Veröffentlichungen von *Wilh. E. Frh. v. Ketteler:* „Die Arbeiterfrage und das Christentum", Mainz (1864); *Henry Meaning:* „The Dignity and Rights of Labour", London (1874); dann erneut *Ch. Périn:* „Les lois de la société chretienne", Paris (1875) (übersetzt, Regensburg 1878), aber nicht *Périns* „Nationalökonomie" von 1881, wohl aber *Franz Hitzes* Hauptwerk: „Kapital und Arbeit"[419].

Dies zeigt, welch zeitlich hoher Rang dem Hauptwerk von *Georg Ratzinger* im Prozeß schon zu Beginn des Sich–Herausbildens einer katholischen Soziallehre angesichts des aufkommenden Industrialismus beizumessen ist. Man könnte die genannten Autoren als die Pioniere der Katholischen Soziallehre bezeichnen, als Vordenker oder Ideengeber, denen viele weitere herausragende folgen sollten, eben in der Auseinandersetzung mit den unterschiedlichsten Denkkonzepten ihrer Zeit, und dies vernetzt europaweit, wie sich zeigen ließe.[420] Welche Gesellschaftsmodellstrukturen sind kompatibel mit der christlichen Lehre aus der Sicht *Ratzingers*? Nicht zuletzt als Zeitgenosse von *Karl Marx* stellt sich die Frage, wie *Ratzinger* die *Marx*sche Kapitalkritik in seinem Entwurf eines Wirtschaftsmodells bewertet, das nicht gegen die guten Sitten verstößt, den Menschen in den Mittelpunkt stellt und die Lehre der Kirche nicht außer acht läßt.

Ratzinger nützt seine 2. Auflage zu einer Fortschreibung seiner Auseinandersetzung auch mit neueren Publikationen, welche oft weit über die Jahrhundertwende in der intellektuellen wissenschaftlichen Auseinandersetzung richtungweisend und wirkmächtig blieben, wie jene von *Georg Frh. v. Hertling*[421], den er nun häufig zitiert, wie auch jene von *Albert Maria Weiß OP*[422]. Ergänzend listet *Ratzinger* umfassend die einschlägige „Katholisch-socialpolitische Literatur in Deutschland, Oesterreich und der Schweiz"[423] seiner Epoche in der Neuauflage seiner „Volkswirtschaft" von 1895 auf; einem Testat gleichkommend für eine lebendige katholisch-soziale Bewegung im 19. Jh. Allerdings bevorzugt *Ratzinger* die kritische Auseinandersetzung mit anderen nationalökonomischen wie auch sozialethisch-christlich motivierten

---

[418] Vgl. Messner, Katholische Soziallehre, in: HDSW, Bd. 5, 575-581, 580. Charles Périn (1815-1905): De la richesse dans la sociétés chrétiennes, Paris (1861) 1881². Vgl. Köhler in: HKG VI/2, 207, 213.
[419] Vgl. ebd. Messner, Katholische Soziallehre, in: HDSW, Bd. 5, 580, mit Hinweise auf v.Vogelsang, H. Sacher, Staatslexikon (1887-1897), Cathrein, v. Hertling, Pesch u.a.
[420] Vgl. Knoll, August M., Der soziale Gedanke im modernen Katholizismus, Wien-Leipzig 1932, 42-99, 71f Charles Périn.
[421] Vgl. Ratzinger Vw.², 4: Frh. G. v. Hertling, Naturrecht und Socialpolitik, Köln, 1893,14.
[422] Vgl. Ratzinger Vw.², 3: P. A. M. Weiß, Soziale Frage und soziale Ordnung, I, II. u.a.
[423] Vgl. Ratzinger Vw.² 615-624.

herausragenden Systemdenkern seiner Zeit: Eine wissenschaftlich breitflächige Palette von Autoren, auf deren Bedeutung für *Ratzingers* Denken und Wahrheitsfindung die vorliegende Analyse einzugehen hat.

2.2. Basis der inhaltlichen Argumentation

Zum Verständnis von *Ratzingers* Kritik am Kapitalismus wie auch am Sozialismus ist es aufschlußreich, *Ratzingers* Argumentationsweise nachzugehen. Darum stellen sich von seiner Themenstellung her zwei Fragen: Jene nach der Basis einer christlichen Ausrichtung und jene nach der Richtung einer wissenschaftlichen nationalökonomischen Begründung.

2.2.1. Bezüglich der christlichen Ausrichtung

Als Ausgangsbasis und Bezugspunkt für eine christliche Beurteilung wirtschaftlicher Verhaltensweisen dienen biblische, neutestamentliche Aussagen, insbesondere die vier Evangelien und die Paulusbriefe. Es sei hier nur auf einige Beispiele von Schriftzitaten des Neuen Testamentes im Buche von *Ratzinger* verwiesen, die zeigen, daß der Verfasser sich in der Beurteilung volkswirtschaftlicher wie gesellschaftspolitischer Sachverhalte von biblischen Aussagen leiten ließ.

Mit Blickrichtung auf den „Sklaven", den „Proletarier", den „Armen" und „Hilflosen" wird die Bergpredigt im Text zitiert und festgestellt, daß das Christentum zu ihrer geistigen Befreiung beigetragen habe, und zwar habe es nicht bloß das Recht des Individums, d.h. seine persönliche Freiheit in dem Sinne von „liberté" begründet, sondern auch die Gleichheit, „égalité", aller Menschen vor Gott gelehrt.[424] Entsprechend der Ausrichtung des Buches finden sich zahlreiche Verweise, besonders im Grundsatz- und Schlußkapitel, auf die Verpflichtung des Christen zur Nächstenliebe. So bilde „die Idee der Brüderlichkeit, der solidarischen Einheit der großen Menschheitsfamilie, das geistige Fundament der christlichen Gesellschaft".[425]

Der Philemonbrief von Paulus wird als die „Charta magna für die Befreiung der arbeitenden Klasse" bezeichnet. Wie für das Heiden- und Judentum ein Wirtschaftsleben ohne Sklaven unvorstellbar gewesen sei, so sei auch für die herrschende Kapitalistenklasse die Welt ohne das „eherne Lohngesetz des Angebotes und der Nachfrage" nicht denkbar.[426] Für die von *Ratzinger* vertretene Ansicht, daß die Gesellschaft einem Organismus, einem Körper vergleichbar sei, der auf der Konkurrenz und Harmonie seiner Glieder beruhe, findet sich als Beleg ein entsprechendes Zitat aus dem Epheserbrief[427]. Auch die in diesem Zusammenhang bekannte Stelle aus dem Römerbrief wird ebenfalls zitiert.[428]

---

[424] Vgl. Ratzinger Vw² 45 und 47: Matth. 5,3-10, Lk 6,20-26.
[425] Vgl. Vw.² 138 mit Vw.² 25 zu Matth. 7,12.
[426] Vgl. Vw.² 465.
[427] Vgl. Vw.² 77: Eph 4,16.
[428] Vgl. Vw.² 81: Röm 12,5 und 4,15 ff.

Zwischen dem Erscheinen der ersten und zweiten Auflage von *Ratzingers* „Volkswirtschaftslehre" liegt, zeitlich gesehen, die Herausgabe einer ganzen Reihe päpstlicher Enzykliken sozialpolitischen Inhaltes. Diese bilden daher in der Hauptsache die Argumentationsbasis des einleitenden, neu verfaßten Kapitels „Wirtschaft und Sittlichkeit" der zweiten Auflage, in dem die Grundbegriffe des Wirtschaftslebens behandelt werden. Zahlreiche Abschnitte aus verschiedenen Enzykliken *Leos XIII.* werden wörtlich zitiert. Einige Beispiele sollen zeigen, wie sehr *Ratzinger* bemüht war, die Lehre des Papstes in seinem Werk zu beachten.

Hinsichtlich der Fragen einer christlichen Gesellschaftslehre und Staatsordnung finden sich Zitate aus der Enzyklika „Immortale Dei".[429] Geht es um die Stellung des Individums oder des Staates innerhalb der Gesellschaft, so wird gegen den Liberalismus die Enzyklika „De libertate humana" und gegen den Sozialismus „Quod apostolici muneris" angeführt.[430] Zur Frage von Moral und Sittlichkeit im Wirtschaftsleben wird „De praecipuis civium christianorum officiis" zitiert.[431] Im Verhältnis zu einer Reihe anderer, mehrfach zitierter Rundschreiben *Leos XIII.* wird die Enzyklika zur Arbeiterfrage „Rerum novarum" (1891) nur einmal, im Hinblick auf die Lohnvereinbarung zwischen Arbeitgeber und Arbeiter, erwähnt.[432] Dennoch stellt die Berücksichtigung der Lehrschreiben des Papstes in der zweiten Auflage eine sachlich notwendige und inhaltlich berechtigte Erweiterung zur ersten Auflage dar, in der *Leo XIII.* nur einmal erwähnt wird.[433]

Eine besondere Aufgeschlossenheit für patristische Argumente zeigt sich bei *Ratzinger* schon darin, daß er neben anderen Kirchenvätern wie *Chrysostomus*, *Basilius* und *Augustinus* mit Vorliebe sich auf *Ambrosius* beruft, der zu den meistzitierten Autoren in seinem Buch gehört, und den er als den bedeutendsten Moralisten unter den lateinischen Kirchenvätern bezeichnet.[434] Im Vergleich schätzt *Ratzinger* bei *Hieronymus* dessen „exegetischen Kenntnisse", bei *Augustinus* dessen hervorragende „tiefe philosophisch-spekulative Bildung" und bei *Ambrosius* dessen „eminente Behandlung der praktischen Fragen"[435].

Auch in der politischen parlamentarischen Auseinandersetzung argumentiert *Ratzinger* mit den Kirchenvätern, namentlich insbesondere mit *Chrysostomus* und *Ambrosius*[436]. Er stellt eine „Übertragung der lebhaften Antithesenform des

---

[429] Vgl. Ratzinger Vw.² 26, 27, 28, 30, 32, 33, 27.
[430] Vgl. Vw.² 33, 34.
[431] Vgl. Vw.² 42.
[432] Vgl. Vw.² 22.
[433] Vgl. Vw.¹ 511: Leo XIII., Diuturnum illud (1881), zum Ursprung der politischen Gewalt.
[434] Vgl. Vw.² 311, 289.
[435] Vgl. Vw.² 311.
[436] Vgl. Archiv Bayerischer Landtag, München (AByL,München): Alphabetisches Repertorium über die Verhandlungen der beiden Kammern des Landtags des Königreiches Bayern; Stenographischer Bericht über die Verhandlungen der bayerischen Kammer der Abgeordneten: St.B.Bd..III Nr.87, (87 Sitzung vom 1.3.1894) S. 33, 34; in der General-

heiligen Ambrosius und anderer Kirchenväter auf die französische Sprache" fest. Und was seine Zeit mit dem „Ausdruck 'Gleichheit, Freiheit, Brüderlichkeit'" ausdrücke, finde sich „bereits bei den Kirchenvätern ausgesprochen", Forderungen, die er zu den „Errungenschaften christlicher Civilisation" zählt.[437] Eine starke Anwendung findet die „Antithesenform" auch in *Ratzingers* „Volkswirtschaft".

Schon in der Vorrede zu seinem Buch beklagt *Ratzinger* den Umstand, daß die historische Schule der Nationalökonomie kaum eine Ahnung von den Vertretern der Lehre des Christentums, wie z.B. den Kirchenvätern, verrate. Gerade die Kirchenväter seien aber für ihre Zeit die Schrittmacher in eine „neue soziale und wirtschaftliche Zukunft"[438] gewesen. Aber auch ein anderes Faktum spricht für die berechtigte Berücksichtigung der patristischen Literatur; so werde darüber geklagt, daß man die Väter als Vorläufer und Begünstiger der Sozialisten hinstelle, so *Bebel*, der französische Sozialist *Baudrillart*, *Roscher* und *Ritschel*.[439] Die Bezichtigung, die Kirchenväter seien Vorreiter des Sozialismus gewesen, sah man in der Aussage begründet, daß von Natur aus alles gemeinsam sei, worin man eine Absage an die Institution des Privateigentums erblickte. Es sei bereits hier erwähnt, daß eine solche Deutung der Kirchenväter, speziell des *Ambrosius*, *Ratzinger* wie auch schon *Thomas von Aquin* nicht kennen.[440]

Augenfällig ist das Zurückweisen gewisser scholastischer Interpretationen durch *Ratzinger*. Interessanterweise entbehrt die erste Auflage an mehreren Stellen nicht einer gewissen Polemik gegen die (Neu-)Scholastik. So behauptet er, daß „in den meisten Fragen" - und dies mit Blick auf *Ambrosius* - „die Patristik mit der späteren Scholastik in entscheidendem Widerspruch" stehe.[441] Oder wenn er in der Zinsfrage nicht bloß an die Vertreter der Nationalökonomie, sondern auch der Moral „die Warnung richtet, die wissenschaftlichen Fehler der Scholastik nicht mit der Lehre der Kirche zu vermengen".[442] Auch den Spekulationsgewinn, der aus den Verlusten anderer resultiert, verwarfen die Kirchenväter als unsittlich und schändlich, und *Ratzinger* fährt fort: „Leider kam dann die Scholastik, welche sich im Formalismus des römischen Rechtes selbst gefangen gab und sich dazu noch die naive Verirrung des Aristoteles in seiner Lehre von der Unfruchtbarkeit der konsumptiblen Werthe im allgemeinen, des Geldes im besonderen aneignete".[443] Diese hier aufgeführte Kritik an der Scholastik wurde in der zweiten Auflage von *Ratzinger* weggelassen; es finden sich daher im Register dieser Auflage keine Verweise auf die Scholastik, während die

---

Diskussion gegen Trennung von Staat und Kirche, für eine christliche Heranbildung der Jugend und über den Gegensatz zwischen Glauben und moderner Wissenschaft, S. 31-36.
[437] Vgl. Ratzinger Vw.² 34.
[438] Vgl. ebd. X.
[439] Vgl. Cathrein, Victor, Moralphilosophie 3/Freiburg II (1899), 312.
[440] Vgl. ebd., 313; vgl. Ratzinger, Vw.², 89 und 92.
[441] Vgl. Ratzinger Vw.¹ 268, Passage weggelassen vgl. Vw.² 320.
[442] Vgl. Ratzinger Vw.¹ 287, 285-287, Kritik an Scholastik weggelassen vgl. Vw² 336.
[443] Vgl. Ratzinger Vw.¹ 225, Passage weggelassen vgl. Vw² 276.

vorausgegangene noch mehrere Stellenhinweise[444] liefert. Festzuhalten ist, daß die hier geäußerte Kritik sich wohl primär gegen die späteren (Neu-)Scholastiker wendet; *Thomas von Aquin* als scholastischer Theologe wird ungeschmälert bei Begriffsdefinitionen und zur Rechtfertigung von Argumenten durch *Ratzinger* sehr häufig zu Rate gezogen.

Ratzinger bekennt selbst, daß er die katholische Literatur sozial-politischen Inhalts nicht genügend berücksichtigt habe.[445] Als Ersatz dafür bietet er in der zweiten Auflage die erwähnte umfangreiche Literaturliste über die ihm bekannte katholisch-sozialpolitische Literatur des deutschen Sprachraumes. Durch diese Verfahrensweise bietet das Werk keine direkte wissenschaftliche Auseinandersetzung mit Meinungen aus dem christlichen Bereich, was nicht heißen soll, daß er sich nicht doch bei seinen Begründungen oft auf andere katholische Schiftsteller, wie z.B. *Hertling, Weiß, Périn* u.a., beruft. Als Schwäche des Werkes kann das nicht ausgelegt werden, da die Rückführung der „Volkswirtschaft" auf ihre sittlichen Grundlagen im Vordergrund der Betrachtung steht, und insofern muß *Ratzinger* sich primär mit den wirtschaftswissenschaftlichen Meinungen seiner Zeit auseinandersetzen unter Berücksichtigung naturrechlicher bzw. sozialethischer Fragestellungen.

Für die christliche Ausrichtung seiner Argumentation ist es wichtig, darauf hinzuweisen, daß sich *Ratzinger* in moraltheologischen Fragen auf *Linsemann* beruft. Dieser Moraltheologe war, entgegen dem Trend seiner Zeit zur Verrechtlichung der Moral, für eine gottgebundene christliche Freiheit aus paulinischem Geist. Er war gegen reinen Moralpositivismus und gegen eine überstarke Kasuistik im Erfassen der Sittennorm.[446] In der Zinsfrage argumentiert *Ratzinger* mit *F. X. v. Funk* (1840–1907), Priester, Lehrstuhlinhaber der Kirchengeschichte in Tübingen, den man als ersten Vertreter einer kritischen Geschichtsschreibung bezeichnen kann, weil er versucht habe, „die neuscholastische Statik" mit dem Begriff der „Entwicklung" zu überwinden, also die historische Linie fortsetzend.[447]

Ob *Ratzinger* als katholischer Sozialphilosoph wirklich noch der romantischen Traditon[448] verhaftet ist, wie sie von der Schule von *Adam Müller* (Staatsrechtler)[449], rezipiert von *Vogelsang* in Österreich in der zweiten Hälfte des 19. Jh., vertreten wurde, und wie ihm nachgesagt wird, ist Ansichtssache.

---

[444] Vgl. Ratzinger Vw.² 638 mit Vw.¹ 529: Scholastik, mittelalterliche ¹225 ff, 268-269, 285-287, ökonomische 100, 287.
[445] Vgl. Ratzinger Vw.² VI.
[446] Vgl. Linsenmann, Franz-Xaver, Lehrbuch der Moraltheologie, Freiburg, 1878; vgl. dazu Hadrossek, „Linsenmann" in: LThK, 2.Aufl. Freiburg VI (1961) 1067.
[447] Vgl. Köhler, Oskar, in HKG VI/2 Hrsg Jedin Hubert, Freiburg 1973, 331: F. X. v. Funk 1840–1907, Priester, Lehrstuhl in Tübingen.
[448] Vgl. Dirsch, Felix, Solidarismus und Sozialethik, Ansätze zur Neuinterpretation einer modernen Strömung der katholischen Sozialethik, Berlin 2006, 116-189.
[449] Vgl. Lill, Rudolf, Die Anfänge der katholischen Bewegung in Deutschland, in: HDSW, VI/6, 259-271, 264. Vgl. Köhler, Gesellschaftstheorien, HDSW VI/2, 210.

Ratzinger ist wohl eher um eine Neuinterpretation bemüht und setzt sich anders als *Albert Maria Weiß*, den er zwar vielfach zur Bestätigung seiner Ansicht zitiert, offener für den Aufbruch in einer sich herausbildenden Wissenschaft der Nationalökonomie ein, für deren sozialethische Fundierung er allerdings mit Vehemenz kämpfte. Nicht zuletzt zitiert *Ratzinger* häufig *Wilhelm Emanuel von Ketteler*, jenen in der sozialen Frage profiliertesten Bischof der katholisch-sozialen Bewegung in Deutschland, den man „fast ausschließlich dem liberal-bürgerlichen Katholizimus" zurechnet und der „seine Neigung zum romantischen Denken erst um 1870 ablegte".[450]

Wilhelm Roscher zählt 1874 Bischof *Ketteler* zu jener Gruppe von „Conservativen", neben jener der „Freihändler" und „Socialisten", welche die „wirtschaftlichen Krankheiten der Zeit durch religiöse Erneuerung heilen" wollen.[451] Allerdings soll diese Erneuerung nicht blickverengend, wie *Roscher* hier meint, in einer quasi mittelalterlichen „anstaltlichen Wiederherstellung der Kirche" für die Katholiken und für die Protestanten in der „persönlichen Wiedergeburt der einzelnen Gläubigen" bestehen. *Roscher* hebt an dieser Stelle für *Ketteler* „neben vielen vortrefflichen Bemerkungen", kritisch hervor, „wie nur die Religion die sociale Frage wirklich lösen kann, wie die christliche Ehe und Familie die beste Arbeitsgenossenschaft ist, u.dgl. m.".[452] Dies sind Argumente, zu denen auch *Ratzinger* Stellung nimmt.

2.2.2. Bezüglich der volkswirtschaftlichen Orientierung

Der erwähnte Hinweis *Ratzingers*, für seine Darstellungsweise die historisch-genetische[453] zu wählen, verweist indirekt auf die Nähe *Ratzingers* zur sogenannten 'älteren' „Historischen Schule der Nationalökonomie".[454] Dies bestätigt auch die häufige Zitation seines Zeitgenossen *Wilhelm Roscher* (1817-

---

[450] Vgl. a.a.O. Dirsch, Solidarismus und Sozialethik, 118.

[451] Vgl. Wilhelm Roscher, Geschichte der National-Oekonomik in Deutschland, München 1874, 1027 f., 1025: „wie die Freihändler den gewerbe- und handeltreibenden Mittelstand vertreten, die Socialisten das Proletariat, die die vorzugsweise sog. Consevativen die Stände von mittelalterlicher Bedeutung, den Adel, überhaupt den Grundbesitz und die Geistlichkeit".

[452] Vgl. ebd. 1028: zu Kettelers Schrift: „Die Arbeiterfrage und das Christenthum" (1864).

[453] Vgl. Ratzinger, Vw.² X.

[454] Vgl. Gorges, Diplomarbeit „'Christliche Kritik am Kapitalismus' im Hauptwerk von Georg Ratzinger" Uni. München, 1976, 22; ders.: Der christlich geführte Industriebetrieb im 19.Jh und das Modell V & B, Stuttgart 1989, 20 ff. Aus der Evangelisch-sozialen Bewegung entstand der Verein für Sozialpolitik, „Kathedersozialisten", vgl. Marie-Louise Plessen, Die Wirksamkeit des Vereins für Sozialpolitik von 1872-1890, Berlin 1975, 20; zwei theoretische Richtungen im Verein für Socialpolitik: Gustav Schmoller für einen monarchischen (konservativen) Sozialreformismus und Lujo Brentano für das liberale Konzept, orientiert am englischen Vorbild, bzw. romantischer, liberalistischer und realistischer Konservatismus: vgl. S.50. Als „der einzige katholische Gelehrte neben ausschließlich protestantischen war Professor Franz Hitze" im Verein für Socialpolitik angetreten: 1878 (vgl. S. 106).

1894)[455], den Begründer und bedeutendsten Vertreter der 'älteren' historischen Schule. *Ratzinger* bekennt sich offen, aber differenzierend, vorweg in der Vorrede zu seiner „Volkswirtschaft", zu dieser 'älteren' historischen Schule. Abgrenzend formuliert er, die 'jüngere' betreffend: „indem der Fehler begangen wurde, bestehende Verhältnisse als Maßstab zu nehmen, um daran frühere Einrichtungen zu messen, sie zu verurteilen oder zu loben," um andererseits fortzufahren, analog zur 'älteren', „anstatt das Werden, die allmähliche Veränderung und Ausgestaltung einzelner Institutionen zu verfolgen und jede Zeit in ihrem geistigen, sittlichen und wirtschaftlichen Leben verstehen zu lernen". Entsprechend *Ratzingers* Vorgehen und seine Schlußfolgerung: „Die neuere ('jüngere') historische Schule häuft Spezialstudien und verliert sich in Detailmalereien, so daß der Blick für das Große und Ganze verlorengeht". Eine Gefahr, in der Tat, die bei der Fülle der Daten einer empirisch-statistisch orientierten Methode besteht. In Anmerkung hierzu verweist *Ratzinger*, seine Ansicht absichernd, auf *Carl Menger* (1840-1921)[456] von der Wiener Schule und dessen folgenreiches Werk: „Die Irrtümer des Historismus in der deutschen Nationalökonomie" von 1884. Die zentrale Schrift *Mengers*, den sogenannten Methodenstreit auslösend, eine Schrift, die ausgerichtet war auf seinen Gegenspieler *Gustav Schmoller*.[457]

Ratzinger definiert die wissenschaftliche Methode eines Historikers zusammenfassend: Dieser „muß das Große und Ganze überblicken, muß den allgemeinen Zusammenhang der Dinge erklären, muß darstellen, was einst gewesen und was vergangen und warum es vergangen ist". Für *Roscher* heißt das, „analog" darzustellen, „was die Völker in wirtschaftlicher Hinsicht gedacht, gewollt und empfunden, was sie erstrebt und erreicht und warum sie es erreicht haben", wobei eine derartige Analyse zu erarbeiten im wissenschaftlichen Verbund mit der Rechts-, Staats- und Kulturgeschichte stehen müsse.[458] Insofern wird auch deutlich, warum *Ratzinger* ein Kapitel in der Neuauflage seiner Volkswirtschaft statt mit „Vergangenheit und Zukunft" einfachhin in „Theorie und Praxis" umbenennen kann.

Ideengeschichtlich stand *Ratzinger* also nicht abseits jenes 1884 ausgebrochenen Methodenstreits in der Nationalökonomie, der einen Werturteilsstreit nach sich zog, ausgetragen von den Protagonisten der Jüngeren Historischen Schule, schon

---

[455] Vgl. Brinkmann Carl; W.G.F. Roscher, In: HDSW, Tübingen, IX (1956) 41-43, vgl. Hansmeyer, K.H., Lehr- u. Methodengeschichte, In: KVWL I Göttingen 15-51, 39f.

[456] Vgl. Ratzinger Vw.² IX mit Hinweis auf: Karl Menger, Die Irrthümer des Historismus in der deutschen Nationalökonomie, Wien 1884. Vgl. Weinberger, Otto: Menger, Carl, in HDSW, Bd. 7(1961) 301-303, 302; „Methodenstreit"; vgl. Hansmeyer in: KVWL I, 47f. (4) Menger gegen Schmoller (älterer Methodenstreit).

[457] Vgl. Ratzinger Vw.² IX; statt „neuere" hat sich für diese Richtung die Bezeichnung „Jüngere historische Schule" oder „historisch-ethische Schule" durchgesetzt; ihr Hauptvertreter ist Gustav Schmoller; vgl. dazu Zorn, Wolfgang, Einführung in die Wirtschafts- und Sozialgeschichte, München 1972, 42.

[458] Vgl. Hansmeyer in: KVWL I, 47 und Ratzinger Vw.² IX.

beginnend mit *Adolph Wagner*,[459] insbesondere „dem überragenden Gustav Schmoller",[460] sowie *Lujo Brentano*,[461] und der älteren Schule der Nationalökonomie mit deren Begründer *Roscher*, der wir noch *Carl Menger* hinzufügen. Alles Autoren, die *Ratzinger* teils kritisch zitiert, wobei man den Eindruck hat, daß gerade „das Problem der ethischen Werturteile" das Essential ist, nach dem *Ratzinger* in seiner Volkswirtschaft forscht, aber eben nicht mittels endloser empirischer Detailforschung oder der Auswertung von Statistiken, deren Wahrheitsgehalt an mehreren Stellen in seiner Volkswirtschaft er bezweifelt. Vielmehr stellt er die Sinnfrage im Erkenntnisprozeß.

Der Schlagabtausch im sogenannten Methodenstreit zwischen *Menger* und *Schmoller* in der Antwort-Schrift *Mengers* über „die Irrtümer des Historismus" offenbare auch, so betont der Chronist, wie sehr sich *Menger* durch die Kritik *Schmollers* als „persönlich beleidigt betrachtete".[462] *Carl Menger* hat dies in der Tat nicht vergessen, wenn *Lujo Brentano* in seinen Lebenserinnerungen jene Worte für wichtig festzuhalten glaubt, mit denen *Menger* ihn beim Antritt seiner Professur in Wien 1888 empfangen habe: „Sie können sich nicht vorstellen, mit welcher Erbitterung mich Ihre Berufung erfüllt hat".[463] Vielleicht auch verständlich, wenn die Berufung *Lujo Brentanos* nach Wien anscheinend den „Auftrag" verfolgte, „ein wissenschaftliches Gegengewicht zur Schule Carl Mengers zu bilden".[464] Ob die Wiener Lehrstuhlannahme als Nachfolger des Sozialreformers *Lorenz von Stein* auch taktisch bedingt war, ist zu vermuten, denn bereits ein Jahr später ist *Brentano* einem Ruf an die Universität Leipzig 1890 „nur" deswegen gefolgt, „um 1891 einen Ruf an die Universität München anzunehmen".[465] Dort war er über *v. Thünens* Lohn- und Preistheorie promoviert worden, und mit seiner Berliner Habilitation 1871 hatte er sich mit dem „eben dorthin berufenen Adolf Wagner verfeindet". So blieb auch Berlin „nur ein

---

[459] Vgl. Hansmayer in KVWL I, 40; vgl. Brinkmannm, Carl: Hisorische Schule, HDSW Bd 5 (1956) 122. Zur Unterscheidung von *Älterer* und *Jüngerer* Historischer Schule als spätere Folge des „Methodenstreites" vgl. Adolf Wagner (1835-1917) in: „Grundlegung", 1892, S. 54 ff.: sich zur „Jüngeren" bekennend, aber zu Schmoller „sich gegensätzlich kennzeichnen wollte".

[460] Vgl. Hansmayer in: KVWL.I, 40,41. Gustav Schmollers Vorrangstellung „historischer oder überhaupt deskriptiver Detailarbeit als wichtigste oder jedenfalls erste Aufgabe der Sozialwissenschaft" (so Schumpeter, 1924, S. 99). Die Historische Methode verstand sich nunmehr als „Überwindung der metaphysischen Schau von der historischen Entwicklung".

[461] Vgl. Hansmayer in: KVWL I, 41: Lujo Brentano (1844-1931).

[462] Vgl. Weinberger, Otto: Carl Menger, in: HDSW 7 (1961) 302.

[463] Seewald, Michael: Lujo Brentano und die Ökonomie der Moderne, Marburg 2010, 264, dortiger Hinweis: Brentano, Mein Leben, S. 142. Vgl. Buchbesprechung: Goldschmidt, Nils: Alte Meister, Lujo Brentano als deutscher Ordnungsökonom, in: FAZ, 21. Febr. 2011, Nr. 43, S. 10.

[464] Vgl. ebd. Seewald, Lujo Brentano und die Ökonomie der Moderne, 226, folgend der Darstellung in Brentanos Autobiographie: Mein Leben, S. 135 ff.

[465] Vgl. ebd. Seewald, Lujo Brentano, 226.

Durchgang" für *Brentano* in „der damaligen Wendezeit einer neuen deutschen Nationalökonomie". Die ihm „zufallenden Professuren in Breslau (1872), Straßburg[466], Wien, Leipzig erscheinen nur als Weg zur Berufung als Nachfolger von Helferich (seines Doktorvaters) nach München". Dort habe er, so der Chronist in seiner Bewertung, „vielleicht die äußerlich glänzendste aller Lehrtätigkeiten der Jahrhundertwende entfaltet".[467]

Nicht nur im Methodenstreit um den „Historismus" bestand wissenschaflich ein Spannungsverhältnis zwischen *Georg Ratzinger*, aus Unterbayern stammend, und *Lujo Brentano*, dem fränkischen Bayer, beide 1844 geboren. *Ratzinger* hatte im öffentlichen Disput um den ersten Lehrstuhl der Nationalökonomie in München einen anderen Kandidaten, den anerkannten Agrarwissenschaftler *Gustav Ruhland*,[468] bevorzugt, der später den Lehrstuhl in Friburg in der Schweiz erhielt. Eine Kontroverse, die beiderseits zwischen *Georg Ratzinger* und *Lujo Brentano* journalistisch und politisch ausgetragen wurde, und deren Polemik[469] *Georg Ratzinger* von *Frank Zschaler* überbetont negativ angelastet[470] wird. Dennoch, auch überzeichnete und einseitige Argumente können zu einem Erkenntnisgewinn führen. Dessen These, daß *Ratzinger* „seine Vorschläge bewußt nicht mit dem Erkenntnisstand der damaligen Wirtschaftstheorie abglich", kann gemäß *Ratzingers* analytischem, dialektischem Vorgehen in seinem Hauptwerk bezweifelt werden. In seinem Essay „Georg Ratzinger als Wirtschaftswissenschaftler" macht *Frank E.W. Zschaler*[471] selber wenigstens indirekt deutlich, wie sehr *Ratzinger* mitten im Findungs- und Erkenntnisprozeß des Methodenstreits steht - und im aufziehenden Werturteilsstreit der jungen Nationalökonomie einen Weg zu weisen sucht.

Für *Lujo Brentano* werden in einer neueren Forschung die 1880er Jahre „als Jahrzehnt des Zweifels und der Revision" beschrieben,[472] auch historisch bedingt auf Grund von „neuen Leitmotiven der ökonomischen Diskussion"; welche da

---

[466] Vgl. ebd. 226: Brentanos Stellung an der Universität Straßburg, so schreibe er in seinen Elsässer Erinnerungen (Berlin 1917, S. 92 ff.) war durch seine „Kritik an der deutschen Gewerbepolitik im Elsaß" problematisch geworden, so daß der Ruf nach Wien für ihn auch gelegen kam.

[467] Vgl. Brinkmann, Carl: Brentano, Lujo, in: HDSW, Bd 2 (1959) 410, 411.

[468] Vgl. Bülow, Friedrich: Landwirtschaft (II) Agrarsoziologie, in HDSW Bd. 6, Tübingen (1959) 463: Gustav Ruhland war Syndikus auf dem Höhepunkt der „Agrarkrise" des unter Caprivi erfolgten Gründung des ‚Bundes der Landwirte' (1893).

[469] Brentano verstand auch „Polemik" als Instrument in der wissenschaftlichen Argumentation: hierzu vgl. Literatur zu Brentano in: HDSW, Bd. 2 (1959) 410, Titel: „Meine Polemik mit Karl Marx. Zugleich ein Beitrag zur Frage des Fortschritts der Arbeiterklasse und seiner Ursachen", Berlin 1890.

[470] Vgl. Zschaler, Frank E.W.: Georg Ratzinger als Wirtschaftswissenschaftler, in: Georg Ratzinger (1844-1899), Hrsg. Kirchinger-Schütz, Regensburg 2008, 291-300.

[471] Vgl. Zschaler, a.a.O. 291 ff..

[472] Vgl. Seewald: Lujo Brentano, 226, mit dem Zitat und der historischen Deutung des Jahrzehnts von 1880 analog zu „James Sheehan, The Career, S. 95 ff." Das Kapitel trägt den Titel „Liberalism Re-examined: A Dekade of Doubt and Revision, 1879-1889".

sind: „neuartige Wirtschaftskrisen, der sich etablierende Wohlfahrtsstaat und die sich entfaltende Krise des liberalen Bürgertums". Also parallel zur Industrialisierung ein „zunehmendes Krisenbewußtsein", welches „zunehmende Regulierungen von seiten des Staates hervorruft" und sich auch auf „die ökonomische Theorie" auswirkt. Und *Seewald* interpretiert dieses Jahrzehnt mit *James Sheeham* weiter: So seien für *Brentano* die 80er Jahre eine Zeit der „sozialpolitischen Isolierung" gewesen.[473] Festzuhalten ist, wie *Zschaler* zugibt: „Beide, der Volkswirt und der Theologe, begründen ihre Prognose von dem Entwicklungspotential der Wirtschaftsgesellschaften ihrer Zeit also sozialethisch. Das verbindet sie".

Bedauerlich ist es, daß es *Georg Ratzinger* (+1899) nicht mehr vergönnt war, auf die Rektoratsrede von *Lujo Brentano* an der Universität München zum Thema „Ethik und Volkswirtschaft in der Geschichte" (1901) zu antworten. Aber es findet sich hierzu in *Ratzingers* Volkswirtschaft bereits 1881 und vertiefend 1895 ein intensives Eingehen auf diese Thematik.

Vielleicht wurde *Georg Ratzinger* von einer Schrift *Adolph Wagners* über „Die Gesetzmäßigkeiten in den scheinbar willkürlichen menschlichen Handlungen vom Standpunkt der Statistik" (1864) auf *Henry Thomas Buckles*[474] Werk, „History of Civilisation in England" (1857-1861), aufmerksam. *Ratzinger* erwähnt ihn in beiden Auflagen mehrmals kritisch, zumal er gerade auch für *Ratzinger* schon die wichtige Frage in jener Thematik anspricht, welche die „statistische Ausprägung eines individuellen Determinismus" aufgreift, etwa zum Nachweis, ob „der in der Gesellschaft wirksame Massenwille(n)" mit der individuelle Willensfreiheit kompatibel sei: „ein Dogmenstreit, der bis in die Gegenwart" reicht.[475] Dies ist eine Problematik, die im Zusammenhang mit *Ratzingers* Kritik an den hier in Frage gestellten „Naturgesetzen"[476] steht.

Auch auf den Kulturgeschichtler und Volkskundler *Wilhelm Heinrich Riehl*,[477] dessen Denken stark soziologisch und sozialpolitisch orientiert war, nimmt *Ratzinger* ebenfalls Bezug. *Riehl* gab, „neben Marx und L. v. Stein", der Soziologie „in Deutschland einen selbständigen Ansatz, welcher die bürgerliche Gesellschaft vom Staate trennt" (so auch bei *Ratzinger*) und „sie als innere Volksordnung versteht".[478] Um die sozialen Auflösungs- und Krisenerscheinungen zu überwinden und die Folgelasten des Industrialismus für die Gesellschaft abzublocken, trat er ein für die Festigung der alten

---

[473] Vgl. ebd. 226.
[474] Vgl. Lorenz, Charlotte etc. in HDSW Bd. 8(1964) 661 ff.: Hinweise auf Adolph Wagner und Henry Thomas Buckle und den Dogmenstreit aller Fachrichtungen zur Sozialstatistik und Sozialphilosophie.
[475] Vgl. ebd. Lorenz, HDSW Bd8, 662.
[476] Vgl. Ratzinger Vw.¹ 3, 444: angebliche Naturgesetze Buckles.
[477] Vgl. Egner, Erich: Riehl, Wilh. Heinr (1796-1874) in: HDSW Tübingen Bd. 9 (1956) 20 f, „Begründer der naturwissenschaftlich fundierten Denk- und Forschungsweise in der Sozialstatistik"; 1859 ord. Prof. für Kulturgeschichte und Statistik, München.
[478] Vgl. ebd. 21.

überkommenen Volksordnung, wodurch er sich als konservativer Denker ausweist.

Als Begründer der Soziologie in Deutschland wird *Lorenz von Stein*[479] eingestuft, der durch sein Werk „Der Sozialismus und Communismus des heutigen Frankreichs" (1842), mehrfach neu aufgelegt, durch seine Gesellschaftslehre bekannt wurde. Er hatte ab 1855 den Lehrstuhl der Universität in Wien für politische Ökonomie 30 Jahre inne. Als Nachfolger kam, wie erwähnt, für ein Jahr *Brentano*. „Das Lebensprinzip der Geschichte" manifestiere sich in *Steins* „Theorie der Epochenbildung" infolge eines „beständigen Kampfes zwischen Staat und Gesellschaft", gleichermaßen „wie auch das gesellschaftliche Sein von einer dialektisch sich vollziehenden Dynamik erfüllt" sei. „Denn wirtschaftliche Zusammenarbeit der Menschen und Verteilung der Güter" bewirkten „eine soziale Schichtung der Gesellschaft mit unterschiedlichen Besitzverhältnissen und Abhängigkeiten, die fortgesetzte Gegensätze von Herrschenden und Beherrschten, Besitzenden und Besitzlosen auslöst". Mit der Folge, daß „dieser soziale Antagonismus in der kapitalistischen Gesellschaft ihre (seine) größte Spannung erreicht", und zwar wegen „der Besitzlosigkeit schlechthin des Proletariats, gekennzeichnet durch „eine Abhängigkeit in ihrer unerträglichsten, härtesten Gestalt".[480] Dies ist auch der Denkansatz für das „gesellschaftliche Sein" bei *Ratzinger* in seiner Volkswirtschaft.

Dem Denken *Ratzingers* weit näher stand aber *Albert Schäffle*[481], der in seinem wissenschaftlichen Hauptwerk ein umfassendes soziologisches System entwickelte. Neben *Marx* wird *Schäffle* in *Ratzingers* Schrift nicht nur am häufigsten zitiert, sondern auch zur Rechtfertigung der Argumente des Verfassers herangezogen, indem er ihn des öfteren absatzweise wörtlich wiedergibt. Diese grundlegende Hervorhebung bestimmter Gedankengänge von *Schäffle* in *Ratzingers* „Volkswirtschaft" beruht möglicherweise auf dessen ethischer Grundeinstellung, die den Menschen niemals als ein Mittel der Wirtschaft herabgewürdigt wissen will.[482] Bezeichnend für *Schäffle* ist, daß er einerseits an eine notwendige „sozialistische" Umformung des kapitalistischen Systems glaubt, im Sinne eines „vernünftigen Sozialstaates", andererseits aber doch eine zentrale Verwaltungswirtschaft ablehnt, sich sogar eher für eine berufsständische Organisation der Gesellschaft ausspricht.[483] Die Gesellschaftslehre *Schäffles* ist geprägt von einer organizistischen Auffassung des Gesellschaftslebens. *Ratzinger*, der auch die Gesellschaft als einen sozialen

---

[479] Vgl. Stavenhagen, Gerhard: Lorenz v. Stein (1815-1890) in: StL.⁶ Bd. VII, Freiburg 1962, 677-680.
[480] Vgl. ebd. 678.
[481] Vgl. Mann, Fritz-Karl: Schäffle, Albert (1831-1905) in: HDSW IX (1956) 103f. Tübingen; vgl. auch Stavenhagen, Gerhard: Schäffle in: StL, Freiburg 6. Aufl. (1961) 1095-1097. Vgl. Plessen, Verein für Sozialpolitik, 1975, a.a.O. 77, 81, 97: Kathedersozialist und österreichischer Handelsminister.
[482] Vgl. Schäffle in: StL, ebd., 1096 mit Ratzinger, Vw.², 358.
[483] Vgl. Schäffle in: StL, ebd., 1096 mit HDSW ebd., 103.

Organismus auffaßt, folgt jedoch nicht der physiologischen Umdeutung sozialer Zusammenhänge durch *Schäffle*.[484]

Entsprechend der inhaltlichen Ausrichtung seines Buches steht *Ratzinger* in der kritischen Auseinandersetzung mit der klassischen Nationalökonomie, worauf bei der Behandlung einzelner Problemstellungen noch einzugehen sein wird. Die Analyse von *Ratzingers* Schrift zeigt, daß er die maßgeblichen Werke der Klassiker wie *Adam Smith, Ricardo* und *John Stuart Mill*, den er besonders oft zitiert, mit berücksichtigte. Darüber hinaus war *Ratzinger* bemüht, die Neoklassiker, speziell die der sogenannten Wiener Schule, d. h. die „Vertreter der Mengerschen Richtung in Wien", namentlich *Böhm-Bawerk* (1851-1914*)* und *v. Wieser* (1851-1926)[485] in seine kritischen Reflexionen mit einzuarbeiten. So findet sich in der zweiten Auflage von *Ratzingers* „Volkswirtschaft" eine Stellungnahme zu *Böhm-Bawerks* Buch „Kapital und Kapitalzins", das drei Jahre nach der ersten Auflage erschien.

Vermerkt sei auch, daß *Wilhelm Neurath*,[486] der Wiener Professor der Volkswirtschaftslehre und Agrarstatistik, der sich durch ein umfangreiches volkswirtschaftliches Schrifttum auszeichnet, von *Ratzinger* mit Vorliebe zur Begründung seiner Thesen herangezogen wird.

Neben der Kritik am Wirtschaftsliberalismus seiner Zeit beschäftigt sich *Ratzinger* eingehend mit den Ansichten des Marxismus, des Sozialismus wie des Kommunismus. So setzt er sich kritisch mit der Philosophie eines *Herbert Spencer* und den Theorien eines *Darwin* auseinander, die beide mit zu den geschichtlichen Voraussetzungen des Marxismus zählen. Er kommt schließlich öfters auf *Karl Rodbertus*[487] zu sprechen, den man u.a. als Begründer des wissenschaftlichen Sozialismus ansieht. Jedoch wendet sich der Blick *Ratzingers* immer wieder *Marx* und *Lassalle* zu, denen er auch in wörtlichen Zitaten in seinem Werk relativ breiten Raum gewährte und zu deren Thesen er, wie zu zeigen sein wird, differenziert und schließlich ablehnend Stellung nimmt.

Aus den Ausführungen folgt, daß *Ratzinger* sich in seinem Werk eine breite Basis von inhaltlichen Argumentationsmöglichkeiten geschaffen hat. Die umfangreiche Palette von zeitgenössischen Wirtschaftswissenschaftlern, die er erwähnt, läßt eine ebenso umfassende Kritik an den wirtschaftlichen Verhältnissen seiner Zeit erwarten, wobei er sich in seinem Urteil von

---

[484] Vgl. Erik Wolf, Das Problem der Naturrechtslehre, 2. Aufl. Karlsruhe 1959, 124; dort wird darauf verwiesen, daß aus der Natur sozialer Organismen in Deutschland soziologisch Schäffle und juristisch Gierke die Lehre vom „Sozialrecht" entwickelten, indem sie diese Gedanken eines sozialen Naturrechts aus der korporativ gedeuteten Vertragslehre des Spätmittelalters und der Neuzeit ableiteten.

[485] Vgl. Ratzinger, Vw.², 17.

[486] Vgl. Meitzel: Wilh. Neurath, in: HDStW 4. Aufl. Jena 6(1925) 745.

[487] Vgl. Siegfr. Wendt: Karl Rodbertus-Jagetzow (1805-1875), in: HDSW Tübingen Bd. IX (1956) 21-25, 22. Lassalle drängte ihn, sich der Arbeiterbewegung zur Verfügung zu stellen, er lehnte ab. Vgl. Plessen a.a.O. 105: Rodbertus, konservativer Flügel im Verein für Socialpolitik, aus Protest gegen den liberalen Schwerpunkt 1874 Austritt.

sozialethischen Prinzipien entsprechend dem christlichen Weltverständnis bewußt leiten läßt. Es wird im folgenden der Versuch unternommen, aufzuzeigen, wie unter diesen Vorzeichen *Ratzingers* Kritik sowohl am Kapitalismus wie auch am Sozialismus begründet wird – und welche Möglichkeiten der Überwindung dieser Ideologien er erkennen läßt.

Teil II
„Die Volkswirtschaft": Grundlegende Begriffe

1. Kap.: „Kapitalismus" - Antithese zum Sozialismus?

1.1. Zur Wortbedeutung der Begriffe „Kapital" und „Kapitalismus"

Um Fehldeutungen der von *Ratzinger* in seinem Werk gemachten Aussagen vorzubeugen, muß vorab geklärt werden, welche Vorstellungen *Ratzinger* mit den Begriffen „Kapital" und „Kapitalismus" verbindet.

1.1.1. Analoge Verwendung der Begriffe (i.S. von Scheimpflug)

Direkter Anhaltspunkt für das Kapitalismusverständnis von *Ratzinger* bildet in diesem Zusammenhang der mehrfache Verweis[488] auf die Erläuterung der Begriffe „Kapital und Kapitalismus" durch *Karl Scheimpflug* im Staatslexikon der Görres-Gesellschaft.[489] Dort zeigt sich bezeichnenderweise, daß im ersten Abschnitt auf die sozialistische Lehre von *Marx* eingegangen wird und im zweiten Abschnitt mit der Überschrift „Der Kapitalismus in der Beleuchtung des Staatssozialismus" eine Korrelation im Sinne einer Antithese zwischen Sozialismus- und Kapitalismuskritik nicht geleugnet wird.[490] Für die katholisch-soziale Bewegung jener Zeit stand demnach die Kritik am Kapitalismus zugleich in Auseinandersetzung mit den sozialistischen Vorstellungen zur Überwindung der kapitalistischen Gesellschaft.

Diese durch *Marx* epochemachende Kritik inspirierte auch *Ratzingers* Kapitalismuskritik. So stellt er auch in seinem Urteil über das Buch „Das Kapital" von *Karl Marx* bereits 1881 fest, daß es, „nur in der Kritik bedeutend und bahnbrechend ... , in einer abstrusen Form geschrieben, und es verdient auch dem positiven Inhalte nach das Lob nicht welches ihm gespendet wurde"; und er vermerkt dazu weiter: „Positiv steht Marx auf den Schultern der englischen Nationalökonomen, von denen er sich nur dadurch unterscheidet, daß er aus ihren Resultaten sozialistische und kommunistische Schlüsse zieht."[491] Welch hoher Stellenwert

---

[488] Vgl. G. Ratzinger Vw.², 11: Scheimpflug, in Anm. „Kapital und Kapitalismus", Staatslexikon der Görres-Gesellschaft, III,1/1894, 601; Ratzinger Vw², 218 f „Unionscontract", „Unionstarif" (vgl. Tarifverträge heute); Ratzinger Vw²., 221: „Arbeitsschutzgesetzgebung", in Anm. Zitat Scheimpflug „Berufsgenossenschaften" zuständig für „nationale Produktionsleistung" so Scheimpflug. Berufsgenossenschaften als Instrument einer Industriepolitik? Ratzinger Vw.², 246: in Anm.: Scheimpflug: „der Marx'sche Kapitalist ist kein imaginärer Kapitalist", und Ratzingers Hinweis auf John Stuart Mill.

[489] Scheimpflug, Kapital und Kapitalismus, In: StL 1.Aufl. III (1894) 588-609, also nach Ratzingers 1.Aufl. von 1881.

[490] Vgl. Schleimpflug, ebd., 598,592.

[491] G. Ratzinger,Vw.¹, 31, in Anm. 1. Der erste Band von Karl Marx, Das Kapital erschien 1867, Hamburg ; vgl. Stammbaum der Entwürfe von Wirtschaftsordnungen 1800–1970 : Zorn, Wolfgang in: Handbuch der Deutschen Wirtschafts- und Sozialgeschichte,

Karl Marx, als „Begründer des Socialismus als wissenschaftliches Systems"[492], im Urteil *Ratzingers* und für seine Kritik der beiden Systeme von Kapitalismus und Sozialismus zukommt, wird deutlich, wenn er, bezeichnenderweise *Karl Marx* zitierend, für seine Zeit feststellt: „Der Gang der modernen Volkswirtschaft ist von einer fortwährenden Expropriation begleitet; zuerst kam der selbstwirtschaftende Arbeiter an die Reihe, jetzt wird der kleine Kapitalist vom großen aufgesaugt. Mit der beständig abnehmenden Zahl von Kapitalisten, welche die Vortheile des heutigen Arbeiterprocesses zu beherrschen und zu monopolisiren vermögen, wächst die Masse des Elends, des Drucks, der Knechtung, der Degradation, der Ausbeutung, aber auch die Empörung der stets anschwellenden und durch den Mechanismus des kapitalistischen Produktionsprozesses selbst geschulten, vereinten und organisirten Arbeiterklasse."[493] Dies zeigt bereits, daß sowohl für *Ratzinger* als auch für *Karl Marx* die Kapitalismuskritik als eine Kritik am Monopol-Kapitalismus auszulegen ist. *Ratzinger* teilt *Scheimpflugs* Bewertung von *Karl Marx*, wenn er bemerkt: „Wie immer die Marxsche Analyse des Kapitalismus beurteilt werden mag, der Marxsche Kapitalist ist kein imaginärer Kapitalist, die Marxsche Schilderung der kapitalistischen Volkswirtschaft kein Luftgebilde."[494]

Eine christliche Kritik am Kapitalismus wie auch am Sozialismus erwächst einmal aus der Kritik an den Fehlentwicklungen einer kapitalistischen Wirtschaftsgesellschaft, zum anderen aus der Auseinandersetzung mit der sozialistischen Kritik am Kapitalismus, und drittens aus jener sittlichen, d.h. christlichen Motivation, die versucht, den Menschen wieder in den Mittelpunkt des Wirtschaftsgeschehens zu stellen.[495] Eine Vorgehensweise, die bei *Ratzinger* bereits 1881 erstmals zur Formulierung einer im heutigen Sinne umfassenden Wirtschaftethik führt.

Der hier angeführte Artikel von *Scheimpflug* geht in seinen zwei letzten Abschnitten auf Einzelprobleme einer kapitalistischen Wirtschaftsweise ein, welche er zu analysieren und deuten versucht. Eine exakte Definition für den Begriff Kapitalismus wird aber auch in diesen Passagen nicht gegeben, vielmehr werden

---

(HdbDWSG) Hrsg. Zorn Bd. 2 Stuttgart 1976, 152 und 134, Abb. 2: Stammbaum der Entwürfe von Wirtschaftsordnungen (verkürzt) Von Aristoteles 384-322 v. Chr. U, Die Bibel verläuft die Linie zu Thomas v. Aquin (1225-1274) zu den Physiokraten, Francois Quesnay (1694-1774) zu Adam Smith (1723-1790) zu Thomas Maltus (1766-1834) u. David Ricardo (1772-1823); von Ricardo verläuft die Linie getrennt zu John St. Mill (1806-1873) und zu Karl Marx (1818-1883), Marx basierend auf Georg W. F. Hegel (1770-1831).

[492] G. Ratzinger, Vw.², 17.
[493] G. Ratzinger, Vw.², 246: Zitat übernommen von Marx, Karl, vgl. in Anm. mit Hinweis:. Marx a.a.O. I,793 und Scheimpflug (a.a.O.- S. 591) Bemerkung über Karl Marx und dessen Analyse des Kapitalismus.
[494] G. Ratzinger, Vw.², 246, Anm. 1 Scheimpflug ebd: „Marx hat die Aufmerksamkeit auf die Gefahr des Falles hingelenkt: si servi nostri numerare nos coeperint!"
[495] Vgl. G. Ratzinger, Vw.², 358, „Der Mensch bildet den Mittelpunkt der Volkswirtschaft".

bestimmte Phänomene und Folgeerscheinungen kapitalistischen Wirtschaftsgebarens herausgestellt, die mit christlichen Grundpositionen konfrontiert werden. Ähnlich wird auch mit dem Begriff Kapital verfahren, mit dem Unterschied, daß der Analyse jetzt bestimmte Definitionen, beispielsweise die des Neoklassikers *Karl Menger*[496], zu Grunde liegen. Wie auch schon aus der Artikelüberschrift „Kapital und Kapitalismus" bei *Scheimpflug* ersichtlich, werden beide Begriffe nicht voneinander getrennt gesehen. Es zeigt sich also, daß zu dieser Zeit die inhaltliche Begriffsfindung noch nicht abgeschlossen ist, obschon auch der Kapitalismusbegriff als solcher in die historische wie wirtschaftswissenschaftliche Forschung sich eingebürgert zu haben scheint.[497]

1.1.2. „Egoistischer" Kapitalismus

Es wird zu fragen sein, inwieweit nicht auch das hier zu analysierende Werk in der Lage ist, den Kapitalismusbegriff[498] zu verdeutlichen. Insofern liefert dieses Werk in seiner Gesamtkonzeption eine Bestätigung dafür, daß der Begriff Kapitalismus aus der Kritik an den sozialen Folgeerscheinungen der neuen Wirtschafts- und Gesellschaftsordnung des 19. Jahrhunderts kommt. In dieser Frühphase wird allgemein mit dem Begriff das Ergebnis der Kritik, die eine Analyse und Durchleuchtung der neuen wirtschaftlichen und sozialen Verhältnisse bieten will, abgedeckt und festgehalten. Dabei ist zur Kennzeichnung dieser anfänglichen Kritik am „Kapitalismus" nicht unwesentlich, daß sie entstand „in einer noch vordergründigen und vielfach kurzschlüssigen Phänomenologie aus der Perspektive des 'Leidtragenden' der neuen Entwicklung: der des entstehenden Proletariats und der sozialistischen Bewegung"[499]. Eine „Formel", wie *Clemens Bauer* definiert, in der sich „wissenschaftliches Bemühen und politisch-agitatorisches Bedürfnis trafen", wie es auch bei *Georg Ratzinger* als evident erscheint. Bei *Karl Marx* finde sich das Wort Kapitalismus interessanterweise noch nicht, obschon, so *Bauer*, das Adjektiv „kapitalistisch" für *Marx* fest begrifflich umrissen war. Er bezeichnete so jene Produktionsweise, die für die Wirtschaft und Gesellschaft seiner Zeit bestimmend war. Erst in der von *Marx*

---

[496] Vgl. G. Ratzinger, Vw.², 17: So stellt Ratzinger fest, „Einen wesentlichen Fortschritt brachten gegenüber der klassischen Werththeorie und gegenüber Karl Marx die Vertreter der Menger-schen Richtung in Wien, namentlich Böhm-Bawerk (Kapital und Kapitalzins) und Wieser (der natürliche Werth) mit der Lehre vom Grenznutzen".

[497] Vgl. Otto Weinberger, Kapital (I) in: HDSW Bd. 5 (1956) Göttingen, 480-488, 482 Zum Begriff des Produktivkapitals erstmals bei den französischen Pysiokraten nachweislich. Wonach der Volkswohlstand (richesse des états) nicht in dem Gelde besteht, sondern in den zur Produktion und Reproduktion erforderlichen Sachgütern (biens nécessaires á la vie et á la réproduction annuelles de ces biens), so Quesnay, vgl. Ratzinger Vw.¹ 528, 32 in einem Zitat von Schäffle (Kapitalismus und Socialismus S. 169) u.a. zitiert. Ebd. Weinberger, 483 f. Zur Kapitalkritik der östereichischen Schule.

[498] G. Ratzinger, ebd., vgl. Personen- u. Sachregister Vw.¹, 517, Vw.², 627. In dem umfangreichen Register findet sich nicht der Begriff Kapitalismus, wohl aber die Begriffe Kapital, Kapitalherrschaft, kapitalistische Produktion, Kapitalprofit, Kapitalnutzung mit zahlreichen Verweisen.

[499] Clemens Bauer, Kapitalismus. In: StL 6.Aufl.IV (1959) 813.

abhängigen Populärliteratur der sozialistischen Bewegung taucht der Begriff Kapitalismus auf und findet Eingang in das sozialkritische Schrifttum des 19. Jahrhunderts, so auch bei *Ratzinger*.[500] *Werner Sombart*[501] wird nachgesagt, mit seinem Hauptwerk „Der moderne Kapitalismus", erschienen 1896[502], den Begriff Kapitalismus populär gemacht zu haben[503], und bemerkenswert ist die Feststellung, als Nationalökonom repräsentiere er „wie kaum ein anderer die konservative deutsche Kritik am Kapitalismus"[504].

Schon die historisch bedingte, wie auch die kritisch funktionale Bedeutung, die dem Begriff in der Sozialkritik jener Zeit zukommt, verweist darauf, daß dem Begriff bereits bei seiner Herausbildung negative, moralisch abwertende Vorstellungen anhaften. Ohne hier die Entwicklungsgeschichte oder den etwaigen Bedeutungswandel des Kapitalismusbegriffs weiter zu verfolgen, sei nur vermerkt, daß dem Begriff eine gewisse Doppelfunktion zukam. In der Kritik der sozialen und wirtschaftlichen Verhältnisse sollte er einerseits ein vorhandenes politisch-agitatorisches Bedürfnis befriedigen, zum anderen aber zugleich das wissenschaftliche Bemühen einer nationalökonomischen Wissenschaft weiterbringen.

Aus dieser Sicht heraus ist es zu verstehen, wenn *Ratzinger* abqualifizierend von einem „egoistischen Kapitalismus" spricht, der „sich bloß auf die Kunst des Ausnützens und Ausbeutens verlegt" und die „Ergiebigkeit der Natur und die Kaufkraft der produzierenden Klassen zerstört" habe.[505] Diesem Sachverhalt fügt *Ratzinger* eine moralisch abwertende Gewichtung hinzu, denn „diese Sünden rächen sich", indem er für seine Zeit feststellt: „Das Proletariat trifft alle Anstalten, den Tag der Abrechnung in beschleunigtem Tempo herbeizuführen." *Ratzingers* Vision und Ansatzpunkt einer Überwindung dieser gesellschaftlichen Entwicklung ergibt sich alternativ, denn „zwei Wege öffnen sich". „Am Ende" des einen Weges „steil abwärts" „findet sich die Zwangsarbeit und die Zwangsenteignung (Communismus und Anarchie)" und der „andere Weg", der Überwindung, „zieht sich langsam aufwärts, und das in der Ferne winkende Ziel zeigt den gerechten Erwerb in ehrlicher Arbeit und den freien Besitz in edler Verwendung. Der Weg aufwärts bedingt die Liebe zur Arbeit um Gottes willen", gekoppelt mit der „Entsagung", die für *Ratzinger* „in der Angriffsnahme der Arbeit aus

---

[500] Vgl. ebd. 814.
[501] Vgl. Georg Weippert: Sombart, Werner, (1863-1941) in: HDSW, Tübingen 9(1956)298-305, 299: Hauptwerk „Der moderne Kapitalismus" (1902)¹, (1. Bd.: „Die Genesis des Kapitalismus"; 2. Bd.: „Die Theorie der kapitalistischen Entwicklung").
[502] Vgl. ebd. 299: hier die in Zürich gehaltenen Vorträgen (1896), mit dem Titel: „Sozialismus und soziale Bewegung im 19.Jh."
[503] Vgl. Piper, Nikolaus, Süddeutsche Zeitung (SZ) Nr. 94, Seite 15, 25. April 2005: Unter Heuschrecken, Hundert Jahre deutsche Kritik am Kapitalismus.
[504] Ebd. Piper ergänzt: Karl Marx habe dagegen in der Regel von der „kapitalistischen Produktionsweise", von „dem Kapital" oder „der Bourgeoisie" gesprochen. Vgl. Gorges, Karl-Heinz: Georg Ratzinger (1844-1899) als Sozialreformer, in: Die Neue Ordnung, 59 Jhg. 2005, 183-194, 183 Anm. 2, Hinweis auf Piper (SZ).
[505] Vgl. G.Ratzinger, Vw.², 249 bzw.Vw.¹, 206.

freiem Entschluß liegt". Ein Weg, der bedinge, „das schwere Opfer des Verzichtes auf egoistischen Genuß", unter dem Einschluß von „Gerechtigkeit auch gegen den Schwachen, Bereitstellung der überschüssigen Mittel zum Dienste der Gesamtheit", denn mit dem Überfluß sei dem Hilflosen beizustehen.[506] Eingrenzungen bzw. Bedingtheiten, die einen egoistisch geprägten Kapitalismus mit Einschränkung zu rechtfertigen scheinen.

Dies bringt bereits eine differenzierende Betrachtungsweise *Ratzingers* zum Ausdruck. So sagt er weiterführend an anderer Stelle, was den Kapitalismus pervertiere, das heißt, ihn in „Ausbeuterei der geistig und körperlich arbeitenden Klasse", in „Lähmung der Produktion" und in „Schädigung der Gesellschaft" umschlagen lasse, das sei nicht etwa die Institution des privaten Eigentums an Boden und Kapital, sondern „die Gebundenheit an die Geldmacherei und die Zersplitterung des Unternehmenswesens".[507] Letztlich ist auch der Begriffsinhalt des Wortes „Kapitalismus" belastet mit den negativen Erfahrungen der „kapitalistischen Produktion" seiner Zeit, die, mit Einschränkung, analog zu *Karl Marx*, so auch nach *Ratzinger* auf die „Ausbeutung an der Natur und an der Arbeit" gerichtet war.[508]

1.1.3. „Kapital" als „industrielles" Kapital analog zu Karl Marx

Ratzinger lehnt sich in seinem Begriffsverständnis von „Kapital" sehr stark an *Marx*sche Vorstellungen an. Er will den Begriff Kapital „nicht im weiten Sinne 'als Vermögen der Erwerbswirtschaft im ökonomischen Kalkül des Geldwertes'" verstanden wissen, sondern eng gefaßt i.S. von „industriellem" Kapital. Um diesen Begriff näher zu erläutern, zitiert er die *Marx*sche definitorische Umschreibung. Danach ist das industrielle Kapital „die einzige Daseinsweise des Kapitals, worin nicht nur Aneignung von Mehrwert (Mehrprodukt), sondern zugleich dessen Schöpfung Funktion des Kapitals ist"[509], d.h. das Kapital kann erst dann als „industrielles" Kapital bezeichnet werden, wenn es zwei Funktionen erfüllt, wenn es einerseits die Reproduktion des Kapitals gewährleistet und wenn es andererseits einen Profit für den Kapitalisten abwirft.[510] Dies erst verleiht der Produktion, so *Marx*,[511] „den kapitalistischen Charakter".

Die so gekennzeichnete kapitalistische Produktion beinhaltet faktisch den Zwang zur Ausbeutung der Lohnarbeit. *Ratzinger* erläutert diesen Sachverhalt wie folgt: Mit dem Einsetzen der industriellen Entwicklung habe sich das Kapital die Arbeitskraft dienstbar gemacht, indem es sich ihre Leistungen gegen eine im Lohn ausgedrückte Besoldung aneigne. Dabei werde dem Arbeiter im Lohn nur zum

---

[506] Vgl. G. Ratzinger, Vw.², 249.
[507] Vgl. G. Ratzinger, Vw.², 458.
[508] Vgl. G. Ratzinger, Vw.², 249.
[509] G. Ratzinger, Vw.² 241, Anm. 1: „Kapital" verstanden als: „Das industrielle Kapital", hierzu Karl Marx ausführlich zitiert; textgleich Vw.² 241 mit Vw.¹ 198; vgl. MEW 24 (1963) 611.
[510] Vgl. Ratzinger, Vw.², 242.
[511] Vgl. ebd., Marx-Zitat in der Anm. Ratzinger Vw.², 241; vgl. MEW 24 (1963) 611.

Teil seine Arbeitsleistung vergütet, während der übrige Teil der Aneignung durch das Kapital verfalle. Das Kapital bestreite damit die Reproduktion des Kapitals wie auch sein Profitbedürfnis. Dieser Profit, der dem Kapitalisten gleichsam in die Tasche fällt, sei, so führt *Ratzinger* aus, „die bewegende Ursache und das Ziel der gesamten kapitalistischen Entwicklung. Bloß des Profites willen und nur innerhalb des Profites wurde eine rastlose Bewegung in der Gütererzeugung hervorgerufen. Nicht um höhere Interessen willen, nicht zum Dienste der Menschheit wurde produziert, sondern ausschließlich des Profites halber."[512] Daraus folgert *Ratzinger*, daß der Arbeit wie dem Arbeiter selbst in der Hand des Kapitalisten lediglich instrumentale Bedeutung zukommt, insofern sie eben für ihn Profite zu erzeugen vermögen. „Nur solange ein Profit für den Kapitalisten herausspringt, wird Arbeit in Anspruch genommen, wird der Arbeiter nicht auf das Pflaster geworfen".[513]

Eine so verstandene und auch existente kapitalistische Produktion schließt nach *Marx*, so auch *Ratzinger*, das Dasein „des Klassengegensatzes von Kapitalisten und Lohnarbeitern ein."[514] Kann dies bereits als Folgenwirkung des industriellen Kapitals erkannt werden, so setzt sich nach *Marx* diese Kette fort, wenn der bezeichnete Klassengegensatz sich der gesellschaftlichen Produktion bemächtige, woraus eine Umwälzung der Technik und der gesellschaftlichen Organisation des Arbeitsprozesses und damit des ökonomisch-geschichtlichen Typus der Gesellschaft überhaupt resultiere.

Dabei ist festzuhalten, daß nur dem industriellen Kapital eine derartige funktionale Bedeutung für Wirtschaft und Gesellschaft zukommt; andere Arten von Kapital sind von ihm abhängig, d.h. sie „leben und sterben, stehen und fallen mit dieser ihrer Grundlage".[515] Geld und Warenkapital sind für *Marx* nur „verselbständigte und einseitig ausgebildete Existenzweisen der verschiedenen Funktionsformen, welche das industrielle Kapital innerhalb der Cirkulationssphäre bald annimmt und abstreift".[516] Analog zu *Marx* bestätigt auch *Ratzinger*, daß das Geld in der Produktion erst dann die Qualität von Kapital erlangt, wenn es dazu benutzt wird, Mehrwert zu realisieren.[517]

Für *Ratzinger* beginnt also die Funktion dessen, was man zu seiner Zeit mit dem Ausdruck Kapital belegte, in der Produktion, und zwar „erst da, wo die Arbeit kapitallos geworden ist und sich deshalb an einen Unternehmer verkaufen muß".[518] Letztlich ist für ihn in dieser „Trennung des Arbeiters vom Kapital" bzw. in der Trennung „der Arbeitskraft vom Arbeitsmittel" die in seiner Zeit zu

---

[512] Vgl. Ratzinger, Vw.², 242, Vw.¹, 199.
[513] Ebd. Vw.², 243, Vw.¹, 200.
[514] Vgl. ebd. Vw.², 241, in Anm. Marx-Zitat.
[515] Vgl. Ratzinger, Vw.², 241, in Anm. Marx-Zitat (Marx, Karl, Das Kapital, 1. Auflage II, 30)
[516] Vgl. ebd. Vw.², 241 Anm: im Zitat von Marx.
[517] Vgl. ebd. Vw.¹, 233.
[518] Vgl. ebd., Vw.¹, 274.

beklagende „schrankenlose Herrschaft der kapitalistischen Ausbeutung" begründet.[519] Dadurch, daß also Arbeit und Kapitalbesitz voneinander getrennt sind, geraten die Besitzlosen, d.h. die Arbeiter in Abhängigkeit von den Kapitalbesitzern. Dies wiederum ermöglicht es dem Kapitalisten, d.h. dem Eigentümer oder auch „Verwalter", wie *Ratzinger* sich ausdrückt, „des sozialen Produktionsfonds"[520], Profite zu machen, die, wie bereits gezeigt, für das sogenannte industrielle Kapital konstitutiv sind.

1.2. Zur Operationalisierung des Begriffes Kapitalismus

Interessanterweise wählt *Ratzinger* im Titel seines Buches zur Kennzeichnung des Systems, das er in seinem Werk zu durchleuchten gedenkt, den Begriff „Volkswirtschaft". Im Gegensatz zum Begriff „Kapitalismus" ist der Begriff „Volkswirtschaft" umfassender und zugleich für eine wissenschaftliche Analyse offener. Zur Zeit *Ratzingers* entbehrte der Begriff Kapitalismus wegen seines schlagwortartigen Charakters nicht einer gewissen Emotionalisierung und war dementsprechend nicht frei von Werturteilen, zumal als Kampfbegriff verwendet von *Marx* und seinen Schülern. Anders der Begriff Volkswirtschaft; er trägt zu einer Versachlichung der Ausführungen bei. *Ratzinger* hält differenzierend fest, daß man in der Wirtschaftslehre rein theoretisch unterscheiden könne zwischen der Lehre von der Produktion, Verteilung und Konsumtion der Sachgüter einerseits und der Lehre von den gesellschaftlichen Beziehungen andererseits, die allerdings in der Praxis unzertrennlich zusammengehen.[521] Umfassender ist der Begriff Volkswirtschaft in dem Sinn, als sich darunter auch die entsprechenden Systemvorstellungen des Liberalismus wie des Kommunismus subsumieren lassen. Wenn es *Ratzinger* in seinem Werk zunächst primär um eine kritische Auseinandersetzung mit dem Kapitalismus bzw. mit der kapitalistischen Produktion geht, so vollzieht sich seine Analyse im Hinblick auf die „Irrthümer des Liberalismus und Socialismus".[522] Dabei scheint *Ratzinger* jene beiden Komponenten des Kapitalismusbegriffes im Blick zu haben, die auf eine spezifische Wirtschaftsweise einerseits und eine entsprechend geartete Gesellschaftsform andererseits hindeuten.

Im Werk *Ratzingers* zur Volkswirtschaft findet sich also indirekt eine analytische Betrachtungsweise i.S. einer Mikroökonomik, die bei jeder einzelnen Wirtschaftseinheit im System, wie hier z.B. der industriellen Produktion, deren funktionale Wirkungsketten und Verhaltensweisen analysiert. Dabei gehören Wirtschaftlichkeitsüberlegungen bereits schon wesentlich zur mikroökonomischen

---

[519] Vgl. ebd., Vw.², 243.
[520] Ebd. Vw.², 458. Vgl. Marx, K. Pariser Manuskripte. In: Rowohlts Klassiker 9 (1966), 23: danach heißt ein Fonds nur dann Kapital, wenn er seinem Eigentümer einen Gewinn abwirft.
[521] Vgl. Ratzinger, Vw.², 2.
[522] Ebd. Vw.², 136-138

Analyse. Eine derartige und subtilere Mikroökonomik[523] bildet ihrerseits die theoretische Grundlage für eine Makroökonomik, die die gesamtwirtschaftlichen Zusammenhänge und Verflechtungen verdeutlichen, um so z.b. die Berechtigung der Forderung nach Nutzenmaximierung der Haushalte bzw. Gewinnmaximierung der Unternehmungen überhaupt beantworten zu können. Auf dieser Basis können mögliche und erwünschte Verhaltenshypothesen zur Formulierung eines makroökonomischen Modells führen, wie analog bei *Ratzinger* in seiner Analyse der gesellschaftlichen Beziehungen noch zu zeigen sein wird.

1.2.1. Kapitalismus als Wirtschaftsmechanismus

Vielfach werden im Werk *Ratzingers* Elemente des Kapitalismus angesprochen, die in ihrem Wirkungszusammenhang erörtert werden und insofern den Kapitalismus als Wirtschaftsmechanismus ausweisen, so zum Beispiel, wenn er das Zusammenwirken der Produktionsfaktoren Arbeit und Kapital kritisch analysiert, wenn er der Funktionsmöglichkeit von Angebot und Nachfrage in einer Konkurrenzwirtschaft nachgeht, wenn er die Preisbildung wie die Lohnbestimmung wirtschaftstheoretisch wie sozial-ethisch zu fassen sucht, wenn er die Beziehung zwischen Produktion und Konsumtion bzw. die zwischen Überproduktion einerseits und Unterkonsumtion speziell durch die Arbeiterklasse andererseits je nach Konjunkturlage aufzudecken versucht, wenn er in diesem Zusammenhang die Bedeutung der Absatzverhältnisse hervorhebt, wenn er generell von Konjunkturen spricht, von Geld und Kredit. Dies sind alles Fragestellungen einer makroökonomischen Betrachtungsweise, einer makoökonomischen Bewegungsanalyse aggregierter komplexer Wirtschaftseinheiten, die als gleichförmig angenommene Einzelgrößen entstehen. Und nicht zuletzt über den Angelpunkt des kapitalistischen Systems, den Profit und die Theorie vom Wert und Mehrwert, wobei die inneren Wirkkräfte des Systems, jene mikroökonomische Betrachtung im Zusammenhang nicht unerwähnt bleibt, wie z.B. das Äquivalenzprinzip und das Wirtschaftlichkeitsprinzip.

1.2.1. Kapitalismus als Gesellschaftsform, Antithese zum Sozialismus?

Hier kann man festhalten, daß *Ratzinger* sich um eine Abgrenzung gegenüber dem Liberalismus, Sozialismus wie Kommunismus bemüht. Dabei ist er um eine richtige Zuordnung und Gewichtung der Prinzipien wie Individual-, Solidaritäts- und Marktprinzip bemüht. Auch an gesellschaftspolitischen Problemstellungen geht er entsprechend der Herausforderung seiner Zeitepoche nicht vorbei. Arbeiter und Unternehmer werden in ihrer Zuordnungsmöglichkeit wie in ihrer Problemsituation als Proletarier und Kapitalisten gesehen. Der Überwindung des Klassenkampfes und der Ausbeutung gilt generell die Aufmerksamkeit seiner Kritik am Kapitalismus wie auch Sozialismus gleichermaßen. Er nimmt kritisch Stellung zum „ehernen Lohngesetz" von *Lassalle*, geht ein auf die Arbeiterfrage bzw. soziale Frage seiner Zeit, die allerdings mehr integral im Gesamtwerk be-

---

[523] Vgl. Richter R., Schlieper U., Friedmann W.: Makroökonomik, Berlin, Heidelberg, New York 1973, 2 f.

handelt wird, kritisiert das Großkapital und stellt die Frage einer gerechten Verteilung des Volksvermögens.

Dies alles weist bereits darauf hin, daß das Werk *Ratzingers* eine Kritik am Kapitalismus und damit zugleich auch am Sozialismus sein will. Obwohl er zunächst nach Art einer Phänomenologie die Probleme im kapitalistisch orientierten Wirtschaftssystem zu erfassen versucht, um sie dann einer christlichen Kritik zu unterziehen und dabei zu einer Wirtschaftsethik aus christlicher Verantwortung zu gelangen, wird diese aus seiner Theorie- und Praxiskritik von Kapitalismus und Liberalismus wie auch von Sozialismus und Kommunismus gleichermaßen herausgefiltert.

2. Kap.: Kritik an der Doktrin Darwins

2.1. Der 'Kampf ums Dasein' und das 'Naturgesetz' von Malthus

Ratzinger stellt fest, daß *Darwins* Doktrin: ‚der Kampf ums Dasein'[524], einerseits „der Theorie der liberalen Ökonomisten"[525] entlehnt sei, andererseits als „Consequenzen dieser Doctrin" der Sozialismus[526] folge, so seine die 1. Auflage von 1881 einleitenden Thesen. Er weist erläuternd darauf hin, daß *Darwins* Bildungsgang „gerade in die Blütheperiode jener nationalökonomischen Richtung fiel, welche die bekannten Namen Adam Smith, Ricardo und Malthus zu ihren Begründern zählt", also jene liberalen Nationalökonomen, welche zu seiner Zeit „gewöhnlich mit dem Namen ‚Manchesterschule' bezeichnet" wurden.

Darwin habe nun, so *Ratzinger*, „das malthusianische 'Naturgesetz' als Grundlage seines Systems genommen, welches kurz dahin sich zusammenfassen läßt, daß alles Leben nicht nach dem göttlichen Plane eines Schöpfers, sondern unbewußt von selbst sich entwickle und ausgestalte durch den Trieb, sich zu erhalten und zu vermehren, durch den Wettkampf um Leben und Wohlleben". Woraus *Malthus*, als „der Erfinder des angeblichen 'Naturgesetzes'", folgere, „daß die Volksvermehrung die Tendenz habe, in geometrischer Progression zu wachsen, während die Unterhaltsmittel höchstens eine Steigerung in arithmetischer Progression zulassen".[527]

Als Antwort auf eine derart pessimistische Sicht eines „Bevölkerungsgesetzes", wie es *Malthus* am schärfsten formuliert, kann man aus Anlaß des zweihundertsten Geburtstags des Naturforschers *Charles Darwin* (2009) auf die Feststellung von *Wilhelm Krelle* zurückgreifen, daß „die historische Entwicklung keinesfalls den klassischen Voraussagen gefolgt ist" - analog der Annahme von *Malthus*; wenigstens nicht für die industriell entwickelten Gebiete der Welt und für reiche-

---

[524] Vgl. Ratzinger, Vw.[1], V: Inhaltsverzeichnis, Abschnitt Einleitung (E) 1/E, 1-2, und Vw.[2], 1895, 503-505 textgleich im Abschnitt VII „Cultur und Civilisation".
[525] Vgl. ebd. Vw.[1], V, E, 3-4, vgl. Vw.[2], 506-507.
[526] Vgl. ebd. Vw.[1], V, E, 5-6; vgl. Vw.[2], 507-509.
[527] Vgl. ebd. Vw.[1], 3 bzw. Vw.[2], 506.

re Länder, denn dort sind häufig geringere Geburtenraten festzustellen, wie der Verteilungstheoretiker Krelle hervorhebt.[528]

Ratzinger kritisiert damals *Darwin* mit der Feststellung: „Der Begründer der naturwissenschaflichen Theorie, Darwin, ließ sich von unrichtigen Analogien verleiten, ohne Rücksicht auf die Geschichte der Menschheit sein System der Naturentwicklung willkürlich sich zu construiren."[529] Für die Geschichte der Menschheit ist für *Ratzinger* aber grundlegend der Glaube an einen Schöpfergott, daß alles Leben nach dem göttlichen Plan eines Schöpfers geschaffen ist und sich entwickle.

Aktuell ist gegenwärtig erneut jene wissenschaftliche Kontroverse retrospektiv um die Naturentwicklung im Sinne von *Darwin* aufgeflammt. Der Darwinismus und die christliche Interpretation des Schöpfungsberichtes der Genesis erscheinen auch heute als unvereinbar im Sinne eines „Kreationismus", wie er gegenwärtig erneut zu einer wissenschaftlichen Auseinandersetzung herausfordert.[530] Der Jesuit *George Coyne* bemerkt in diesem Zusammenhang: „Wir können Gott nur über Analogien erkennen. Das Universum, wie wir es heute dank der Naturwissenschaften kennen, ist eine Möglichkeit, solch ein auf Analogien beruhendes Wissen über Gott zu erlangen. Wer glaubt, daß die moderne Wissenschaft uns etwas über Gott zu sagen hat, für den ist sie eine Herausforderung an traditionelle Gottesvorstellungen." Und doch hält uns *Coyne* an, zu bedenken: „Wenn wir ein solches Gewicht auf unser wissenschaftliches Wissen legen, bedeutet das keineswegs, daß Gott dadurch Grenzen auferlegt würden. Im Gegenteil. Hier zeigt sich ein Gott, der ein Universum geschaffen hat, das eine gewisse Eigendynamik besitzt und dadurch an der schöpferischen Kraft Gottes teilhat." Nach *Coyne* findet sich „solch ein Verständnis der Schöpfung schon in den Kommentaren des Augustinus zur Genesis".[531]

Ratzinger, im 19. Jahrhundert von einem Schöpfergott ausgehend, verwirft jene darwinistische Naturentwicklungstheorie, und mit dieser ebenso jenes „Naturgesetz", welches *Malthus* seiner naturwissenschaftlichen Entwicklungsvorstellung zu Grunde legt. Für *Ratzinger* ist jener „berüchtigte Satz", der „von Malthus

---

[528] Vgl. Krelle, Wilhelm, Verteilungstheorie, in: Die Wirtschaftswissenschaften, Hrsg. Gutenberg, Wiesbaden 1962, 22.
[529] Ratzinger, Vw.², 505.
[530] Vgl. Coyne, George, SJ, Gott sprach zu Darwin. Der Schöpfer, der Zufall und der Kardinal, in: FAZ, Nr. 197, 25.08.2005, S. 31.
[531] Vgl. Coyne, George, a.a.O. Coyne bringt ein hierzu anschaulich erklärendes Bild, indem er das Universum mit einem Kind vergleicht: „ Das Universum besitzt eine gewisse Vitalität, wie sie auch einem Kind eigen ist. Es hat die Fähigkeit, auf liebende, ermutigende Worte zu reagieren. Man erzieht ein Kind, aber man versucht auch, den individuellen Charakter des Kindes zu bewahren und zu bereichern. Worte, die Leben geben, sind weitaus reicher als bloße Befehle oder Information. Wir können uns vorstellen, daß Gott in ähnlich weiser Art mit dem Universum umgeht." „Gewiß", so Coyne, „ein wenn auch ‚schwaches Bild' über Gott zu sprechen, aber ‚wir können Gott nur über Analogien erkennen'.

stammt", signifikant: „Ein Mensch, welcher in einer bereits occupierten Welt geboren wird, hat, wenn ihn seine Familie nicht ernähren, noch die Gesellschaft seine Arbeit gebrauchen kann, nicht das mindeste Recht, irgend einen Theil der Nahrungsmittel zu fordern, und er ist wirklich überflüssig auf der Erde. An dem großen Gastmahle der Natur ist für ihn kein Couvert gedeckt. Die Natur gebietet ihm, sich wieder zu entfernen, und säumt nicht, dies Gebot selbst in Ausführung zu bringen." Die „Formen" für eine so gewollte „Execution durch die Natur" seien „Hunger und Seuchen, Krieg und Verbrechen, Kindersterblichkeit und Kinderverwahrlosung, Prostitution und Syphilis", und die „Richtstätten" dieser „Execution durch die Natur" seien: die „Spithäler, Zuchthäuser, Findelhäuser und Auswandererschiffe". Die „gepriesene individuelle Freiheit, welche einem Theil der Menschheit Wohlhabenheit und Genuß verbürgt, endet für den anderen Theil in einem grausamen Vernichtungskampfe." Die Antwort *Ratzingers* hierzu, „Und das sollte ein Naturgesetz sein!"[532] Die Antwort, die er gibt, ist mehrdeutig.

2.2. Darwinismus, Manchestertum und die Philosophie des 'Unbewußten'

Man kann ein dialektisches Verbundsystem, ein dialektisches System der Rückkoppelung darin erkennen, wenn *Ratzinger* festhält: „Wie die Darwinische Auffassung der Naturentwicklung ihren Ideengehalt und Gedankengang den Lehren der englischen Nationalökonomie entlehnte, so stützt sich jetzt umgekehrt die Volkswirtschaft wieder auf die Darwinische Theorie." Ein Verbundsystem, das sich ergänzen läßt, denn es habe „gegenwärtig", so *Ratzinger*, „auch bereits eine philosophische Richtung sich gefunden, welche die Anschauung der englischen Volkswirtschaftslehrer und des Darwinismus combinirte und zu einem System verarbeitete. Es ist die Philosophie des ‚Unbewußten', jener Pessimismus, welcher im Nirwana, im Nichts, in der Selbstzerstörung endet, ganz nach dem Recepte von Malthus"[533]. *Ratzinger* sieht im Darwinismus und Manchestertum eine „sociale Gefahr". Dies und all das, was Darwinismus und Manchestertum „wirklich sind, nämlich eine tiefe Verirrung, eine Utopie", hätten anfänglich nur wenige Denker erkannt, denn beide Systeme seien mit dem „Nimbus wissenschaftlichen Gepräges" aufgetreten. Man falle „von einem Irrthum in den anderen",[534] so auch *Karl Marx* und *Lassalle*.

2.3. Zur dialektischen Kohärenz von Sozialismus und Liberalismus

Ähnlich ordnet *Ratzinger* den Sozialismus ein: „Karl Marx, Lassalle und die übrigen Begründer und Vertreter des Socialismus adoptierten einfach die Resultate der englischen Nationalökonomie, des Darwinismus und des philosophischen Pessimismus, der Philosophie des Unbewußten". Für die Sozialisten, so *Ratzinger*, „waren die angeblichen Naturgesetze von dem Vernichtungskampfe, welchen der Trieb um Existenz und Fortpflanzung entfache, von dem Wettkampf um Wohlleben, welchen der Egoismus veranlasse, unantastbare Sätze, auf wel-

---

[532] Ratzinger, Vw.[2], 506 f.
[533] Ebd. Vw.[2], 507.
[534] Ebd. Vw.[2], 507 bzw. Vw.[1], 5.

che sie ihr wissenschaftliches System gründeten." Die liberale Nationalökonomie preise „die freie Concurrenz als Palladium für alle Übel an", der Darwinismus finde im „Kampf ums Dasein und um günstigere Bedingungen des Daseins die unerläßliche Voraussetzung des Fortschrittes und der Vervollkommnung." Und „die Socialisten" ihrerseits, so *Ratzinger*, „gaben alle Prämissen dieser nationalökonomischen 'Wissenschaft' zu, nur zogen sie andere Schlußfolgerungen, so wie i h r Egoismus es forderte", denn „seien die Arbeiterbataillone im Concurrenzkampfe einmal formirt, so könne ihnen, als den Stärkeren, der Sieg nicht fehlen".[535]

Ratzinger stellt fest: „Die liberale Ökonomie und die socialdemokratische Theorie stehen in diesen Grundlagen auf dem selben Standpunkt; nur die Nutzanwendung ist eine entgegengesetzte. Die einen benutzen die Theorie zu Gunsten der Besitzenden, die anderen fordern dagegen ihre praktische Anwendung für die 'Enterbten'."

2.4. Der 'Daseinskampf' und die 'Geschichte der christlichen Civilisation'

Der „Daseinskampf" im Sinne der naturwissenschaftlichen Richtung auf die Entwicklung des Menschengeschlechtes angewendet, sei, so *Ratzinger*, eine „Übertreibung". Wahr sei nur, „daß das Leben ein Kampf ist", und der hl. *Ambrosius* bestätige: „Das Leben ist ein Schlachtfeld", und „die Welt, von welcher der hl. Johannes uns lehrt, daß sie ganz vom Bösen erfüllt sei, ist der Schauplatz unserer Kämpfe".[536] Wenn auch aus christlicher Sicht mit dem Sündenfall „alles dem Menschen in sich und in der Welt zum Hindernis geworden" sei, „und nur durch fortgesetzten schweren Kampf, durch Arbeit und Anstrengung der Sieg errungen werden" könne, so bedeute aber dieser Kampf eben nicht „jene traurige Vernichtung der Existenz durch die überlegene Kraft, wie der Darwinismus seinen Kampf ums Dasein versteht". Aus christlicher Sicht eben „nicht eine Bezwingung der Natur, zu dem Zwecke, um sie im leidenschaftlichem sinnlichem Genusse auszubeuten und schließlich mit ihr im Nichts zu versinken, wie die moderne 'Wissenschaft' annimmt". Diesem Kampf komme vielmehr „die Kraft der Buße, der Sühne und der Erlösung" zu. Beispiele der Entsagung, Opferbereitschaft geben „jene mächtigen Impulse, jenen unwiderstehlichen Anstoß zu den großartigsten Werken, welche wir in der Geschichte der chistlichen Civilisation so häufig zu bewundern Gelegenheit haben." Dies zeigt, daß die Menschheitsgeschichte wohl facettenreicher ist und daß die unterschiedlichsten Verhaltensperspektiven zu den unterschiedlichsten Gesellschaftsmodellen führen können, je nach dem, auf welches Ziel sie ausgerichtet sind, welchen Zweck sie verfolgen, welchen Nutzen sie verkörpern, welche Mittel hierzu dienlich sind, Möglichkeiten, die sich erweitern lassen.

Für das Leben des Menschen, so *Ratzinger*, kann „der Kampf um des Lebens Notdurft" dann eine positive Wendung finden und „ein mächtiger Hebel des Fortschritts und der Vervollkommnung" werden, wenn „höhere Ziele" verfolgt

---

[535] Vgl. ebd. Vw.², 508.
[536] Vgl. ebd. Vw.¹, 13 bzw. Vw.² 509.

werden, so eben „nur bei Individuen und Völkern, welche ein höheres Ziel anstreben als Existenz und Genuß, Leben und Wohlleben." Gleichsam eine Bestandsgarantie ist jenen Völkern gegeben, „welche die Liebe zu Gott und zum Nächsten werkthätig ausüben", jenen, „welche das Reich Gottes suchen".[537] Oder, anders formuliert: „wenn des Menschen Geist, seinem inneren Drange, einer unstillbaren Sehnsucht folgend, den Mittelpunkt des Daseins nicht in sich selbst, sondern in einem höheren Wesen, in seinem Schöpfer, in Gott sucht", nur so sei dauernder Fortschritt möglich. Der Daseinskampf sei nur „eines der Mittel, die geistige Kraft zu stählen, die sittliche Energie zu erhöhen." Es sind „geistige Tendenzen", die *Ratzinger* als „die Ursache des Fortschritts, der Civilisation und Cultur" herausstellt. „Geistige Tendenzen" seien es, „welche den Menschen zur Thätigkeit spornen, um die Herrschaft über die Natur zu erringen". Dies verweist auch auf jenen besonderen Charakter, den der Glaube an einen Schöpfergott nicht nur der Entstehung des Lebens, sondern auch des Geistes zuweist. Der Mensch dürfe sich nicht „selbst als Mittelpunkt der Natur" ansehen, Gott sei der Mittelpunkt des Daseins, der „Stützpunkt", und dies sei, so *Ratzinger*, „das Gesetz der geistigen wie der physischen Welt".[538]

3. Kap.: Der Faktor Mensch als maßgebliche ethische Option

3.1. Die Bedürfnisse des Menschen und die Sachgüter der Wirtschaft

Die Volkswirtschaftslehre im Verständnis Ratzingers ist dementsprechend generell umfassender zu sehen. Er stellt eine gewisse „Einseitigkeit" in der Wirtschaftslehre seiner Zeit fest mit der Tendenz, „die Wirtschaftslehre auf die bloße Erörterung der Sachgüter, auf ihre Production, Vertheilung und Consumtion einzuschränken".[539] Dies habe zu vielen Irrtümer geführt. Folglich genügt ihm eine reine mechanistische Sicht der Volkswirtschaft nicht. Er erweitert diese um eine teleologischen Ausrichtung bzw. Sichtweise, wenn er fordert: „Im Mittelpunkte der Betrachtung muß ... der Mensch stehen",[540] verbunden mit dem Ziel, einerseits das „richtige Verhältnis des Menschen zur Erde" zu orten, gleichzeitig andererseits „seine Thätigkeit für die Gesamtheit nützlich", also optimal, zu gestalten. Der Mensch hat „das eigene Glück", so *Ratzinger*, „im Wohle der

---

[537] Vgl. Vw.², 510 bzw. Vw.¹, 14.
[538] Vgl. Vw.², 511.
[539] Vgl. Vw.², 1.
[540] Vgl. Vw.², 1. Vgl. hierzu : Johannes Paul II., Enzyklika Centesimus Annus (CA), Verlautbarungen des Apostolischen Stuhls 101, Hrsg. Sekretariat der deutschen Bischofskonferenz, 1.Mai 1991, Nr. 53, Abs. 1: der Papst gibt dem VI. Kapitel die Überschrift: „Der Mensch ist der Weg der Kirche", d.h. der Mensch steht im Mittelpunkt der katholischen Soziallehre und ist die „einzige Inspiration, von der sich die Soziallehre der Kirche leiten läßt" und dies im Rahmen einer „freien Marktwirtschaft": CA 35, 3, so sind „die Menschen das kostbarste Vermögen des Unternehmens", deren Würde nicht verletzt werden darf. In SRS 30, 4 ist „immer der Mensch die Hauptperson der Entwicklung".

Gesamtheit, in der Fürsorge für den Nächsten" zu „suchen", das Lebensziel sei nicht „in selbstsüchtiger Abschließung" wie im Beispiel „Robinsons" zu erblicken.

Demnach wird der Faktor Mensch nicht nur als ein Bestimmungsfaktor in der Wirtschaft gesehen, sondern auch als der Entscheidungsträger, dessen Lebensauffassung nicht unwesentlich für die „Dynamik" der Wirtschaft wie der Gesellschaft insgesamt ist. „Wirtschaftliche Thätigkeit und sittliche Lebensauffassung hängen" für ihn „innig zusammen".[541] Die „Sachgüter" der Wirtschaft, wie „Produktion, Vertheilung und Consumtion", werden sich, so *Ratzinger* fortfahrend, letztlich „je nach der sittlichen Überzeugung der Gesellschaft", also nicht nur nach der des Einzelmenschen, „ganz verschieden, vielfach geradezu entgegengesetzt gestalten" können. Wenn die „Selbstsucht überwuchert", wird „die Natur" bis zu ihrer Erschöpfung zerstört, wird „der Schwache ausgebeutet", d.h. „als Sklave seiner Menschenwürde beraubt, zur Sache herabgewürdigt". Eine derartige Fehlentwicklung kann für *Ratzinger* dort vermieden werden, wo „die christliche Liebe das Thun und Lassen regelt".[542]

Allgemeiner formuliert: Der Zusammenhang von Wirtschaft und sittlicher Lebensauffassung bedarf einer allseits anerkannten „sittlichen Überzeugung der Gesellschaft", d.h. die Volkswirtschaft müsse unter einer ethischen Option stehen. Diese ethische Option beinhaltet ihrerseits ein bestimmtes Wert-Modell, das andererseits seine Rechtfertigung in einer bestimmten metaphysischen Ausrichtung findet.

Nach *Ratzinger* hat „die Begriffsbestimmung der Wirtschaftslehre" zur Voraussetzung die Erkenntnis, die den Menschen „als Mittelpunkt der Wirtschaft" anerkennt, und als Gegenstand „die Beziehung des Menschen zur Erde, als Grundlage der gesellschaftlichen Existenz". Beides, die „Herstellung und Verwendung von Sachgütern" wie auch „die gesellschaftlichen Beziehungen in gegenseitiger Förderung", gehört für *Ratzinger* zum „Umfang" der Wirtschaftslehre. Für „die gesellschaftlichen Beziehungen" als Teil der Wirtschaftslehre bemängelt *Ratzinger* 1895, daß dieser Wissenschaftsbereich in „neuester Zeit als selbständige Gesellschaftswissenschaft (Sociologie) ausgeschieden" sei. Er akzeptiert, daß Volkswirtschaft und Soziologie einerseits „in der Theorie", also in ihrer jeweiligen eigenen Sachgesetzlichkeit, „getrennt betrachtet werden" können, andererseits „in der Praxis aber" kohärent sind: Sie hängen für ihn unzertrennlich zusammen wie Leib und Seele. Als Beispiele aus der Praxis nennt *Ratzinger*: die „Pflege des Kindes, Fürsorge für den erwerbsunfähigen Greis, für den hilflosen Kranken, gegenseitige Förderung aller".[543]

3.2. Die „Gemeinschaftsbedürfnisse": Übergang der Ökonomie in die Ethik

Vorgenannte Beispiele verweisen auf die Theorie der öffentlichen Güter bzw. auf Gemeinschaftsbedürfnisse, wie sie auch mit Blick auf eine ethische Option in

---

[541] Vgl. Vw.², 2.
[542] Vgl. Vw.², 2.
[543] Vgl. ebd. Vw.², 2.

der neueren Finanzwissenschaft, wenn auch umstritten, Eingang gefunden haben.[544] Gemeinschaftsbedürfnisse werden – nach *Birger P. Priddat*, hier *Richard A. Musgrave*[545] folgend - als jene Bedürfnisse definiert, „die die Individuen als Teil der Gemeinschaft zu unterstützen sich verpflichtet fühlen". Verpflichtungen dieser Art können außerhalb der üblichen individuellen Entscheidungsfreiheit liegend akzeptiert werden.[546] Oder wie *Musgrave* die „Gemeinschaftsbedürfnisse" vorausgehend definiert als „Ergebnis eines historischen Interaktionsprozesses zwischen den Individuen". Wobei er „der älteren Definition des Ethos sehr nahe" komme, welche „die bestimmten Formen der eingelebten, von Erziehung und Tradition weitergereichten, im konkreten Tun bestätigten Regelungen des gemeinsamen Handelns (bezeichnet), die alle oder doch eine weit überwiegende Mehrzahl der Handelnden eint." Ethos ist demnach „ein Ausdruck kollektiver normativer Standards, die als 'Sitten' ... bzw. als kulturell tradierte und gewohnte Verhaltensmuster den Rang einer Norm erworben haben, d.h. stabile Erwartungen an das Verhalten der anderen"[547]. Gemeint sind also „immer schon geltende grundsätzliche Übereinstimmungen" bzw. „gesellschaftliche Einverständigkeit, die keiner besonderen Auseinandersetzungen mehr bedarf."

Bei *Ratzinger* sind in diesem Sinne analog jene „sittlichen Grundlagen" zu verstehen, für deren Bestimmung er die „Nothwendigkeit" erkannte, „die wirtschaftliche und gesellschaftliche Organisation in den gemeinsamen Grundlagen zu betrachten und zu erörtern", um überhaupt eine „social-ethische Auffassung" zu ermöglichen, also jene Grundlagen, die als Rahmenbedingungen vorgegeben sind für wirtschaftliches Handeln und die als Regelmechanismen das System einer Volkswirtschaft inhärent bestimmen und eine Gesellschaftslehre mitbegründend umfassen. Mit *Musgrave* formuliert, sind derartige, gesellschaftlich zur Gewohnheit gewordene „Metapräferenzen" bzw. „cultural patterns" oder „higher values" allerdings ausdrücklich von „den nur individuellen Werten und Werthaltungen abzugrenzen", ein signifikantes Merkmal also.

Mit Blick auf *Ratzingers* „sittliche Grundlagen" sind die genannten „Metapräferenzen", die „community values or preference", so *Musgrave*, aus der Sicht der neueren Finanzwissenschaft eben dennoch „keine normativen Werte", wie etwa die *Schmoller*sche „Sittlichkeit", die noch einem Ideal der Tugendperfektion nachgebildet war, sondern ein deskriptiver Begriff, der die Geltung von Sitten, 'manners' und 'customs' „annotiert", um bestimmte Phänomene staatswirtschaftlichen Handelns, die nicht auf Bekundung individueller Präferenzen rückführbar sind, überhaupt erklären zu können. Es wird ersichtlich: Der „Übergang der Ökonomie in die Ethik" ist „offensichtlich vollzogen: Verpflichtungen bzw.

---

[544] Vgl. Priddat, Birger P., Zur Ökonomie der Gemeinschaftsbedürfnisse: Neuere Versuche einer ethischen Begründung der Theorie meritorischer Güter, in ZWS 112 (1992) 239 -259, Schritt wo der „Übergang der Ökonomie in die Ethik offensichtlich vollzogen" ist, ebd. 247f, 249f

[545] Vgl. Priddat, ebd. 249, 248 hier Zitat von Musgrave, Richard A.

[546] Vgl. Priddat, ebd. 249.

[547] Vgl. Priddat, ebd. 249, mit Hinweis zum Normenbegriff in der Ökonomie.

Pflichten korrespondierend mit Rechten, nicht Kosten (und Nutzen)", explizit spricht *Musgrave* „auch von ethischen Normen". Unbestritten existieren aber für ihn gewisse „Gemeinschaftsbewertungen und ein Verantwortungsbewußtsein für das Ganze in einer solidarischen Gesellschaft" mit der Folge einer gewissen Begrenzung der „konventionellen Doktrin der individuellen Entscheidung".

Ratzinger weist bereits auf die Gefahr hin, „daß die gesellschaftliche Ordnung ohne erzwingbare Norm für die wirtschaftlichen Handlungen in beständiger Gefahr sein würde", denn das „Sittengesetz", oder wie wir heute sagen würden, 'ethische Normen', sind nach *Ratzinger* nicht ohne weiteres rechtlich erzwingbar: „Das Sittengesetz verpflichtet aber nur im Gewissen vor Gott. Es wird von vielen mißachtet",[548] und so stellt er „speciell im wirtschaftliche Leben" ergänzend fest: „Das Recht" erzwinge erst die „Aufrechterhaltung der Äquivalenz der Werthe". „Das Recht grenzt den Pflichtenkreis gegen den Nächsten, gegen die Gesellschaft ab, ertheilt aber auch dem Einzelnen einen Umfang von Befugnissen, in welche niemand verletzend hineingreifen darf." Rechte und Pflichten sind auch für *Ratzinger* zueinander korreliert, erwachsen aus einer gemeinsamen inneren Rationalität heraus. Das Recht flankiert gewissermaßen den „Übergang der Ökonomie in die Ethik".[549]

3.3. Die Lehre von einer „organischen Gesellschaft"

Für die deutsche Nationalökonomie des 19. Jahrhunderts war als „sittlicher Standard" ein sogenannter „notwendiger Gemeinsinn des Volkes" einfach „selbstverständlich", so für *Bruno Hildebrand* bereits 1848[550]. Und „als Faktum der ‚Weltanschauung' der Jahrhundertwende (also von 1899 auf 1900) registrierte C. Menger, die ‚community preferences' als ‚höheren Willen zum Ganzen', der im Sinne Mengers als wirkmächtige Gegebenheit nicht aus der ökonomischen Analyse der Staatsallokation auszuschließen" ist. *Ratzinger* macht sich, wie gezeigt, die Kritik *K. Mengers*[551] an der neueren bzw. jüngeren historischen Schule (*G. Schmollers*) zu eigen, für die „der Blick für das Große und Ganze verloren" gehe, sie „häuft Spezialstudien und verliert sich in Detailmalereien", so *Ratzinger*. Ebenso machte „die ältere historische Schule" den Fehler, daß sie „einfach das bereits fertige englisch-französische System in die Geschichte hinein trug" und mahnt „eine umfassendere Kenntnis der geschichtlichen Entwicklung" an.

Dazu gehört für ihn natürlich, die Zusammenhänge zu erklären. Der Historiker muß darstellen, was einst gewesen, was vergangen und warum, was, in der Vergangenheit wurzelnd, heute weiterbesteht einschließlich durchgemachter Ent-

---

[548] Vgl. Ratzinger, Vw.², 5 f.
[549] Vgl. Ratzinger, Vw.², 5 f.
[550] Vgl. Priddat, Zur Ökonomie der Gemeinschaftsbedürfnisse, a.a.O., 247 f: prototypisch: Hildebrand, B (1848), Die Nationalökonomie der Gegenwart und Zukunft, in: Waentig, H. (Hrsg): Sammlung sozialwissenschaftlicher Meister 22, Jena 1922.
[551] Vgl. Ratzinger Vw.², IX zitiert in Anmerkung: vgl. Dr. Karl Menger, Die Irrtümer des Historismus in der deutschen Nationalökonomie, Wien 1884. Vgl. Vw.²,17, Mengersche Richtung als Fortschritt: Grenznutzenlehre.

wicklungsphasen. Der Historiker müsse „die geistigen Ursachen und die wirkenden sittlichen Kräfte schildern und deren Einfluß auf die materielle Gestaltung klarlegen". Maßgebend für *Ratzinger*, für seine „historisch–genetische Vorgehensweise" ist, „das Werden, die allmähliche Veränderung und Ausgestaltung einzelner Institutionen zu verfolgen und jede Zeit in ihrem geistigen, sittlichen und wirtschaftlichen Leben verstehen zu lernen". Für die dem Denken *Ratzingers* nahestehende historische Schule vermerkt er positiv deren Kritik an der „klassische Nationalökonomie" seiner Zeit, denn die „Vertreter der 'klassischen' Ökonomie und die ihr folgenden Politiker" machten sich dadurch „schuldig, daß sie den Zusammenhang der wirtschaftlichen Entwicklung mit den religiös-sittlichen Grundlagen des Volkslebens mehr oder minder außer acht ließen".

Musgrave, der in den Gemeinschaftsbedürfnissen ein Zusammengehen von Ökonomie und Ethik sieht, weist weiterführend in seiner 'Finanztheorie'[552] auf einen kritischen Punkt hin, auch vorgetragen von Finanztheoretikern des 19. Jh., „die die Auffassung vertreten, öffentliche Bedürfnisse unterschieden sich grundlegend von den privaten und könnten daher nicht Bestandteil der individuellen Präferenzskalen bilden". Dieser Ansicht sind die Anhänger einer ‚organischen' Staatstheorie, „welche die Existenz von Gruppenbedürfnissen oder doch von Bedürfnissen postulieren, die in irgendeiner Weise bei der 'Gruppe als Ganzem' entstehen". Ein Hauptvertreter dieser Auffassung einer „organischen Gesellschaft" ist der Wirtschaftswissenschaftler und Finanztheoretiker *Schäffle*[553], ein Zeitgenosse *Ratzingers*, der sich dessen Wirtschaftsanalyse häufig zu eigen macht.

Die Einordnung von Gemeinschaftsbedürfnissen in ein ökonomisches Ganzes formuliert *Ratzinger* indirekt, indem er mit *Schäffle* feststellt: „Die ökonomischen Güter schweben nicht in selbständiger Bewegung durch das volkswirtschaftliche Universum. Sie sind – schon Aristoteles denkt sie so - Werkzeuge des Schaffens und des Lebens von Personen, Glieder eines äußeren Lebensorganismus von physischen Einzel- und moralischen Gesamt- oder Collectivpersonen"[554]. Als derartiger „Lebensorganismus" soll „die Volkswirtschaft", so *Schäffle*, „nicht eine Bewegung der Güter, nicht ein selbständiges Leben der Güter, sondern eine im Dienste höchster persönlicher Gesittung stehende soziale Organisation der Menschen für wirksamste Produktion und Consumtion äußerer Güter sein." Mit dieser Meinung von *Schäffle* will *Ratzinger* eine Antwort auf seine Feststellung geben, man habe „ganz vergessen, daß die äußeren Güter doch nur um des Menschen willen da sind, daß sie auf die Persönlichkeit bezogen werden müssen".

---

[552] Vgl. Musgrave, Richard A., Finanztheorie (amerikanischer Originaltitel 'The Theory of Public Finance'), Tübingen 1966, 70.
[553] Vgl. Musgrave ebd. 71, verweist z.B. auf Schäffle, A., Das gesellschaftliche System der menschlichen Wirthschaft, Tübingen 1873, I, 6.
[554] Ratzinger Vw.², 94 mit Zitat von Schäffle a.a.O. 60.

Mithin kommt es im ‚äußeren Lebensorganismus' auch auf die Persönlichkeit an, und so betont *Ratzinger* mit *Schäffle* an anderer Stelle: „Ganz zutreffend bemerkt Schäffle, daß die Persönlichkeit im gesellschaftlichen Sinne ebenso wenig ohne Teilnahme an den Gütern, wie Vermögen ohne Persönlichkeit sich denken lasse ... Gott wollte aber den Menschen als freie Persönlichkeit. In freiem Entschlusse soll der Mensch sich zu Gott wenden, seinem Gesetz sich beugen und so die höchste Bestimmung erreichen."[555]. Die Persönlichkeit, der einzelne als Teil der Gesellschaft ist für *Ratzinger* nun „keine bloße Nummer der menschlichen Gesellschaft, sondern jeder Mensch stellt das Ebenbild Gottes, eine Persönlichkeit dar, welche eine bestimmte sittliche Aufgabe, einen Beruf im Leben zu erfüllen und die Vollendung in einem höheren Dasein zu erfüllen hat". Insofern hat die Persönlichkeit Anspruch auf „irgend einen bestimmten Kreis von Rechten", über den er verfügt, „wozu auch die Theilnahme an den materiellen Gütern" zählt.

Ein so verstandener 'Lebensorganismus', ein derartiges organizistisches Denken, wie es *Schäffle* versteht, weist auf eine innere Kohärenz von ökonomischer mit sittlicher Rationalität hin. Ökonomisch bewertet habe *Schäffle*, so *Musgrave*, schon 1880 den „Grundsatz der proportionalen Befriedigung öffentlicher und privater Bedürfnisse vorgetragen".[556] Die Frage, ob die organische Gesellschaftsauffassung gut oder schlecht ist, bleibt für *Musgrave* allerdings auch eine „Werturteilsfrage"[557].

Welche Kohärenz für *Ratzinger* zwischen „Wirtschaft und Sittlichkeit" besteht, ist somit schon angedeutet. Die Volkswirtschaft als „Lehre" steht insofern mit ihren Grundbegriffen, Grundprinzipien und Sachgesetzlichkeiten in einem inneren und wechselseitigen Bedingungszusammenhang zu den sogenannten „sittlichen Grundlagen", eine Kohärenz, eine sich offenbarende innere Rationalität,[558] die *Ratzinger* zu erforschen sucht und die im folgenden weiter vertiefend analysiert und aufgedeckt werden soll.

---

[555] Ratzinger, Vw.², 6 zitiert Schäffle, Bau und Leben des socialen Körpers. I,280.
[556] Vgl. Musgrave, Finanztheorie a.a.O. 86, mit dem Hinweis auf Schäffle, A.: Die Grundsätze der Steuerpolitik, Tübingen 1880, S. 17.
[557] Vgl. Musgrave ebd. 70.
[558] Vgl. Branahl, Matthias, Zum Verhältnis von sittlicher und ökonomischer Rationalität, aufgezeigt am Beispiel der Unternehmenskultur der Siemens AG, Köln 1991, 76-78; „zum Verhältnis sittlicher und ökonomischer Rationalität" vgl. Gorges, Karl–Heinz, Buchbesprechung: Branahl, Matthias, Zum Verhältnis von sittlicher und ökonomischer Rationalität, Köln 1991, in: Zeitschrift für Unternehmensgeschichte, 40. Jg. Heft 1 (1995), 58 f.

4. Kap.: Sachgesetzlichkeit und „sittliche Grundlagen"

4.1. Das „Wirtschaftsgut" und seine sittliche Gewichtung
4.1.1. Kritik der Definition „Wirtschaftsgut" i. S. der Neoklassik

Der Ausgangspunkt, um das 'Sittliche' in der Wirtschaft zu orten und festzumachen, ist *Ratzingers* Begriffsbestimmung eines Wirtschaftsgutes im Verständnis „der Nationalökonomie der Schule"[559]. Mit „Gut" werde von dieser Schule „begrifflich alles genannt, was zur Befriedigung menschlicher Bedürfnisse dient". Für *Ratzinger* haftet dieser Definition „ein sittlicher Defect an", eine „gewisse Einseitigkeit", da „der Mißbrauch und die unsittliche Verwendung der Gaben der Natur mit dem Begriff 'Gut' gedeckt würde". *Ratzinger* definiert ergänzend: Ein „'Gut' kann nur sein, was dem Menschen zur materiellen Entwicklung und geistigen Entfaltung dienlich ist"[560], bzw. „förderlich" sei. Ein so definiertes „Gut" ist gleichsam sittlich gewichtet, wird nicht wertfrei gesehen. Begründend fährt *Ratzinger* fort: „Nicht die Bedürfnisbefriedigung allein" schaffe „den Charakter eines Gutes, sondern", generell bzw. qualifizierend betrachtet, „die Eigenschaft für die Zwecke des Menschen in seiner materiellen Existenz und geistigen Aufgabe förderlich zu sein". Die Zielfunktion im Blick, definiert *Ratzinger* die Begriffsbestimmung eines Wirtschaftsgutes umfassender: Ein „Gut darf nicht als isolierte Erscheinung betrachtet, sondern muß auf den Menschen bezogen werden, welcher in der Aneignung der Gaben der Natur und in der Verwendung derselben dem Mitmenschen gegenüber Verpflichtung und sittliche Schranken hat"[561]. Ein Zielkonflikt, den es weiter zu beachten gilt.

Es geht also nicht lediglich um die Bedürfnisbefriedigung durch den Menschen mittels eines „Gutes", sondern hinzu tritt deren Zweckbestimmung oder Zielorientierung für den Menschen, als einzelnen wie als Teil der Menschheit. Außerhalb von gewissen „sittlichen Schranken", in Verpflichtung gegenüber dem Mitmenschen bei der Aneignung und Verwendung (Bedürfnisbefriedigung) eines Gutes, verweist *Ratzinger* auf „zwei sociale Verbrechen". So sei es „einerseits der Geiz, welcher des Menschen Herz dem Schöpfer entfremdet und dem Mammon zuwendet", im Streben, „alles Erreichbare in der eigenen Hand zusammenzuraffen, so daß es nicht mehr dem Wohle der Gesamtheit dienen kann, ist das gemeinschädlichste Verbrechen an der menschlichen Gesellschaft."[562] Und „andererseits, der unsittliche Luxus oder die Verschwendung", wodurch „über die

---

[559] Vgl. Ratzinger Vw.², IX, nicht in Vw.¹, betr. die Wiener Schule der Nationalökonomie, Begründer Carl Menger, ein Neoklassiker, zitiert dessen Werk „Die Irrtümer des Historismus in der deutschen Nationalökonomie", Wien 1884.
[560] Vgl. ebd. Vw.², 3.
[561] Vgl. ebd. Vw.², 3.
[562] Vgl. ebd. Vw.², 3, mit Hinweis: Vgl. A.M.Weiß, Sociale Frage und sociale Ordnung I, 298. „Weiß definiert ‚Gut' als materielles Ding, das fähig ist als Gegenstand des Gebrauches oder der Nutznießung von einem Einzelnen angeeignet und in Sonderbesitz genommen zu werden (a.a.O. II., 619)."

berechtigten Bedürfnisse des Standes hinaus vorhandene Güter zerstört und sie dem notwendigen Bedarf des Nächsten entzogen werden, welcher dadurch in Not geräth". Gegen eine gehobene Befriedigung standesgemäßer und somit berechtigter Bedürfnisse ist nichts einzuwenden, nur gegen einen darüber hinaus gehenden Überfluß.

Ratzinger beruft sich auf die Kirchenlehrer und zitiert: „Das Überflüssige ist eigentlich schon fremdes Gut und gehört von Gott und Rechts wegen dorthin, wo Noth ist, d.h. wo nicht erworben werden konnte, was für Leib und Seele nothwendig ist"[563], also im Falle einer objektiv vorliegenden Notsituation, einer existenziellen für Leib oder Leben, die subjektiv beurteilt nicht auf Eigen- bzw. Selbstverschulden zurückzuführen ist. In diesem Falle besteht nicht nur eine sittliche Verpflichtung der Hingabe des „Überflusses", sondern gefordert ist, objektiv in radikaler Konsequenz, ein Rechtsanspruch auf überflüssige Güter.

4.1.2. Die sittliche Gewichtung eines Wirtschaftsgutes

Ratzinger präzisiert weiter: „Die wirtschaftlichen Güter, an sich indifferent, erhalten durch die Beziehung zu den Lebenszwecken des Menschen eine sittliche Bestimmung. Die Materie, als Grundlage der Wirtschaft, soll die geistige Entfaltung und sittliche Vollendung des Menschen und der ganzen menschlichen Gesellschaft fördern."[564] Die funktionale Bedeutung eines „Gutes" für die „wirtschaftliche Gesellschaft" wird gesehen und herausgestellt, gleichzeitig wird aber auch auf deren Zweck, „die Aneignung der Güter der Natur"[565], abgestellt. Seine Ausgangsthese: „Alle irdischen Güter sind an sich sittlich indifferent", verweist auf eine ontologische Sicht, auf ein Daseinsmodell bzw. das Ordnungsmodell der Wirtschaft, auf vorgegebene wirtschaftliche Grundstrukturen, Regelmechanismen zu deren Wirkungskette auch die Güter der Erde sich einordnen, so wie sie von Natur aus gegeben bzw. vorfindbar sind. Als solche indifferent, unbestimmt, können sie über die Güter- und Warenmärkte ihre Verteilung für den einzelnen, ihre Bestimmung bzw. Bewertung finden.

Den Schritt zu einer Wirtschaftsethik vollzieht *Ratzinger*, indem er seine Ausgangsthese verknüpft mit einer zweiten ergänzenden These: „Alle irdischen Güter sind an sich indifferent und erhalten ihre sittliche Bestimmtheit im praktischen Leben erst durch die Willensrichtung des Gebrauchenden, durch die Beziehung auf die geistige Welt, von welcher sie, wie ihren materiellen Werth nach Schönheit und Nützlichkeit, so auch ihren moralischen Werth erlangen."[566] Zur Begründung verweist *Ratzinger* auf den Kirchenvater *Basilius*, der feststelle,

---

[563] Ebd. Vw.², 3, hier ein Zitat von Ruhland, G, Die Wirtschaftspolitik des Vaterunser, 39.
[564] Ebd. Vw.², 25 analog zu Vw.², 49.
[565] Vgl. Vw.², 27: hier verweist Ratzinger darauf, daß „verschiedene Gesellschaften zur Erfüllung der Aufgaben der Menschheit von Gott bestimmt sind", im einzelnen aufgelistet: „Die Entfaltung im häuslichen Kreise (Familie) und die religiös-sittliche Vollendung in der schließlichen Vereinigung mit Gott (Kirche) in Ausübung geordneter Thätigkeit (Staat), Aneignung der Güter der Natur (wirtschaftliche Gesellschaft) bilden verschiedene Zwecke des menschlichen Berufes."
[566] Ratzinger Vw.², 49.

„daß die irdischen Güter an sich nicht zu fliehen seien. Nur eines sei zu fliehen, die Sünde, die verkehrte Willensrichtung", denn „in der Begierlichkeit liegt das Verwerfliche, wenn nämlich der Mensch sich so sehr der Lust des Genusses hingibt, daß er Gott vergißt", wohingegen *Augustinus* „das Beispiel von täglichen Bedürfnissen, wie Essen, Trinken u.s.w.", gebrauche, „um den erlaubten und sündhaften Genuß zu unterscheiden". Insofern sei „Maß und Ziel" einzuhalten, damit der Mensch „nicht in die Begierlichkeit des Genusses versinke, sondern mit dem nothwendigen Gebrauche (der Güter) sich begnüge".[567]

Diese ethische Sicht deutet auf ein Wertmodell hin, auf die Grundprinzipien, nach denen der Mensch sein Handeln, seine „Willensrichtung", ausrichten soll. Es ist der Schritt vom 'Sein' zum 'Sollen'. Danach ist ihm aufgegeben, sein Sollen danach auszurichten, also in freier Entscheidung ohne Rechtsbindung, aber gemäß einer moralischen Verpflichtung. Für *Ratzinger* sind es die „Liebespflichten gegen die Gesellschaft", indem „der Mensch den Maßstab für den Umfang der Nächstenliebe" am „eigenen Ich" ausrichten solle. Als Maxime verweist er auf das Herrenwort: „Alles was ihr wollt, das die Mitmenschen euch erweisen, das thuet ihr ihnen."[568] Denn, so fügt er begründend hinzu, „die Liebe schließt die Gerechtigkeit in sich". Soziale Liebe und soziale Gerechtigkeit bedingen sich einander und geben der Willensrichtung die sittliche Orientierung.

Papst *Benedikt VI.* verweist in seiner Rede im Deutschen Bundestag ebenfalls auf jene Naturgegebenheit des Menschen, wenn er betont: „Der Mensch macht sich nicht selbst. Er ist Geist und Wille, aber auch Natur, und sein Wille ist dann recht, wenn er auf die Natur achtet, sie hört und sie annimmt als der, der er ist und der sich nicht selbst gemacht hat". Und der Papst schließt daraus: „Gerade so und nur so vollzieht sich wahre menschliche Freiheit."[569] Das läßt sich durchaus analog als eine Antwort in diesem hier analysierten Zusammenhang einfügen, woher die Willensrichtung letztlich ihre sittliche Begründung, Gewichtung erfährt.

4.1.3. Die 'irdischen Güter' und 'ihre sittliche Bestimmtheit'

Auch in anderem Zusammenhang hebt *Ratzinger* hervor, daß den „irdischen Gütern" eine Eigenschaft anhaftet, die einen direkten Einfluß auf „ihre sittliche Bestimmtheit" nimmt. *Ratzinger* stellt fest: „Die Güter der Welt sind in gleicher Weise für alle bestimmt",[570] und klarstellend fügt er hinzu: „Allein nach einem weisen Gesetze des Schöpfers, wonach die Menschen gegenseitig aufeinander angewiesen sein sollten, können nicht alle zugleich und in gleicher Weise besitzen". Indem er auf diese Gegebenheiten der Schöpfungsordnung, auf die Gesetzlichkeiten der Natur verweist, fährt er fort: „Die menschliche Gesellschaft ist in

---

[567] Vgl. ebd. Vw.², 49: in Anm. Basilius, Hom. In Psalm 45 (Mauriner Ausgabe I,171). Augustinus, In epist. Ioannis ad Parthos c.2 (tom. III, pars 2, p.840).
[568] Ebd. Vw.², 25: vgl. Matth. 7,12.
[569] *Benedikt XVI.* Ansprache vor dem Deutschen Bundestag vom 22..Sept. 2011, in : OSR, D, 41. Jhg., Nr. 39, 30.Sept. 4-5,5.
[570] Ebd. 2/82 behandelt hier im Zusammenhang mit „Eigenthum und Communismus".

der wirtschaftlichen Entwicklung an das Gesetz des Eigentums gebunden, womit die Ungleichheit im Besitze von selbst gegeben ist: es wird und muß stets Reiche und Arme geben." Ist demnach der „Besitz" auch „ungleich vertheilt", so steht für *Ratzinger* fest, daß es „Aufgabe des Besitzes ist", „im Gebrauche allen zu dienen." Der einzelne hat sich hinsichtlich der Befriedigung seiner „täglichen Bedürfnisse" mit dem „nothwendigen Gebrauche", wie *Augustinus* bestätigte, zu „begnügen",[571] wobei der Besitzende verpflichtet ist, „mit seinem Überflusse die Bedürfnisse des Armen zu decken"[572], wozu der Hl. *Paulus* im 2. Korintherbrief auffordert.

Eine gewisse Zweckbindung der überflüssigen Mittel besteht in der Forderung, diese „den Bedürftigen zur Arbeitsbethätigung, zur Herstellung der nöthigen Unterhaltsmittel, zur Production von neuen Werthen zu überlassen, oder den Erwerbsunfähigen Unterstützung zu gewähren". Ansonsten begehe der Besitzende „Diebstahl am Nächsten", wenn er dem Armen die „nöthigen Subsistenzmittel entzieht"[573], welche den richtigen Ausgleich bewirken sollen. Der sittliche Wert der Hingabe verbürge aber „nicht materielle Gabe, sondern die persönliche Gesinnung". Ganz im Sinne des Hl. *Paulus* gelte es, „zwei Prinzipien" zu „versöhnen": jene „zwei Prinzipien der gegenseitigen Solidarität einerseits, der persönlichen Freiheit andererseits"[574]. Ein Weg, der gemäß der sittlichen Bestimmtheit der irdischen Güter bereits auf eine noch eingehend zu analysierende Verteilungsgerechtigkeit von Gütern hinweist.

Die Kohärenz von Freiheit und Solidarität betont auch Papst *Benedikt XVI.*, wenn er bewußtmacht: „Im menschlichen Miteinander geht Freiheit nicht ohne Solidarität". Freiheit brauche die „Rückbindung an eine höhere Instanz", an „Werte", wie er formuliert, „die durch nichts und niemand manipulierbar sind". Insofern fordert er für die jetzige Zeit die „Wiederentdeckung der Grundwerte" und „eine tiefgreifende kulturelle Erneuerung" hier speziell für die Bundesrepublik Deutschland. Die Bundesrepublik Deutschland ist durch die von der „Verantwortung vor Gott und voreinander gestaltete Kraft der Freiheit"[575] zu dem geworden, was sie ist.

4.2. Wirtschaftlichkeit ein „Synonym" für Sittlichkeit?
4.2.1. Gesetz der Wirtschaftlichkeit: ein Moralprinzip

Das Grundprinzip, das für *Ratzingers* volkswirtschaftliche Analyse mitbestimmend ist, ist das der „Wirtschaftlichkeit", das sog. ökonomische Prinzip, das er, *Schäffle* zitierend, auch als „ein Moralprinzip" bezeichnet, der Bedeutung nach

---

[571] Ebd. Vw.², 49 so Augustinus.
[572] Ebd. Vw.², 82 so Paulus 2 Kor.9,13.
[573] Ebd. Vw.², 83.
[574] Ebd. Vw.², 82 vgl. 2 Kor. Kap. 8 und 9.
[575] Papst Benedikt XVI., Ansprache im Schloß Bellevue: Aus der Vergangenheit lernen und Anstöße für die Gegenwart erhalten, OSR, D, 41. Jhg., Nr. 39, 30.Sept. 4-5, 5.

"so unentbehrlich für die Gesittung als das Recht."[576] Demnach garantiert das Wirtschaftlichkeitsprinzip den funktionalen Wirkungszusammenhang von Wirtschaft und Sittlichkeit. Das „Gesetz der Wirtschaftlichkeit" formuliert *Schäffle* als Imperativ. *Ratzinger* zitiert dessen Definition: „Stelle in der Production mit geringster Lebensaufopferung (an Arbeit und Kapital) möglichst viele Güter zu leben (ökonomische Güter) her und erreiche in der Consumtion mit geringster Zerstörung von erarbeiteten Lebenswerkzeugen (ökonomischen Gütern) die höchste persönliche Lebensentfaltung", oder, kürzer formuliert: „Erziele mit geringstem Lebensaufwande möglichst viel Leben"[577], eine auf den Punkt gebrachte Definition, die wir als eine „effiziente Allokation der Ressourcen" bezeichnen, gemäß der Forderung des ökonomischen Prinzipes: „Maximiere den Erfolg unter Einsatz der gegebenen (knappen) Mittel."[578]

Aus christlicher Sicht, so definiert *Ratzinger* ergänzend, verlange die Wirtschaftlichkeit jene „Eigenschaften, welche als das Ergebnis des Begriffes 'Gut' im Lichte der christlichen Lehre bezeichnet werden, nämlich: Betriebsamkeit und Sparsamkeit bei der Produktion, Genügsamkeit und Häuslichkeit bei der Consumtion"[579], ganz im Sinne der christlichen Tugendlehre, hier der Mäßigung. „Ferner ist damit die zwecklose Vernichtung (Verschwendung) wie das zwecklose Anhäufen (Geiz) als verwerflich bezeichnet"[580], so folgert ergänzend *Ratzinger* umgekehrt, also die sittlich „negative" Bewertung. Erklärend sei darauf verwiesen, daß man allgemein mit „Production" jene Wirtschaftseinheit in der Volkswirtschaft anspricht, die man als 'Unternehmung', und mit „Consumtion" diejenige, die man als 'Haushalt' definiert; einen einheitlichen Produktionsplan stellt die Unternehmung, und einen einheitlichen Verbrauchsplan ein Haushalt auf.[581]

Bewirkt also Wirtschaftlichkeit nicht mehr als nur eine bloße Reproduktion von Gütern? *Ratzinger* erkannte und betonte bereits: „Die Wirtschaftlichkeit", so schreibe *Schäffle*, „bewirke, daß der in Produktion und Consumtion sich vollziehende Kreislauf von menschlichem Leben mehr als bloße Erhaltung werde; sie macht ihn zur Quelle der Mehrung und Veredelung persönlichen Lebens auf Erden". Ein Kreislaufprozeß mit immanenten sittlichen Konsequenzen. *Ratzinger* zitiert weiter: „Je mehr nämlich die sittliche, vernünftig wirkende Kraft zu Rathe gehalten, je mehr die haushälterische Maxime in Produktion und Consumtion angewendet wird, desto höher wird die sittliche Entwicklung des Ein-

---

[576] Vgl. Ratzinger Vw.², 5; er zitiert hierzu: Schäffle, A. Das gesellschaftliche System der menschlichen Wirtschaft, Tübingen 1873, 25. Vgl. Ratzinger Vw.¹, 63 mit Vw.², 77.
[577] Definition zitiert aus Vw.¹, 62 f; vgl. Weglassung in Vw.², 4: die in der 1. Auflage in Klammern gesetzte Erläuterung „(an Arbeit und Kapital)" zur „Lebensaufopferung"; ebenso „(ökonomische Güter)".
[578] Richter, R./ Schlieper, U./ Friedmann, W.: Makroökonomik, Berlin, Heidelberg, New York 1973, 13.
[579] Ratzinger, Vw.², 4, analog Vw.¹, 63.
[580] Ebd. Vw.², 4, vgl. Vw.¹, 63.
[581] Vgl. Richter, Schlieper, Friedmann: Makroökonomik a.a.O., 17.

zelnen und der Gesamtheit gesteigert werden können". Und er kann so mit *Schäffle* folgern: „Das Gesetz der Wirtschaftlichkeit ist ein Moralprinzip, so würdig, so großartig, so unentbehrlich für die Gesittung, als das Recht"[582].

Im Hintergrund mitzudenken sind also einerseits die Vernunft und andererseits die das sittliche Leben mitbestimmenden Kardinaltugenden wie Mäßigung, Klugheit und Gerechtigkeit. Ist folglich Wirtschaftlichkeit hier ein Synonym für Sittlichkeit? Dem Wirtschaftlichkeitsprinzip wird insofern eine gewisse Garantiefunktion für Sittlichkeit, „für die Gesittung unentbehrlich", so *Ratzinger*, zuerkannt, ebenso wie für das Recht. In *Ratzingers* 1. Auflage findet sich in jenem Zitat ergänzend die Meinung, es sei „daher ganz unbegreiflich, daß die Moral den ökonomischen Prozeß häufig über alle Gebühr geringschätzt, während doch durch ihn die Erhebung der Materie in die Potenz sittlich persönlichen Lebens erfolgt."[583] Der ökonomische Prozeß als solcher wird in seiner inneren Rationalität als Sittlichkeit erkannt. Den „in Production und Consumtion sich vollziehenden Kreislauf menschlichen Lebens" müsse man sich „als ein zusammenhängendes Ganzes denken. Lebenskraft strömt durch Arbeit aus, verdichtet sich zu Kapital, reift in fortgesetzter technischer Verwandlung des letzteren zum Genußmittel und wird endlich durch die Consumtion in das innere persönliche Leben zurückströmen."[584] Die Beachtung der Wirtschaftlichkeit in diesem Kreislaufprozeß bewirke „mehr als bloße Erhaltung".

Ratzinger folgert hieraus: „Das Prinzip der Wirtschaftlichkeit gilt für Reiche wie Arme, wenn Vermehrung und Veredelung persönlichen Lebens auf Erden erreicht werden soll".[585] Diesbezüglich „entsprechen die sittlichen Forderungen des Christenthums, welche von Reich wie Arm Arbeitsamkeit und Häuslichkeit, Sparsamkeit und Genügsamkeit, Verzicht auf zwecklose Begierlichkeit (Geiz) und zwecklosen Luxus verlangen, den Maximen eines rationellen Wirtschaftssystems". *Ratzinger* bleibt also bei seiner Kritik am Egoismus „mit seiner Begierlichkeit nach Besitz und Genuß; er endet in Ausbeutung und Zerstörung sittlichen und materiellen Lebens". Die Wissenschaft der Nationalökonomie solle „eine bessere Grundlage für ihr System" suchen „als den Egoismus". *Schäffles* Kritik an der Moral sei an die Vertreter der Nationalökonomie zu richten, denn diese verkennen vollständig „den ökonomischen Prozeß in seinen sittlichen Voraussetzungen und Grundlagen". Die Moral habe „von je her all' die Tugenden des sittlichen und wirtschaftlichen Lebens" gemäß der „Lehre des Christenthums" gewürdigt. Ein Wirtschaftssystem ist gefragt, das die Einhaltung

---

[582] Ratzinger Vw.[1], 63 bzw. Vw.[2], 5.
[583] Vgl. Ratzinger Vw.[1], 63: Zitat ergänzt aus Schäffle, Das gesellschaftliche System der menschlichen Wirtschaft, nur in Vw.[1], 63.
[584] Ebd. Zitat von Schäffle, L.c. S. 25 in Anmerkung Ratzingers Vw.[1], 62 f teils nur in 1. Auflage.
[585] Ratzinger a.a.O. In diesem Zusammenhang nur in 1/63; die Ausführungen zum Prinzip der Wirtschaftlichkeit sind in der 2. Auflage inhaltlich verkürzt, aber in der Bewertung beibehalten.

dieser Tugenden gleichsam als sekundären Effekt mitgarantiert bzw. gewährleistet.

Mit Blick auf „die Entwicklung des Menschengeschlechtes" hebt *Ratzinger* zusätzlich zu *Schäffle* ein „wichtiges Moment" hervor, denn „jede wirtschaftliche Thätigkeit beruht darauf, daß der Mensch Opfer bringt, und zwar bewußte Opfer. Er muß bei der Beschränktheit der Naturgaben Verzicht leisten auf die Lust übermäßigen Besitzes und Genusses, muß sich zu Arbeitsfleiß und Häuslichkeit aufschwingen". Hierin liegt, so *Ratzinger*, „der tiefste Grund jedes materiellen, geistigen und sittlichen Erfolges". Opfer bringen ist konstitutiv für Fortschritt.

Und er differenziert weiter: „Die zielbewußte Abwägung der zu bringenden Leistungen bei Herstellung und Erwerb von Gütern gegenüber den Gegenleistungen bildet Begriff und Wert der Wirtschaftlichkeit". Die Notwendigkeit der Wirtschaftlichkeit ergebe sich aus der beschränkten Zeit und der beschränkten Kraft des Menschen einerseits und der Beschränktheit der Natur andererseits. Es betrifft also die Knappheit der Mittel, die im wirtschaftlichen Handeln die Einhaltung des Wirtschaftlichkeitsprinzips erforderlich machen, wenn Fortschritt gewährleistet sein soll. Denn für *Ratzinger* steht fest: „Jede wirtschaftliche Thätigkeit hat den Zweck, jedem Einzelnen seinen notwendigen Antheil an den zum Leben nöthigen Gütern zu sichern". Dies „ist isoliert nicht möglich. Der Mensch muß mit seinem Nächsten in Verbindung treten, will er die Kräfte der Natur sich dienstbar machen", und in „gemeinsamer" wirtschaftlicher Tätigkeit wird die „Leistungsfähigkeit" erhöht. Eine „Thätigkeit, die in Einordnung in das Ganze, in Unterordnung unter das Wohl der Gesamtheit geschehen" soll.[586]

4.2.2. Folgen der Nichtbeachtung des Gesetzes der Wirtschaftlichkeit

Im Verteilungskampf zwischen Armut und Reichtum, einem zentralen Problembereich, dem *Ratzinger* in seinem Hauptwerk ein eigenes Kapitel widmet, kommt dem Wirtschaftlichkeitsprinzip eine besondere Bedeutung, eine gewisse Ausgleichsfunktion zu. Dabei bilden für ihn aus christlicher Sicht „die Prinzipien der christlichen Lehre über Erwerb und Erhaltung des Reichtums zugleich die constitutiven Elemente des nationalökonomischen Gesetzes der Wirtschaftlichkeit", andernfalls hindere Begierlichkeit und Geiz die Ausdehnung der Production, Verschwendung und unsittlicher Luxus beschränke „die entsprechende Theilnahme des Nächsten an den Consumgütern". Folgerichtig zieht er den Schluß: „Wird das Gesetz der Wirtschaftlichkeit, nämlich bei Production und Consumtion mit geringster Zerstörung von ökonomischen Gütern möglichst viele neue Werte zu ermöglichen, verletzt, so tritt eine Störung in Herstellung, Vertheilung und Verwendung der verarbeiteten Lebenswerkzeuge ein, es entstehen Krisen, es folgen gesellschaftliche Krankheiten"[587]. Selbstsucht und Begierlichkeit nach Besitz und Genuß sind „gleich verderblich" für sittliches Streben wie für materiellen Fortschritt. Egoismus ende dann in Ausbeutung und Zerstörung sittlichen und materiellen Lebens.

---

[586] Vgl. Ratzinger, Vw.², 5.
[587] Ratzinger, Vw.², 77.

Auch in der Auseinandersetzung mit dem Sozialismus, die *Ratzinger* unter dem Kapitel „Eigenthum und Communismus" im Grundsätzlichen abhandelt, vertritt er die These: „Das Eigenthum erfordert vom Besitzer die größte Wirtschaftlichkeit in Produktion und Consumtion, in Erzielung möglichster Ergiebigkeit und in der Pflege der Fruchtbarkeit, um das Gut für sich und seine Erben behaupten zu können." Eine These, auf die noch einzugehen sein wird. Und so sind auch „im christlichen Eigenthumsbegriffe", so *Ratzinger*, „die Elemente einerseits zur Entfaltung der größten Wirtschaftlichkeit, andererseits zur Ausgleichung zwischen reich und arm gegeben."[588]

Eine gewisse innere Kohärenz, innere Rationalität von Wirtschaftlichkeit und Sittlichkeit aus christlicher Sicht ist erkennbar. *Ratzinger* will auf diese Weise „die engen Beziehungen zwischen Volkswirtschaft und Moral" transparent machen und zitiert zu deren wissenschaftlichen Begründung den Moraltheologen *Franz-Xaver Linsenmann*: „Die Moral kann nicht den Arbeitslohn bestimmen, den Preis der Ware angeben. Aber sie muß darauf bestehen, daß über den Functionen der Volkswirtschaft, durch welche Arbeitslöhne bestimmt, Waren taxiert, Verkehrswege eröffnet, Creditverhältnisse geschaffen werden, die ewigen Gesetze des Rechtes und der Gerechtigkeit walten, Wahrheit und Redlichkeit, gleiches Recht, gleiches Maß und Gewicht für alle". Die Aufgabe der Volkswirtschaftslehre bestehe nun darin, „sich auf den Boden der Moral zu stellen und davon auszugehen, daß keine Einrichtung und Doctrin wirtschaftlich wohlthätig wirken könne, welche mit den Grundlehren des natürlichen und christlichen Rechtes in Widerspruch steht". Die innere Verknüpfung von Wirtschaft und Moral veranschaulicht er mit der Aussage, „nur der gerechte Erwerb ist von Segen begleitet; unrecht Gut gedeiht nicht, das gilt wirtschaftlich wie sittlich". Das bedeute also, „die Wirtschaftlichkeit ist nicht Selbstzweck, sondern steht im Dienste höherer geistiger Interessen; die materielle Cultur ist nur der Schrittstein zur höhern geistig-sittlichen Bildung."[589]

Ratzinger folgert zusammenfassend: „Die Nationalökonomie wird in der Volkswirtschaft etwas Höheres erblicken müssen, als die bloße Production von Gütern, ... Sie wird von der sittlichen Bestimmung des Menschen ausgehen und jene Gesetze suchen müssen, welche es ermöglichen, die Einheit und Solidarität des Menschengeschlechtes festzuhalten und allen einen verhältnißmäßigen Antheil an den Gütern der Erde zu gewähren." Das ökonomische Prinzip kann hierzu ein Weg sein, wenn dies Gesetz der Wirtschaftlichkeit beachtet wird. Ziel ist für *Ratzinger* mittels der christlichen Wahrheit „die Sittlichkeit der Gesellschaft" umzugestalten, „damit der Einzelne aus freier Überzeugung und aus innerem Antrieb nicht bloß die Pflichten der Gerechtigkeit, sondern auch jene gesellschaftlichen Pflichten erfülle, welche Recht und Gesetz nicht erzwingen können und sollen."[590] Insofern, hinsichtlich ihrer in gewisser Weise kohärenten Ziel-

---

[588] Vgl. Ratzinger, Vw.², 133.
[589] Vgl. Ratzinger Vw.², 41.
[590] Vgl. Ratzinger Vw.², 151.

funktion, können die Begriffe Sittlichkeit und Wirtschaftlichkeit als Synonyme, als Begriffe, die eine innere Rationalität aufweisen, bezeichnet werden.

4.3. Marktpreisbildung und Wertbestimmung
4.3.1. Die Monopolherrschaft unterdrückt die Marktpreisbildung

Einem System der „Marktpreisbildung" steht *Ratzinger* nicht grundsätzlich ablehnend gegenüber. Die Gesellschaft seiner Epoche rühme sich zwar, „daß die Preisbildung der freien Concurrenz, dem Gesetz von Angebot und Nachfrage unterworfen sei", die Realität sei aber anders: „Die Freiheit der Concurrenz ist aber nur allzuhäufig illusorisch, in der Wirklichkeit sehr eingeengt. Im Geldhandel und auf dem Warenmarkte ist es regelmäßig der rücksichtslose Großbesitz, welcher nach rein egoistischen Gesichtspunkten die Preisbestimmung beherrscht."[591] Das Problem für ihn liegt in der Monopolherrschaft des Kapitals, die eine Marktpreisbildung unterdrückt. Insofern hat *Ratzinger* recht, da der Fall eines Monopols einen 'funktionierenden' Wettbewerb ausschließt.

Für seine Zeit kann *Ratzinger* anscheinend keine ‚Preisbildung' in Folge eines Marktgeschehens, eines funktionierenden Wettbewerbes erkennen, sondern es findet mehr eine 'Preisbestimmung' auf Grund der Dominanz des Kapitals statt. *Ratzinger* sucht Erklärungsalternativen bei den Wirtschaftstheoretikern seiner Epoche, Lösungsmöglichkeiten, „damit die Monopolherrschaft des Kapitals bei der Marktpreisbildung gebrochen und die Concurrenz eine wirklich freie werde"[592], wie *Ratzinger* selbst formuliert. So stellt sich für ihn die Frage, ob zur Wahrung der „Interessen der Gesamtheit" eine „wirklich freie" Wettbewerbswirtschaft oder, wie er sich auch ausdrückte, eine „wahre" Konkurrenzwirtschaft praktisch möglich sei.

Ausgehend vom Stand der wirtschaftstheoretischen Forschung bzw. Erkenntnisse seiner Zeit stellt *Ratzinger* fest, daß *Karl Marx*, „der Begründer des Sozialismus als wissenschaftlichen Systems, bei der Werth- und Preistheorie eingesetzt" habe. Somit habe *Marx* „auf die verwundbare Stelle des Kapitalismus hingewiesen". *Ratzinger* stellt allerdings ergänzend fest, daß „in der Bestimmung von Werth und Preis die Theorien der verschiedenen Schulen weit voneinander" abweichen. Zusammenfassend schreibt er: „Einen wesentlichen Fortschritt brachten gegenüber der sogenannten klassischen Werththeorie der Schule und gegenüber Karl Marx erst die Vertreter der Mengerschen Richtung in Wien, namentlich Böhm-Bawerk (Kapital und Kapitalzins) und Wieser (Der natürliche Werth) mit der Ausbildung der Lehre vom Grenznutzen." Aber auch diese neue Theorie lasse zahlreiche Schwierigkeiten in der praktischen Verwendung des Werthbegriffes zurück.[593]

---

[591] Vgl. Ratzinger Vw.², 17.
[592] Vgl. Ratzinger Vw.², 17, 18.
[593] Vgl. Ratzinger Vw.², 17.

4.3.2. Der „gerechte Preis" und die Zuordnung von „Wert und Preis"

Ratzinger formuliert an dieser Stelle sein Begriffsverständnis von „Wert und Preis", um dann die Frage nach dem „gerechten Preis" zu beantworten. „Werth und Preis"[594], so *Ratzinger*, „sind wirtschaftliche Begriffe, welche sich möglichst decken sollen. Werth stellt das ideal richtige Verhältniß eines Einzelgutes zur Gesamtwirtschaft" dar. Dieses Verhältnis soll im Preise einen möglichst entsprechenden Ausdruck erhalten. Dieses wäre dann der „gerechte Preis". Also bei Deckungsgleichheit von Wert und Preis, wobei modelltheoretisch, volkswirtschaftlich eigentlich noch jene einschränkende Bedingung „ceteris paribus", d.h. bei Konstanz aller übrigen Einflußfaktoren (z.B. Naturfaktor), hinzugedacht werden muß. *Ratzinger* definiert, d.h. er differenziert weiter: „Der Werth hat eine Beziehung zur Gesellschaft, der Preis wird bestimmt durch die Beziehung zwischen Käufer und Verkäufer." *Ratzinger* entwickelt sein Modell auf der Basis seiner Zeitsituation, etwas einseitig, und fährt fort: „Bei der heutigen Marktpreisbildung entscheidet die Monopolstellung des überlegenen Besitzes über die Höhe des Preises, ohne daß der Werth zur vollen Geltung kommt". *Ratzinger* grenzt aber nun beide Begriffe entsprechend ihrer Funktionsweise im Wirtschaftsgeschehen voneinander ab: Der „Werth stellt die Summe von Leistungen dar, welche in der Gegengabe erreicht werden sollte; im Preise drückt sich das tatsächliche Verhältniß aus, welches zwischen Leistung und Gegengabe wirklich erreicht wird". Was geschieht, wenn keine Deckungsgleichheit sich einstellt? *Ratzinger* folgert: „Je weiter Werth und Preis sich voneinander entfernen, um so schlimmer gestalten sich die Verhältnisse. Dann ist die Verteilung der Güter eine ungerechte; soziale Krisen und der wirtschaftliche Krach stellen sich ein und werden zur Nothwendigkeit, um eine Annäherung von Preis und Werth wieder zu erzwingen."[595]

Daraus ließe sich, auch nach *Ratzinger*, folgern, daß das Streben nach Verteilungsgerechtigkeit der Güter demnach einen ständigen Annäherungsprozeß des Preises der Güter mit ihrem Wert bewirkt, also auf einen Gleichgewichtspunkt hin tendiert, einem ständigen Balanceakt gleich, könnte man sagen. Und doch scheint er dies der Ordnungsfunktion des Marktes nicht zuzutrauen, wenn er für den Geldhandel und die Warenmärkte feststellt, es sei „regelmäßig der rücksichtslose Großbesitz, welcher nach rein egoistischen Gesichtspunkten"[596] die „Preisbestimmung beherrsche". Auch in der Lohnbestimmung sieht *Ratzinger* eine nahe Beziehung zur „Werth- und Preisfrage". Auch hier könne, je mehr die „Speculation des Kapitals" gewinne, desto weniger die Arbeitsleistung befriedigt werden.[597]

---

[594] Vgl. Ratzinger Vw.², 17 hier die „Werth- und Preisfrage" in Beziehung zu den Gütermärkten, vgl. Ratzinger Vw.², 20, zum Lohn.
[595] Ratzinger Vw.², 17.
[596] Ratzinger Vw.², 17.
[597] Vgl. Ratzinger Vw.², 20.

4.3.3. „Organe der Gesamtheit" und die Sachgesetzlichkeit der Wirtschaft

Eine über den Marktmechanismus freie Preisbildung, so daß der Preis eines Gutes sich mit seinem Wert deckt und zwar mittels der freien Konkurrenz gemäß dem Gesetz von Angebot und Nachfrage, hält *Ratzinger*, wie gesagt, für „aber nur allzu häufig illusorisch, in der Wirklichkeit sehr eingeengt". Um diesen Prozeß zu steuern, betrachtet es *Ratzinger* als ein „Gebot der Notwendigkeit, daß Organe der Gesamtheit zur Preisbestimmung herangezogen werden," um so eine Monopolherrschaft des Kapitals bei der Marktpreisbildung auszuschalten. Obwohl er der Meinung *Böhm-Bawerks*[598] beipflichtet und sie für richtig hält, bevorzugt er zur Preisbestimmung „Organe der Gesamtheit". *Ratzinger* argumentiert: „Böhm-Bawerk meint, den Zusammenhang zwischen Werth, Preis und Kosten begreifen heiße die gute Hälfte der Nationalökonomie klar erkennen. Ohne Zweifel ist die richtige begriffliche Auffassung von Werth und Preis und die entsprechende praktische Gestaltung der Preisbildung das schwierigste und folgenreichste Problem der Wirtschaftspolitik."

Ratzinger wechselt also nun von einer wirtschaftstheoretischen Argumentation zu einer zusätzlich wirtschaftspolitischen, wenn er ergänzt: „Jene Beziehung zur Gesamtwirtschaft und zur sozialen Einheit, welche zum Begriffe ‚Werth' gehört, muß in der Preisbestimmung des Marktes Ausdruck finden in dem Sinne, daß die Preisbildung nicht dem Egoismus des beherrschenden Kapitals überlassen wird, sondern, daß ‚Organe der Gesamtheit' das sociale Interesse wahrnehmen." Also ein Eingriff in die freie Marktpreisbildung mit dem Ziel: „Dieses sociale Interesse besteht darin, daß der Preis des Gutes mit dem Werthe möglichst sich deckt. Dann ist der gerechte Preis gefunden, das heißt jener Preis, welche dem Werthe entspricht." Aktuell für seine Epoche nimmt *Ratzinger* zur Bestimmung eines 'gerechten Preises', um eine Monopolpreisbestimmung zu verhindern, Zuflucht zu 'Organen der Gesamtheit', um die Identität des Preises mit seinem Werte zu gewährleisten. Vordergründig scheint es also zunächst eine Frage der Wirtschaftspolitik[599] für *Ratzinger* zu sein und nicht so sehr der Wirtschaftstheorie, obwohl er im Grunde der Sachgesetzlichkeit der Wirtschaft auch wirtschaftspolitisch entsprechen möchte. Soziale Einflußfaktoren wären demnach im Modell der Marktpreisbildung mit einzubeziehen und nicht durch die „Ceteris paribus Klausel"[600] als konstant, vernachlässigbar anzunehmen, sondern zu erweitern um die sozialen Faktoren, analog dem Modell einer „sozialen Marktwirtschaft". *Ratzinger* hält die Definition zum „Gesetz des Werthes" für noch nicht endgültig und empfindet die Feststellung von *John Stuart Mill* für seine Epoche (1806-1873) wie Hohn, daß „in dem Gesetze des Werthes" weder für *Mill* selbst, wie dieser behauptet „noch einem künftigen Schriftsteller etwas übrig gelassen" sei,

---

[598] Vgl. Ratzinger Vw.², 17 f.

[599] Vgl. Ratzinger Vw.², 18.

[600] Vgl. Schneider, Hans K., Methoden und Methodenfragen der Volkswirtschaftstheorie, in: Komp.d.Vw. Göttingen (1969) Bd.1, 11 f, die „Partialanalyse", die in der Mikroökonomik eine breite Anwendung findet (Beispiel die Nachfragefunktion für ein Konsumgut), operiert mit der „Ceteris paribus Klausel"

„was aufzuklären wäre".[601] *Ratzinger* verweist auf *Gustav Ruhland*, der auch die Möglichkeit für ausgeschlossen halte, daß „die vom Egoismus beherrschte freie Concurrenz auf dem Warenmarkte alles richten und schlichten könne". Nicht der Egoismus sei für die Wirtschaftspolitik ein berechtigtes Motiv, sondern „Zufriedenheit, Mäßigung und Arbeitsamkeit". Der freie Markt sei „die erste und letzte Instanz für Preis, die unpersönliche Concurrenz sei der Richter, der Egoismus das Gesetzbuch. Der Wertbegriff sei nur da, um dem tatsächlichen Preise nachträglich eine gewisse sittliche Weihe zu geben".

In der Lohnfrage, in der Konfrontation mit *Marx*schen Vorstellungen und Unterscheidungen zwischen 'Tauschwerth und Gebrauchswerth' werden *Ratzingers* Aussagen zur Preis- und Werttheorie weiterführend und speziell zu analysieren sein. Lohn sei der Preis für Arbeitsleistung entsprechend der klassischen Nationalökonomie, und dieser Preis werde ausschließlich durch die Lage der Konkurrenz bei Angebot und Nachfrage bestimmt. Die Arbeitsleistung werde als Ware behandelt, im Marktgeschehen bestehe für die Arbeitsleistung die Gefahr, daß der Lohn auf das Existenzminimum herabgedrückt werde, ein Sachverhalt, mit dem der Sozialismus seine „wirksamste Agitation" begründe.[602] *Ratzingers* Antwort auf dieses Problem: Ziel müsse es sein, die Monopolmacht des Kapitals zu brechen.[603]

4.3.4. Zur Findung des „gerechten Preises", wirtschaftshistorisch

Die grundlegende Frage nach einem „gerechten Preis" steht also auch im Mittelpunkt der wirtschaftstheoretischen Analyse *Ratzingers*. Er setzt ein und bedient sich für seine Argumentation mit den Definitionskriterien von *Böhm-Bawerk* und mit dem Begriff des Grenznutzens von *v. Wieser*, beide Wirtschaftswissenschaftler seiner Epoche. *Ratzinger* bedient sich nicht einer wirtschaftshistorischen retrospektiven Analyse über die Findung eines gerechten Preises, einer Frage, die sich in der „statischen Wirtschaft des Mittelalters" (bis zum beginnenden Hochmittelalter) auch nicht stellte; wobei *Arthur F. Utz* klarstellend darauf hinweist, daß bereits *Augustinus* den Grundsatz vorgetragen habe, „daß die Güter entsprechend ihrem allgemeinen Nutzenwert taxiert werden, was nichts anderes besagt, als daß die Nachfrager die Entscheidung über den Wert eines Gutes fällen"[604]. Etwa im Sinn einer 'rationalen Erwartung' aus der Sicht des Nachfragers, modern interpretiert, als Ansatz einer dynamischen Wirtschaftsauffassung als Wettbewerbswirtschaft. Für die Scholastiker wies *Joseph Höffner* nach, daß „aus der Anerkennung des Wettbewerbs für die Findung des gerechten Preises" bei den Scholastikern zu folgern sei, daß sie „private Monopole als gegen die

---

[601] Vgl. Ratzinger Vw.²17 ff.
[602] Vgl. Ratzinger Vw.², 18.
[603] Vgl. Ratzinger Vw.², 462.
[604] Utz, Arthur Fridolin: Sozialethik, IV. Teil Wirtschaftsethik, Bonn 1994, 210 f.

Marktfreiheit verstoßend und behördliche Preisfestsetzung wegen der möglichen Verfälschung des Preisgefüges ablehnten".[605]

Zum Thema „Wirtschaftsethik und Monopole" hat *Höffner* bereits für das 15. und 16. Jahrhundert die Wirkungsmechanismen (bei Marktfreiheit) von gerechtem Preis, Monopol und Preistaxen analysiert.[606] Angemerkt sei, daß *Höffner* in seiner Analyse *Ludwig Molina SJ* als einen Vertreter der Marktfreiheit aufführt. *Molina* unterscheide zunächst zwischen dem „natürlichen" und dem „behördlich festgesetzten Preis". Der natürliche Preis heiße nach *Molina* deshalb so, „weil er sich aus den Dingen selbst, ohne jedes menschliche Gesetz und Dekret, ergibt, jedoch von vielen Umständen abhängig ist, durch die er geändert wird".[607] Für *Molina* besitze der „gerechte natürliche Preis" deshalb - „im Gegensatz zum behördlichen Festpreis" – „aus der Natur der Sache" - nicht etwa bloß wegen „des unbeständigen menschlichen Urteils" - eine „gewisse Spannweite". Zum mindesten sei nach *Molina* „diese Preisspanne aus der Natur der Sache heraus 'gerecht', auch wenn es vielleicht innerhalb der Spanne einen bestimmten unteilbaren Punkt gibt, in dem allein in vollkommenster Weise der gerechte Ausgleich zwischen Preis und Ware objektiv gewahrt ist".[608] Die Gegenüberstellung von „natürlichem" und „behördlichem" Preis zeige, daß *Molina* den „freien Marktpreis für den ursprünglichen und normalen Preis hält". Die natürliche Preisbildung könne in der Tat gestört werden, z.B. in erlaubter Weise durch den Staat. (Also im Sinne *Ratzingers* etwa durch „Organe der Gesamtheit"). Für *Molina* sind behördliche Festpreise „nur dann gerecht, wenn sie sich innerhalb der Spannweite des gerechten natürlichen Preises halten", eben „zur Sicherung des staatlichen Wohles oder zur Vermeidung von Mißständen".[609]. *Molina* kenne auch grundsätzlich sittenwidrige Verstöße gegen die Marktfreiheit, wozu er „Betrügereien und Täuschungen, vor allem aber die Monopole" zähle. Ihre Ablehnung ergibt sich nach *Höffner* folgerichtig aus der Lehre vom 'natürlichen', 'gerechten' oder 'üblichen' Marktpreis: „Der natürliche Preis ist nämlich nur dann gewahrt, wenn keinerlei Eingriffe von außen geschehen," wie es *Molina* ausdrücklich feststelle.[610]

---

[605] Vgl. Höffner, Joseph: Der Wettbewerb in der Scholastik, in: Ordo, 5 (1953), 181 ff.; Mahr, Werner: „Preis" in: Staatslexikon, 6. Aufl. VI, 40; Utz, A. F., a.a.O. 210 in Anm.: Höffner, Jos. in Ordo a.a.O. 181 -202.

[606] Vgl. Höffner Joseph: Wirtschaftsethik und Monopole im fünfzehnten und sechzehnten Jahrhundert, in: Freiburger Staatswissenschaftliche Schriften, Heft 2, Jena 1941, Der „gerechte Preis", 113 ff.; Eingriffe in die Marktfreiheit, 1. Preistaxen, 126 ff.; 2. Monopole, 135 ff.

[607] Vgl. ebd. 113, mit dem Hinweis auf: Molina, De Justitia et Jure, 5 Bde., vgl. Tr. II, disp. 347, n. 3. Vgl. Höffner 112 zur Biographie: Ludwig Molina SJ, bedeutend als Moralist und Wirtschaftsethiker.

[608] Vgl. Höffner, ebd. 113 f.

[609] Vgl. Höffner, ebd. 126 f.

[610] Vgl. Höffner, ebd., 135.

Eine Monopolherrschaft kann also demnach eine Marktpreisbildung verhindern. Auch *Ratzinger* kommt, indem er nach der Sachgesetzlichkeit der Wirtschaft fragt, zu demselben Ergebnis. Für *Ratzinger* ist es „keineswegs ausschließlich", daß „Angebot und Nachfrage den Preis bestimmen", vielmehr „im Gegentheil" sei dies „regelmäßig die Monopolkraft".[611] Oder - wie er auch formuliert: „Angebot und Nachfrage sind nur die Form der Preisabstimmung, den eigentlich bestimmenden Factor dagegen bildet die Monopolkraft". Gleichsam als Beweis für diese These fügt er hinzu: „Ganz offenbar tritt dies bei den öffentlichen Preisbestimmungen an den Börsen zu Tage". Dem „Einfluß der Kapitalkraft" folge „die Bestimmung des Curses"[612]. *Ratzinger* veranschaulicht diesen Prozeß bildlich: „Der Mensch ist keine Maschine, um sich durch Angebot und Nachfrage wie durch einen Druck und Gegendruck in Bewegung setzen zu lassen", sondern des Menschen Handeln werde „wesentlich durch seinen Willen beeinflußt",[613] durch Willensentscheidungen, die ihre eigene immanente rationale Begründung haben. Hierbei wird, modern wirtschaftstheoretisch gedeutet, der handelnde Mensch durch seine „rationale Erwartung" bestimmt, welche analytisch nicht losgelöst ist in der Volkswirtschaft von 'Ursachen und Wirkungszusammenhängen einer Makroökonomik',[614] worauf empirische makroökonomische Forschungen verweisen. Insofern ist es bei *Ratzinger* auch schon ein Deutungsansatz einer Wirtschaftsethik, ein Schritt vom „Sein" zum „Sollen", wenn ethisch rationale Erwartungshaltungen in ihrer Rückbindung an ontologische Grundgegebenheiten den wirtschaftlichen Entscheidungen ihre innere Schlüssigkeit verleihen.

Dennoch scheint es so zu sein, daß für *Ratzinger* im Vordergrund seiner Analyse zur Findung des gerechten Preises im System einer Volkswirtschaft, als Makroökonomik, sowohl wirtschaftshistorische als auch sozialphilosophische Argumente, in „Vergangenheit und Gegenwart" als Ausgangspunkt bedeutend, aber mehr noch natur- und sachgesetzliche Gegebenheiten, in „Theorie und Praxis", letztlich in ihrer metaphysischen Begründung ausschlaggebend sind.

---

[611] Vgl. Ratzinger Vw², 209.
[612] Vgl. Vw.², 210.
[613] Vgl. Vw.², 210.
[614] Vgl. Malte Fischer: Laßt Daten sprechen. Der Wirtschaftsnobelpreis für Thomas Sargent und Christopher Sims, in: Wirtschaftswoche 16.10.2011, Nr. 42, S. 44: Der Preis gilt deren „Forschungsrichtung empirische Makroökonomie": Sargent ging in seiner „Theorie der rationalen Erwartungen" davon aus, daß die Menschen aus ihren Erfahrungen mit staatlicher Wirtschaftspolitik lernen, wodurch sie in die Lage versetzt werden, deren Folgen 'korrekt zu antizipieren' und ihre Entscheidungen darauf abzustellen.

5. Kap.: Egoismus und Konkurrenz

5.1. Als Handlungsmaxime und Ordnungsprinzip

5.1.1. Als die zwei Grundpfeiler der „Manchesterschule"

Die Kritik am Kapitalismus wurzelt bei *Ratzinger* in der Kritik an der Bedeutung von Egoismus und freier Konkurrenz für das Wirtschaftssystem im Sinne einer liberalen Nationalökonomie. Diese Richtung der Nationalökonomie basiert für *Ratzinger* auf der sogenannten „Manchesterschule"[615] und deren Begründer *Adam Smith*, *Ricardo* und *Malthus*, Nationalökonomen, die *Ratzinger* kritisch hinterfragt. Deren Grundaussage lehre, daß „der Egoismus und der wirtschaftliche Wettkampf um die Existenz und das Wohlleben" es seien, „welche im Leben der Völker und der ganzem Menschheit von selbst die wunderbarste Ordnung und Organisation, jegliche Zweckmäßigkeit und Harmonie hervorrufen". Die Konsequenz daraus: „man lasse jeden frei seinem Egoismus folgen, und er werde durch sein ureigenstes Interesse, angetrieben, sein Können und sein Vermögen am besten und wirtschaftlichsten zu verwerten". Aus einem derartigen „egoistischen Getriebe der Individuen" ergebe sich von selbst die beste gesellschaftliche Organisation, und es bliebe der Fortschritt für die ganze Menschheit erhalten und „aus der schrankenlosen Freiheit erblühe die Harmonie und Energie der Kräfte".[616]

Ratzinger hebt klar hervor, welchen Stellenwert in der liberalen Wirtschaftstheorie der Egoismus und die freie Konkurrenz einnehmen. Der Egoismus wird als die grundlegende Handlungsmaxime für den einzelnen gedeutet, als die treibende Kraft im ökonomischen Prozeß. Damit aber der Egoismus diese Funktion erfüllen kann, bedarf es der „freien Konkurrenz", die es in Erfüllung ihrer Ordnungsfunktion, entsprechend der liberalen Wirtschaftsauffassung, erst ermöglicht, daß sich gegensätzliche Interessen „von selbst" ausgleichen. Soweit die sachliche Analyse *Ratzingers*. Letztlich weist dies auf eine starke Betonung des Individualprinzips durch den Liberalismus im 19. Jahrhundert hin.[617]

Für *Adam Smith* vollzog sich jener Ausgleich gegensätzlicher Interessen im Marktmechanismus wie „von unsichtbarer Hand". Dieser Vorgang, vom einzelnen Akteur, dessen ureigenstes Interesse ausschließlich auf seinen eigenen Gewinn ausgerichtet ist, hat einen unbeabsichtigten, quasi solidarischen Nebeneffekt, denn mittels der unsichtbaren Hand wird zugleich das allgemeine Wohl gefördert, das „Wohlleben", wie *Ratzinger* sich ausdrücken würde, das Wohlleben mit dem Nächsten in der Gesellschaft, also der allgemeine Wohlstand als das Bewegende. Der einzelne, so *Adam Smith*, verfolgt zwar „lediglich seinen eigenen Gewinn und wird in diesem wie in vielen anderen Fällen von einer unsicht-

---

[615] Vgl. Ratzinger Vw.², 506 bzw. Vw.¹, 3.
[616] Vgl. Ratzinger, Vw.², 506 bzw. Vw.¹, 3.
[617] Vgl. Richard Büchner, Freihandel. In: HDSW 4(1965) 134; vgl. hierzu: Ludwig von Mises, Liberalismus (II) Wirtschaftlicher Liberalismus, in: HDSW 6 (1966) 597 f.

baren Hand geleitet, einen Zweck zu fördern, den er in keiner Weise beabsichtigt hatte" – nämlich indirekt das allgemeine Wohl. Die unsichtbare Hand des Marktes führt Anbieter einer Ware und deren Nachfrager zusammen und läßt sie einen Preis für die Ware finden, so daß aus dem Eigeninteresse der Beteiligten letztlich Geschäfte entstehen, von denen alle profitieren, unbeabsichtigt und unbewußt sich vollziehend, ein Nebeneffekt. Es offenbart sich so ein derart 'kooperativer Egoismus', „der ein Verhalten betont, das andere als dienlich empfinden", und verweist auf einen latent vorhandenen immanenten ‚sozialen' Charakter des Egoismus in seiner kooperativen Funktion im Wettbewerb.[618] Der Egoismus des einen trifft immer auch auf den Egoismus eines anderen oder anderer, die dasselbe beanspruchen. In einem derartig funktionierenden Wettbewerb, der nicht durch Monopole bzw. durch Oligopole verzerrt oder unmöglich gemacht wird, erfährt der Egoismus seine Zügelung, wie durch eine unsichtbare Hand. Unbewußt entwickelt sich ein kooperativer Prozeß, der dem Gemeinwohl förderlich sein kann.

Für *Ratzinger* findet der Egoismus des einzelnen seine „Schranke in der Solidarität aller Menschen".[619] Ist dies eine andere Definition für „die unsichtbare Hand" im Sinne von *Smith*, oder nicht auch ein ‚kooperativer Egoismus'? Im Sinne von *Ratzinger* schafft nun nicht der Egoismus im Verhältnis zum Mitmenschen „im Kampf ums Dasein von selbst die richtige Beziehung". Zwar bilde der Mensch als selbständige Persönlichkeit den Mittelpunkt zahlreicher Interessen, „die Verfolgung dieser Interessen findet aber ihre ganz bestimmte Schranke in der Solidarität aller Menschen". *Ratzinger* fügt warnend hinzu, daß „nicht ungestraft" der einzelne sich diesem Gesetz entziehen kann. Das „verkannte Gesetz der Solidarität" wird mit unerbittlicher Strenge sich rächen, wobei *Ratzinger Lassalle* erwähnt, der mit „bekannter Schärfe" das Gesetz der Solidarität betone.[620] Der liberalen naturwissenschaftlichen Richtung wirft *Ratzinger* vor, daß sie das Gesetz der Solidarität, „welches den Reichen und Armen in gegenseitiger Abhängigkeit und Verpflichtung erhält", nicht anerkannt habe.[621]

Interessant wäre es, mit Blick auf das Austarieren von Egoismen, als Vergleich auch jene Ansätze in der modernen sogenannten Spieltheorie von bestimmten Nationalökonomen entgegenzuhalten. Jene haben ebenfalls die 'Grundlagen unseres Wohlstandes' im Blick, indem die moderne Analyse zur Spieltheorie

---

[618] Vgl. Zöller, Michael, Das Recht des Einzelnen, Untertitel: Prinzip des Nichtwissens und Umkehr der Beweislast als Kern des Liberalismus, in : FAZ, 6. Jan. 2007, Nr.5, 13.
[619] Vgl. Ratzinger Vw.², 513.
[620] Vgl. Ratzinger, Vw.², 513; vgl. in Anm.: Lassalle, Bastiat-Schulze, S. 25 „im juristischen Gebiet" sei „allerdings die Selbstverantwortlichkeit unbedingter Grundsatz", während „im ökonomischen Gebiet jeder verantwortlich" erscheine „für das, was er nicht gethan hat". Denn „jeder Einzelne" werde, „ober er will oder nicht" hineingezogen „in den allgemeinen Wirbel des gesellschaftlich ökonomischen Schicksals", denn „das ökonomische Gebiet ist das Gebiet der gesellschaftlichen Zusammenhänge, der Solidarität, der Gemeinsamkeiten."
[621] Vgl. ebd. Vw.², 513.

jene „strategischen Entscheidungssituationen, bei denen das Verhalten des einzelnen auch vom Verhalten anderer beeinflußt wird – mit allen Formen sozialer Interaktion also"[622] zum Gegenstand hat. Demnach kann es in Konfliktsituationen „sinnvoll sein, sich Handlungsmöglichkeiten zu nehmen, um den anderen zum Einlenken zubringen", also das Herbeiführen einer beiderseitigen Erkenntnis, eines Interessensausgleichs, möglicherweise im Sinne einer Gleichgewichtssituation, wie sie im Marktgeschehen eben angestrebt wird.

5.1.2. Der „Kampf ums Dasein" als das maßgebliche Prinzip

Adam Smith, so betont nun *Ratzinger*, habe schon auf die Tatsache verwiesen, „daß durch den Concurrenzkampf allen untüchtigen Elementen der Untergang bereitet werde".[623] Entscheidend sei für diesen Konkurrenzkampf die „größere Tüchtigkeit", die „überlegene Kraft".[624] Dagegen komme die „ideale Tüchtigkeit" - dies bedeutet für *Ratzinger*: „Religiosität, Adel der Seele, Hingebung für Werke der Liebe, Begeisterung für Kunst und Wissenschaft u.s.w." - „im Concurrenzkampfe nicht in Betracht".[625] Das heiße also, daß sich im Konkurrenzkampf immer nur der Stärkere behaupten könnte. Entsprechend stellt *Ratzinger* fest, daß der „Kampf ums Dasein" zum maßgeblichen Prinzip erhoben worden sei, maßgebend für das Schicksal des Einzelmenschen wie für die ganze Menschheitsentwicklung, wobei man in dieser Maxime zugleich die einzige Quelle des Fortschritts erblickt habe.[626]

Hier liegt denn auch der Ansatzpunk für *Ratzingers* Kritik. Seine These: „Nichts ist unwahrer als die Behauptung von Smith und seiner Schule, daß sich im freien Concurrenzkampfe alle streitenden Interessen durch das bloße Gewährenlassen von selbst ins Gleichgewicht setzen, weil jeder seinen Vortheil am besten wahrnehme."[627] Die Umsetzung derartiger Theorien führen zur Beseitigung früherer Gesellschaftsstrukturen, mit den Worten *Ratzingers*: „Alle Gebäude wurden niedergerissen, um dem freien Wettkampfe, dem Kampfe um die Existenz, dem Vernichtungskampf für so viele, Raum zu schaffen". Die individuelle Freiheit, welche für die einen Wohlhabenheit und Genuß verbürge und für die anderen grausamer Vernichtungskampf bedeute, könne man aber nicht als ein „Naturgesetz" bezeichnen.[628]

Die Ursache für das 'Scheitern' der „freien Concurrenz" und das Nichterreichen des Gleichgewichtes zwischen den „streitenden Interessen" liegt, so *Ratzinger*, in der für seine Zeit vorherrschenden „Marktpreisbildung", denn er stellt fest: „An-

---

[622] Vgl. Ackermann, Rolf: Die neuen Ökonomie-Nobelpreisträger 2005: die Spieltheoretiker Thomas Schelling und Robert Aumann, in: Wirtschaftswoche Nr. 42, 13.10.2005, 38 f.
[623] Vgl. Ratzinger Vw.², 506.
[624] Vgl. Vw.², 508 bzw. Vw.¹, 6.
[625] Vgl. ebd., 508, Ratzinger spezifiert in Anmerkung.
[626] Vgl. Vw.², 506 bzw. Vw.¹, 3.
[627] Ebd., Vw.², 74.
[628] Vgl. Vw.², 507 bzw. Vw.¹, 5.

gebot und Nachfrage regeln aber keineswegs ausschließlich den Preis. Im Gegentheile ist es regelmäßig die Monopolkraft, welche die Preise bestimmt. Wenn Käufer und Verkäufer sich gegenüberstehen, so ist immer derjenige im Nachtheile, welcher sofort kaufen oder verkaufen muß; wer warten kann, wird schließlich den Preis bestimmen. Es ist deshalb immer der überlegene Besitz, das Kapital, welches, in der günstigen Lage, auf Kauf oder Verkauf vorerst verzichten zu können, den Preis bestimmt. Es stehen sich nur selten oder vielleicht niemals Gleiche gegen Gleiche gegenüber, sondern regelmäßig ist das Verhältniß des Besiegten, welcher den Frieden sucht, und des Siegers, welcher den Spröden spielt, der richtige Ausdruck für die Preisbestimmung. Der Kapitalist wirft das Brennusschwert in die Wagschale von Angebot und Nachfrage und bestimmt den Preis. Angebot und Nachfrage sind nur die Form der Preisbestimmung, den eigentlich bestimmenden Factor dagegen bildet die Monopolkraft."[629] Für *Ratzinger* eine Kernaussage, wie schon gezeigt, denn in seiner Analyse ist es immer wieder die Monopolkraft des Kapitals, „die überlegene Kapitalkraft", die im Markt bei Angebot und Nachfrage einen Gleichgewichtspreis verhindert.

Dies ergibt sich aber auch so nach *Adam Smith*. Ein funktionierender Markt setzt eine totale Preiskonkurrenz auf Anbieter- wie Nachfragerseite voraus, wenn die Waagschale von Angebot und Nachfrage den Gleichgewichtspreis erreichen soll, also wenn ökonomisch folgerichtig der „markträumende Preis" sich einstellt. Das entspricht dem Einwand *Ratzingers*; der kritisch anmerkt, daß sich im Marktgeschehen so gut wie nie „Gleiche gegen Gleiche gegenüberstehen". *Ratzinger* erkennt und anerkennt im Grundsätzlichen, daß hierzu, wie er an einschlägigen Stellen seiner Analyse einfordert, eine „wirklich freie" Konkurrenz, eine „wahre" Konkurrenz für einen funktionierenden Markt Bedingung ist.

Diese Grundüberzeugung *Ratzingers* zieht sich durch sein ganzes Werk, wobei besonders der Liberalismus mit seinen Grundannahmen von Egoismus und freiem Wettbewerb der Angelpunkt seiner Kritik zu sein scheint. Aber auch den Vertretern des Sozialismus warf er vor, daß für sie „die angeblichen Naturgesetze vom Vernichtungskampf, welche den Trieb um Existenz und Fortpflanzung entfache, von dem Wettkampf um Wohlleben, welchen der Egoismus veranlasse, unantastbare Sätze" seien: Die Sozialisten zögen also nur andere Schlußfolgerungen, während sie alle „Prämissen dieser nationalökonomischen 'Wissenschaft'" sich zu eigen machten. Wie bereits erwähnt: Die Grundlagen der „liberalen Ökonomie" und der „sozialdemokratischen Theorie" seien die gleichen, so *Ratzinger*, lediglich deren Nutzanwendung eine entgegengesetzte.[630]

Im Verhältnis von „Arbeit und Kapital" bringt *Ratzinger*, Egoismus und Wettbewerb analysierend, einen weiteren Gesichtspunkt zur Sprache, den Faktor Mensch: „Der Mensch ist keine Maschine, um sich durch Angebot und Nachfrage, wie durch Druck und Gegendruck beliebig in Bewegung setzen zu lassen, des Menschen Handeln wird wesentlich durch seinen Willen beeinflußt. Der Arme

---

[629] Ebd., Vw.², 209 f.
[630] Vgl. Vw.², 508 bzw. 1. Aufl. 6.

freilich wird durch die Noth gezwungen, sich gegen seinen Willen Nothpreise gefallen lassen zu müssen; der Besitzende dagegen im Vollbesitze seiner Freiheit und wirtschaftlichen Überlegenheit, kann die Wagschale des Preises zu seinen Gunsten zum Sinken oder Steigen bringen. Im Zustande der Noth und Hilflosigkeit sind fast immer und fast überall die industriellen Arbeiter, welche ihre Arbeitskraft verkaufen müssen, wenn sie nicht verhungern wollen."[631].

Über die Feststellung, der Arme müsse sich gegen seinen Willen Notpreise gefallen lassen, verweist *Ratzinger* in Anmerkung auf *Karl Marx*, der bereits darauf aufmerksam gemacht habe, daß innerhalb gewisser Grenzen durch die Überarbeit „die vom Kapital erpreßbare Zufuhr der Arbeit unabhängig werde von der Arbeiterzufuhr". Dazu bemerke *Marx* weiter: „Dieses Elementargesetz scheint den Herren von der Vulgärökonomie unbekannt, die, umgekehrte Archimedes, in der Bestimmung der Marktpreise der Arbeit durch Nachfrage und Zufuhr den Punkt gefunden zu haben glauben, nicht um die Welt aus den Angeln zu heben, sondern um sie stillzusetzen."[632] Eine Disparität zwischen dem Armen, hier dem mittellosen industriellen Arbeiter, und dem Besitzenden, wie *Ratzinger* sie anspricht. Diese offensichtliche Disparität, auch analog der Feststellung zu *Marx*, kann für *Ratzinger* nicht in der „Bestimmung der Marktpreise der Arbeit" gemäß einer liberalen neoklassischen Theorie überwunden werden. Im Kapitel zur Bestimmung des gerechten Lohnes und in der kritischen Analyse des sogenannten „ehernen Lohngesetzes" von *Lassalle* wird speziell diese Problematik weiterführend analytisch erörtert werden.

5.2. Die Kritik am Egoismus
5.2.1. Der Egoismus als unsittliches Prinzip

Für die Nationalökonomie sei, so konstatiert *Ratzinger*, der Egoismus Grundlage und Motiv der Wirtschaft. Da dieser aber „ein unsittliches Prinzip" sei, wirke er sich im wirtschaftlichen Leben wie auch auf moralischem Gebiet zerstörend aus[633], so *Ratzinger* noch 1881. Man müsse dem vielmehr jenes christliche Prinzip entgegensetzen, das das Neue Testament mit dem Satz umschreibe: „Liebe Gott über alles und deinen Nächsten wie dich selbst"[634]. Es gelte nicht nur für „die geistigen Beziehungen", sondern auch für das „Erwerbs- und Arbeitsleben". Die Gottes- wie die Nächstenliebe und nicht der Egoismus sind für *Ratzinger* beide zusammen das „Prinzip der Harmonie und des Fortschritts", sowohl im geistigen wie im wirtschaftlichen Leben, sie sind letztlich das „Grundgesetz der menschlichen Gesellschaft".[635]

Den Gedanken *Ratzingers* weiterführend, würde dann wohl ein 'kooperativer Egoismus' als doppeltes Liebesgebot eine gewisse Ausgewogenheit erfahren,

---

[631] Ratzinger Vw.², 210.
[632] Ratzinger Vw.², 210; in Anmerkung: Marx, Karl, Das Kapital, I, 310.
[633] Vgl. Ratzinger Vw.¹, 64: nur in 1. Aufl. vgl. Vw.², 77f.
[634] Ratzinger Vw.¹, 64 bzw.: Vw.², 191.Vgl. Mt.22, 37 und 39, 40.
[635] Vgl. Vw.², 123 bzw. Vw.¹, 101.

ohne zerstörerische Wirkung, insofern ein sozialethischer Bezug; zudem im Gottesbezug vertiefend eine metaphysische Begründung.

Ratzinger stellt weiterhin fest, daß sich erst in der Neuzeit „der leitende Theil der Gesellschaft in bewußten Gegensatz zur Forderung christlicher Gerechtigkeit und Liebe" gesetzt hätte. „Philosophie und Naturwissenschaft, Rechtslehre und Volkswirtschaft" seien ausgegangen vom „Egoismus des Individuums" und „construierten das Recht des Starken, welcher im Kampf um das Dasein auf Kosten der Schwachen sich entwickelt". Dies ist für ihn das „System des materialistischen 'Fortschritts'", es habe „mit allen christlichen Einrichtungen aufgeräumt", für dieses System gelte nur die Losung „Macht geht vor Recht".[636] In einer derartigen Haltung mag *Ratzinger* eine Pervertierung der Sittlichkeit der Gesellschaft gesehen haben, die es durch die christliche Wahrheit wieder umzugestalten gelte, wobei er als Mittel an eine Änderung des Systems der Erziehung und Bildung denkt.[637]

Als die sittlichen Grundlagen der Gesellschaftsordnung nennt er „Barmherzigkeit, Gerechtigkeit und Treue".[638] Und er stellt weiter fest, daß das Sittengesetz „Redlichkeit und Wahrheit, Treue und Glauben in der Zutheilung an den Nächsten" verlange, daß es aber „nur im Gewissen vor Gott" verpflichten könne und daher keine erzwingbare Norm darstelle. Gerade deswegen hebt er die Bedeutung des Rechts bzw. der Rechtsordnung hervor, denn besonders „im wirtschaftlichen Leben, in Aneignung, Erwerb und Austausch von Gütern" erzwinge das Recht die Ausübung der vom Sittengesetz geforderten „Tugenden der Wahrheit und Redlichkeit in Maß und Gewicht, in Aufrechterhaltung der Aequivalenz der Werte".[639]

Für *Ratzinger* besitzt also das Recht instrumentalen Charakter, wenn es um die Einhaltung des Sittengesetzes geht. Entsprechend wird auch der Egoismus des einzelnen in seine „sittlichen Schranken"[640] verwiesen; denn, so *Ratzinger*, das Recht grenze „den Pflichtenkreis gegen den Nächsten, gegen die Gesellschaft ab", erteile allerdings „auch dem Einzelnen einen Umfang von Befugnissen, in welcher niemand verletzend hineingreifen darf".[641] Ihm scheint daran zu liegen, daß jenes Maß an Rechtssicherheit gewährleistet wird, wodurch letzlich auch ein echter, d.h. funktionsfähiger Wettbewerb am Markt erst ermöglicht wird. In gewisser Weise fordert er also indirekt die Einhaltung bestimmter volkswirtschaftlicher Rahmenbedingungen des Marktgeschehens, ohne die eine „wirklich freie Konkurrenz", für die auch *Ratzinger* einzutreten scheint, nicht denkbar ist. Eine freiheitliche Wettbewerbsordnung muß immer auch auf ethischen und religiösen Überzeugungen beruhen, wenn sie als Regelmechanismus einem „unge-

---

[636] Vgl. Ratzinger Vw.², 150.
[637] Vgl. Vw.², 151.
[638] Vgl. Vw.², 41.
[639] Vgl. Vw.², 5.
[640] Vgl. Vw.², 7.
[641] Vgl. Vw.², 5.

zügelten" und insofern „unsittlichen" Egoismus entgehen will. Also eine christliche Wirtschaftsordnung ist eingefordert, die, wie auch *Ratzinger* fordert, den „Menschen als sittliche Persönlichkeit" respektiert, und zwar in einer Gesellschaftsordnung, die „echte Gemeinschaft" ermöglicht.

Dies bestätigt für die aktuelle Diskussion um die „Ethik des Wettbewerbs" in etwa auch *Karl Homann/Michael Ungethüm*[642], wenn beide darauf zu Recht hinweisen, daß in „einer Marktwirtschaft mit Wettbewerb", d.h. mit funktionierendem Wettbewerb, „unter einer geeigneten Rahmenordnung von dem Streben der einzelnen nach Vorteils- und Gewinnmaximierung auch die anderen Menschen Vorteile haben". Vorteile, die anfallen „in Form von Leistungsbeiträgen, guten, preiswerten, innovativen Produkten und Dienstleistungen, die über den Markt vermittelt werden". Beide schließen hieraus: „Markt und Wettbewerb können daher als institutionalisierte Form des Gebotes der Nächstenliebe unter den Bedingungen moderner Großgesellschaft verstanden werden." Wobei sie begründend auf *Kant* verweisen, der „das individuelle Vorteilsstreben", damit es sittlich ist, „lediglich unter eine 'einschränkende Bedingung' gesetzt" habe: nämlich „daß vom individuellen Vorteilsstreben die Rechte anderer nicht geschmälert werden". Bei einem genauen Hinschauen auf die „abendländisch christliche Ethiktradition", müsse man feststellen, so *Homann/Ungethüm*, „daß weder die goldene Regel noch das christliche Liebesgebot, noch der kategorische Imperativ von Immanuel Kant das individuelle Vorteilsstreben als solches moralisch ächten". Auch das christliche Liebesgebot laute „aus guten Gründen nicht": „Du sollst deinen Nächsten 'mehr' lieben als dich selbst". Es heißt vielmehr: „Du sollst deinen Nächsten lieben 'wie' dich selbst."[643] Selbstliebe ist gleichrangig zur Nächstenliebe.

Das 'individuelle Vorteilsstreben', als eine grundlegende Form menschlichen Verhaltens, kann somit als eine immanente Eigenschaft des Egoismus gedeutet werden. Dem Charakter als ein unsittliches Prinzip, wie *Ratzinger* den Egoismus als Motivation brandmarkt, wäre wohl auch im Sinne von *Ratzinger* die Schärfe genommen, wenn der Egoismus gemäß jener 'einschränkenden Bedingung' gestaltend zum tragen kommt, der die Rechte des Nächsten nicht schmälert. Instrumente hierzu wären Markt und Wettbewerb, genauer ein funktionierender Wettbewerb im Marktgeschehen. Egoismus als ein solches Prinzip, das die Nächstenliebe, die als christliche Nächstenliebe zugleich die Gottesliebe miteinschließt, worauf *Ratzinger* immer wieder hinweist, wäre unter jener 'einschränkenden Bedingung' auch in *Ratzingers* Analyse zur Egoismusproblematik kompatibel, wenn man einer Argumentation, wie sie *Homann/Ungethüm* schlußfolgernd darlegt, folgt. Dies muß nicht in Widerspruch zu jener Feststellung *Ratzingers* stehen: „Aus der sittlichen Erbärmlichkeit des puren Eigennutzes kann nie

---

[642] Vgl. Homann, Karl und Ungethüm, Michael: Ethik des Wettbewerbs, in FAZ, Nr. 143, 23.06.2007, S. 11.
[643] Ebd.

etwas Großes hervorgehen."⁶⁴⁴ Gemeint ist hier die Form des 'puren', des rücksichtslosen Egoismus, ohne Rückbindung an andere Werte. Oder ist nicht schon dann ein 'gebändigter' Egoismus möglich, wenn auf dem Markt ein funktionierender Wettbewerb herrscht, wie ihn etwa die Ordoliberalen regulieren:

Für die Ordoliberalen war eine „durch Wettbewerb gekennzeichnete Marktwirtschaft als solche sozial", wobei das Attribut „sozial" als Begriff für den ordoliberalen *Wilhelm Röpke* mit „human" austauschbar zu sein scheint.⁶⁴⁵ Das Wort „sozial" im Begriff „Soziale Marktwirtschaft" stehe aber „für den Staat als handelndes Subjekt der Gesellschaft („societas")", dem lediglich die Aufgabe zukomme, „die konkurrenzbestimmende wirtschaftliche Rahmenordnung" zu schützen, um eine „Schwächung des Wettbewerbs durch die Bildung von Kartellen und Monopolen", eine „Tendenz, die der Wirtschaft selbst innewohnt", zu verhindern. Diesen Zweck soll heute das Gesetz gegen Wettbewerbsbeschränkung (GWB) gewährleisten.⁶⁴⁶ Eine Rahmenordnung also, die, wie *Homann/Ungethüm* zu Recht vermerkt, „die wettbewerblichen, das heißt von Eigeninteressen dominierten, Handlungen so kanalisiert, daß der 'Wohlstand für alle' herauskommt"⁶⁴⁷.

Auch *Ratzinger* fordert bereits sogenannte „Organe der Gesamtheit zur Preisbestimmung"⁶⁴⁸ als Garantie, damit bei der „Marktpreisbildung" „die Concurrenz eine wirklich freie werde". Das Sittengesetz fordere „im Wirtschaftsleben Gerechtigkeit". „Da aber das Sittengesetz wohl verpflichtet, aber nicht zwingt, muß gegen Störungen, welche unter Verletzung des Sittengesetzes, in die Rechtssphäre des Nächsten eingreifen, im positiven Rechte eine erzwingbare Norm vorhanden sein"⁶⁴⁹, eine Verpflichtung, die dem Staat zufällt. Für *Ratzinger* eine „Macht, welche die Zutheilung der Rechtssphäre vornimmt, gegen jede Störung Schutz bietet und gegen Gewaltthat Sühne gewährleistet". Denn, so *Ratzinger*, „das Sittengetz fordert Gerechtigkeit"⁶⁵⁰.

5.2.2. Der Egoismus charakterisiert als „antisozial"

Der antisoziale Charakter des Egoismus zeigt sich für *Ratzinger* vor allem in der Ausbeutung der Schwachen, das heißt genaugenommen derjenigen, die der Kapitalkraft entbehren. Diese Ausbeutung vollziehe sich in der Form des Wuchers und des gewinnbringenden bzw. „unproduktiven" Erwerbs, d.h. des Erwerbs ohne Arbeit.⁶⁵¹ Egoismus ist in diesem Zusammenhang „nackte Geldgier". Und in der Frage der Ausbeutung des Arbeiters, der Arbeit, habe sich *Marx* „ein gro-

---

⁶⁴⁴ Ratzinger Vw.², 191, Zitat aus: Riehl, W.H., Die deutsche Arbeit, 107, eine Feststellung der sich Ratzinger anschließt.
⁶⁴⁵ Vgl. Buchheim, Christoph: Soziale Marktwirtschaft, in FAZ, Nr.141, 21.06.2007, S. 9.
⁶⁴⁶ Vgl. ebd.: GWB, Kartellverbot seit 1957, festgelegt vom Alliierten Kontrollrat 1947.
⁶⁴⁷ Homann/Ungethüm, FAZ, Nr.141, 21.06.2007, S. 9.
⁶⁴⁸ Ratzinger Vw.², 18 f.
⁶⁴⁹ Vw.², 21.
⁶⁵⁰ Vw.², 21.
⁶⁵¹ Vgl. Vw.², 147 f.

ßes Verdienst erworben, daß er eingehend die Frage der Arbeitszeit behandelte und nachwies, wie seit Ausgang des Mittelalters bis tief ins 19. Jahrhundert herein das Kapital im Bunde mit den Regierungen die Ausbeutung der Arbeit planmäßig betrieb"[652]. Für den Kapitalisten sei die Arbeitskraft nur eine Ware, deren Preis sich regle nach Angebot und Nachfrage, so daß bei Vorliegen der Monopolkraft in der Hand des Kapitalisten die Ausbeutung die Regel zu sein scheine.

Die Feststellung, daß der Egoismus antisozial sei,[653] analysiert *Ratzinger* insbesondere bei der Erörterung der Arbeitszeitproblematik und der Arbeiterschutzfrage, wobei er sich gerne auf Karl Marx beruft[654]. Wozu Egoismus und Gewinnsucht fähig seien, das zeige sich in der Arbeitszeitfrage. Man verlängere die Arbeitszeit ins Maßlose, „nur um den Lohn zu drücken und den Profit zu schwellen", und dies „nicht etwa aus Mangel an Arbeitern". Das unsoziale Verhalten besteht also darin, daß die große Zahl der Arbeitslosen als Mittel dazu ausgenutzt wird, den Lohn der in Arbeit stehenden Menschen zu drücken. „Während Hunderte von Arbeitern keine Beschäftigung fanden, wurden Tausende durch Überarbeit zu Tode gemartert".[655] Die unsoziale Folge eines solchen Systems sei, daß auf der einen Seite viele dem Hungertod preisgegeben seien, weil z.B. der Ernährer einer Familie keine Arbeit findet, und auf der anderen Seite ruinierten sich die zur Überarbeit Verurteilten geistig und körperlich.

Die Fabrik als „riesiges Arbeitshaus für die Manufakturarbeiter" erschien als „Haus des Schreckens". Nachdem das Kapital Jahrhunderte gebraucht habe, „um den Arbeitstag bis zu seinen normalen Maximalgrenzen (acht Stunden) und dann über diese hinaus bis zu den Grenzen des natürlichen Tages von zwölf Stunden zu verlängern, erfolgte nun, seit der Geburt der großen Industrie im letzten Drittel des 18. Jahrhunderts, eine lawinenartig gewaltsame und maßlose Überstürzung. Jede Schranke von Sitte und Natur, Alter und Geschlecht, Tag und Nacht wurde zertrümmert."[656] Am historischen Verlauf festhaltend, stellt *Ratzinger* an anderer Stelle ergänzend fest: „Bei Ausdehnung des Maschinenbetriebes zu Beginn des 19. Jahrhunderts wurde die Arbeitszeit bis zu 20 Stunden ausgedehnt, was eine vollständige Entartung der Arbeitsmassen in körperlichem Verfalle und in geistig-sittlichem Cretinismus zur Folge hatte, ... die Arbeitszeit hatte nur noch Schranken in der physischen Unmöglichkeit", als Folge der Gewinnsucht, wobei der „Industrialismus den Charakter der christlichen Arbeit als eines von Gott gegebenen Berufes und Amtes verwischte".[657]

Die öffentliche Moral, das Aufziehen einer tüchtigen Bevölkerung und die Hinführung der großen Masse des Volkes zu einem vernünftigen Lebensgenuß verlangten dagegen, daß ein Teil eines jeden Arbeitstages für Erholung und Muße

---

[652] Vgl. Ratzinger Vw.², 208, in Anm. Marx a.a.O. I, 750.

[653] Vgl. Vw.², 235 bzw. Vw.¹, 193.

[654] Vgl. Vw.², 208 bzw. Vw.¹, 178, in Anm. Marx a.a.O., I,750.

[655] Vw.², 233 bzw. Vw.¹, 191.

[656] Vw.², 234.

[657] Vgl. Vw.², 229.

reserviert bleiben müsse, auch das eine „selbstverständliche" Forderung der Kirche, die darüber hinaus mehr denn je auf der Einhaltung des Sonn- und Feiertaggebotes bestehe.[658] Die Forderung für *Ratzinger* lautet daher: „Abkürzung der Arbeitszeit für alle Arbeiter und Festsetzung einer Maximalgrenze".[659] Die Erfahrung bestätige, „daß höhere Löhne und kürzere Arbeitszeit mit weit intensiverer Arbeitsleistung Hand in Hand gingen"[660].

Ratzinger fordert eine gesetzliche Regelung für einen Normalarbeitstag. Diese sei sowohl im Interesse der Arbeiter, als auch jener Minderzahl von Fabrikanten nötig, „welche von humanen, christlichen Grundsätzen sich leiten lassen", zumal die Fabrikanten in einer Situation seien, in der „die freie Konkurrenz die möglichste Ausbeutung zu einem äußeren Zwangsgesetz" für sie werde, „dem sie sich fügen müssen".[661] Auch der Arbeiter ist mit einer Zwangssituation konfrontiert; wie die Antwort eines englischen Fabrikarbeiters gegenüber einem Fabrikinspektor zeigt (als Zitat von *Marx* übernommen): „Wenn wir die längere Arbeitszeit verweigern, nehmen sofort andere unsere Stelle ein. Für uns steht die Frage so: entweder die längere Zeit arbeiten oder auf dem Pflaster liegen."

Für *Marx* steht fest: „Die Kapitalisten hatten also eine famose Zwickmühle sich geschaffen, um die Arbeiter bei niedrigstem Lohne zur Überarbeit zu zwingen", und das nannte sich nun: „Freiheit der Arbeit". Hieraus die Schlußfolgerung aus der Erfahrung jenes englischen Fabrikinspektors: „Weitere Schritte zur Reform der Gesellschaft sind niemals mit irgend einer Aussicht auf Erfolg durchzuführen, wenn nicht zuvor der Arbeitstag beschränkt und seine vorgeschriebene Schranke stricte erzwungen wird."[662]. Das ist eine Forderung, die sich um 1900 durchzusetzen begann. Angemerkt sei in diesem Zusammenhang, daß z. B. für die Fabrik Villeroy & Boch, Mettlach, in der Arbeitsordnung von 1892 für die Arbeiter eine „regelmäßige tägliche Arbeitszeit auf 10 Stunden festgesetzt" war, mit der Ausnahme vor „Sonn- und Feiertagen" auf 9 Stunden reduziert war; für die Angestellten dagegen ein 8 Stunden Arbeitstag. In der Schweiz, Österreich und in Frankreich lag die tägliche Regelarbeitszeit um 1888 noch bei 11 Stunden.[663]

Der antisoziale Egoismus offenbart sich auch in der Ausnützung der Frauen und Kinder als billige Arbeitskräfte, die insofern den Lohn noch zusätzlich herunter-

---

[658] Vgl. Vw.², 235 bzw. Vw.¹, 193, mit Verweis auf: v. Hertling, Naturrecht und Socialpolitik, 47 ff.
[659] Vw.², 232 und Vw.², 229, in: 1. Aufl. 189 näher spezifiziert: 12 Stunden einschließlich Mahlzeiten, 10 Stunden für reine Arbeitszeit.
[660] Vw.², 229.
[661] Vgl. Vw.², 233.
[662] Vw.², 233, Marx, K. Das Kapital, I 287, zitiert hier den englischen Fabrikinspector Horner mit der Aussage des Arbeiters. Vgl. Marx ebd. 269, 306.
[663] Vgl. Gorges, Karl-Heinz, Der christlich geführte Industriebetrieb im 19. Jahrhundert und das Modell Villeroy & Boch, Stuttgart 1989, 124 und in Anmerkung: Archiv Villeroy und Boch, Bereich VII, 218 und vgl. Zeitschrift Arbeiterwohl, Mönchengladbach Jg 8 (1888), 198.

drückten und entsprechend den Profit erhöhten. In Anlehnung an einen britischen „Enquête-Bericht"[664] bringt *Ratzinger* eine konkrete Situationsanalyse der Frauen- und Kinderarbeit in der Fabrik entsprechend all ihren unmenschlichen Schattierungen mit der Gefahr sittlicher und geistiger Verrohung. Insbesondere der verheirateten Frau mit Kindern sollte die Fabrikarbeit verboten werden; die Gesetzgebung dürfe ihre soziale Stellung und Verpflichtung als Mutter, Erzieherin und Hausfrau, worin ihr eigentlicher Beruf bestehe, nicht verkennen.[665] Die Fabrikarbeit entfremde die verheiratete Frau von ihren eigenen Kindern und ihrer Familie. Das Verbot gelte auch für die Arbeit von Kindern in der Fabrik, wobei die Gesetzgebung aber bereits die Beschäftigung von Kindern unter 14 Jahren verboten habe.[666]

Neben den ausführlichen Hinweisen auf die menschenunwürdigen und gesundheitsschädlichen Verhältnisse der Frauen- und Kinderarbeit in der Fabrik stellt *Ratzinger* die negativen Rückwirkungen auf das Familienleben wie auch auf die Institution „Christliche Familie" als „Grundlage der Gesellschaft"[667] heraus. Er betont in diesem Zusammenhang, daß die christliche Familie „aus keinerlei Rücksichten materiellen Erwerbs" zerstört werden dürfe; die Familie gewährleiste erst die Erziehung der Kinder wie auch „die Erhaltung des religiös-sittlichen Charakters von Mann und Weib". Neben dieser religiös-sittlichen Bedeutung sei die Familie aber auch „als ökonomischer Mittelpunkt" von solcher Wichtigkeit, daß dies keineswegs durch einen zusätzlichen Fabrikverdienst der Fabrik aufgeworfen werden könne. Derartige Mehreinnahmen würden bereits durch die dann notwendigen Mehrausgaben für „fertige Kleider" und „bereitete Speisen" aufgezehrt.

Die Forderung nach einem Beschäftigungsverbot für verheiratete Frauen in Fabriken ist für *Ratzinger* zusammenzudenken mit der sozialpolitischen Forderung nach einem familiengerechten Lohn, d.h. der Lohn der Familienväter sei derart heraufzusetzen, daß der Unterhalt der Familie gesichert sei.[668] Dabei sei es Pflicht der Regierenden, die „Erhaltung des Familienlebens in der ganzen menschlichen Gesellschaft" zu gewährleisten, d.h. Schutz des Familienlebens nach innen, wie auch Schutz der Institution Familie in ihrer gesellschaftspolitischen Funktion. Dieser Familienschutzgedanke muß für *Ratzinger* in der „Arbeiterschutzgesetzgebung" mit berücksichtigt werden, wie überhaupt in der von ihm mehrfach geforderten „internationalen Normierung der Arbeitsbedingungen"[669], um so dem unsozialen Egoismus entgegenzuwirken. *Ratzinger* spricht auf diese

---

[664] Vgl. Ratzinger Vw.², 205. Der „Enquéte-Bericht" des britischen Parlamentes sei auch von Karl Marx zitiert.
[665] Vgl. Vw.², 228 bzw. Vw.¹, 188; stärker fordernd in Vw.¹, 187.
[666] Vgl. Vw.², 228, anders in Vw.¹, 188, Ratzinger fordert dies hier für die Kinder unter 13 Jahren.
[667] Vgl. Ratzinger Vw.², 227 bzw. Vw.¹, 187; Ratzinger erweitert seine Gedankengänge mittels Zitaten aus der Schrift Freiherr von Hertling, Naturrecht und Sozialpolitik.
[668] Vgl. Vw.², 227 bzw. Vw.¹, 187.
[669] Vgl. Vw.², 226, 229, 358.

Weise eine Fülle von empirischen Sachverhalten an, die eine egoistische Grundhaltung im aufkommenden Fabrik- und Industriezeitalter im 19. Jahrhundert als unsozial charakterisieren.

5.3. Kritik an der freien Konkurrenz

5.3.1. Aus ökonomischer Sicht

Ratzinger entlarvt den „egoistischen" Konkurrenzkampf als das Geheimnis, „mit möglichst geringen Kosten einen möglichst hohen Gewinn zu erzielen, und zwar möglichst rasch". Das Motto einer so gearteten egoistischen Ausbeutung laute „Nach uns die Sintflut", was zur Folge habe, daß man „der Natur die Pflege" und „dem Arbeiter den ihm gebührenden Lohn" versage. Gemeinsames Ziel der sonst im Konkurrenzkampf uneinigen Fabrikanten sei ein „möglichst hoher eigener Profit". Als Mittel dazu diene ein „möglichst niedriger Lohn" und eine „möglichst hohe Arbeitszeit". Als Folge dieses Strebens, das *Ratzinger* als unsittlich abqualifiziert, ergeben sich für ihn jene fortwährenden Krisen, die die Situation des Arbeiters zusätzlich verschlechtern. Der Hintergrund hierzu ist jener für die ökonomische Analyse *Ratzingers* grundlegend wichtige volkswirtschaftliche Sachverhalt, der auch in der Auseinandersetzung mit *Marx* für *Ratzinger* eine Rolle spielt, wie er für seine Zeit beobachtet, denn: „Das hastige Streben nach Gewinn schafft Ueberproduktion, und der geringe Lohn der Arbeiter benimmt der Gesellschaft die Mittel zum Consum." Das heißt für *Ratzinger* ökonomisch korrekt: „Produktion und Consumtionsfähigkeit decken sich nicht mehr", für ihn ist dies, modern umschrieben, der Indikator für 'Konjunkturkrisen', indem er folgert: „und dann tritt die Krise oder der Krach ein, ein in England und seit 1873 auch in Mitteleuropa chronisch gewordener Zustand."[670] Also 1873 offensichtlich jene sogenannte Gründerkrise in Deutschland, mit der man heute in der Sozial- und Wirtschaftsgeschichte die auch hier von *Ratzinger* angesprochenen wirtschaftlichen Krisenerscheinungen der genannten Epoche umschreibt.[671]

In einer in groben Zügen wohl zutreffenden ökonomischen Analyse nennt *Ratzinger* als Ursache der Wirtschaftskrise seiner Zeitepoche, warum sich Produktion und Konsumtionsfähigkeit nicht mehr deckten, wenn er analog zu *Marx* den „Grundwiderspruch der kapitalistischen Gesellschaft"[672] darin erkennt, daß die Produktion nicht nach den Bedürfnissen der Gesellschaft gestaltet, sondern an dem Gewinninteresse der Kapitalisten ausgerichtet werde. Hastiges Gewinnstreben schaffe aber Überproduktion, und ein geringer Arbeitslohn entziehe der Gesellschaft auch noch die Mittel zum Konsum, mindere also die Kaufkraft der breiten Masse der Bevölkerung. Ökonomisch betrachtet, versteht *Ratzinger* die Probleme zwischen Produktion und Konsumtion von der Nachfrageseite her, wenn er schreibt: „Nicht der eingebildete Kapitalfonds ist die bewegende Macht für die Production, sondern das Bedürfniß, die Consumtionskraft; deshalb darf

---

[670] Vw.², 215 bzw. Vw.¹ 185.
[671] Vgl. F. W. Henning, Die Industrialisierung in Deutschland 1800 bis 1914, Paderborn 1923, 203 f.
[672] Vgl. Jürgen Kromphardt, Wachstum und Konjunktur, Göttingen 1972, 223.

nicht der mögliche Kapitalgewinn, sondern muß die mögliche Theilnahme aller an den Arbeitsproducten, die Pflege der Consumtion Ziel der Volkswirtschaft sein."[673]

Für *Ratzinger* galt es, und dies in jener depressiven Konjunkturphase nach 1873 wohl zu Recht, der ungenügenden Konsumgüternachfrage von seiten der Arbeiterklasse, bedingt durch das erfolgreiche Niedrighalten der Löhne am Subsistenzminimum, entgegenzuwirken. Bewußt attackiert er die Vertreter der „kapitalistischen Doktrin",[674] d.h. also die Klassiker der Nationalökonomie, die in der Tat in ihren wachstumstheoretischen Vorstellungen in einem unzureichenden Angebot die Begrenzung des Wachstums und des Fortschritts sahen, deren primäres Interesse also der Kapitalakkumulation galt, wobei sie die Nachfrage vernachlässigten.[675] *Ratzinger* kritisiert dementsprechend jenen „Fatalismus der Doktrin", der weiterhin eine Politik erneuter Produktsteigerung und Lohnminderung vorschlage, während er „in der Hebung der Konsumtionsfähigkeit" der Arbeiterschaft, also Beseitigung der Unterkonsumtion, das vorrangige Ziel der Volkswirtschaft erblickte.[676]

Die These *Ratzingers*, die in seiner Analyse der Volkswirtschaft immer wieder auftaucht, lautet: „Nicht von einem vorhandenen Kapitalfonds hängt die Beschäftigung der Arbeiter ab, sondern von der Consumtionsfähigkeit. Es kann Kapital in großem Ueberflusse geben, und dennoch feiern die Hände des Arbeiters, wie dies heute überall in der Welt thatsächlich der Fall ist. Die Ursache liegt in dem Mangel an Consum, an Nachfrage nach Arbeitsproducten." Und dann seine zentrale These: „Der Consum ruft die Production hervor, nicht das Kapital. Letzterem fällt nur die Aufgabe zu, dem Bedürfnisse des Consums entgegenzukommen."[677]

Diese Forderung *Ratzingers*, Einfluß zu nehmen auf die gesamtwirtschaftliche Nachfrage, um jene Balance 'zwischen Produktion und Cunsumtionsfähigkeit' wiederherzustellen, wirft die interessante Frage auf, ob nicht *Ratzinger* sich eigentlich ziemlich früh schon mit ökonomischen Problemen und deren Lösung befaßt hat, die zur Bewältigung von Konjunkturkrisen führen, wie dies viel später erst *John Maynard Keynes* (1883-1946) formuliert hat. Auch *Keynes* entwickelte sein System in einer Zeit der Weltwirtschaftskrise, die „gekennzeichnet war durch andauernde Unterbeschäftigung von Arbeit und Kapital". In dieser Situation, in der „das Produktionsvolumen und dessen Wachstum nicht vom Angebot an Produktionsfaktoren begrenzt" wurde, d. h. von der Angebotsseite her, sondern von der Nachfrageseite: das Produktionsvolumen und das Wachstum „fanden ihre Grenze von der gesamtwirtschaftlichen Nachfrage" her. *Keynes*

---

[673] Vw.², 519 bzw. Vw.¹, 144.
[674] Vgl. Vw.², 215 bzw.Vw.¹ 186.
[675] Vgl. Kurt Elsner, Wachstums- und Konjunkturtheorie, in: KVWL, 3. Aufl. 1 (1972) 246.
[676] Vgl. Vw.², 216 bzw. Vw.¹ 186.
[677] Vw.², 517.

konnte daher „von den Angebotsfaktoren weitgehend abstrahieren"[678]. Beiden ging es um die Steigerung der Konsumtionsfähigkeit der Nachfrager, für *Keynes* darum, makroökonomisch ein Marktgleichgewicht herzustellen. Als die Nachfrage steigernde Instrumente forderte *Keynes* für seine Epoche Steuersenkungen und höhere Staatsausgaben unter bestimmten Bedingungen, während sich für *Ratzinger* die Frage stellte, wie erreiche ich es, daß „zwischen Produktion und Konsumtion ein Ebenmaß bestehen" soll, denn „beide müssen gleichen Schritt halten, wenn nicht Störungen und Krisen eintreten sollen"[679].

Die Krise in *Ratzingers* Zeit eskalierte; und hinter den steigenden Produktionsmöglichkeiten jener Zeit blieb die Konsumgüternachfrage immer weiter zurück. Für *Ratzinger* war „der egoistische Concurrenzkampf" nicht in der Lage, dieser Entwicklung entgegenzuwirken. Darum fordert er „den Bruch mit diesem Prinzipe", denn dieses sei nicht in der Lage, die individuellen Interessen auszugleichen, der Unternehmer trachte „nach möglichst hohem Reingewinn" und der Arbeiter wolle „höchstmöglichen Lohn", mit der Konsequenz „gegenseitiger Entfremdung und Befehdung".[680]. Soweit an dieser Stelle bereits zu jenem Sachverhalt, bzw. zu jenem Dissens zwischen „Arbeit und Kapital", welchem *Ratzinger* in einem eigenen Kapitel nachgeht, indem er die Möglichkeit einer „Wiedervereinigung von Arbeit und Kapital" zu beantworten sucht.

5.3.2. Aus sozialethischer Sicht

Aus der Sicht *Ratzingers* sind „der ehrliche Besitz und die ehrliche Arbeit" nur dann „eine Rettung", wenn dem „Bruche mit diesem Prinzipe der egoistischen Concurrenz" zugleich die „Rückkehr zu den christlichen Grundsätzen der Gerechtigkeit, der Liebe und der gegenseitigen Hilfe und Unterstützung" verbunden ist. Er spezifiziert diesen sozialen Pflichtenkreis und fordert die Anerkennung sowohl „der Ehre der Arbeit", die ihres Lohnes wert sei, als auch „der Pflichten des Besitzes".[681] Der egoistische Konkurrenzkampf mißachte dagegen die Würde des Menschen, d.h. das „Recht der freien Persönlichkeit, das Recht des Arbeiters", welches vorrangig zu schützen sei. Die Arbeiterfrage bilde daher auch „den hervorragendsten Teil der wirtschaftlichen Mißstände" seiner Epoche.[682] Für *Ratzinger* ist die letzte Verursachung, liegt die eigentliche „Wurzel des Übels, welches wir soziale Frage nennen, in einer falschen Zweckbestimmung der Produktion",[683] wie er mehrfach betont. Für den Kapitalisten ziele die ausschließliche Zweckbestimmung der Produktion auf das Erreichen von Profit. Der Arbeiter erscheint nur noch „als Mittel zum Profitzwecke".

---

[678] Kromphardt, Jürgen, Wachstum und Konjunktur, Göttingen, 1972, 23 f.
[679] Ratzinger Vw.², 371 bzw. Vw.¹, 327.
[680] Vgl. Vw.², 217.
[681] Vgl. Vw.², 217 bzw. Vw.¹, 183.
[682] Vgl. Vw.², 213 bzw. Vw.¹, 183.
[683] Vgl. Vw.², 217.

Damit kommt er, wiederum analog zu *Karl Marx*, zu der Feststellung, daß der Arbeiter dem Kapital gegenüber „nichts als eine Ware" sei.[684] Entsprechend dem Warencharakter aber ist der Arbeiter dem Arbeitsmarkt ausgeliefert und damit einer kapitalistischen Ausbeutung. Die Verschlechterung der Arbeitsstellung und die Abhängigkeit eben von der Monopolmacht sind für ihn schon deshalb von selbst gegeben, da es noch an einer Organisation der Arbeiter mangele, die er beim System der freien Konkurrenz für notwendig zu halten scheint.[685]

Wie wenig aber das Konkurrenzsystem Spielraum lasse für ein sittliches Verhalten, zeigt sich für *Ratzinger* in der Tatsache, daß selbst der humanste Unternehmer zu den allgemeinen Mitteln der Ausbeutung greifen müsse, er müsse billig produzieren, um einer sonst vernichtenden Konkurrenz zu begegnen.[686]

5.4. Zusammenfassende Beurteilung der egoistischen Konkurrenz

Im gesamten Werk von *Ratzinger* findet sich eine Vielzahl von Stellen, wo er teils differenziert, teils pauschal gegen ein konkurrenzwirtschaftliches System polemisiert. Dennoch kann man indirekt aus seinen Ausführungen schließen, daß er es als einen Wirtschaftsmechanismus mit entsprechender Eigengesetzlichkeit versteht, keineswegs aber im Sinne einer Naturgesetzmäßigkeit gemäß der englischen klassischen Nationalökonomie verstanden wissen will. *Ratzinger* modifiziert aber sein Urteil gegenüber der liberalen Wirtschaftsauffassung seiner Zeit, wenn er meint, man brauche „von den 'Errungenschaften' nichts zu opfern". Seien die von ihm geforderten Reformen durchgeführt, dann erst könne „von wirklich 'freier Concurrenz' die Rede sein", während zu seiner Zeit die Konkurrenz nur ein Monopol des Kapitals sei.[687] Monopole aber bedeuten ökonomisch die Ausschaltung der Konkurrenz. Er lehnt also im Endeffekt eine liberale Wirtschaftsverfassung nicht ab, obwohl er auch Korrekturen, wie z.B. die Forderung nach Errichtung berufsgenossenschaftlicher Organisationen, anbringen möchte, die aber, so *Ratzinger*, die individuelle Initiative nicht ausschließen dürfen,[688] denn die Freiheit der Person wird sich erst bestätigen können, wenn sie in der „Genossenschaft" bzw., anders formuliert in der 1. Auflage, „in der 'Teilhaberschaft' eine materielle Unterlage und einen sicheren Boden hat"; diese Freiheit bedeute aber zu seiner Zeit lediglich „'frei' sein von Produktionsmitteln".[689]

Grundlegend für das Entstehen neuer Organisationen sei aber der Geist und die moralische Kraft, von der eine Gesellschaft beherrscht sei. Werde sie getragen von Gerechtigkeit und christlicher Liebe, dann erlange die Gesellschaft den Charakter einer gemeinsamen Familie, einer solidarischen Einheit. Im umgekehrten

---

[684] Vgl. Vw.², 466, Vw.², 357.
[685] Vgl. in Anmerkung Vw.², 212 bzw. Vw.¹, 182.
[686] Vgl. Vw.², 357.
[687] Vgl. Vw.², 464 bzw. Vw.¹, 406.
[688] Vgl Vw.², 464 f.; Abschnitt über die Berufsgenossenschaftliche Organisation neu eingefügt, vgl. Vw.¹, 406 f.
[689] Vgl. Vw.², 464; für das Wort Genossenschaft steht in Vw.¹ 406 noch das Wort Teilhaberschaft.

Sinne sprenge die Selbstsucht, der Egoismus langfristig alle Organisationen, vernichte alle bindenden Kräfte und gebe Raum für die Willkür der Macht des Stärkeren. Er fordert darum zunächst eine Gesinnungsreform im christlichen Geiste, die dann auf der Basis der gewonnenen wirtschaftlichen Entwicklung schließlich in eine angemessene Organisation aus sich heraus, also quasi von selbst, einzumünden habe.[690] Nach der Meinung *Ratzingers* muß also die geforderte Gesinnungs- eine Zuständreform nach sich ziehen.[691]

Der Ausgangspunkt, den *Ratzinger* für die Beurteilung wirtschaftlicher Zusammenhänge wählt, ist kein wertneutraler, auch kein rein mechanistischer, sondern ein anthropologischer; für ihn steht der Mensch im Mittelpunkt der Wirtschaft, und deren Endzweck ist darum für ihn nicht die Produktion von Gütern,[692] sondern letztlich die christliche Option; nämlich das Heil des Menschen. Aus dieser Sicht erfahren daher Egoismus und Konkurrenz ihre entsprechende, je eigene und doch zueinander bezogene und ausgewogene Bewertung.

---

[690] Vgl. Vw.², 247 bzw. Vw.¹, 204.
[691] Vgl. hierzu F. J. Stegmann, Von der ständischen Sozialreform zur staatlichen Sozialpolitik. Der Beitrag der HPBl zur Lösung der sozialen Frage. In: Politische Studien, München, Beiheft 4 (1965) 43.
[692] Vgl. Vw.², 269 bzw. Vw.¹, 218.

Teil III
Ratzingers kritische Analyse der Volkswirtschaft

1. Kap.: Zur Ausgewogenheit von „Armut und Reichtum"

1.1. Die Befreiung aus Knechtschaft und Armut
1.1.1. Freiheit und Gleichheit konstitutiv für das Christentum

Dem Heidentum und der griechisch-römischen Kultur gegenüber, so konstatiert *Ratzinger*, beginne „das Recht des Individuums erst mit dem Christentum". Denn für das Christentum trage „jeder Mensch das Ebenbild Gottes, seines Schöpfers, eine unsterbliche Seele, in sich". Diese Seele bilde zudem „die eigentliche Würde des Menschen" und dies unter jenem Heilsaspekt, den *Ratzinger* anschließend hervorhebt: „Jesus Christus hatte Menschengestalt angenommen, um Seelen zu erlösen und zu retten."[693] Mit dem „Recht des Individuums als selbständige Persönlichkeit mit eigenen Interessenkreisen" habe sich dann eine „großartige Entwicklung geistiger Befreiung" und als Folge daraus materielle Befreiung herausgebildet, wie sie sich im Laufe der „Geschichte christlicher Civilsation" zeige.[694].

Dieser Befreiungsakt für das Individuum begründe aber nicht nur „seine persönliche geistige Freiheit (liberté)", also „nicht bloß das Recht des Individuums", wie *Ratzinger* feststellt, sondern er beinhaltet zugleich „auch die Gleichheit (egalité) aller Menschen vor Gott".[695] Dies habe das Christentum immer gelehrt. In Ergänzung attackiert *Ratzinger* ausdrücklich die Losungsworte der Französischen Revolution, wenn er schreibt: „Diejenigen, welche den Ruf: Freiheit und Gleichheit! erhoben haben und damit das Christenthum entwurzeln zu können glaubten, wußten gar nicht, daß sie diese Begriffe nur den Lehren des Christentums verdanken." Und weiter stellt er klar: „Die berühmte Humanität des Heidenthums kannte weder Begriff noch Wesen von menschlicher Freiheit und menschlicher Gleichheit." Diese christliche Deutung von menschlicher Freiheit und menschlicher Gleichheit beziehe sich „aber nur auf das Verhältnis zu Gott, in welchem jede Seele ihren Ursprung und ihr Endziel hat. Reißt man das Individuum aber von Gott los", so verliere die menschliche Seele ihren Ursprung und ihr Ziel. Sich versenkend in die Materie verliere der Mensch seine Würde, der Macht des Stärkeren unterlegen werde er unfrei. Indem *Ratzinger* warnend hinzufügt: „Jede materialistische Zeitrechnung wird darum in naturgemäßer Entwicklung in Unfreiheit enden".

---

[693] Vw.², 46.
[694] Vgl. Vw.², 47.
[695] Vgl. Vw.², 47.

Mit Beginn des Christentums werde Freiheit und Gleichheit jedem Menschen zugesprochen. Denn, so ergänzt *Ratzinger*, für den Christen besitzt jeder Mensch, „der Sklave so gut wie der römische Cäsar", jenes „Kleinod einer unsterblichen Seele, das Abbild Gottes"; wobei er betont, daß „Freiheit und Gleichheit im christlichen Sinne" sich „aber nur auf das Verhältnis zu Gott , in welchem jede Seele ihren Ursprung und ihr Endziel hat",[696] beziehe. *Ratzinger* beklagt die Situation in der griechisch-römischen Kulturwelt, die „als voll berechtigten Menschen nur den Staatsbürger" berücksichtigte, dies bedeutete, daß „nur der physisch und wirtschaftlich Starke, der Reiche und Mächtige in den vollen Genuß dieser Rechte gelangen konnte". „Der Schwache, der Kranke, der Arme, die Frau, das Kind, sie waren alle rechtlos und von der Willkür der Familienhäupter abhängig." Selbst „in die Familie war ... der Mord eingedrungen, indem die väterliche Gewalt über Leben und Tod des Kindes nach Willkür verfügte"[697]. Und die Sklaven jener Epoche, „welche den größten Theil der damaligen Gesellschaft bildeten", wurden bei Krankheit und Invalidität „ohne Erbarmen dem Tode geweiht". *Ratzinger* stellt weiter fest: „Für die armen Kranken gab es keinerlei Hilfe, das ganze Alterthum kannte kein Krankenhaus, das Spital ist die Erfindung christlicher Liebe." *Ratzinger* verweist zur weiteren Begründung an dieser Stelle auf seine Publikation zur „Geschichte der kirchlichen Armenpflege", seine preisgekrönte Dissertation aus dem Jahre 1868.[698]

Ratzinger konkretisiert diese negative Bewertung des Armen und Schwachen als rechtloses Objekt in der Antike, indem er darauf hinweist, daß „für die Armen ... selbst bessere Geister, wie Cicero und Seneca, nur wegwerfende Worte" hatten, „sie erklären Mitleid und Barmherzigkeit als Schwäche und Fehler des Charakters", und *Horaz* habe nur Spott und Schmähworte für die „schmutzige Armut" übrig; *Virgil* rechnet zu den Eigenschaften eines Weisen, „daß er niemals Mitleid für Arme zeige". Für die herrschende Ansicht im griechischen Volke zitiert *Ratzinger* den Athener bei *Plato*, wonach in jedem Staat ein Gesetz erlassen werden solle mit der Bestimmung: „Kein Armer darf im Staate sein; solche Leute werden verbannt aus den Städten, vom Forum und aus dem Lande, so daß kein solches Thier im ganzen Staate sich finde."[699] Und *Ratzinger* ergänzt: auch „bei allen Heidenvölkern" finde sich „dieselbe Mißachtung der Armen und Schwachen".

Gänzlich anders dagegen dokumentiere sich das Neue der christlichen Botschaft in jener Stelle aus dem Matthäusevangelium, die „die Anfrage des hl. Johannes

---

[696] Vgl. Vw.², 47.
[697] Vw.², 45, zitiert ohne Verfasserangabe den Artikel „Von der Wohlthat Christi" im XL. Bande der Histor.-pol. Bl.
[698] Vgl. Vw.², 45, in Anmerkung: „Vgl. Ratzinger, Geschichte der kirchlichen Armenpflege."
[699] Vw.², 45 f. Ratzinger zitiert Cicero, Oratio pro Murena 29-30; Seneca, De clementia II, 4. 5., Horaz zitierend: „Ingens vitium, magnum opprobrium, immunda pauperies sind die Bezeichnungen, welche der Dichter der Armut immer beifügt"; Virgil, Georg. II,49. Plato, De legibus lib. 11.

des Täufers, ob Christus der versprochene Erlöser sei", beinhaltet, und die die Antwort Jesu wiedergibt: „Kehret zurück und meldet..., den Armen wird das Evangelium verkündet. Und selig ist, wer daran sich nicht stößt".[700] Auf diese Weise „Arme, Hilflose, Leidende" im Blick, zitiert *Ratzinger* die Seligpreisungen der Bergpredigt: „Selig sind die Armen im Geiste, denn ihrer ist das Himmelreich:..."; für *Ratzinger* beginnt somit erst mit dem Christentum der Weg historisch aus Knechtschaft und Armut im Unterschied zu den Verhältnissen im Heidentum und zu jener griechisch-römischen Kulturepoche. Der geistigen Befreiung, das heißt mit dem „Recht des Individuums als einer selbständigen Persönlichkeit mit eigenem Interessenkreise", so *Ratzinger*, „folgte allmählich die materielle Befreiung, die Aufhebung unwürdiger Sklavenbanden," oder wie er auch casuistisch formuliert: „Der Sklave, der Proletarier, der Arme und Hilflose, das mißachtete Weib, das verlassene Kind, sie alle besitzen eine unsterbliche Seele, für deren Erlösung der Gottmensch selbst Knechtsgestalt annahm und den Tod am Kreuz erlitt."[701]

So öffnet sich *Ratzingers* Analyse von Armut und Reichtum für eine eschatologische Interpretation, denn die Lehre Christi beinhalte gleichermaßen „geistige Erlösung und wirtschaftliche Befreiung." Eine Aussage und Entwicklung, die *Ratzinger* unter das Leitwort aus dem Matthäusevangelium stellt: „Suchet zuerst das Reich Gottes und seine Gerechtigkeit, alles übrige wird euch beigegeben werden." Dieses Matthäuswort bezeichnet *Ratzinger* als „das Grundgesetz in der christlichen Gesellschaft",[702] und an anderer Stelle bezeichnet *Ratzinger* dieses Gesetz in seinem Kapitel zu „Theorie und Praxis" als „die wunderbare Ordnung in allen menschlichen Verhältnissen", wodurch „des Menschen gesamtes Leben und jegliche Thätigkeit die richtige Werthbeziehung erst erlangt, je nachdem er dem höchsten Gute, seinem Schöpfer, zustrebt oder davon sich abwendet." Hieraus zieht *Ratzinger* den Schluß: „In ersterem Falle dient ihm alles zum Besten, in letzterem Falle entspringt Unheil aus Unheil. Die That der Abwendung von Gott muß fortzeugend Böses gebären. Und wie beim Einzelnen, so ist es bei der ganzen menschlichen Gesellschaft."[703] Die christliche Lehre ist auf das Heil, auf das ewige Heil des Menschen als anzustrebendes Ziel ausgerichtet. Mithin scheint hier auch eine metaphysische Sicht in der Begründung von menschlicher Freiheit und menschlicher Gleichheit angesprochen.

1.1.2. Materieller Reichtum und freiwillige Armut

Die Gleichheit aller vor Gott und die individuelle Freiheit, mit dem Nächsten den eigenen materiellen Überfluß zu teilen, veranlaßt *Ratzinger* zu einem exegetischen Hinweis zu jener Seligpreisung der Bergpredigt: „Nur die Armen im Geiste oder, besser übersetzt, die freiwillig Armen sind für das Reich Gottes, zur Seligkeit berufen." Zur weiteren Begründung verweist *Ratzinger* auf seine

---

[700] Vgl. Vw.², 45, Matth. 11, 3 ff.
[701] Vw.², 46.
[702] Vgl. Vw.², 47, Matth. 6, 33.
[703] Vw.², 364.

Schrift „Geschichte der Armenpflege" und hält mit *Bossuet*[704] die Übersetzung „selig sind die 'freiwillig Armen'" für gerechtfertigt; denn: „Es ist nicht eine intellektuelle Beziehung, sondern die sittliche Willensrichtung, welche in Frage steht".[705] Wobei „beide Auffassungen" für *Ratzinger* dennoch ihre Berechtigung haben, denn die „gewöhnliche Übersetzung: 'die Armen im Geiste', findet in dieser Stelle die Seligpreisung der ‚Demüthigen', indem Liebe zur Armuth und Liebe zur Demuth sich nicht ausschließen, sondern sich ergänzen."

Das Bild vom Armen und Reichen, beide gleichermaßen im Brennpunkt zueinander stehend, weist indirekt auf eine gewisse anzustrebende Ausgewogenheit zwischen „Armuth und Reichthum" mittels 'freiwilliger' Armut hin. *Ratzinger* stellt fest: „Mit dem Ausdrucke 'arm im Geiste' ist der bewußte, freiwillige Verzicht auf Begierlichkeit und Luxus ausgedrückt." Darum ist für ihn „derjenige Arme, welcher der Begierlichkeit nach Besitz und Genuß unterliegt, ebenso vom Himmelreich ausgeschlossen wie derjenige Reiche, welcher sich nicht des Stolzes und der Lust an seinem Reichtum, sich nicht der Habsucht und der Genußsucht entschlägt"[706], oder anders ausgedrückt: „Nicht jeder Arme ist damit selig gepriesen, sondern nur jener, welcher, mit seinem Lose zufrieden, seine Hoffnung auf Gott setzt, nicht nach Besitz und Genuß lüstern ist." Andererseits wird „nicht jeder Reiche" ob seines Besitzes vom Himmelreich ausgeschlossen, sondern nur derjenige, der seine Hoffnung auf den Besitz baut und sein Herz an Geld und Gut hängt.[707]

In diesem Zusammenhang und unter ergänzendem Hinweis auf *Augustinus* begründet *Ratzinger* seine Ansicht über die Berechtigung von Besitz, von Reichtum: „Der Reiche braucht nicht auf den Besitz zu verzichten, aber er ist verpflichtet, sein Herz davon zu trennen. Er soll die irdischen Dinge benutzen, soweit sie nothwendig sind; sie sollen ihm dienen, nicht aber soll er, wie dies so häufig geschieht, ihr Sklave werden. Sein Geist soll über sie erhaben sein, so zwar, daß er jederzeit bereit ist, den Besitz als treuer Verwalter Gottes mit Umsicht zu vertreten, wie auch auf ihn zu verzichten und ihn zu verlieren, wenn es so im Willen der Vorsehung gelegen ist."[708] *Ratzinger* unterläßt es nicht, darauf zu verweisen, daß „gegen die Manichäer, welche jeden Besitz für sündhaft erklärten", der hl. *Augustinus* „die sittliche Berechtigung des Reichthums" verteidigte.[709] Die Lebenssituation des Reichen wie die des Armen sind sittlich unterschiedlich zu gewichten; für *Augustinus* sei es „weniger schwierig und leichter, gar nichts zu besitzen, als Reichthum zu besitzen, ohne daran sein Herz zu hängen". Darum folgert *Ratzinger*: „Die größern Pflichten, welche der Besitz von

---

[704] Vgl. Vw.², 48, Hinweis auf Bossuets Sermon sur l'éminente dignité des pauvres.
[705] Vw.², 48, in Anmerkung: „über die Erklärung dieser Stelle vgl. die 'Geschichte der Armenpflege'" vom Autor Georg Ratzinger, vgl. Reprint der Auflage von 1884, 14, 290.
[706] Vgl. Vw.², 48.
[707] Vgl. Vw.², 48f.
[708] Vw.², 49, in Anmerkung Augustinus, De libero arbitrio lib. 2 (Mauriner Ausgabe I, 683), mit Hinweis auf: Cf. De civitate Die lib. 19, c. 17.
[709] Vgl. Vw.², 51.

selbst mitbringt, machen das Leben des Reichen ebenso peinlich und sorgenvoll wie dasjenige des Armen."

In der Bergpredigt, so *Ratzinger*, „in welcher der freiwillig Arme selig gepriesen wurde, ist auch für die Reichen das Mittel der Erlösung, der Erhebung, der Beseligung ausgesprochen"[710]. An anderer Stelle geht er noch genauer darauf ein: „Nicht die materielle Armut für sich führt zur Seligkeit, sondern die um Gottes willen ertragene, die frei erwählte Armut."[711] Der hl. *Bonaventura* lehre: „Nicht die Armut, sondern die Liebe zur Armut ist Tugend."[712] *Ratzinger* ergänzt aus eschatologischer Sicht: „Die Liebe zum Armen wird darum den Maßstab der Liebe zu Gott bilden beim letzten Gericht."[713] Der „freiwilligen" Armut scheint aus dieser exegetischen Sicht eine gewisse Funktion als Ausgleichsprinzip zu „materiellem" Reichtum zuzufallen. Für die Reichen wird die „freiwillige Armut" zum „Mittel der Erlösung", wobei sittliches Handeln, einer sittlichen Willensrichtung entsprechend, auch nur die Folge einer freiheitlichen, freiwillig getroffenen Entscheidung sein kann. Eine derart tätige „freiwillige Armut" weist auf eine barmherzige Gesinnung in der Hingabe von materiellem Überfluß hin, so daß für einen derart handelnden Menschen im Sinne jener Stelle der Bergpredigt ebenfalls gilt: „Selig sind die Barmherzigen, denn sie werden Barmherzigkeit erlangen."[714]

1.2. Brüderlichkeit zwischen Armen und Reichen

1.2.1. Modelle der Brüderlichkeit und ihr Ursprung in der Liebe zu Gott

Wenn es um die Bewertung und gesellschaftliche Einordnung von Brüderlichkeit, brüderlicher Liebe, Nächstenliebe geht, dann steht für *Ratzinger* die biblische Sicht im Vordergrund, und zwar zuvörderst jene paulinisch-christologische Sicht des Kolosser- und des Epheserbriefes, wobei *Ratzinger* in seinen Worten formulierend jene grundlegende Glaubenswahrheit herausstreicht: „Das Reich, welches Jesus Christus auf Erden gründete, ist das Reich der Gerechtigkeit und der Liebe". Gerechtigkeit und Liebe, Ordnungsprinzipien, die sich einander bedingen, veranschaulicht am Formmodell „Familie". *Ratzinger* schreibt: „Die ganze menschliche Gesellschaft bildet nur eine Familie, deren Haupt Gott selbst ist; alle Menschen sind als Angehörige einer Familie Brüder und sollen mit brüderlicher Liebe einander zugethan sein. Durch den Eintritt des Gottessohnes in diese Familie ist er selbst ein Menschensohn, ein Bruder geworden und hat allen ein Beispiel der Liebe gegeben, welche sich opferte bis zum Tode am Kreuze. Diese Liebe müssen alle diejenigen, welche Christen sein und zur ewigen Seligkeit gelangen wollen, nachahmen."[715] *Ratzinger* fährt fort, indem er die Heilige

---

[710] Vw.², 55, in Anmerkung Augustinus, De moribus eccles. Cath. Liv. 1 (Minge I, 703) mit Zitat im Orginal.
[711] Vw.², 58.
[712] Vgl. Vw.², 58, Bonaventura, Medit. Vitae Christi c. 43.
[713] Vw.², 54.
[714] Vgl. Vw.², 55 und 45: Math. 5,3-10; Luc. 6,20-26.
[715] Vw.², 52 mit Hinweis auf Kol. 3,13 und Eph. Kap. 4.

Schrift zitiert: „Dies ist mein Gebot, daß ihr einander liebet, wie ich euch geliebt habe"[716], „Einer ist euer Vater, der im Himmel ist, ihr aber seid alle Brüder ..., meine Brüder"[717], „Seid also barmherzig, wie auch euer Vater barmherzig ist"[718]. Alle Schriftzitate haben als Maßstab und Handlungsmaxime eine gelebte brüderliche Liebe zum Inhalt.

Die Form der Familie als Modell, als Garant für gelebte Brüderlichkeit, findet sich in *Ratzingers* Forderung wieder: „Alle sollen nur eine große Familie von Brüdern bilden, die den himmlischen Vater einmüthig preisen, gegenseitig sich zärtlich lieben und in Liebe sich gegenseitig unterstützen." Gemäß der Aufforderung des hl *Paulus* im Brief an die Korinther, in der Übersetzung *Ratzingers*: „Der Überfluß des einen soll dem Mangel des anderen abhelfen, auf daß Gleichheit sei, wie geschrieben steht: Wer vieles, hatte nicht Überfluß, und wer wenig, hatte nicht Mangel."[719] So gesehen wäre diese Regel, würde sie subsidiär und aus freien Stücken befolgt, praktizierte Verteilungsgerechtigkeit. „Mit dieser Lehre" ergibt sich für *Ratzinger*, „stürzte der Gegensatz der Nationen ebenso wie die Feindseligkeit der sozialen Ungleichheit." Ganz im Sinne des hl *Paulus*, denn „da ist nicht Heide, nicht Jude, nicht Barbar, nicht Scythe, nicht Knecht, nicht Freier."[720]

Die Bedeutung der brüderlichen Liebe spiegelt sich nun im „Doppelgebot der Liebe"[721], der Gottes- und Nächstenliebe wider. *Ratzinger* verweist auf das Herrenwort: „Wahrlich ich sage euch, was ihr einem dieser meiner geringsten Brüder gethan habt, das habt ihr mir gethan"[722], woraus für *Georg Ratzinger* folgt: „Die Liebe zum Nächsten hat ihren Ursprung in der Liebe zu Gott, ist ebenso unverletzlich wie diese, von ihr unzertrennlich," oder, inhaltlich analog und aktuell, in den Worten seines Großneffen, mit Papst *Benedikt XVI.* ausgedrückt: „Gottes- und Nächstenliebe verschmelzen: Im Geringsten begegnen wir Jesus selbst, und in Jesus begegnen wir Gott." So ausgesprochen sollte es dem Christen leichtfallen, den Verpflichtungsgrad des Herrenworts anzunehmen, denn so zitiert wiederum *Ratzinger* den Evangelisten weiter: „Was ihr einem der Geringsten nicht gethan habt, habt ihr mir nicht gethan."[723] Daraus folgt eine christologische Bewertung der Hinwendung zum Armen, denn so *Ratzinger*: „Im

---

[716] Vw.², 52: Joh. 15,12.
[717] Vw.², 52: Math. 23, 8.9; 18,10, Joh. 20,17.
[718] Vw.², 52: Luc. 6,36.
[719] Vw.², 53: vgl. 2 Kor. 8, 14, 15. Vgl. Einheitsübersetzung: „Im Augenblick soll euer Überfluß ihrem Mangel abhelfen, damit auch ihr Überfluß einmal eurem Mangel abhilft. So soll ein Ausgleich entstehen".
[720] Vw.², 53 : Kol. 3,11.
[721] Vgl. hierzu: *Benedikt XVI.*, Enzyklika, DEUS CARITAS EST (DCE), 25. Dezember 2005, Verlautbarungen des Apostolischen Stuhles Nr. 171 ‚I. Teil, Abschnitt 16: „Gottes und Nächstenliebe"; vgl. analog zu Vw.², 53.
[722] Vgl. *Benedikt XVI.:* DCE Abschn. 15: zitiert Mt 25,40; ebenso Vw.², 53: Text in Anm. 3: Matth. 25,40.
[723] Vw.², 53: Matth. 25,40, vgl. Benedikt XVI, DCE, Abschn. 15,23 Mt 25,40.

Armen muß man Christus verehren, und wer den Armen vernachlässigt, versündigt sich gegen den Gottmenschen selbst." Wenn so die Nächstenliebe „ein Theil des Gott geschuldeten Gehorsams" bildet, so ist sie zugleich „ein Gott dargebrachtes Opfer, ein Gottesdienst", und doch darüber hinaus „mehr als alle Brandopfer und andere Opfer."[724]

Eine derartige Liebe zum Nächsten gilt nun „jedem" Nächsten: „Diese Liebe zu den Armen darf sich nicht bloß auf diejenigen beschränken, welche uns selbst zugethan sind", so *Ratzinger* mit dem Hinweis auf Matthäus: „Wenn ihr nur die liebet, welche Euch lieben, was sollt ihr da für einen Lohn haben? Thun das nicht auch die Zöllner?"[725]. Also eine Liebe, die nicht nur auf die „Solidargemeinschaft", die uns „zugethan ist", beschränkt bleibt. Um einen ähnlichen Gedanken aus der Enzyklika Papst *Benedikts XVI.* aufzunehmen: Der „Begriff 'Nächster' wird universalisiert", so der Papst, und er verweist auf das Gleichnis vom barmherzigen Samariter.[726]

Diese Nächstenliebe gegenüber jedem, angesichts eines Notleidenden, gegenüber der Bedürftigkeit des Armen, fordert die Verpflichtung zur Barmherzigkeit ein, denn so *Ratzinger*: „Der Gebende soll nicht die Ausflucht gebrauchen, daß dieser oder jener Arme selbst an seinem Unglücke und Elende schuld sei, wie man dies so häufig hört, um sich der Pflicht der Barmherzigkeit entschlagen zu können." Ein Urteil über diesen oder jenen Armen, dessen Bedürftigkeit, steht also dem Gebenden nicht zu, denn Christus habe „diesen Trugschluß im tiefsten Grunde des egoistischen Herzens" erkannt „und kam ihm zuvor": „Richtet nicht, so werdet ihr nicht gerichtet werden; verdammt nicht, so werdet ihr nicht verdammt werden. Vergebet, so wird euch vergeben werden."[727] - „Wie oft muß man seinem Bruder vergeben, vielleicht siebenmal?" fragte Petrus. Jesus habe ihm erwidert: „Ich sage dir, nicht siebenmal, sondern siebenzigmal siebenmal"[728], d. h. „jedesmal". Auch der hl. *Chrysostomus* bemerke „mit Recht, der Barmherzige solle kein Richter sein", und „aus Ängstlichkeit immer nur prüfen wollen, ob der Bittende des Almosens auch würdig sei, ... dann dürfe man bald niemanden mehr finden, den man unterstützen könne, da niemand ohne Fehler sei"[729].

Die menschliche Selbstsucht sei freilich „der starken Versuchung ausgesetzt, an jedem Armen Tadelhaftes zu finden, um sich der Pflicht der Barmherzigkeit entschlagen zu können" Dies sei auch der Grund, warum die Kirchenväter vor Rigorismus warnten. Darum gebe derselbe *Ambrosius*, „welcher vor der Unterstützung arbeitsscheuer Vagabunden warnte", dennoch den Rat, „nicht ängstlich nach der Würdigkeit zu forschen."[730] Für den Geber einer Gabe gilt, daß er diese

---

[724] Vgl. Vw.[2], 53 Mark. 12,33.
[725] Vw.[2], 53, Matth. 5,46.
[726] Vgl. *Benedikt XVI.*: DCE Abschn. 15 (vgl. Lk. 10,25-37).
[727] Vgl. Vw.[2], 53. In Anm. Hinweis auf Luc. 6,37.38.
[728] Zitat aus Matth. 18,21.22.
[729] Vw.[2], 58: in Anm. 7: Chrys., Concio 2 de Lazara; Hom. 35 in Matth. C. 3.
[730] Vgl. Vw.[2], 58: in Anm. 5.: De Nabuth c. 8.

„mit Discretion, mit Bescheidenheit und Demuth" darreiche, entsprechend der Ermahnung des Evangelisten: „Hütet euch, daß ihr eure Gerechtigkeit nicht übt vor den Menschen, damit ihr von ihnen gesehen werdet, ... wie die Heuchler in den Synagogen und auf den Gassen thun, damit sie von den Menschen gepriesen werden. Wahrlich sage ich euch, sie haben ihren Lohn schon empfangen. Wenn du aber Almosen gibst, so soll deine linke Hand nicht wissen, was deine rechte tut, damit dein Almosen im Verborgenen bleibe, und dein Vater, der im Verborgenen sieht, wird es dir vergelten."[731]

1.2.2. „Gott ist die Liebe" als Ausgangspunkt der Brüderlichkeit

Wenn die Liebe zum Nächsten ihren Ursprung „in der Liebe zu Gott" hat, so deswegen, weil dem vorausgeht, daß Gott die Liebe ist. *Ratzinger* geht aus vom „Beispiel der Liebe",[732] das Gott in Jesus Christus, dem Menschensohn, in seinem Opfertod am Kreuze gab. Dieses Heilsgeschehen war demnach auch für *Ratzinger* ʻzuerstʼ da, und hieraus folgt die Aufforderung Jesu: Liebt einander, „wie ich euch geliebt habe".

Dem entsprechend läßt Papst *Benedikt XVI.* seine erste Enzyklika mit dem berühmten Johannes-Zitat „Deus caritas est" (1 Joh 4, 8) beginnen, das zugleich zu ihrem Titel wird. Sie spricht von einer „Liebe in ihrer radikalsten Form",[733] einer Liebe, die sich im Handeln Gottes offenbart, derart, „daß Gott in Jesus Christus selbst dem ‚verlorenen Schaf', der leidenden und verlorenen Menschheit, nachgeht ... In seinem Tod am Kreuz vollzieht sich jene Wende Gottes gegen sich selbst, in der er sich verschenkt, um den Menschen wieder aufzuheben und zu retten"[734]. „Gott ist Liebe" - „Deus caritas est"[735]. Und so verweist das Handeln Gottes darauf, daß „Gott uns zuerst geliebt hat"[736].

Die inhaltlichen, spirituellen, vom zentralen Heilsmysterium motivierten Übereinstimmungen dieser Enzyklika mit den Aussagen von *Georg Ratzinger* sind erstaunlich. *Georg Ratzinger* bezeichnet die so definierte Liebe als „das Grundgesetz der menschliche Gesellschaft";[737] und für Papst *Benedikt XVI.* gilt Ähnliches: „Die Art, wie Gott liebt, wird zum Maßstab menschlicher Liebe." Diese Liebe – so *G. Ratzinger* – „ist vom Glauben an Christus, den Weltheiland unzertrennlich"[738].

Die Betrachtungen über die Liebe als „das Grundgesetz der menschlichen Gesellschaft" bringt *Ratzinger* in seiner „Volkswirtschaft" direkt im Anschluß an seine zentrale Bewertung jener für ihn quasi dualistischen Gesellschaftsformen - Liberalismus und Sozialismus -, wobei beide von ihm im zentralen Kapitel „Ei-

---

[731] Vgl. Vw.², 53 f, in Anm. 1: Matth.6,1-4.
[732] Vgl. Vw.², 52.
[733] Vgl. *Benedikt XVI.*, DCE, Abschnitt 12.
[734] Ebd.
[735] Ebd. Texthinweis (1 Joh. 4,8).
[736] Ebd. Einführung, Abschn. 1.: vgl. Analogie zu Ratzinger Vw.², 52.
[737] Vgl. Vw.², 140.
[738] Vw.², 139 f.

genthum und Communismus" behandelt wurden. Die Passagen über die Liebe stehen natürlich auch in kausalem Zusammenhang zur Thematik von „Armut und Reichtum". *Ratzinger* wählt als Ausgangspunkt für seine Betrachtung über die brüderliche Liebe die folgende Feststellung: „Der Liberalismus hat das Recht der freien Persönlichkeit, der Socialismus das Gesetz der Solidarität der christlichen Wahrheit entnommen; aber die einen lehrten die Freiheit ohne Liebe und opferten die Armen, die anderen lehrten die Solidarität ohne Liebe und opferten die Reichen. Das erste ist grausam, gibt die große Mehrzahl dem Elende preis; das andere ist zwecklos, denn es beraubt die Reichen, ohne die andern erheben zu können. Die Freiheit ohne Liebe endet im erbitterten Klassengegensatze, im Krieg aller gegen alle, im wilden Kampfe um das Dasein. Die Solidarität ohne Liebe endet im Zwange, in einer communistischen Organisation des Zuchthauses für alle."[739]

Aus dieser Erkenntnis ergibt sich für *Ratzinger* eine gewisse Verurteilung beider Gesellschaftssysteme, indem er begründend festhält: „Die Freiheit des Individuums haben sie begriffen, und das Gesetz der Solidarität haben sie erkannt. Aber die Liebe fehlte dem Liberalismus, und darum artete er in Herzlosigkeit aus; die Liebe mangelte dem Sozialismus, und darum muß er zum Zwange greifen. Die Liebe ist ein Geschenk Gottes, und von Gott will der Liberalismus so wenig wie der Sozialismus etwas wissen, und darum verfielen sie in gefährliche Irrthümer, an deren Folgen die heutige Gesellschaft so tief leidet."[740] Eine Erkenntnis, die an Aktualität nichts eingebüßt hat und deren Begründung auch Gegenstand der weiteren Analyse sein wird.

1.2.3. Brüderlichkeit im Spannungsfeld von Freiheit und Gleichheit

Man könnte *Ratzingers* Feststellungen dahingehend interpretieren, daß nur eine gelebte Freiheit unter der Bedingung von Gleichheit und Brüderlichkeit auch die Freiheit der anderen respektiert, d.h. die Freiheit des einen wird durch die Freiheit des anderen begrenzt und garantiert. Selbst die praktizierte Solidarität wäre ohne gewährte Freiheit, d.h. ohne die freie Willensrichtung, Brüderlichkeit zu gewähren, keine wahrhaftige Solidarität, sondern gesetzlich entzogene Handlungsspielräume wären die Folge, also ein Zwangsverhalten, das subsidiäres Eintreten für andere, wie etwa in vielfältigen Formen der Selbstverwaltung, unmöglich macht. *Ratzinger* verweist auf die mittelalterliche Zunftverfassung, nach der die Gemeinde „erst subsidiarisch"[741] helfend einzugreifen hatte, z.B. „durch Bau von Spitälern, Krankenhäusern und sonstigen Institutionen allgemeiner Natur". So war „die Fürsorge der Zünfte, Vereine und Bruderschaften", so *Ratzinger* ergänzend, „allein hinreichend, um Witwen und Waisen zu unterstützen, in Krankheitsfällen die nöthige Hilfe zu gewähren."

In diesem Sinne war es Hilfe („subsidium") zur „Selbsthilfe". Derartige Beispiele finden sich aber auch im 19 Jh., nachweislich bei Neugründungen von Fabri-

---

[739] Vw.², 139.
[740] Vw.², 139, textgleich mit Vw.¹, 114.
[741] Vw.², 190.

ken, breitflächig in Zentraleuropa. Viele von ihnen kann man als „christlich geführte Industriebetriebe" bezeichnen, nachweislich jene mit ihren sogenannten „Musterstätten sozialer Fürsorge"[742], Beispiele von vielfältigen betrieblichen Wohlfahrtseinrichtungen im 19. Jh.[743], eine Organisationsstruktur, eine subsidiäre oder Zuständigkeitsregel aufweisend, ganz im Sinne „eines Aufbauprinzips sozialen Handelns", wie es *A.-F. Utz*[744] bezeichnen würde.

Ein Subsidiaritätsgedanke wird erkennbar, eben im Sinne von subsidiärem sozialem Handeln, wohl verpflichtend, wenn auch nicht rechtlich bindend, denn „subsidiär" versteht sich als 'Hilfe zur Selbsthilfe'. Dies ist auch die Sicht im Werke von *Ratzinger*. Allerdings spricht er noch nicht von einem „Subsidiaritätsprinzip".[745] Der Subsidiaritätsgedanke steht aber Pate, wenn es um das Spannungsfeld von Freiheit, Gleichheit und Brüderlichkeit geht, wo jene wesentlichen sozialethischen Grundüberzeugungen der Gesellschaft gewissermaßen in ihrer Beachtung im Gleichgewicht zu halten sind. Drei Begriffe, die je für sich, aber zugleich auch als Gefüge in ihrer Kombination und Korrelation zu beachten sind.

Der Gedanke der „Brüderlichkeit" als Synonym zum Begriff der „Solidarität" neigt dazu, zumal in einer Mehrheitsgesellschaft, zu gesetzlicher Fixierung als Anspruch zugunsten der Gesellschaft, zur Vorrangigkeit gesellschaftlichen Handelns auszuarten. Insbesondere wenn es um Forderungen nach Gleichheit, nach Beachtung „sozialer Gerechtigkeit" geht, Forderungen, welche in direktem Spannungsfeld zur „Freiheit" des Individuums stehen, denn der Egoismus des einzelnen, als maßgebliche Triebfeder im Handeln des Menschen nach individueller Freiheit, trachtet ebenso danach, sich Geltung zu verschaffen, gesellschaftliches Handeln zu dominieren. Ein Spannungsfeld also, das seine, am Menschen orientierte, Ausgewogenheit finden sollte.

Solidarität begründet Pflichten für den einzelnen und die Gemeinschaft, jedoch als sittliche, moralische Verpflichtung, nicht als gesetzlich festgeschriebener Zwang. *Ratzinger* formuliert in diesem Sinne: „Grenzt die Gerechtigkeit den Kreis der individuellen Befugnisse ab, sichert sie die Freiheit des Individuums, der Persönlichkeit, so entspricht die Liebe dem Gesetz der Solidarität und der Einheit des Menschengeschlechtes; sie regelt die Beziehungen des Individuums

---

[742] Cathrein, Viktor, Moralphilosophie, Freiburg, (4)1904, Bd. II, 606.
[743] Vgl. Gorges, Karl-Heinz, Der christlich geführte Industriebetrieb im 19.Jh. und das Modell Villeroy & Boch, Stuttgart 1989, 66, 359, 288f.: der Verfasser unterscheidet zwischen „originären" Wohlfahrtsinstitutionen im innerbetrieblichen Bereich und „subsidiären", jedoch betriebsbezogenen Wohlfahrtseinrichtungen im außer- oder überbetrieblichen Bereich, wobei in der „Antonius-Bruderschaft" von 1848 der Fabrik der Gedanke der Solidarität und Subsidiarität Pate stand, seitens des Arbeiters wie seitens der Fabrikleitung. Vgl. ebd. 185.
[744] Vgl. Schulin, Bertam, in FAZ Nr. 149, 1. Juli 1989, Wirtschaft: 13, Titel: Von der Freiheit zur Brüderlichkeit; mit dem Verweis auf Utz, A.-F., Formen und Grenzen des Subsidiaritätsprinzips.
[745] Vgl. Päpstlicher Rat für Gerechtigkeit und Frieden, Hrsg.: Kompendium der Soziallehre der Kirche, Freiburg 2004, Nr. 185 ff., bzw. Seite 146 ff.: Prinzip der Subsidiarität.

zur Gesamtheit. Man kann diese Solidarität theoretisch leugnen und praktisch verleugnen, man kann die Liebe für überflüssig und die Gerechtigkeit als allein hinreichend erklären, wie dies in der Gegenwart so häufig geschieht, aber dann rächt sich das verletzte Gesetz der Solidarität, und was die Liebe nicht frei geben will, ertrotzt sich mit Gewalt der communistische und socialistische Zwang."[746]

Auch für *Utz* „befindet man sich im Spannungsfeld von Individuum und Gesellschaft"[747], sobald das Eigenrecht des Individuums, - im demokratisch organisierten Staat als das Vorrecht des Individuums „vor jeglicher obrigkeitlicher Regulierung", als „erstes Element des Subsidiaritätsprinzips", ins Gemeinwohl der Gesellschaft als das zweite Element des Subsidiaritätsprinzips, in Beziehung tritt. Dieses Spannungsverhältnis kann nur durch eine Wertabwägung aufgelöst werden, mittels Ermessungsurteil mit moralischer Bewertung. Die sachgerechte Anwendung des Subsidiaritätsprinzips liegt für *Utz* „in der Abwägung des Verhältnisses von 'notwendig' und 'soweit wie möglich'".[748] Hinsichtlich der Pflichtenverteilung unterscheidet *Utz* „scharf zwischen zwei Pflichten der Gemeinschaft: nämlich zwischen der Pflicht dem Einzelnen gegenüber und der Pflicht als solche der Gesamtheit gegenüber, das heißt im Hinblick auf Organisation und Institution". Das „eigenständige Interesse nichtstaatlicher Organisationen ... als Institution Hilfe zu leisten", setzt den Freiheitsschutz voraus, aber erfordert zugleich die Unterstützung durch die Gesamtgesellschaft. Aus dem Gemeinwohlauftrag des Staates leitet *Utz* die staatliche Verpflichtung ab, für geeignete subsidiäre Institutionen Sorge zu tragen, welche die solidarische Einzelhilfe leisten können.[749]

Daran gemessen betont *Ratzinger* also ebenfalls eindeutig die Vorrangigkeit subsidiären Verhaltens, wenn es gilt, praktische Solidarität zu üben, Brüderlichkeit unter Beweis zu stellen als Gebot der Liebe, der Nächstenliebe, mit der zugleich die Gottesliebe zum tragen kommt.

1.3. Allgemeiner Reichtum und verhältnismäßiger Wohlstand
1.3.1. Entstehung, Erhaltung, Verwendung von Reichtum und Wohlstand

Auch in der Frage der Entstehung von Reichtum und allgemeinem Wohlstand widerspricht *Ratzinger* erneut der liberalen Doktrin, wonach Reichtum und allgemeiner Wohlstand das „notwendige Resultat des Ringens der streitenden Einzelinteressen" sei, „welches von selbst sich ins Gleichgewicht" setze.[750] Der „Grad der Tüchtigkeit" entscheide „über die Höhe des Erwerbs und Reichthums". Nach dieser Lehre seien zwei Gegebenheiten Voraussetzung: „Gesell-

---

[746] Vw.², 473; vgl. Ratzinger, Geschichte der Kirchlichen Armenpflege, Freiburg 1884², 557.
[747] Vgl. Utz, A.F., Ethik des Gemeinwohls. Gesammelte Aufsätze 1983-197, Hrsg. Ockenfels, Wolfgang, Paderborn, 1998, 181 f.
[748] Vgl. Utz, a.a.O. 182.
[749] Vgl. Schulin a.a.O. in FAZ Nr.149 (1989), 13.
[750] Vgl. Vw.², 61.

schaftliche Zustände", welche „volle Freiheit im Concurrenzkampfe" gewährleisten, und eine „tüchtige Schulbildung", als Voraussetzung, um mit „Energie, Intelligenz und überlegener Kraft" im Concurrenzkampf seinen Vorteil zu erkennen. Für *Ratzinger* sind es im „entfesselten egoistischen Concurrenzkampf"[751], wie er sagt, „nicht sittliche Strebsamkeit, nicht ideale Kraft, nicht Bildung des Geistes und Adel der Seele", um „Reichtum einheimsen" zu können; auch würden „nicht die produktive Befähigung und produktive Arbeitsleistung" schließlich das Feld bestellen, „sondern die überlegene Kapitalkraft wird obsiegen, wenn die Kunst der Ausbeutung und die List der Kriegsführung ihr zur Seite stehen. Das Kapital, also eine Sache, eine rohe Naturkraft, im Bunde mit geistiger und sittlicher Brutalität gelangt zur Herrschaft."[752]

Und an dieser Stelle macht *Ratzinger* sich die „socialistische Kritik", sie zitierend, zu eigen, denn: „Das Kapital habe die Tendenz, wie ein Schwamm alle kleineren Kapitalien aufzusaugen, immer größere Massen von Besitzenden zu Besitzlosen herabzudrücken und auf diese Weise das Proletariat zu vermehren." Niemand habe dies mit solcher Schärfe der Beweisführung zur Evidenz gebracht wie *Lassalle*,[753] so *Ratzinger* in der 1. Auflage von 1881, mit dem Hinweis in der Anmerkung: „Vgl. auch Karl Marx, Das Capital", während er in der 2. Auflage beide Namen ersetzt durch den allgemeinen Verweis: „Wie die socialistische Kritik".[754] Die Schlußfolgerung betrifft die Marxsche Theorie von der Kapitalakkumulation. Für *Ratzinger* steht seine Epoche „mitten in diesem Prozeß der Aufsaugung der kleinen Vermögen durch das Großkapital"[755] oder, wie er sich auch ausdrückt: „Verschlingen der kleinen Vermögen durch die Monopolkraft der großen Kapitalien."[756] Die Folge sei schließlich der „Klassenkampf, mit dem Rückfalle in anarchische Zustände". Selbst die Nationalökonomie der Schule gebe zu, daß ihr System „nicht zu allgemeinem Wohlstande, sondern nur zur kolossalen Bereicherung eines kleinen Häufleins auf Kosten der Gesamtheit führe".[757] Als Ursache einer derartigen Fehlentwicklung kritisiert *Ratzinger* erneut den egoistischen Konkurrenzkampf, dessen einziges Prinzip „der Geldfang" bzw. der „Profit" sei, und der „lediglich materielle Interessen verfolge". Der einstmals so blühende Handwerkerstand sei „auf den Aussterbeetat gesetzt", und die Gesamtheit der Arbeitenden hätte „für das Kapital nur die Bedeutung eines Profit erzeugenden Werkzeuges".[758]

Was setzt *Ratzinger* einer Wissenschaft entgegen, welche, wie er feststellt, „den Egoismus als Triebfeder, den Reichtum als Selbstzweck der Wirtschaft erklärt"?

---

[751] Vgl. Vw.², 62.
[752] Vgl. Vw.², 62 und Vw.¹, 50.
[753] Vgl. Vw.¹, 50: Anm: „vgl. auch Karl Marx, Das Capital; Schäffle, „Capitalismus u. Socialismus".
[754] Vgl. Vw.¹, 50 und Vw.², 62.
[755] Vgl. Vw.², 62; vgl. Vw.¹, 49.
[756] Vw.², 76.
[757] Vgl. Vw.², 63; vgl. Vw.¹, 50.
[758] Vgl. Vw.², 62 f.; vgl. Vw.¹, 49 f.

Ratzinger bleibt nicht stehen bei der wirtschaftlichen Motivation für einzelmenschliches Handeln, der Mensch steht für ihn in einem Beziehungsgeflecht nicht nur zu sich selbst, sondern auch zu seinem Nächsten und zu Gott. Darum verweist *Ratzinger* auf die christliche Lehre, „welche alle Beziehungen der Menschen durch die Liebe zu Gott regelt, welche im Reichtum nur ein Mittel zur vollen Entfaltung dieser Liebe erblickt". Nur in dieser Grundhaltung ist der Mensch im Stande, „dem Widerstreit der egoistischen Interessen durch das Streben nach einem gemeinsamen höchsten Gute, nach Gott, den verletzenden, zerstörenden Stachel zu benehmen und die Ausbeutung des Schwachen durch das Gebot der Nächstenliebe zu verhindern." Für *Ratzinger* besteht ein Wirkungszusammenhang: von „Reichthum, allgemeinem Wohlstand, Verbesserung des Loses der Schwachen und in Verbindung damit geistigen und materiellen Fortschritt", in Korrelation zu „der Liebe zu Gott und zum Nächsten, des Opfers, der Entsagung auf Egoismus und Ausbeutung". Die „sittliche Kraft der Entsagung" und die „Opferfähigkeit für Familie und Gemeinwesen" sind die Triebfedern, die zu Reichtum und Wohlstand führen. Die Gefahr verkennt *Ratzinger* nicht, denn „der materialistische Wettkampf egoistischer Interessen wird wohl auch Reichthümer erzeugen", aber dieser Reichtum konzentriert sich „nur in den Händen der Starken" und wird die „große Masse der wirtschaftlich Schwachen dem Elende ausliefern".[759]

In Bewertung von Opferfähigkeit und Entsagung verweist *Ratzinger* ernüchternd auf „die bemerkenswerte Thatsache, daß die Völker die Armut leichter ertragen als den Reichthum, daß sie leichter den Reichthum erwerben, als ihn erhalten". Darum stellt er sich auch die Frage: „Wie erhält sich der Reichtum?" Diese ist für *Ratzinger* nicht nur „ebenso wichtig, ja noch wichtiger als diejenige über die Entstehung des Reichthums". Es verwundert nicht, wenn er den Mißbrauch des Reichtums als viel schlimmer einstuft „als die egoistische Ausartung beim Erwerbe".[760] So sollte der Gebrauch des Reichtums für die persönlichen Bedürfnisse den „Grundsätzen christlichen Lebens", wie der Sparsamkeit, Genügsamkeit und Entsagung, entsprechen. Maßgeblich für Erhaltung und Vermehrung des Reichtums, von *Ratzinger* analog schon für die Entstehung des Reichtums gefordert, ist grundlegend jener „Verzicht auf Selbstsucht, auf sinnlichen Genuß, auf das Versenken in den Besitz", alles Forderungen, die einen hohen Konsens in der Gesellschaft voraussetzen, insbesondere dann, wenn die Verwendung des Überflusses in den Dienst der Gesamtheit gestellt werden soll. Und dies als freie Willensentscheidung des Einzelnen aus christlicher Verantwortung heraus gegenüber dem Gemeinwohl, wie es *Ratzinger* gemäß der „christlichen Lehre" fordert. Eine Sozialpflichtigkeit, könnte man sagen, die zum Erhalt und zur Vermehrung von Reichtum und letztlich zur Sicherung eines allgemeinen Wohlstandes beiträgt.

---

[759] Vgl. Vw.², 72 f.
[760] Vgl. Vw.², 73.

1.3.2. Allgemeiner Wohlstand und soziale Gerechtigkeit

Die Steigerung der „Wertheschaffung der Gesamtheit" ist für *Ratzinger* eine Forderung der „socialen Gerechtigkeit", eine „Rechtspflicht", wie er ergänzend betont.[761] Allerdings ist er sich darüber im klaren, daß „die juristische Fixierung von socialen Verpflichtungen" in einer Gesellschaft „dort nicht hilft, wo das rege persönliche Pflichtgefühl in großen Theilen der Gesellschaft fehlt". Gesetzliche, juristische „Schranken zu setzen", ist für ihn nur insoweit akzeptabel, um „den gröbsten Mißbräuchen, welche sich ärgernisgebend an die Öffentlichkeit drängen", abzuwehren. Grundsätzlich stimmt er zu, daß die Erfüllung sozialer Pflichten „zwar nicht von dem Einzelnen, aber von der Gesamtheit in gesetzlicher Form erzwungen werden" kann, obschon er einschränkend daran festhält, daß „der Zwang gegenüber gesellschaftlichen Pflichten immer ein mißliches und bedenkliches Auskunftsmittel" ist. Deswegen ist „eine dauernde und nachhaltige Besserung" für *Ratzinger* eben „nur durch religiös sittliche Einwirkung zu ermöglichen, um das Pflichtgefühl zu heben". Die Einsichtigkeit von Forderungen der sozialen Gerechtigkeit, als eine Rechtspflicht, setzt demnach auch ein „reges persönliches Pflichtgefühl" voraus.

An die so definierten Rechtspflichten gemäß den Forderungen der sozialen Gerechtigkeit in der Armutsfrage reihen sich, so *Ratzinger*, die Forderungen der „Liebespflichten". Besitz, Reichtum verpflichtet nicht nur gegenüber der Familie, den Hausgenossen, sondern „gegen alle Nothleidenden", weil ja „alle Brüder, Mitglieder der großen christlichen Familie sind." So „vielfach die Formen des Elends", so vielgestaltig seien „Werke der Barmherzigkeit" gefordert. Derartige Liebespflichten sind für *Ratzinger*, indem er auf *Augustinus* verweist, dann „bloß eine andere Form der Selbstliebe", denn der Mitmensch müsse in den Notleidenden „in erster Linie das Ebenbild Gottes, die unsterbliche Seele lieben",[762] und „diese Liebe hält ihn nicht ab, sondern spornt ihn an, gegen alle Nothleidenden hilfreich und barmherzig zu sein." Es ist die christliche Pflicht, den Nächsten so zu lieben wie sich selbst.

Das Christentum, so *Ratzinger*, lehre die „Liebe zur Armut und das Leben der Armut mitten im Reichthume"[763] aus christlicher Überzeugung, „um des ewigen Seelenheiles willen". Der Reiche, mit „tausend Banden an diese Welt gefesselt", sei mehr der Verführung ausgesetzt, sich versenkend in den „irdischen Genuß der Güter", als der Arme. Die Armut mache „das Herz empfänglicher, sich zu Gott zu erheben, vom Schöpfer Hilfe und Trost zu erflehen, vom Irdischen sich zu trennen und zum Ewigen hinzustreben."[764] Wer arm ist, sei genügsam, und wer vielen Besitz habe, sei sparsam, denn „Genügsamkeit und Sparsamkeit" bilden, so *Ratzinger*, die Voraussetzung des Wohlstandes der Völker. Verschwendung werde vermieden, um „für alle Antheil an dem Notwendigen" zu

---

[761] Vgl. Vw.², 68.
[762] Vgl. Vw.², 68 in Anm. Zitat: Augustinus, Liber de vera religione (Minge I, 779).
[763] Vgl. Vw.², 365.
[764] Vgl. Vw.², 365.

erübrigen, damit „keiner ins Elend, ins Proletariat herabsinkt".[765] So gilt für *Ratzinger*: „Nur wenn die Liebe zur Armut die Gesellschaft durchdringt, wird eine harmonische Entwicklung, eine Theilhabe aller an den materiellen Gütern, die Ausstattung jedes Einzelnen mit den notwendigen Produktionsmitteln und die Befriedigung der individuellen Bedürfnisse durch die erworbenen Genußmittel möglich, und es wird mäßiger Reichthum und Wohlstand aller eintreten."

Eine so verstandene „Liebe zur Armut", möchte man heute sagen, macht den Menschen offen für die Erkenntnis der „Würde der Armen" und für *Ratzingers* Gedanke und Forderung der „Theilhabe aller an den materiellen Gütern". Gerade auch die „Würde der Armen" habe die Kirche „so hoch geachtet", daß sie für ihren Dienst ein eigenes Amt, das Diakonat, errichtete, welches das Almosen beim heiligen Opfer in Empfang nahm und „als Gottesgaben an die Bedürftigen vertheilte". Dagegen wolle die „heutige Welt", so *Ratzinger*, von der Armut nichts wissen, man scheue zurück „vor der persönlichen Berührung mit den Unglücklichen". Man zahle die „Armensteuer" und überlasse es der Polizei, zu verhindern, daß die 'Elenden' nicht geradezu verhungern.[766] Almosen setze aber auch „persönliche Theilnahme" voraus. „Der Arme braucht Geld und Brod, aber er braucht noch mehr, er braucht eine menschliche Stimme, die mit ihm spricht; ein wohlthätiges Herz, das ihn liebt; ein Auge, das für seine Leiden empfindlich ist; er bedarf jemanden, der zu ihm kommt und ihm zeigt, daß er auf der Welt nicht verlassen ist."[767]

Dem „fortwährenden Gerede der modernen Nationalökonomie", wonach „jeder sich selbst retten und sich selbst genügen müsse", hält er jene Tatsache entgegen, „als ob es nicht zahllose, ganz unvermeidliche Fälle" gäbe, wo „die Kraft des Individuums erlahmt, wo nur die Hilfe und Liebe des Nächsten retten kann!" Und „in diesen Fällen muß die Liebe zur Armenpflege werden", so *Ratzinger*. Wobei die Armenpflege auch eine Pflege sein soll, für die „die sittliche Theilnahme und die materielle Erhebung zu neuer Selbstbethätigung die Hauptsache, nicht die Unterstützung mit Geld" für den Armen sein soll: Hilfe zur Selbsthilfe, subsidiär orientiert, damit der von Armut Betroffene „dem Elende wieder entrinnen kann".[768] Gleichsam schlußfolgernd lautet *Ratzingers* Feststellung: „Der Reiche und Besitzende ist für die Gesamtheit verpflichtet, der Arme und Schwache ist auf die Liebe und Hilfe der andern angewiesen." Bei Vernachlässigung derartiger Pflichten der „Solidarität" entstehe „in den Herzen der Armen der Haß, welcher sich gegen jeglichen Besitz wendet und die socialen Krisen hervorruft."[769]

---

[765] Vgl. Vw.², 365 f.
[766] Vgl. Vw.², 142. „Elender" im Sinne von Victor Hugos „misérables"; bzw. „wretch" für den armen ländlichen Arbeiter i.S. der englische Nationalökonomie.
[767] Vw.², 475.
[768] Vgl. Vw.², 475.
[769] Vgl. Vw.², 474.

Die „Solidarität", so hebt *Ratzinger* in diesem Zusammenhang hervor, „die Verpflichtung und unzertrennliche Verbindung des Einzelnen mit der Gesamtheit" gelte „nicht nur für das sittliche Leben, sondern auch für die materiellen Beziehungen. Die Erde und ihre Güter gehören dem Menschengeschlecht als Gesamtheit. Die Vertheilung dieser Güter in der Form des Eigenthums entzieht den Besitz des Einzelnen dem Belieben der andern, hebt aber vor Gott die Verpflichtung für die Gesamtheit nicht auf."[770] Eine gewisse Sozialpflichtigkeit des Eigentums wird hier als eine Form der Solidarität von *Ratzinger* bereits herausgestellt. Allerdings habe der Nächste nicht das Recht, den Einzelnen bei „Verschwendung und Geiz" seines Besitzes zur Verantwortung zu ziehen, denn „Gott, welcher das Gericht sich vorbehalten hat, wird ihn zur Rechenschaft ziehen." Eine so verstandene Sozialpflichtigkeit, ist eine Verpflichtung in Freiheit, eine Gewissensverpflichtung. Eine bestimmte Ethik der Handelnden ist die maßgebliche Voraussetzung für Solidarität, für *Georg Ratzinger* wohl die orientierende Kraft des Glaubens, „die sittlichen Grundlagen", die die ethische Fundierung einer Gesellschaft ausmachen und die das Handeln des einzelnen bestimmen sollen.

Gleichbedeutend für den Armen wie für den Reichen ist jenes Arbeitsethos, das die 'allgemeine Pflicht der Arbeit' beinhaltet und das *Ratzinger* ebenso anmahnt: „Der Arme wie der Reiche sollten arbeiten und thätig sein", denn, den Apostel *Paulus* zitierend, „wer nicht arbeitet, soll auch nicht essen".[771] Eine so verstandene Arbeit sollte „auch die Mittel gewähren, den arbeitsunfähigen Armen Unterstützung bieten zu können", sie solle „nicht bloß Buße sein für Sündenschuld, als Folge der Erbsünde". Denjenigen, der es vorziehe, „in Müßiggang zu leben und vom Bettel sich zu nähren", sollten die Gläubigen meiden.[772] Vom Reichen verlangt *Ratzinger* „Verzicht auf Ausbeutung". Der Reiche, der „nach christlichen Grundsätzen handelt, wird gewissenhaft abwägen, daß an seinem Erwerbe nicht fremder Lohn, nicht Ertrag fremder Thätigkeit, nicht Arbeitsgewinn fremden Schweißes kleben." Schon ein derartiger Verzicht auf „Ausbeutung" lasse große Vermögen „nicht allzu sehr anschwellen".

1.4. Verteilung und Sicherung des Reichtums
1.4.1. Die Menschheit ein Körper, dessen Haupt Christus ist

Um das Beziehungsgeflecht in der Gesellschaft zwischen Armut und Reichtum in seiner Funktionalität und Ausgewogenheit zu veranschaulichen, zu deuten, verweist *Ratzinger* auf die Lehre des Völkerapostels vom „Leib Christi" im Brief an die Epheser. *Paulus* lehre, „daß alle Menschen eine Gesellschaft, einen Körper bilden, dessen Haupt Christus ist, von welchem aus der ganze Leib zusammengefügt und zusammengehalten wird".[773] *Ratzinger* überträgt die Aussage dieses Bildes vom „Leib Christi" auf die Deutung der Gesellschaft als Organis-

---

[770] Vgl. Vw.², 474.
[771] Vgl. Vw.², 57 mit dem Hinweis auf 2 Thess. 3,10.
[772] Vgl. Vw.², 57 f.
[773] Vgl. Vw.², 77 mit Hinweis auf Eph. 4, 17.25-32.

mus.[774] So beruht der „Organismus der Gesellschaft", in der Deutung *Ratzingers*, „auf der Congruenz und Harmonie der Glieder, welche im äußeren Verkehre ein getreues, rechtliches, und mildreiches Leben darzustellen berufen sind." Dann fährt er mit den verpflichtenden Hinweisen im Epheserbrief mahnend fort: „Lüge und Diebstahl, Erbitterung und Lästerung müssen diesem Leibe Christi fremd sein, sondern alle seien gegeneinander gütig, mildherzig, verzeihend".[775] *Paulus* bewerte „Habsucht als Götzendienst";[776] schon deswegen könne der Habsüchtige „kein lebendiges Mitglied am Leib Christi sein und damit auch nicht in das Reich Gottes eingehen". Für *Ratzinger* wiederholt *Paulus* so „mit anderen Worten den Fluch des Herrn: „Wehe den Reichen!"

Eine so verstandene „christliche Gesellschaft" habe „die Grundlage zu ungeahnten Fortschritten auf sittlichem, geistigem und wirtschaftlichem Gebiet" geschaffen.[777] Man könnte hinzufügen, daß entsprechend jede gesellschaftliche Tätigkeit „ihrem Wesen und ihrer Natur nach den Gliedern des gesellschaftlichen Leibes Unterstützung leisten" muß, unterstützend, „aber niemals zerstörend und aufsaugend"[778], vielmehr im Sinne einer subsidiären Hilfeleistung. Der Mensch als soziales Wesen „lebt in einer Vielzahl von zwischenmenschlichen Beziehungen, und in Ihnen wächst der 'Subjektcharakter der Gesellschaft'", so Papst *Johannes Paul II* in „Centesimus annus", wobei er darauf aufmerksam macht, daß „außer der Familie" ergänzend „auch andere gesellschaftliche Zwischenkörper wichtige Aufgaben erfüllen" und „spezifische Solidaritätsnetze" bilden.[779] Für *Ratzinger* ist dies „der Organismus der Gesellschaft", oder wie er auch formuliert: Es sind „alle Menschen eine Gesellschaft", das heißt, daß sie einen Körper bilden, dessen Haupt Christus ist.[780]

Diese paulinische Deutung aus dem Epheserbrief, welche die Gesellschaft als eine organische Einheit sieht, verwendet *Ratzinger* erst in der 2. Auflage, um am Schluß seiner Analyse zum Thema „Armuth und Reichthum" seine facettenreichen Ausführungen hierzu im Bild vom „Leib Christi" zu bündeln, gemäß der christlichen Lehre. In der 1. Auflage an gleicher Stelle stellt er die Thematik von Armut und Reichtum unter das Motto[781] jener zwei Gesetze: „Liebe und Gerechtigkeit". Diese sind allerdings ebenso bedeutsam für die Konstitution der

---

[774] Vgl. die Aufführungen über die Lehre von einer „organischen Gesellschaft" als 'Weltanschauung des 19. Jahrhundert'; so auch bei Schäffle A. Das gesellschaftliche System der menschlichen Wirtschaft, Tübingen 1873, I,6.
[775] Vgl. Vw.², 77, vgl. Eph. 4, 17. 25-32.
[776] Vgl. Vw.², 77, vgl. Eph. 5,5.
[777] Vgl. nur in Vw.², 77, 78, statt dessen in Vw¹, 64 ein langes Zitat von Périn, Charles, II,586 zum Thema: „Liebe und Gerechtigkeit".
[778] Kompendium der Soziallehre der Kirche, Hrsg. Päpstl. Rat f. Gerechtigkeit und Frieden, Freiburg 2006, Nr.186, bezugnehmend auf die Definition in „Quadragesimo anno".
[779] Vgl. Johannes Paul II, CA, 49.
[780] Vgl. Vw.², 77.
[781] Vgl. Vw.¹, VI, Inhaltsverzeichnis: Liebe und Gerechtigkeit, vgl. Ratzinger Vw.², XII Die Menschheit ein Körper, dessen Haupt Chistus.

„Menschheit als ein Körper", als auch grundlegend für das Bilden von Lösungsansätzen zur Problematik von Armut und Reichtum.

1.4.2. Das Gesetz der Welt: Liebe und Gerechtigkeit

In diesem Zusammenhang bezeichnet *Ratzinger* den Egoismus, welcher von der Nationalökonomie als Grundlage und Motiv der Wirtschaft bezeichnet werde, als ein „unsittliches Prinzip", da es „zerstörend" wirke im „wirtschaftlichen Leben" wie „im moralischem Gebiete". Dem stellt er das Prinzip entgegen: „Liebe Gott über Alles und deinen Nächsten wie dich selbst"; für ihn ist dies das Prinzip „der Harmonie und des Fortschrittes im geistigen und wirtschaftlichen Leben" schlechthin.

Zur Begründung verweist er in einem längeren Zitat von *Charles Périn* auf dessen These: „Die Liebe ist, wie die Gerechtigkeit, das Gesetz der Welt". Liebe und Gerechtigkeit stehen für *Périn* in Wechselbeziehung. Die Gerechtigkeit halte „den Menschen in gemessenen Schranken". Die Aufgabe des Rechtes sei es nur, tätig einzugreifen, „um das zu sichern, was die Sitten angenommen haben; es festigt und kräftigt durch seine Vorschriften die Errungenschaften der Liebe". So könne das Recht „nur Kraft haben, wenn es sich auf die Sitten stützt", denn für das Recht gelte, „die Sitten ergänzen, was seine rein äußerliche Wirksamkeit nothwendig Unvollkommenes und Unvollständiges hat". Für *Périn* „entspringen" die Sitten „aus der Seelenthätigkeit und gehorchen darum nur der Liebe, welche die Macht über die Seelen hat." Somit sei es „vorzugsweise die Liebe, von welcher im gesellschaftlichen Leben Alles abhängt". Liebe und Gerechtigkeit sind die Garanten für die „Harmonie der christlichen Gesellschaft", die darauf abziele, „das Reich der wahren Freiheit und vernünftigen Gleichheit zu erweitern und zu befestigen". *Périn* kritisiert den Zeitgeist und „die sociale Wissenschaft", die versuche, „ohne Rücksicht auf das Gesetz der Liebe, Alles durch das Recht zu erzwingen", so daß, in Irrtümer verstrickt, die „Gesellschaft erschüttert und in Frage gestellt" werde.[782] Ein visionärer Maßstab, mit welchem man den „Ausbau" des Sozialstaates auch heute messen könnte.

1.4.3. Mäßiger Reichtum durch möglichst gleichmäßige Verteilung

In der 2. Auflage formuliert *Ratzinger* seine Analyse über „Armut und Reichhum" abschließend, unter Weglassung des Zitates von *Périn*[783], anders. *Ratzinger* benennt zwei Voraussetzungen für gesellschaftlichen Frieden, sozialen Fortschritt und wirtschaftlichen bzw. materiellen Wohlstand. Die eine Voraussetzung sei „Liebe zur Armut und Einfachheit", und als zweite Voraussetzung bzw. Grundlage gilt für *Ratzinger* „die Beziehung alles Besitzes und aller Macht auf Gott, die Verwendung zur Ehre Gottes, zur eigenen Erhaltung und zum Dienste der Gesamtheit", welches für ihn zugleich die maßgeblichen Vorbedingungen „für möglichst gleichmäßige Verteilung und für sittlich-wirtschaftliche Verwendung der erarbeiteten Güter sind". Einer so verstandenen und praktizierten Verteilungsgerechtigkeit steht für *Ratzinger* jenes Verhalten entgegen, wo „die Gü-

---

[782] Vgl. Vw.¹, 64: langes Zitat von Ch. Périn.
[783] Vgl. Vw.², 77; vgl. mit Vw¹, 64: langes Zitat von Ch. Périn weggelassen.

terproduktion und das Anhäufen von Reichtümer Selbstzweck werden", mit der Folge der „Zerrüttung der Gesellschaft"[784]. Der Egoismus, gekennzeichnet als „Selbstsucht nach Besitz und Genuß", sei „für sittliches Streben wie für materiellen Fortschritt gleich verderblich". So ende der „Egoismus in Ausbeutung und Zerstörung sittlichen und materiellen Lebens".[785]

Ratzinger geht es im Kapitel „Armut und Reichtum" darum, die Prinzipien über die Verteilung des Reichtums zu erforschen, für ihn auch mithin Gegenstand der eigentlichen „sozialen Frage" seiner Epoche. Es geht ihm darum, die „Grundlinien" zu benennen, die „die Theilnahme Aller an den materiellen Gütern regeln": die Grundsätze über Entstehung, Erhaltung und Vermehrung von Reichtum, das Verhältnis des Menschen zu den materiellen Gütern und die Beziehung zwischen reich und arm. Bei diesem Vorhaben kommt er zum Schluß, daß dem Prinzip der Wirtschaftlichkeit in diesem Prozeß die maßgebliche Ordnungsfunktion zukommt, wie bereits ausführlich erörtert. Die Verletzung des ökonomischen Prinzips der Wirtschaftlichkeit führe „zu Störungen in Herstellung, Verteilung und Verwendung der verarbeiteten Lebenswerkzeuge" bzw. der erarbeiteten Wirtschaftsgüter. Die Beachtung der Wirtschaftlichkeit, „nämlich bei Produktion und Consumtion mit geringster Zerstörung von ökonomischen Gütern möglichst viele neue Werte zu ermöglichen", scheint auch für *Ratzinger* jene Voraussetzung zu sein, um sittliches Handeln und eine möglichst gerechte Verteilung der Güter zu gewährleisten im Streben nach mäßigem Reichtum für alle.

Wurde in der 1. Auflage das „Wirtschaftlichkeitsprinzip" noch ausführlich in seiner ökonomischen, kreislauftheoretischen und ethischen Bedeutung erst im Abschnitt „Armuth und Reichthum" erörtert, so findet das „Gesetz der Wirtschaftlichkeit" seine definitorische Erklärung im Kontext zu „Wirtschaft und Sittlichkeit" des ersten Kapitels, vorgezogen bereits in Punkt zwei der ersten Seiten seines Hauptwerkes, wie oben erörtert. Dies zeigt, welch hoher Stellenwert *Ratzinger* dem Prinzip der Wirtschaftlichkeit zum Verständnis der verschiedenen Themenbereiche seines Hauptwerkes zumißt.

2. Kap.: Dualismus zwischen „Eigentum und Communismus"

2.1. Die Eigentumslehre im Brennpunkt von Liberalismus und Sozialismus
2.1.1. Eigentum als Korrelat der Freiheit

Ratzinger formuliert seine Eigentumslehre vor dem Hintergrund seiner Kritik an Liberalismus und Sozialismus. Ausgangspunkt hierzu ist die Tatsache, daß zu seiner Epoche jene liberale Doktrin, wonach „auf dem Gebiet des Erwerbs schrankenlose, absolute Freiheit herrschen müsse", gemäß *Smith*, *Ricardo* und deren Nachfolger, eben ihren Niederschlag „in der Gesetzgebung aller europäi-

---

[784] Nur in Vw.², 77.
[785] Vgl. Vw.², 77, vgl. in Vw.¹, 64.

schen Staaten" fand.[786] In Frankreich zuerst durch die Revolution von 1789. So heiße es in Artikel 4 der Deklaration der Menschenrechte: „Die Freiheit besteht darin, daß man alles thun kann, was andern nicht schadet; so hat die Ausübung der natürlichen Rechte bei jedem Menschen nur jene Grenzen, welche den übrigen Mitgliedern der Gesellschaft den Genuß dieser nähmlichen Rechte sicherstellen." Aus diesem Grundsatz folge für das Eigentum, daß „der Mensch in der Benutzung und Ausbeutung seines Besitzes absoluter Herr sei". Keiner dürfe ihn bei der Ausübung dieses Rechtes behindern, einzige Schranke bestand „in der Freiheit des Nächsten", formell nicht antastbar. „Sittliche Grundsätze über Erwerb und Benutzung", so kritisiert *Ratzinger*, waren damit „nicht mehr maßgebend".

Im Freiheitsanspruch des einzelnen kommt es aber auf den verantwortungsvollen Gebrauch der Freiheit gegenüber dem Nächsten an, auf die richtig verstandene Nächstenliebe, nach christlicher Auffassung.

Die Folge war im Geldverkehr die „Abschaffung der Wuchergesetze" und die Zulassung des Rechtes von „Wucherzinsen nach Belieben" für den Kapitalbesitzer. Eine ähnliche Situation zeigte sich bei den Lohnverhältnissen. Der Arbeitgeber war berechtigt, den „Lohn so tief herabzudrücken, wie er wollte". Allerdings hatte formaljuristisch der Geld- wie Arbeitsuchende die Freiheit der Wahl, sich den Geld- bzw. Arbeitgeber auszusuchen. Aber für die liberale Doktrin war die „Vorenthaltung verdienten Lidlohnes" (=Arbeitslohn), im Unterschied zu einer sittlichen Bewertung, eben keine „himmelschreiende Sünde" mehr, wie *Ratzinger* vermerkt. Ebenso bei ähnlich gelagerten „Fällen des Erwerbs, der Benutzung und Vermehrung des Besitzes". Der Eigentümer ist „absoluter Herr über seinen Reichthum und einziger Richter über die Verwendung desselben". So dürfe er z.B. „Lebensmittel so hoch verkaufen, als er kann und will; es ist gleichgültig, ob er sie vernichten oder verderben läßt". Für *Ratzinger* ist dies sittlich verwerflich, selbst wenn man volkswirtschaftlich betrachtet durch eine künstliche Verknappung eines Produktes durch dessen Vernichtung einen höheren Preis für dasselbe erreichen will. *Ratzinger* nimmt hier auf jenen konkreten Fall eines Getreidespekulanten aus Marseille Bezug,[787] dessen Handlungsweise er sittlich, aus christlichem Moralverständnis heraus, scharf verurteilt und als Situation bezeichnet, welche die französischen Sozialisten auf den Plan riefen.

Er stellt hierzu lapidar fest, der Liberalismus bzw. Individualismus übertreibe als Doktrin das Recht des Individuums bzw. das der freien Persönlichkeit und verkenne und verachte gänzlich „das zweite Grundgesetz der menschlichen Gesell-

---

[786] Vgl. Vw.², 79.
[787] Vgl. Vw.², 80: Beispiel eines Getreidespekulanten in Marseille, der bei einer großen Teuerung große Mengen von Getreide ins Meer versenken ließ, um die Preise künstlich in die Höhe zu treiben, mit dem Ziel mit dem Rest noch größeren Gewinn zu erzielen; nämlich mittels künstlicher Verknappung. Der Getreidespekulant habe, so Ratzinger, „nach der Theorie der liberalen Ökonomie nichts Unrechtes gethan ... Sittlich, nach der christlichen Moral, war er ein Scheusal, einem Mörder der Armen gleichzuachten".

schaft, die Solidarität".[788] Als Reaktion darauf habe sich „unausbleiblich und notwendig" der Sozialismus ergeben, der nun seinerseits das Gesetz der Solidarität übertreibe und entsprechend das Recht der Persönlichkeit und der individuellen Freiheit opfere. Für *Ratzinger* ist es dabei „interessant, daß nicht theoretische Überlegenheit, sondern der Anblick der Unsittlichkeit und des Unrechtes, womit die liberale Doktrin im praktischen Leben behaftet sich zeigte, die namhaftesten Socialisten erzeugte, wie etwa Ch. Fourier, neben St. Simon einer der Hauptvertreter des französischen Socialismus". Hier offenbart sich ein Dissens zwischen sittlich gebotenem Handeln und einer sachgesetzlich anscheinend berechtigten Handlungsweise.

Für derartige kurzschlußartige Übertreibungen der liberalen Doktrin wie gleichermaßen durch die Sozialisten hat *Ratzinger* als Politiker Verständnis, denn „die Parteien leben von Übertreibungen"; als Wissenschaftler aber ist er für eine sachliche Argumentation. Er gesteht ihnen zu, daß sie „von richtigen Prinzipien" ausgehen, daß sie aber „falsche Folgerungen" zögen und so „im Unrechte" seien. „So erging es auch den beiden sociolen Parteien, dem Liberalismus und Communismus, welche seit hundert Jahren sich bekämpfen."[789]

Für *Ratzinger* bestehen den „Grundsätzen der christlichen Lehre vom Eigenthum" gemäß keine Gegensätze zwischen dem Recht des Individuums und den Pflichten der Solidarität. Der scheinbare Gegensatz läßt sich aufheben durch das „Grundgesetz der harmonischen Entwicklung der Gesellschaft", die Gottes- und Nächstenliebe: Sie erzeuge, so *Ratzinger*, die Einheit von „individueller Freiheit" und „solidarischer Gebundenheit".[790] Ein „absolutes Eigenthum" steht danach auch für *Ratzinger* in „unversöhnlichem Gegensatze" zu den „gerechten Forderungen" der Solidarität: Die „These des absoluten liberalen Eigenthums" gemäß der liberalen Theorie und die „Antithese der Gütergemeinschaft" gemäß der „communistischen Schule" finden ihre Auflösung, so *Ratzinger*, in der „Synthese der christlichen Wahrheit, daß das individuelle Eigenthum existieren muß".[791] Für die grundlegende Frage nach der Eigentumsbegründung aus christlicher Sicht scheint für *Ratzinger* die sittliche Verwendung des Eigentums in seiner funktionalen Bedeutung im Mittelpunkt seiner Analyse zu stehen, wobei der einzelne für dessen „rechten Gebrauch vor Gott verantwortlich" bleibt.[792]

2.1.2. Zur Eigentumsbegründung

Gewiß kann auch von *Ratzinger* das gesagt werden, was *Friedrich Beutter* von den Moraltheologen an der Schwelle zum 20. Jahrhundert sagte, daß sie im Gegensatz von Individualismus und Sozialismus geradezu den Gegensatz der Zeit, die Signatur des 19. Jahrhunderts erblickten. Und es trifft auch auf *Ratzinger* zu,

---

[788] Vgl. Vw.², 80 bzw. Vw.¹, 65 f.; vgl. hierzu H. Pesch, a.a.O., 2. Aufl., I (1914), 416.
[789] Vw.², 79 bzw. Vw.¹, 65.
[790] Vgl. Vw.², 80 bzw. Vw.¹, 66, mit dem Verweis in Anm. auf Augustinus, Enerratio in Ps. 98 (Migne IV,1261): Quia lege quadam civitas continetur, *lex ipsa* eorum *caritas est*.
[791] Vgl. Vw.², 80 f.: neu eingeführte Gedanken.
[792] Vgl. Vw.², 81.

wenn *Beutter*, ohne ihn explizit an dieser Stelle zu nennen, allgemein von den katholischen Theologen der letzten Jahrzehnte des 19. Jahrhunderts feststellt, daß sie ihren Standort nicht in einem der Gegensätze suchten, „sondern in der Mitte zwischen beiden".[793] Das hier zu analysierende Werk *Ratzingers* ist in seiner ganzen Anlage und in der Auswahl der abgehandelten Themen ein Beispiel dafür, wobei sich der Dualismus vom Individualismus und Sozialismus wie ein roter Faden durch das gesamte Werk zieht.

Allerdings wird man im Hinblick auf *Ratzinger* der These *Beutters* nicht folgen können, daß die katholischen Theologen jener Jahre in ihrer Eigentumsbegründung „eher anfällig für individualistische Überzeichnungen als für sozialistische" gewesen seien. *Ratzinger* betont immer wieder die Sozialpflichtigkeit des Eigentums. Seine Argumentation ist gesellschaftsbezogen, stärker sozialethisch motiviert als etwa individualethisch. Um im Bild von *Beutter* zu bleiben, könnte man bei ihm also eher eine sozialistische Überzeichnung vermuten. Aber *Ratzingers* Kapitalismuskritik ist im Grundsätzlichen auch eine vernichtende Kritik am Sozialismus. Man wird darum den Ausführungen *Ratzingers* eher gerecht, wenn man sie als eine „Neubesinnung auf die Sozialfunktion des Eigentums" wertet, denn sie scheinen eine „Übergewichtung der Einzelperson innerhalb der Eigentumsbegründung" korrigieren zu wollen.[794] Interessant wäre es, zu überprüfen, inwiefern das Eigentum in seiner Sozialfunktion als makroökonomischer Parameter, von Natur aus inhärent der Einzelperson als solcher mikroökonomisch zuzurechnen, in einem sowohl ökonomischen wie auch ethischen Bedingungszusammenhang steht. *Ratzingers* Aussagen zeigen den Weg.

Man kann sagen, daß die Eigentumslehre *Ratzingers* letztlich in seinem Bild vom Menschen wurzelt. Der Mensch wird gesehen als Person und Persönlichkeit, aufgefaßt als Individualnatur und Sozialnatur zugleich, sagen wir als ‚ens individuale' und ‚ens sociale', obwohl die Sprache *Ratzingers* wohl nicht direkt auf eine ontologische Argumentation hindeutet, dafür wohl eher auf eine anthropologische, soziologische und theologische. Die Individualfunktion des Eigentums findet bei *Ratzinger* ihre Bestätigung zum Beispiel in dem Diktum: „Von der Persönlichkeit ist der Begriff des Eigenthums unzertrennlich"[795], oder wenn er hinsichtlich des Produktionsvermögens feststellt, daß die wirksamste Produktion von der „richtigen Verbindung der einzelnen Güter zum Kapitalvermögen" abhänge, wobei er hinzufügt, es müsse das Kapitalvermögen „individuell, eigenthümlich, der Persönlichkeit entsprechend construirt" sein.[796]

Oder aus der Sicht der Zweckbestimmung jedweder Güterproduktion: Man dürfe nicht vergessen, „daß die äußeren Güter doch nur (um) des Menschen willen da

---

[793] Vgl. Friedrich Beutter, Die Eigentumsbegründung in der Moraltheologie des 19. Jahrhunderts, München 1971, 99.
[794] Vgl. Beutter a.a.O. 133 f.; der Ausdruck „Sozialfunktion" deutet mehr auf einen makroökonomischen Zusammenhang hin, während „Sozialnatur" des Eigentums eher seinsphilosophisch gemeint ist.
[795] Vw.², 94 bzw. Vw.¹, 76.
[796] Vgl. Vw.², 100 bzw. Vw.¹, 82.

sind, daß sie auf eine Persönlichkeit bezogen werden müssen", und „nur in der Vermögenssphäre einer Persönlichkeit finden einzelne Güter ihre Entstehung und Anwendung". Oder hinsichtlich des Prozesses „immer größerer Individualisierung des Eigenthums" sagt er, daß „die Entwicklung des individuellen Eigenthums" seiner Ansicht nach erst mit der Lehre der christlichen Freiheit und Gleichheit ein größeres Maß der Ausgestaltung angenommen habe; es habe sich „das concentrirte Eigenthum individualisiert", und die so „freigewordene Persönlichkeit" habe erst „in der Zutheilung von Arbeitsertrag Eigenthum" erlangt.[797] Danach wäre das Eigentum, wäre Vermögen auch eine Voraussetzung zur Freiheit des Individuums. Dies verweist bereits indirekt auf die Wichtigkeit von Vermögensbildung auch für „Arbeitnehmer".

Es kann hier nicht jede Akzentuierung, die *Ratzinger* in seiner Eigentumslehre vornimmt, berücksichtigt werden, aber es zeigt sich bereits in den angeführten Aussagen, daß seine Eigentumslehre eng mit seinem Personenverständnis zusammenhängt, und daß das individuelle Eigentum ein konstitutives Element der Persönlichkeit darstellt. In seiner theologischen Argumentation verweist *Ratzinger* darüber hinaus darauf, daß der einzelne „keine bloße Nummer der menschlichen Gesellschaft" sei, sondern jeder Mensch stelle als „Ebenbild Gottes, eine Persönlichkeit dar"; und er fügt entsprechend der kirchlichen Lehre hinzu, daß „Gott den Menschen als freie Persönlichkeit wollte", dies bedeute aber, daß der Mensch sich „in freiem Entschlusse" Gott zuwenden soll. Für die persönliche Freiheit sei es zudem konstitutiv, daß die Persönlichkeit, also der Mensch als Person, über bestimmte Rechte „ausschließlich" verfügen könne, wie zum Beispiel beim Sondereigentum bzw. Privateigentum, welches im Sinne von *Leo XIII.* „in der heutigen Gesellschaft eine allgemeine Notwendigkeit" sei.[798]

Trotz einer unverkennbar individual-ethischen Argumentation dominiert bei *Ratzinger* in der Eigentumslehre dennoch die sozialethische, wobei das eine das andere nicht ausschließen muß. Auch *Ratzinger* war von bestimmten sozialethischen Forderungen seiner Zeit beeindruckt. Seine Lösungsvorschläge deuten darauf hin. Nicht nur als Theologe konnte er die Gesellschaftskritik am Eigentum so nicht hinnehmen. Deshalb ließ er sie den Filter der christlichen Lehre passieren, um festzustellen, was Eigentum nun wirklich für den Menschen, wie für die Gesellschaft, letztlich bedeutet. Sozial-ethisch gesehen wird das Eigentum „geheiligt durch Gerechtigkeit und Barmherzigkeit",[799] das heißt also erst in der Erfüllung einer sittlichen Pflicht, wie schon angeführt. „Die Rücksichtnahme auf die Rechtssphären des Nächsten und der Gesamtheit", das mache, so *Ratzinger*, die Gerechtigkeit im Erwerb, im Besitz und in der Verwendung von Eigentum aus. Aber da dies nicht Ungleichheiten und Härten auszuschließen vermag,

---

[797] Vgl. Vw.², 127 bzw. Vw.¹, 105 f.
[798] Vgl. Vw.², 6, neu eingefügt mit Hinweis u.a. auf RN von Leo XIII. Vgl. RN 8,4,7.
[799] Vgl. Vw.², 81: neu eingeführte Gedanken; vgl. hierzu Beutter a.a.O. 36 über die Heiligkeit des Eigentums. Vgl. auch Leo XIII. RN. 8: „hat die Menschheit ... im Naturgesetz die Grundlage für den Sonderbesitz gefunden und ... durch praktische geheiligt".

so bedarf es der „barmherzigen Liebe", oder anders gesagt, eines Solidarverhaltens, ohne Zwang anwenden zu müssen.

Hierbei ist festzuhalten, daß *Ratzinger* sich nicht von einem Konfrontationsdenken leiten läßt. Dieses findet er eher bei den beiden gegensätzlichen Lehren des Liberalismus und Sozialismus, insbesondere in ihrer gegensätzlichen Eigentumsauffassung vom „absoluten Eigenthum"[800] einerseits und vom „Collectiveigentum"[801] andererseits. Für *Ratzinger* steht fest, „daß nur die Einseitigkeiten und Übertreibungen des Liberalismus und Communismus sie dazu gestempelt" haben. Für ihn gilt: Das „Recht des Individuums" auf Eigentum und diesbezügliche „Pflichten der Solidarität" bilden „keine Gegensätze"[802]. *Ratzingers* christliche Kritik versucht denn auch von den „sittlichen Grundlagen" her einen Ausgleich zu schaffen. Dabei dient ihm letztlich das Gesetz von der Gottes- und Nächstenliebe als Stütze für sein Harmoniedenken. Er kann darum sagen, „eine Freiheit ohne Liebe" ende schließlich „im erbitterten Klassengegensatz", oder sie ende „im Kriege aller gegen alle".[803]

Dies heißt aber nicht, daß er das Recht der freien Persönlichkeit, so wie es der Liberalismus vertritt, oder das Gesetz der Solidarität, wie es vom Sozialismus herausgestellt wird, negiert. Im Gegenteil, für ihn sind beide Prinzipien der „christlichen Wahrheit entnommen" und schließen sich nicht aus. Ursächlich ist hierfür die „Idee der Brüderlichkeit", von welcher auch der Sozialismus ausgehe und die dieser dem Christentum entlehnt habe. Es sei die „Idee der solidarischen Einheit der großen Menschenfamilie", die „ja das geistige Fundament der christlichen Gesellschaft" bilde.[804] So glaubt er resümierend, daß „die verhältnismäßige Teilnahme aller an den Gütern der Welt möglich" ist, aber nur „bei Aufrechterhaltung des rechtlichen Privateigenthums durch das ethische Gemeineigenthum". Letzteres müsse die Monopolkraft des Eigentums brechen und z.B. ein soziales Arbeitsrecht schaffen, analog zum Mittelalter, um den Sachverhalt seiner Zeit zu verdeutlichen, damit jeder „nach seiner Stellung und Arbeitsleistung Teilhaber" werde,[805] das heißt also irgendwie Eigentümer oder Miteigentümer. Eine breite Streuung des Eigentums ist also gefordert, in der Terminologie *Ratzingers*, eine „Individualisierung des Eigentums".

2.1.3. Eigentum aus der Sicht der Heiligen Schrift und der Kirchenväter

Mit der Gottes- und Nächstenliebe, dem Grundgesetz einer harmonischen Gesellschaftsentwicklung, ist die Beziehung zwischen Eigentum und Gesellschaft angesprochen. Nicht wenige Wissenschaftler des 19. Jahrhunderts interpretierten die Gesellschaft als Organismus, und so bezeichnet *Ratzinger* jene Lehre vom Eigentum als „eine logische Consequenz" des Begriffes „der christlichen Gesell-

---

[800] Vgl. Vw.², 80 bzw. Vw.¹, 65.
[801] Vgl. Vw.², 126 bzw. Vw.¹, 104.
[802] Vgl. Vw.², 80.
[803] Vgl. Vw.², 139 bzw. Vw.¹, 114.
[804] Vgl. Vw.², 138 bzw. Vw.¹, 113.
[805] Vgl. Vw.², 463 bzw. Vw.¹, 405.

schaft als Organismus, in welchem alle Glieder in Erfüllung eines individuellen Zweckes auch individuell ausgestattet sind (Congruenz), um eine harmonische Gesamtthätigkeit zu ermöglichen". Dabei müsse „bei jedem Handeln", also auf Grund einer sittlichen Entscheidung, „die Rücksicht auf den Nächsten und das Ganze" vorwalten.[806] Das heißt: Individualfunktion und Sozialfunktion des Eigentums ergänzen sich gegenseitig, beziehungsweise die individuelle Freiheit steht in einem Verbundsystem mit der solidarischen Einheit; zwischen diesen beiden ist das Eigentum, letztlich als Privateigentum, gleichsam das Bindeglied.

Ratzinger verweist in dem Zusammenhang auf den zweiten Korintherbrief, wo *Paulus* „förmlich ringt", jene zwei Prinzipien, das der persönlichen Freiheit mit dem der Solidarität „zu vereinen und zu versöhnen".[807] Daß das eine Prinzip nicht ohne das andere im Leben des Menschen und der Gesellschaft existent sein darf, offenbart sich in der These *Ratzingers*, daß „jede Persönlichkeit" eben „nur im Gesellschaftsorganismus zur Entwicklung und Entfaltung" komme. Wie er sich diese Harmonie denkt, ergibt sich aus dem anschließenden Verweis auf die paulinische Lehre vom mystischen Leib.[808]: „Der Ueberfluß des einen, das Bedürfnis des anderen ergänzen sich in dieser Gesamtheit, in welcher Freud und Leid, Glück und Unglück von allen getheilt werden."

Auch „bei allen Kirchenvätern" gleichermaßen „wie in der Schrift", so *Ratzinger*, finden sich „die zwei Prinzipien der gegenseitigen Solidarität einerseits, der persönlichen Freiheit andererseits gewahrt". Differenzierend fügt er in Sperrdruck die grundlegende Feststellung hinzu: „Die Güter der Welt sind für alle in gleicher Weise bestimmt".[809] Dennoch können nicht alle Menschen „zugleich und in gleicher Weise besitzen". Die menschliche Gesellschaft ist in ihrer wirtschaftlichen Entwicklung, „an das Gesetz des Eigenthums gebunden, womit die Ungleichheit im Besitze von selbst gegeben ist". Um so mehr ist es „Aufgabe der Besitzer, im Gebrauche allen zu dienen".[810] Indirekt ergibt sich hieraus, wie der *Arthur F. Utz* bestätigt, daß schon seit altchristlicher Zeit die zitierten Kirchenväter unterschieden haben „zwischen Eigentumsrecht und Eigentumsgebrauch", wobei im Sinne der Kirchenväter der Reiche sich im Gebrauch seines Eigentums als Verwalter, nicht als Eigentümer betrachten soll.[811] Dies heiße lediglich, so

---

[806] Vgl. Vw.², 81: neu eingefügt ist der Vergleich der Gesellschaft mit einem Organismus. Dies steht wohl im Zusammenhang mit dem ebenfalls neu vertretenen Genossenschaftsgedanken; analog ergibt sich eine stärkere Akzentuierung der Sozialfunktion des Eigentums.

[807] Vgl. Vw.², 82 bzw. Vw.¹, 67: 2 Kor 8 und 9.

[808] Vgl. Vw.², 81 bzw. Vw.¹, 66 f: Röm 12,5 „Wir sind alle ein Leib in Christus"; vgl. Eph. 4,15 ff.; Vw.², 82: Kol. 3,15 „Alles in allem ist Christus".

[809] Vw.², 82.

[810] Vgl. ebd.

[811] Vgl. Utz, Arthur F., Sozialethik IV. Teil Wirtschaftsethik, Bonn 1994, 123 mit dem Hinweis, auch Leo XIII. habe in RN Nr. 19 diese Unterscheidung besonders hervorgehoben und Pius XI. bezeichnete sie im QA, Nr.47 als „Grundstein" der Eigentumslehre.

Utz weiter, daß das Eigentum als „das Gebrauchsrecht hinsichtlich des Konsums moralisch (nicht juristisch) sozial belastet sei".

Der Eigentümer ist im Grunde nur Nutznießer, verantwortlicher Verwalter, so *Ratzinger*, denn, sozialmetaphysisch und aus christlicher Sicht betrachet, ist jeder Besitz von Gott; „das Nöthige" steht dem Eigentümer zu, „das Überflüssige" dem Nächsten. Solche Besitzende, die den Armen „die nöthigen Subsistenzmittel" vorenthalten, begehen „Diebstahl am Nächsten", werden „zum Mörder Armen", und ihr Reichtum wird ihnen zum Verderben, zur Verdammnis; ihnen gelte „das Wehe, das Christus den Reichen zugerufen hat". Dagegen werden jene Reichen, „die ihren Besitz nach Gottes Anordnung gebrauchen", sich „Freude und Segen in diesem Leben" erwerben und „Gnade und Verzeihung und ewige Belohnung im Jenseits. Die Nächstenliebe wird ihr Verteidiger beim letzten Gerichte, Christus selbst ihr Beschützer sein".[812]

Zur Begründung dieser kurzen Skizze jener Lehre der Väter zum Eigentum zitiert *Ratzinger* eine Vielzahl von Äußerungen der Kirchenväter zur Eigentumsbegründung bzw. Eigentumsbewertung, so *Tertulian*: „Nichts dürfen wir unser Eigenthum nennen; denn alles gehört Gott, in dessen Besitze wir sind"; *Cyprian*: „Die Armen sollen von deinem Überfluß zehren, die Dürftigen von deinem Reichthum"; *Salvian*: „Wir haben nur zum Gebrauche empfangen, was wir haben, sind sozusagen nur Lehensträger und Nutznießer".[813] Überdies werden *Augustinus, Basilius, Gregor von Nazians, Chrysostomus* und *Ambrosius* mehr oder weniger ausführlich zitiert.

2.1.4. Eigentum und Besitz als sittliche Verpflichtung

Zusammenfassend stellt *Ratzinger* im Hinblick auf Eigentum und Besitz fest, es sei „übereinstimmende Lehre der Väter", daß „der Eigenthümer keineswegs absoluter Herr über seinen Besitz" sei. Zwei Bedingungen stelle daher die christliche Lehre an den Besitz: er muß erstens „rechtmäßig erworben" und zweitens „edel verwendet werden", Eigenschaften, die dem Eigentum - nach Lehre der Väter - anhaften sollten.

Zur ersten Bedingung: Die Annahme von Almosen, Schenkungen aus Besitz von angeeignetem fremdem Gut stammend oder aus der Ausbeutung von Schwachen, war nach der Lehre der Väter zu verweigern. Der rechtmäßig erworbene Besitz mußte offenkundig sein. Der rechtliche Erwerb des Eigentums war Voraussetzung für die Hergabe von Almosen, ansonsten verlangten die Väter mit „Unerbittlichkeit" zunächst „die Restitution an die Beschädigten, ehe nur ein Almosen angenommen wurde".[814] Von Fürsten „confiscirtes Gut" wurde nicht angenommen, so die Bestimmung der Apostolischen Constitutionen.[815] Der hl. *Augustinus* „sträubte sich, Testamente zu acceptiren, durch welche Kinder enterbt worden wären". Eine weitere Forderung stellte *Gregor der Große* auf, nämlich „daß

---

[812] Vgl. Vw.², 83.
[813] Vgl Vw.², 82 f.
[814] Vgl. Vw.², 93.
[815] Vgl. Vw.², 88.

jede Schenkung einer sündenreinen, Gott wohlgefälligen Gesinnung entspringe".[816] Einerseits betonen also die Kirchenväter die „religiöse, sittliche Verpflichtung des Reichen", andererseits halten sie „an der Freiheit des Almosens, der wohltätigen Spende, der milden Gabe" fest.

So sehr die Väter auch die „Verweigerung des Almosens als schwere Sünde, als eine Unterlassung, welche vom Himmelreiche ausschließt",[817] bezeichnen, so wollen dennoch alle „das Prinzip der Freiheit" gewahrt wissen, so *Ratzinger*. Der hl *Augustinus* predige: „Gebet den Armen, was euch euer freier Wille eingibt".[818] *Irenäus* sehe in der „Freiwilligkeit des Almosens einen der schönsten Vorzüge des Christentums vor dem Judenthume".[819] Die Väter waren, um nicht „den Schein eines Zwanges" zu erzeugen, sogar dagegen, bestimmte Vermögensteile zu nennen, die „als Almosen gegeben werden sollten". Sie waren ebenso „gegen die Fixierung des jüdischen Zehnten", ausgenommen *Origines*. Den Zehnten zu geben ist als „kirchliches Gebot" erstmals mit der fränkischen Synode von Macon im Jahre 583 belegt.[820]

Das Eigentum muß einerseits nicht nur gerecht erworben, das heißt „nach dem Sittengesetz ein ehrlicher und redlicher" Erwerb sein, es muß andererseits, so die zweite Bedingung, auch „edel verwendet werden". In der Verwendung seines Eigentums ist der Reiche nur Gott gegenüber verantwortlich. Wohl besteht eine „Gewissenspflicht" dem Armen und Bedürftigen gegenüber, den Überfluß in Form eines Almosens bereitzustellen, aber kein Rechtsanspruch, nicht erzwingbar durch ein „Zwangsgebot",[821] mit einer Ausnahme, bei der sich *Ratzinger* diesmal auf *Thomas von Aquin* beruft: bei Vorhandensein einer ernstlichen, offensichtlich brennenden Notlage. Aber auch ein so in Anspruch Genommener muß nur vom Überfluß hergeben, spende er „von dem für sich selbst Nothwendigen", so übe dieser „eine vollkommene Tugendhandlung"[822]. Für die Kirchenväter gilt als Regel, dem Besitzenden komme die Pflicht zu, dem Nächsten „in allen rechten und billigen Dingen" gegenüber beizustehen, bis hin zur Verpflichtung, dem Nächsten „die Erringung der wirtschaftlichen Selbständigkeit" zu ermöglichen, also jedwede Hilfe für den „Erwerbsunfähigen" zu leisten.

An dieser Stelle seiner Analyse verweist *Ratzinger*, wie bereits erwähnt, auf jene französischen Sozialisten seit *Lammenais*, die ihre Angriffe auf das Eigentum mit Väterstellen begründeten. *Ratzinger* stellt klar: „Allein die Väter haben nicht das Eigenthum als solches angegriffen, sondern nur den schlechten Gebrauch

---

[816] Vgl. Vw.², 88.
[817] Vgl. Vw.², 89 f.
[818] Vgl. Vw.², 90.
[819] Vgl. Vw.², 90.
[820] Vgl. Vw.², 90.
[821] Vgl. Vw.², 90, in Anm.: (S. Thom. I. c.2,2, q. 32.a.5.).
[822] Vgl. Vw.², 90, mit Thomas zitierend: S.Thom, : ausgenommen 1. „ernstliche Nothlage": „in extrema necessitate, cum apparet evidens et urgens necessitas, nec apparet in promtu, qui ei subveniat." und 2. nur „vom Überfluß" des in Anspruch genommenen; (S. Thom. I. c.2,2, q. 32.a.5.).

desselben".[823] Die wirtschaftliche Lage, in welcher die Kirchenväter wirkten, solle man bedenken, denn es galt für diese, „die trostlose wirtschaftliche Lage im absterbenden Römerreich zu ändern"; wobei die Mehrheit der römischen Gesellschaft „unrettbar der Habsucht und Genußsucht verfallen" war. Die Kirchenväter mußten daher, „um die Gesellschaft nur einigermaßen im Gleichgewichte zu erhalten, fortwährend gegen die Habsucht und Genußsucht der Besitzenden auftreten und mußten zur Wohlthätigkeit, zum Almosen ermahnen".[824]

Ratzinger hebt denn auch auf die sittliche Verpflichtung ab, die dem Eigentum oder, besser gesagt dem Eigentumsgebrauch anhaftet. In diesem Sinne verweist er auf die Lehre der Kirchenväter, das Eigentum soll 1. „gerecht erworben" sein und 2. „auch edel verwendet" werden. Der Besitzende ist seinem Nächsten gegenüber verpflichtet, und zwar so weitgehend: um letztlich „die Erringung der wirtschaftlichen Selbständigkeit durch Bereitstellung des eigenen Überflusses" zu ermöglichen.[825] In einer derartigen Äußerung zeigt sich aber auch, daß *Ratzinger* die sittliche Verpflichtung des Eigentümers im Sinne der Sozialfunktion des Eigentums interpretiert. Dabei wird in dieser Aussage weiterhin deutlich, daß sich die Sozialfunktion des Eigentums für *Ratzinger* nicht in einer „Almosenlehre" erschöpft, auch wenn diese, worauf *Beutter* hinweist, „stets zum Ausgangspunkt aller Eigentumsproblematik" und letztlich „zur Bestimmung der Güter für alle Menschen" zurückführt.

Auch *Beutter* betont die Sozialfunktion des Eigentums im „Fall der äußersten Not", welche „die unumgängliche Verpflichtung zur Hilfe" nach sich zieht, wie sie auch von *Ratzinger* mit Eindeutigkeit gefordert wird, merkt aber in Anlehnung an Couvreur[826] kritisch an: „Die immer genauer den Fall äußerster Not und damit die unumgängliche Verpflichtung zur Hilfe eingrenzenden Bemühungen im Laufe der Theologiegeschichte könnten auch anders gedeutet werden, als eine Sprache nämlich, die dem einzelnen Eigentümer immer mehr entgegenkam und eine Rechtfertigung für einen christlich verbrämten Egoismus zu geben imstande war."[827] Bei solchen Erwägungen wäre nach *Beutter* „auch der „Ansatzpunkt einer so wertvollen Arbeit, wie sie in der Geschichte der kirchlichen Armenpflege von G. Ratzinger vorliegt" zu prüfen. Er zitiert hieraus *Ratzingers* grundsätzliche Einstellung, nämlich: „Das Eigenthum im christlichen Sinne ist individueller Besitz, schließt also Gütergemeinschaft aus; es hat aber das Schädliche des absoluten Eigenthums nicht mehr, indem die Bruderliebe die Ausbeutung des Nächsten ausschließt, vielmehr die Verwendung zu Gunsten aller bedürftigen

---

[823] Vgl. Vw.², 91; vgl. Erik Wolf, Naturrechtslehre, a.a.O., 70, mit dem Hinweis, de Lammenais habe wie de Maistre und de Bonald in Frankreich „den Naturrechtsgedanken der großen Revolution mit der katholischen Tradition zu verbinden" gesucht.
[824] Vgl. Vw.², 91.
[825] Vgl. Vw.², 93 bzw. Vw.¹, 76.
[826] Vgl. Beutter, Eigentumsbegründung, a.a.O. 3 (1971) 134, vgl. Anm. 4: G. Couvreux, Les pauvres ont-ils des droits?
[827] Vgl. Beutter, a.a.O. 134.

Brüder fordert."[828] Es ist die Bruderliebe bzw. zugleich ein gefordertes Solidarverhalten, das den Egoismus überwindet. *Ratzingers* Argumentation läuft auf eine naturrechtliche Begründung für das individuelle Eigentum hinaus.

Ratzinger betont natürlich auch in seinem hier analysierten Werk zur Volkswirtschaft, daß analog zum germanischen Recht dem Eigentum die sittliche Verpflichtung anhaftet, dem Schwachen beizustehen, und daß bei einem Verstoß selbst der Verlust des Eigentums möglich sei. In dieser rechtsgeschichtlichen Argumentation verweist er darauf, daß nach christlich-germanischem Recht der Eigentümer „nur zu einem sittlichen Gebrauche seiner Herrschaft berechtigt sei", während nach römischem Recht er in der Eigentumsverwendung „absoluter Herr" sei, wonach mit diesem Rechte nicht zugleich Pflichten verknüpft gewesen seien.[829]

Die sittliche Verpflichtung, die dem Eigentum anhaftet, ist nach *Ratzinger* nun tiefer in einem mehr sozialmetaphysischen Zusammenhang zu sehen. Danach ist der Rechtsgrund des Eigentums zunächst einmal herleitbar aus dem Sittengesetz, nämlich der „Befugnis, die Sache zu haben". Da das Sittengesetz seinen Ursprung aber in Gott hat, so ist andererseits „der Rechtsgrund des Eigentums in letzter Instanz Gott". Daraus folge für den „rechtmäßigen Inhaber", daß „jedes Eigentum von Gott verliehen" und ein „durch sein Gebot geschütztes Recht" ist.[830] An hervorgehobener Stelle seines Werkes definiert *Ratzinger* diesen Rechtsgrund, oder, wie er sagt, „die ideale Ursache" des Eigentums, noch exakter, wenn er hervorhebt: „haben wir die ideale Ursache des Eigenthumsrechtes über und außer dem Menschen im göttlichen Willen gründend erkannt", also „nicht im Menschen, sondern in Gott" liegend, „so liegt der rationale Erklärungsgrund im Verhältnis des Menschen zur Natur"[831] gerechtfertigt. *Ratzinger* spricht hier jene zweifache Begründung für Eigentum an, eine methaphysische, wodurch es sich rechtfertigt, und eine ontologische, konstitutiv für das Institut Eigentum. *Ratzinger* expliziert weiter, daß das Eigentum „ein Gesetz der menschlichen Gesellschaft sei, vom Schöpfer gegeben und darum vom Willen, von der Willkür und dem Belieben der Menschen unabhängig". Die Eigentumsinstitution, begründet im göttlichen Willen, wird als eine grundlegende Ordnungsvorschrift für das Gemeinschaftsleben betrachtet, ähnlich wie 'Familie' (Ehe) und 'Obrigkeit' (Autorität). Für *Ratzinger* ist es nur möglich, daß „die Formen des Eigenthums wechseln", und zwar „je nach der geistigen und sittlichen Bildung der Völker und nach der wirtschaftlichen Entwicklungsstufe derselben".[832] Für *Ratzinger* ist das Eigentum „ein soziales Gesetz"[833] und insofern eine notwendige Bedingung zur Erlangung sozialer Gerechtigkeit.

---

[828] Vgl. Beutter, a.a.O. 134 f.
[829] Vgl. Vw.², 145 bzw. Vw.¹, 119 f.
[830] Vgl. Vw.², 145 bzw. Vw.¹, 120.
[831] Vgl. Vw.², 100.
[832] Vgl. Vw.², 98 bzw. Vw.¹, 80.
[833] Vgl. Vw.², 98 ff.

Ratzinger sieht also das Eigentumsrecht als Norm, naturrechtlich „im Verhältnis des Menschen zur Natur" begründet. Danach kann „nur durch das Eigenthum" auch jene Aufgabe gelöst werden, welche „die wirksamste Production von Gütern und die wirtschaftlichste Consumtion von Genußvermögen ermöglicht".[834] Für *Ratzinger* ist Eigentum neben der naturrechtlichen Begründung auch eine „wirtschaftliche Notwendigkeit".[835] Nach seiner Ansicht gewährleistet das Eigentum „höchste Wirtschaftlichkeit",[836] ist also Garant für sittliches Handeln, rechtsethisch gesehen, gemäß dem ökonomischen Prinzip der Wirtschaftlichkeit, welches *Ratzinger*, wie gezeigt, als ein Moralprinzip hervorhebt. Er ist darum auch nicht der Meinung, daß „die Leiter des communistischen Wirtschaftsregimes ebenso ökonomisch zu Werke gehen werden wie die heutigen Eigenthümer", da der Eigentümer auf eigenes Risiko und „in größter Selbstverantwortlichkeit" handle. Er glaubt sogar, daß auf Grund des Wirtschaftlichkeitsprinzips in der Eigentumsordnung die Natur am ehesten vor Ausbeutung geschützt ist. Insofern befürwortet *Ratzinger* durchaus eher eine „kapitalistische" Wirtschaftsverfassung, eine marktwirtschaftlich verfaßte Wirtschaftsordnung.

2.2. Eigentum und die Sachgesetzlichkeit der Volkswirtschaft

2.2.1. Eigentum und Arbeit; die industrielle Produktion

Für *Ratzinger* stellt sich, für seine Epoche grundlegend, die Eigentumsfrage im Zusammenhang mit der *Marx*schen Wertlehre und Theorie vom Arbeitsertrag, also in einem Bedeutungszusammenhang, auf den schon die Kapitelüberschrift „Eigentum und Kommunismus" hinweist. Wie schon angedeutet, sieht *Ratzinger* die „centrale Stellung" des Eigentums „für die Production" und „besonders für die Verteilung der Güter" durch die herrschende Lehre der Nationalökonomie seiner Zeit relativiert, welche nur die Arbeit als einzige Quelle des Wertes gelten läßt. Das Eigentum werde „als Mittelpunkt der wirtschaftlichen Production" verkannt und man behandle es „als äußere Erscheinung". Damit gehe auch „die hohe sociale Bedeutung des Privateigentums fast gänzlich verloren".[837] Der Grund hierzu: *Adam Smith* habe schon „von dem Einfluß des Eigenthums auf die Werthbestimmung abgesehen" und habe „die Arbeit als einzige Quelle des Werthes und als Maßstab für den Tauschwerth aller Güter erklärt".[838]

Diese Lehre geht für *Ratzinger* also faktisch von einem falschen Ansatz aus. Denn „diese Theorie, daß das Eigentum aus dem Rechte an dem Arbeitsproduct

---

[834] Vgl. Vw.², 100 bzw. Vw.¹, 81.
[835] Vgl. Vw.², 100-104.
[836] Vgl. Ratzinger Vw.², 132 bzw. Vw.¹, 108.
[837] Vgl. Vw.², 94 bzw. Vw.¹, 77.
[838] Vgl. Vw.², 94 in Anm.: Adam Smith, Inquiry into the Nature and Causes of the Wealth of Nations vol. I, chap. 5, p. 44 ff (Baseler Ausgabe), vgl. in diesem Sinne: Smith, Adam, der Wohlstand der Nationen, dtv, 1978, I. Buch, 10. Kap., 106: „Das Eigentum, das jeder Mensch an seiner Arbeit besitzt, ist im höchsten Maße heilig und unverletzlich, weil es im Ursprung alles andere Eigentum begründet."

entspringe",[839] so *Ratzingers* Folgerung, „hatte ihre sehr gefährliche Seite. Die Consequenz ist doch sehr naheliegend, „daß jenes Eigenthum in der heutigen Gesellschaft, welches sich nicht als Arbeitsproduct des Besitzers oder seiner Vorfahren nachweisen lasse, der inneren Berechtigung entbehre. Der Sozialismus hat diese logische Consequenz auch gezogen". So habe *Proudhon* bereits „den Maßstab des Arbeitsproductes" an das Eigenthum seiner Epoche angelegt und herausgefunden, „daß es Diebstahl sei"; und *Lassalle*, daß beim „Produktionszustande" seiner Zeit „jeder sein nenne, was nicht Resultat seiner Arbeit sei, und kam zu demselben Schlusse wie Proudhon: das Eigenthum der kapitalistischen Production sei ‚Fremdthum'".[840] Für *Ratzinger* mußte die Theorie, für die „das Recht auf Eigenthum auf das Product der Arbeit folge" zu nicht bloß „gefährlichen, sondern auch zu trivialen und lächerlichen Folgerungen führen." So sei als „nächste Consequenz" jene Theorie gefolgt, die besagt, „daß das Kapital angesparte Arbeit, das Kapitaleinkommen der Lohn der Sparsamkeit, der Enthaltsamkeit, des Verzichtes auf angeblichen Genuß" sei. Dieser Sachverhalt bezeichne man bereits seit *Senior*, als 'Entbehrungslohn'. *Lassalle* gebrauchte in Folge „höhnend" die Formulierung: „Der Kapitalprofit ist der Entbehrungslohn", wobei „mit vernichtendem Spott Lassalle in seinem 'Bastiat-Schulze', diese Theorie gegeißelt",[841] so *Ratzinger* dies kritisierend.

In der Frage nach der Berechtigung von Privateigentum ist für *Ratzinger* zunächst die Frage „um das Wie" des Vermögenserwerbs zu klären.[842] Dabei stellt aber auch er heraus, daß das Christentum vom Eigentum fordere, „daß es durch Arbeit erworben werde".[843] Im Hintergrund steht wohl die an anderer Stelle seines Werkes gemachte Unterscheidung zwischen „productivem" und „lucrativem" Erwerb. „Sittlich berechtigt" ist für ihn „nur der productive Erwerb, welcher in Verbindung von Kapital und Arbeit unablässig Mehrwerthe schafft", während der lukrative Erwerb „an sich unsittlich" sei.[844] Letzterer, „der lucrative Erwerb ohne Arbeit", sei der Spekulationsgewinn, „welcher keine Werthe schafft, sondern bloß von Verlusten anderer gewonnen wird", aber nur insofern er „Aneignung fremden Eigenthums" sei. Dieser finde sich „namentlich auch in der Ausbeutung der Noth der Arbeiter, in den Hungerlöhnen, in den Attentaten auf die Gesundheit der Arbeiter, in dem Heranziehen von Weib und Kind in die Fabriken, um den Lohn drücken zu können".[845]

---

[839] Vgl. Vw.², 96.
[840] Vgl. Vw.², 96 bzw. Vw.¹, 78.
[841] Vgl. Vw.², 96 f., im Text langes Zitat aus Lassalle „Bastiat Schulze" zu „Der kapitalprofit ist Entbehrungslohn!" Langes Zitat der sarkastischen Interpretation von Lassalle mit Hinweis vgl. Ausdruck „Entbehrungslohn" von Senior, Outlines of Political Economy, 1850.
[842] Vgl. Vw.², 98 bzw. Vw.¹, 80.
[843] Vgl. Vw.², 299 bzw. Vw.¹, 248.
[844] Vgl. Vw.², 321 bzw. Vw.¹, 269.
[845] Vgl. Vw.², 275 bzw. anders: mit Kritik an Scholastik in Vw.¹, 225.

Ein derartiger Erwerb ohne Arbeit, oder „Erwerb durch Ausbeutung", der „auf den theilweisen oder gänzlichen Ruin anderer speculirte", verletze das Gebot christlicher Nächstenliebe.[846] *Ratzinger* bezeichnet es daher als „die Aufgabe der Gegenwart für Moral, Recht und Volkswirtschaft, jene Grenze zu bestimmen, wo der productive Gewinn aufhört und der lucrative Gewinn ... beginnt". Dabei müsse es dem Kapitalbesitzer erlaubt sein, seinen Besitz „gegen mäßige Entschädigung kapitallosen Arbeitern zur Fructifizierung" zu überlassen; das heißt, es müsse der Arbeit möglich sein, „im Arbeitsertrage die Zinsen und die Reproduction des Kapitals erübrigen zu können".[847]

Die Arbeit ist für *Ratzinger* aber nicht die einzige Quelle des Eigentums.[848] Für die Entstehung des Arbeitsproduktes ist das Zusammenwirken von Arbeit und Kapital gleichermaßen notwendig. Folglich muß auch im Arbeitsertrag dem Kapital, das heißt dem „mobilen Besitz" bzw. dem Eigentum, dem Vermögen eine 'mäßige Entschädigung' zuerkannt werden. Zugleich wird aus der Argumentation *Ratzingers* ersichtlich, daß er eine gewisse instrumentale Funktion des Eigentums im Wirtschaftsablauf nicht verkennt, denn auch für ihn ist das Eigentum das Recht, ausschließlich zu besitzen. Damit eröffnet sich aber auch „die Möglichkeit und die Gelegenheit der Ausbeutung". Handle man nur aus „egoistischem Interesse", so nehme das Eigentum freilich „den Charakter der Ausbeutung an", und der „wilde Kampf ums Dasein" führe dann „zur Unterdrückung der wirtschaftlich Schwachen durch den Besitzenden". Um diesem Dilemma zu entgehen, verweist *Ratzinger* darauf, daß diese Wirkung des Eigentums „in der sittlichen Sphäre" begründet liege und, anders als die Klassik, „nicht aus dem wirtschaftlichen Prozeß der ökonomischen Wertbestimmung entspringe."[849]

2.2.2. Die Arbeitswertlehre und Mehrwertproblematik bei Karl Marx

Zur Klärung der Eigentumsfunktion im Prozeß einer ökonomischen Wertbestimmung ist für *Ratzingers* Kritik an Kapitalismus und Sozialismus von zentraler Bedeutung die *Marx*sche Arbeitswertlehre, mit der er sich kritisch auseinandersetzt. Die Definition des Wertes einer Ware im Sinne der englischen Nationalökonomie bestimme die wirtschaftliche Funktion des Eigentums falsch, wodurch „in logischer Entwicklung" Sozialismus und Kommunismus überhaupt erst „als wissenschaftliches System" hervorgerufen worden seien.[850] Für *Ratzinger* ist jene Theorie, daß „die Arbeit allein Werthe schaffe", vertreten von *Smith*, *Ricardo*, den liberalen englischen Ökonomen und den Sozialisten, „hinfällig und

---

[846] Vgl. Vw.², 300 bzw. Vw.¹, 249.
[847] Vgl. Vw.², 275 bzw. Vw.¹, 224.
[848] Vgl. hierzu Emil Muhler, Die Soziallehre der Päpste, 2. Aufl. München 1958, 196, Hinweis auf QA 53, wonach der Arbeitsertrag weder dem Besitz noch der Arbeit allein zuzuschreiben ist. Vgl. Utz, a.a.O. Wirtschaftsethik, Bonn 1994, 92, Über die Zuteilung des Arbeitsertrages.
[849] Vgl. Vw.², 131 bzw. Vw.¹, 107.
[850] Vgl. Vw.², 123.

unhaltbar".[851] Denn er ist der Meinung, daß für die Wertbestimmung außer der Arbeit sowohl „die Beschränktheit des Naturfaktors", also Knappheitsgesichtspunkte, wie auch „die Höhe der Bedürfnisse" wesentliche Bestimmungsfaktoren sind.

Es geht also um unterschiedliche Begründungsansätze einer Wert- und Preistheorie. Bereits im ersten Kapitel seiner Volkswirtschaft trifft *Ratzinger* die Feststellung, *Karl Marx*, „der Begründer des Sozialismus als wissenschaftliches System", habe bei der „Werth- und Preistheorie eingesetzt".[852] Es gehe dabei zunächst um die ökonomischen Begriffe „Werth und Preis", die sich möglichst decken sollen. Der „Werth" stelle nun das „idealrichtige Verhältnis eines Einzelgutes zur Gesamtwirtschaft" dar, so daß dieses Verhältnis „im Preis einen möglichst entsprechenden Ausdruck" erhalte und „dies wäre dann der gerechte Preis". Der „Werth" regele die Beziehung zur Gesellschaft und „der Preis" werde bestimmt „durch die Beziehung zwischen Käufer und Verkäufer. Auf dieser Basis kritisiert *Ratzinger* bereits die „Marktpreisbildung" seiner Zeit, worauf noch detailliert einzugehen sein wird,[853] nämlich dann, wenn es gilt, die Bestimmungsgründe der Marktkräfte von Angebot und Nachfrage zu analysieren, welche einen bestimmten Preis zustandebringen. Die Wertbegriffe, d.h. der Gebrauchswert eines Gutes und der Tauschwert, also der Preis eines Gutes, werden wissenschaftshistorisch für methodische Richtungen[854] zu verdeutlichen sein, und zwar dort, wo *Ratzinger* dies differenzierend einordnet.

Eine „Werth und Preistheorie", die also davon ausgeht, daß „die Arbeit allein werthbildend ist", daß aller Wert, welcher aus einem Zusammenwirken von Kapital und Arbeit entsteht, „einzig und allein auf Rechnung der Arbeit zu setzen" hat, diese „Werththeorie", so *Ratzinger*, sei zum „Sturmbock" gegen die Institution des Eigentums gemacht worden.[855] Akzeptiere man den Satz, „daß aller Werth ausschließlich Product der Arbeit sei (mera industria)"[856], so sei das Eigentum „wissenschaftlich nicht mehr haltbar". Mit „unerbitterlicher Logik", so *Ratzinger*, ergeben sich dann „jene unabweisbaren Consequenzen", welche *Karl Marx* in seinem „Kapital" für den Wertbegriff als Schlußfolgerungen gezogen habe. Für *Ratzinger* ist hinsichtlich der Wertbestimmung die Arbeit zwar der „wichtigste", aber nicht der einzige Faktor.[857] Der Einfluß des Eigentums auf die Wertbestimmung sei dagegen seit *Adam Smith* von fast allen Nationalökonomen

---

[851] Vgl. Vw.², 131.
[852] Vgl. Vw.², 17.
[853] Vgl. Vw.², 17.
[854] Vgl. Alfred E. Ott, Grundzüge der Preistheorie, Göttingen, 1968, 20-31, 20.
[855] Vgl. Vw.², 277.
[856] Vgl. Vw.², 277. In Anm. bewertet er: „lucrum oritur ex *mera industria*", obwohl diese „mera industria" einiger Theologen eine „*unhaltbare Übertreibung*" darstelle, wie die „sola fides" des Luthertums.
[857] Vgl. Vw.², 277.

vernachlässigt worden, da *Smith* „die Arbeit als einzige Quelle des Werthes und als Maßstab für den Tauschwerth aller Güter" ansah.[858]

2.2.2.1. Adam Smith' Bedeutung für die Arbeitswertlehre von Karl Marx

Für *Ratzinger* stehen *Marx* und *Lassalle* „im wesentlichen in der Werththeorie auf dem Boden der englischen Nationalökonomie". Denn beide gingen davon aus, „daß der Werth einer Ware bestimmt werde durch den zur Production nöthigen Arbeitsaufwand, daß im Tauschwerthe das Quantum der in der Ware verkörperten Arbeit zur Erscheinung komme", oder, wie *Lassalle* sich ausdrücke, daß „im Preise der Producte bloß die menschliche Arbeit und nicht die Kräfte der Natur bezahlt werden".[859] *Ricardo* habe diese Lehre zu einem System ausgebildet, „welches zunächst seine Spitze gegen das Grundeigenthum richtete". Und *Smith* nehme „einen ursprünglichen Communismus", das heißt ein „früher rohen Stand der Gesellschaft an, welcher der Kapitalanhäufung und Bodenaneignung vorausgegangen ist, wo die Arbeitsmengen den einzigen Umstand bildeten, welcher für den wechselseitigen Austausch die Regel abgab".

Ratzinger erwähnt in diesem Zusammenhang das berühmte Beispiel von *Smith*: Wenn „bei einem Jägervolke das Erlegen eines Bibers gemeinhin noch einmal so viel Arbeit kostete als das Erlegen eines Hirsches, so wurde ein Biber für zwei Hirsche in Tausch gegeben oder war ein Biber so viel werth als zwei Hirsche. Es ist natürlich, daß das Ergebniß einer Arbeit von zwei Tagen oder zwei Stunden doppelt höhern Werth hat als das Ergebniß einer Arbeit von einem Tage oder einer Stunde, ... Bei solchem Stand der Dinge gehört das ganze Ergebniß der Arbeit dem Arbeiter selbst und die zur Production einer Ware nöthige Arbeitsmenge entscheidet allein über die Arbeitsmenge, welche durch sie wieder gekauft oder eingetauscht werden kann."[860]

Daraus folge, zusammenfassend, daß „die Arbeit" „der wahre Maßstab des Tauschwertes aller Waren" ist.[861] An anderer Stelle schreibt *Smith* noch prägnan-

---

[858] Vgl. Vw.², 94.
[859] Vgl. Vw.², 123 f., in Anm. zu Lassalle, Zitat Bastiat-Schulze, 241. Vgl. zu Karl Marx: Peter, Hans, Marx (III) Ökonomisch, soziologisches System, in: HDSW, Tübingen 1961, Bd. 7, 199, 4.b. mit dem wichtigen Hinweis zur Arbeitswertlehre bei Marx: „Die Einführung in das „Kapital" ist dann die Preistheorie - damals noch lange Werttheorie genannt - für das Modell einer Wirtschaft ohne Profit", dies heiße: „Die Verwandtschaft zur Neoklassik ist hier sehr eng, bis auf den einen Punkt des klassischen Profites." Marx in Anlehnung an Ferdinando Galiani: „ wo Gleichgewicht ist, ist kein Gewinn" („Kapital", I. S 121, Anm. 18).
[860] Vgl. Vw.², 124, zitiert Smith.
[861] Vgl. Vw.², 124; vgl. die kritische Ergänzung von Hansmeyer, K. H.: Lehr- und Methodengeschichte in: Kompendium der Volkswirtschaft, Bd.1, Göttingen 1969, 50: Es habe den Anschein, als habe Smith mit zitierter Stelle den „Grund einer Arbeitskosten-Werttheorie gelegt", die Ricardo und Marx aufgegriffen und weiterentwickelt hätten. Allerdings habe Schumpeter, J (Geschichte der ökonomischen Analyse, Göttingen 1965, S. 249) darauf hingewiesen, daß Smith wahrscheinlich die „Arbeit" in diesem Kapitel nur als pars pro toto einsetzte, so daß er eine Arbeitswerttheorie in vollem Sinne nie akzeptiert

ter: „Im ursprünglichen rohen Zustande der Gesellschaft gehört der ganze Ertrag der Arbeit dem Arbeiter und die zur Erwerbung oder Erzeugung irgend einer Ware gewöhnlich verwendete Arbeitsmenge ist der alleinige Umstand, welcher bestimmt, wie viel Arbeit aufgewendet werden muß, um eine gewisse Ware kaufen, eintauschen oder über dieselbe verfügen zu können".[862] Und an dieser Stelle von *Smiths* Analyse kommt gleichsam die Schnittstelle. *Ratzinger* fährt fort im Zitat von *Smith*, das er wohl wegen seiner zentralen Wichtigkeit umfassend zitiert: „Sobald aber der gesamte Boden eines Landes Privateigenthum geworden, wünschen sich die Eigenthümer wie andere Menschenkinder zu ernten, wo sie nicht gesäet haben; sie fordern eine Rente für natürliches Erträgniß des Bodens. Das Holz des Waldes, das Gras des Feldes und alle natürlichen Früchte des Bodens, welche, als der Boden noch Gemeinbesitz war, dem Arbeiter nur die Mühe des Einsammelns kosteten, erhalten für ihn nun (außer dieser Arbeit) noch einen Preis. Er muß für die Erlaubniß, zu sammeln, zahlen; er muß dem Bodenbesitzer einen Theil davon abliefern, was Ergebniß in der Sammel- und Bereitungsarbeit war. Dieser Theil oder der Preis dieses Theiles bildet die Bodenrente, und in den meisten Waren steckt diese als drittes Element des Preises ... Man könnte denken, die Bodenrente sei nichts anderes als ein billiger Profit für das Kapital, welches vom Eigenthümer für die Urbarmachung verwendet wurde. Das mag mitunter der Fall sein, mehr als theilweise jedoch niemals, indem auch für nicht urbar gemachten Boden vom Besitzer eine Rente gefordert wird, und der vermeintliche Zins für aufgewendetes Kapital erhöht im betreffenden Falle die Rente. Aber auch da wird Rente eingefordert, wo von Verbesserungen durch menschliche Arbeit gar nicht die Rede sein kann." - „Als Beispiel für letzteres nennt Smith ein Seegewächs, Kelp, dessen Asche ein in Glas-, Seifenfabrication u.s.w. verwendbares alkalisches Salz liefert, und das in Schottland auf Felsen wächst, welche unter Wasserlinie liegen und daher täglich zweimal überfluthet werden. Diese Gewächsproduction ist niemals durch menschliche Arbeit gefördert worden, und dennoch verlangen die Eigenthümer, mit deren Boden solche Felsen in Verbindung stehen, ebenso eine Rente wie für ihre Kornfelder".[863]

Als Resultat habe sich, so *Ratzinger*, für *Smith* aus dessen vorstehender Analyse ergeben, „daß die Eigenthümer des Bodens in der Form einer Rente einen Theil des Arbeitsertägnisses anderer sich aneignen". *Ratzinger* bemerkt weiter: *Ricardo* „bildete diese Theorie noch weiter und einseitiger aus",[864] und *Karl Marx*

---

hätte. Es finden sich nämlich Hinweise darauf, daß nur in einer Wirtschaftsgesellschaft von niedrigem Niveau der Arbeit allein eine bestimmte Rolle zukommt; auf höheren Entwicklungsstufen treten Kapitalprofit und Grundrente hinzu; die Betrachtung nähert sich einer vollen Produktionskostentheorie des Wertes (Kap. 6), so daß schließlich Lohn, Profit und Rente den „natürlichen" Preis eines Gutes bestimmen." Auch Ratzinger zitiert und kritisiert Smith fast analog. Vgl Analyse im Text.
[862] Vgl. Vw.², 124, Ratzinger zitiert Smith, Adam, Inquiry into the Nature and Causes of the Wealth of Nations, Baseler Ausgabe, vol. I, chap. 6.
[863] Vgl. Vw.², 125.
[864] Vgl. Vw.², 124 f.

übertrage diese Lehre der Bodenrente auch „auf das mobile Kapital, daß jeder Besitzende, nicht nur der Grundeigenthümer, sondern auch der Kapitalist in der Rente einen Theil des Arbeitsertrages anderer sich aneigne". Soweit die Grundlagenanalyse *Ratzingers* für die Wertlehre des Faktors „Arbeit" im Modell von *Karl Marx*.

2.2.2.2. Kritische Analyse der Arbeitswertlehre

Auch für *Böhm-Bawerk* gilt die Arbeitswertlehre als Ausgangspunkt der *Marx*schen Gedankengänge.[865] *Ratzinger* erörtert sie in einer eigenen kritischen Analyse.[866] Zunächst in ihrer allgemeinen Formulierung besagt diese Arbeitswertlehre, „daß der Wert einer Ware in einer kapitalistischen Gesellschaft vom Ausmaß der für die Produktion dieses Gutes gesellschaftlich notwendigen Arbeitszeit bestimmt wird".[867] Oder, als „Arbeitswertgesetz" geltend für das *Marx*sche Modell wie für das *Ricardos*, formuliert nach *Ricardo*: „Die Güter tauschen sich am Markte auf die Dauer und im Durchschnitt im Verhältnis der auf ihre Herstellung verwendeten Arbeit, gemessen an der Zeit".[868] Der Wert der Ware „Arbeit" bemißt sich, entsprechend der *Marx*schen Formulierung, durch die „gesellschaftlich notwendige Arbeitszeit", das ist die durchschnittliche Arbeitszeit, die zur Produktion des Familienunterhaltes benötigt wird; demnach entspricht das Existenzminimum langfristig dem Lohn.

Um diesen Begriff der „gesellschaftlich notwendigen Arbeitszeit" bei *Marx* näher zu bestimmen, verweist *Ratzinger*, in Fortführung der zuvor erörterten Analyse von *Smith*, als nächsten Schritt auf jene von *Marx* gemachte Unterscheidung „zwischen Tauschwerth und Gebrauchswerth", mit dem Hinweis: „In der Spalte zwischen diesen zwei getrennten und verschiedenen Werthen nistet der Kapitalprofit",[869] wie *Ratzinger* interpretiert. *Marx* sagt: „Die vergangene Arbeit, welche in der Arbeitskraft steckt, und die lebendige Arbeit, die sie leisten kann, ihre täglichen Erhaltungskosten und ihre tägliche Verausgabung, sind zwei ganz verschiedene Größen. Die erstere bestimmt den Tauschwerth, die andere bildet ihren Gebrauchswerth". Um dies verständlich zu machen, führt *Ratzinger* weiterhin *Marx* an, der behaupte: „Der Tauschwerth der Arbeitskraft werde bestimmt durch die Erhaltungskosten des Arbeiters, durch die Summe der Lebensmittel, deren der Arbeiter bedarf, um sich zu erhalten und fortzupflanzen. Um diesen Preis erwirbt also der Besitzende auf dem Markte die Arbeitskraft des Besitzlosen". Der Besitzlose benötige nach *Marx* einen halben Tag, „um so viele Arbeitsprodukte zu liefern, als die Unterhaltskosten betragen". Diese Zeit nenne *Marx* „die gesellschaftlich nothwendige Arbeitszeit"; sie entspricht dem Tauschwert der Arbeitskraft, und nur diese wird vom Kapitalisten dem Arbeiter

---

[865] Vgl. Eugen von Böhm-Bawerk, Kapital und Kapitalzins, 3. Aufl. Innsbruck 1914, I, 503 f.
[866] Vgl. Vw.², 123-131, XII: „Die Theorie vom Werthe und vom Arbeitsertrage".
[867] Vgl. Bernhard Külp, Verteilungstheorie, Stuttgart 1974, 133.
[868] Vgl. Hans Peter, Marx (III) a.a.O., in: HDSW, Tübingen 1961, 7, 199.
[869] Vgl. Vw.², 125.

bezahlt. Der Arbeiter sei aber „nicht sechs Stunden thäthig, sondern zehn oder zwölf Stunden des Tages; diese Mehrarbeit schafft auch Mehrwerth, den Gebrauchswerth, über welchen nicht mehr der Arbeiter verfügt, sondern der Kapitalist, welcher den Tauschwerth bezahlt hat". In Marx' Worten ausgedrückt: „Der Werth der Arbeitskraft und ihre Verwertung im Arbeitsprozeß sind also zwei verschiedene Größen. Diese Werthdifferenz hat der Kapitalist im Auge, wenn er die Arbeitskraft kauft".[870]

In dem Umstande nun, so im *Marx*schen Modell, daß der Arbeiter „genöthigt ist, über die 'gesellschaftlich nothwendige Arbeitszeit' hinaus zu arbeiten", liege das „Geheimniß der Plusmacherei"[871]. *Ratzinger*, Marx interpretierend: „Was der Arbeiter über die nothwendige Arbeitszeit hinaus leistet, das bildet den Profit des Eigenthümers, welcher hiermit einen Werth sich aneignet, welcher fremde, unbezahlte Arbeit hervorgebracht hat". Mit Bezug auf diesen Prozeß habe *Lassalle* ausgerufen: „Eigenthum ist Fremdthum geworden".

Das *Marx*sche Modell komme also zu dem Schluß: „Diese Aneignung von Werth, welcher von Rechts wegen dem Arbeiter gehörte, bildet die 'Ausbeutung' der kapitalistischen Production. Sie muß beseitigt werden, und dieses Ziel ist nur zu erreichen durch Beseitigung des Privatbesitzes von Productionsmitteln. Grund und Boden, Verkehrsmittel und alle Arbeitsinstrumente müssen Collectiveigenthum und die Form der Production muß eine gemeinsame, gesellschaftliche werden".[872]

Dies sei „in kurzen Sätzen die socialistische Theorie der Gegenwart", eine Theorie, die trotz der niedrigen Bildungsstufe der arbeitenden Bevölkerung schon viele Anhänger gefunden habe. Die Vision des *Johann Heinrich von Thünen* scheine sich zu erfüllen, daß wenn sich das „erwachende Volk" die Frage nach dem „naturgemäßen Arbeitslohn"[873] stellte und praktisch zu lösen suchte, ein Kampf entstehe, „welcher Barberei und Verheerung über Europa" bringe.

Angemerkt sei an dieser Stelle, daß *Ratzinger* nicht nur als Wissenschaftler, sondern auch als aktiver Politiker, Abgeordneter und Mitglied des Bayerischen Landtages ebenso visionär wie *Thünen* die Wissenschaft davor warnt, die Einheit der Weltanschauung anzutasten, ansonsten vernichte die Wissenschaft „damit auch die Kraft und Energie der Gesellschaft, Gutes zu thun, wirft die Brandfackel hinein, welche wie heute der Sozialismus, ganze Schichten der Bevölkerung zu Gegnern macht", so *Ratzinger* damals vor der Kammer der Landtagsabgeordneten in München.[874]

---

[870] Vgl. ebd.
[871] Vgl. Vw.², 125, 126, in Anm.: Marx a.a.O. 140.
[872] Vgl. Vw.², 126.
[873] Vgl. Vw.², 126. Hinweis auf: v. Thünen, Der isolierte Staat, Bd.I: zitiert dessen Def. vom „naturgemäßen Arbeitslohn".
[874] Vgl. Landtagsarchiv München: Alphabetisches Verzeichnis über die Verhandlungen der Beiden Kammern des Landtages des Königreiches Bayern, Sten. Ber. Bd. III, Kam-

Der „moderne Socialismus" sei, so warnt *Ratzinger* auch in seinem Hauptwerk, schon deshalb etwas neues, „als er als wissenschaftliches System auftritt, seine Postulate theoretisch begründet und in agitatorische Formen kleidet". *Ratzinger* merkt an, daß *Karl Marx* einen bemerkenswerten wissenschaftlichen Apparat besessen habe und „als feiner Beobachter und als scharfer Denker" vielen seiner Gegner überlegen gewesen sei. Nur „populär zu schreiben" habe er nicht verstanden, denn sonst wäre „sein Einfluß noch gefährlicher geworden". Seine „hegelianische Beweisführung und seine abstruse Darstellung" haben ihm einen größeren Leserkreis verschlossen.[875] *Lassalle* sei hingegen die bedeutendste „agitatorische Kraft im socialistischen Lager" gewesen.

2.2.2.3. Das Marx'sche Modell und die Bewertung des Eigentums

Die sozialistische Theorie fordere nun Beseitigung der Ausbeutung, das heißt „Beseitigung des Privatbesitzes von Produktionsmitteln": „Grund und Boden, Verkehrsmittel und alle Arbeitsinstrumente müssen Collectiveigentum und die Form der Production muß eine gemeinsame, gesellschaftliche werden".[876]

Für *Ratzinger* ist vor allem der Ausgangspunkt der Theorie von *Adam Smith*[877] und seinem Nachfolger schon „historisch unrichtig". Jener angebliche „ursprüngliche Communismus", den der Sozialismus wiederherstellen wolle, sei, so *Ratzinger*, „eine leere Hypothese", und „das Eigenthum so alt wie die Menschheit". Auch habe zu keiner Zeit ein Arbeiter den „vollen Ertrag der Arbeit beziehen" können. Die These *Rousseaus* von der Entstehung des Eigentums „durch Gewalt und Usurpation" sei „eine unerwiesene, leere Behauptung". Vielmehr sei der „geschichtliche Gang der Entwicklung entgegengesetzt".[878]

Begründend verweist *Ratzinger* auf das Eigentum, das es „schon in der Familie des ersten Menschenpaares, seit Abel und Kain"[879] gegeben habe. Dann sei das Eigentum „in den Händen weniger Oberhäupter, Patriarchen, oder wie man sie nennen will, concentrirt" gewesen. Das Beispiel von Abraham und Loth zeige, daß „der Patriarch allein der Eigentümer" war, denn „die ganze Sippe und alle Dienenden" waren noch „ohne individuelles Eigenthum". Das bedeutet, daß gegen die Gewährung des Unterhaltes der Patriarch den vollen Arbeitsertrag aller an sich nahm, „als einziger Eigenthümer". Erst mit Beginn der Arbeitsteilung in größerem Umfang, d. h. mit der Bildung von Städten, entstand ein gegen Lohn arbeitender Handwerkerstand; erst ab diesem Zeitpunkt konnte sich das Eigentum individualisieren. Im gesamten Altertum war das Eigentum in den Händen weniger konzentriert, „während mindestens zwei Drittel der Bevölkerung in das

---

mer der Abgeordneten. – 87. Sitzung vom 1.März 1894, 33: Generaldiskussion: Staat, Kirche, christliche Erziehung.

[875] Vgl. Vw.², 123.
[876] Vgl. Vw.², 126 bzw. 1. Aufl. 104.
[877] Vgl. Vw.², 124 mit Hinweis auf: Smith: L. c. vol. I, chap. 6, ausführliche Zitate.
[878] Vgl. Vw.² 126.
[879] Vgl. Vw.², 126 f.

allmählich sich verschlechternde Verhältniß der Sklaverei herabsanken und ohne alles Eigenthum waren".[880]

Für *Ratzinger* ist jener „Prozeß immer größerer Individualisierung des Eigenthums", fortlaufend „bis auf die Gegenwart herein", letztlich eine „logische Nothwendigkeit der christlichen Grundsätze". So nehme „erst mit der christlichen Lehre der Freiheit und Gleichheit" die Entwicklung des „individuellen Eigenthums" ein ständig „größeres Maß der Ausgestaltung" an. *Ratzinger* findet beim Apostel *Paulus* im Brief an Philemon[881] „die theoretische Grundlage für die Anerkennung des Rechtes der Persönlichkeit eines Sklaven in christlicher Familie", wenn es auch „bis zur praktischen Ausstattung der Persönlichkeit des Sklaven mit Eigenthum in Form des Dienstbotenlohnes" noch eine „lange Entwicklung durch die Jahrhunderte bezeichnet."

Die Schlußfolgerung für *Ratzinger* lautet; „Das Eigenthum hat sich also nicht durch Beraubung, Usurpation, Aneignung von Arbeitsertrag ehemals freier Individuen gebildet, sondern umgekehrt das concentrirte Eigenthum individualisierte sich, und die freigewordene Persönlichkeit erlangte in der Zutheilung von Arbeitsertrag Eigenthum".[882]

Zur Richtigstellung hebt *Ratzinger* hervor, daß der Arbeiter „den vollen Arbeitsertrag" niemals erhalten habe und niemals erhalten könne, denn im Arbeitsprodukt stecke eben nicht nur Arbeit, sondern auch materielles Gut, Vermögen.[883] Um überhaupt Werte schaffen zu können, müsse die Arbeit „einen Naturfonds, ein Gut, ein Vermögen haben, welches sie befruchten kann". Der Naturfaktor ist aber nur beschränkt vorhanden und verfügbar, und darum ist für *Ratzinger* „in dieser Beschränktheit der materiellen Güter, nicht im Eigenthume" der „Unterschied zwischen Tauschwerth und Gebrauchswerth, welchen Marx richtig gemacht hat, begründet".[884] Für *Ratzinger* aber steht die Wertbestimmung eben nicht allein und ausschließlich in funktionaler Abhängigkeit zur Arbeit, sondern auch zur Beschränktheit des Naturfaktors, wie auch zur Höhe der Bedürfnisse.

Als typische Beispiele nennt er hierzu „die sogen. freien Güter, wie Luft, Wasser, u.s.w." Aber nur „weil und solange diese in Überfülle vorhanden" sind, besitzen diese keinen Tauschwert. „Je beschränkter der Wasservorrat" etwa „für die Bedürfnisse der Bewohner einer Großstadt" werde, desto höher steige sein Wert,[885] und umso größer müsse darum „die Sparsamkeit sein". *Ratzinger* umschreibt damit lediglich jenen ökonomischen Sachverhalt, wonach in einer Marktwirtschaft der Tauschwert eines Gutes von seinem Knappheitsgrad abhängig ist. So weist er darauf hin, daß „die Notwendigkeit des Sparens und des Kos-

---

[880] Vgl. Vw.², 127.
[881] Vgl, Vw.², 127: Paulusbrief an Philemon 16.
[882] Vgl. Vw.², 127. Bei Leo XIII, RN, Abs 37 u.a. finden sich Hinweise auf Anreizeffekte, welche mit dem „Bewußtsein, auf Eigentum zu arbeiten" sich einstellen.
[883] Vgl. Vw.², 127 bzw. Vw.¹, 106. Ratzinger zitiert Ruhland a.a.O., S. 49 in Anm.
[884] Vgl. Vw.², 128 f. bzw. Vw.¹, 106.
[885] Vgl. Vw.², 129 bzw. in Anmerkung Vw.¹, 106.

tenersatzes" im Grunde „gerade wegen der Beschränktheit des Naturfaktors eine so große Rolle" spiele. Herrscht Mangel an „Wasserbedarf", dann haben wasserführende Quellen für den Eigenthümer keinen Tauschwert, anders als wenn diese für die Wasserversorgung benöthigt werden. Dies bedeute letztlich: „Also nicht vom Eigenthum, sondern von der Beschränktheit der Güter und von der Nothwendigkeit des Zu-Rathe-halten-müssens hängt der Tauschwerth ab",[886] eben indirekt von der Knappheit des Gutes.

Um dies weiter zu verdeutlichen ist es, im Unterschied zu den Sozialisten, nach *Ratzingers* Ansicht im Markttausch zunächst gleichgültig, ob „Grund und Boden" in „Collectivbesitz der ganzen Gesellschaft" oder in Privateigentum stehen.[887] Denn selbst der *Marx*sche Tauschwert und der Gebrauchswert zum Beispiel beim Kohleabbau werde umso stärker differieren, je größer der Bedarf und je geringer der Vorrat ist. Danach richtet sich der Preis, „welcher außer der Arbeit bezahlt werden muß", also ist „nicht bloß die Arbeitsmenge zu zahlen", sondern noch jener „Werth, welcher sich nach höherem oder niedrigerem Bedarfe und je nach dem Vorhandensein der Kohle richtet". Und dies bei Privateigentum genauso wie unter „communistischem Wirtschaftsregime", denn was die Natur der Gesellschaft nicht in Überfülle gibt, müsse „von denjenigen, welche Bedarf danach haben, bezahlt werden". Entsprechend habe man, und dies sei bei Sozialisten nicht anders, im Tausch also nicht bloß die Arbeitskosten für „das Herausschaffen der Kohle aus der Erde" und für „die Beförderung an Ort und Stelle des Verbrauchs" zu zahlen, sondern auch einen „thatsächlich vorhandenen ökonomischen Werth".[888] Insofern stellt sich *Ratzinger* in seiner Argumentation auf den Boden eines marktwirtschaftlichen Systems und entsprechend dem Preismechanismus beurteilt er ökonomische Zusammenhänge von der Angebotsseite zum Beispiel von der Knappheit der Güter beziehungsweise von der Nachfrageseite, das heißt von der Bedarfsstruktur her.

Auch ein anderes Argument, das *Ratzinger* in der Formulierung von *Hertling* übernimmt, stellt fest, „daß es eben keinen natürlichen Anspruch des Einzelnen auf das Aequivalent des von ihm produzierten Werthes gibt".[889] Darum könne auch nicht „das Recht auf den vollen Arbeitsertrag als Grundlage einer Neuordnung" herangezogen werden, denn der Arbeiter müsse sich Abzüge „gefallen lassen", einmal zur Unterhaltsbestreitung der Greise, Invaliden und Kinder, dann „zu Gunsten der Kopfarbeiter, welche durch organisatorische und leitende Tätigkeit an dem Erfolg der productiven Arbeit betheiligt sind" (ergänzen wir *Ratzinger*: die originär mit der Production direkt verknüpft sind); und schließlich zu Gunsten „anderer geistiger Berufsstände", die mit der Produktion nicht im, sagen wir direkten, das heißt wohl aber subsidiären, Zusammenhang stehen, auf die,

---

[886] Vgl. Vw.², 129. bzw. Vw.¹, 106.
[887] Vgl. Vw.², 129 bzw. 1. Aufl. 107.
[888] Vgl. Vw.², 130 bzw. Vw.¹, 107.
[889] Vgl. Vw.², 130 und 131: dort langes Zitat von Hertling, Naturrecht und Socialpolitik, Köln 1893, 30 eigefügt; vgl. mit Vw.¹, 107; vgl. Vw.², 131: „kein natürlicher Anspruch des Einzelnen auf das Äquivalent".

nach *Ratzinger*, die Gesellschaft eben nicht verzichten kann, und dies sei „im sozialistischen Staat nicht anders". Es zeigt sich also, daß auch in der Lösung der Lohnfrage sozialpolitische Argumente für *Ratzinger* mit zu berücksichtigen sind, wobei die Wirtschaftsgesellschaft als sozialer Organismus aufgefaßt wird, denn „das Wirtschaftsleben eines Volkes bildet einen Organismus, in dem neben den unmittelbar producierenden Arbeitern auch Staatsbeamte, Kaufleute, Techniker usw. betheiligt sind".[890]

Demnach schlußfolgernd *Ratzingers* These: „Die Theorie von Adam Smith und Ricardo, der liberalen englischen Oekonomie und der Sozialisten, daß Arbeit allein Werthe schaffe, ist hinfällig und unhaltbar". Die „Werthbestimmung" ist, so *Ratzinger*, nicht nur eine Abhängige von der „Arbeit", sondern zwei weitere Faktoren nehmen „wesentlichen und entscheidenden Einfluß" auf die Wertbestimmung, „die Beschränktheit des Naturfaktors" gleichermaßen wie „die Höhe der Bedürfnisse". *Ratzinger* betont an dieser Stelle die „sittlichen Pflichten des Besitzenden". Die Eigentumsfrage, das „Eigentum als solches" ist für ihn von der „Frage der ökonomischen Werthschätzung" zu trennen. Mit dem Eigentum als Recht, „ausschließlich zu besitzen", wird dann die Gelegenheit der Ausbeutung ermöglicht, wenn „bloß das egoistische Interesse" entscheidet und es an sittlichem Pflichtbewußtsein fehlt. Dann gestaltet sich „der wilde Kampf ums Dasein" zur „Unterdrückung der Schwachen". Diese mögliche Folge, wie *Ratzinger* sagt: „diese Wirkung entspringt aber nicht aus dem wirtschaftlichen Prozesse der ökonomischen Werthbestimmung, sondern liegt in der sittlichen Sphäre". Und für *Ratzinger* liegt „die Heilung" darum „nicht in der Aufhebung des Privateigenthums, sondern in der Erfüllung der Pflichten, welche die christliche Lehre von den Eigenthümern fordert".[891]

Der sozialistische Einwand, die Güter der Natur hätten nur „deshalb und insoweit Werth, als die Arbeit früherer Jahrhunderte darin stecke", könne ja richtig sein, aber *Ratzinger* wendet ein, daß fast alle Kapitalgüter „gemischte Werthe" seien. Dies beweise aber nur, daß „weder die Natur allein noch die Arbeit allein" Güter erzeugen, sondern daß „erst aus der Verbindung beider" Gebrauchs- und Tauschwerte erzielt werden können.[892]

Ratzinger relativiert auch den Einwand, daß auch „bei der communistischen Production Güter, welche nicht in Überfülle vorhanden", zwar bezahlt werden müssen, im Ergebnis aber „dieser Preis wieder der Gesellschaft, der Gesamtheit" zufalle, und eben „nicht mehr einzelnen Privatpersonen". Das entscheidende Gegenargument für *Ratzinger* ist „die Function" des Privateigentums für die „Kostenersparnis" von Production und Consumtion in der Abwägung zwischen dem Eigentümerrisiko und der Wirtschaftlichkeit in der Produktion. So ist für *Ratzinger* die wichtige Frage zu verneinen, „ob nämlich die Leiter des communistischen Wirtschaftsregimes ebenso ökonomisch zu Werke gehen werden wie

---

[890] Vgl. Vw.², 130.
[891] Vgl. Vw.², 131, vgl. Vw.¹, 107.
[892] Vgl. Vw.², 132.

die heutigen Eigentümer". Auch beim „socialistischen Wirtschaftsregime" seien neben dem „Leiter in der Production" zusätzlich „Aufseher oder Controlleure" nötig. Werden diese „weniger an Kosten verursachen, als die heutigen Eigenthümer als Rente beanspruchen?" Zu beantworten sei dies durch die ebenso zu verneinende Frage, „ob sie in der Kostenersparung bei Production und beim Bedarfe, der Consumtion auch nur annähernd jene höchste Wirtschaftlichkeit erreichen könnten, welche das Privateigenthum in der Volkswirtschaft leistet".

Für die Beantwortung dieser Fragen ist für *Ratzinger* jener Umstand maßgebend, denn „der Eigenthümer wirtschaftet auf eigenes Risiko, mit der größten Selbstverantwortlichkeit, jeder Fehler rächt sich an ihm selbst. Das Eigentum erfordert vom Eigentümer „höchste Wirtschaftlichkeit", ansonsten „wirtschaftet er ab". Und verallgemeinernd fügt *Ratzinger* hinzu, dies zeuge „von der Unerbittlichkeit der Gesetze, welche der Schöpfer in die Natur gelegt hat, als er das Eigenthum als Norm für die menschliche Wirtschaft gab".[893] Dies sei aber auch „Antrieb und Sporn zum Fortschritt"; hätten alle Menschen dagegen gleichen Anteil an der Natur, dann fehle dieser.[894]

2.2.3. Korrelation von Population und Subsistenzmittel
2.2.3.1. Die Wachstumstheorie der Bevölkerung nach Malthus

Wie *Ratzinger* feststellt, habe das „sogen. 'malthusianische Gesetz' Schwierigkeiten hervorgerufen, welche nur dort existieren, wo das Eigenthum die ihm auferlegten Pflichten verkennt". Er bestreitet von vornherein, daß jenes nach *Malthus* benannte Gesetz „als allgemeine Norm der menschlichen Entwicklung gelten könne." Jenen Zusammenhang von Bevölkerungswachstum mit dem Vorhandensein entsprechend nötiger Subsistenzmittel habe bereits vor *Malthus* schon *Montesquieu* festgestellt. *Malthus* stelle ergänzend die Gesetzmäßigkeit heraus, daß „die Volksvermehrung die Tendenz habe, in geometrischer Progression zu wachsen, während die Subsistenzmittel im besten Falle bloß in arithmetischer Progression vermehrt werden könnten".[895]

Schon diese erste These von der „geometrischen Progression" bilde, so *Ratzinger*, „kein allgemeines Gesetz". Als Gegenbeweis verweist *Ratzinger* auf Erfahrungen, die jeder sogar „im engsten Umkreis" machen könne. Es sei zu beobachten, daß „besser situierte Familien am ehesten aussterben"; für „höhere Stände und wohlhabende Klassen" sei „sehr selten große Fruchtbarkeit durch mehrere Generationen" feststellbar, denn für diese gelte eine „größere Vorsicht bei Eheschließungen" als bei unteren Klassen. Für seine Epoche stellt er andererseits auch fest, daß „in den Coloniallländern" sich die Bevölkerung, „wie gegenwärtig in Nordamerika" sehr rasch, „aber noch viel rascher" der Reichtum vermehre.

---

[893] Vgl. ebd.
[894] Vgl. Vw.², 133.
[895] Vgl. Vw.², 107, vgl. Vw.¹, 87: in Anm.: Malthus, Principle of Population, vol. I. chap. 1.; vgl. v. Wiese, Leopold, II. Malthusianismus, 2. Malthus, Bevölkerungslehre, in HDSW. Tübingen 1961, Bd. 7, 103. Zur Definition vgl. Allen, R.G.D., Mathematik für Volks- und Betriebswirte, Berlin 1972, (4) 238.

Während dagegen in den „alten Culturländern" das Wachstum der Bevölkerung nur sehr langsam voranschreite und mitunter sogar zum Stillstand gekommen sei, so zum Beispiel in Frankreich in den letzten 40 Jahren, wo das Elend am geringsten und der Volkswohlstand „verhältnismäßig" am größten sei.[896]
Paradoxerweise sehe man in derartigen Entwicklungen sogar die Wirksamkeit des malthusianischen Gesetzes bestätigt, „nach welchem die Natur, selbst für die Kinder der Proletarier, zur Vollstreckerin des Todesurtheils" würde. Im Hintergrund scheint für *Ratzinger* wohl jene These zur Bremsung des Bevölkerungsaufbaus zu stehen, die *Malthus* bezeichne als „die positiven Hemmungen durch hohe Sterblichkeit". *Ratzinger* zitiert in anderem Zusammenhang auch den berühmten Satz von *Malthus*, der zu einer derart „empörten Kritik" führte, daß *Malthus* diesen in der 2. Auflage wegließ: „Der in die ... schon mit Beschlag belegte Welt Geborene ... findet an der großen Tafel der Natur kein für ihn gebreitetes Gedeck. Die Natur befiehlt ihm, sich wieder zu entfernen, und zögert nicht, ihrem Befehle Nachdruck zu verleihen".[897] *Ratzinger* argumentiert, daß bei der Aufstellung von allgemeinen „Gesetzen" ihre Urheber „regelmäßig von der Willensfreiheit" abstrahierten „von welcher gerade die höher gebildeten Schichten der Bevölkerung regelmäßig einen größern Gebrauch machen als die untern Klassen".[898] Das sind Argumente, die jene Gesetzmäßigkeit von der „geometrischen Progression" in Frage stellen.

Auch die zweite These im Bevölkerungsgesetz, „daß die Subsistenzmittel höchstens in arithmetischer Progression sich vermehren lassen", sei „eine unerwiesene Behauptung".[899] Denn Tatsache sei es, „daß da, wo ein rechtlicher Erwerb und eine billige und gerechte Verwendung des Reichthums stattfindet, mit der Zunahme der Bevölkerung, auch die Unterhaltsmittel ins Unbestimmbare sich vermehren", möglicherweise sogar exponentiell, wie wir hinzufügen können. *Ratzinger* argumentiert wachstumstheoretisch, wenn er die steigende Wachstumsrate der Population in Verbindung zu einer „zunehmenden Produktivität"[900] setzt.

2.2.3.2. Der Pessimist Malthus versus Ratzinger als Optimist?

Unter den Gründern der Nationalökonomie gilt *Thomas Robert Malthus* „als der große Pessimist."[901] Diese Bezeichnung verdankt er nicht seinen historisch durchaus bedeutsamen ökonomischen Analysen und Lehren, sondern seinen pessimistischen Prognosen über die Bevölkerungsentwicklung und über den Nahrungsspielraum der Welt. Schon seit den Merkantilisten[902] war man der Meinung, daß die Größe der Bevölkerung eine wesentliche Ursache für den

---

[896] Vgl. Vw², 108 und vgl. Vw.¹, 88.
[897] Vgl. Leopold v. Wiese, Malthusianismus, in HDSW, Bd. 7, 103.
[898] Vgl. Vw.², 108.
[899] Vgl. Vw.², 109.
[900] Vgl. ebd.
[901] Vgl. Hansmeyer a.a.O., 28.
[902] Vgl. ebd. 29.

Wohlstand eines Volkes sei. Insofern war die Bevölkerungsentwicklung als abhängige Größe vom Wohlstand eingestuft. *Malthus* machte aber für seine Epoche und verschiedene Regionen in der Welt aus, daß das natürliche Wachstum der Bevölkerung stärker zu sein scheint als „der Erntezuwachs in der Landwirtschaft, die mit zunehmender Bevölkerung auch Böden minderer Güteklassen bestellen muß"; folglich wird „die Vermehrung des Menschengeschlechtes auf dem Niveau der Nahrungsmittel festgehalten".[903] *Malthus* propagierte als wirtschafts- und sozialpolitische Empfehlung die Anpassung der Bevölkerungsentwicklung an den „stets zu engen Nahrungsspielraum",[904] jene pessimistische Prämisse der klassischen Verteilungstheorie, der das Gesetz vom abnehmenden Ertragszuwachs in der Landwirtschaft zugrundeliegt.[905]

Es wurde schon erwähnt, daß die historische Entwicklung, wie wir heute feststellen können, keinesfalls den pessimistischen, „klassischen Voraussagen", eben eines *Malthus* u.a. gefolgt ist. *Malthus* ging von einem fehlenden Fortschritts in der Ackerbautechnik aus, eine Annahme, die sich schon bald als falsch herausstellte. Es ist schon bemerkenswert, daß jene genannte Kritik *Ratzingers* an dem Bevölkerungsgesetz von *Malthus* auf Grund des historischen Ablaufs, den wir heute[906] überschauen, ihre Rechtfertigung erfährt, eine Kritik, die *Ratzinger* visionär zu einer optimistischen Voraussage befähigte, da er dem Menschen, seiner „Willensfreiheit" und dem technischen Fortschritt mehr zutraute.

Ratzinger versteht es, in einer lebensnahen Sprache komplexe wachstumstheoretische Zusammenhänge und deren Einflußfaktoren zu veranschaulichen, weil er sie wohl empirisch so erfährt. Es geht um die Bewertung der rasch anwachsenden industriellen Produktion im 19. Jh. für das Bevölkerungswachstum. Der Anreiz und „die Befähigung der Einzelnen steigert sich" mit dem Wachstum der Population, so *Ratzinger*, „sich miteinander zu verbinden, die gegenseitigen Anstrengungen zu combiniren und zu vereinigen", eben im Sinne von Arbeitsteilung, „woraus beständig wachsende Macht zur Benutzung und Unterwerfung der Naturkräfte hervorgeht und wobei jeder Schritt", indem er nun unmittelbare Determinanten im Wachstumsprozeß anspricht, „durch Erleichterung der Production und Beschleunigung der Circulation mit rascher Kapitalbildung und höhern Arbeitserträgen bezeichnet ist".[907] Kapitalbildung wird hier gleichbedeutend mit rasch zunehmender Investitionstätigkeit gesehen, um sodann mit einem optimistischen Ausblick zu folgen: „Die Nachfrage nach geistigen und physischen Kräften wird größer, und die nothwendige Folge davon ist zunehmende Productivität dieser Kräfte, zunehmende Leichtigkeit der Kapitalbildung und Steigerung der Quote des Arbeiters." Mit der Folgewirkung für eine wachsende

---

[903] Vgl. ebd.
[904] Vgl. ebd.
[905] Vgl. Krelle, Wilhelm, Verteilungstheorie, Wiesbaden 1962, 22.
[906] Vgl. Krelle, a.a.O., 22: „Von einer langfristigen Abnahme der Grenzrate in der Landwirtschaft kann jedenfalls bisher und, soweit man übersehen kann auch in Zukunft keine Rede sein."
[907] Vgl. Vw.², 109.

Bevölkerung: „Je mehr die Bevölkerung sich verdichtet, um so mehr muß jeder nach neuen Erwerbsarten sinnen, um sein tägliches Brod zu finden. Dieses Sinnen und Streben erzeugt tausendfache", also multiplikativ, „neue Erwerbsarten, und die Quelle des Gewinns ist mit den gesteigerten Bedürfnissen gänzlich unbestimmbar."[908]

Für *Ratzinger* eine fast garantierte Produktivitätssteigerung, die überproportional nicht zuletzt auch die arbeitsplatzbeschaffende Maßnahme ist, so könnte man heute feststellen, indem es zur Entdeckung vielfältiger neuer Erwerbsarten, und damit zu neuen Arbeitsplätzen in großem Umfange kommt. Zur Veranschaulichung verweist *Ratzinger* auf die Situation im letzten Quartal des 19. Jhs. im Unterschied zu „früheren Zeiten", und gibt zu bedenken: „Wie viele neue Bedürfnisse und neue Existenzen hat die Erfindung und Benutzung des Dampfes und der Elektricität hervorgerufen und ermöglicht?" Aber auch „die gesteigerten Bedürfnisse", das heißt nachfragewirksamen Bedürfnisse, sind für *Ratzinger* eine „Quelle des Gewinns" in „unbestimmbarer" Höhe, sagen wir der beste Indikator für den Erhalt und Ausbau von Arbeitsplätzen. Für *Ratzinger* insbesondere dann, wenn diese Kapitalbildung in Form von Gewinnen zur „Erleichterung" in die Produktion reinvestiert wird.

Ratzinger sieht aber auch die Gefahr von Fehlentwicklungen. Denn „umgekehrt tritt dort", so warnt *Ratzinger*, „wo das Eigenthum durch Ausbeutung erworben wird und in Geiz oder Luxus der Production sich entzieht, keine Vermehrung in arithmetischer Progression, sondern eine fortwährende Abnahme ein".[909] In diesem Zusammenhang nennt *Ratzinger* als Beispiel Länder wie die „der Iberischen- und Balkanhalbinsel, ferner Indien und Irland", welche „durch Englands Kapital fortwährend ausgesogen werden, ohne daß ihnen eine befruchtende Pflege zu theil wird".[910] Für Irland schlägt *Ratzinger* als Lösung die Unabhängigkeit vor, dann „würde ein Bauernstand und eine einheimische Industrie sich bilden und entwickeln, so würde mit dem Elende auch das Gespenst der Ueberbevölkerung verschwinden".[911]

In der Geschichte der Bevölkerungstheorie wird unterschieden in Optimisten, unter die man sicherlich *Ratzinger* einstufen kann, die das schnelle Wachstum der Bevölkerung als günstig beurteilen, und Pessimisten, die darin eine Gefahr sehen. Eine derart „unwissenschaftliche" Scheidung mag auch im „Temperament der Autoren" verankert sein, aber nicht nur; es zeigt sich eine „Fülle von zu beachtenden Faktoren".[912] Wenn auch jene Determinanten: Bevölkerungsschwankungen, Kapitalbildung und technischer Fortschritt unmittelbar den Wachstumsprozeß bestimmen, so sind diese nicht deren „letzte" Ursache,[913] da diese Be-

---

[908] Vgl. ebd.
[909] Vgl. Vw.², 109.
[910] Vgl. ebd.
[911] Vgl. Vw.², 109.
[912] Vgl. v.Wiese, a.a.O. 103.
[913] Vgl. Rose, Klaus, Grundlagen der Wachstumstheorie, Göttingen 1971, 12.

stimmungsfaktoren ihrerseits wieder von einer Reihe anderer Größen abhängen, wie Rechtsordnung, politische Struktur eines Staates, soziale Schichtung, medizinisches Wissen, der jeweils technische Stand einer Volkswirtschaft, der Druck zu neuesten Produktionsmethoden, Einflußfaktoren auf die Kapitalbildung, Steuergesetzgebung auf Investitionstätigkeit u.a. Normvorgaben bis hin zur Bedeutung religiöser Vorstellungen, etwa einer „protestantischen Ethik", für Kapitalbildung und Spartätigkeit, eine große Zahl von Determinanten, die auch für *Ratzinger* maßgeblich sind.[914]

2.2.3.3. Zwang zur Geburtenbeschränkung?

Ratzinger kritisiert scharf die „Gelehrten des Materialismus", die sich nicht begnügten mit dem Verbot der Heiraten, sondern die danach strebten, die Geburten zu verhindern oder die „Kinder gleich beim Eintritt in die Welt wieder zu beseitigen".[915] Selbst „der angesehenste Nationalökonom Englands in der Neuzeit", *John Stuart Mill*, so klagt *Ratzinger*, plädierte „für gesetzlichen Zwang, um die Erzeugung von Kindern zu verhüten, welche der Gesellschaft zur Last fallen". Verschiedene Persönlichkeiten und Parlamentsmitglieder in England hätten „sich soweit verirrt, die Vertilgung der Leibesfrucht und andere Mittel anzuempfehlen." In England sei „also die Wissenschaft richtig beim Kindsmord angekommen, auf der niedrigsten Stufe des verthierten Heidenthums". Auch „eine schmachvolle Literatur" habe „der Civilisation den größten Schandfleck angehängt".[916]

Dem hält *Ratzinger* die Lehre der Kirche entgegen. Diese gehe aus vom Schutz der Fruchtbarkeit und der Freiheit. „Die Kirche fordert die Keuschheit vor der Ehe und in der Ehe und bedingt damit die Fruchtbarkeit". Der Kindersegen sei ein Segen Gottes, so das Verständnis „in der geläuterten Anschauung aller christlichen Völker", und er zitiert den Aufruf aus der heiligen Schrift: „Wachset und mehret Euch und erfüllet die Erde und unterwerfet sie eurer Herrschaft", wenn auch „seit dem Sündenfalle die Vermehrung des Menschengeschlechtes in der Beschaffung des Unterhalts mit Arbeit und Entsagung verbunden sei".[917] Auch an dieser Stelle wiederholt *Ratzinger* seine These, im Wachsen der Bevölkerung liege „von selbst die Quelle großartiger Entfaltung". Zur Rechtfertigung zitiert er *Wilhelm Roscher*, für den „eine dichte Bevölkerung" nicht nur ein Kennzeichen „bedeutender und stark benutzter Productivkraft" ist, sondern „schon an sich selbst eine Productivkraft und hochwichtig als Sporn und Hilfsmittel zur Benutzung aller übrigen".[918] Und auch für *Périn* seien „alle Fortschritte" eng verknüpft

---

[914] Vgl. Rose, a.a.O. 11 f.
[915] Vgl. Vw.², 111.
[916] Vgl. Vw.², 111.
[917] Vgl. Vw.², 112, mit Verweis auf 1 Mos. 3,17.
[918] Vgl. Vw.², 113, mit Hinweis auf Roscher, Grundlagen der Nationalökonomie, § 253.; vgl. Brinkmann, C. in HDSW, (1956) IX, 41 f.: Roscher ist der Älteren historischen Schule zuzurechnen, die noch theoretisch eingestellt war.

mit dem Wachstum der Bevölkerung, weil „in der irdischen Ordnung alles für die Menschen und nichts ohne sie geschieht".

Ratzinger thematisiert im Zusammenhang mit der Frage der Population ebenso die Antwort der christlichen Lehre zu „Ehe und Jungfräulichkeit", zu „Fruchtbarkeit und Freiheit". Dabei bedient er sich relativ umfangreicher Zitate von *Pèrin*, verweisend auf den Moraltheologen *Linsenmann*, die Kirchenväter *Hieronymus* und insbesondere *Ambrosius* sowie entsprechende Stellen der heiligen Schrift.[919] *Ratzinger* betont, die Kirche warne „vor sorgloser Eheschließung", Überlegung sei gefordert, und sie appelliere an den „Opfergeist des Familienvaters, an die Liebe der Mutter" entsprechend dem „Gesetz der christlichen Ehe". Von „allen außer der Ehe" fordere die christliche Lehre „strenge Enthaltsamkeit und Keuschheit". Mit der „höchsten Würde" zeichne die christliche Lehre jene aus, die sich zu einem Gelöbnis zur „Jungfräulichkeit" entschließen, „zu ewiger Keuschheit und Ehelosigkeit". *Ratzinger* verweist auf die entsprechende Stelle im Korintherbrief des Apostels *Paulus* über die Jungfräulichkeit und ebenso auf Matthäus.[920] Wie bei *Paulus*, so sei auch für die Kirche die „Freiheit" im Entschluß, sei es zur Jungfräulichkeit oder sei es für die Ehe, von derartiger Wichtigkeit, daß ein Gelöbnis von der Kirche immer für ungültig erklärt wird, wenn „das wichtige Erfordernis der Freiheit ermangele".[921]

Für *Ratzinger* gilt hier und generell der Grundsatz: „Von der Freiheit unzertrennlich ist die Verantwortung". Jeder ist für sein Handeln und die Folgen verantwortlich zu machen in jenem Verhältnis zu seiner Freiheit, die er sich nimmt, die ihm zusteht. Die Kirche fordert bei der Eheschließung „höchste Freiheit"; eine Freiheit, die „jede Einwirkung eines Zwanges abweist" steigere „das Bewußtsein der Verantwortlichkeit". Daraus folgt für die Kirche: „Das höchste Maß von Verantwortlichkeit für sich selbst und für die Kinder übernehmen Mann und Frau beim Abschluß einer Ehe". Dies ist ein unverzichtbarer Grundsatz.

Daraus folgt als unzulässig „das Überwälzen dieser Verantwortlichkeit auf die Gesellschaft", für *Ratzinger* „eine der schlimmsten theoretischen und praktischen Verirrungen der Gegenwart"[922]. *Ratzinger* gibt zu bedenken, daß gewiß „kein Mensch absolut unabhängig von seiner Umgebung und von den Einrichtungen der Gesellschaft" sei, aber genauso sei es „eine Übertreibung, jede Einzelhandlung als Product der socialen Zustände zu erklären". Als eine freie Persönlichkeit besitze der Mensch „in der Macht des Willens die Kraft", äußere Einflüsse zu überwinden, sogar „zum Zwange" sich in Gegensatz zu setzen. Darum fordert *Ratzinger* „die Wahrung der Unabhängigkeit behufs Erzielung der höchsten Zwecke nach Anordnung Gottes", und diese sei „eine edle sittliche Tugend, welche auch in der Gesellschaft aufs höchste geschätzt wird". Es gelte darum, bei „Eheschließung und Familiengründung die Freiheit" zu wahren, „aber zu-

---

[919] Vgl. Vw.², 114, mit Hinweis Linsenmann, Moraltheologie, 131, und Pèrin.
[920] Vgl. Vw.², 113, in Anm.: Matth. 19,10 ff. und 1 Kor. 7, 25 ff.
[921] Vgl. Vw.², 115.
[922] Vgl. Vw.², 116.

gleich das Bewußtsein der Verantwortlichkeit" zu erhöhen und das „Pflichtgefühl der Unabhängigkeit" zu stärken. Nur auf diesem Weg, „Belebung und Stärkung der socialen Tugenden", werde das „Gespenst der Überbevölkerung zu bannen sein;"[923] also über eine entsprechend zielorientierte Verantwortungs- und Verhaltensethik.

2.2.4. Christliche Sittenlehre und Naturgesetze, Anmerkung zu Roscher

In ihrem „Drange nach Systematik" seien, so *Ratzinger*, jene „schlimmsten Verirrungen der vielgetadelten Scholastik" sehr gering zu veranschlagen, „gegen die trostlose Verirrung der modernen Nationalökonomie der Schule, welche unser geistiges und wirtschaftliches Leben unter angebliche, der christlichen Sittenlehre widersprechende Naturgesetze beugen wollte". Jene „Systematiker", wie *Roscher*, unterschieden „drei große Perioden der Volkswirtschaft": In der ersten herrscht überall der „Factor Natur" vor, in der zweiten wird „der Arbeitsfactor immer bedeutender" und in der dritten wird der Faktor „Kapital vorherrschend".[924] Durch Kapitalanlagen nehme der Boden „unendlich an Werth zu", im „Gewerbefleiß übernehme die Maschinenarbeit die menschlichen Hände". Die positive Folge: Der „Reichthum des Volkes steigt hierdurch fortwährend", die negative: „Der kleine Mittelstand mit seiner soliden Bildung und Wohlhabenheit" nimmt ab; „kolossaler Überfluß" stellt sich „bettelhafter Armut" gegenüber.[925]

Der ironische Einwand *Ratzingers* lautet: „Das soll ein Naturgesetz sein!". Aber Gesetze könne man doch nur abstrahieren und aus zahlreichen, gleichmäßigen Tatsachen folgern, die sich unter denselben Bedingungen überall und zu aller Zeit ergeben. Hierzu fehle der Nationalökonomie aber „vergleichbares Material". Nur jene „eine" Tatsache existiere allerdings; es hätten nämlich „die christlichen Völker Europas, specieller gesagt, die christlichen germanischen und romanischen Völker, diese Entwicklung genommen". *Ratzinger*: „Eine Thatsache bietet aber noch kein Gesetz", und die Annahme von *Roscher* gehe auch fehl, denn „in der vorchristlichen Zeit" könne „dieselbe Entwicklung nicht nachgewiesen werden". Das Altertum sei über die zweite Periode nicht hinausgekommen, wie auch „die Systematiker" zugeben. Denn „die großartige Entwicklung des wirtschaftlichen Lebens der Gegenwart mit Maschinen, mit Dampf und Electrizität" habe „gar kein Analogon".

Trotz dieses wirtschaftlichen Gegensatzes bestehe zwischen Altertum und Gegenwart in einem Punkt Übereinstimmung: „im Reichthum ohne Maß und im

---

[923] Vgl. ebd.
[924] Vgl. Vw.², 121. Vgl. hierzu Hermann Kellenbenz, Wirtschaftsstufen, in: HDSW, Tübingen (1965) 12, 262: Roscher wird zu den Hauptvertretern der Älteren Historischen Schule gezählt, die Menschheit als ein „Großes und Ganzes" verstanden und eine „organische" Auffassung vertraten; Roscher klassifizierte die Entwicklung der Volkswirtschaften in drei Perioden, entsprechend „den drei Faktoren", welche zu jeder Produktion vereinigt werden müssen: in der Frühzeit ein Vorherrschen des Faktors „Natur", im Mittelalter des Faktors „Arbeit" und in der Neuzeit des Faktors „Kapital".
[925] Vgl. Vw.², 121.

Elende ohne Ziel". Für *Roscher* liege „die Ursache hiervon (...) in Naturgesetzen der wirtschaftlichen Entwicklung ... , weil ja hier voller Gegensatz herrscht", also wohl im Sinne einer Wettbewerbswirtschaft. Für *Ratzinger* dagegen liegt sie „in denselben geistigen und sittlichen Verirrungen, welche die Gegenwart und das absterbende Alterthum miteinander gemeinsam haben". Denn „die Besitzenden" dieser beiden Epochen sehen sich „als absolute Herren ihres Eigenthums" an, und verfügen über die irdischen Güter „wie über ein ihnen allein zustehendes Monopol und erblicken in allen übrigen Menschen Ausbeutungsobjecte, welche ihnen Reichthum und Genuß verschaffen müssen". Maßloser Reichtum einerseits und enormes Elend anderseits sei die Folge „dieser geistigen und sittlichen Verirrung".

Eine solche Entwicklung sei aber nicht notwendig und somit „kein Naturgesetz", sondern „das Resultat einer irregeleiteten Willensrichtung, eines Mißbrauches der menschlichen Freiheit".[926] Das Schicksal der griechisch-römischen Welt müsse aber die Gegenwart nicht ereilen, denn es gebe immer noch Anhaltspunkte genug, daß „die christliche Wahrheit und die christliche Ueberzeugung im Leben der Völker" wieder die Oberhand gewinnen und so zu Fortschritten auf wirtschaftlichem Gebiete führen werden, zur Abwehr des „Wahns der Selbstzerstörung" und der „Philosophie des Unbewußten".

Jene Wissenschaften der Nationalökonomie, „in England ausgebildet" und „von dort nach Deutschland importiert", womit er wohl auch *Karl Marx* meint, haben „bei der Entwicklung der Bevölkerungstheorie die sittlichen Pflichten, welche der Besitz auferlegt, verkannt und außer acht gelassen". Diese Verpflichtung müsse ins Bewußtsein zurückkehren und Beachtung finden, auf daß die wirtschaftliche Funktion des Eigentums für die Wertbestimmung im System wissenschaftlich richtig erkannt und bestimmt wird, um so Sozialismus und Kommunismus als Gefahr für die Gesellschaft abzuwenden.[927] Die Gefahr des Sozialismus, dessen Forderung „in der Aufhebung des Privateigentums gipfelt", sei in dem Moment beschworen, „wo die Mehrzahl der Besitzenden sich der Pflichten erinnert, welche das Eigenthum in der christlichen Gesellschaft auferlegt."[928]

2.3. Der Irrtum im Liberalismus und Sozialismus
2.3.1. Liebe als das Grundgesetz der menschlichen Gesellschaft

Ratzingers Analyse des Dualismus von „Eigentum und Communismus" offenbart deren Unvereinbarkeit. „Den ersten Angriff auf die christliche Lehre vom Eigenthum machte der Liberalismus." Ausgangspunkt für den Liberalismus sei zwar jene „hohe, christliche Idee", die von der „Bedeutung des Individuums für die Gesellschaft" ausgehe. Aber diese Idee „der freien gleichberechtigten Persönlichkeit" sei derart verunstaltet worden, daß sie schließlich „den Charakter einer

---

[926] Vgl. Vw.², 122.
[927] Vgl. Vw.², 123.
[928] Vgl. Vw.², 135. Ratzinger erwähnt hier die „Pariser Commune" und äußert seine Überzeugung, daß „trotz aller socialistischen Agitation" das Privateigentum bestehen werde, solange die menschliche Gesellschaft existiert.

tiefen Verirrung" annahm. Nach der Lehre des ökonomischen Liberalismus sollten „alle Beziehungen des Besitzenden zum Besitzlosen" nun „ausschließlich durch Vertrag" geregelt werden. *Ratzinger* zählt die möglichen, formell rechtlich zu regelnden, Abhängigkeiten auf. So müsse der Besitzlose „im Lohn-, Mieth-, Pacht- und Darlehnsvertrag" sich jeweils der „Monopolkraft" des überlegenen Besitzes beugen".[929] Die Gefahr eines „auswuchernden Charakters im Wirtschaftsleben" bestehe „namentlich in der Industrie, im Arbeitsvertrag". Als „freier" Arbeitsvertrag gepriesen, sollte dieser jede „persönliche Beziehung zwischen Unternehmer und Arbeiter" beseitigen, ganz im Sinne des ökonomischen Liberalismus. Das bedeutet eine Beziehung, die „lediglich als Käufer", mit der Zahlungsverpflichtung des vereinbarten Lohnes, beziehungsweise als Verkäufer bestehe, letzterer mit der Leistungsverpflichtung „in der Lieferung oder Bethätigung eines bestimmten Maßes von Arbeit."

Der Konflikt, das Problem für *Ratzinger*, besteht nun aber darin, daß „die Höhe des Lohnes sich nach dem Verhältnis von Angebot und Nachfrage richte", das heißt also nicht „durch die Bedürfnisse des Arbeiters" bestimmt wird, sondern, wie *Ratzinger* feststellt, „zuletzt durch die Lage am Weltmarkt", ein Standpunkt, den man allgemein sogar für „selbstverständlich" und als „in Ordnung empfände, auch dann, wenn der Lohn im einzelnen Falle „zur Bestreitung der nothwendigen Lebensbedürfnisse" kaum mehr „hinreichend" wäre. Entgegen dieser Auffassung erkennt *Ratzinger*, daß der „Arbeitsvertrag" auch gegen die Person des Arbeiters bestimmte „Rechtspflichten" auferlege, daß „Arbeit und Persönlichkeit überhaupt nicht getrennt werden dürfen, soll der Arbeiter nicht zur Sache", *Marx* würde sagen, ,zur Ware', „entwürdigt und eine moderne Sklaverei" eingeführt werden. Entgegen der Lehre der liberalen Ökonomie werde dann die Arbeitskraft nicht verkauft, sondern „die Person des Arbeiters werde in Dienst genommen"[930], eine These, aus der *Ratzinger* den Anspruch auf einen Lohn ableitet, welcher über dem „hinreichenden", der „nur den Unterhalt für gesunde Tage gewährt", hinausgeht. Dieser quasi überschüssige Teil sollte die Zurücklegung von Spareinlagen für Krankheit und Invalidität ermöglichen. Zur Gewährleistung dessen „müssen wieder persönliche Beziehungen zwischen Mensch und Mensch hergestellt werden", um so die gesellschaftlichen Zustände zu bessern. Dies müsse nicht nur „in den Arbeitsbedingungen wieder zum Ausdrucke kommen", sondern auch „in Werken der Barmherzigkeit beim Eintritte des Unglücks".

Auch ein Grund für das Versagen des ökonomischen Liberalismus „in Theorie und Praxis", sei es, daß man „der Charitas, der christlichen Liebe, welche die Kluft zwischen reich und arm überbrücken soll, den Krieg erklärt"[931] habe. Die Almosenbitte würde als „Vergehen geahndet", das Almosen „verhöhnt und verspottet" mit dem Slogan „Hilf dir selbst!", um den eigenen Geldbeutel zu schonen. Die „Phrase der Selbsthilfe hat nur dann einen Sinn, wenn man dem Armen die Mittel zur Selbsthilfe bieten kann. Aber gerade das will ja die Charitas." So

---

[929] Vgl. Vw.², 136.
[930] Vgl. Vw.², 136.
[931] Vgl. ebd.

stellt sich die Frage, ob überhaupt ein Zustand, „wo jeder sich selbst genüge" und keiner des anderen Unterstützung brauche", denkbar sei, „Die Einrichtungen" (in der 1. Auflage „die Naturgesetze") „der menschlichen Gesellschaft und ihre Geschichte verneinen diese Frage und kennzeichnen die entgegengesetzte liberale Theorie als Irrthum".[932]

Zweifellos sei Arbeit besser als Unterstützung. Das Ziel bleibt, daß „jeder sich selbst genügen soll". Daher fordere das Christentum „möglichst Theilnahme aller an dem Arbeitserträgnisse und den Gütern der Natur, gerechten Preis und gerechten Lohn". Hierauf wird noch im Kapitel „Arbeit und Kapital" einzugehen sein. Auch „Versicherungen, Hilfsvereine, Sparkassen" gegen Krankheit und Massenarbeitslosigkeit seien „lobenswerthe Einrichtungen", aber „sie reichen nicht hin, das Elend zu beseitigen".[933]

Für *Ratzinger*, als Zeitzeuge einer Epoche, gekennzeichnet durch „Arbeitslosigkeit und Hungerlöhne, in weiterer Folge das Massenelend, die tiefe Armut, die Hilflosigkeit so vieler Familien", habe jene „Reaktion des Socialismus gegen die herzlose liberale Theorie hervorgerufen." Auf Grund des Massenelendes eine für *Ratzinger* „vollauf berechtigte Reaktion" des Sozialismus, denn die Güter dieser Erde seien nicht nur für die Reichen da. Wie an anderer Stelle schon hingewiesen, will dagegen *Ratzinger* festgehalten wissen, daß der Sozialismus „die wahre Idee von der er ausging", nämlich die der Solidarität, dem „Christentum" entlehnt" habe. „Die Idee der Brüderlichkeit, der solidarischen Einheit der großen Menschheitsfamilie" bildet ja „das geistige Fundament der christlichen Gesellschaft". Im Unterschied und in Abgrenzung zum Sozialismus weist zudem das christlich verstandene Eigentum auf die Gottbezogenheit aller irdischen Dinge hin. So weiß sich der „Besitzer" im Christentum eben „nur als Haushalter der Gaben Gottes." Demnach fungiert „christliches Eigenthum" als Bindeglied; es „bildet aus arm und reich, aus hoch und nieder nicht bloß eine Gesellschaft, sondern eine Gemeinde eine Familie der Bruderliebe". Mit der wesentlichen Ergänzung: „Ohne Christus aber ist das unmöglich." Denn „Christus allein gibt Glauben, Liebe und Hoffnung, Kraft der Selbstverläugnung, Freiheit zur Selbsthingabe." Und *Ratzinger* vertieft seine christologische Argumentation noch: „Nur das milde Gesetz der Liebe Christi macht die Menschen zu Herren ihrer selbst und zu Dienern ihrer Brüder", oder „nur die Liebe zu Gott gibt nachhaltig in die Herzen jene Menschenliebe, welche dem Kriege aller gegen alle steuert",[934] wie schon dargelegt im Sinne einer gläubigen Verantwortungsethik.

---

[932] Vgl. Vw.[2], 138. „Die Einrichtungen der menschlichen Gesellschaft..." geändert, zuvor: Vw[1], 113: „Die Naturgesetze der menschlichen Gesellschaft und ihre Geschichte verneinen die Frage und kennzeichnen die entgegengesetzte liberale Theorie als Irrthum."
[933] Vgl. Vw.[2], 137. Hierzu vgl. Gorges a.a.O.: Industriebetrieb im 19 Jh., 66 ff; 310 ff.: Satzung der „Antoniusbruderschaft" von 1848 mit einem Netzwerk von kassen- und versicherungsähnlichen Hilfsleistungen für Arbeiter, fabrikbezogener Verein zu „gegenseitigen Hilfsleistungen und zur Beförderung ihrer sittlichen Bildung".
[934] Vgl. Vw.[2], 138.

Ratzinger legt auf diese Weise das Beziehungsgeflecht zwischen Liberalismus und Sozialismus, als Antithese von Freiheit und Solidarität einerseits und dem Christentum andererseits, für das die „Liebe das Grundgesetz der menschlichen Gesellschaft" ist, wobei aber „diese Liebe vom Glauben an Christus, den Weltheiland, unzertrennlich ist". Aus der christlichen Wahrheit entnommen habe der Liberalismus zwar „das Recht der freien Persönlichkeit", der Sozialismus „das Gesetz der Solidarität". Aber nun fehlte beiden Systemen die Liebe, „die ein Geschenk Gottes" sei; jedoch „von Gott" wolle der „Liberalismus so wenig wissen wie der Sozialismus", dies sei die Ursache für die „gefährlichen Irrthümer, an deren Folgen die heutige Gesellschaft so tief leidet".

Das Christentum, das die Liebe als Maßstab lehrt, als Motivkraft im Handeln, als innere Sollensausrichtung, bringt, so könnte man sagen, Freiheit und Solidarität in eine Balance, so daß deren Antriebskräfte genutzt werden können für Fortschritt und Wohlstand für alle. Die Idee einer freien, gleichberechtigten Persönlichkeit kommt genau so zur Geltung, wie jene „menschliche Gesellschaft", für die die Liebe „das Grundgesetz" ist, und die sich als ein lebendiger Organismus versteht, eine Gesellschaft als Einheit in der Balance, im Gleichgewicht, die auf das Gemeinwohl ausgerichtet ist, und deren innere Motorik die Gottes- und Nächsten- und damit auch die Selbstliebe ist. Man könnte mit Papst *Benedikt XVI.* sagen: „Die Art, wie Gott liebt, wird zum Maßstab menschlicher Liebe",[935] oder wie *Georg Ratzinger* schrieb: „Die Liebe sollte schon alles in der Welt erfüllen", denn „Gott ist die Liebe".[936] Auf die entsprechenden Texte aus dem Johannesevangelium, die insbesondere die Bruderliebe zum Gegenstand haben, wurde schon im Zusammenhang von „Armut und Reichtum" verwiesen. Bei aller Suche nach Erkenntnis gibt *Ratzinger* in Anbetracht seiner Kernaussage zu Liberalismus und Sozialismus zu bedenken: „Was das Wissen sucht, das hat der Glaube",[937] eine Antwort, die es bei allem Erkenntnisfortschritt zum Verhältnis von Vernunft und Glaube zu bedenken gilt.

2.3.2. Ursprung des Sittengesetzes und der Rechtsgrund des Eigentums

In der zweiten Hälfte des 18. Jhs., in welcher der Liberalismus sich durchzusetzen begann, steht im Hintergrund geistesgeschichtlich die Aufklärung, der Rationalismus und die Idee der Freiheit im Sinne von „freier Vertrag, freies Eigentum, freie Eigenentscheidung".[938] Für *Ratzinger* erklärt das historische Zusammenfallen von „Ursprung und Entwicklung der modernen Nationalökonomie mit der Periode der Aufklärung", weil letztere „ausschließlich dem Materialismus huldigte",[939] warum die Wissenschaft der Nationalökonomie „die Liebe und die

---

[935] Vgl. Benedikt XVI., DCE, a.a.O. Teil I, Abschn. 11. Vgl. vorausgehendes Kap. „Armut und Reichtum" zur Thematik: Brüderlichkeit und „Gott ist Liebe".
[936] Vgl. Vw.², 140.
[937] Vgl. Vw.², 139. Ratzinger zitiert aus: Merz, Armut und Christenthum a.a.O. S. 94.
[938] Vgl. Lütge, Friedrich, Wirtschaftsgeschichte II Epochen: in HDSW, Tübingen (1965) 12, 166-185, (4) 181, Neuzeit, 7. Liberalismus.
[939] Vgl. Vw.², 141.

sittlichen Kräfte, welche aus ihr sich ergeben, um die Gerechtigkeit zu begründen und der Freiheit Raum zu schaffen, so gänzlich mißachten konnte",[940] zumal *Ratzinger* die innere Rationalität und Kohärenz von Sittlichkeit und Wirtschaftlichkeit erkannte, wenn er das Prinzip der Wirtschaftlichkeit als Moralprinzip herausstellt.

Vor dem Hintergrund des Dualismus von Eigentum und Kommunismus stellt *Ratzinger* nun die Begriffe „Sittengesetz" und „Recht" in den Vordergrund seiner Analyse, denn, so seine These: „Das Sittengesetz ist Quelle und Grundlage des Rechtes, und letzteres construirt sich nach den durch das erstere vorgezeichneten Grundlinien".[941] Diesen Zusammenhang versucht *Ratzinger* im Vergleich von germanischer und römischer Rechtsauffassung zu verdeutlichen. Es ist die Frage der Begründbarkeit eines objektiven Sittengesetzes, dessen rechtliche Verbindlichkeit möglicherweise als Normbestandteil einer „außergesetzlichen Rechtsordnung"[942] anzuerkennen ist. Das Sittengesetz betrifft das gegenseitige Verhältnis der Menschen, so *Ratzinger*, welches durch das Recht normiert werden soll.[943] Dementsprechend gehe die germanische Rechtsauffassung von dem „Grundsatze aus, daß die Menschen sittlich verpflichtet sind, einander in allen rechten und sittlichen Dingen beizustehen". Im Unterschied dazu stehe die römische Rechtsauffassung, wonach „Sittengesetz und Recht keine gemeinschaftliche Basis" haben, die „Menschen stehen sich fremd und pflichtlos gegenüber", das heißt die einzige Beziehung zwischen ihnen sei „ursprünglich diejenige, welche das Recht der Stärke" verleihe. Der Stärkere unterjoche den Schwachen und mache ihn zu seinem Werkzeuge, zum Sklaven. Herrschende über andere schließen „den Krieg untereinander" durch Vertragsschluß aus, um so ihrer „Selbstsucht", worauf *Ratzinger* hinweist, zu entsprechen. Das Recht im Staate entstehe nach römischer Anschauung erst „durch Gesetz, welches Product des souveränen Willens der Staatsbürger ist." Daraus folge, daß „nicht ... ein objektives Sittengesetz, nicht Gott, sondern der Wille des Volkes ... nach römischer Anschauung oberste Quelle des Rechtes ist." So beschränken sich die Vertragsschließenden in „ihren gegenseitigen Verhältnissen" also „nur so weit, daß die Rechtssphären der Einzelnen strenge abgegrenzt werden, daß jeder Schutz gegen Verletzungen

---

[940] Vgl. ebd.
[941] Vgl. Vw.², 143.
[942] Vgl. Esser, Josef in HDSW, Tübingen (1964), 8, 773: hier wird die „Frage nach der Begründbarkeit eines objektiven Sittengesetzes" als die „Sorge der Rechtstheorie" bezeichnet. Von deren Lösung hänge ab, ob und inwieweit solche Normen als Bestandteil einer 'außergesetzlichen Rechtsordnung' unmittelbar rechtliche Verbindlichkeit zuzuerkennen ist.
[943] Vgl. Esser, Josef in HDSW, Tübingen (1964), 8, 773, weiter die Feststellung, daß neuzeitlich „eine Vielzahl von Urteilen und Lehren" zu einem 'überpositiven Recht', zu einer 'Schöpfungsordung' sich bekennen. So berufe sich der Bundesgerichtshof 1954 (BGHST 6.46, /52) auf eine „vorgegebene und hinzunehmende Ordnung der Werte und das menschliche Zusammenleben regierenden Sollenssätze". Daraus spreche „der abendländische Glaube an ein aus der Natur des Menschen ableitbares, von menschlicher Satzung unabhängiges ideales Recht".

findet. Im übrigen stehen sich die Einzelnen fremd gegenüber." Das römische Recht habe, so *Ratzinger* „wesentlich nur die Aufgabe, jedem in seiner Rechtssphäre volle Willkür und Souveränität zu sichern."

An dieser Stelle zitiert *Ratzinger* jenen großen Rechtsdenker seiner Epoche, *Rudolf von Jhering*[944], der das römische Recht als Ausdruck „grandioser Selbstsucht" bezeichne und dies für *Ratzinger* in zweifacher Beziehung, „indem es dem Staatsbürger nach innen in seinem Kreise die möglichste Willkür verbürgen, nach außen die Mittel zur Ausdehnung der Herrschaft bieten soll". Denn nur „der Staatsbürger besaß jene Rechte; er beherrschte Besitz, Sklaven, Frau und Kinder". „Nach außen folgte Krieg auf Krieg bis der kleine römische Räuberstaat die Herrschaft über die ganze Welt errungen hatte. Dann mußte er in sich selbst zerfallen; denn die Selbstsucht ist wohl ein Motiv zur Ausbreitung der Herrschaft, aber sie trägt auch den Keim der Selbstzerstörung und der Auflösung in sich. An der Selbstsucht ging das Römerreich schmählich zu Grunde."

Völlig abweichend von den Grundsätzen des römischen Rechtes über Eigentum, welches eine sittliche Anforderung an dessen Erwerb nicht zur Bedingung hat, verhalten sich, in der Deutung *Ratzingers*, die Prinzipien des „christlich-germanischen Rechtes". Das Recht am Eigentum muß nach dieser Vorstellung „wohlerworben" sein. Der Erwerb müsse „die Erreichung sittlicher Lebensentfaltung zum Zwecke" haben unter Anwendung „nur sittlich erlaubter Mittel". Ein solchermaßen „wohlerworbenes" Recht habe zur Voraussetzung nach germanischem Rechte „in erster Linie die ehrliche Arbeit", ganz im Sinne des „Sachsenspiegels": „Alles, was ich mir erarbeitet, das laß mir, was du dir erarbeitet, das hab dir." Ein Recht, das allein auf dem „allgemein giltigen Sittengesetz" beruhe, welches hinwiederum seine Quelle in Gott habe. „Der Rechtsgrund des Eigenthums" sei demzufolge „die aus dem Sittengesetze entspringende Befugniß, die Sache zu haben, und weil das Sittengesetz selbst seinen Ursprung in Gott hat, ist der Rechtsgrund des Eigenthums in letzter Instanz Gott, so daß jedes Eigenthum als ein dem rechtmäßigen Inhaber von Gott verliehenes und durch sein Gebot geschütztes Recht zu betrachten ist".[945] In diesem Sinne findet letztlich das Recht seine Rechtfertigung in Gott, bzw. in einer metaphysischen Begründung. Unter diesem Bedingtsein, wie *Ratzinger* es für das germanische Recht insbesondere aufzeichnet, ergibt sich, was Recht sein kann, was Recht sein muß. Ge-

---

[944] Vgl. Vw.², 144 mit Hinweis auf Rudolf v. Jhering, Geist des römischen Rechtes, I, 293. Ratzinger zitiert Jherings weiterführende Aussage. In dieser Selbstsucht findet Jhering die Prädestination der Römer zur Cultur des Rechtes; denn nach Jhering ist „das Recht die Religion der Selbstsucht". Vgl. Wolf, Erik, Große Rechtsdenker der deutschen Geistesgeschichte, Tübingen 1963, 622-668, 662, Rudolf von Jehring. Erik Wolf über Jhering: Er habe den Inhalt des Rechts „nur psychologisch und soziologisch erklärt, aber nicht philosophisch gedeutet und ethisch gerechtfertigt." Seine Rechtsethik erschien „als die des 'größten Gesellschaftsnutzens'. Er berührte sich darin mit der gleichzeitig in England von Herbert Spencer entwickelten Lehre von den 'tatsächlichen' Grundlagen der Moral. Gemeinsamer Ahnherr dieser Ideen war Francis Bacon mit seinem Glauben an die Wirklichkeit des socialen Lebens und Schilderung des „römischen Eigenthumsrechtes".
[945] Vgl. Vw.², 145.

mäß einer christlich-germanischen Rechtsauffassung ist der „Eigentümer nur zu einem sittlichen Gebrauche seiner Herrschaft berechtigt", einem Recht, dem zugleich „Pflichten gegenüberstehen", deren Nichteinhaltung zum Verlust der Sache führen kann.

Der Verlauf der Geschichte zeige „die schlimmsten Folgen", welche nun die „Fälschung und die Verschlechterung des sittlichen Bewußtseins" haben können. So im Mittelalter,[946] wie auch zur Zeit der Reformation, der Revolution von 1789 und in Folge der „Monopolherrschaft des mobilen Besitzes, des Kapitals", welches nun fortan, wie von „Marx ganz richtig einem Schwamm verglichen, der alle kleinen Vermögen aufsaugt und eine Zinsknechtschaft im Gefolge" habe.[947] Es werde die „Religion des Egoismus" gelehrt und „das Recht der vollständigen Selbstsucht gepriesen". Dagegen stehe, so *Ratzinger* zusammenfassend, jene „Forderung des Christentums, daß an Erwerb und Verwendung des Besitzes der strenge Maßstab sittlicher Gerechtigkeit gelegt werden müsse". Dies werde von der Wissenschaft „verhöhnt" mit jener „Phrase", das „Gebiet des materiellen Schaffens stünde unter und außer dem Gebiet der Sittlichkeit". Für *Ratzinger* hat dies die „Irreführung und die Verschlechterung des allgemeinen Rechtsbewußtseins" zur Folge.[948] Der Maßstab „sittlicher Gerechtigkeit" könnte hier auch im Sinne von „sozialer Gerechtigkeit" gedeutet werden.

2.3.3. Das Eigentum in der christlichen Gesellschaft

Von der Wissenschaft fordert *Ratzinger* „Umkehr" quasi unter dem Motto, die „Religion der Selbstsucht" zu verlassen und „'die Religion der Liebe', die Lehren des Christentums wieder aufzusuchen." Die Institution des Eigentums mache trotz „der ungleichen Verteilung der Güter dieser Welt" in der Gesellschaft die „Teilnahme aller an diesen Gütern in verhältnismäßiger Gliederung möglich" unter der Bedingung, daß „Gerechtigkeit und Liebe" den Anteil bestimmen und nicht „Geiz und Egoismus". Das christlich verstandene Eigentum bleibe ein „Recht der Ausschließlichkeit", aber es beseitige „durch die Gerechtigkeit das Elend des Nächsten" und steuere „durch die Liebe der Noth des Bedürftigen", wodurch die Gerechtigkeit sich als „soziale" Gerechtigkeit ausweise. *Ratzinger* verweist als Beispiel auf „die Liebe der Jünger Christi", die die Heiden in Erstaunen versetzte, denn „sie hatten alles gemeinsam".[949]

Dies aber nicht im Sinne eines „Communismus mit Aufhebung des Eigenthums", um jedes Mißverständnis auszuschalten. Die besagte „Gemeinsamkeit" gründete in der „Macht des christlichen Gemeingefühles". Daraus folgt, daß das „christli-

---

[946] Vgl. Vw.², 146. Der Christ des Mittelalters erkannte keinen Erwerb als sittlich und redlich an, welcher nicht durch Arbeit erworben war; Eigentum war ihm ein Lehen, ein Amt, von Gott gegeben nicht bloß für Besitzer selbst, sondern im Dienste der Gesamtheit" - mit dem Hinweis auf Franz Walter, Das Eigenthum nach der Lehre des hl Thomas von Aquin und des Socialismus, Freiburg (1895) 54 ff.
[947] Vgl. Vw.², 146 f.
[948] Vgl. Vw.², 148.
[949] Vgl. Vw.², 149.

che Eigenthum ... kein Gegenstand der Trennung mehr" war. Arm und reich kamen sich näher durch „Gerechtigkeit und Liebe": „Jeder stellte sein Besitzen und Können in den Dienst der Gesamtheit". Das Eigentum in der christlichen Gesellschaft wurde somit „zu einem Mittel der Vereinigung und der in Gerechtigkeit ausgleichenden Liebe",[950] die das „sociale Band mehr und mehr kräftigte".

Mit der Aufklärung, erst in der Neuzeit setzten sich maßgebliche Teile der Gesellschaft in bewußten Gegensatz zur Forderung „christlicher Gerechtigkeit und Liebe." Für *Ratzinger* sind es die Wissenschaftsbereiche von „Philosophie und Naturwissenschaft, Rechtslehre und Volkswirtschaft", die vom „Egoismus des Individuums" ausgingen und „das Recht des Starken construirten", welcher „sich im Kampf ums Dasein auf Kosten der Schwachen entwickelt". Und dies sei „das System des materialistischen Fortschrittes", welches mit allen christlichen Einrichtungen aufräumte: „In der Gesetzgebung, im Völkerrechte, im inneren Rechtsleben, und in den wirtschaftlichen Institutionen, ein System im Sinne von „Macht geht vor Recht".[951]

Für *Ratzinger* ist es klar, daß die Nationalökonomie in der Volkswirtschaft „etwas Höheres" wird erblicken müssen, „als die bloße Production von Gütern". Ausgangspunkt ist die sittliche Bestimmung des Menschen. Mittels der christlichen Wahrheit sei die „Sittlichkeit der Gesellschaft" umzugestalten, damit der einzelne „aus freier Überzeugung und innerem Antriebe" die Pflichten der Gesetze und jene gesellschaftlichen Pflichten, „welche Recht und Gesetz nicht erzwingen können und sollen", erfülle.[952] Schon im ersten Kapitel zum Thema „Wirtschaft und Sittlichkeit" weist *Ratzinger* darauf hin, daß das Sittengesetz „im Wirtschaftsleben Gerechtigkeit" fordere.[953] Wobei er sich die Definition der „Gerechtigkeit" von *Thomas von Aquin* zu eigen macht, „jene dauernde Willensrichtung, welche jedem sein Recht zuteilt".[954] Nun verpflichtet aber die Tugend der Gerechtigkeit „nur im Gewissen". Darum ist für *Ratzinger*, wenn es gilt, die Sittlichkeit der Gesellschaft umzugestalten, von „vorausgehender Bedeutung" eine Systemänderung von Erziehung und Bildung notwendig, um auf die sittlichen Anschauungen gemäß der christlichen Lehre Einfluß zu nehmen. Grundlegend will er erneut festgehalten wissen, daß die Liebe „ihre Quelle und ihren Ursprung in Gott" hat. „Liebe und Freiheit" seien „correspondierende und sich gegenseitig bedingende Begriffe und Erscheinungen".[955]

Das Kapitel Eigentum und Kommunismus abschließend stellt er nochmals den Dualismus von Liberalismus und Sozialismus im Gegensatz zur christlichen

---

[950] Vgl. Vw.², 149 f.
[951] Vgl. Vw.², 150.
[952] Vgl. Vw.², 151.
[953] Vgl. Vw.², 21.
[954] Vgl. Vw.², 8, in Anm.: S.theol.2,2,q.58,a.1: Iustitia est virtus, qua quis constanti voluntate ius suum unicuique tribuit.
[955] Vgl. Vw.², 151.

Lehre heraus. Für die liberale Doktrin ist in der Gesellschaft „das formelle Vertragsrecht"[956] maßgebend, nicht „die christliche Liebe". Die liberale Doktrin „mißachtete die Gerechtigkeit in den Leistungen und Gegenleistungen und schmähte die Liebe und Barmherzigkeit" und erweiterte die „Zwangsgesetze". Jene Gruppe von „Armen und Schwachen", vom Liberalismus „grausam geopfert", würden ihrerseits „gleichfalls die Heilmittel des Christentums" mißachten, mit der Forderung „alle sittlichen Pflichten durch Zwangseinrichtungen" zu bewerkstelligen, und dies sei nichts anderes als „die socialistische Theorie." Die Gesetzgebung seiner Zeit, so *Ratzinger*, schwanke zwischen diesen beiden Extremen „hin und her". Demgegenüber stellt *Ratzinger* nochmals den Bedingungszusammenhang von Liebe und Freiheit heraus, denn „wer die Liebe antastet, der greift die Freiheit an, und wer die Freiheit antastet, der greift die Liebe an". Diese Wahrheit werde von „Liberalismus und Socialismus" verkannt, und somit bekämpften beide „die Gesellschaft in ihren sittlichen Grundlagen", worin *Ratzinger* die eigentliche Ursache für „die socialen Krankheiten der neuen Zeit" sieht.

Dagegen gelte: „Liebe und Freiheit bilden das Fundament der christlichen Gesellschaft, sie überbrücken die Kluft zwischen Ueberfluß und Begierlichkeit, sie versöhnen Reichthum und Armut, sie bedingen die ideale Gleichheit aller und die verhältnismäßige Theilnahme aller an den Gütern der Natur". Das ist nach *Ratzinger* der Weg zur Überwindung der sozialen Spannungen, Schwierigkeiten und sozialen Krankheiten seiner Epoche. Um sodann den Antagonismus von Liberalismus und Sozialismus aufzulösen, indem er auf den hl. *Paulus* und jene Lehre über den „Organismus der christlichen Gesellschaft", deren Fundament, innere Rationalität, „die volle Liebe und die volle Freiheit" ist, worauf *Paulus* im Korinther- und Epheserbrief verweist. Ein gesellschaftlicher Organismus, in welchem nach christlicher Lehre „alle durch das Band gegenseitiger Dienstleistung, gemäß der Wirksamkeit nach Aufgabe jeglichen Gliedes zusammengefügt sind". Hier finde man „mehr Weisheit und Kraft, mehr Verständniß und Wahrheit als in allen eher abstrusen Erörterungen der modernen materialistischen Staats- und Moralphilosophen".[957]

3. Kap.: Die Kritik an der Zuordnung von Kapital und Arbeit

3.1. Die Lohnfrage

Ratzinger ist, bevor er in einem eigenen Kapitel jene zentrale Zuordnung von „Arbeit und Kapital" für seine Epoche, man könnte sagen ‚makroökonomisch' analysiert, schon zuvor, nämlich im ersten Kapitel „Wirtschaft und Sittlichkeit", grundlegend auf die „Lohnfrage" eingegangen. Aus einer zunächst mehr makroökonomischen Sichtweise sieht er den Lohn als Preis „ausschließlich bestimmt"

---

[956] Vgl. Vw.², 152.
[957] Vgl. Vw.², 152 - mit Hinweis auf die Paulusbriefe: 2 Kor. 8-9; Eph. 4-5.

durch „Angebot und Nachfrage", das heißt „durch die Lage der Concurrenz", sachgesetzlich eingeordnet als Marktpreis. Einerseits offenbart er so nicht nur seinen eigenen Standpunkt in der Lohnfrage vorweg, sondern verweist andererseits mikroökonomisch indirekt auf die Richtung in der sachlichen Abhängigkeit eines „gerechten" Preises für den Faktor Arbeit im Produktionsprozeß.

3.1.1. Die Preisbestimmung für Lohn und die Arbeit als Ware

In der Lohnbestimmung sieht *Ratzinger* die Zusammenhänge, wie er selbst bestätigt, „ganz ähnlich wie bei der Preis- und Werththeorie."[958] Gemäß der „Volkswirtschaftslehre der klassischen Nationalökonomie, nach der Theorie der Schule", deren Position *Ratzinger* übernimmt, sei der „Lohn der Preis für die Arbeitsleistung". Dieser Preis werde nun „ausschließlich ... im Arbeitsvertrage durch die Lage der Konkurrenz bei Angebot und Nachfrage",[959] also durch die Lage auf dem Arbeitsmarkt, bestimmt. *Ratzinger* kritisiert in dieser Aussage zwei Unterstellungen: Einmal werde die Arbeitsleistung lediglich „als Ware betrachtet und behandelt", woran ihn der Verlust von persönlichen, wechselseitigen Beziehungen zwischen Arbeitgeber und Arbeitnehmer stört. Zum anderen regele sich die Bestimmung des Preises für die Arbeitsleistung ausschließlich durch Angebot und Nachfrage. Letzteres ist eine echte Marktpreisbildung und somit eine „wirklich freie" Konkurrenz, aber sie ist für *Ratzinger* wegen der Monopolherrschaft des Kapitals[960] nicht möglich, nicht „frei"; das Kapital sei auf dem Arbeitsmarkt überlegen. Das Kapital könne, mit der Einschränkung „soweit es den arbeitenden Händen an Organisation fehlt", sogar den Lohn bis auf das Existenzminimum herabdrücken. Er verweist darauf, daß die sozialistische Agitation an dieser Stelle erfolgreich ihren Hebel ansetzte.[961]

Für *Ratzinger* können durchaus die Verhältnisse in der Lohnfrage, die Arbeitsmarktproblematik seiner Zeit, mit Hilfe der Preis- und Werttheorie der klassischen Nationalökonomie analog der bereits analysierten Preisbestimmung auf den Gütermärkten erläutert werden. Auch für die Lohntheorie gelte demnach, „je mehr der Preis von dem Werthe sich entfernt, je größer die Differenz wird zwischen der Gegenleistung, welche ideell erreicht werden könnte und sollte (Werth), und zwischen der Bezahlung, welche thatsächlich erreicht wird (Preis), um so mehr gewinnt die Speculation des Kapitals, um so weniger kann die Arbeitsleistung befriedigt werden, um so tiefer sinkt der Arbeitslohn, um so größer wird der Unterschied zwischen dem wirklichen und dem gerechten Lohne".[962] Aus dieser ökonomischen Dynamik bzw. Gesetzmäßigkeit heraus erfolgt die ergänzende These *Ratzingers*: Wird also „in jeder Arbeitsleistung nicht ein ein-

---

[958] Vgl. Vw.², 18; vgl. Analyse im II. Teil 4.3.2.: Der „gerechte Preis" und die Zuordnung von „Werth und Preis".
[959] Vgl. Vw.², 18.
[960] Vgl. Vw.², 18 f. und Vw.², 210: „Angebot und Nachfrage nur die Form der Preisbestimmung, den eigentlich bestimmenden Faktor dagegen bildet die Monopolkraft."
[961] Vgl. Vw.², 18.
[962] Vgl. Vw.², 20.

seitiges materielles Product, sondern die sittlich-geistige Entfaltung der Persönlichkeit im Gesamtorganismus der Gesellschaft erblickt, wird jene Theorie, welche nur in der Handarbeit eine productive Thätigkeit sieht, zurückgewiesen".

Grundsätzlich stellt, bestätigend, eine andere Analyse, nämlich die des Nationalökonoms *Krelle*, fest: „Nach der christlichen Sozialethik ist Lohnarbeit für Private an sich nicht verwerflich", mit der hierzu notwendigen Einschränkung: „sobald der Mensch als Person geachtet und der gerechte Lohn gezahlt wird".[963] Die Frage nach dem gerechten Lohn habe, so betont *Krelle*, schon „im Mittelpunkt der mittelalterlichen Sozialethik" gestanden, umschrieben als der 'standesgemäße Lebensunterhalt', ganz „im Sinne einer konservativen traditionellen Ständeordnung der Gesellschaft". Diese Frage ist aber für *Ratzinger* neu zu beantworten, denn eine neue Erfahrung lehre, daß der Mensch „keine Maschine" ist, denn es gelte zu bedenken, daß „des Menschen Handeln ... wesentlich von seinem Willen beeinflußt"[964] wird. Der handelnde Mensch rückt in den Mittelpunkt, so, wie es auch der christlichen Lehrauffassung entspreche.

Die sittliche, geistige Entfaltung der Persönlichkeit steht also in Korrelation zum Faktor „Arbeit". Für *Ratzinger* muß deswegen „vom christlichen Standpunkt aus immer wieder protestiert werden", und zwar sowohl „gegen die theoretische Auffassung", als auch gegen „die praktische Behandlung der Arbeit als Ware". Denn die Arbeit, gleichviel ob „auf der obersten oder untersten Stufe menschlicher Thätigkeit, soll nach christlicher Lehre prinzipiell ausgerichtet sein auf die „sittliche Entfaltung der Persönlichkeit",[965] und dies in dreifacher Ausrichtung: „zur Ehre Gottes, zur eigenen Wohlfahrt, zur Förderung des Nächsten". Die Bedeutung dieser „dreifachen Zweckbestimmung" „erhebt die Arbeit zur Höhe einer geistig-sittlichen That, deren Werthschätzung nicht auf das Niveau eines bloßen materiellen Dinges, einer Ware, herabgedrückt werden darf, soll die Menschheit nicht auf die tiefe Stufe thierisch-mechanischer Entwicklung hinabsinken".[966] Neben jener theoretischen Wirtschaftsauffassung will *Ratzinger* den Faktor Arbeit, dessen „praktische Behandlung", tiefer, umfassender verstanden wissen: Denn für ihn ist die Arbeit also „nicht bloß materielles Produkt, sondern hat zugleich die Eigenschaft eines Antheils an der Gesamtentfaltung der menschlichen Gesellschaft", so daß er folgern kann: „dann darf letzteres Moment bei der Lohnbestimmung nicht außer Beachtung bleiben. Wie die Arbeit nicht bloß eine materielle Leistung, sondern auch einen ideellen Antheil an der volkswirtschaftlichen Gesamtheit darstellt, so müssen auch beide Eigenschaften in der Lohnbestimmung zur Geltung kommen, soll der Lohn ein gerechter sein."

Interpretiert man den „ideellen" Anteil als 'sozialen' um, so dürfte der Schritt zu einem System wie dem einer 'sozialen' Marktwirtschaft eigentlich nicht mehr

---

[963] Vgl. Vw.², 20; vgl. Krelle, Wilhelm, Lohntheorie: in HDSW, Göttingen (1961) 7, 1-16, Lohn (I) Theorie, IV., 14 f. der gerechte Lohn.
[964] Vw.², 210.
[965] Vgl. Vw.², Ebd. 18.
[966] Vgl. Vw.², 19.

weit gewesen sein. Die „Arbeiterfrage" und „die Gefahren der socialen Zerrüttung" haben nach *Ratzingers* Ansicht „mit Nothwendigkeit" ihre Ursache darin, daß man in der Lohnbestimmung neben der „materiellen Leistung" jenen „ideellen Antheil" übersehen habe, „weil man Arbeitskraft und Arbeitsleistung und damit in logischer Consequenz den Arbeiter selbst nur als Ware betrachtete und auf dem Wege der freien Concurrenz durch Angebot und Nachfrage die Preisbestimmung für den Lohn dem ausbeutenden egoistischen Besitze überließ."[967] Wohlgemerkt, *Ratzinger* spricht hier von „ausbeutendem" Besitz, damit meint er keine Verallgemeinerung beziehungsweise die Abschaffung von Besitzständen, von Privateigentum an den Produktionsmitteln, wie das bei *Marx* und bei *Lassalle* der Fall ist.

Somit fordert *Ratzinger* auch in der Lohnbestimmung „Organe der Gesamtheit", denen man einen „fördernden Einfluß" zugestehen müsse, wenn es um das Ziel gehe, „dem Werthe der Arbeit auch den gerechten Lohn anzupassen".[968] Denn er ist der Überzeugung, daß man die Lohnbestimmung „nicht einseitig dem Arbeitgeber überlassen" dürfe. Beiden, den Arbeitgebern wie der Gesamtheit, gesteht er Anteilsrechte an der Arbeitstätigkeit zu. In diesem Zusammenhang kommt es ihm aber darauf an, den Gesellschaftsbezug jedweder Arbeitstätigkeit herauszustellen und bewußt zu machen, wenn er sagt, daß jede „Arbeitstätigkeit nur in Gesellschaft möglich" sei, und zwar „auf Grund einer ganzen Entwicklungsgeschichte und im Rahmen einer Arbeitsorganisation, in welcher die Einzelarbeitsleistung als Theil erscheint". Aus dieser Sicht heraus verwirft er auch die Meinung des Sozialismus, die das ganze Arbeitsprodukt als gerechten Arbeitslohn ansieht, als Irrtum, da man das Arbeitsprodukt nicht als isolierte Erscheinung auffassen dürfte. Nach *Ratzinger* setzt sich das Arbeitsprodukt aus drei Komponenten zusammen: aus der eigenen Leistung, aus der technischen Einrichtung und aus der „gesellschaftlichen Teilnahme an der Ausbildung und gesamten Entwicklung des heutigen Arbeitsprozesses".[969]

Welche Schwierigkeiten sich hieraus für die Findung eines gerechten Arbeitslohnes ergeben, ist für *Ratzinger* evident. Zur Erfüllung dieser Aufgabe erscheine ihm „die Einrichtung des Arbeitsmarktes" als ungeeignet, da sie „nur den Interessen des Besitzes" diene. Er zählt daher zu den „drängendsten sozialen Bedürfnissen der Gegenwart" die Teilnahme von Organen der Gesamtheit an der Lohnbestimmung.[970] Dabei sieht er die Lösung in der „Schaffung von Berufsgenossenschaften und Corporationen, welche beim Arbeitsvertrage mitwirken, ohne daß man zum Systeme staatlicher Lohntaxen greifen muß",[971] also ohne staatliche Festlegung von Mindest- beziehungsweise Höchstlöhnen. Dies läßt einen an das heute praktizierte System der Tarifautonomie denken, bei dem die beiden Tarifpartner, die Arbeitgeber- und Arbeitnehmerorganisationen, ihre

---

[967] Vgl. ebd.
[968] Vgl. ebd.
[969] Vgl. Vw.², 19.
[970] Vgl. Vw.², 19 f.
[971] Vgl. Vw.², 22.

Tarifverträge, vom Staat unabhängig, aushandeln und abschließen. *Ratzinger* verlangt denn auch ein Einschreiten des Staates nur dann gegen „übermächtige soziale Gruppen", wenn diese ihr „einseitiges Interesse gegen das gemeinsame Wohl" durchzusetzen versuchen.[972]

Die sozialpolitisch verständliche Forderung *Ratzingers* nimmt im Grunde schon jene „Tarifpartnerschaft" vorweg, wie sie heute praktiziert wird oder werden sollte. Allerdings ist diese auch kein Test für einen funktionierenden Arbeitsmarkt. Die Findung eines „gerechten Lohnes" hängt heute von der Einsicht der Tarifparteien ab und weit weniger, ja kaum noch von den anonymen Kräften des Marktes, analog zu *Smith'* „unsichtbarer Hand". Der sogenannte „Arbeitsmarkt", den schon *Ratzinger* wegen der Monopolstellung des Kapitalbesitzes für ungeeignet zur Lohnbestimmung hielt, ist wirtschaftstheoretisch kein eigentlicher, funktionierender „Markt", da auf beiden Seiten bezüglich Angebot und Nachfrage nach Arbeitskräften eben keine volle Handlungsfreiheit besteht. In der Tarifautonomie von heute ist es das Verhalten eines bilateralen Monopols, wirtschaftstheoretisch auch Lohnfindungskartell genannt, das die Lohnbestimmung verantwortet. Für *Ratzinger*, vor über hundert Jahren, war es das einseitige Monopol des Kapitalbesitzes auf der Nachfrageseite nach Arbeitskräften, ebenfalls ein „Arbeitsvertrag", aber keine Marktpreisbildung für Lohn, die definitionsgemäß einen funktionierenden Wettbewerb voraussetzt.

3.1.2. Das „eherne Lohngesetz", und der „naturgemäße Arbeitslohn"

Erstmals unter der von *Lassalle* stammenden Bezeichnung „ehernes Lohngesetz" erlange ein „anderes Gesetz", so *Ratzinger*, welches „der 'Wissenschaft' der Smith, Ricardo, Malthus und ihrer Nachbeter" zu verdanken sei, eine „gewisse Berühmtheit".[973] Dieses „andere" Gesetz betrifft jene von *Ricardo* formulierte „Existenzminimumtheorie des Lohnes", in der Interpretation durch *Lassalle* für seine politische Agitation als „ehernes Lohngesetz" tituliert. Es besagt, daß „der durchschnittliche Arbeitslohn immer auf den notwendigen Lebensunterhalt reduziert bleibt, der in einem Volke gewohnheitsmäßig zur Fristung der Existenz und zur Fortpflanzung erforderlich ist", so *Lassalle*.[974] Mit den Worten *Ratzingers*, das „eherne Lohngesetz" entsprechend erläuternd, „soll der Arbeitslohn sich immer auf dem Kostenpreis für den Lebensunterhalt des Arbeiters erhalten. Da der Arbeiter abstirbt, so sind unter den Kosten auch diejenigen für die Fortpflanzung, für die Begründung und Erhaltung einer Familie zu verstehen". Also inclusive der Reproduktionskosten der Arbeitskraft.

Das Existenzminimum kann nun im zeitlichen Verlauf, so interpretiert *Ratzinger*, unter- oder überschritten werden: „Ist das Angebot von Arbeitskraft gering, so

---

[972] Vgl. Vw.², 21.
[973] Vgl. Vw.², 211.
[974] Vgl. HDSW, Göttingen (1959) 6, 526-528,527, Ramm, Theo: Lassalle, Ferdinand; mit Hinweis: Lassalle vereinfachte und popularisierte die Lohntheorie von Ricardo erstmals 1863 in seinem „Offenen Antwortschreiben an das Zentralkomitee zur Berufung eines Allgemeinen Deutschen Arbeiterkongresses zu Leipzig".

kann der Lohn etwas über diese Linie steigen; allein alsbald werden dann mehr Ehen geschlossen, die arbeitende Bevölkerung mehrt sich, und der Lohn sinkt wieder auf die Linie zurück. Hat die Vermehrung ein Ueberangebot von Arbeit erzeugt, so kann der Lohn zeitweilig unter die Linie des zum Leben Nothwendigen sinken; sofort eintretendes Elend, Hungersnoth und Krankheit decimiren die Bevölkerung, so daß das Angebot sich mindert und die Linie wieder erreicht wird."[975] Aus dieser Darstellung wird erkennbar, daß es sich bei dem „ehernen Lohngesetz" um Reaktionen handelt, die ausschließlich auf der Theorie des Arbeitsangebots beruhen. Andererseits sind derartige Tendenzen zum Existenzminimum hin auch „aus anderen Gründen als der Reaktion des Angebotes herleitbar."[976] *Ricardo*,[977] im Vergleich zur Lohnbestimmung von *Smith*, vertritt im Grunde eine „sehr pessimistische langfristige Verteilungstheorie",[978] wie sich an den Veränderungen von Getreidepreis und dem Preis für industrielle Güter zeigen läßt. Es betrifft langfristige Lohnveränderungen (bei fixem konventionellem Existenzminimum); steigen muß der „natürliche Lohn, in Geld gerechnet" schon deswegen, da „bei zunehmender Bevölkerung die Getreideerzeugung immer schwieriger" wird und der „Getreidepreis" daher steigen muß. Anders, hierzu im Gegensatz, der „Preis der industriellen Güter", deren Erzeugnisse unter der Bedingung laufender Kapitalvermehrung immer billiger möglich werden, da mit „weniger Arbeitskraft pro Guteinheit" herstellbar. Der Nominallohn der Arbeiter wird somit zwar steigen, aber ihr Reallohn deswegen nicht, „weil sie im wesentlichen Lebensmittel kaufen".[979]

Die Gültigkeit des „ehernen Lohngesetzes" war wissenschaftlich allgemein anerkannt. *Ratzinger* setzt sich an mehreren Stellen seines Werkes mit dieser Lohntheorie ablehnend kritisch auseinander.[980] Für *Ratzinger* ist an diesem „ehernen Lohngesetz" darum „nur so viel wahr", daß dieses „der Ausdruck einer traurigen Wirklichkeit ist", also empirisch betrachtet, einer Verelendung. *Ratzinger* läßt aber auch die Aussage jenes Gesetzes nur für seine Zeit gelten und will es keineswegs als eine zwangsläufige, als eine „nothwendige Erscheinung", verstanden wissen.[981] In ähnlicher Weise akzeptiert es auch *Ketteler*.[982] Das eherne Lohnge-

---

[975] Vw.², 211.
[976] Vgl. Krelle, Wilh. in: HDSW a.a.O., 2 f. Lohn.
[977] Vgl. ergänzend Ott, Preistheorie, a.a.O. 22.
[978] Vgl. Krelle, a.a.O., Lohn 2, Spalte 2.
[979] Vgl. Ebd. Krelle, Lohn 2: Das „eherne Lohngesetz" ist als Lohntheorie, „als ausschließlich auf den Reaktionen des Arbeitsangebotes beruhende Theorie" mit anderen nur bedingt vereinbar, insoweit sie die Lohnhöhe von der Nachfrageseite her erklären. Vgl. Abschn. Lohn II B 1 u.2.
[980] Vgl. Vw.², 211-224, 358-360, 462, 515-519: Lohntheorie und ehernes Lohngesetz.
[981] Vgl. Vw.², 211.
[982] Vgl. F.J. Stegmann, Geschichte der sozialen Ideen im deutschen Katholizismus. In: DHdPol, III, (1969) 396. Ebenso im HDSW Krelle, Lohn 2, nennt Bischof v. Ketteler zusammen mit Smith, Jean Baptiste Say und dem frühen Marx im „Kommunistischen Manifest".

setz dient *Ratzinger* geradezu als Beispiel dafür, wie schnell man bei der Hand ist, „die thatsächlichen Verhältnisse zu ewigen Gesetzen" zu stempeln.[983] Interessant ist in diesem Zusammenhang seine Ausführung über das Verhältnis von Theorie und Praxis. Die Theorie, also hier das besagte Lohngesetz, sei einer schändlichen Praxis in England entnommen, und als Theorie wirke sie nun selbst wieder „entsittlichend, verschlechternd" auf die Praxis zurück. Mit dieser Theorie sei zu brechen. Die Theorie müsse „zuerst als Irrthum erkannt und intellectuell überwunden sein, und erst dann wird eine Aenderung in der Praxis sich ermöglichen lassen".[984] Und er spezifiziert diese seine Meinung dahingehend, wenn er sagt, daß „jeder historisch gebildete Forscher" der Wissenschaft der Nationalökonomie seiner Zeitepoche widersprechen müsse, die behaupte, daß jeder höhere Gewinn immer nur dem Kapital, niemals der Arbeit zufallen müsse, daß der Lohn immer auf das Niveau des zum Leben absolut Notwendigen festgebannt sei. Für ihn bleibt die Produktionsform seiner Zeitepoche mit ihrem „ehernen Lohngesetz" eine vorübergehende Erscheinung. Entsprechend seiner sozialethischen Sicht wird sie dann verschwinden, wenn sich die sittliche Anschauung der Gesellschaft über das Erwerbsleben mit der Lehre des Christentums deckt. Denn für ihn ist das Wirtschaftsleben wie auch das Rechtsleben der Völker „eine Erscheinungsform des herrschenden sittlichen Bewußtseins".[985]

Eine Existenzminimumstheorie des Lohnes, wie sie sich im „ehernen Lohngesetz" ausdrückt, akzeptiert *Ratzinger* in ihrer letzten Konsequenz also nicht. Ob er einen Ausweg in der von *Thünen* aufgestellten Formel zur Berechnung des „naturgemäßen Arbeitslohnes" sieht, bleibt dahingestellt, obgleich er sie in seinem Werk erwähnt. Für *Thünen* ist der naturgemäße Lohn, mathematisch ausgedrückt, gleich der Wurzel aus dem Produkt vom notwendigen Lebensunterhalt des Arbeiters und seines täglichen Arbeitsproduktes.[986] Bei *Ratzinger* können vielleicht noch andere sozialethische Bestimmungsfaktoren hinzugedacht werden, wie etwa der bereits charakterisierte Gesellschaftsbezug, der für Familien notwendige Lebensunterhalt, oder andere sozialethische Forderungen.

Konkret verliert für *Ratzinger* das „eherne Lohngesetz" dann an Bedeutung und erst recht seinen Gesetzescharakter, wenn es eine Organisation zur Regelung der Lohnhöhe gibt, oder auch dann, wenn die Kapitalisten sich von christlichen Grundsätzen leiten lassen. Darum fordert er erneut eine „organisierte Gesellschaft", denn er ist mit *Scheimpflug* überzeugt, daß die Freiheit der Lohnverhandlungen nur durch die berufsgenossenschaftliche Organisation gesichert werden kann.[987]

---

[983] Vgl. Vw.², 358.
[984] Vgl. ebd.
[985] Vgl. Vw.², 360.
[986] Vgl. Vw.², 126 - identisch mit Vw.¹, 104: Ratzinger zitiert in Anm. die berühmt gewordene Formel für den „gerechten Lohn" bei Thünen, genannt „naturgemäßer Arbeitslohn". Vgl. auch Krelle, Wilh., in HDSW Lohn, 14, gerechter Lohn.
[987] Vgl. Vw.², 211.

3.2. Das Verhältnis von Produktion und Konsumtion

Auch in diesem Zusammenhang übt *Ratzinger* scharfe Kritik an jener These, jenem „Satz, daß die allgemeine Concurrenz die beste Form der Produktion sei, und daß aus dem Widerstreit der egoistischen Interessen ein schließliches Resultat der Harmonie sich ergebe", einen „Satz", den man „noch vor wenigen Jahrzehnten", so *Ratzinger*, „mit dem Dünkel und dem Fanatismus einer Doktrin" vertreten habe. „Heute", könne nur noch „der Fanatiker die Augen vor der Thatsache verschließen, daß dieser Concurrenzkampf die Menschheit in einen Kampf aller gegen alle geschleudert habe".[988] Diese Kritik untermauert *Ratzinger* mit einem Zitat von *Neurath* in der Anmerkung, der feststelle, daß „jede sociale Klasse, welche keine Monopolstellung" einnehme und „nicht ihre Mitgliederzahl zu beschränken" vermöge, längerfristig „als Lohn ihrer Leistung den natürlichen Preis derselben" erwerbe, das heißt „so viel, als die betreffende Klasse erwerben" müßte, um „ihre Funktionen continuirlich besorgen zu können und immer eine den gesellschaftlichen Bedürfnissen entsprechende Zahl Nachfolger zu finden". Eine Formulierung, die an das sogenannte „eherne Lohngesetz" erinnert, mit dessen Schlußfolgerung: „Diese Klassen nehmen dann keinen Antheil an dem socialen Reinertrage."

Ratzingers Interpretation dieser Aussage lautet: „Mit anderen Worten heißt das, daß für die Arbeiter, infolge mangelnder Organisation bei der freien Concurrenz von selbst Verschlechterung der Arbeitsstellung und Abhängigkeit von der Monopolmacht gegeben ist." Es ist also ein rechtlicher Ordnungsrahmen gefordert, der eine „wahrhaft" freie Konkurrenz gewährleistet.

Die „freie Concurrenz", also „Angebot und Nachfrage", schreibt *Ratzinger* „regeln aber keineswegs ausschließlich den Preis. Im Gegenteil ist es regelmäßig die Monopolkraft, welche die Preise bestimmt";[989] er fährt fort: „Angebot und Nachfrage sind nur die Form der Preisbestimmung, den eigentlich bestimmenden Factor dagegen bildet die Monopolkraft".[990] Die Monopolmacht, hier die des Kapitalisten, setzt den Marktmechanismus außer Kraft, das Gleichgewicht der Kräfte von Angebot und Nachfrage besteht nicht, das heißt der Wettbewerb zwischen Angebot und Nachfrage funktioniert nicht, jene Voraussetzung für eine freie Konkurrenzwirtschaft, die allerdings als ein freier dynamischer Prozeß zu verstehen ist, der zu einem Gleichgewichtspunkt hinstrebt und insofern eine wie auch immer vorhandene Monopolkraft, bei Wiederherstellen eines 'funktionierenden Wettbewerbes', zum Ausgleich bringen kann. Vordergründig, möchte man sagen, scheint der Liberalismus in jener Epoche des 19. Jhs. als Monopolwirtschaft mißdeutet zu sein.

Ratzinger interpretiert im Grunde – wie bereits in anderem Zusammenhang dargestellt – einerseits den sachgesetzlichen, markt-ökonomischen Wirkungszusammenhang richtig, andererseits denkt er aber immer den ethischen Ansatz

---

[988] Vgl. Vw.², 212, identisch mit Vw.¹, 182.
[989] Vgl. Vw.², 209.
[990] Vgl. Vw.², 210.

zugleich bewertend mit, denn, so *Ratzinger*, „des Menschen Handeln wird wesendlich durch seinen Willen beeinflußt",[991] und nicht quasi durch einen Regelmechanismus, weil „der Mensch keine Maschine ist, um sich durch Angebot und Nachfrage, wie durch Druck und Gegendruck beliebig in Bewegung setzen zu lassen". Allerdings muß er fortfahrend eingestehen, daß „der Arme freilich durch die Noth gezwungen wird, sich gegen seinen Willen Nothpreise gefallen lassen zu müssen".

An dieser Stelle verweist *Ratzinger* im Zitat auf *Marx*, welcher darauf aufmerksam mache, daß innerhalb gewisser Grenzen durch die Überarbeit „die vom Kapital erpreßbare Zufuhr der Arbeit unabhängig werde von der Arbeiterzufuhr". *Marx* bemerke dazu. „Dieses Elementargesetz scheint den Herren von der Vulgärökonomie unbekannt, die, umgekehrte Archimedes, in der Bestimmung der Marktpreise der Arbeit durch Nachfrage und Zufuhr den Punkt gefunden zu haben glauben, nicht um die Welt aus den Angeln zu heben, sondern um sie stillzusetzen".[992] *Ratzinger* beklagt jenen „Zustand der Noth und Hilflosigkeit", in dem „fast immer und fast überall die industriellen Arbeiter ihre Arbeitskraft verkaufen müssen, wenn sie nicht verhungern wollen", ein Zustand, dem der Arbeiter mit Beginn der Industrialisierung anscheinend nicht zu entrinnen vermag.

3.3. Möglichkeiten des Zusammenwirkens von Arbeit und Kapital
3.3.1. Die Forderung nach Wiedervereinigung von Arbeit und Kapital

Ratzinger ist generell der Überzeugung, daß eine Vereinigung von Arbeit und Kapital möglich ist, und zwar ohne dabei das Privateigentum anzutasten beziehungsweise „ohne die natürliche Ordnung zu beeinträchtigen". Als Beweis für diese seine Meinung verweist er auf die mittelalterliche Zunftgenossenschaft und Handelsinnung.[993] Dennoch wäre es verfehlt, *Ratzinger* zu unterstellen, er wolle dieses Gesellschaftssystem einfachhin restaurieren.[994] Ihm kommt es nur darauf an herauszustellen, daß „die Ausgestaltung und Blüthe" des mittelalterlichen Erwerbslebens auf der Vereinigung von Arbeit und Kapital beruhte, und daß für ihn die zu seiner Zeit herrschende, schrankenlose kapitalistische Ausbeutung eben letztlich ein „Resultat der Trennung des Arbeiters vom Kapital, der Arbeitskraft vom Arbeitsmittel" war.[995] Darum ist die „Wiedervereinigung des Arbeiters mit den Arbeitsmitteln" auch für *Ratzinger* eine zentrale Forderung, eine Forderung, welche er im sozialistischen System für begründet ansieht mit der Aussicht auf Realisierung, aber „nicht im Sinne des Socialismus".[996]

---

[991] Vgl. ebd.
[992] Vgl. ebd., in Anmerkung Zitate von Marx.
[993] Vgl. Vw.², 245 bzw. Vw.¹, 201.
[994] Vgl. Franz Josef Stegmann, Der soziale Katholizismus und die Mitbestimmung in Deutschland, München 1974, 55. Anders als bei Weiß und besonders Vogelsang war bei Ratzinger die „Affinität zur romantischen Tradition" gering.
[995] Vgl. Vw.², 243 f. Zitat von Marx, bzw. Vw.¹, 200.
[996] Vgl. Vw.², 244, bzw. Vw.¹, 201.

Ratzinger wirft dem Sozialismus vor, dieser wolle „das ganze Erwerbsleben der Menschheit" in eine einzige Aktiengesellschaft umwandeln, wo jeder zugleich Arbeiter und zugleich Aktionär sei, wobei, und das ist *Ratzingers* Kritikpunkt, ein „socialistisches Rechnungsamt" den auf den Arbeiter bzw. Aktionär angefallenen Anteil am Arbeitsertrag und am Produktionsgewinn sowohl ermittelt, als auch verteilt. Für *Ratzinger* ist es darum bezeichnend, daß „in der socialistischen Gesellschaft die Obrigkeit letztlich auf eine Rechnungsbehörde sich zuspitzen würde". Den Grund für diese Verirrung des Sozialismus „auf communistische Abwege" sieht er in der von dieser Lehre vertretenen „absoluten Gleichheitstheorie". Denn zur Vorstellung *Ratzingers* von der Gesellschaft als Organismus gehört es, daß sie nicht ohne „Gliederung und Ordnung in Abstufungen" gedacht werden kann; für ihn läßt sich die Menschheit „nicht in gleiche Atome und bloße Ziffern auflösen".[997] Die „Gleichheit (égalité) aller Menschen", die für *Ratzinger* zu den christliche Forderungen seit jeher gehört, ist dadurch nicht gefährdet, denn für ihn beziehen sich „Freiheit und Gleichheit" im christlichen Sinne „nur auf das Verhältnis zu Gott".[998]

3.3.2. Die Genossenschaftsidee

In der Genossenschaftsidee glaubte *Ratzinger* das Mittel gefunden zu haben, um die Gegensätze zwischen Arbeit und Kapital abzubauen. Seine Forderung nach der Wiedervereinigung der Arbeiter und der Arbeitsmittel bei Aufrechterhaltung des Privateigentums und der stufenweisen Gliederung der Gesellschaft präzisierte er durch die Forderung nach der „Ausgestaltung der Genossenschaftsidee", worin, wie er sagt, „das Bild der Produktion der Zukunft zu erblicken sein wird".[999] Eine andere Nuancierung, wie sich *Ratzinger* die Vereinigung von Arbeit und Kapital dachte, findet sich in der ersten Auflage seines Werkes. Dort sah er diese Vereinigung „im System der Theilhaberschaft" oder „in der cooperativen Genossenschaft"[1000] gewährleistet.

Nach der Ansicht von *Stegmann* „konnte und wollte" *Ratzinger* keine Angaben über die strukturelle Ausgestaltung derartiger Produktivassoziationen machen.[1001] Er sieht dies in der Aussage *Ratzingers* begründet, daß sich darüber nur ein „vorahnendes Bild" gewinnen lasse.[1002] Dennoch kann die Frage gestellt werden, ob die Konturen dieser „Vorahnung" sich für *Ratzinger* wirklich in der formalen 'Vereinigung von Arbeit und Kapital' erschöpften, wie es *Stegmann* behauptet.[1003] Für die „genossenschaftliche Ausgestaltung der industriellen Pro-

---

[997] Vgl. ebd.
[998] Vgl. Vw.², 47, bzw. Vw.¹, 38.
[999] Vgl. Vw.², 247; vgl. hierzu RN 38 und QA 83.
[1000] Vgl. Vw.¹, 204.
[1001] Vgl. F. J. Stegmann, Der soziale Katholizismus, a.a.O. 55.
[1002] Vgl. Vw.², 247 bzw. Vw.¹, 204.
[1003] Vgl. F. J. Stegmann, a.a.O. 55.

duction der Zukunft"[1004] setzt *Ratzinger* als „erste Bedingung", daß der größere Teil der benötigten Kapitalzufuhr durch Teilhaberschaft zu finanzieren sei, und als weitere Bedingung plädiert er für die öffentlich-rechtliche Stellung einer zu schaffenden berufsgenossenschaftlichen Organisation, in der die gesamte industrielle Produktion zusammenzufassen sei.

Ratzinger scheint sogar eine ganz bestimmte Unternehmensverfassung vor Augen gehabt zu haben, wenn er die Forderung nach einem „organisch einheitlichen Aufbau des gesamten Unternehmungswesen" aufstellt, und zwar mittels eines Systems von Unternehmer- und Unternehmungsverbänden. Er macht auch Angaben über die strukturelle vertikale Gliederung der geforderten Unternehmungszusammenschlüsse; danach sind die Einzelunternehmer und Einzelgeschäfte in einem „fachlichen" Unternehmerverband, und diese Verbände wiederum in einem Zentralverband zusammenzuschließen. *Ratzinger* will verhindern, daß der Einzelunternehmer und das Einzelgeschäft „schutzlos seinem Schicksal überlassen" bleibt. Ziel ist die Risikoentlastung des Unternehmers beziehungsweise der Unternehmung, denn er fordert, daß der Gesamtverband für die Kapitalzufuhr sowohl zu haften als auch diese bereitzustellen habe. Dabei ist letztes Motiv seines Vorschlages die „gegenseitige Assecuranz und Solidarität" aller Unternehmungen. Man könnte darunter eine Art Kredit-Rückversicherung als Versicherungssystem unter Unternehmensverbänden für Unternehmer verstehen. *Ratzinger* hoffte, daß sich so die Konsumenten und die Produzenteninteressen voll ausgleichen, da die Produktion von der Bedingung, „aus Werth mehr Geldwerth zu machen", befreit sei.[1005] Ob dieser Vorschlag *Ratzingers* sich noch mit einer wettbewerbsorientierten liberalen, global operierenden Wirtschaftsweise vereinbaren läßt, muß allerdings bezweifelt werden; hierauf kann in diesem Zusammenhang nicht näher eingegangen werden. Dieser Vorschlag zeigt aber, daß *Ratzinger* mit seiner christlichen Kritik zugleich den Versuch unternimmt, Lösungen zur Überwindung der Fehlentwicklungen im kapitalistischen System zu finden.

3.3.3. Das Anteilsystem und die Forderung der Teilhabe

Ratzinger plädiert dafür, das Lohnsystem seiner Zeit durch ein Anteilsystem zu ersetzen. Er denkt dabei an eine Beteiligung des Arbeitnehmers am Reingewinn des Unternehmens und sieht darin den „ersten Schritt", der den Arbeiter in die Lage versetzt, Kapital anzusammeln. Dabei fordert er, daß dieses Kapital vom Arbeiter nicht gänzlich für konsumtive Zwecke benutzt werden sollte; vielmehr sei „ein Theil des Gewinnes des Arbeiters als profitbringendes Kapital" in das Unternehmen zu stecken, um so „den Arbeiter zum Miteigentümer zu erheben".[1006] Hieraus ergeben sich für den Arbeiter positive Auswirkungen in wirtschaftlicher wie in sozialer oder, wie *Ratzinger* auch sagt, in materieller wie in

---

[1004] Vgl. Vw.², 456; vgl. Vw.², 455-460 mit Vw.¹, 399-401: Erweiterungen und Umformulierungen.
[1005] Vgl. Vw.², 457.
[1006] Vgl. Vw.², 223, bzw. Vw.¹, 399.

moralischer Hinsicht. Das heißt, daß der Arbeiter also „wirklich Kapitalist" wird, er arbeitet also nicht mehr für „fremden Profit", sondern verfolgt nun „sein eigenes Interesse".

Betriebswirtschaftliche Auswirkungen spricht *Ratzinger* an, wenn er behauptet, daß der Arbeiter „viel intensiver thätig sein" werde, „Maschinen und Werkzeuge viel sorgsamer behandeln" und mit dem Material „sparsamer umgehen" werde. Auch ein gesamtwirtschaftlicher Effekt wird dadurch berücksichtigt, weil der Kapitalanteil des Arbeiters als Produktivvermögen weiterarbeitend im Wirtschaftskreislauf verbleibt, denn auch *Ratzinger* sah in der Teilhaberschaft durchaus ein berechtigtes Mittel der Kapitalzufuhr[1007] beziehungsweise Kapitalerhaltung für das Unternehmen. Eine moralische Gewichtung erfährt das Anteilsystem für *Ratzinger* im „Gefühl der Selbstverantwortung", im „Geist der Sparsamkeit und Sorgfalt", wozu der Arbeiter durch seinen Gewinnanteil quasi befähigt werde. *Ratzinger* hofft dadurch, „das gemeinsame solidarische Interesse zwischen Arbeitgeber und Arbeitnehmer zum Bewußtsein" zu bringen.

Es zeigt sich, daß *Ratzinger* der Gewinnbeteiligung der Arbeiter eine hohe Priorität einräumt. Natürlich findet sich bei ihm noch kein Gewinnbeteiligungsmodell im eigentlichen Sinne, da *Ratzinger* keine direkten differenzierten Angaben macht, wie sein gefordertes Anteilsystem organisatorisch zu gestalten sei.[1008] Dennoch ergeben sich bei ihm Anhaltspunkte, wie er sich dieses gedacht haben mag. So verweist er - allerdings nur in der ersten Auflage seines Werkes - auf das englische System der „partnership", wobei er auf das Modell der englischen Firma Henry Briggs und Companie in der Anmerkung näher eingeht, und auf das französische System der „patronage".[1009] Darauf kann aber hier nicht eingegangen werden. *Ratzinger* befürwortet in der zweiten Auflage seines Werkes schließlich öffentlich-rechtliche Berufsgenossenschaften, Produktivgenossenschaften, die neben den bereits genannten Aufgaben auch die Möglichkeit bieten, so *Ratzinger*, das „unhaltbare Lohnsystem zu überwinden" und zwar im Sinne einer Gewinnbeteiligung des Arbeiters.

Die Erfolgsaussichten für die Durchführung eines öffentlich-rechtlichen Genossenschaftssystems beurteilte *Ratzinger* allerdings sehr pessimistisch, da die Forderungen der Arbeiter seiner Zeit „ganz andere" seien, eben „gänzliche Beseitigung des Privateigenthums", „Expropriation alles bisherigen Besitzes, Übergang aller Productionsinstrumente in das Eigenthum der Gesamtheit, communistische Bewirtschaftung und Vertheilung des Gewinnes".[1010] Nicht minder große Schwierigkeiten ergeben sich für ihn in der Einführung eines genossenschaftlichen Systems von Unternehmerseite her. Trotzdem wirbt er für diese neue Unternehmungsverfassung, die auch dem Arbeiter gerecht werde, und die Zuordnung von Arbeit und Kapital bewerkstelligen soll.

[1007] Vgl. Vw.², 456: Hauptzufuhr der Kapitalien durch Teilhaberschaft.
[1008] Vgl. F. J. Stegmann, a.a.O. 55.
[1009] Vgl. Vw.¹, 398.
[1010] Vgl. Vw.², 225 bzw. Vw.¹, 401.

3.3.4. Das Koalitionsrecht

Es bleibe in diesem Zusammenhang nicht unerwähnt, daß *Ratzinger* das „Recht der Association in Corporationen", also das Koalitionsrecht, prinzipiell bejaht, es sogar ebenso wie das Privateigentum als ein „von Natur aus gegebenes" Recht ansieht. Deshalb gehört es für ihn zu den Menschenrechten, sich in Erwerbsgruppen zusammenschließen zu können. Es handelt sich also um ein Recht, das nicht nur den Unternehmern, sondern besonders auch den Arbeitern zusteht, und wodurch eine höhere Ertragsfähigkeit der Arbeit wie auch eine gerechte Verteilung der Arbeitserträgnisse ermöglicht werden soll.[1011]

4. Kap.: *Wucher und Zins, Geld, Kredit und Währung*

4.1. Die Bekämpfung des Wuchers und die Bestimmung einer Zinsgrenze
4.1.1. Wucher als Sachverhalt und seine Verurteilung

Ratzingers Definition von Wucher lautet: „Wucher ist die Aneignung fremden Eigenthums im Tausch und Darlehnsverkehre". Er folgert dies in Anlehnung an die Kirchenväter, welche „den richtigen Weg" zeigten, insofern jene den „Wucher neben Raub, Diebstahl und Betrug als Verbrechen am Eigenthume des Nächsten, als Sünde gegen die sittlichen Anforderungen an die Rechtmäßigkeit des Erwerbes charakterisiren".[1012] Für *Ratzinger* fallen vier Arten unter den Tatbestand der „Aneignung fremden Eigenthums", von denen je zwei sich entsprechen, so „Diebstahl und Betrug", auf Täuschung und Hinterlist, Irreleitung und Überlistung beruhend; bei „Raub und Wucher" dagegen plündere „der wirtschaftlich Starke den Schwachen." „Betrug und Wucher haben eins gemeinsam, daß sie einen Tauschverkehr voraussetzen"; zudem setzen sie „eine gewisse Raffinirtheit und intellectuelle Ueberlegenheit" voraus; während „Diebstahl und Raub" durch offene Gewalt gekennzeichnet und der Häufigkeit nach „in den rohern Schichten der Bevölkerung"[1013] anzutreffen seien; deren Aneignung fremden Eigentums geschehe eben nicht in Form „des Handels und Verkehrs", wie es bei Betrug und Wucher im Darlehensverkehr in vergleichbarer Form passiere. Für letztere verweist *Ratzinger* auf *Roscher*, für den nur dann Wucher vorliege, wenn „absichtlich, wohl gar betrügerisch, Nothpreise herbeigeführt werden";[1014] demnach muß für *Roscher* subjektiv ein Vorsatz als Tatbestandsmerkmal vorliegen.

Um Wucher bekämpfen zu können, müsse nach dem „Wesen des Wuchers" gefragt werden. Am anschaulichsten, so *Ratzinger*, bieten die „Kirchenväter"[1015]

[1011] Vgl. Vw.², 28.
[1012] Vgl. Vw.², 259.
[1013] Vgl. Vw.², 259.
[1014] Vgl. Vw.², 259, in Anm. Roscher, Wilhelm, Grundlagen der Nationalökonomie.
[1015] Vgl. Vw.², 254 f. mit Hinweisen auf: Cf. Basil., In Psalm. 14. Ambr., Lib. De Tobia. Lactant., Instit. Div. VI, 18. August., Ep. ad Macedonium. Chrys., Hom. 5. 56. 61. 66.

jene „Erkenntnis vom Wesen des Wuchers", denn Wucher entspringe „einer falschen Willensrichtung in Bezug auf den Besitz der irdischen Güter, deren Wurzel „die Habsucht, die unersättliche Gier nach Besitz" sei, ein „Verbrechen gegen den rechtmäßigen Besitzstand, gegen die sittlichen Bedingungen des Erwerbes". Der Wucher als „Erscheinungsform" bringe ganze Schichten der Bevölkerung um ihr Eigentum. Nicht so sehr der einzelne sei wie bei Diebstahl und Raub Gegenstand der Enteignung. Das „ungeheuerliche Verbrechen", welches ein Wucherer begehe, sei schlimmer als das der Räuber und Mörder, denn der Wucherer sei ein Räuber und Mörder „an ganzen Massen des Volkes".[1016] Wucher sei das „abscheulichste, schändlichste, gefährlichste und strafwürdigste Verbrechen," und „völliger Ausschluß aus der Gesellschaft, aus der kirchlichen Gemeinschaft" sei dessen „nothwendige Folge".

So schildern die Kirchenväter „übereinstimmend den Wucher und den Wucherer und zeichnen damit das Wesen des Wuchers", welches „unter der formalistischen Behandlung des canonischen und staatlichen Rechtes so sehr verdunkelt worden sei",[1017] „daß eine Zeit kommen konnte, welche die Ausübung dieses schamlosesten und gefährlichsten Verbrechens zu den allgemeinen Menschenrechten und zum Begriffe der menschlichen Freiheiten" zählte. Dagegen sei doch, so *Ratzinger*, der Wucher „die Negation jedes Rechtes und jeder Freiheit". Daher begrüßte *Ratzinger* wissenschaftliche Versuche zu seiner Zeit, die sich der Auffassung der Kirchenväter wieder nähern und sich „emancipiren" sowohl von der formalistischen Sicht des canonischen Rechts wie auch von „den Voraussetzungen der modernen Volkswirtschaft, welche die Existenz des Wuchers läugnete und in der freien Concurrenz des Geldverkehrs ein Heilmittel für alle Uebel erblickte". Als Beleg zitiert er den Theologen *F. X. Funk*, der Wucher als „Ausbeutung der Noth des Nächsten zu eigenem Gewinne" definiere und die Schwächen der bisherigen Systeme bloßgelegt habe.[1018] Die Not dürfe aber nicht einseitig als „materielle" Notlage aufgefaßt werden, denn die Ausbeutung dieser Notlage sei nur eine „einzelne" Erscheinungsform des Wuchers; für *Ratzinger* ist weit „gefährlicher" der Wucher „in der Form des produktiven Darlehens", indem er jenen Wucherer brandmarkt, der „reiche und wohlhabende Personen zu angeblich gewinnreichen Unternehmungen verleitet und ihnen gegen kurze Zahlungsfristen eine „volle Börse" verspricht. „Der Wucherer berechnet genau, daß die erste Zahlungsfrist nicht eingehalten werden kann, und offeriert dann, jetzt freilich schon gegen Wucherzinsen, die Prolongation, wiederum auf kurze Frist. Hat er sein Opfer einmal so weit, dann ist es in kurzer Zeit völlig ausgeplündert."[1019]

[1016] Vgl. Vw.², 255 bzw. Vw.¹, 209 f.
[1017] Vgl. Vw.², 255 bzw. Vw.¹, 209.
[1018] Vgl. Vw.², 255 bzw. Vw.¹, 209, mit Ratzingers Literatur-Anmerkung: F. X. Funk, Zins und Wucher. Tübingen 1867; vgl. Linsenmann, Moraltheologie, S. 557 ff. Vgl. dazu Häring, Bernhard, Das Gesetz Christi, Moraltheologie, Freiburg, 1961, Bd. III, 437 Zinsfrage, und HKG, Hrsg. Jedin Bd. VI/2 1973, und LThK³, 2006, Bd. IV, 238: Rudolf Reinhardt, F. X. v. Funk (1840-1907).
[1019] Vgl. Vw.², 255 f.

Von den Kirchenvätern hält *Ratzinger* den hl. *Ambrosius* für die Bewertung der Wucherfrage am besten geeignet, den er als „den bedeutendsten Moralisten unter den lateinischen Kirchenvätern" bezeichnet und dessen Schrift „De Tobia" der Wucherfrage „speziell gewidmet"[1020] sei. Deswegen zitiert *Ratzinger* diese Schrift zur Wesensbestimmung des Wuchers,[1021] skizzierend und argumentierend zugleich. Er begründet die Bevorzugung des *Ambrosius* zu dieser Sachfrage mit dessen wissenschaftlicher Einordnung unter die Kirchenväter, wie erwähnt, denn *Hieronymus* rage hervor „durch seine exegetischen Kenntnisse", *Augustinus* durch „seine tiefe philosophisch-speculative Bildung" und *Ambrosius* „durch seine eminente Behandlung der praktischen Frage". In dessen Schrift „De Tobia" werde zugleich die Ansicht des hl *Basilius* wiedergegeben; denn als „griechisches Vorbild" habe sich *Ambrosius* dessen Gedankengänge und dessen Beweisführung angeschlossen.[1022] Den „Gewinn aus dem Darleihen" habe, so *Ambrosius*, Tobias verdammt. „Geldausleihen als Geschäft", als „Erwerbszweig" sei „bei den Heiligen als unerlaubt" verboten.[1023] *Ambrosius* habe in seiner Schrift „den sozialen Lastern seiner Zeit", der „unersättlichen Habsucht" und der „nimmersatten Genußsucht" den Krieg erklärt.

Dies bedeutet, daß wenn die Kirchenväter, wie auch die Beschlüsse der Konzilien jener frühen Zeit, von Gelddarleihern sprechen, es sich immer um den Tatbestand der Ausbeutung durch das Darlehensgeschäft handelt. So verweist *Ratzinger* auf das Konzil von Elvira[1024] zu Anfang des 4. Jahrhunderts, welches dem Klerus alle wucherischen Geschäfte „bei Strafe der Absetzung" untersagte. Aber auch die Laien, die ausschließlich mit Gelddarlehen ihren Lebensunterhalt bestritten, mußten mit dem Ausschluß aus der Kirche rechnen.[1025] Diese kirchliche Bestimmung zum Zinsnehmen der Laien durch das Konzil von Elvira sei, so *Ratzinger*, die einzige in patristischer Zeit geblieben. Das Konzil von Arles (314) beschränkte sich auf die Kleriker, ebenso das erste allgemeine Konzil von Nicäa im 17. Canon.[1026] Dieser Canon definierte den Begriff des lucrativen Erwerbes, „des Erwerbes ohne Arbeit auf Kosten des Nächsten (turpe lucrum, turpis quaestus)". Nicht alle Geldgeschäfte waren verboten, nur jener Zins, insofern er „wucherisch", ein schändlicher Gewinn (turpe lucrum), war. Die Geldgeschäfte, etwa solche „als habsüchtiger Erwerb" in der Fremde, nicht jene „am Platze selbst (negotiari)", welche offensichtlich „des habsüchtigen Charakters unsittlichen Erwerbes entbehrten", waren als erlaubt erklärt. Einem Verbot lagen zwei Tatbestandsmerkmale, das der Ausbeutung (exacturum) und das der ungerechten Aneignung (iniquitas), zugrunde. Das Konzil zu Arles verurteile das Darlehen

---

[1020] Vgl. Vw.², 311.
[1021] Vgl. Vw.², 311-320, bzw. Vw.¹, 259-268; das Buch von Ambrosius „de Tobia", hier zur Wucherfrage im römischen Erwerbsleben in der Interpretation Ratzingers.
[1022] Vgl. Vw.², 311 bzw. Vw.¹, 259, mit Hinweis auf Basilius, In Psalm. 14.
[1023] Vgl. Vw.², 311 mit Hinweis auf De Tobia c. 2 (7): „Condemnat usuras faeneris".
[1024] Vgl. Vw.², 301 bzw. Vw.¹, 250.
[1025] Vgl. Vw.², 302 bzw. Vw.¹, 250.
[1026] Vgl. Vw.², 302 bzw. Vw.¹, 250 f.

als Wucher (ministri, qui faenerant), wie auch gleichermaßen der vielgenannte Canon 44 der sogen. „Apostolischen Canones".[1027]

Ein Wucherer (faenerator) im patristischen Sinne, so definiert *Ratzinger*, sei nun derjenige, „welcher das Gelddarlehn als Geschäft, als ein Erwerbszweig" betrachte;[1028] wobei mit „faenerator" jener zu bezeichnen sei, welcher im Mittelalter als „usurarius manifestus, als offenkundiger Wucherer"[1029] galt. Und nur gegen diese Gelddarleiher, welche selbst nicht produktiv tätig, keiner ehrenhaften Arbeit nachgehend, bloß aus Verlusten anderer Gewinn zögen und „auf den Ruin des Nächsten speculirten", richteten sich die kirchlichen Strafen und Rügen.[1030] *Ambrosius* wende sich also speziell gegen derartige Wucherer, welche das „Darleihen als Erwerbszweig (quaestus), geschäftlich betrieben (negotiatio)".[1031] Dies betreffe „die Ausbeutung durch das Darlehensgeschäft", welche in römischer Zeit soweit gehen konnte, daß Schuldner ihre Kinder dem Gelddarleiher als Sklaven überließen,[1032] wobei *Ambrosius* auch schon unter Wucher die Form von „vorenthaltenem Lohn"[1033] einstufe. In Abgrenzung zum Sachverhalt der Ausbeutung im Darlehensgeschäft handle jedoch derjenige umso lobenswerter, der sein entbehrliches Geld „ohne Gewinnsucht" als Darlehen verwende.[1034] *Ambrosius* „theilte also keineswegs die Ansicht des Aristoteles von der absoluten Unfruchtbarkeit des Geldes (omnino sterilis): Das Geld, welches bei dir ohne Verwendung müßig daliegt, soll in der Hand des Nächsten Nutzen und Früchte bringen."[1035]

Den damaligen Darlehenscharakter habe *Ambrosius* treffend mit dem Satz: „Fremde Verluste bilden den Gewinn des Darlehens"[1036] nachgezeichnet. Dies ziele jedoch allein auf die „wucherische Aneignung fremden Eigenthums". So betont *Ratzinger* weiter, die Argumente des *Ambrosius* seien nur auf das „damalige Darlehen", als Gelddarlehen, anwendbar, denn der Charakter der Habsucht sei maßgebend. In diesem Zusammenhang ergänzt *Ratzinger*, daß der hl. *Ambrosius* auch „gegen die Verzinslichkeit des Pfanddarlehens" argumentiere, indem er einen „noch allgemeinen dogmatischen Grund" anführe, nämlich „daß das Zinsverbot des Alten Testaments auch im Neuen Bunde" Geltung habe, worin er mit mehreren Kirchenvätern (*Clemens von Alexandrien, Basilius, Tertullian*) über-

---

[1027] Vgl. Vw.², 303 bzw. Vw.¹, 251.
[1028] Vgl. Vw.², 309 bzw. Vw.¹, 257 f.
[1029] Vgl. Vw.², 309 bzw. Vw.¹, 258.
[1030] Vgl. Vw.², 310 bzw. Vw.¹, 258.
[1031] Vgl. Vw.², 312.
[1032] Vgl. Vw.², 315 bzw. Vw.¹, 263.
[1033] Vgl. Vw.², 319.
[1034] Vgl. Vw.², 312 bzw. Vw.¹, 260.
[1035] Vgl. Vw.², 312, in Anmerkung: „Ansicht Aristoteles"; vgl. dagegen: Vw.¹, 260: Hinweis ausgetauscht mit „Ambrosius theilt also keineswegs die spätere scholastische Ansicht von der Unfruchtbarkeit des Geldes".
[1036] Vgl. Vw.², 320 bzw. Vw.¹, 268.

einstimme.[1037] Die Lehre der Kirche widersprach aber einem derartigen Grundsatz „als Neuerung", und *Ambrosius* habe dem Rechnung getragen.[1038] Praktisch sei dies insofern bedeutungslos, denn, so *Ratzinger*, *Ambrosius* habe im „damaligen Zinsdarlehen nur den wucherischen Charakter, die habsüchtige Ausbeutung des Nächsten (avaritia) und die verbrecherische Aneignung fremden Eigenthums (culpa) bekämpft", ein Erwerb, der „aber auch durch den Geist des Christenthums" streng verboten sei.[1039]

Der Kampf der Kirchenväter richte sich letztlich „gegen den lucrativen Erwerb", der an sich unsittlich, verwerflich sei, gegen die „Auswucherung" des Nächsten durch ein rein konsumtives Gelddarlehen, wo kein Überschuß erzielt werden konnte, so daß der Entleiher in eine selbstschuldnerische Abhängigkeit, in Haftung geriet. Als „sittlich berechtigt" gilt für *Ratzinger*, der christlichen Lehre gemäß, „nur der productive Erwerb", welcher „in der Verbindung von Kapital und Arbeit unablässig Mehrwerthe schafft"[1040] und „die Völker zu Reichthum und Macht" führe. Als Grundsatz sei dies in das Volksbewußtsein und in die Gesetzgebung nach der Römerzeit eingeflossen. Die karolingische Gesetzgebung habe dem erstmals Rechnung getragen. In der „Kapitulargesetzgebung" sei „jeder Erwerb auf Kosten des Nächsten, insbesondere aber die Aneignung fremden Eigenthums im Darlehensverkehr" mit schärfsten Strafen belegt. Nur wenn „der Darleihende nicht mehr zurückforderte, als er hingegeben hatte", galt das Darlehen als ein „gerechtes".[1041] Sobald ein Darlehen aber „auf einen Mehrertrag abzielte", habe es in der zur Zeit *Karls des Großen* herrschenden Naturalwirtschaft sofort wucherischen Charakter angenommen. Die Unentgeltlichkeit des Darlehens sei solange eine wirtschaftliche Notwendigkeit, solange „Geld nur als Zahlungsmittel und Werthmesser von Gebrauchswerthen" diene und solange es nicht „den Charakter des Kapitals annimmt, welches in der Verbindung mit der Arbeit Mehrwerthe hervorbringt,"[1042] so *Ratzingers* erster Ansatz hin zur Unterscheidung von Geld und Kapital.

Geht es *Ratzinger* beim „Wucher" zunächst um einen „sittlichen Begriff", indem er die Kirchenväter zu Rate zieht, wie vorausgehend verdeutlicht, so klassifiziert er Wucher auch als „rechtlichen Begriff" gemäß der ersten „christlichen Reichsgesetzgebung Karls des Großen", eine Gesetzgebung, die von ganz anderen Grundbegriffen ausgegangen sei als das „altrömische heidnische Recht".[1043] *Ratzinger* stellt die Frage nach den wirtschaftlichen Voraussetzungen, die einem

---

[1037] Vgl. Vw.², 316: Hinweis auf De Tobia Cap. 14 u. 16; AT: Darlehnsgewinne mit Verweis auf bekannte Stellen 2 Mos. 22,25; 3 Mos. 25, 36; 5 Mos. 13, 19, 20.
[1038] Vgl. Vw.², 320 bzw. Vw.¹, 268: Zitat: Ambrosius, De Tobia, Cap. 23.
[1039] Vgl. Vw.², 321 bzw. Vw.¹, 269: „Geiste des Christenthums" ersetzt durch „im alten wie im neuen Testamente", und Weglassung der Aussage in „De Tobia": nicht für alle Zeiten als maßgebend hinzustellen, daher theoretische Einseitigkeiten.
[1040] Vgl. Vw.², 321.
[1041] Vgl. Vw.², 322 f.
[1042] Vgl. Vw.², 322 bzw. Vw.¹, 270.
[1043] Vgl. Vw.², 322 bzw. Vw.¹, 270.

die „Grenzen des erlaubten Gewinnes" im Tauschverkehr und Darlehensvertrag erkennen lassen. Die Antwort hierzu könne allerdings auch nur die Volkswirtschaft, nicht die Moral und nicht die Rechtswissenschaft geben,[1044] so *Ratzinger*. Es gebe im ökonomischen Leben „unwandelbare Gesetze, denen sich der menschliche Willen nicht entziehen" könne. Die „Schuldabhängigkeit" existiere mit „eiserner Nothwendigkeit", wenn das „Calcul" für die Rückzahlung sich als irrig erwies. Und *Ratzinger* beschreibt die Folgen mit drastischen Worten im Falle, wenn „das Abhängigkeitsverhältnis vom Gläubiger zu einem eisernen Ringe ökonomischer Sklaverei" werde, und wenn dann „dieser Gläubiger der Wucherer ist mit der diabolischen Habsucht und der thierischen Zerstörungslust, dann gibt es keine Rettung, kein anderes Los mehr als die Vernichtung der materiellen und persönlichen Existenz".[1045]

Ratzinger verweist auf *Lorenz v. Stein*[1046], der eine genaue Beschreibung des Wuchers „nach Typen des praktischen Lebens" gebe, Praktiken gegenüber den armen Klassen, mittels Ausbeutung von deren Not, gegenüber den besitzenden Klassen mittels Erpressung, an Arbeitern in Form des Schuld- und Pfandwuchers, oder an Landwirten, die „infolge der Unberechenbarkeit und Unregelmäßigkeit in den Geldeinnahmen" so häufig Opfer des Wuchers würden. Kritisierend zitiert *Ratzinger* auch die Definition von „Wucher" nach *v. Stein*, der zunächst feststellt: „Da nun in Wahrheit alle Rechtsverhältnisse doch zuletzt aus sittlichen Gründen entspringen und wirtschaftliche Verhältnisse formulieren", so werde „der Wucher juristisch dasjenige Creditgeschäft sein, bei welchem die Noth oder die Unwirtschaftlichkeit des Schuldners absichtlich benutzt werden, um ein Schuldversprechen zu erzeugen, dem kein Darlehen entspricht, und das daher ein Recht auf das Vermögen und das Einkommen des Schuldners gibt, das nicht durch eine Gegenleistung des Gläubigers begründet ist. Und darum ist es das Wesen dieses Rechtsbegriffes, einen nicht zu lösenden Widerspruch in sich zu enthalten."[1047]

Für *Ratzinger* ist diese begrifflich Fassung „viel zu eng". Denn es entspreche dem Schuldversprechen „ja anfänglich immer ein wirkliches Darlehen, freilich regelmäßig nicht in der Höhe der Schuldsumme". Erst „bei den Prolongationen" entstünden dann die „darlehenslosen Schuldversprechen", welche nur „eine der augenfälligsten Erscheinungsformen des Wuchers" seien, aber „nicht der Wucher selbst", welcher in einer Vielzahl von Gestalten auftrete. Nichts sei erklärt, wenn man den Wucher einfachhin als „über das Gesetz hinausgehende Zinsen" oder als „unverhältnismäßig hohe Zinsen" oder etwa als „Zinsen von rein consumptiven Darlehen" bestimmt. Zu einer „erschöpfenden" Definition zum Wesen des Wuchers komme lediglich der Moral- und Rechtsphilosoph *Friedrich*

[1044] Vgl. Vw.², 260 bzw. Vw.¹, 215.
[1045] Vgl. Vw.², 257 bzw. Vw.¹, 211.
[1046] Vgl. Vw.², 257 bzw. Vw.¹, 211 f.; Kritik an L.v. Stein, Der Wucher und sein Recht. Wien, 1880. Zu Lorenz v. Stein (1815-1890) vgl. Stavenhagen, Gerhard: in: StL.⁶ Bd. VII, Freiburg 1962, 677-680.
[1047] Vgl. Vw.², 258 bzw. Vw.¹, 212 f.

Adolf Trendelenburg,[1048] insofern dieser „als Wucher jene Zinsen erklärt, welche zu dem, was voraussichtlich das Kapital in der Hand des Leihenden erwerben kann, in solchem Mißverhältnisse stehen, daß nur der Darleihende gewinnt und der Borger nothwendig zusetzt, und welche mit dem Bewußtsein dieses Mißverhältnisses ausbedungen werden", also vorsätzlich. Dennoch ist, so *Ratzinger*, auch diese Definition von Wucher „nicht ganz zutreffend".

Aus der Perspektive des Entleihers von Kapital analysiert *Ratzinger* den „Unternehmerprofit"[1049] in seinen aufzuteilenden Komponenten. So müsse der Unternehmerprofit nach Abzug aller Kosten für „seinen und seiner Familie Lebensunterhalt" und „aller sonstigen Ausgaben" mindestens ausreichend sein, um „die Zinsen bezahlen und neben dem Unternehmergewinn auch „in der bestimmten Frist die entliehene Schuldsumme begleichen zu können". Der „Productionertrag" müsse zudem insgesamt „im Lohn die Bedürfnisse der Arbeiter decken" und „die Zinsen und den Unternehmerprofit erübrigen" und die „Reproduction des Kapitals in der bestimmten Schuldfrist ermöglichen". Drückt nun der Zins den Ertrag „unter dieses Niveau" herab, „eigne sich der Darleihende Eigenthum des Producenten an und begehe Wucher".[1050] *Ratzinger* ergänzt diesen Sachverhalt, und insofern kritisiert er *Trendelenburgs* Definition: Der Wucher beginne eben nicht erst dann, wenn der Borger, Entleiher von seinem Eigentum zuschießen müsse, sondern Wucher liege schon dann vor, wenn es dem Entleiher „der Natur der Sache nach nicht gelingen kann, neben dem Unternehmerprofit, den Zins und die Reproduktion des Kapitals aus dem Erwerb des Darlehens zu ermöglichen," zu erwirtschaften. Sei „der Unternehmer genöthigt", außerdem von dem Seinigen zuzusetzen, von jenem Bestandteil des Ertrages, welcher notwendig für die eigenen Bedürfnisse des Lebens ist, dann sei dies Wucher in „potencierter Gestalt", als „Aneigung fremden Lidelohns" (Arbeitslohn) und zugleich „himmelschreiende Sünde".[1051]

Wucher als „Aneignung fremden Eigenthums" ist daher für *Ratzinger* immer dann gegeben, sobald der „Darleiher von dem aus Kapital und Arbeit geschaffenen Werthe als Kapitalvergütung einen so hohen Procentsatz wegnimmt, daß der Entleiher aus dem Productionsertrage Verzinsung und Reproduction des Kapitals nicht mehr ermöglichen kann".[1052] Darum liegt „das entscheidende Moment des Wuchers", so folgert *Ratzinger*, „in der wirtschaftlichen Situation des Entleihenden, nicht des Darleihenden". *Ratzinger* kommt, was den Wucher betrifft, zu einer sensibel bedachten Unterscheidung, nämlich daß für dessen sittliche Beurteilung „die Willensrichtung des Darleihenden von größtem Belange" sei, wäh-

---

[1048] Vgl. Vw.², 259; vgl in Anm.: Trendelenburg, Naturrecht auf dem Grunde der Ethik, 1868², S. 200. Vgl. Kann, Christoph: Trendelenburg in LThK³ 2006, Bd. X, 211 f.
[1049] Vgl. Vw.², 261, gemeint ist der Durchnittsunternehmer, „nicht der knausrige, nicht der verschwenderische".
[1050] Vgl. ebd.
[1051] Vgl. Vw.², 261 bzw. Vw.¹, 216.
[1052] Vgl. ebd.

rend für dessen wirtschaftliche Begriffsbestimmung „der Gewinnantheil des Productionsertrages ausschließlich maßgebend" sei.[1053]

Selbst wenn das „Streben nach einem angemessenen Gewinn" in der Wirtschafts- und Finanzwelt, so die katholische Soziallehre, gutgeheißen werden kann, so sei der „Wucher moralisch zu verurteilen", wenn er bis in unsere Tage vielen Menschen die Luft abschnüre, „die sie zum Leben brauchen."[1054] Dies gilt nicht nur im privaten Bereich und den Sektoren der Wirtschaft und Finanzen, sondern auch für den Staat bezüglich einer ausufernden Besteuerung und Abgabenbelastung seiner Bürger zumal im Bereich der direkten Steuer, die den sozial Benachteiligten unmittelbar trifft. Vor der Gefahr der Auswucherung seiner Bürger ist auch der Staat nicht gefeit.

4.1.2. Das kanonische Zinsverbot und die Scholastik

Zur Begriffsklärung von „Darlehen" erinnert *Ratzinger* daran, daß die kanonistische Gesetzgebung den römischen Rechtsbegriff des Darlehens „als eines unentgeltlichen Mutuatarvertrages acceptirt"[1055] habe. Der Darlehensvertrag, verstanden als Mutuatarvertrag (lateinisch „mutuum", Gegenseitigkeit), habe den Schuldner nur dazu verpflichtet, dasjenige zurückzuzahlen, was er erhalten hat; dies betrifft die volle Rückerstattung der Darlehnssumme nach „Qualität und Quantität". Hiernach wurde jede zusätzliche Forderung als Wucher eingestuft. *Ratzinger* verweist in diesem Zusammenhang auf die historische Situation der Kirchenväter, die zu ihrer Zeit mit einem massenhaften Mißbrauch von Gelddarlehen konfrontiert waren. Der damaligen römischen Welt sei der „intensivste Grad der Habsucht", welche sich „am grausamsten im Gelddarlehen" zeigte, zu eigen gewesen. Aus der Sicht der Kirchenväter galt es also, die „Gewinnsucht", als „die Wurzel des Wuchers", zu bekämpfen.[1056] Hinzu trat für den Christen das Gebot, von seinem Besitze zwar Darlehen zu gewähren, aber eben nicht aus Gewinnsucht, sondern im Bestreben, dem Nächsten bereitwillig zu helfen, ihm einen Dienst zu erweisen. Insofern führte jene bekannte Schriftstelle beim Evangelisten Lukas wegen ihrer Forderung, „zu leihen ohne jede Hoffnung auf Gewinn",[1057] zum kanonischen Zinsverbot der Kirche, wenngleich *Ratzinger* in Anmerkung festhält, daß spätere Schriftsteller in der Wendung „nihil inde sperantes" das Verbot sahen, eine Vergütung für das Darlehen zu fordern. In den Worten Christi ist aber „eine Beziehung auf die Zinsfrage wohl nicht enthalten".[1058]

[1053] Vgl. ebd.
[1054] Vgl. Kompendium der Soziallehre der Kirche, a.a.O., Nr. 341, auch 323.
[1055] Vgl. Vw.², 253 bzw. Vw.¹, 208.
[1056] Vgl. Vw.², 304 bzw. Vw.¹, 252.
[1057] Vgl. Vw.², 305, in Anm. 1 „mutuum date, nihil inde sperantes (Luc. 6, 35). Cf. Matth. 5, 42: Qui petit a te, da ei et volenti mutuari, ne averteris. Vgl. Otto Weinberger, Kapital, in: HDSW, V(1956) 480.
[1058] Vgl. Vw.², 305 in Anm. 1; vgl. Vw.¹, 253 f.

Zur Begründung des kanonischen Zinsverbotes ist für das Urchristentum auch die Schriftstelle bei Matthäus, „niemand kann zwei Herren dienen … Gott und dem Mammon" in Zusammenhang mit dem Herrenwort bei Lukas zu sehen.[1059] Schon im Urchristentum galt der Dienst am „Mammon" als Versündigung am Reiche Gottes.[1060] Insofern waren die Strafpredigten der Kirchenväter gegen die sündhafte Anhäufung von Reichtum und Schätzen gerichtet und letztlich gegen die Spaltung der Gesellschaft in arm und reich.

Es stellte sich somit die Frage, ob ein Zinsnehmen für ein Gelddarlehen unter heutigen Verhältnissen berechtigt sein kann. In Beantwortung dieser Frage macht *Arthur F. Utz* in seiner Wirtschaftsethik auf die Beachtung der Unterscheidung zwischen einem Darlehen zu Produktivzwecken beziehungsweise zu Konsumzwecken aufmerksam.[1061] Zur Zeit der Geltung eines kanonischen Zinsverbotes ging es lediglich um das Darlehen zum Konsumzweck. Denn das Geld behielt, solange es sich um eine stationäre Wirtschaft handelte, seine primäre Funktion als „reines Tauschmittel" ohne den Charakter des Kapitals. Mit Beginn einer „modernen expansiven Wirtschaft" ist dagegen jeder Geldbetrag ein Mittel der Kapitalbeschaffung. Somit ändert sich die Voraussetzung für die Beurteilung des Zinses, das heißt die Zinsfrage ist heute vom „Produktivkredit anzugehen", so die Analyse von *Utz*.[1062]

In diesem Zusammenhang weist *Utz* auf die Ansicht von *Werner Sombart* hin, „daß das Zinsverbot den stärksten Anreiz zur Entwicklung des kapitalistischen Geistes enthielt"[1063] *Utz* bemerkt weiter, *Sombart* sehe im Werk des *Thomas von Aquin* erstmals den „Kapitalbegriff in statu nascendi" als erkannt. *Thomas* habe schon „das einfache Darlehen von der Kapitalanlage" unterschieden, indem er zwar den Gewinn aus dem einfachen Darlehen für unzulässig, aus der Kapitalanlage aber für statthaft anerkannte.

Wie *Ratzinger* verweist auch *Sombart* auf jene klassische - in diesem Zusammenhang häufig zitierte - Stelle von *Thomas von Aquin*[1064], die vordergründig als

---

[1059] Vgl. Mt. 6, 24 und Otto Weinberger, Kapital, in: HDSW,V(1956) 480: Urchristentum und Scholastik.
[1060] Vgl. Weinberger, HDSW, 480.
[1061] Vgl. Arthur F. Utz, Wirtschaftsethik, Bonn 1994, 194.
[1062] Vgl. ebd.
[1063] Vgl. Utz, Wirtschaftsethik 194, mit Hinweis auf Werner Sombart, Der Bourgeois, München 1913, 319.
[1064] Vgl. Utz, Wirtschaftsethik, 194. Vgl. OttoWeinberger, Kapital (I) Geschichte der Kapitaltheorie, in : HDSW, V (1956), 480-488,481 zitiert in Latein dieselbe Stelle von Thomas wie auch Georg Ratzinger, vgl. Vw.², 265: in Anm. „S. Thom. 1. c. 2, 2, q. 78, a.2 ad 5.: „Ille qui mutuat pecuniam, transfert dominium pecuniae in eum cui mutuat; unde ille cui pecunia mutuatur, sub suo periculo tenet eam et tenetur eam restituere integre. Unde non debet amplius exigere ille qui mutuavit. – Sed ille qui committit pecuniam suam vel mercatori vel artifici per modum societatis cuiusdam, non transfert dominium pecuniae suae in illum, sed remanet eius; ita quod cum periculo ipsius mercator de eo

widersprüchlich erscheint, wenn einerseits „in Übereinstimmung mit dem römischen Recht" im Falle, „daß der Verleiher das Eigentum an der Darlehenssumme an den Borger überträgt, der es auf seine Gefahr innehat, der Verleiher ein Mehr zu fordern nicht befugt sei".[1065] Andererseits aber begründet *Thomas* an gleicher Stelle bei Handelsgesellschaften die Erlaubtheit hinsichtlich der gewinnbringenden Kapitalanlage, also die Erlaubtheit des Kapitalgewinns unter Hinweisung auf die Umstände, „daß der angelegte Betrag im Eigentume der Kapitalisten verbleibe und der das Kapital empfangende Geschäftsmann oder Gewerbetreibende auf die Gefahr des Eigentümers mit dem Gelde wirtschafte.[1066] Also geht *Thomas* davon aus, daß bei der Anlage in Handelsgeschäften „das Kapital Eigentum des einschießenden Gesellschafters verbleibe", anders als die römische Rechtsposition für den Verleiher einer Darlehenssumme, wonach das Eigentum an den Borger übergeht. Insofern kann eine beginnende „Durchlöcherung des Zinsverbotes", wie *Otto Weinberger* dies nennt, konstatiert werden,[1067] die fortgesetzt vorliegt im Vollzug von sogenannten „Zinstiteln", zum Beispiel des Rentenkaufs, des „damnum emergens" und des „lucrum cessans", der „mora"[1068].

Für *Ratzinger* ist der „herkömmliche Wucherbegriff", beziehungsweise wie er in der 1. Auflage an dieser Stelle noch formuliert, der „scholastische Wucherbegriff", [1069] zu eng gefaßt, da er von den „Grundsätzen der christlichen Liebe im gesamten Verkehrsleben" abstrahiere. Für die meisten wissenschaftlichen Darstellungen seiner Zeit fuße dieser „einseitige" Wucherbegriff auf zwei Elementen, welche „mit der christlichen Lehre keine nähern Berührungspunkte haben". Das eine Element bildet die Behauptung der „Unfruchtbarkeit des Geldes", analog zu *Aristoteles,*[1070] und das zweite Element betrifft den „Darlehnsbegriff des römischen Rechtes".[1071]

Ratzinger betont die Bedeutung des *Aristoteles* für die Scholastik hinsichtlich des ersten Elementes der „Unfruchtbarkeit des Geldes". *Aristoteles* habe „nur die Form des Geldes als Wertmesser von Gebrauchswerthen vor Augen", abgeleitet aus dessen, von *Ratzinger* hier zitierten Äußerungen: „Da die Chrematistik" eine doppelte sei, „die eine zum Handel, die andere zur Oekonomie gehörig, die letztere nothwendig und lobenswerth, die andere auf die Circulation gegründet und mit Recht getadelt, denn sie beruht nicht auf der Natur, sondern auf Prellerei, so ist der Wucher mit vollstem Rechte verhaßt, weil das Geld selbst hier die Quelle des Erwerbes und nicht dazu gebraucht wird, wozu es erfunden wurde. Denn für

---

negotiatur vel artifex operatur et ideo sic licite potest partem lucri inde provenientis expetere tamqam de re sua."
[1065] Vgl. Weinberger, Kapital in: HDSW a.a.O. 481: Übersetzung des Zitats des hl. Thomas.
[1066] Vgl. ebd. Weinberger: S.Theol. qu 78, Übersetzung Zitat zweiter Teil.
[1067] Vgl. ebd. Weinberger.
[1068] Vgl. ebd. Weinberger; vgl. Utz, Wirtschaftsethik, 193; vgl. Vw.², 279.
[1069] Vgl. Vw.², 276 bzw. Vw.¹, 225.
[1070] Vgl. Vw.², 276 mit Hinweis in Anm.: Arist. De. Rep. Lib. 1,c.10.
[1071] Vgl. Vw.², 278.

den Warentausch entstand es, der Zins aber ist Geld von Geld, daher auch sein Name; denn die Gebornen sind den Erzeugern ähnlich. Der Zins aber ist Geld von Geld, so daß von allen Erwerbszweigen dieser der naturwidrigste ist".[1072]

Nun sei es ja, so *Ratzinger*, „Thatsache und Wahrheit", daß Geld, „sobald es nur als Werthmesser gebraucht wird, um Gebrauchswerth gegen Gebrauchswerth von einem Besitzer auf den anderen zu übertragen", „nicht selbst werthbildend sein" könne. In Anmerkung hierzu verweist *Ratzinger* auf die These von *Marx*, wonach „die Circulation oder der Warenaustausch keinen Werth schafft".[1073] „Ganz anders" so *Ratzinger*, das Verhältnis, „wenn die Arbeitstheilung so weit fortgeschritten" daß „nicht mehr bloß Gebrauchswerthe gegen Gebrauchswerthe umgetauscht werden, sondern überwiegend auf Theilarbeiten, welche eine lange Reihe von Tauschwerthen durchlaufen müssen, bis sie Gebrauchswerth erlangen, producirt werden". Dann stelle sich die „Notwendigkeit von Credit" ein, so *Ratzinger*, und Geld sei somit „nicht mehr bloß Werthmesser, sondern Äquivalent für Produktionsmittel und als solches Kapital", mit der Eigenschaft „fruchtbringend und werthbildend". Es geht also ökonomisch um jene funktionale Bedeutung von Produktivkapital und deren Sicherstellung für den Produktionsprozeß, worauf bei der Feststellung des „Begriffes Credit" näher einzugehen sei.[1074]

Nun ist es der Darlehensbegriff des römischen Rechtes, welcher das zweite Element des Wucherbegriffs bildet. Der römische Darlehensvertrag war „seiner Natur nach" unverzinslich. Aber diese Theorie brachte die Römer in Schwierigkeiten mit dem Entstehen des Handelskapitals, beziehungsweise mit der Gefahr für den Darlehensgeber, wie gesagt als Eigentümer, das ganze Kapital zu verlieren. Darum suchten die Römer außer dem Darlehensvertrag zusätzlich nach externen „Rechtstiteln". Hierin sei ihnen die Scholastik mit „sogen. Zinstiteln" gefolgt, als Ausweg für jene „außerordentliche Vergütung für Gewährung eines Darlehens" bei Eintreten besonderer Umstände, für die Darlehensgefährdung erfunden. Für die Scholastik[1075] konnten so Rechtsansprüche auf Entschädigung bei Verlusten von dem jeweiligen Darlehensgeber gemäß der Zinstitel geltend gemacht werden. *Ratzinger* erwähnt vier solcher Zinstitel:[1076] „periculum sortis (die Gefahr, die ganze Darlehenssumme zu verlieren)", in den heutigen Sprachgebrauch übersetzt von *Utz* mit „Risikoprämie";[1077] „poena conventionalis (besondere Strafe für Nichteinhalten des Zahlungstermins)", interpretiert von *Utz* als „vereinbarte Entschädigung für verspätete Zahlung"; ferner „lucrum cessans (entgehender Gewinn), bzw. *Utz* nennt es „entgangener Gewinn"; „damnum

---

[1072] Vgl. Vw.², 276, im Text zitiert: Arist., De rep. Lib 1,c.10, mit Hinweis in Anm.: „daher sein Name: ‚Zins' aus dem Griechischen, das ‚Geborene' (vgl. Schäffle, Bau und Leben des socialen Körpers I, 256)."
[1073] Vgl. Vw.², 276.
[1074] Vgl. ebd.
[1075] Vgl. Vw.², 278.
[1076] Vgl. Vw.², 279.
[1077] Vgl. Utz, Wirtschaftsethik, a.a.O., 193.

emergens (ein aus dem Darlehen erwachsener Schaden), beziehungsweise „mit dem Darlehen verbundener Schaden" laut *Utz*.

Ratzinger setzt sich kritisch mit den Zinstiteln auseinander. So entspreche der Zinstitel „periculum sortis", der „sich schon an der Wiege zur canonistischen Zinsgesetzgebung den Decretalien Papst Gregor IX im 13. Jh. findet", vom Charakter her mehr einem „Versicherungsgeschäft" als ein Darlehen. Dies ist verständlich, denn bei jenen Verhältnissen zur Zeit Gregors IX. sei nur „ein" Erwerbszweig auf Kredit angewiesen gewesen, nämlich der Handel, während dagegen Handwerk und Gewerbe jeweils durch die Zünfte, als Zunftgenossen durch die gemeinsame Zunftkasse abgesichert gewesen seien. In der Landwirtschaft wurden Verpflichtungen häufig noch in Naturalien abgegolten, so daß der Geldbedarf noch gering gewesen sei. Der schwunghafte Handel mit dem Orient im 13. Jh. mittels der Handelsschiffahrt, mit enormen Gewinnchancen aber auch erheblichem Risiko beziehungsweise Gefahrenpotential durch heftige Stürme und Piraten auf den Meeren, macht diesen Zinstitel verständlich, wie es sich aus den Decretalen Gregors IX. ergibt.[1078]

Auch der Zinstitel der „Conventionalstrafe", sei „als besondere Form im Wechselverkehr" zu verstehen, so *Ratzinger*, während ein Titel „damnum emergens" beschränkt bleibe auf die Vergütung nur der „wirklich erwachsenen Kosten" für entstandenen Schaden, ein Zinstitel, den auch der hl. *Thomas* für begründet halte.[1079] Den Zinstitel des „entgehenden Gewinns" (lucrum cessans) hält *Ratzinger* für gefährlich, „denn damit ließe sich der ärgste Wucher rechtfertigen";[1080] diesen Zinstitel lasse aber auch der hl. Thomas ausdrücklich „nicht zu".[1081] Derartige Zinstitel setzen, so *Ratzinger*, „gewinnreiche" Unternehmungen voraus und dienen ausschließlich der Sicherung des Darleihenden, dagegen nicht dem Borger, gleich wie diesem „zu Muthe sein mag". Die Entschädigung der Darleihenden für „Gefahr und Terminversäumniß, für Schaden und entgehenden Gewinn" sicherten die Zinstitel; bei den Verhältnissen in der damaligen Handelswelt verständlich, wie *Ratzinger* vermerkt.[1082]

Zur weiteren Bewertung von Scholastik und Kirchenväterzeit muß man sich stets vor Augen halten, daß die Scholastik sich vorwiegend auf die Philosophie des *Aristoteles* stützt, die sich viel stärker auf das irdische Dasein bezog, als es etwa die platonische Philosophie tut. Die Wirtschaftsethik der Scholastik stand weit stärker unter klassischem Einfluß als die der Kirchenväter. Die Kirchenväter standen noch ganz unter dem unmittelbaren Einfluß des Evangeliums, „wobei für sie das Streben nach irdischer Glückseligkeit"[1083] in den Hintergrund trat. Aller-

---

[1078] Vgl. Vw.², 279 f., mit Verweis auf die Decretalen Gregors IX., C. 19.X. h.t. 19,19.
[1079] Vgl. Vw.², 280.
[1080] Vgl. Vw.², 266.
[1081] Vgl. Vw.², 280
[1082] Vgl. Vw.², 280.
[1083] Vgl. Theo Suranyi-Unger, Wirtschaftsethik, in HDSW, Tübingen (1956), 12, 83-103, 85.

dings akzentuierte ihre Wirtschaftsethik bereits den Wert der Arbeit und die landwirtschaftliche Produktion positiv, verschmähte jedoch den „Wucher" und das reine Gewinnstreben,[1084] wie *Ratzinger* es herausgestellt hat.

4.1.3. Geld und Kapital, Kredit und Zins bei Ratzinger und Karl Marx

Erst mit *Antoninus von Florenz* (+1459) und *Bernadinus von Siena* (+1444), so *Sombart*, auf den *Utz* verweist, entwickele sich nun der „Kapitalbegriff zu seiner vollen Schärfe", einschließlich der Bezeichnung „Kapital", wobei *Sombart* einen wichtigen Erkenntnishinweis gibt, denn das, was *Antoninus* und *Bernardinus* über den Kapitalbegriff zu sagen wußten, habe die Wissenschaft der Nationalökonomie „erst seit Marx wieder gelernt",[1085] also fast vier Jahrhunderte später. So habe einerseits *Antoninus* mit „völliger Sachbeherrschung die Bedeutung der Schnelligkeit des Kapitalumschlags für die Steigerung des Profits entwickelt".[1086] Auch *Ratzinger* analysiert diese Bedeutung der „Umschlagszeit des Kapitals", den Zeitfaktor bei Kredit und Zins, indem er die Wirkungszusammenhänge nach *Marx* und *Böhm-Bawerk* interpretiert.[1087] – Andererseits hat der Franziskanermönch *Bernardinus von Siena* jene Bedeutung des Unterschieds zwischen dem einfachen Gelde und dem werbenden „Kapitale" erkannt, wobei er als Charakter des Kapitals „die Fähigkeit, einen dem Wachstum einer Pflanze vergleichbaren Gewinn zu erzielen, bestimmt".[1088]. Als Zeitgenosse habe *Antoninus von Florenz*, Dominikanermönch und Erzbischof, ebenso den „Kapitalprofit" als etwas, was in geschäftlichen Verträgen als eine allgemein enthaltene und erlaubte „Gewinnhoffnung" implicite stehe, definiert und auch zugleich das Wesen der kapitalistischen Unternehmung oder Gesellschaft sowie der Kapitalanlage und des, von *Sombart*, wie erwähnt, schon hervorgehobenen Kapitalumschlags richtig durchschaut.[1089]

Auch für *Ratzinger* ist die Klärung des „Kapitalbegriffes" von zentraler Bedeutung, wozu er sich ebenfalls auf die hier genannte Stelle bei *Thomas*[1090] und

---

[1084] Vgl. Suranyi-Unger, a.a.O., 85.

[1085] Vgl. Utz, Wirtschaftsethik 194 f. mit Zitat von Sombart, vgl.Sombart, Der Bourgois, a.a.O. 19f.

[1086] Vgl. Utz, Wirtschaftsethik, 195: zitiert Sombart, op.cit. 320, mit Hinweis auf (Antoninus, S. mor. III. 8,4,§ 2). Vgl. Vw.², 268 f.

[1087] Vgl. Vw.², 268 f. Zur Bedeutung der „Umschlagszeit des Kapitals" mit Marx (III, 342) und Böhm-Bawerk (Kapitalzins, I. Bd., 1886, II. Bd.,1889) interpretiert.

[1088] Vgl. Weinberger, Otto, Kapital (I) 2, Urchristentum und Scholastik: in HDSW, 1956, Bd. V, 481, Zitat in Latein: vgl. Bernhardin von Siena, Sermo XXXIV: „quam communiter capitale vocamus".

[1089] Vgl. ebd. Weinberger, Antonin von Florenz, Summa theologic, cap. IX, §15 „Nec enim in contractibus prohibetur spes lucri: immo communiter inest et est licita."

[1090] Vgl. Vw.², 265; vgl. in Anm. S. Thom.1.c.2,2,q. 78, a.2.ad 5. Gleiches Thomas-Zitat bei Weinberger, Kapital (I 9 ebd. 481). Vgl. Vw.¹, 217 f.: Thomas-Zitat noch nicht erwähnt; Unterscheidung: Grund und Boden gegen Zins bzw. Geld gegen Zins.

anschließend auch auf *Karl Marx* beruft.[1091] Es ist auszugehen von der Unterschiedlichkeit des Gelddarlehens als Pfandschuld einerseits von dem Kreditgeschäft im wirtschaftlichen Prozeßvollzug und andererseits mit der signifikanten Einschränkung, daß im Kredit eben nicht, wie beim Darlehen, das Eigentum auf den Entleiher übertragen wird, sondern „nur die zeitweilige Benutzung des Kapitals gestattet wird". Also trage der Kreditgeber, „mangels Pfand, das volle Risiko auf die Zukunft", für *Ratzinger* „ein entscheidender Punkt", auf den schon der hl. *Thomas*[1092] aufmerksam gemacht habe: „Bei dem Kapitalgeschäfte überträgt der Kapitalist keineswegs das Eigenthumsrecht auf den Geschäftsgenossen, sondern dieses bleibt ihm. Der Kaufmann oder Geschäftsmann (artifex), mit dem er sich verbindet, arbeitet auf Gefahr des Kapitaldarleihers".

Hiernach sind für *Ratzinger* „Credit und Risico so unzertrennlich wie Eigenthum und Verantwortlichkeit", während „Pfand- und Lombard- und sonstige Gelddarlehen das Gegentheil von Credit sind".[1093] Pfandschuld, Darlehen und Kredit haben eben eine unterschiedliche Art der Kreditierung mit unterschiedlichen Haftungsformen. *Ratzinger* schreibt: „Darlehen ist die Form der Grundverschuldung (Hypothekenbestellung), die Form des Nothdarlehen des kleinen Gewerbsmannes (Warenpfandbelehnung) und des Arbeiters (Pfandbelehnung von Einrichtungsgegenständen in den Leihhäusern)", während Kredit lediglich „vorschußweise Hingabe eines vorhandenen Werthes, ohne sachliche Sicherstellung" sei, „im Vertrauen auf die Leistungsfähigkeit und Ehrenhaftigkeit des Entleihers in der Production".[1094]

Marx mache, wie *Ratzinger* hinzufügt, noch auf einen anderen Punkt aufmerksam. Das Gelddarlehen werde „unmittelbar an Arbeiter, Producenten gegeben, welche außer stande sind, augenblicklichen Geldverpflichtungen nachkommen zu können". Beim Kredit dagegen komme der „Darleiher mit dem Arbeiter in gar keine Berührung", vielmehr handele es sich nur um „Theilung der Profitrate zwischen dem Geldkapitalisten (Darleiher) und dem industriellen und mercantilen Kapitalisten". *Ratzinger* zitiert nun die analytisch differenzierende Begründung von *Karl Marx* an dieser zentralen Stelle:[1095] „Es muß nie vergessen werden, daß hier das Kapital als Kapital Ware ist, oder daß die Ware, um die es sich hier handelt, Kapital ist. Verleihen und Borgen ist hier ein aus der specifischen Natur der Ware – des Kapitals – hervorgehender Unterschied. Grundvoraussetzung ist, daß Geld als Kapital fungirt und als Kapital an sich, als potentielles[1096] Kapital, einer dritten Person übermacht werden kann ... Die Werthsumme, das

---

[1091] Vgl. Vw.², 265 f. mit Hinweis auf Karl Marx, das Kapital III, 338 ff., 340: umfassend zitiert.
[1092] Vgl. Vw.², 265 in Anm.: S. Thom. 1.c.2,2, q. 78,a. 2 ad 5.
[1093] Vgl. Vw.², 265.
[1094] Vgl. Vw.², 264 f.
[1095] Vgl. Vw.², 265, vgl. Marx, Das Kapital, III, 338 ff.
[1096] Vgl. Vw.², 265: „potentielles" Kapital, verdeutlicht in Anm. mit Marx-Zitat, ebd. 340: „Geld resp. Ware ist potentiell Kapital, ganz wie die Arbeitskraft potentiell Kapital ist".

Geld, wird fortgegeben ohne Aequivalent und wird nach einer gewissen Zeit zurückgegeben. Der Verleiher bleibt immer Eigenthümer desselben Werthes, auch nachdem dieser aus seiner Hand in die des Borgers übergegangen ist. Der Borger borgt das Geld als Kapital. Es ist aber nur erst Kapital an sich, erst durch den Gebrauch verwerthet es sich, realisirt es sich als Kapital",[1097] also wie nach *Sombart* schon *Antoninus* ergänzt hätte, durch den „Kapitalumschlag".[1098]

Marx fährt in seiner Analyse des Kapitalumschlagsprozesses fort: „Als realisirtes Kapital hat der Borger es zurückzuzahlen, also als Werth plus Mehrwerth (Zins). Letzterer kann nur ein Theil des realisirten Profites sein. Nur ein Theil, nicht das Ganze. Denn der Gebrauchswerth für den Borger ist, daß es ihm Profit bringt ... In der Form des Zinses ist der Gegensatz gegen die Lohnarbeit ausgelöscht. Das zinstragende Kapital als solches hat nicht die Lohnarbeit, sondern das fungirende (industrielle, mercantile) Kapital zu seinem Gegensatze".[1099] Diese Feststellung bedeutet für *Marx*: „Der verleihende Kapitalist steht als solcher direct dem im Reproductionsprozesse wirklich fungirenden Kapitalisten gegenüber, nicht aber dem Lohnarbeiter, der gerade auf Grundlage der kapitalistischen Production von den Productionsmitteln expropriirt ist." Hiermit schließt *Marx*: „Das zinstragende Kapital ist Kapital als Eigenthum gegenüber dem Kapital als Function. Soweit das Kapital nicht fungirt, tritt es in keinen Gegensatz zu Arbeit ... Der dem Zinse überschüssige Theil des Profits ist der Unternehmergewinn. Die beiden Formen, Zins und Unternehmergewinn, existiren nur in ihrem Gegensatz".[1100]

Ratzinger faßt den Gedankengang von *Marx* wie folgt zusammen: Als Resultat erscheint, „daß der Credit wohl die Form des Darlehens hat, thatsächlich aber ein Kapitalgeschäft ist," denn „der Besitzer eines präsenten Werthes speculirt auf einen Werth der Zukunft, der noch gar nicht existirt, sondern durch Production erst geschaffen werden muß. Würde ihm nicht ein höherer Werth der Zukunft für Hingabe eines vorhandenen Werthes geboten, so würde ein Creditgeschäft niemals zu stande kommen." Mit anderen Worten, auch *Ratzinger* geht es, als Zeitgenosse des Zinstheoretikers *Böhm-Bawerk*, den er zitiert,[1101] „wie den Zinstheoretikern nach Böhm-Bawerk", welche vom Gedanken der „Höherschätzung gegenwärtiger Güter gegenüber Zukunftsgütern" ausgehen, um diese „Höherschätzung", die der Zinstheoretiker *Irving Fisher* als „time preference"[1102] deutet, als Zeitfaktor, welcher aber nur eine Säule für dessen Zinserklärung ist, neben der von *Fisher* hervorgehobenen zweiten Säule, nämlich „durch Investieren einen Reinertrag zu erzielen".

[1097] Vgl. Vw.², 266.
[1098] Vgl. Utz, Wirtschaftsethik, a.a.O. 195.
[1099] Vgl. Vw.², 266.
[1100] Vgl. Vw.², 265, 266: Marx-Zitat Anm.: Marx, Das Kapital, III, 338 ff.
[1101] Vgl. Vw.², 268, zitiert Böhm-Bawerk, Kritik und Begriff des Kapitalzinses, I. Bd. 1886, II Bd. 1889.
[1102] Vgl. Friedrich A. Lutz, Zins in HDSW 12(1965), 434-452,436. Vgl. Irving Fisher, The Rate of Interest, New York, 1907, bzw. Zinstheorie, Jena 1932.

Für *Fisher* ist „Investieren" definiert als „Opferung von Gegenwartseinkommen zugunsten eines größeren Zukunftseinkommens", für *Ratzinger* ein Spekulieren auf einen höheren Wert der Zukunft.[1103] Insofern wäre Zins nicht der Preis des Geldes, sondern der Preis für die Zeit, durch welche jemand in die Lage versetzt wird, seine „gegenwärtigen Bedürfnisse" direkt und nicht erst in Zukunft zu stillen. Dies Vorziehen etwa von Investitionen ist es, worauf indirekt auch *Friedrich A. Lutz* hinweist, nämlich auf „die Möglichkeit, durch Investieren einen Überschuß zu erzielen", und dies wird dabei stillschweigend „einfach vorausgesetzt". Letztlich sei dies jene grundlegende „Voraussetzung", die von „allen" Zinstheoretikern gemacht werde, und als Faktum „mit aller Schärfe betont werden" müsse;[1104] indirekt findet sich dies auch bei *Ratzinger* und *Marx* bestätigt.

4.1.4. Darlehen und Kredit, Geld und Kapital, Zinsbegrenzung

Auch für *Ratzinger* sind jene genannten „wirtschaftlichen" Gegensätze von Darlehen und Kredit „evident": „Das Darlehen sucht Geld", welches im „vorhandenen Werthe" volle Sicherheit biete. „Der Credit bietet Kapital", bedinge allerdings „Zurückstellung des Werthes", aber erst von einem „Productionsergebniß der Zukunft".[1105] Die Zinsfrage wäre also, im Sinne von *Utz*, vom Produktivkredit anzugehen,[1106] also im Sinne einer dynamischen Wirtschaft. *Ratzinger* stellt klar: Die Eigentumsübertragung findet beim Darlehen statt, das Risiko fällt auf den Borger. Keine Eigentumsübertragung findet im Kredit statt; Eigentum wird hier nur „vorgeschossen", das bedeutet, „das Risiko werde mitgetragen". Erst „nach Ablauf des Productionsprozesses" werde eine Zurückstellung für das vorgeschossene „Eigenthum mit Mehrwerth (Zins)" möglich, wobei der gewährte Kredit eben einer Sicherstellung entbehre, charakteristisch für ein spekulatives Kapitalgeschäft. Der Grund ist die „Unsicherheit der Zukunft", die *Ratzinger* positiv auch als „ein Erziehungsmittel der Menschheit" mit „weittragender", also nachhaltiger „religiös-sittlicher, socialer und wirtschaftlicher Bedeutung" deutet. Denn es gehöre zu den von „Gott gewollten Gesetzen der menschlichen Gesellschaft, daß der Mensch die Zukunft nicht zu beherrschen vermag".[1107]

Somit besteht die eigentliche Voraussetzung und „sittliche Berechtigung des Zinses" für *Ratzinger* in der „Unsicherheit der Zukunft", im gegebenen Risiko beim Kreditgeschäft, welches in der „Hingabe eines präsenten Werthes behufs Erwerbes eines künftigen Mehrwertes", beziehungsweise Zinses, bestehe. Die wirtschaftliche Begründung des Zinses liegt in der „Hervorbringung von Mehrwerth im Productionsprozesse oder im Handelsgeschäft". Dabei spiele, wie *Ratzinger* schreibt, „die Zeit, wie Böhm-Bawerk[1108] mit Recht betonte, bei Cre-

---

[1103] Vgl. Vw.², 268.
[1104] Vgl. Lutz, Zins in: HDSW. XII, 436.
[1105] Vgl. Vw.², 268.
[1106] Vgl. Utz, Wirtschaftsethik a.a.O. 194.
[1107] Vgl. Vw.², 268.
[1108] Vgl. ebd. , Hinweis auf: Böhm–Bawerk, Kritik und Begriff des Kapitalzinses, I. Bd. 1886, II. Bd. 1889.

dit und Zins die entscheidende Rolle".[1109] Anders noch *Thomas von Aquin*, der schon jene Theorie zurückgewiesen habe, welche „die Zeit zu Geld machen wolle". Für *Ratzinger* ist bei *Thomas* „der Sachverhalt unrichtig aufgefaßt". Es werde nicht die Zeit verkauft, sondern wegen des „Risicos der Zeit", wegen der „Unsicherheit der Zukunft" werden derzeit „vorhandene Werthe" höher bezahlt als „künftige, in der Zeit erst zu producierende" Werte.[1110]

In diesem Zusammenhang verweist *Ratzinger* auf *Marx*,[1111] der „die Productionszeit" und „die Umlaufzeit", beziehungsweise die Schnelligkeit beim Kapitalumschlag, als Bestimmungsfaktoren des „Preises der Waren" ausmacht, so daß gerade „dadurch die Profitrate für eine gegebene Umschlagszeit des Kapitals bestimmt ist und durch die Bestimmung des Profites für eine gegebene Zeit eben die des Zinses".[1112] Andererseits vermittelt das Mutuatardarlehen, Geld in der Regel abgesichert durch ein Pfand, unverzinsliches Geld. Im Kredit, etwa auch als Bargeld, „fungirt" Geld „als Tauschmittel, als Aequivalent für Productionsmittel, als Kapital zur Erzielung von Mehrwert", wobei dieses Kapital in der Kreditgewährung seiner Zeit auf der Zinszahlung beruhe.[1113]

Geld und Kapital in ihrer Bedeutung als Kapitalanlage, für Kapitalumschlag und Profit als wichtige Determinanten für ein Kapitalgeschäft und zum Verständnis des Zinsmechanismus werden in ihren ökonomischen Wirkungen erkannt und von *Marx* und auch *Ratzinger* durchschaubarer gemacht. Schon zu Zeiten von *Böhm-Bawerk*, worauf auch *Ratzinger* öfters hinweist, vertrat man in der Zinstheorie die Auffassung, daß in einer stationären Wirtschaft es eigentlich keinen Zins gibt, daß dieser ein „Phänomen der dynamischen Wirtschaft", so *Joseph A. Schumpeter*, sei,[1114] also einer wachstumsorientierten Wirtschaft. An dieser Stelle sei nochmals auf die Scholastik hingewiesen, denn sie habe, wie *Utz* vermerkt, bereits durchaus erkannt, „daß der Zins die Tausch-, also die Marktwirtschaft voraussetzt", den sie allerdings als Konsumkredit, wie erwähnt, „innerhalb einer stationären Wirtschaft Wucher nannte". Denn, so *Utz*, den „gerechtfertigten Zins" könne es „nur in einer dynamischen Marktwirtschaft geben, wo die Sparer in freier Wahl dort ihr Geld einbringen, wo ihnen das größtmögliche und sicherste Einkommen winkt", wo also das Geldkapital, das private Eigentum des Darlehensgebers, die „effiziente Allokation" findet. Nur so könne der Zins „seine ordungspolitische Funktion der Kapitalleistung" erfüllen.[1115] Wir können auch mit *Schumpeter* sagen, daß der „Zins ein abgespaltener Teil der ihrem Wesen

---

[1109] Vgl. ebd.
[1110] Vgl. ebd.
[1111] Vgl. ebd., vgl, Marx, Das Kapital, a.a.O. III. 342.
[1112] Vgl. Vw.², 268 f.
[1113] Vgl. Vw.², 269.
[1114] Vgl. Friedrich A. Lutz, Zins: in HDSW XII (1965), 434-452, 435.
[1115] Vgl. Utz, Wirtschaftsethik, a.a.O. 197.

nach nur vorübergehenden Unternehmergewinne" ist, welche „die mit schöpferischer Kraft begabten Unternehmer an die Kreditgeber abgeben" müssen.[1116]

Wo nun der Wucher anfängt, liegt für *Ratzinger* zugleich „die Grenzlinie" für die Berechtigung des Zinses. Zu beachten sei, daß es unmöglich ist, etwa „für Landwirte, Gewerbe und Handel einen gleichmäßigen Zinsfuß festzusetzen."[1117] Der Wucherzins, so differenziert *Ratzinger* für seine Zeit, beginne für den Landwirt, der mit ca. 3-4% Reingewinn rechne, schon bei 5-6%; für einen Gewerbetreibenden bedeute dagegen, bei ca. 10% Gewinn, ein Zins von 4-5% noch kein Wucher, bei einem Händler, mit einer Gewinnerwartung bei guter Konjunktur von sogar 30-40% wäre ein Zins mit kurzer Laufzeit sogar von 12-20% insofern noch kein Wucherzins. Es stelle sich somit die „vielumstrittene" Frage nach der „Erlaubtheit oder Unerlaubtheit des Zinsgenußes und Zinsgewinnes".

Für *Ratzinger* ergibt sich bereits aus der Definition des Eigentums, daß „mit dem Eigenthume als dem Recht, einen Werth ausschließlich zu besitzen, schon von selbst die Berechtigung des Zinses gegeben ist".[1118] Der Eigentümer habe „das ganz selbstverständliche Recht" auf Vergütung, wenn er Teile seines Besitzes dem Besitzlosen zur Benutzung überlasse. „Ob das Eigenthum in der Form von Boden- und Häuserwerthen, von Arbeitswerkzeugen oder aequivalanten Werthen (Kapital) zur Benutzung überlassen wird, ist an sich gleich und statuirt im Wesen keinen Unterschied. Thatsache ist, daß in letzterer Form die Aneignung von unerlaubtem Gewinn, die Ausbeutung der Arbeit, die Hinwegnahme von Arbeitsertrag in wuchererischer Höhe viel leichter und häufiger ist als bei der Leihe von Immobiliarwerthen gegen Zins. Allein die größere oder mindere Fähigkeit des Mißbrauches kann das Recht nicht aufheben, für Ueberlassung von Eigenthum Nutzungsvergütung zu beanspruchen."[1119] Werde demnach „Zins als Vergütung für Kapitalnutzung"[1120] verstanden, dann bestehe einerseits die sittliche und juristische Rechtfertigung des Zinses im Eigentumsrecht, andererseits liege dessen wirtschaftliche „Berechtigung und Nothwendigkeit" in der „Beschränktheit der Naturgaben und Kapitalgüter" begründet, also in deren Eigenschaft als knappe Güter.

Um Mißverständnissen vorzubeugen, macht *Ratzinger* auf die Unterscheidung zwischen dem einfachen Gelddarlehen, „das römische Mutuum" und dem „modernen Credit im Handel und im industriellen Productionsprozesse"[1121] aufmerksam. Für das einfache Gelddarlehen bestehe, von „der Natur der Sache" her keine Zinsberechtigung. Dies betreffe „Geld für augenblicklichen Bedarf", also für Konsumzwecke. Dieser Darlehensbegriff (mutui lex) verstehe sich als unentgeltliches Darlehen, das heißt, zwischen dem, was hingegeben, und dem, was

---

[1116] Vgl. Lutz, Zins in HDSW, a.a.O. 435.
[1117] Vgl. Vw.², 261 f.
[1118] Vgl. Vw.², 262.
[1119] Ebd.
[1120] Vgl. Vw.², 262.
[1121] Vgl. Vw.², 263.

235

zurückzuerstatten ist, müsse Gleichheit herrschen, also, wie erwähnt, in einer „äquivalenten Summe von gleicher Quantität und Qualität". Eine „Mehrforderung" sei eine „Verletzung des naturrechtlichen Verhältnisses" und somit letztlich Wucher.

Ratzinger beruft sich an dieser Stelle auf die kirchliche Lehre und zitiert Papst *Benedikt XIV.*:[1122] „Wucher besteht darin, daß eine lediglich auf das Darlehen als solches, das doch seiner Natur nach nur die Rückgabe von genau ebensoviel verlangt, als einer empfangen hat, die Forderung stützt, mehr zurückzuerhalten, als der andere empfangen hat, so daß einer über die Summe hinaus, um die sich das Geschäft drehte, noch irgend einen Gewinn für sich in Anspruch nimmt". Eine solche Handlungsweise aber widerspreche der göttlichen Offenbarung und dem Urteil der katholischen Kirche, darüber hinaus aber auch der „gemeinsamen Ansicht der Menschheit und der natürlichen Vernunft".[1123]

Zu allen Zeiten aktuell bleibt also die Bekämpfung des Wuchers, gerade weil aber die Berechtigung des Zinsnehmens letztlich auch naturrechtlich nicht zu leugnen ist, bedarf es der Beachtung jener Zinsmechanismen, die die Bestimmung einer jeweils festzusetzenden Zinsobergrenze rechtfertigen, bevor der Zins in Wucher umschlägt. Auch Papst *Benedikt XVI.* verweist in seiner Sozialenzyklika „Caritas in veritate" (CiV 65) auf die Gefahr derartiger „Finanzprobleme für viele verwundbarere Teile der Bevölkerung, die vor den Risiken von Wucher oder der Hoffnungslosigkeit geschützt werden müssen", weil ansonsten die Finanzprobleme „dramatisch werden können".[1124] Daraus folgt für den Papst, daß „die schwächeren Subjekte" angeleitet werden müssen, „sich vor dem Wucher zu verteidigen". Es sei Pflicht der Finanzmakler, fordert der Papst, „die eigentliche ethische Grundlage ihrer Tätigkeit wieder zu entdecken", damit es nicht dazu komme, jene hoch entwickelten Instrumente im Finanzsektor zu mißbrauchen, um etwa Sparer zu betrügen. „Finanzinitiativen" sind gefordert, „bei denen die humanitäre Dimension vorherrscht", dies dürfe aber nicht außer acht lassen, daß das Finanzsystem makroökonomisch beziehungsweise „insgesamt auf die Unterstützung einer echten Entwicklung zielgerichtet sein muß". Der Papst gibt zu bedenken: „Wenn die Liebe klug ist, kann sie auch die Mittel finden, um gemäß einer weitblickenden und gerechten Wirtschaftlichkeit zu handeln, wie viele Erfahrungen auf dem Gebiet der Kreditgenossenschaften deutlich unterstreichen".

Gerade letzteres deutet hin auf die Epoche *Georg Ratzingers*, auf jene Sozialreformer im 19. Jh., die mit der Gründung von Raiffeisen-Vereinen, landwirtschaftlichen Kreditgenossenschaften und Berufsgenossenschaften die soziale Frage ihrer Zeit zu entschärfen suchten. Die Entwicklung von Kreditgenossenschaften muß bestärkt und ausgearbeitet werden. Ganz speziell erwähnt Papst

---

[1122] Vgl. ebd.: Hinweis auf Benedikt XIV. (1740-1758), Bulle „Vix pervenit" und sein Werk Synod. dioec.
[1123] Vgl. Vw.², 263.
[1124] Vgl. Benedikt XVI., Enzyklika „Caritas in Veritate" (CiV) Nr. 65.

Benedikt XVI. „das Entstehen der Leihhäuser", die er als eine „Erfahrung des Mikrofinanzwesens" bezeichnet und würdigt, „das seine eigenen Wurzeln in den Überlegungen und Werken der bürgerlichen Humanisten hat". So sieht es *Benedikt XVI.* in seiner Enzyklika als Hilfe, arme Völker darin zu schulen „realen Nutzen aus dem Mikrokredit zu ziehen", um Möglichkeiten von Ausbeutung durch Wucher vorzubeugen. Für den Papst „kann das Mikrofinanzwesen Hilfen geben, neue Initiativen und Bereiche zu Gunsten schwächerer Gesellschaftsschichten selbst in Phasen einer möglichen Verarmung der Gesellschaft zu schaffen".[1125]

4.1.5. Geld- bzw. Kreditschöpfung und der Wucherkredit

Ratzinger hält es für überflüssig, die Zinsberechtigung beim Kredit nachzuweisen oder zu bestreiten. Der „heutige Credit ist entgeltlich", und dies liege in seinem wirtschaftlichen Wesen begründet. So stellt er fest: „Der präsente Werth ist ein Pluswerth gegenüber dem künftigen Werthe". Dabei beruft er sich auf *Henry Dunning Macleod*,[1126] der „ganz richtig den vorhandenen Werth (Geld) als Plus, den erst entstehenden Werth (Credit) als Minus bezeichnet". Deswegen gilt für *Ratzinger*: „In der Differenz zwischen diesem Plus und Minus liegt die wirtschaftliche Berechtigung des Zinses, nicht aber in der beliebigen Unterscheidung zwischen Productiv- und Consumtivdarlehen", eine Unterscheidung, die, wie nachgewiesen wurde, nur „eine abstract formale aber keine thatsächliche Basis" habe. Für *Ratzinger* geht es um das Auffinden der Grenzen, „wo der berechtigte Creditgewinn aufhört, wo ... die wucherische Ausbeutung anfängt, wo der productive Erwerb ein Ende nimmt und der lucrative Erwerb beginnt". Es gehe dabei nicht um die Analyse der „Berechtigung der Creditvergütung".[1127]

Es erscheint bemerkenswert, daß *Ratzinger* den schottischen Nationalökonom *Macleod* anführt, der auch von *Marx* erwähnt wird, und für den die „Kreditschöpfung der Banken" das zentrale Thema seiner Kredit- und banktheoretischen Schriften ist. Dessen Kredittheorie erfuhr allerdings von *Wilhelm Roscher*, den beide, *Ratzinger* sehr oft, aber auch *Karl Marx*,[1128] zitierten, „eine schroffe Ablehnung".[1129] Anders später *Josef Schumpeter*, der die Kredittheorie von *Macleod* seiner „Theorie der wirtschaftlichen Entwicklung" zu Grunde legte. Ausgangspunkt für *Macleod* ist, daß „Banken in Form von Noten und Depositen Geld schöpfen können, wobei Depositen nicht nur durch Geldeinzahlung, sondern auch gegen erst von der Bank kreierte 'Forderungsrechte gegen sich selbst'

[1125] Vgl. Papst *Benedikt XVI.*, CiV, 65.
[1126] Vgl. Vw.², 346. Vgl. Gerhard Stavenhagen, Macleod, Henry Dunning (1821-1902), in: HDSW Bd. VII, Stuttgart 1961 90/9: Schottischer Nationalökonom, für ihn zentral: Die Lehre von der „Kreditschöpfung" der Banken.
[1127] Vgl. Vw.², 346.
[1128] Vgl. Karl Marx, Das Kapital, Ausgabe Kiepenheuer 1932, Nachdruck Anaconda Verlag, Köln 2009, 565, 7. Abschn.: Akkumulationsprozeß des Kapitals, 23. Kapitel, in Anm. 731 wird Roscher als „deutscher Vulgärökonom u. Begr. d. sogen. historischen Schule" bezeichnet.
[1129] Vgl. Stavenhagen, a.a.O. 90.

zur Entstehung gelangen". Ein derartiger Kredit aus einem Forderungsrechte gegen die Bank, eine Kreditschöpfung, stellt nicht nur Geld, „sondern produktives Kapital" dar, wie *Macleod* festhält, da als Kapital jedes Gut angesehen werden müsse, das zur Erzielung von Profiten benutzt werden kann. *Macleod* versuchte dies am Beispiel der den schottischen Landwirten gewährten „cash credits" nachzuweisen.

Kritisch sei in diesem Zusammenhang anzumerken, daß „die Handhabung eines derartigen Kredites den Konjunkturverlauf beeinflusse, sein Mißbrauch, insbesondere in Form des Akkommodationskredits (Gefälligkeitskredit), rufe Depressionen und Krisen hervor". Man könne aber den Ausbruch von Krisen verhindern, „wenn die Banken das unbeschränkte Recht zur Notenausgabe erhielten und damit die Schranken der Peelschen Bankakte beseitigt würden". Allerdings forderte er, daß „die Kreditschöpfung nur in Übereinstimmung mit dem Goldvorrat erfolgen könne und die Diskontrate als Mittel der Kreditkontrolle sowohl dem Münzvorrat wie dem Stande der Wechselkurse angepaßt werden müsse".[1130]

Ratzinger kommt an anderer Stelle auf die Problematik der Goldwährung und Wechselkursänderungen in diesem Zusammenhang zu sprechen. Neben der Kredittheorie widmete sich *Macleod* der Erforschung des Tauschverkehrs und seiner Gesetze und lehnte die klassische Wertlehre ab, insofern die Güter keinen „inneren", „absoluten Wert" besäßen. Daraus folgt für ihn: Nicht die Arbeit, sondern ausschließlich die Nachfrage nach Arbeit bilde den für die Entstehung des Wertes ursächlichen Faktor,[1131] eine Schlußfolgerung die an *Keynes* erinnert, aber auch mehrfach an zitierte Feststellungen von *Ratzinger*, wenn beide in der Stärkung der Konsumnachfrage die Lösung von Konjunkturkrisen sehen.

In der Wucherfrage geht es *Ratzinger* nun um „das Auffinden der Grenzen, wo der berechtigte Kreditgewinn aufhört und die wucherische Ausbeutung", hier in der Lohnfestsetzung, anfängt. Als sicheres Erkennungszeichen, daß Ausbeutung der arbeitenden Klasse vorliegt, so daß diese sich im Konsum einschränken müssen, sieht er den Augenblick, sobald Produktion und Konsumtionsfähigkeit aus dem Gleichgewicht geraten, oder, wie *Ratzinger* sagt, „nicht mehr gleichen Schritt halten", in dem kein gleichgerichteter Wachstumspfad beschritten wird und Krisen eintreten und zu stationären Erscheinungen werden. Um dies zu verhindern, gebe es „kein anderes Mittel als die Vereinigung von Arbeit und Kapital in einer neuen Form berufsgenossenschaftlicher Organisation";[1132] hier schließt sich *Ratzinger* der Meinung von *Charles Périn* an.

Die Frage *Ratzingers* hierzu lautet: Sind allgemeine Zinsbeschränkungen oder das Festsetzen eines Zinsmaximums oder die Verschärfung der Wuchergesetze die kreditpolitischen Instrumente, um dem Wucher zu begegnen? Für die bestehenden Wuchergesetze fordert er eine Umgestaltung durch eine genaue begriffli-

---

[1130] Vgl. ebd.
[1131] Vgl. ebd. 91.
[1132] Vgl. Vw.², /346; in Anm.: In diesem Sinne auch Charles Périn, in: Les doctrines économiques depuis un siécle. Paris 1881.

che Bestimmung der Tatbestandsmerkmale. Wucher könne nicht auf das Darlehen beschränkt werden. „Alle Formen des Marktrechtes, alle Geschäfte, bei welchen die Leistung in der Gegenwart, die Gegenleistung in die Zukunft fällt, ermöglichen wucherhafte Ausbeutung des Nächsten, lucrativen Erwerb, Schädigung ganzer Erwerbsgruppen (concurrence déloyale)"[1133] und seien in die Wuchergesetze einzubeziehen, da auch auf diesen Wirtschaftsgebieten „die Maßlosigkeit ausbedungener Vermögensvorteile" möglich seien. Auch der Lohnvertrag kann Gegenstand wucherischer Ausbeutung sein. Zur Abschreckung für den Unternehmer, „den Lohn allzusehr zu drücken", plädiert *Ratzinger* beim Tatbestandsmerkmal „Vorenthaltung ausreichenden, gerechten Lohnes" für die Zuchthausstrafe und für zivilrechtliche Entschädigung.

Die „einheitliche Festsetzung eines Zinsmaximums" beantwortet *Ratzinger* mit der Feststellung: „Die Grenze des Kredits liegt in der Wahrscheinlichkeit der künftigen Zahlung", indem er sich erneut auf *Macleod* beruft.[1134] Grenze die Wahrscheinlichkeit an berechenbare Sicherheit, so werde sich die „Differenz zwischen dem gegenwärtigen und künftigen Werthe beim Tausche nur in einem sehr niedrigen Zinse ausdrücken. Je mehr dagegen das aus Unternehmungen erwachsende, künftige Vermögen, von Zufälligkeiten abhängt, je mehr die Möglichkeit des Verlustes gegeben ist, um so mehr erweitert sich die Differenz zwischen dem Pluswerthe der Gegenwart und dem Minuswerthe der Zukunft". Daraus folge, daß „der Zins mit dem Risiko" steigt. „Die Festsetzung eines einheitlichen Zinsfußes ist deshalb wirtschaftlich durchaus unzulässig". Soweit *Ratzingers* Erklärung quasi eines Mechanismus fallender beziehungsweise steigender Zinsen, der einen einheitlichen Zinsfuß geradezu unmöglich macht.

Das diesen Zinsmechanismus bewegende Moment wird ausgelöst durch ein höheres oder niedrigeres Risiko. „Das Risiko schwindet bei dem Pfanddarlehen, welches eine an absolute Sicherheit grenzende Wahrscheinlichkeit besitzt." Beim Pfanddarlehen sei deswegen kein Zins gerechtfertigt und zulässig, lediglich eine entsprechende Entschädigung des Interesses. Gänzlich anders sei dies „beim Personalkredit", welcher ein hohes Risiko in sich schließt, entsprechend der persönlichen Situation des Kreditnehmers bzw. des Gewerbetreibenden. Wegen eines noch „höheren Risikos" beim „industriellen Kredit" sei dort der Zins selbstverständlich. Völlig anders sei aber die Situation im Handel und in der Spekulation, und zwar wegen der Abhängigkeit des einzelnen von der Macht „äußerer Verhältnisse, von der Konjunktur".[1135] Unmöglich sei es daher für den Gewerbebetrieb und für den Handel, „einen gleichmäßigen Zinsfuß zu stipulíren",[1136] also rechtsverbindlich zu vereinbaren.

Insofern spricht sich auch *Ratzinger* „gegen ein einheitliches Zinsmaximum für alle Productionszweige" aus. Dennoch empfiehlt er „die Feststellung einer Zins-

---

1133 Vgl. Vw.², 346.
1134 Vgl. Vw.², 347; in Anm.: Macleod sagt: „The value of the promise is the payment".
1135 Vgl. Vw.², 347.
1136 Vgl. ebd.

grenze für jeden einzelnen Produktionszweig nach dem wirtschaftlichen Bedürfnisse der einzelnen Länder", mit der Maßgabe, diese Zinsgrenze dürfe „selbstverständlich die Höhe des Reinertrages niemals übersteigen".[1137] Der durchschnittliche Reinertrag einzelner Produktionszweige, so glaubt *Ratzinger*, sei in jedem einzelnen Lande „sehr gut zu ermitteln". So sei dies bei der Landwirtschaft, beim Ackerbau der „Fall für die Höhe des Interesses",[1138] beim Gewerbebetrieb ließe sich annähernd auf Grund des Reinertrages ein gleichmäßiger Zinsfuß ermitteln, bei relativ kurzen Zahlungsterminen, so daß die Reproduktion des Kapitals eben rascher erfolgt. Anders „beim Handel, bei der Speculation", die jeweils keine stabilen Verhältnisse aufweisen, von der Konjunktur abhängig sind, so daß kein einheitlicher Maßstab sich anlegen läßt. Man könne dies zugeben, so *Ratzinger*, „und dennoch die Feststellung einer Zinsgrenze für die verschiedenen Gruppen sehr am Platze und vollständig gerechtfertigt finden".

Ratzinger warnt vor den vielfältigen Gefahren einer sozialen Auswucherung im Wirtschaftsleben. Ein vielfacher Einwand, „es sei doch besser, zu hohen Zinsen, als gar keinen Credit zu erlangen", laufe meist lediglich auf eine Fristverlängerung hinaus, und meist sei es der glückliche Zufall, wenn einer trotz Wucherzinsen „sich vor dem materielen Ruine rettet", und durch solche zufälligen Ausnahmen könne man nicht „die rechtliche Regel" preisgeben. Für *Ratzinger* beruht der Satz, „daß besser Wuchercredit sei als gar kein Credit", auf einem wirtschaftlichen Irrthum",[1139] und daß „das Geld zu Wucherzinsen besser sei als gar kein Geld", auf einem Mangel an wirtschaftlicher Einsicht, auf Unkenntnis „der materiellen und sittlichen Folgen der Auswucherung". Für denjenigen „welchem nur mehr zu Wucherzinsen Credit eröffnet" werde, wäre „es entschieden besser, wenn er sofort seine Zahlungsunfähigkeit erklären würde". Die Liquidation vorzunehmen wäre für den Betroffenen selbst besser, denn schon die Zahlungsfrist, welche der Wucherer ihm gewähre, gehöre „zu den qualvollsten und peinlichsten Situationen des menschlichen Lebens". Der Ausgewucherte verliere die sittliche Spannkraft und falle der Gesellschaft zur Last, und „meistens nicht bloß er, sondern seine ganze Familie". Anstatt sich Wucherhänden anzuvertrauen, liege es im „Interesse des Verunglückten selbst", „sich für insolvent zu erklären", auch deshalb, um den Schaden für reelle Gläubiger gering zu halten. Ansonsten sei die Auswucherung des einzelnen für die ganze Gesellschaft ein großes Unglück.[1140]

4.1.6. Der internationale Zinsmechanismus und die Wucherfrage

Ratzinger ist der Ansicht, daß es grundsätzlich, wie er sagt, „ein theoretischer Irrthum und ein praktischer Fehler war, als man den gesamten Darlehensverkehr freigab". Andererseits warnt er aber davor, „es würde ein neuer Fehler sein, für alle Erwerbszweige ein einheitliches Zinsmaximum festzustellen". Eine solche Generalisierung würde neue schlimme Folgen nach sich ziehen. Trotzdem erneu-

---

[1137] Vgl. Vw.², 347: gleiche Forderung vgl. Vw.², 350 und 351.
[1138] Vgl. Vw.², 348.
[1139] Vgl. ebd.
[1140] Vgl. Vw.², 349.

erte er seinen Vorschlag, nachdem „für jeden Produktionszweig jedes Landes nach dem Maßstabe des Reinertrages eine spezielle Zinsgrenze bestimmt werden" sollte. Dabei verkennt er nicht, daß „gegen Zinsgrenzen eingewendet wird, daß das Kapital entfliehen und dorthin sich wenden werde, wo es höhere Zinsen einheimsen könne".[1141] Für eine global vernetzte Wirtschaft wäre dies auch nicht auszuschließen.

Aber für *Ratzinger* beruht dieser Einwand „wieder auf Verkennung der Verhältnisse". Gegen den Einwand spreche aktuell die Tatsache, daß eben „England und Frankreich mit ihren 2,5 und 3 pro centigen Consols und Renten längst nicht das gesamte Kapital aus dem Lande nach Lissabon, Konstantinopel, nach Griechenland und Serbien vertrieben haben" müßten, „wo der höchste Zinsfuß blüht". „Trotz der berühmten nationalökonomischen Gesetze ist indes das Gegentheil der Fall". Er begründet diesen Widerspruch mit dem Hinweis: „Wer sichere Veranlagung anstrebt, wird sich mit niederem Zinsfuße begnügen; wer rasch einen hohen Zins will, wird nach riskanten Werthen greifen. Wie bei den Ländern in großem, wird es in einem einzelnen Staate sein. Der eine wird sichere Wehrte der Zukunft, der andere wird höhern Gewinn in nächster Zeit vorziehen und danach wird die Creditleistung sich gestalten". „Immer aber wird das Kapital am liebsten da Veranlagung suchen, wo es die Verhältnisse überschauen kann, also in nächster Nähe, im eigenen Vaterlande". Bei global vernetzten Finanzmärkten, wie sie sich mittlerweile herausgebildet haben, ist ein derartiges Anlegerverhalten bei Finanztransaktionen, wie *Ratzinger* es noch versteht, wohl nicht mehr die Regel. Und doch stellen sich bereits für *Ratzinger* Fragen, die sich auch heute infolge einer weltweiten Finanzkrise in der internationalen und nationalen Geld- und Zinspolitik stellen.

4.1.7. Die Festsetzung einer Zinsgrenze nach Recht und Sittlichkeit

Ratzinger bewertet aus christlicher Sicht „die Festsetzung einer Zinsgrenze" ethisch, als einen Beitrag dazu, „das sittliche Bewußtsein zu heben". So werde der lukrative Erwerb, welcher bereits gar nicht mehr für schädlich gehalten werde, „im Volke nicht bloß rechtlich, sondern auch sittlich wieder als unerlaubt gelten". So schreibt *Ratzinger*: „Wenn das Recht unter den Reinerträgen der einzelnen Productionszweige den letztzulässigen Maximal-Zinsfuß ansetzt, wird es mit der sittlichen Beurtheilung zusammentreffen, Recht und Sittlichkeit werden nicht mehr in Widerspruch kommen". Für *Ratzinger* ist nichts so sehr geeignet, „das sittliche Bewußtsein im Volke zu schädigen und zu verschlechtern, als wenn das Recht Handlungen, welche die Sittlichkeit aufs schärfste verdammt, nicht ahndet".[1142] Einem staatlichen Zinsmaximum, welches zuvörderst französische Moraltheologen „auch sittlich allgemein als hinreichenden Zinstitel erklärten", kann *Ratzinger* nur dann zustimmen, wenn die Zinsgrenze nicht zu hoch gegriffen ist, so daß die Aneignung fremden Eigentums, also Wucher, ermöglicht werde. Bereits die Kirchenväter erklärten eine vom Staat festgesetzte Zinshöhe

---

[1141] Vgl. Vw.², 350.
[1142] Vgl. Vw.², 350.

241

keineswegs als sittlich erlaubt, sondern vielmehr als Wucher. *Augustinus* verlangte sogar die Restitution solcher Zinsen, welche wucherischen Charakter hatten, selbst wenn das Gesetz sie erlaubte, denn Staatsgesetze können „sittlich unerlaubte Handlungen nicht zu guten Handlungen stempeln". Gesetze könnten lediglich den Mißbrauch eindämmen.[1143]

Ratzinger betont, früher sei mit der Festsetzung eines Zinsmaximums in der Regel auch das Strafgesetz gegen den Wucher einhergegangen. Neuerdings enthielten Wuchergesetze keine Bestimmung einer Zinsgrenze, denn es sei unmöglich „für alle Länder und alle Zeiten und für alle Geschäfte ein einheitliches Zinsmaximum zu bestimmen". Dies sei richtig, rechtfertige aber nicht, „daß gar nichts geschehe", weil das Unmögliche nicht zu erreichen ist. *Ratzinger* beharrt auf seinem Regelungsvorschlag: „Man setze für die einzelnen Länder und die einzelnen Productionszweige nach der Ermittlung des durchschnittlichen Reinertrages ein Zinsmaximum fest und überlasse es der Zukunft, dasselbe den Verhältnissen, falls eine Aenderung in den Erträgnissen eintritt, jeweilig anzupassen". Er bleibt dabei, daß Wucher „strafrechtlich und zivilrechtlich" zu verfolgen sei, mit dem Ziel, den Wucherer zu zwingen, den ungerecht angeeigneten Gewinn dem Eigentümer herauszugeben.[1144] Nur so könne man den Wucher in seiner Wurzel, in der Gewinnsucht, treffen.

4.2. Geld und Kapital in Produktion und Konsumtion

4.2.1. Produktions- und Wachstumstheorie, der Faktor Mensch

Ratzinger macht auf die Unterscheidung mancher Schriftsteller zwischen Produktiv- und Consumtivdarlehen aufmerksam, welche den Zins bei Produktivdarlehen als erlaubt und bei Cosumtivdarlehen als Wucher lehrten.[1145] Für *Ratzinger* eine Annahme, die von einem unrichtigen Begriff von Konsumtion ausging beziehungsweise von einem einseitigen Verständnis „des Prozesses der Güterproduction".[1146] So habe man die Begriffe „Production und Consumtion" scharf voneinander geschieden, indem man den einen Gütern, „welche in Production übergehen, Fruchtbarkeit" beimaß, während man „diese Eigenschaft allen anderen Gütern, welche verzehrt werden, absprachen", eine Anschauung, die sich nur dadurch habe Geltung verschaffen können, daß man vergaß, „daß nicht die Production von Gütern Endzweck sei, sondern daß der Mensch den Mittelpunkt der Wirtschaft bilde."[1147] Für *Ratzinger* bildet die wirtschaftliche Tätigkeit „einen Kreislauf, wobei die Güter den Charakter von Production und Consumtion fortwährend verwechseln". Erklärend fügt er hinzu: „Ein Werth schafft dadurch, daß er consumirt wird, sofort neuen und größeren Werth, und alle Werthe, welche in der Production erzeugt werden, haben die schließliche Aufgabe, in Consumti-

---

[1143] Vgl. Vw.², 351: vgl. Augustinus Epist. 104 ad Macedonium.
[1144] Vgl. ebd.
[1145] Vgl. Vw.², 269, mit Hinweis (nicht in Vw.¹, 218), schon Papst Benedikt XIV. verurteile diese Theorie als „exotische Meinung", in Anm.: Synod. dioec. 10,4.
[1146] Vgl. Vw.², 269 bzw. Vw.¹, 218: Ratzingers produktionstheoretische Deduktion.
[1147] Vgl. Vw.², 269 und 358.

onsgüter umgewandelt zu werden. Production und Consumtion lassen sich wohl abstract getrennt betrachten, in dem concreten Falle des wirtschaftlichen Güterprozesses dagegen findet ein fortwährendes Uebergehen von Productionswerthen in Consumtionsgüter und umgekehrt statt. Ziel und Endzweck aller Production besteht darin, immer größere Kreise von Gütern dem Consume der Menschheit zuzuführen und die Natur am Leben des Menschen theilnehmen zu lassen."

Man könnte sagen, der Effizienzgrad von Produktion steigert sich unter folgender Bedingung: „Je mehr Consumtionsgüter der Natur abgerungen werden können, um so rascher kann die Vermehrung der Menschheit zunehmen, um so mehr wird die Fruchtbarkeit der Gesellschaft sich steigern, um so mehr wird in der Arbeit des Menschen fruchtbringende Kraft ausströmen können, um neue Güter zu schaffen."[1148] Das ist in gewisser Weise eine Wachstumstheorie aus dem Verständnis *Ratzingers*, ein Pendant zur Theorie der Kapitalakkumulation, welche implizit ein stetiges Anwachsen aufweist. Für *Marx* weist der Wachstums- und Konjunkturtheoretiker *Jürgen Kromphardt* darauf hin, daß *Marx* Wachstum und Konjunktur „aus dem Grundzug des Kapitalismus ableitet, nämlich der Kapitalakkumulation, deren stetiges Anwachsen durch das Aufbrechen des Mißverhältnisses zwischen steigender Produktivkraft und der niedrig gehaltenen Konsumptivkraft der Arbeiterklasse unterbrochen wird".[1149]

Ratzinger fordert zur Überwindung, sagen wir zur Verstetigung eines gleichgerichteten Wachstumspfades, die Stärkung der Konsumkraft der Arbeiter, wie Jahrzehnte später *John M. Keynes* unter anderem zur Überwindung der Weltwirtschaftskrise der 30er Jahre im 20. Jh. für die Nachfrage steigernde Konjunkturprogramme plädierte, worauf noch näher einzugehen sein wird. *Kromphardt* weist des weiteren darauf hin, daß die Analyse von *Marx* bereits „die wesentlichen Elemente der heutigen Wachstumstheorie" enthalte: „Marx betonte die Rolle des technischen Fortschritts, er rechnete mit einer ständigen Kapitalintensivierung der Produktion und einer ständigen Akkumulation des Kapitals", er entwickelte sogar „in seinem erweiterten Reproduktionsschema das Modell einer gleichmäßig wachsenden Wirtschaft." Auch *Ratzinger* zählt jene Variablen, wie technischer Fortschritt, Kapitalintensität der Produktion und Kapitalakkumulation zu den Größen, von denen das wirtschaftliche Wachstum abhängt, also zu rein ökonomischen Zusammenhängen, die er mehrfach anspricht.

Ratzinger veranschaulicht die „fruchtbringende", neue Güter erschaffende, produzierende Kraft menschlicher Arbeit, über das Bild der Pflanze, die „vorhandene Werthe" wie Wasser, Luft und verwittertes Gestein, so consumiere und umwandle, daß das Produkt, „die Pflanze, mehr Werth besitzt als die Güter, welche sie zerstört oder consumirt hat".[1150] Die Futterpflanze werde vom Tier konsumiert, Pflanzen und Tiere dienen dem Menschen zur Nahrung, werden von ihm konsumiert, um sie dem höheren Wert der Erhaltung seiner Lebenskraft und

---

[1148] Vgl. Vw.², 269 bzw. Vw.¹, 218.
[1149] Vgl. Jürgen Kromphardt, Wachstum und Konjunktur, Göttingen 1972, 226.
[1150] Vgl. Vw.², 270.

Fruchtbarkeit zuzuführen. Hier liegt in gewisser Weise ein fortwährender „Prozeß schöpferischer Zerstörung" vor, wie ihn später *Schumpeter* der Rolle der Pionier-Unternehmer mit ihren Innovationen als wesentlichen Faktor für die Entwicklung des Kapitalismus zuweist.[1151]

„Fruchtbarkeit"[1152] - als wirtschaftlicher Begriff bei *Ratzinger*, analog etwa dem Wachstumsbegriff der Wirtschaftstheorie - sei durch zwei Momente bestimmt: das Produkt sei vollkommener als seine frühere Erscheinungsform, und es besitze Mehrwert. Darüber hinaus entspringe „jedes Produkt im wirtschaftlichen Sinne aus Kapital und Arbeit", und darin sei „die Verschiedenheit größerer Vollkommenheit und der Mehrwerth begründet", im Unterschied zu „organischen Wesen", die „wieder Aehnliches" hervorbringen. Der „unrichtigen" These, ein „Consumtionsgut verschwinde einfach in seinem Verbrauch", stehe entgegen, daß es „auf eine höhere Stufe der productiven Thätigkeit erhoben werde und Mehrwert erzeuge". Es bestehe ein Kreislauf:[1153] Vom Menschen ströme das konsumierte Gut in der Arbeitstätigkeit wieder als produktive Kraft aus und schaffe neue Produktivwerte, bis diese nach einer Reihe von Verwandlungen als Konsumtionsgut wieder zum Menschen zurückströmen; dann beginne der Kreislauf von vorne.

Jene Ansicht aber - für *Ratzinger* ein zentraler Kritikpunkt - daß „nicht der Mensch, sondern die Erzeugung von Gütern, von Mammon Endzweck der Wirtschaft sei", habe zu den „bedenklichsten Folgerungen" geführt. „List hat dies in einem drastischen Beispiele veranschaulicht: „Wer Schweine züchtet, ist productiv thätig; wer Menschen erzieht, nicht."[1154] Es gebe „noch heute", so *Ratzinger*, „eine ökonomische Schule, welche nur der körperlichen Arbeit die Fähigkeit, productive Werthe zu schaffen, vindicirt". Diese Verirrung komme aber nur „durch eine falsche Anwendung" der sonst richtigen „Theorie von den consumptiblen Werthen" zustande,[1155] eine Auffassung, aus der auch „die Unterscheidung von Consumptiv- und Productivdarlehen erwachsen" sei.[1156] *Ratzinger* hebt hervor, der „Fehler der Argumentation" liege bei der Unterscheidung von Productiv- und Consumtivdarlehen darin, daß das äußere, materielle Gut und

---

[1151] Vgl. Kromphardt, a.a.O. 228 f. mit Hinweis auf J. Schumpeter, Theorie der wirtschaftlichen Entwicklung, München 1926, 137/138: Schumpeter illustriert hier den „gleichen Prozeß einer industriellen Mutation", wie er ergänzend bemerkt, wenn er diesen „biologischen Ausdruck verwenden" dürfe, „der unaufhörlich die Wirtschaftsstruktur von innen heraus revolutioniert, unaufhörlich die alte Struktur zerstört und unaufhörlich die neue schafft. Dieser Prozeß der schöpferischen Zerstörung ist das für den Kapitalismus wesendliche Faktum". So bereits erkannt von Georg Ratzinger mit seinem Bild der „fruchtbringenden Pflanze", welche „vorhandene Werthe" konsumiere, im Kreislaufprozeß zerstöre, um Neues zu schaffen.
[1152] Vgl. Vw.², 269.
[1153] Vgl. Vw.², 270 bzw. Vw.¹, 219.
[1154] Vgl. Vw.², 270 bzw. Vw.¹, 219. Für Zitat von List keine Quellenangabe.
[1155] Vgl. ebd.
[1156] Vgl. Vw.², 271.

nicht der Mensch als Ausgangspunkt der Betrachtung genommen wird. Werde eine Sache vom Menschen konsumiert, so schaffe sie „allerdings kein äußeres Gut, aber deshalb ist sie nicht unproductiv; im Gegentheil, in der Aufnahme in das Leben des Menschen erlangt sie die höchstmögliche Fructificirung, sie erlangt neuen und höhern Werth, als sie in ihrer frühern Erscheinung besessen hat."[1157]

Ratzinger stellt als Problem „immer dieselbe Täuschung über den Charakter eines Consumtionsgutes" fest. Erklärt sei mit der Unterscheidung zwischen Consumtiv- und Poductivdarlehen „gar nichts", denn das Consumtivdarlehen trage durchaus „Früchte", allerdings „nur in der Form der Aufnahme in eine andere Wertherscheinung", während eine „Zerstörung ohne Frucht und Werthübertragung nur in dem Falle der Verschwendung" stattfinde. Für *Ratzinger* ist „eine bloße Zerstörung ohne neue Werthschöpfung", ohne Frucht, welche für ihn „Verschwendung ist", als solche „unsittlich",[1158] verstanden als unsittliche Zerstörung von Gütern etwa durch „übertriebenen Luxus", und daher verwerflich. Kapital als Konsumtivdarlehen kann insofern durch Fruktifizierung, durch Sparsamkeit, vermehrt, aber auch durch Verschwendung vermindert oder zerstört werden.[1159]

Die Deutung *Ratzingers* im Falle „höchstmöglicher Fructificirung", welche einen „neuen und höhern Werth" erlange, läßt sich wachstumstheoretisch analog zu *Schumpeter* auch als „gleicher Prozeß einer industriellen Mutation" deuten. Beide verwenden „einen biologischen Ausdruck", um auf diese Weise jenen „Prozeß schöpferischer Zerstörung" in Produktion und Konsumtion für ihre Zeit zu verdeutlichen.[1160]

4.2.2. Lukrativer Erwerb als Geldwucher contra produktiver Erwerb

In der Frage nach den sittlichen Grundlagen in der Volkswirtschaft geht es *Ratzinger* mit Blick auf den Menschen logischerweise maßgeblich um die Frage nach dem Erwerbsleben. Die Erwerbssysteme in all ihren Formen und Arten analysiert er unter dem Gesichtspunkt des Sittlichen. Jene Unterscheidung zwischen lukrativem Erwerb und produktivem Erwerb und deren Abgrenzung voneinander ist wesentlich in seiner Analyse. Im Darlehensverkehr ist es die Form von Geldwucher, den er als „durch und durch unsittlich" bezeichnet. Dies ist

---

[1157] Vgl. Vw.², 271, mit Vw.¹, 20: in der 1. Aufl. findet sich hier die Ergänzung: ein Großteil der Moraltheologen habe die frühere scholastische Theorie von der Unfruchtbarkeit des Geldes geopfert und sich auf die Distinktion von „Consumptiv- und Productivdarlehen zurückgezogen". In einer Zeit nun, so Ratzinger, in der man sein Geld in Produktivdarlehen anlegen könne, sei zumindest auch immer der „Titel des entgehenden Gewinnes (lucrum cessans) gegeben; „consequent" weitergedacht, folge die allgemeine Behauptung, „daß das Gelddarleihen immer die Zinsen rechtfertige".
[1158] Vgl. Vw.², 271 f. bzw. Vw.¹, 221.
[1159] Vgl. Weinheber, Otto, Kapital I., in: HDSW, V (1956), 483: vgl. Klassische Nationalökonomie.
[1160] Vgl. Vw.², 271. Vgl. auch Kromphardt, Wachstum und Konjunktur, 228 f. mit Hinweis auf Schumpeter, Theorie der wirtschaftlichen Entwicklung, München 1926, 137 f.

„der lucrative Erwerb ohne Arbeit", ja der „habsüchtige Gewinn überhaupt".[1161] Ein Widerspruch zur Natur des Menschen sei es, wenn man „ohne Arbeit leben will". Nach christlicher Anschauung müsse jeder Besitz „ehrlich und redlich durch Erbe oder Arbeit erworben" sein.[1162] Gerade für seine Zeit hält es *Ratzinger* für notwendig, „die Grenzen zu bestimmen, wo der productive Gewinn aufhört und der lucrative Gewinn, die Aneignung fremden Eigenthums in künstlich herbeigeführten Verlusten des Nächsten, beginnt".[1163] Für *Ratzinger* liegt „hier", wie er herausstellt, die „Aufgabe der Gegenwart für Moral, Recht und Volkswirtschaft" für seine Epoche, man könnte hinzufügen, daß dies eine Aufgabenstellung in ihrer Dynamik für jede Epoche ist.

Gerade „Finanzkrisen" wie die gegenwärtige machen dies deutlich, wenn man mit fragwürdigen Finanzprodukten - im Grunde wird ja im eigentlichen Sinne nichts produziert - also „ohne Arbeit", auf eine Gewinnmaximierung spekuliert. Das Wesen derartiger Finanzprodukte beziehungsweise Finanzderivate besteht eben darin, wie *Ulrich Peter* feststellt, „Geld aus Geld zu machen, ohne den lästigen Weg über die Realwirtschaft zu gehen".[1164] Im Unterschied hierzu kann, so *Ratzinger*, nach christlicher Auffassung nur jener Erwerb seine Berechtigung haben, welcher durch die Arbeit erworben sei. Wobei *Ratzinger Schäffle* zitiert, sogar für den Zins festhält, daß der Zins „Geld von Geld ist, so daß von allen Erwerbszweigen dieser der naturwidrigste"[1165] sei. Dem Kapitalbesitzer im weitesten Sinne des Wortes wird zur Auflage gemacht, seinen Besitz, wenn schon nicht von ihm selbst bewirtschaftet, sodann nur gegen „mäßige Entschädigung" kapitallosen Arbeitern zur „Fructificirung" zu überlassen. Die Grenze einer Entschädigung bestimmt die Forderung: „Der ehrlichen und redlichen Arbeit muß es möglich sein, im Arbeitsertrag die Zinsen und die Reproduktion des Kapitals erübrigen zu können." Innerhalb dieser Grenzen sei sogar „die Leihe gegen Zins eine der größten Wohltaten", denn „das Ideal, allen den möglichen Antheil an den Gütern der Erde zur Befruchtung durch die Arbeit gewähren zu können", werde „der Erfüllung näher gebracht".[1166] Es ist der Gedanke der gerechten „Theilhabe" aller an den Gütern dieser Erde, eine grundlegende Forderung in der katholischen Soziallehre bis in die Gegenwart.

Der lukrative Erwerb, lukrative Gewinn, „welcher keine Werthe schafft", sondern ausschließlich aus Verlusten anderer stammend, aus der Spekulation auf die

---

[1161] Vgl. Vw.², 274 f. bzw. Vw.¹, 224.
[1162] Vgl. Vw.², 272 bzw. Vw.¹, 221, mit Zitat von Janssen, Geschichte des Volkes, I, 403 und Hinweis auf Dante, Hölle, 11. Gesang (Schluß): der Wucherer versündige sich gegen Gott und gegen die Natur, Geld nur „Werthmesser", für den Wucherer „Erwerbsmittel".
[1163] Vgl. Vw.², 275 bzw. Vw.¹, 224: in 1.Aufl. diese Grenzbestimmung „notwendiger" als der Nachweis für die Berechtigung des Zinsnehmens, „worauf ja die ganze moderne Volkswirtschaft beruht."
[1164] Vgl. Ulrich, Peter, Es gibt eine Alternative zur Gewinnmaximierung, zur Enzyklika *Benedikts XVI*. „Caritas in veritate", Interview in FAS Nr. 28, 12.07.2009, S. 34.
[1165] Vgl. Vw.², 276, vgl.Schäffle, Bau und Leben des sozialen Körpers, I, 256.
[1166] Vgl. Vw.², 275 bzw. Vw.¹, 224.

Verluste von anderen, ist unmoralisch, unsittlich und solle „vom Recht geächtet und vom Strafgesetz getroffen werden", so *Ratzinger*. Nun „niste" der lukrative Erwerb aber nicht nur im Darlehen, auch „in jeglichem Tausch- und Kaufgeschäfte" kann er vorkommen. So etwa bei Fälschungen, in unterwertiger Ware, in den vielfachen Formen der Übervorteilung, Überlistung und Täuschung, im verschleierten Betrug und, nicht zuletzt, geradezu in der „Ausbeutung der Noth der Arbeiter", in den Hungerlöhnen, in den Attentaten auf die Gesundheit der Arbeiter, in der Frauen- und Kinderarbeit in den Fabriken nur mit dem Ziel „den Lohn zu drücken". Ein derartiger Gewinn sei „unsittlich, ja schändlich und rechtlich zu ächten".[1167]

Jeder einzelne habe sich zur Aufgabe zu stellen, seinen Erwerb in produktiver Tätigkeit zu gewinnen, im Schaffen von Werten, also durch Wertschöpfung, wenn sich ein produktiver Gewinn einstellen soll. Denn nur dann - wie oben für den Begriff von „Credit" festgestellt, - wenn Geld zu Kapital „als Äquivalent für Produktionsmittel, wird, ist es fruchttragend und wertbildend".[1168]

Für *Ratzinger* setzt Arbeit zur Betätigung Kapital voraus. Daraus folge für die Wertbestimmung, daß die Arbeit nicht der einzige, „allerdings der wichtigste Factor", sei. „Aller Werth" sei eben nicht allein Produkt der Arbeit, etwa im Sinne von *Karl Marx*, denn sowohl der Faktor Kapital und für *Ratzinger* nicht minder auch der Naturfaktor, spielen gegebenenfalls „gerade wegen ihrer Beschränktheit",[1169] sagen wir je nach ihrem Knappheitsgrad, für die „Nothwendigkeit des Sparens und des Kostenersatzes" eine nicht minder zu beachtende „große Rolle". Insofern ist Kapital auch ein Element der Zurechnung, einen möglichen Ertrag unterschiedlich auf die einzelnen Produktionsfaktoren Arbeit, Kapital, Natur beziehungsweise Grund und Boden aufzuteilen, entsprechend ihrem Grenznutzen.[1170]

4.2.3. Unternehmerkapital und Kredit

Als Ausgangspunkt für seine Analyse macht *Ratzinger* darauf aufmerksam, daß „bei der Arbeitsheilung das Eingreifen des Unternehmerkapitals nicht bloß eine Nothwendigkeit, sondern auch eine Wohlthat ist",[1171] da „die Arbeit schon in ihrer Entfaltung, schon lange, ehe sie sich mit anderen Arbeitswirkungen zu einem Gebrauchswerthe verbinden kann, Tauschwerth erlangt". *Ratzinger* hat auch hier den industriellen Produktionsprozeß im Auge, „die kapitalistische Production", die auf der „kapitallosen Arbeit und auf der Theilung der Arbeit" beruht, auf der „Auflösung der industriellen Production in eine große Reihe von Arbeitsprocessen, welche in besondern Unternehmungen concentrirt sind", und „wo die zeitliche Entfaltung der Arbeitswerthe das Eingreifen des Kapitals be-

---

[1167] Vgl. Vw.², 275 f. bzw. Vw.¹, 225.
[1168] Vgl. Vw.², 276 bzw. Vw.¹, 225.
[1169] Vgl. Vw.², 277.
[1170] Vgl. Vw.², 277. Siehe auch Weinberger, Otto, Kapital I. 484: Hinweis auf die Zurechnungslehre von Wieser, österreichische Schule, Grenznutzenschule.
[1171] Vgl. Vw.², 344.

dingt".[1172] *Ratzinger* folgert daraus, daß „die Arbeitstheilung, welche immer eine Reihe von Tauschwerthen voraussetzt, ehe der Gebrauchswerth entstehen" könne, „nicht bloß das Unternehmerkapital nothwendig macht, sondern auch den Credit"[1173]. Denn einerseits veranlassen „Werkhäuser und Maschinen" „große Auslagen", andererseits müsse das Unternehmerkapital „die Arbeitswirkungen im Lohne vorausbezahlen, um erst im Erlöse des fertigen Productes Wiederersatz zu finden". Dadurch werde der Unternehmer gezwungen, „durch Anweisung auf entstehende (künftige) Werthe sich die Bedarfsummen für den Augenblick zu verschaffen". Und insofern definiert *Ratzinger* „Credit" als „die Anweisung künftigen Mehrwerthes für die Gewährung der Benutzung vorhandenen Werthes."[1174]

Für das System einer „arbeitstheiligen Production ist der Credit eine Nothwendigkeit", und dieser beherrsche „das ganze wirtschaftliche Leben der Gegenwart". *Ratzinger* schreibt dem „Credit" in bestimmter Hinsicht, in Abgrenzung zum Mittelalter, indirekt eine soziale Funktion zu, wenn er betont: „Heute sind alle Erwerbsschranken gefallen, und der Credit vermittelt der befähigten Persönlichkeit das Emporkommen, wie er auch den Erwerbsunfähigen eine gesicherte Existenz verbürgt". Den „vorsorglichen Familienvater" befähige dies, mittels des Credits „künftige Werthe voraufkaufen" zu können, vorteilhaft für „die Zeit der Krankheit und Noth", der Ausstattung der Kinder, des Ablebens. So habe sich ein Versicherungswesen herausgebildet, „welches den Voraufkauf zukünftiger Werthe billiger vermittelt, als dies dem Einzelnen möglich ist". Dem Versicherungswesen prophezeit *Ratzinger* eine zukünftig große Ausdehnung, nur seien die Versicherungen seiner Epoche „Erwerbsgesellschaften, welche möglichst hohe Dividenden anstreben und die humanitären Zwecke nur als Aushängeschild benutzen". Er plädiert dafür, das Versicherungswesen „gänzlich umzugestalten", den Aktiengesellschaften abzunehmen und „zu einer socialen Institution im großen Maßstabe und namentlich zu Gunsten der Armen und wenig Bemittelten" umzuwandeln. Sie müsse „den ursprünglichen Zweck der Sparkassen und der Versicherungen in einer einzigen Institution verbinden". Dies ist eine Forderung, die etwa an die heutigen gesetzlichen Krankenversicherungen und die Sozialgesetzgebung erinnert.

Vorteilhaft diene der Credit „allen wohltätigen Anstalten und Stiftungen" zum Zwecke einer Zukunftssicherung; er ermögliche sogar „die sociale Unabhängigkeit der Aristokratie", welche für die Gesellschaft und den Staat „gleich unentbehrlich" sei. Im Trachten „nach Sicherung der Zukunft", also: „je mehr Stiftungen und Institutionen zunehmen", welche derartige Zwecke der Sicherheit verfolgen, werde der „Credit" sich weiter entwickeln. Sehe man „von Mißbräuchen des Creditkapitals" einmal ab, so verliere daneben die Zukunftssicherung durch „Immobilienwerthe" aber nicht ihre Bedeutung. „Grund und Boden" sind für *Ratzinger* viel stabiler, „der Familienbesitz, auf Boden fundirt, ist viel unver-

---

[1172] Vgl. Vw.², 343, zitiert Schäffle: Beispiel, Produktion von 1 Stück „Shiting Hemd".
[1173] Vgl. Vw.², 344.
[1174] Vgl. ebd.

wüstlicher, viel weniger Schwankungen preisgegeben als der Kapitalbesitz". Aber Grund und Boden sei „nur in sehr beschränktem Maße vorhanden", mit anderen Worten, ein knappes Gut. Daher sei die „Sicherung zahlreicher Interessen der Zukunft durch Vorankauf künftiger Werthe im Mobiliar-Creditverkehr" für seine Epoche unabweisbar notwendig.[1175]

Der Kredit habe aber, „wie jede sociale und culturelle Zeiterscheinung", auch „seine nachtheiligen Seiten", denn er ermögliche „die Ausbeutung der Arbeit und der Natur", ein Mißbrauch, der so groß geworden sei, daß die Ungerechtigkeit „zum Himmel um Rache" schreie. Denn ohne Übertreibung könne man sagen, daß bei der kapitalistischen Produktion „der Arbeiter sehr häufig nicht den gerechten Lohn erhält", mit der Folge einer „Anhäufung von Tauschwerthen" wegen Überproduktion aufgrund zu geringer Kaufkraft, beziehungsweise Unterkonsumtion, mit darauf folgender zusätzlicher Konjunkturkrise. Insofern trage die „Ungerechtigkeit die Strafe in sich selbst". Gleiches gelte für die „Ausbeutung der Natur der Schätze des Grund und des Bodens". Die „wucherische Ausgestaltung der Ausbeutung" dieser Ressourcen räche sich dadurch, daß „im Raubbaue ... Milliarden von Vermögen verloren" gingen. Ferner bewertet *Ratzinger* auch jenen Kredit, der „den lukrativen Erwerb ohne Arbeit", welches „das Anwachsen einer faulen Zinsrentnerklasse" ermöglicht, als negativ. Sollten sich diese negativen Trends verstärken, so gehe die Gesellschaft einem „tiefen sittlichen und wirtschaftlichem Verfalle" entgegen.[1176]

4.3. Die Staatsverschuldung und die Kapitalmacht in der Wucherfrage
4.3.1. Das Staatschuldenwesen und der Zinswucher

Ratzinger stellt fest: „Solange die Staaten selbst Wucherzinsen zahlen",[1177] so lange sei „an eine dauernde Besserung der Erwerbsverhältnisse nicht zu denken". Der Staat müsse „zuerst die Wucherer abschütteln", erst dann könne die Produktion erfolgreich sich der Ausbeutung erwehren. Denn der Staat gewähre „in riesigen Summen dem werbenden Kapital mit hohen Zinsen und mit niedrigem Emissionscurse höchst vorteilhafte Veranlagung"[1178] und trage damit „dazu bei, für die produktive Arbeit die Situation immer mehr und mehr zu verschlechtern". Verursacht durch das „gegenwärtige System der Staatsschulden" sei „die Kapitalmacht in wenigen Händen concentrirt" und somit „in der Lage, das ganze wirtschaftliche Leben der Völker zu beherrschen, die Arbeit in Zinsknechtschaft zu erhalten und für sich selbst mühelosen Erwerb und reichen Gewinn einzuheimsen". Folgerichtig fährt *Ratzinger* fort: „Der lucrative Erwerb erweitert sich auf Kosten des productiven Erwerbes: dahin spitzt sich heute die Frage zwischen Zins und Wucher zu, und hierin beruht auch die Krankheit, welche soziale Frage genannt wird. Die Arbeit wird ausgewuchert, früher war die „christliche Gesellschaft von dem Bewußtsein erfüllt", daß „Erwerb ohne Arbeit schände". „Heute"

[1175] Vgl. Vw.², 345.
[1176] Vgl. ebd.
[1177] Vgl. Vw.², 352.
[1178] Vgl. Vw.², 353.

ist die Gesellschaft „von dem Streben beseelt, möglichst ohne Arbeit zu erwerben, und alle wirtschaftlichen und socialen Einrichtungen dienen diesem Bestreben".

Ratzinger schließt sich der Ansicht von *Schäffle* an,[1179] wonach „der Wucher nur ein Glied an einem viel größern Thatbestand eigenartiger Ausbeutungskämpfe" sei, und „daß die regellose, ordnungslose, solidaritätslose Freiheit es ist, welche dem Wucher in der Epoche des Ultraliberalismus besonderen Vorschub geleistet hat, und daß der Kampf gegen den Wucher hauptsächlich vorbeugend mittels Herstellung echt neuzeitliche Solidarität durch positive Sozialpolitik geführt werden" müsse. So die begründete Forderung *Ratzingers*, denn „je mehr die schützende Gliederung der Familien- und Berufsgemeinschaft abhanden kommt, desto mehr greift der Parasitismus Platz".[1180]

Ähnlich einem derartigen System der Staatsschulden war auch das „Anlegerverhalten" im System einer neuartigen Industrieproduktion. So stellt *Ratzinger* für das Kreditsystem seiner Zeit bereits fest, daß jeder „sein überflüssiges Vermögen in fremder Produktion werbend anlegen kann: in Schuldscheinen, Wechseln, Actien", und er fügt kommentierend hinzu: „Die Mark ist lebendig geworden, sie heckt". Das war neu im Unterschied zu jener Zeit des großen Feudalherren des Mittelalters, der, wie *Lassalle* dies nach den Quellen in lebhaften Bildern schilderte, ein reicher Mann war, welcher allerdings noch „nicht kapitalisiren"[1181] konnte, denn dessen „Hintersassen und Lehensleute" zahlten am „Gefällstage" quasi mit „Consumgütern".

Neu und „ganz anders" sei es „bei der kapitalistischen Production, welche unablässig thätig ist, Mehrwerth zu schaffen, wodurch der Kapitalprofit immer größer wird, zugleich aber auch die Gefahr der Ausbeutung der Arbeit wächst". So ergebe sich die Möglichkeit, „schon mit kleineren Kapitalien, durch ein geschicktes System der Ausbeutung der Arbeit anderer, selbst ohne Arbeit leben und ein arbeitsfreies Vermögen sich sammeln zu können". Hierin liegt für *Ratzinger* „die große soziale Gefahr der kapitalistischen Produktion", hier sei der Hebel anzusetzen, wenn die soziale Frage „einer gedeihlichen Lösung entgegengeführt werden soll". Daher rührt auch *Ratzingers* Forderung, durch die Organisation der Erwerbsgruppen bestimmte Schranken zu errichten, damit der „lucrative Erwerb die produktive Arbeit nicht auswuchern könne;" dazu müsse „das ganze Staatsschulden- und Geldwesen der Gegenwart eine gründliche Umgestaltung erfahren, damit die Möglichkeit lucrativen Erwerbes die Liebe zur Arbeit nicht ertödte",[1182] eine Forderung, die *Ratzinger* gleichermaßen in beiden Auflagen seines Hauptwerkes, 1881 und 1895, stellt.

[1179] Vgl. ebd.; Hinweis auf Schäffle: Das gesellschaftliche System der menschlichen Wirtschaft, Tübingen 1873, 345.
[1180] Vgl. Vw.², 353: vgl. Schäffle 345.
[1181] Vgl. Vw.², 354.
[1182] Vgl. Vw.², 354 bzw. Vw.¹, 311.

Die Forderung nach einer gründlichen Umgestaltung des gesamten Staatsschulden- und Geldwesens ist zu dieser Zeit verständlich und muß gesehen werden vor dem Hintergrund jener, wenige Jahre vor der ersten Auflage von 1881 sich ereignenden ersten Weltwirtschaftskrise des Jahres 1873, als Folge einer Übersteigerung der Entwicklungserwartungen moderner Weltwirtschaft um 1870. Jene sich im Jahr 1873 überschlagende Spekulationskonjunktur,[1183] in einem Jahr, in dem die Eisenzölle sogar erst abgeschafft wurden, wurde der Glauben an den Segen des Freihandels erschüttert und eine Wende hin zu Protektionismus in Form von nationalen Schutzzöllen ausgelöst. Die deutsche Wirtschaft verfiel in eine tiefe hartnäckige Depression, so daß *Ratzingers* Forderung einer Neuordnung „des Staatsschulden- und Geldwesens" verständlich ist.

4.3.2. Die Börse und das Börsenspekulationsgeschäft

Ratzinger Analyse erhält insofern eine ganz besondere, anscheinend immer wieder aktuelle Gewichtung, wenn er feststellt, daß durch das Staatsschuldenwesen „die gesamte heutige Produktion, welche nun einmal des Credits nicht entbehren kann, von der Börse, von den großen Geldmächten abhängig geworden" sei. Die Börse sei aber, so *Ratzinger*, „der Typus des lucrativen Erwerbes" und „durch die Börse" beherrsche „heute der lucrative Erwerb die productive Arbeit". Nicht im Schaffen von Mehrwert durch Arbeit, „sondern in der Speculation auf die Verluste anderer" liege „das Wesen des lucrativen Erwerbes", und dies sei auch zugleich „der Charakter der Börse". *Ratzinger* zitiert die sprunghaften Steigerungsraten[1184] im Börsenspekulationsgeschäft um 1873, inklusive jenem „kurzen Rückgang nach dem Krach" von 1873, und er fügt den Ausspruch *Napoleons* III. hinzu: „Die Republik ist die Börse". Allerdings sei es an den europäischen Börsen in Berlin, Wien, Rom und Madrid „um nichts besser" als in Paris.

Ratzinger betont die Pflicht zur productiven Tätigkeit, weswegen der lukrative Erwerb „in einer geordneten Gesellschaft" keine Berechtigung habe.[1185] Denn jeder habe die Pflicht „Werthe zu schaffen, thätig zu sein, alle Tage sein Brot sich zu verdienen". Besitze jemand überflüssiges Kapital, so solle er dieses „gegen mäßige Entschädigung" den Nächsten darleihen. Dagegen ist „die Spekulation auf die Verluste anderer" ebenso als unsittlich einzustufen, wie „der Müßiggang, das faule Zinsrentnerleben". Auch große Vermögen dispensieren nicht von der Pflicht eines „thätigen" Lebens.

So falle jenen, durch große Vermögen Bevorzugten, eine Aufgabe „in Staat und Gesellschaft", in Ehrenämtern und in Leistungen, welche nicht entlohnt werden, zu, welche wachsenden Anforderungen ausgesetzt seien, „je mehr die soziale Entwicklung und Solidarität zunimmt", für *Ratzinger* ein reiches Feld „edler Tätigkeit", mit „großmüthiger Hilfe" jene aufzurichten, „wo Unglück, Not und

---

[1183] Vgl. Gustav Stolper, Karl Häuser, Knut Borchardt, Deutsche Wirtschaft seit 1870, 2. Aufl. Tübingen 1966, 41.
[1184] Vgl. Vw.², 355 bzw. Vw.¹, 312 f.; vgl. in Anm. Ratzingers Zahlen, als Quelle vermerkt: Mitteilungen Dr. Perrot in Dresden.
[1185] Ebd. 2./356 bzw. 1./312f.

Elend den Einzelnen zu erdrücken drohen". Etwa als bevorzugte Aufgabe für die Aristokratie im Sinne von „Noblesse oblige", denn „edle Thätigkeit und edle Verwendung sind die Pflichten des Besitzes; Arbeit und ehrlicher Erwerb sind die Aufgaben desjenigen, der erst zu Besitz gelangen will". Jene Gesellschaften, „welche dem Verfalle entgegengehen, huldigen andern Gewohnheiten": Der große Besitz gefalle sich in Luxus und Verschwendung, „in einem müßigen, nur der Genußsucht fröhnenden Leben". Diese „Erwerbenden hassen die Arbeit und suchen ihre Lebsucht zu befriedigen, soweit es nur geht, auf Kosten anderer".[1186]

4.4. Die Wucherfrage und die soziale Frage

4.4.1. Die industrielle Produktion und die Auswucherung der Arbeit

Die industrielle Produktionsweise in einer arbeitsteiligen Wirtschaft steht vor jenem zentralen sozialen Problem, dem möglichen Tatbestand der „Auswucherung", „Ausbeutung fremder Arbeit". *Ratzinger* nennt dies „eine Sünde, welche zum Himmel um Rache schreit", und er stellt kritisierend fest: „Das Gut, der Reichthum ist alles, der Mensch ist nichts". So gelte es als unantastbares Recht des Besitzes, „möglichst viel Gewinn aus der Production herauszuschlagen, mag darüber auch Leben und Gesundheit von Hunderten ruinirt werden". Die Gewinneinbußen werden als großes Unglück hingestellt, während der Verlust von Menschenleben gleichgültig lasse. Denn man könne ja die „Hände" billig haben.

Dies sei, so *Ratzinger*, „der Wucher zum System" erhoben, und dieses System beherrsche „die heutige Production!" In der englischen Terminologie - *Ratzinger* formuliert hier analog zu jener von *Karl Marx*[1187] - gehöre „der Arbeiter zur Maschinerie"; man unterscheide ihn nur dadurch, daß er gegenüber „der todten Maschine" lediglich „als lebende Maschine" bezeichnet werde. Er werde „niemals als Mensch bezeichnet", auch nicht als freie Persönlichkeit komme er in Betracht, sondern lediglich als Anhängsel der Maschine: „Die Hände" nennt man kurz die Arbeiter. Maßgebend sei lediglich die Geschicklichkeit der „Hände" in der Handhabung der toten Maschine.[1188]

Der Wirtschaftstheorie macht *Ratzinger* den Vorwurf, sie akzeptiere den Fall einer „wucherischen Ausbeutung der Arbeit", denn sie sehe den Zweck der Volkswirtschaft, der industriellen Produktion, nur darin, „daß recht viele Güter geschaffen werden". Vordergründig ist dies wohl richtig als Ziel einer effizienten industriellen Produktion, allerdings unter Nichtbeachtung externer sozialer Nebeneffekte, die aber durchaus als „inputbezogene soziale Kosten"[1189] anfallen. Der Sache nach benennt *Ratzinger* hier durchaus derartige negative soziale Tat-

---

[1186] Vgl. Vw.², 356.

[1187] Vgl. Ebd. bzw. Vw.¹, 314. In Anm. vgl. Marx, a.a.O. I. 560 ff.

[1188] Vgl. Vw.², 357 bzw. Vw.¹, 314.

[1189] Vgl. Wysocki, Klaus von, Sozialbilanzen: Inhalt und Formen gesellschaftsbezogener Berichterstattung, Stuttgart 1981, 48. Begriff der „sozialen Kosten": „Leistungsbedingte Güterverzehre durch das Unternehmen, die nicht in die Betriebs- und Finanzbuchhaltung eingehen", betrifft „den Verzehr ‚freier' und ‚öffentlicher' Güter, die dem Unternehmen unentgeltlich zur Verfügung stehen".

bestände. So „kümmere sich die politische Oekonomie nicht" um jene sozialen Fakten: „ob der Arbeiter ebenso unbarmherzig abgenutzt wird wie die todte Maschine, ob er das jammernswerthe Opfer der Conjunctur, des Angebots und der Nachfrage wird, wie Rohstoff und Fabrikat, ob er in elenden Wohnungen seine Gesundheit einbüßt, ob sein Lohn hinreicht oder nicht zur Befriedung der nothwendigen Bedürfnisse, ob das Familienleben zerstört, die Sittlichkeit untergraben wird".[1190] Also ein umfangreicher sozialer Tatbestandskatalog, kasuistisch aufgezählt, soziale Indikatoren einer möglichen Kosten-Nutzen-Analyse in einer Sozialbilanz, aber mit dem Problem einer zweckentsprechenden Bewertung derartiger Verbrauchsgrößen behaftet, da in der Regel entsprechende Preise für soziale Kosten nicht existieren.[1191]

Denn für die Wirtschaftstheorie, wie *Ratzinger* sagt: für „die politische Ökonomie", gehe es nur darum, „daß um möglichst geringen Kostenpreis möglichst viele Producte hervorgebracht werden". Man spreche „von blühender Volkswirtschaft", sobald man nur recht viele als „eminente Fabrikanten und Kaufleute" bezeichnen könne, „welche über Millionen Geldes verfügen", obwohl man in Kauf nehme, daß „daneben Millionen von Arbeitern in tiefster Herabwürdigung, Unsittlichkeit und Unwissenheit verkommen", eine Situation, die *Ratzinger* zu dem Schluß kommen läßt, daß hierbei das Geld alles, der Mensch nichts sei.[1192] Dies ist eine Entwicklung, die ein Auseinanderdriften der gesellschaftlichen Schichten von Unternehmern resp. Kapitalisten einerseits und von Millionen von Arbeitern andererseits bewirkt. *Ratzinger* beschreibt hiermit aber auch, wie sehr dem „Geld" eine moralische Dimension innewohnt.

Ratzinger scheint sich ebenso der Argumentation von *Karl Marx* anzuschließen, wenn er davon spricht, daß „der Arbeiter gezwungen wird, sich täglich von neuem als Ware anzubieten und zu verkaufen, um das nackte Leben zu retten". Dies bedeute die „schlimmste Selbstentwürdigung" des Menschen, welcher „seine freie Persönlichkeit vergessen und sich als Ware verkaufen" müsse und die Lohnbedingungen eben nicht aus „freien Stücken" annehme. Insofern „von Freiheit zu sprechen" sei wie Hohn gegenüber jenen „armen Menschen, welche ihre Arbeitskraft" nicht nur „verkaufen müssen", sondern auch „wie todte Waren" der „brutalen Herrschaft der Conjunktur unterworfen" seien. In der Form „der potenzirten Gestalt der Vorenthaltung von Arbeitsertrag" erscheine die „industrielle Production" seiner Epoche, wie er sagt, „im großen und ganzen als wucherisch". Hierbei verkennt *Ratzinger* neben dieser sozialen Situation des Arbeiters nicht die abhängige Position des Unternehmers, welcher sich einer „Weltconcurrenz" mit deren „elementarer Gewalt" konfrontiert sieht, - modern gesagt, einem globalen Wettbewerb ausgeliefert. Somit müsse der „humanste Unternehmer zu den allgemeinen Mitteln der Ausbeutung greifen, um möglichst billig produciren und auf diese Weise die Concurrenz bestehen zu können".[1193] Ebenso sei die „Welt-

---

[1190] Vgl. Vw.², 357 bzw. Vw¹ 314.
[1191] Vgl. Wysocki a.a.O. 48.
[1192] Vgl. Vw.², 357 bzw. Vw.¹, 314.
[1193] Vgl. Vw.², 357 f. bzw. Vw.¹, 315.

konkurrenz" in der Lage, die „Anstrengungen einzelner Völker zu unterdrücken und niederzuhalten"; für einzelne Länder und Staaten sei es „nur mehr schwer möglich", eine Änderung herbeizuführen.

4.4.2. Die Auswucherung der arbeitenden Klasse in Theorie und Praxis

Im Konflikt zwischen Theorie und Praxis sieht *Ratzinger* die Ursache „der theoretischen Verirrung der Nationalökonomie",[1194] und er begründet das wie folgt: „Weil die Concurrenz mit der unerbittlichen Gewalt elementarer Mächte auftritt", habe man „sofort die thatsächlichen Verhältnisse zu ewigen Gesetzen gestempelt". Darum behaupte man, „es sei ein Gesetz, daß der Arbeitslohn immer auf das Niveau des zum Leben Nothwendigen herabsinken müsse". Dies ist für *Ratzinger* ein Irrtum in der Wirtschaftstheorie. Er bestreitet, wie gezeigt, daß der industriellen Produktionsform stets das „eherne Lohngesetz" im Sinne von *Lassalle* folge: „Die heutige Productionsform mit ihrem ‚ehernen Lohngesetz' ist eine vorübergehende Erscheinung."[1195] Für ihn sind die „sittlichen Anschauungen über das Erwerbsleben", insofern sie sich mit der christlichen Lehre decken, maßgeblich. Definitorisch hält er fest: „Wie das Rechtsleben so ist auch das Wirtschaftsleben eine Erscheinungsform des sittlichen Bewußtseins".

Einen sich offenbarenden Zirkelschluß zwischen Theorie und Praxis bewertet *Ratzinger* weiterführend moralisch. Die Theorie sei „einer schändlichen Praxis in England entnommen und sie wirke selbst wieder entsittlichend und verschlechternd auf die Praxis zurück".[1196] Dies zeige sich bei Bildung und Reichtum der höheren Klassen „auf Kosten von Elend, Unwissenheit und Unsittlichkeit der arbeitenden Klassen", was man zwar bedauere, wozu man aber sage, daß es nicht anders möglich sei. Darum seine Forderung, daß zuerst „mit dieser Theorie gebrochen werden müsse, welche noch immer allzu sehr die Katheder, die Regierungsbureaus und die Parlamente" beherrsche. Alle Gesellschaftsschichten müßten zu der Überzeugung gelangen, daß „die jetzige Auswucherung der arbeitenden Klassen nicht nothwendig, sondern ein schändlicher Mißbrauch, eine sittliche Verirrung ist, wodurch die Gesellschaft in ihren Fundamenten erschüttert wird". Erst wenn diese Überzeugung in das sittliche Bewußtsein der Völker übergegangen sei, „wird es sich auch im Rechtsleben Geltung verschaffen, wird es einer bessern Form der Production und einer andern Organisation der Gesellschaft die Pfade ebnen".

Ratzinger stellt alle praktischen Vorschläge der Verbesserungen einer „Theorie und Praxis gegenüber, welche die Auswucherung der Arbeit zu ihrem Fundamentalgesetze gemacht" habe, infrage. Für ihn erweisen sich jene „angeblich ‚praktischen' Mittel" als „völlig unwirksam", da diese von dem falschen Grundsatz ausgehen, wonach „die Ausbeutung der Arbeit, das Aufsaugen der kleinen Vermögen, das Anschwellen und die Cumulation der großen Kapitalien mit unerbittlicher Logik und unwiderstehliche Macht" ihren Lauf nehmen. Darum

---

[1194] Vgl. Vw.², 358.
[1195] Vw.², 360.
[1196] Vgl. Vw.², 358.

stellt *Ratzinger* kategorisch fest: „Die Theorie muß erst als Irrthum erkannt und intellectuell überwunden sein, und erst dann wird eine Aenderung der Praxis sich ermöglichen lassen". Konkret müsse die Praxis einwirken auf die Ausgestaltung der Arbeiterschutzgesetzgebung inklusive der internationalen Vereinbarung über die Arbeitsbedingungen. Er befürwortet hohe Schutzzölle als Druckmittel gegen jene Staaten, welche sich den internationalen Verpflichtungen entziehen. Derartigen Schutzzöllen schreibt *Ratzinger* einen „sozial-wohlthätigen Charakter zu Gunsten der arbeitenden Klasse" wie auch der Gesamtgesellschaft gegenüber zu.

4.4.3. Die Wucherfrage und das herrschende sittliche Bewußtsein

Gleichsam als „conclusio" überschreibt *Ratzinger* seine Analyse zum Komplexbereich über „Wucher und Zins" mit jener Erkenntnis, welche in der Forderung nach der „Nothwendigkeit der Ueberwindung der materialistischen Theorie durch die christliche Lehre".[1197] besteht. Auch hier ist der anthropologische Ansatzpunkt zunächst maßgebend, denn „der Mensch bilde den Mittelpunkt der Volkswirtschaft", während die Sachgüter ihrerseits „nur Mittel für höhere Zwecke des Menschen sind". Zwar seien „Arbeit und Production von Gütern" notwendig für die „Erhaltung, Entwicklung und den Fortschritt der Menschheit". Letztlich könne aber nur durch Arbeit „die Menschheit im ganzen das tägliche Brod verdienen". Arbeit und Tätigkeit bilden, so *Ratzinger*, „die nöthige Voraussetzung für die Erreichung der höheren, sittlichen Zwecke der Menschheit". Diese anthropologische Dimension sieht *Ratzinger* aber letztlich maßgebend offenbarungstheologisch begründet, wenn er feststellt, daß „des Menschen höchster Zweck nicht in der Natur, nicht im Menschen selbst, sondern in Gott liegt". So kann er zu folgendem Schluß kommen: „Zu Gott gelangen in Erkenntnis und Liebe ist des Menschen einziges und höchstes Ziel, Arbeit und Thätigkeit bilden die Mittel dazu".[1198] Auch hier wird bereits von *Ratzinger* das große Thema des Zusammenhangs von Glaube und Vernunft angesprochen.

Dies sind für *Ratzinger* „Gesichtspunkte", die zwangsläufig eine Umgestaltung der Produktion bewirken im Unterschied zur aktuellen Praxis. Die Zielvorstellungen in der Produktion müssen sich also ändern; „die rasende Gewinnsucht, die Anhäufung von Mammon, die verzehrende Erwerbssucht" werden in einer Gesellschaft vermieden, wenn die Sachgüter nicht mehr Selbstzweck, sondern „nur Mittel und nothwendige Behelfe" sind. Für eine „christliche Gesellschaft" ist die Arbeit „bloß um des Gewinnes willen entehrender, schändlicher Wucher; der Erwerb aus Habsucht ist unerlaubt und unsittlich". Für *Ratzinger* ist dies „die Absicht im Erwerbsleben", auf die schon die ganze mittelalterliche Gesetzgebung abstellt, für welche der habsüchtige Erwerb als unerlaubt galt. Die Wissenschaft seiner Zeit sehe das allerdings anders.

Die Nationalökonomie habe „nur den größten Kapitalgewinn, die höchste Fructificirung des Geldes" zum Ziel. Dies führt für *Ratzinger* zu einer Art „Verehrung des Mammons, welche mit der christlichen Lehre in directem Widerspruch

---

[1197] Vgl. Vw.², XIV Inhaltsverzeichnis, vgl. Vgl. Vw.², 358 ff.
[1198] Vgl. Vw.², 358 f.

steht". Das ist dann evident, wenn Gewinnstreben in „rasende Gewinnsucht" umschlägt, bei „Erwerb aus Habsucht", in der „Anhäufung von Mammon", alles Tatbestände, die die Wucherfrage ausmachen. Das ist für *Ratzinger* der Punkt, an dem „die Wucherfrage in die allgemeine soziale Frage übergeht."[1199] Man könnte mit Papst *Benedikt XVI.* auch sagen, „daß die soziale Frage in radikaler Weise zu einer anthropologischen Frage geworden ist".[1200]

Das anthropologische Problem liegt für *Ratzinger* aber darin: im Gewinn um seiner selbst willen, in der verzehrenden Erwerbssucht, in der Geldsucht, sagen wir in jeder Art von Gier, wenn es sich als eine fehlgeleitete „Erscheinungsform des sittlichen Bewußtseins der Völker" offenbart, welches sich komplementär auswirkt gleichermaßen „auf das Rechtsleben wie auch auf das Wirtschaftsleben der Völker".[1201] So steht für *Ratzinger* fest: „Die Theorie muß zuerst als Irrthum erkannt und intellectuell überwunden sein, und erst dann wird eine Aenderung der Praxis sich ermöglichen lassen". So ist es für ihn noch lange nicht ausgemacht, „daß der Lohn immer auf das zum Leben absolut Notwendige festgebannt sei, oder daß jeder höhere Gewinn immer nur dem Kapitale, niemals der Arbeit zufallen müsse."

Als Antwort auf die Wucherfrage gibt es alternativ, im Sinne von *Ratzinger*, „für die Menschheit nur zwei Wege". Der eine, wenn die Völker „auf Gott vergessen" und auf diese Art „ihre 'eigenen Wege gehen', dann nehme „Egoismus, Habsucht und Genußsucht, Wucher und Ausschweifung" überhand und die Gesellschaft scheide „sich in zwei Klassen: in Besitzende und Enterbte, in Herrschende und Sklaven". Die Menschheit wird zum „Objekt der Ausbeutung und der sinnlichen Gelüste der Mächtigen, der Reichen, der Starken. An Wucher und Sinnlichkeit gehen solche Völker zu Grunde".[1202] In Gegensatz hierzu steht der andere Weg: „Die Liebe zu Gott, welche die Seele reinigt, erhebt und beseligt, breitet sich aus über alle Menschen und umschlingt sie mit dem Bande gegenseitiger Liebe". Er fügt hinzu: „Die christliche Liebe ist Opfer". Sie suche „nicht das eigene Selbst, sondern das, was des andern ist". Denn, so *Ratzinger* weiter, „das Vorbild ist der Weltheiland selbst, dessen Leben Liebe und Opfer war". Christi Opfer am Kreuz habe die Menschheit erlöst. Und so nehmen an dieser Erlösung auch die einzelnen und die Völker nur dann theil, wenn sie Christus folgen in Liebe und Opfer".

Es ist also die Heilsoffenbarung in Jesus Christus, in der letztlich der analytische Gedankengang *Ratzinger* auch an dieser Stelle verortet ist. Und zusammenfassend zitiert er darum den Philipperbrief[1203] mit der Aufforderung des Völ-

---

[1199] Vgl. Vw.², 360.
[1200] Vgl. Papst *Benedikt XVI.*,(CiV) Nr. 75. Vgl. auch Paul Josef Cordes, Kirchliche Soziallehre und Offenbarung, Zur Enzyklika „Caritas in veritate", in: Die Neue Ordnung 63. Jg. 324-332, 329.
[1201] Vgl. Vw.², 360.
[1202] Vgl. Vw.², 361.
[1203] Vgl. Vw.², 361, vgl. Phil. 2, 1-8.

kerapostels: „Wenn irgend ein Zuspruch in Christus, wenn irgend eine Aufmunterung der Liebe, wenn irgend Gemeinschaft des Geistes, wenn irgend ein herzliches Erbarmen bei euch ist: so mache meine Freude vollkommen, daß ihr eines Sinnes seid, gleiche Liebe hege ... demüthig einer den andern höher achte als sich ... ein jeder gesinnt sei, wie auch Jesus Christus es war, welcher ... sich selbst entäußerte, Knechtsgestalt annahm, den Menschen gleich und im Aeußern wie ein Mensch erachtet wurde. Er erniedrigte sich selbst und wurde gehorsam bis zum Tode, ja bis zum Tode am Kreuze."

Ein Evangelium also, das neben der grundlegenden Heils- und Erlösungsoffenbarung in Jesus Christus zugleich „das menschliche Leben auch hinsichtlich der sozialen Beziehungen" anspricht. „Gottes Heilswort", gedeutet „im Lichte der Offenbarung".[1204] *Ratzinger* spricht von der „Liebe zu Gott, welche die Seele reinigt". Ist es nicht auch ein Vorgang, in dem der Glaube die Vernunft reinigt, läutert, von wechselseitiger Rationalität, möchte man sagen, wenn man naturrechtliche Bedingtheiten mit einbezieht. Papst *Benedikt XVI.* gibt zu bedenken: „Damit die Vernunft recht funktionieren kann, muß sie immer wieder gereinigt werden, denn ihre ethische Erblindung durch Obsiegen des Interesses und der Macht, die die Vernunft blenden, ist eine nie ganz zu bannende Gefahr".[1205]

Vor dem Hintergrund der Analyse zum Komplexbereich von „Wucher und Zins" steht für die grundlegende Forderung *Ratzingers* in der Wucherfrage als Ziel eine Verbesserung „des herrschenden sittlichen Bewußtseins", und zwar im Erwerbsleben generell. Für *Ratzinger* sei dieses erreichbar, „sobald die sittlichen Anschauungen der Völker über das Erwerbsleben mit den Lehren des Christenthums sich decken werden." Rechts- und Wirtschaftsleben werden als Sekundäreffekte ebenso davon profitieren. Denn es gelte, so *Ratzinger*: „Wie das Rechtsleben so ist auch das Wirtschaftsleben der Völker eine Erscheinungsform des herrschenden sittlichen Bewußtseins".

4.5. Weltkonjunktur und Staatsschulden; die Währungsfrage

Geld und Kredit sind Bereiche, die, verbunden mit der Währungsfrage im 19. Jhd., infolge einer fortschreitenden Industrialisierung und infolge des Ausbaus der Verkehrswege mit dem sich international ausbreitenden Welthandel immer wichtiger werden. Wir sehen eine Vernetzung bereits der damaligen globalen Finanzmärkte, welche in einem Wirkungszusammenhang stehen und deren Auswirkung sich in neuartigen globalen Weltkonjunkturzyklen und Wirtschaftskrisen bereits zeigen. *Ratzinger* behandelt zum Einstieg in die Währungsproblematik analytisch die Umgestaltung, Bereinigung des Staatsschulden- und des Geldwesens. Dazu bedarf es der Systemtransparenz von Staatskredit und Staats-Schuldentilgung, eine Thematik, die er nun im Kapitel über „Theorie und Praxis",[1206] welches der vorausgegangenen Analyse von „Wucher und Zins"[1207]

[1204] Vgl. Paul Josef Cordes a. a. O 328 mit dem Hinweis auf Papst *Benedikts XVI.* Enzyklika DCE (Nr. 28a).
[1205] Vgl. *Benedikt XVI.*, DCE Nr. 28 a, 2.Abs.
[1206] Vgl. Vw.², 413-433.

folgt, generell gleichsam in entsprechenden Ordnungsmodellen mit seinen Worten zu umschreiben versucht. Für *Ratzinger* scheint die Staatsschuldenproblematik mit der „Währungsfrage" seiner Zeit in einem Bedingungszusammenhang zu stehen. Das zeigt sich insbesondere dort, wo er deren Wichtigkeit für den internationalen Geldhandel und die Wechselkurse analysiert. In der zweiten Auflage seiner „Volkswirtschaft" aktualisiert er dies in einer „Nachschrift zur Währungsfrage"[1208] im Jahr 1895 mit der Forderung nach einer internationalen Währungsordnung mit „Herstellung fester Wertverhältnisse",[1209] wobei er die moralische Frage, die sozialethische Rechtfertigung, im Blick behält.

4.5.1. Die Tilgung der Staatsschulden als Notwendigkeit

Ratzinger stellt bereits für seine Epoche die Forderung auf: „Es ist eine Zeitfrage ersten Ranges, ob nicht verfassungsrechtliche Nöthigungen zur außerordentlichen Schuldentilgung geschaffen werden können".[1210] Dies ist eine ‚Vision' ganz im Sinne jener „Schuldenbremse" mit Verfassungsrang, wie sie 2011 im Grundgesetz der Bundesrepublik Deutschland verankert wurde. *Ratzinger* beruft sich für sein Modell in der Gestaltung einer Schuldentilgung auf *Schäffle*,[1211] der sie „in außerordentlichen Tilgungen aus außerordentlichen Verwaltungs- und Finanzeinnahmen" vollzogen wissen wollte. Das Deckungsprinzip ist für ihn also haushaltsrechtlich verschärfend einzuhalten: *Schäffle* zitierend schreibt er: „Nicht Jahr um Jahr, sondern nur im Durchgang durch die außerordentlichen Hilfsdeckungen kann der finanzwirtschaftliche Grundsatz der Zureichenheit und Beweglichkeit der ordentlichen Steuerdeckung verwirklicht werden, aber so soll er auch wirklich erfüllt werden".

Derartige zusätzliche, kurzfristige finanzpolitische Maßnahmen, wie „die außerordentliche, aber kräftige Tilgung und der Vorbehalt der Papiergeldemission", falls nötig, also sogar mittels Geldmengenausweitung „für die Fälle akutester Finanznoth, haben nicht bloß ein hohes Interesse staatlicher Macht und finanzieller Ordnung, sondern auch ein Interesse socialpolitischen Schutzes gegen Finanzwucher und Geldherrschaft". Denn nur, so *Schäffle* weiter, „bei endlosem Schuldenmachen, nur bei Creditdeckung in Verbindung mit Unterlassung der Tilgung ist die unbedingte Schädigung der Zukunft vom Standpunkt der Production, der Vertheilung, der Consumtion und vor allem der Staatswirtschaft sicher zu erwarten". Eine Warnung an eine bürgerlich verfaßte Gesellschaft, die zeitlos gültig scheint.

[1207] Vgl. Vw.², 352-362.
[1208] Vgl. Vw.², 625-628.
[1209] Vgl. Vw.², 625.
[1210] Vgl. Vw.², 415; vgl. Vw¹, 368: bereits die Forderung an die „Staatswirtschaft, welche auch öffentliche Schulden tilgt", um so den „Staat von der Herrschaft des Privatkapitals zu befreien". Neu in Vw.², 415-426, 415 beginnend mit der Forderung zur verfassungsrechtlichen Pflicht zur Tilgung von Staatschulden; neu: Die Währungsfrage in Vw.², 415-426, dann Fortsetzung mit Vw.¹, 369.
[1211] Vgl. Vw.², 415. Vgl. Schäffle, Kern- und Zeitfragen.

Ratzinger ergänzt: Insbesondere droht sonst „die Scheidung der Nation in unproductives Rentnerthum und in eine überbürdete misera contribuens plebs, es droht die steigende Schwierigkeit der Aufbringung der Bedarfe der Zukunft, also die völlige Ohnmacht des Staates in künftigen Krisen oder sein Bankrott", eine Beschreibung der Situation einer Schuldenfalle, in die Staaten geraten, wenn Staatsschulden ins Unermeßliche steigen. Die Deckung der finanziellen Bedürfnisse des Staates seien so zu gestalten, daß diese eben nicht „zu einer Quelle nachtheiliger Vertheilung des Volksvermögens und dauernder Zinsbelastung der Steuerzahler werden"[1212] können. Eine Warnung, die allzeit aktuell ist. Darum ist für *Ratzinger* kurzzeitige außerordentliche Schuldentilgung durch den Staat gefordert. Zu Recht sieht es *Ratzinger* als „eine der ersten Aufgaben einer wirklichen Socialreform" an, „daß die Völker die Zinsknechtschaft abschütteln".[1213]

Wie *Schäffle* sieht somit *Ratzinger* „einen Hauptdamm gegen die Plutokratie", gegen jene „souveräne Herrschaft des Großkapitals" dann errichtet, wenn „in einer Staatwirtschaft, welche öffentliche Schulden tilgt", das Budgetprinzip schlechthin gelte. Das heißt also, ohne Deckungsklausel können Budgetmittel auch nicht für andere Budgettitel verwendet werden. Hier spricht *Ratzingers* Erfahrung als Mitglied und zeitweise Leiter des Finanzausschusses des Bayerischen Landtages mit. Für *Ratzinger* beherrscht ansonsten das Privatkapital „durch das Staatsschuldenwesen die gesamte Produktion, vertheuert den Zinsfuß, gibt dem lucrativen Erwerbe in der Agiotage, in der Börse den größten Spielraum, eignet einen Theil des Arbeitsertrages sich an, drückt den Lohn des Arbeiters und plündert den Boden aus".[1214] Eine Wirkungskette laut *Ratzinger*, die eintritt, wenn es also nicht zur Schuldentilgung kommt. Dies sieht ganz anders aus, wenn der Damm wirksam wird und es zu „dem niedrigen Zinsfuße kommt", bei dem sodann „der Mittel- und Arbeiterstand erstarken" könne. Wenn aber „überall der mittlere und kleine Unternehmer die Maßlosigkeiten des öffentlichen und des Actiencredits mit höheren Zinsen büßen muß und sich dessen bewußt wird", so wachse „allerdings die Gefahr der socialen Revolution".[1215]

Darum ist *Ratzingers* Forderung an Gesellschaft und Staat: „Die Gesellschaft muß die Zinsknechtschaft abschütteln, der Staat muß dieser Abhängigkeit sich entwinden", wenn die „productive Arbeit Schutz finden soll, wenn man nicht jenen Recht geben will, welche behaupten, daß nur noch Hilfe im Socialismus, in der Confiscation des heutigen, theilweise schmachvoll erworbenen Eigenthums zu finden sei".[1216] Dagegen ist für *Ratzinger* zunächst nach Maßnahmen einer

---

[1212] Vgl. Vw.², 415.
[1213] Vgl. Vw.², 413.
[1214] Vgl. Vw.², 414 bzw. Vw.¹, 348. Zur Finanzmarktsituation und EZB in 2012 siehe Dirk Schümer, Europa schafft sich ab, in FAZ Nr. 25, 30.01.2012, 25: „Viele Staaten werden bereits von den Kassenprüfern der Banken regiert, egal, wen die Menschen wählen möchten".
[1215] Vgl. Vw.², 414 bzw. Vw.¹, 368; Zitat aus Schäffle, Kapitalismus und Socialismus, S. 550.
[1216] Vgl. Vw.², ebd., bzw. Vw.¹ 348.

Staatswirtschaft zu fragen, die Zinswucher und eine nicht gedeckte Staatsverschuldung bereinigt bzw. ausschließt. Hier strukturell einzustufen ist die Klärung der Währungs- wie der Börsenfrage und die Frage nach einer Weltwirtschaftsordnung.

4.5.2. Über die Währungsfrage zur Solidarität

Ratzinger stuft für die Epoche, in der er sein Hauptwerk verfaßte, die Währungsfrage als die „meist umstrittene Frage" ein. Definitiv stehe er auf dem Standpunkt, daß die Währungsfrage international zu regeln sei, und gleichzeitig halte er die Frage eines einheitlichen Münzfußes in einer internationalen Vereinbarung für möglich und „im Interesse der productiven Arbeit auch bedürftig".[1217] Denn bei Existenz einer internationalen Währung und einem einheitlichem Münzfuß gestalte sich „der Abrechnungsverkehr viel einfacher und umfassender", mit dem positiven Effekt einer Einschränkung des Bedarfs an Banknoten und Edelmetall. Darüber hinaus wirkten sich jene ungeregelten Währungsverhältnisse seiner Epoche „höchst nachtheilig auf den Warenausgleich" aus. Denn sie bringen „in die Preisentwicklung des Weltmarktes ein störendes, drückendes Element, sie geben dem Weltmarktpreise eine unnatürlich sinkende Tendenz".[1218]

Ratzinger spricht hier also jene Austauschrelation zwischen im- und exportierten Gütern eines Landes an, welche als Maßzahl, als Terms of Trade[1219] meßbar ist. *Ratzinger* veranschaulicht dies für den Preisverfall der Agrarprodukte in der heimischen Landwirtschaft mit der erwähnten Folge jener Agrarschutzzollpolitik, die im Jahr 1880 ihren Anfang nahm.[1220]

Die Dringlichkeit einer internationalen Regelung in der Währungsfrage liegt für *Ratzinger* also „im höchsten Interesse der productiven Stände", eben all jener Produzenten und Fabrikanten, die internationalen, globalen Handel betreiben. Darum prangert er den Mißstand an, daß ein „Raubzoll" an die Banken „bei Überschreiten der Grenzen der Länder" zu zahlen sei, ursächlich „infolge des Mangels eines international vereinbarten Zahlungsmittels". Für *Ratzinger* schädigt dies den „Gewinnantheil der Arbeit, steigert aber die Chancen des lucrativen Erwerbes". Sinngemäß hat dies für ihn jene sozialethisch negative Bewertung zur Folge, wenn er als Gesetzmäßigkeit festhält: „Je mehr Münzverschiedenheit existirt, je größer die Schwankungen in den Währungsverhältnissen sind, um so

---

[1217] Vgl. Vw.², 415.

[1218] Vgl. Vw.², 415, Ratzinger beruft sich hier auf Unterstaatssekretär v. Schraut (Straßburg), Studien über die Zukunft des Geldwesens, 1892.

[1219] Vgl. Dr. Gablers Wirtschaftslexikon, Hrsg. R. und H. Sellien, Wiesbaden 1971 (8), 1530: Terms of Trade; vgl. Rose, Theorie der Außenwirtschaft, Berlin 1970, 87: Preiseffekte und reales Austauschverhältnis, Export- und Exportgüter beeinflußt bei Wechselkursänderungen.

[1220] Vgl. Vw.², 419: Hinweis auf die USA, die England mit Getreide und Fleisch überschwemmen. Vgl. Henning, Die Industrialisierung in Deutschland 1800 bis 1914, Paderborn 1973, 228-231, 230. Vgl. Alfred Kruse, Manchesterschule, HDSW, Bd.7, 113: für England: Robert Peels konservative Regierung, zollfreie Einfuhr für Fleisch 1842, für Getreide 1846.

leichter ist der Erwerb ohne Arbeit durch bloße Spekulation auf die Differenz der Werthe".

Als Beispiel verweist er, wie er indirekt bewertend formuliert, auf „den Streit zwischen den Fanatikern der Goldwährung und den Bimetallisten". Dabei gehe es um „die Speculation auf die Differenz des Gold- und Silbercurses", wodurch „alljährlich viele Millionen gewonnen werden". Die Doppelwährung habe insofern ihre eigenen Befürworter und professionellen Spekulanten; namentlich den Engländer *Ernst Seyd*.[1221] So kam es bei Finanzoperationen, besonders an der Börse in Paris,[1222] bei fallendem oder steigendem Kurswert des Edelmetalls, daß „Barren in Münzen oder Münzen in Barren verwandelt" wurden.

Ratzinger war gewiß zunächst ein Anhänger der „Bimetallisten" in jener historischen Phase des Übergangs zur Goldwährung. Dabei macht er sich in einem umfangreichen Zitat von *Schraut*, welches „die natürliche Währung des Bimetallismus" analysiert, dessen Meinung zu eigen. So konstatiert er zitierend: „Nicht die Prägung von Silbermünzen, sondern die Constituirung des Silbers neben dem Gold als Deckungsfonds für internationale Umsatzmittel, die Mobilisierung der todten Silberlast für den internationalen Tauschverkehr ist der Kern der gegenwärtigen Periode der Entwicklung des Geldwesens". Dies bedeute, daß „es sich um eine internationale Bankorganisation auf dem Boden des kaufmännischen Geschäftes handelt". Insofern übernahm *Ratzinger* von *Schraut* jene vorausschauende Forderung, „Gold als Deckungsfonds für internationale Umsatzmittel"[1223] einzurichten, zu „constituiren", oder wie *Ratzinger* im Anhang zur Währungsfrage 1895 formuliert: *Schraut* zeige, daß man trotz der „Verschiedenheit der Landeswährungen doch zu festen Werthverhältnissen mittels internationaler Vereinbarung"[1224] kommen könne.

Schon diese Hinweise laufen auf ein System fester Wechselkurse hinaus, auf eine Goldkernwährung, wie sie auch viel später, wenn auch nicht als direkter Goldwährungsmechanismus wie im 19. Jh., nämlich seit 1944 (Beitritt Deutschlands 14.08.1952), im Währungsabkommen von Bretton Woods von 44 Staaten beschlossen und als System praktiziert werden sollte.[1225] In Bretton Woods vereinbarte man die Errichtung eines Weltwährungsfonds[1226] (internationaler Währungsfonds, kurz IWF), wobei dem Dollar die Funktion zugewiesen war, unter der Voraussetzung einer Golddeckung, den Dollar als zentrale Reservewährung dann anzuerkennen, wenn die amerikanische Notenbank jederzeit bereit ist, die

---

[1221] Vgl. Vw.², 417: hier genannt als Vertreter der Engländer Ernst Seyd.
[1222] Vgl. Vw.², 418: zur Zeit der Präsidentschaft Thiers' in Paris.
[1223] Vgl. Vw.², 416.
[1224] Vgl. Vw.², 626.
[1225] Vgl. Hans-Joachim Jarchow, Theorie und Politik des Geldes, II. Geldmarkt und geldpolitische Instrumente, Göttingen 1974, 134 f. und 62; Geldpolitik bei festen und flexiblen Wechselkursen 127 ff.
[1226] Vgl. George N. Halm, Internationaler Währungsfonds (IWF), in: HDSW Tübingen 1956, V, 317-320, 317 zur Vorgeschichte und Funktionsweise des Abkommens von Bretton Woods, 1944.

in Dollar gehaltenen Devisenreserven, auf Grund eines festvereinbarten Austauschverhältnisses, Dollar gegen Gold (zum Preis von 35 Dollar je Unze Gold)[1227] einzutauschen. Aber es zeigte sich, ohne auf weitere Einzelheiten einzugehen, daß die vereinbarten stabilen Wechselkurse auf Dauer nicht einzuhalten waren. Es kam zu Auf- und Abwertungen der Wechselkurse gegenüber dem Dollar in immer kürzeren Phasen, so daß man zu einem ständigen Floating überging. Zunächst beschloß auch die Europäische Gemeinschaft mit dem 11. März 1973, „ihre Wechselkurse gegenüber dem Dollar gemeinsam schwanken zu lassen". Ergänzend vereinbarten diese bald darauf ein sogenanntes „europäisches Block-Floating", welches zudem in einem Wechselkurssystem von „stabilen, wenn auch anpassungsfähigen Paritäten"[1228] der Wechselkurse untereinander bestehen sollte. Jenes „Floating" innerhalb des EU-Blocks sollte eine bestimmte, vorgegebene Bandbreite der Wechselkursparitäten untereinander nicht überschreiten, eine Testphase, ob eine einheitliche Währung für die EU überhaupt einmal möglich erscheint.

Die Währungsfrage als solche erweist sich nun im 19. Jh. aber zugleich bereits „als eine internationale Bank- und Creditfrage". Es sind zu jener Epoche die den Geldverkehr leitenden Zentralbanken, welche die Gold- und Silber-Konvertierbarkeit garantieren müssen. Das bedeutet die Verpflichtung, den Rechtsanspruch, eine Währung frei und unbeschränkt bei den heimischen Banken in einem festen Wertverhältnis, nämlich dem Gold- bzw. Silberpreis, gegen Gold bzw. Silber einzutauschen.

Angemerkt sei, daß schon vor der Gründung der Reichsbank per Gesetz vom 14.03.1875, wie bei deren Vorgängerin, der Preußischen Bank, eine Reihe von Notenbanken, so auch zunächst noch die Reichsbank, Privatbanken waren, d.h. Anteilseigner, und damit Eigentümer der Reichsbank, wenn auch unter staatlicher Regie stehend, waren die großen Namen der Wirtschaft, wie z.B. von *Hansemann, Oppenheim, Bleichröder, Rothschild, Siemens* und vieler anderer, zum Teil internationaler, im Ausland ansässiger Anteilseigner.[1229] Alles Privatbanken, die „zu Trägern bedeutender Finanzierungsgeschäfte" wichtig wurden. So wurden sie, „auf Grund eines weitverbreiteten Vertrauens in ihre eigene Finanzkraft" nicht zuletzt auch als „Emissionshäuser für Staatspapiere tätig",[1230] insbesondere in der zweiten Hälfte des 19. Jhs., eine Entwicklung, die schon zur Wende des 18. auf das 19.Jh. erkennbar wurde. „Als typisch" für diese Entwick-

---

[1227] Thilo Sarrazin, Europa braucht den Euro nicht. Wie uns politisches Wunschdenken in die Krise geführt hat. München, DVA 2012, 29 f.: Bretton Woods zeigt die wiederkehrende Aktualität der Frage.

[1228] Vgl. Jarchow, Theorie des Geldes II., Geldmarkt, 135.

[1229] Vgl. Henning, Industrialisierung, a.a.O..253 f.: Zahl der Anteilseigner der Reichsbank 1876.

[1230] Vgl. Siegfried Wendt, Banken (I) Geschichte in: HDSW, I. Tübingen 1956, Entwicklung der Wirtschaftsbanken 546 f.

lung gilt das Bankhaus *Rothschild,*[1231] gegründet 1770 in Frankfurt, und in Nachfolge ab 1812 „von den fünf in europäischen Hauptstätten, - in Frankfurt, Paris, London, Wien und Neapel - ansässigen Söhnen als ‚unteilbares Ganzes' fortgeführt".[1232]

Die funktionalen Wandlungen im Bank- und Geldwesen wie auch in der Währungsfrage in den letzten Jahrzehnten des 19. Jahrhunderts verändern auch *Ratzingers* anfänglich teils sehr kritische Haltung gegenüber einer aus seiner Sicht zu „kurzfristig" eingeführten Goldwährung in Deutschland per Gesetz vom 3. Juli 1873, obwohl *Ratzinger* einen ökonomisch rationalen Grund für seine Kritik anführt. So hätte man in Berlin wissen müssen, daß vom Tage an, wo die Goldwährung dekretiert wurde, „das Gold im Preise steigen, und daß gleichzeitig nicht bloß das Silber sondern alle Werthe entsprechend sinken mußten".[1233] Dieser Effekt wurde dadurch verschärft, daß zu jener Zeit die Silberwährung auf dem europäischen Festland die am meisten verbreitete neben der ebenfalls vorhandenen Goldwährung war.[1234] Hinzu kam, daß England bereits 1816 zur Goldwährung übergegangen war. Schon hieraus wird in gewisser Hinsicht verständlich, daß *Ratzinger* sich für eine „Emancipation von England" vehement einsetzte. Sein wichtigstes Argument lautete: „Will man in Europa eine wirtschaftliche und sociale Reform durchführen, so muß sich der Continent gegen England einfach absperren. Ueberall, wo der Engländer seinen Fuß hinsetzt, beginnt die Ausbeutung und Ausplünderung der Arbeit, schwindet Wohlstand und Glück der Nationen".[1235] Die Goldwährung ist für *Ratzinger* „eines der bequemsten Mittel" der Ausbeutung der Arbeit. Zur Begründung verweist er auf den Mangel an Gold, wodurch der Goldpreis sich für den Silberbesitzer stark verteuert, „so daß der Goldbesitzer am Silberbesitzer einen beständigen Gewinn macht".[1236] *Ratzinger* beklagt also gegenüber dem Goldwährungsland England bei vorherrschender Knappheit an Gold zu Recht einen beständigen Wechselkursvorteil gegenüber jenen Ländern mit Doppelwährung, wie Deutschland bis 1873. Mittelfristig sollte sich zeigen, daß die Goldwährung, als Goldstandardwährung, für eine aufblühende Entwicklung des Welthandels von grundlegender Bedeutung wurde.

Gerade jene strukturell sich im 19. Jh. durchsetzende internationale Goldwährung hatte in den Weltwirtschaftsbeziehungen zudem einen sozialethisch positiven Effekt. Sie schuf ein gewisses Solidaritätsgefühl und zugleich ein entsprechendes solidarisches Verhalten, welches sich, „automatisch erzwungen",[1237]

[1231] Vgl. Manfred Eder, Ratzinger*s* Haltung zum Judentum, a.a.O. 239, „Haus Rothschild" vgl. 239 in Anm. Literatur Hinweise: Niall Ferguson, Die Geschichte der Rothschilds, Propheten des Geldes Bd.1 Stuttgart ²2002, 486-522.
[1232] Vgl. Wendt, HDSW, Banken, 546.
[1233] Vgl. Vw.², 419.
[1234] Vgl. Henning, Industrialisierung a.a.O. 256.
[1235] Vgl. Vw.², 418.
[1236] Vgl. ebd., in Anm. 1.
[1237] Vgl. Friedrich Lütge, Deutsche Sozial- und Wirtschaftsgeschichte, Berlin 1966, 547.

einstellte. Mit Ende des 19. Jhs., um die Jahrhundertwende, war das internationale Währungssystem komplett auf einen „Goldautomatismus ausgerichtet", so daß mittels der Goldwährung „Verschiebungen im Preis- und Lohngefüge, in der Leistungs- und in der Zahlungsbilanz zwischen den einzelnen Ländern wieder ins Gleichgewicht gebracht wurden".[1238] Hier zwang also ein international funktionierender Goldwährungsmechanismus, der die betroffenen Regierungen, die dadurch in einem Solidarverbund standen, quasi automatisch über den Goldmarkt zu einem Zahlungsbilanzausgleich.

4.5.3. Börse und Geldhandel, die Aktiengesellschaft

Parallel hierzu verlief, wie schon angedeutet, die Entwicklung eines leistungsfähigen Bankwesens von namhaften Privatbanken. Jener hohe Bedarf an Kapital parallel zum Industrialisierungsschub im 19. Jh. führte zudem zur Gründung von Aktiengesellschaften als Instrumente der Kapitalbeschaffung. *Ratzinger* versucht sich in seinen Worten an einer Analyse geldtheoretischer Zusammenhänge und spart nicht mit Kritik an empirisch sich zeigenden geldpolitischen Verhaltensmustern seiner Epoche, die auf einen theoretischen Widerspruch[1239] oder eine sozialethische Fehlentwicklung[1240] hindeuten. Letzteres belegt er mit Zahlen aus der Statistik für die Gründungen von Aktiengesellschaften, um die Zusammenhänge für jene mögliche „antisociale Weise der Geschäftsführung aufzudecken".[1241] So kritisiert er z.B., daß die Umwandlung in eine AG „regelmäßig wegen Überschuldung des Privatbetriebes" geschehe.

4.5.3.1. Die Aktiengesellschaft: unsittlich und antisozial

Ratzingers Haltung zur Aktiengesellschaft ist durchaus zwiespältig. In seiner „Volkswirtschaft" von 1881 kommt er zu der apodiktischen Feststellung, daß „mindestens ebenso gefährlich wie die maßlose Ausdehnung des Staatscredits das Unwesen der Actiengesellschaften" sei. Die Aktiengesellschaft ist für *Ratzinger* bereits „in ihrem Wesen schon unsittlich und antisocial", wobei er „in ihrem Wesen" 1895 ersetzt durch „in Organisation und Tendenz". Das Negative einer Aktiengesellschaft erblickt *Ratzinger* in der Möglichkeit, mit lukrativem Erwerb, „ohne Arbeit, ja sogar ohne persönliche Verantwortlichkeit", lediglich „durch Ausbeutung der Natur und der Arbeit" rasch hohen Gewinn zu machen. Hinzu kommt eine gewisse Entpersönlichung, Entfremdung für den Arbeiter. Für *Ratzinger* hat es in der AG der einzelne Arbeiter nicht mehr mit dem Unternehmer „mit Fleisch und Blut, mit einem Menschen mit Herz und Gefühl" zu tun; jetzt ist es „das werbende und ausbeutende, wuchernde und herzlose, kalte und

---

[1238] Vgl. Henning, Industrialisierung, a.a.O. 256 f.
[1239] Vgl. Vw.², 422 bzw. Vw.¹, 350: Ratzinger setzt sich hier mit einer zentralen klassischen Theorie von Jean Baptiste Say (1767-1832), die wir heute als „Saysches Theorem" bezeichnen, auseinander: J. B. Say, Traité d'économic politique, livre 1er, chap. 15 (éd. 4); mit Hinweis auf Checalier, La monnaie (1866).
[1240] Vgl. Vw.², 431: betrifft Aktiengesellschaft: Belegt die Häufigkeit einer „antisocialen Geschäftsführung": Anm.: Zahlen aus dem „bayrischen Statistischen Büreau: AG's in Bayern.
[1241] Vgl. Vw.², 431.

gefühllose Kapital", mit dem der Arbeiter direkt konfrontiert ist. Auch „die Direktoren selbst", also die Manager, seien „nur Ringe an einer Kette", eben nur Funktionäre, welche man „sofort beseitigt", wenn sie „ein anderes Ziel" verfolgen als jene „augenblickliche höchste Fructificirung des Kapitals", also maximalen Gewinn.

Auf diese Weise werde dem „momentanen" Gewinn die Zukunft „geopfert",[1242] langfristig betrachtet. *Ratzinger* benennt am Beispiel der Eisenwerke in Inner-Österreich in diesem Zusammenhang die strukturellen Umbrüche von alteingesessenen Familienbetrieben mit einer ebenso seßhaften Stammbelegschaft, welche in einer Montan-Aktiengesellschaft vereinigt,[1243] quasi in einer Auffanggesellschaft sich wiederfanden. So schnell auch die Aktiengesellschaften als solche „rasch große Arbeitermassen" an sich zögen, so schnell könnten diese „als Proletarier" auch erneut auf der Straße stehen. *Ratzinger* glaubt, eine „maßlose Vergeudung von Volksreichtum und Vegetationskapital" zu erkennen, ganz „zu Gunsten einiger weniger Aktionäre, ein Fehlverhalten, das er als verderblich und unsittlich einstuft, und welches es zu verabscheuen gelte. Das sind unternehmensethische Gesichtspunkte, die zeitlos erscheinen.

Das Argument, welches „die relative Nothwendigkeit der Actiengesellschaften" für besonders große Unternehmungen „geltend macht", für große Transportunternehmungen, wie die Eisenbahn, welche die „Bildung und Ausdehnung großer Kapitale fordern", will er akzeptieren, auch und obwohl die Aktiengesellschaft ökonomisch, als Finanzierungsinstrument, dessen ist er sich bewußt, „die Vertheilung des Risikos auf viele Schultern und die Gewinnung umfassenden und dauernden Credits ermögliche". Es scheint, daß er das Aktienrecht noch nicht für reif genug hält, wenn er Vorbehalte „für die jetzige Grundlage der Aktiengesellschaften"[1244] anführt.

Ratzinger thematisiert hierzu sehr kritisch zwei Bereiche, das Eisenbahn- und das Bankwesen. Beide sieht er der „schrankenlosen Herrschaft und der Monopolkraft des Kapitals" ausgeliefert, und dies für seine Zeit, „welche sich der Beseitigung der Monopole rühmte". So sei das Eisenbahnwesen als Aktiengesellschaft „der Ausbeutung des Privatkapitals und der Speculation weniger Interessenten preisgegeben".[1245] Um dem zu entgehen, sollten für *Ratzinger* Eisenbahnen wie auch die Dampfschiffahrt „nicht gewinnsüchtigen Erwerbsgesellschaften, sondern der Gesamtheit dienen". Im Interesse der Gesamtheit, also des Gemeinwohls wegen, sei hier „der Staat selbst" gefordert, „nach staatlichen Normen" jenes „öffentliche Communicationswesen"[1246] zu verwalten. Dies betrifft generell jene Versorgung mit öffentlichen Gütern, auf die die Bevölkerung ein Recht hat und welche der Staat zu Selbstkosten zu gewährleisten hat.

[1242] Vgl. Vw.², 426, bzw. Vw.¹, 369.
[1243] Vgl. Vw.², 427, bzw. Vw.¹, 369f.
[1244] Vgl. Vw.², 427 bzw. Vw.¹, 370.
[1245] Vgl. Vw.², 429, zur Begründung vgl. 427-429 bzw. Vw.¹, 372.
[1246] Vgl. Vw.², 427 bzw. Vw.¹, 370.

Im finanzwissenschaftlichen Sinne wäre demnach die Eisenbahn als öffentlicher Betrieb, als Staatsbetrieb zu führen, welcher natürlich kostendeckend, aber nicht gewinnorientiert, vielmehr nach budgetrechtlichen Prinzipien zu arbeiten hat. Eine finanztheoretische Erklärung hierzu bietet die heutige Lehre von den „spezifisch öffentlichen Bedürfnissen", wenn, wie dem bei sogenannten öffentlichen Gütern der Fall ist, gänzliches Marktversagen vorliegt und die „Divergenz zwischen dem öffentlichen und privaten Nutzen von wesentlicher Bedeutung ist".[1247] Eine Kosten-Nutzen-Analyse könnte - wie *Ratzinger* einem Controller ähnlich - für die „Leistungsfähigkeit der Gewerke" bei der Eisenbahn ergeben, daß sie in den Händen des Staates billiger sei als in Privathänden.[1248]

Ratzinger wäre also gegen eine Privatisierung in Form einer Eisenbahn AG gewesen. Auch ökonomisch ist *Ratzinger* der Meinung, daß „der Billigkeitsgrund" im Bereich „Communicationswesen", also bei öffentlichen Gütern, als Entscheidungsgrund „über die gesamte Production" letztlich nicht maßgebend ist. Vorrangig gilt für *Ratzinger*: Die „Interessen der Gesamtheit dürfen niemals Object der Erwerbssucht und des Gewinnes Einzelner sein". In diesem Zusammenhang ist auch *Ratzingers* Bewertung der „Actiengesellschaft als giftiges Gewächs", welches „aus der Volkswirtschaft auszuscheiden" sei, zu verstehen. Die Unternehmungsform der AG mit Herausgabe von Aktien macht gemäß *Ratzinger* in der Agiotage, der rein spekulativen Ausnutzung von Kursschwankungen an der Börse, „schlimme Vermögensumwälzungen" möglich und „befördert" nicht wenig „das Entstehen einer Plutokratie".[1249]

Dementsprechend beklagt *Ratzinger* auch die Wirkungen der Aktiengesellschaft im Bankwesen, deren aktuelle gesetzliche Form seiner Zeit dazu verleite, sich legal am anderen zu bereichern. So sei der „Bankkrach" quasi mit der „Gründung" eingeplant, wenn Direktor und Verwaltungsrat „lüstern" nur auf die Tantièmen und der Aktionär „gierig" auf die Dividenden aus sind, beide interessiere lediglich der „möglichst rasche Gewinn", die Zukunft kümmere niemand.[1250] Selbst einzelne „sogen. 'solide' Banken" nützten die Situation aus. Sie „absorbiren das Kapital, centralisiren das Leihgeschäft, ziehen das Geld in Centren zusammen", um die so sich einstellende Geldüberfülle in Staatsanleihen unterzubringen, während „der arbeitende, producirende Theil der Bevölkerung" von den Banken nur zu Wucherzinsen Kapital erhalte und insofern kapitallos bleibe.

1895 fordert *Ratzinger* eine Reform der Aktiengesellschaften, sie seien „in ihrer jetzigen Form gefährlich", während er sie 1881 sogar noch als entbehrlich bezeichnet hatte.[1251] Vordringlich - so lautet seine Forderung - müssen sie nun

---

[1247] Vgl. Richard Musgrave, Finanztheorie, Tübingen 1966, 8.
[1248] Vgl. Vw.², 429 bzw.Vw.¹, 372.
[1249] Vgl. Vw.², 427, 429 bzw.Vw.¹, 370, 372. Vgl. Vw.², 421: Agiotage.
[1250] Vgl. Vw.², 430.
[1251] Vgl. Vw.², 430: Die Aktiengesellschaften sind „gefährlich"; vgl. in Vw.¹, 374 f.: sie sind „verwerflich". Begründung: „Die unsittliche Form der Gründung", „antisoziale Weise der Geschäftsführung in Ausbeutung von Natur und Arbeit", „ungeheuere Ausdehnung des Credits", das leichte Schuldenmachen mit nachfolgendem „Krach" und „Krise", das

„eine solidere wirtschaftliche Grundlage gewinnen", derart, „daß die Verschuldung gegenüber dem Actienkapitale höchstens ein Drittel betragen darf". Für ihn liegt „in der Ueberschuldung mit Hypotheken und Prioritäten die wirtschaftliche Unsolidität". Für *Ratzinger* wäre es zu seiner Zeit, bei einer gesetzlichen Bestimmung, welche die Verschuldung „nur bis zum dritten Theile der Höhe des Aktienkapitals" ermöglicht, bei neun von zehn Aktiengesellschaften überhaupt nicht zur Gründung gekommen. Zur Vorbeugung übereilter Gründungen schlägt *Ratzinger* eine erhöhte tragfähige „Einschränkung der Verschuldensmöglichkeit" bei der Bildung von Aktiengesellschaften vor.

Als Ersatzmodell für die Aktiengesellschaft schlägt *Ratzinger* unterschiedliche Unternehmensformen vor, so für das Kommunikationswesen als Trägerschaft „Staat und Provincialverbände",[1252] für öffentliche Betriebe wie Gasanstalten, Wasserleitungen, Pferdebahnen die Kommunen, dagegen die Form der Kommanditgesellschaft für kapitalintensive Handelszwecke. Im Versicherungswesen bevorzuge man als Unternehmensform bereits die Rechtsform der Genossenschaft. Analog befürwortet er für „industrielle und landwirtschaftliche Unternehmungen"[1253] vorzugsweise die Produktivgenossenschaft, welcher, wie er 1881 noch ergänzt, „keiner der Nachteile der Aktiengesellschaft anhaftet". Schon diese seine Klassifizierung der Unternehmensformmodelle, die er auch 1895 beibehält, verdeutlicht seine Zielrichtung, die Bildung von Aktiengesellschaften möglichst zu vermeiden.

Neu formuliert *Ratzinger* in seiner Volkswirtschaft von 1895 seine Forderung an eine AG: „Die wesentliche Umgestaltung der Actiengesellschaften wird darin bestehen müssen, daß sie einerseits zu öffentlich-rechtlichen Erwerbsanstalten werden, bei welchen Organe der Gesamtheit die allgemeinen Interessen wahrnehmen, daß anderseits die Individualrechte einen erweiterten Schutz gewinnen. Das jetzige System der Mehrheitsentscheidungen gibt die Individualrechte förmlich dem Majoritätsprincipe ohne Schranke und ohne Schutz preis."[1254] Er nennt hier also bedenkenswerte Grenzbereiche, in denen sich der öffentliche und private Nutzen nicht ausschließlich über ein konkurrenzwirtschaftliches System ausgleichen läßt. Es zeigt sich bei *Ratzinger* das Bestreben, ein funktionsfähiges System ausfindig zu machen, das die Bedürfnisse des einzelnen im Sinne des Gemeinwohles, also öffentlichen und privaten Nutzen, gerecht einander zuordnet und befriedigend ausgleicht. Insofern ist er in bestimmten Bereichen der Wirt-

---

„gesamte Actienwesen ... moralisch und wirtschaftlich verderblich und zerstörend", es ist „entbehrlich". Eine „Reform der Aktiengesetzbebung", so Ratzinger 1881, „nützt nichts" (vgl. Vw.¹, 375).
[1252] Vgl. Vw.², 431: „sollen ...", vgl. Vw.¹, 375: „haben Staat und Provincialverbände zu treten".
[1253] Vgl. Vw.², 432, bzw. Vw.¹, 375.
[1254] Vw.², 432.

schaft für ein genossenschaftliches System, bleibt aber durchaus auch offen für eine aktienrechtliche Regelung.[1255]

Für das Bankwesen betont *Ratzinger* auch an dieser Stelle, 1881, was die „Regelung des Papiergeldes und Banknotenwesens anbelangt", sei dies eine „Aufgabe des Staates", wie das Münzregal. Auch die Reichsbank dürfe „nicht bleiben, was sie jetzt ist: eine Monopolgesellschaft der Großkapitals", sondern müsse werden, was der Name „Reichsbank" sagt, also eine Staatsbank. Das letzte Drittel des 19. Jhs. war im Bank- und Geldwesen die Zeit des Wandels; erst 1889 und 1900[1256] verzichteten eine Reihe von Notenbanken zugunsten der Reichsbank auf ihr Banknotenprivileg gegen Deckung der Ausgabe bei der Reichsbank, fünf besaßen dies noch 1914. Zugleich vollzog sich in dieser Zeitphase auch der allgemeine Übergang von der Privatbank zur Aktienbank[1257] im Bankwesen selbst.

4.5.3.2. Börsenfrage, Geldhandel, „Judenfrage' und Erwerbsleben

Ratzinger sieht es unter dem Aspekt erwerbswirtschaftlich, wenn er auf die Diskrepanz „zwischen den Couponschneidern", welche im Börsenspiel leichten Gewinn machen, und „dem armen Manne",[1258] der in harter Arbeit sein Brot verdienen muß, hinweist. Dies ist eine aktuelle Situationsschilderung, „wahr und naturgetreu", wie *Ratzinger* betont. Warnend in der 1. Auflage, daß man mit „dem beliebten Mittel der Steuern und Zölle" nicht abhelfen könne; dadurch werde „das Übel noch verschlimmert", schreibt er, und es sei eine „Unbegreiflichkeit der Gegenwart", so *Ratzinger*, „die wirtschaftliche Lage durch höhere Zölle und Steuern bessern" zu wollen. Der Ansatz der Doktrin, „daß den Zoll der auswärtige Producent, nicht der einheimische Consument zahlen" müsse, sei unrichtig. Den Löwenantheil habe der zu zahlen, „welcher auf Bedarf angewiesen ist", mithin der einheimische Konsument. Finanzzölle „mögen vom steuerpolitischen Standpunkte aus als berechtigt sich darstellen, aber wirthschaftliche Besserung von ihnen zu erwarten, dazu gehört viel Illusion". Eine „wirkliche Schutzzollpolitik" müsse den „lucrativen Erwerb", also die Spekulation, im Inlande und die „Ausbeutung durch das Ausland treffen" zum Schutze heimischer Arbeit.[1259] Eine „dauernde Abhilfe" sei nur „durch eine sociale und wirtschaftliche Reform" zu erreichen. *Ratzinger* schlägt vor, man möge den „Staatscredit vom Speculationskapital unabhängig" machen.[1260]

Daher rühren auch seine Überlegungen, wie man den Aktiengesellschaften beikommen könne. Für die AG, etwa als Instrument einer volkswirtschaftliche Ord-

---

[1255] Vgl. Vw.¹, 375: in Vw.² weggelassen; vgl. Vw.², 432 neu eingefügt: „wesentliche Umgestaltung" der Aktiengesellschaft, Bedingungen.
[1256] Vgl. F.-W.Henning, Industrialisierung a.a.O., 253 f.: 1889 verzichteten 19 Notenbanken, 1900 weitere 6; 1914 waren es noch 5: Reichsbank, Bayerische Notenbank, Sächsische Bank zu Dresden, Würtenbergische Notenbank, Badische Bank.
[1257] Vgl. ebd., 254: Übergang von Privatbanken zu Aktienbanken.
[1258] Vgl. Vw.², 432 bzw. Vw.¹, 375 f.
[1259] Vgl. Vw¹, 375 f. in Anm., Ausführung nicht in Vw.².
[1260] Vgl. Vw.², 432 bzw. Vw.¹, 376.

nungspolitik, fordert er eine „solide wirtschaftliche Grundlage", indem man der „Actie einen bestimmten Werth" verleihe, was dann die beabsichtigte Auswirkung auf den Kurszettel habe. So erübrige sich die „Agiotage", also die Ausnutzung von Kursschwankungen durch reine unsolide Spekulationsgeschäfte, da „für das Börsenspiel kein Material vorhanden" sei - mit dem positiven Nebeneffekt, daß es dann auch „keiner Steuer auf Spielgewinn" bedürfe. Natürlich müsse sich der „legitime Geldhandel nach wie vor an der Börse vollziehen" können. Nur bedingt ist er für den Zugang der „berufsgenossenschaftlichen Organisation" an die Börse. Das „Recht des Börsenbesuches"[1261] will er beschränkt wissen auf die „ortsansässigen Bankfirmen und Großgeschäfte", die „Geschäftsschlüsse" stelle man unter „Aufsicht und Controlle von Börsenbeamten und schließe das Spiel der Differenzgeschäfte strenge aus". Auf diese Weise „könnte die Börse der Production dienen, statt sie auszubeuten", und spekulative „Gewinne auf Kosten der Productivität des Volkes" könnten so vermieden werden. „Dann kann die Börse ... zu einem Clearinghouse werden, wie es das heutige Creditwesen mit Nothwendigkeit erheischt".[1262]

Demnach scheint *Ratzinger* Aktien zur Beschaffung von Investivkapital für ein Unternehmen zu bejahen. Wenn er eine Aktie quasi auf einen bestimmten Wert festzuschreiben wünscht, so könnte dies der Nennwert einer Aktie sein. Allerdings glaubt er, die Agiotage vermeiden zu können. Die Aktie beinhaltet ihrem Wesen nach ja ein Anteilsrecht am Grundkapital einer AG, Anteile, die verbrieft und übertragbar und auf einen bestimmten Nennbetrag, mittels eines entsprechenden Wertpapieres, ausgestellt sind. Insofern ist sie bereits eine Sachwertanlage, die aber im Unterschied zu anderen Kapitalanlagen flexibel gestaltet ist. Generell bieten Aktien Anteile am Produktivvermögen einer Volkswirtschaft, gehandelt am Aktienmarkt, an der Börse; so wird der „erwartete" Unternehmensgewinn, welcher im Verhältnis zum aktuellen Börsenkurs ein Agio bzw. ein Aufgeld bietet, das sich oft auch ins Negative, in Verlust ‚drehen' kann, gehandelt. Die Aktie bietet als Sach- bzw. Kapitalanlage „sowohl die Perspektive auf Wertsteigerungen wie auf regelmäßige Einkommen" im Zeitverlauf und sind wegen ihrer notfalls kurzfristigen Verfügbarkeit eine wichtige Anlageform neben Geld- bzw. Kapitalanlagen in Form von Sparbüchern, festverzinslichen Wertpapieren oder Immobilienbesitz.[1263]

Anders *Ratzinger*, denn es geht ihm primär um Vermeidung der rein spekulativen, erwerbsmäßigen Ausnutzung mit unsoliden Mitteln im Sinne einer „Plusmacherei", von Kursschwankungen auf Kosten anderer, was sozialethisch verwerflich sei. Lukrativer Erwerb durch Spekulation steht für ihn, wie gezeigt, gegen produktiven Erwerb durch Arbeit.

[1261] Vgl. Hans Kasten, Börsen, in: HDSW II Tübingen 1959, 359-377, 362: als Börsenbesucher zugelassen sind Banken- und Effektenhändler sowie ihr Hilfspersonal und Makler.
[1262] Vgl. Vw.², 432, Anm. 1: vermeiden von „Spielsucht", „Gewinnsucht ohne Arbeit".
[1263] Vgl. Alexander Armbruster, Drum prüfe, wer sich ewig bindet, in: FAZ, 21.07.2012, Nr. 168, 9.

Ratzinger erwähnt in diesem Zusammenhang zwei Problembereiche, die eine ernstliche soziale Reform im Grunde verhindern. Dies ist zunächst der „Militarismus, welcher immer höhere Steuern und größere Verschuldung nothwendig macht". Zusammen mit *Schäffle*[1264] kritisiert er „die öffentliche Wirtschaft der großen Militärstaaten" Europas, deren Fiskal- und Haushaltspolitik die „Grundlagen des Privatrechtes" zerstöre und „die persönliche Freiheit und das Privateigenthum" beschädige. Dazu hebe „ein Völkerkrieg", gemeint ist der deutsch-französische Krieg von 1870, weit mehr persönliche Freiheit und Privateigenthum wirklich auf, „als sogar der Socialismus nur bedroht".[1265] So werde „eine spätere Zeit es kaum begreifen", daß jene Militärdespotie es vermochte, „die vielen ehrlichen Leute unter den besitzenden und gebildeten Klassen des intelligenten 19. Jahrhunderts mit dem Gespenst der socialen Revolution gegen das Eigenthum zu verführen", während „auch gerade dieser Militärdespotismus durch Verhinderung der socialen Reform und durch fortgesetzte tiefe volkswirtschaftliche Störungen der socialen Revolution Vorschub leistet". Gemeint ist eine unsolide „schlechte Finanz- und Schuldenwirtschaft", welche „den unehrlichen Erwerb nährt".[1266]

Die Gefahr der Instrumentalisierung der Börse durch einen wie auch immer gearteten Militarismus ist es einerseits, welche einer sozialen Reform entgegensteht. Andererseits erwähnt *Ratzinger* in diesem Zusammenhang jenen Problembereich, der ebenfalls einer notwendigen Sozial- und Wirtschaftsreform entgegenstehe, nämlich die bestehende Anschauung, daß „von der Börsenfrage unzertrennlich die Judenfrage" sei. Für seine Epoche sieht er sich genötigt, quasi vorbeugend zur Vermeidung von Mißdeutungen die Ausgangssituation im Miteinander mit den Juden zu umschreiben. Er trifft die Feststellung: „Die Erregung von Haß und Verfolgungssucht gegen die Juden als Rasse und Religionsgemeinschaft ist ebenso gefährlich wie unchristlich". Seine Antwort lautet: „Richtet nicht ist das ernste Wort des Herrn. Die Verhetzung der Bevölkerung untereinander, wie sie im Culturkampfe so schamlos betrieben wurde und vereinzelt in der Judenfrage versucht wird, ist des Christen unwürdig und verstößt gegen das Gebot der christlichen Liebe". Schon deswegen sei „die Judenfrage in sozialer und wirtschaftlicher Beziehung sehr ernster Natur". So werde sie nicht allein schon dadurch „aus der Welt geschafft", daß „man sie für die ‚größte Schande des Jahrhunderts' erkläre". Viel besser wäre es für „die entscheidenden Kreise", daran zu arbeiten, „anstatt hier der Hetze wohlgefällig zuzusehen, dort zu beschwichtigen, zu einer christlichen Lösung solch ernster Fragen die Hand zu bieten", mahnt er.[1267]

[1264] Vgl. Vw.², 433 bzw. Vw.1, 376, f.; Bezug auf Schäffle, Kapitalismus und Socialismus, S. 606.
[1265] Vgl. Vw.², 433 bzw. Vw.1, 376: so werde „direct Leben und Vermögen massenhaft nach Willkür zerstört und vergeudet".
[1266] Vgl. Vw.², 433 bzw. Vw.1, 376 f.
[1267] Vgl. Vw.², 433 bzw. Vw.1, 377.

Ein Händereichen, ja, darüber hinaus einen Umbruch im Denken der Gesellschaft und der Kirche, das sollte erst das 20. Jahrhundert bringen. Die „neue Verhältnisbestimmung zum Judentum" definierte die Kirche bzw. das II. Vatikanische Konzil (1962-1965) im Dekret Nostra aetate, „einem der entscheidendsten Wendepunkte in der Geschichte der Kirche". So lautet die Einschätzung in einem neueren Forschungsbeitrag,[1268] der die vorausgegangenen „konziliaren Judendekrete" und ihren „sozialgeschichtlichen Kontext" anspricht und zur Schlußfolgerung gelangt, „daß gewiß theologische Gründe für das 'extra ecclesiam nulla salus', das den Juden entgegengehalten wurde, nicht unwichtig waren". Aber die Texte jener Konzilien offenbaren auch, „daß neben den theologischen Grundfragen, die sozialen und monetären Implikationen und damit eine gewisse Hermeneutik des Alltags, in dem sich die Mehrheit der Christenheit der jeweils jüdischen Minderheit gegenübersieht, nicht außer acht zu lassen sind".[1269]

Diese Bewertung ist durchaus zutreffend und auch für das Denken und das Schrifttum von *Georg Ratzinger* gegen Ende des 19. Jahrhunderts feststellbar, als Beispiel einer „Hermeneutik des Alltags". Um die „sozialen und monetären Implikationen" in der „Judenfrage", darum geht es *Ratzinger* im 19. Jh., zumal primär in seiner Analyse der Volkswirtschaft zur Wucher- und Zinsfrage. Zudem sollte man die historische Tatsache im Blick behalten, daß es „nach dem Schrecken des 'Gründerkrachs' von 1873" allgemein gesellschaftlich populär wurde, „den Juden zum 'Sündenbock' zu stempeln".[1270]

Zum tieferen Verständnis all dessen, was *Ratzinger* zur sogenannten „Judenfrage" geschrieben hat, kann auch jene ergänzende, interessante Feststellung in der genannten Forschung beitragen: Denn „obwohl die mittelalterlichen Konzilien überzeugt waren, wahrheitsmäßig dem Judentum überlegen zu sein, weil das Neue auf das Alte folgt, wirkt sonderbarerweise die befürchtete monetäre Überlegenheit jüdischer Geldgeschäfte auf die Christenheit beängstigend". Das sei eine Fehlentwicklung, deren Ursache sich im Zinsverbot des III. Laterankonzils (1179) finde.[1271] Erst das V. Laterankonzil[1272] habe einen „monetären Wandel" gebracht. So entschied 1515 das Konzil, daß Leihhäuser, bei Darlehnsgewährung auch an Arme, Zinsen verlangen dürfen, „allerdings nur in Höhe des kostendeckenden Faktors". Es sei gerecht, „dafür angemessen Zinsen von denen zu verlangen, die ein Darlehen nutzbringend verwenden", also „kostendeckend, aber nicht gewinnbringend", eine Maxime, die zur Grundlage entstehender „Sozialbanken" zur Gewährung von Darlehen für den „kleinen Mann" wurde. Dennoch konnte der „monetäre Wandel", die Aufhebung des Zinsverbotes im Geldge-

---

[1268] Vgl. Josef Wohlmuth, Sozialgeschichtlicher Kontext der konziliaren Judendekrete, in: Christliche Sozialethik, Festschrift für Lothar Roos, Hrsg.: Ursula Nothelle-Wildfeuer und Norbert Glatzel, Bonn, 2000, 601-618, 615.
[1269] Vgl. Wohlmuth a.a.O., 615 f.
[1270] Vgl. Werner Conze, Sozialgeschichte 1850-1918: in: BdbDSWG (Aubin/Zorn) 1976, 602- 684; zum deutsch-jüdischen Verhältnis: 606-611.
[1271] Vgl. Wohlmuth, a.a.O., 603 f.
[1272] Vgl. Wohlmuth, a.a.O., 616.

schäft 1515, nicht die nun einmal bestehende „negative Einstellung zum Judentum" überwinden.[1273] Derart überkommene Vorurteile brachen immer wieder durch, auch im ausgehenden 19. Jh. und hier besonders nach 1873.

Eine neue Verhältnisbestimmung brachte erst das Dekret Nostra aetate von 1965 des II. Vaticanum, wenn sich hier die Kirche auf das „gemeinsame geistliche Erbe" von „Juden und Christen" beruft. Die Kirche beklagt, indem sie nun grundsätzlich „alle Verfolgungen gegen irgendwelche Menschen verwirft", dies „nicht aus politischen Gründen, sondern auf Antrieb der religiösen Liebe des Evangeliums, alle Haßausbrüche, Verfolgungen und Manifestationen des Antisemitismus, die sich zu irgendeiner Zeit und von irgend jemandem gegen die Juden gerichtet haben". Dies gilt nicht nur gegenüber den Juden, ausdrücklich betont das Konzil: auch gegenüber allen nichtchristlichen Religionen „verwirft die Kirche jede Diskriminierung eines Menschen oder jeden Gewaltakt gegen ihn um seiner Rasse oder Farbe, seines Standes oder seiner Religion willen, weil dies dem Geist Christi widerspricht". Das Konzil ermahnt zusammenfassend: „Wir können aber Gott, den Vater aller, nicht anrufen, wenn wir irgendwelchen Menschen, die ja nach dem Ebenbild Gottes geschaffen sind, die brüderliche Haltung verweigern. Das Verhalten des Menschen zu Gott dem Vater und sein Verhalten zu den Menschenbrüdern stehen in so engem Zusammenhang, daß die Schrift sagt: Wer nicht liebt, kennt Gott nicht".[1274] In eben diesem Sinne schrieb auch *Ratzinger* bereits: „Die Liebe ist das Grundgesetz der menschlichen Gesellschaft, ... sie sollte schon alles in der Welt erfüllen ..., denn Gott ist die Liebe."[1275]

Ob man darum „die Einlassungen Ratzingers zur Judenfrage", wie in einem Beitrag über dessen „Haltung zum Judentum" geschehen,[1276] als „zumindest im Lichte des Zweiten Vatikanums (1962-1965) vor der christlichen Liebe" als „nicht verantwortbar" bezeichnen kann, erscheint schon in Anbetracht der angeführten sozialhistorischen und auch sozialethischen Retrospektive einer „Hermeneutik des Alltags" der Epoche *Ratzingers*, sua aetate, als nicht angemessen. *Ratzinger* geht es in all seinen sozioökonomischen Analysen speziell bzw. ausschließlich um alle Facetten des „Erwerbslebens" schlechthin.[1277]

Ratzingers Auffassung zur „Judenfrage" steht unter dem Ansatz, daß dem Bewußtsein der großen Mehrzahl der Juden „der sittliche Unterschied zwischen

---

[1273] Vgl. ebd.
[1274] Vgl. II. Vatikanisches Konzil, LThK Bd. II, 1967, Erklärung über das Verhältnis der Kirche zu den Nicht-Christlichen Religionen „Nostra aetate" 488-495, 495, Zitat: 1 Jo 4,8.
[1275] Vw.², 139 f.
[1276] Vgl. Manfred Eder, „Ich habe keine Abneigung gegen die Juden als solche." Georg Ratzingers Haltung zum Judentum, in: Georg Ratzinger (1844-1899). Ein Leben zwischen Politik, Geschichte und Seelsorge, (Hrsg.:) Johann Kirchinger, Ernst Schütz, Regensburg 2008, 221-289, 285 f.
[1277] Vgl. Buchbesprechung R.: „Jüdisches Erwerbsleben": mit Commentar, in HPBl. 110 (1892) LXXVIII. 878-896, 881: der Verfasser „betrachtet die Judenfrage ausschließlich vom Standpunkt des Erwerbsleben". Vgl. M. a.a.O., 232, Anm. 44.

productivem und lucrativem Erwerbe gänzlich mangelt", und dann seien es größtenteils Juden, welche „Träger des lucrativen Erwerbes (Gründungsspeculation und Börsenspiel, Geld- und Warenhandel, Leihgeschäft und Wucher)" seien.[1278] Aber *Ratzinger* stellt ergänzend klar, daß dieser Bewußtseinsmangel auch die „intelligente" Christenwelt betreffe. Aus der zwiespältigen Bewertung, einer Antinomie gleich, „dort die rastlose Erwerbssucht hier den Idealismus der Arbeit", zieht *Ratzinger* den Schluß: „In dieser Inferiorität der sittlichen Anschauungen liegt der Kern der Judenfrage."[1279]

Ratzingers Vorschlag, um diese Frage „glücklich lösen zu wollen": „Die nothwendige Voraussetzung bilden zwei Pflichten der heutigen Gesellschaft: 1. müssen jene socialen und wirtschaftlichen Zustände, welche den lucrativen Erwerb bedingen, namentlich Abhängigkeit des Staatscredits vom Speculationskapital und die heutige Gestaltung der Actiengesetzgebung, beseitigt werden, und es müssen Aenderungen im Währungs- und Creditwesen eintreten, welche die productive Arbeit gegen den lucrativen Erwerb schützen. 2. müssen die intelligenten und gebildeten Schichten der Gesellschaft selbst wieder in Doctrin und Handlung zur sittlichen Forderung des Erwerbes nach christlicher Lehre sich erheben."

Die Erfolgsaussichten hierzu beurteilt *Ratzinger*, indem er die soziale Atmosphäre dieser seiner Epoche kritisch veranschaulicht, „solange" als negativ, wie „vom Katheder herab der lucrative Erwerb als vollberechtigt mit der productiven Thätigkeit auf gleiche Stufe gestellt werde";[1280] gemeint sind die „Kathedersozialisten"[1281] jener Epoche. Er glaubt an keine Besserung, „solange die höchsten Gesellschaftskreise mit den Juden im Bunde den lucrativen Erwerb im großartigsten Maßstabe cultiviren und hierauf den ganzen Staatscredit basiren" lassen. Zum besseren Verständnis sei hinzugefügt, daß *Ratzingers* Epoche die Zeit der „Finanzspekulationen"[1282] war, auf die einige Regierende in Europa, wie etwa in Frankreich, ihre Herrschaft stützten.[1283] Darum werde es keine Besserung geben, „solange von Staats wegen das Lotto zur Unterstützung der unsittlichen Spielsucht benutzt wird, solange man von Börsenbaronen die Bedingungen des

---

[1278] Ratzinger Vw.[2], 434 vgl.Vw.[1], 378.

[1279] Vw.[2], 435, vgl. Vw.[1], 379.

[1280] Vgl. Vw.[2], 435 bzw. Vw.[1], 379.

[1281] Vgl. Marie-Louise Plessen, Die Wirksamkeit des Vereins für Socialpolitik, von 1872-1890, Studien zu Katheder- und Staatssozialismus, Berlin 1975, 60. Mit Max Webers „Postulat der Wertfreiheit und Objektivität wissenschaftlicher Erkenntnis von sozialpolitischen Erfordernissen" von 1904 habe der Verein seine „Stoßkraft" verloren. Vgl. Gorges, Der christlich geführte Industriebetrieb im 19.Jh, 1989, a.a.O. 22.

[1282] Vgl. Jean-Yves Calvez, Karl Marx, Darstellung und Kritik seines Denkens, Freiburg, 1964, 171, mit dem Hinweis auf die Julimonarchie in Frankreich, deren „Triebfeder der Leitsatz war 'Bereichert Euch'."

[1283] Vgl. Vw.[2], 434, in Anm.: Louis Philipp, als „König der Franzosen" und als „Börsenjobber", Louis Napoleon, Thiers, Gambetta., in Österreich Graf Beust, in Deutschland die Allianz Bismarck-Bleichröder; vgl. Vw.[1], 378. Vgl. Calvez, Karl Marx, 1964, a.a.O. 171.

Staatscredits sich dictiren" lasse, „so lange" könne „von einer gedeihlichen Lösung der Judenfrage nicht die Sprache sein". Darum bringen „Wuchergesetze und Börsensteuer" keine Wende, solange letztlich „der Staat selbst zu Wucherbedingungen mit den Juden" Geschäfte mache und alljährlich „den Börsenzettel durch Zulassung neuer Effecten bereichert", und durch die Emission von Staatspapieren, wodurch „Spekulanten ohne Mühe und ohne Arbeit an einem einzigen Tag nicht nur um Tausende, sondern um Hunderttausende" sich bereichern.[1284]

Allerdings gehört es zum Wesen jeder Spekulation, daß trotz der Gewinnaussichten der Bereicherungseffekt nicht gesichert eintritt, sondern immer entsprechend dem Einsatz mit gleichhohen Verlustaussichten verbunden ist. Dies wird auch *Ratzinger* bewußt gewesen sein, zumal er auch das Phänomen der „Krise" in der Industrialisierung im 19. Jh. erkennt und eine Antwort sucht auf jene „Krisen", d. h. konjunkturzyklische Abschwünge im Wirtschaftswachstum, aber auch Finanzkrisen, der Börsenkrach von 1873 und die Gründerkrise jener Epoche, zeigen es exemplarisch.

Ratzinger kritisiert auf diese Weise die Habgier der Börsenspekulanten in ihren negativen gesamtwirtschaftlichen Auswirkungen. Analytisch-ökonomisch sollte *Keynes* das „Spekulationsmotiv" als solches erst viel später (1936),[1285] bei seiner Analyse der „Kassenhaltung" mit der von ihm entwickelten „Liquiditätspräferenztheorie", als ein neues Element gegenüber den Klassikern und Neoklassikern einführen. Der Ansatz zur Kritik liegt bei *Keynes* in seiner „Quantitäts- und Kassenhaltungstheorie", mit der er jene „enge (und proportionale) Verknüpfung zwischen Geldmenge und nominellem Volkseinkommen" feststellt. Wichtig ist dies für *Keynes* „hinsichtlich der Wirkung der Geldmenge auf den güterwirtschaftlichen Bereich", indem er so zu Ergebnissen gelangt, „die der Hypothese der Klassiker von der Neutralität des Geldes entgegenstehen".[1286] *Keynes* deutet ebenso den Zinsmechanismus anders als die Klassiker. Für ihn ist der Zins „in seiner Höhe als abhängig von der Liquiditätspräferenz" zu sehen, wobei die Liquiditätspräferenz in den Transaktions-, Vorsichts- und Spekulationsmotiven ihre drei bestimmenden Faktoren besitze".[1287] *Keynes* teilt auch nicht die klassische Auffassung, wonach der Zins „als Stimulans der Investitionen zur Schließung der durch das Sparvolumen hervorgerufenen Nachfragelücke" wirke.

Umlaufende Geld- und Kreditmenge, Zinsvariationen, Spekulationsanreize, alles durchaus Analyseansätze, die sich in ihren Wirkungen als Bestimmungsfaktoren einer wie auch immer gearteten Geldpolitik auch bei *Ratzingers* analytischen Beschreibungen als irgendwie zu handhabende Zusammenhänge auftun, wenn es

---

[1284] Vgl. Vw.², 436 f. bzw. Vw.¹, 380 f.

[1285] Vgl. Jarchow a.a.O., I. Geldtheorie 198; vgl. John Maynard Keynes, The General Theory of Employment, Interest, and Money, London 1936, 33. Vgl. Harod, Roy F.: Keynes, John Maynard, in HDSW, Bd. 5 1956, 604-614, 612.

[1286] Vgl. Jarchow, Geldtheorie a.a.O, 198, vgl. R.S. Sayers, Geldtheorie und Geldpolitik in England, in: NWissBibliothek 28, Wirtschaftswiss. Geld- und Bankpolitik, Hrsg. Ernst Dürr, Berlin 1969, 106.

[1287] Vgl. Harod, Roy F.: John Maynard Keynes, in HDSW Bd. 5, 1956, 604-614, 612.

bei ihm um Geld, Kredit und Währung geht. Bedeutende Nationalökonomen in neuerer Zeit, wie *Robertson* und *Hicks*, sehen die von *Keynes* genannten Faktoren, das „Vorsichts- und Spekulationsmotiv", interessanterweise „wiederum in Abhängigkeit vom allgemeinen Produktivitätsstand und von den jeweiligen Dispositionen der Wirtschaftssubjekte";[1288] *Ratzinger* würde sagen: von der Willensrichtung der Wirtschaftsubjekte. Wobei die Erwartungshaltung bei den Liquiditätserwägungen ein nicht untergeordneter Bestimmungsgrund sein dürfte. Auch *Ratzingers* analytische Beschreibung scheint mehr im Sinne einer Verhaltensökonomik interpretierbar.

4.5.3.3. Geldmenge und ihre Veränderung, das Say'sche Theorem

Die Ausdehnung sowie die Kontraktion, Schrumpfung, der Geldmenge sind makroökonomische Prozesse, welche sich monetär wie güterwirtschaftlich gegenseitig bedingen und insofern für den Banken- bzw. Finanzsektor ein sehr wichtiger Indikator sind,[1289] insbesondere aus Sicht der Geldpolitiker und Monetaristen. Das zur Zeit *Ratzingers* bereits formulierte sogenannten *Say*'sche Gesetz, welches „ein Spezialfall des Walras Gesetzes"[1290] ist, will aufzeigen, „daß ein Gleichgewicht auf den Güter- und Faktormärkten ein Gleichgewicht zwischen Geldangebot und Geldnachfrage impliziert".[1291] Die Frage stellt sich hier, wie die Veränderung der Geldmenge sich auf die Güter- und Faktormärkte auswirkt. Gilt das *Say*'sche Gesetz gleichermaßen sowohl in der Tauschwirtschaft wie auch in der Geldwirtschaft?

Ratzinger setzt sich kritisch mit jener „nationalökonomischen Schule" von *J. B. Say* u.a.,[1292] eines Zeitgenossen, auseinander, welche „behauptet", es sei eine grobe Täuschung, wenn man annehme, das Geld sei jemals zu wenig. Das Geld passe sich immer den Produkten an; „niemals fehle es an nöthigem Gelde, sondern an productiven Werthen". Eine derartige Gesetzmäßigkeit „übersehe" aber, so *Ratzinger*, „daß zur Hervorbringung von Werthen zwei Dinge gehören: Kapital und Arbeit. Zieht sich das Kapital zurück, so wird die Production einfach unterbleiben, es werden keine Werthe entstehen können".[1293] *Ratzingers* Kritik findet sich später in etwa in einer neoklassischen Wachstumstheorie wieder, welche auch auf das *Say*'sche Gesetz oftmals begründend verweist, allerdings gelte es nur unter der Voraussetzung einer „ständigen Vollbeschäftigung von Arbeit und Kapital", eine Bedingung, die *Ratzinger* durchaus kennt, wenn er Überproduktion und Unterkonsumtion bei der Lohngestaltung abhandelt.

[1288] Vgl. ebd.
[1289] Vgl. Europäische Zentralbank, Monatsbericht 09.2012 mit Anhang.
[1290] Vgl. Jarchow, Geldtheorie a.a.O. 288.
[1291] Vgl. Jarchow, Geldtheorie a.a.O., 288 f. mit Hinweis, daß das Saysche Gesetz „ein Spezialfall des Walras Gesetzes" sei. Zu Léon Walras (1834-1910) siehe Walter Georg Waffenschmidt in: HDSW, Bd.XI, 495-497, 495; er gehört zu „den Geburtshelfern der theoretische Ökonomie".
[1292] Vgl. Vw.[2], 422 bzw. Vw.[1], 350 mit Hinweis auf „die Wortführer" J. B, Say,Traité d'économic politique, liv. Ier, chap. 15 (éd. 4) und Chevalier, la monnaie (1866).
[1293] Vgl. Vw.[2], 22.

Das *Say*'sche Gesetz, „demzufolge jedes Angebot sich seine eigene Nachfrage schafft", wie es neuere Wachstumstheoretiker begründen, und doch kritisch einschränken, halten dagegen: „Niemand arbeitet nur aus Arbeitslust, sondern um Güter und Dienste zu erhalten, die seine Bedürfnisse befriedigen."[1294] Daraus folgt, daß jeder nur insoweit Interesse am Produkt hat, um es entweder selbst zu konsumieren, oder um es gegen ein anderes einzutauschen. In der Tauschwirtschaft hat das *Say*'sche Gesetz also Gültigkeit. „Ungültig, irreführend und ungenau" ist das *Say*'sche Gesetz dagegen in der Geldwirtschaft, denn „wer dort Güter anbietet, fragt Geld nach",[1295] es bleibt aber offen, ob mit dem Geld wieder Güter nachgefragt werden, oder ob es u.a. für Spekulationszwecke Verwendung findet.

„Noch an einem andern Widerspruche leidet diese Theorie und die Schöpfungen dieser Theorie, die Goldwährung und die Organisation der deutschen Reichsbank." Wenn jene Theorie, die von der Annahme ausgehe, „daß das Metallgeld (Gold und Silber), dessen nomineller Werth mit dem substantiellen Werthe sich decke, die Fähigkeit besitze, den jeweiligen Bedürfnissen sich anzupassen", dann sei es aber „ganz falsch, zu sagen, es gebe zu wenig Geld; sobald das Geld sich auf die Hälfte reducire, müssen alle Waren um die Hälfte des Geldes zu kaufen sein, wodurch diese Hälfte des Geldes ebenso ausreiche wie früher die doppelt hohe Summe".[1296]

Ratzinger hält zudem die Behauptung, „daß das Metallgeld und besonders das Gold deshalb dem Gelde der Werthzeichen (Papiergeld) unbedingt vorzuziehen sei, weil es möglichst wenigen Schwankungen unterliege"[1297], für falsch, weil sich die Annahmen widersprächen. Denn „entweder", so *Ratzinger*, „besitzt das Metall die Fähigkeit, durch Schwankungen des Werthes dem Wechsel des Geldbedarfes", also der Geldnachfrage, „sich anzupassen, dann taugt es nicht dazu, als Geld der Verträge und Schuldurkunden zu fungiren"; „oder", so *Ratzinger* weiter, „das Metall unterliegt keinen größeren Schwankungen, dann ist es ohne eine Veränderung in der Menge", also der Geldmenge, des Geldangebotes der Zentralbanken, „nicht im Stande, den so veränderlichen Circulationsbedingungen und Bedürfnissen jenen vollen Dienst zu leisten, der vom Geldwesen zu fordern ist". Für *Ratzinger* zwei Argumente, die sich „vollständig" widersprechen: „die eine Eigenschaft hebt die andere auf".

Wahr sei lediglich, „daß Edelmetall verhältnismäßig geringen Schwankungen unterworfen ist" und insofern sich „am besten für Schuldverschreibungen und Forderungen, welche eine längere Dauer bedingen, eigne". Andererseits mangelt dem Metallgeld aber „die Fähigkeit, den steigenden Bedürfnissen zu genügen, und deshalb bedarf es der Ergänzung durch Werthzeichen", durch Papiergeld, also einer Ausdehnung der Geldmenge. Der Bedarf an Geld, etwa die Geldnach-

---

[1294] Vgl. Kromphardt, Wachstum und Konjunktur, 1972 a.a.O. 87, und Anm. 51.
[1295] Vgl. ebd.
[1296] Vgl. Vw.², 422 f. mit Hinweis auf Say, Tellkamp, Bamberger.
[1297] Vgl. Vw.², 423 bzw. Vw.¹, 351.

frage für industrielle wie für monetäre Zwecke, die Geldmenge, sieht *Ratzinger* nicht eingeengt. Bestehe „ein „Mangel an Edelmetall", an öffentlichen Werthzeichen (Staatsnoten u.s.w.), so schaffe „sich das Bedürfnis private Wertzeichen (Checks u.s.w.)",[1298] womit er auf nur einige der vielfältigen Geldsurrogate hinweist. Die Geldmengensteuerung erfährt also durch Kreditschöpfung, Kreditmengen eine Ausweitung, eine im Zirkulationsprozeß den Bedürfnissen angepaßte Größe.

Wir sehen eine vielschichtige kritische Analyse *Ratzingers*, die versucht, die Rolle des Geldes, die Wirkung der Geldmenge, zu beschreiben. Ausgangspunkt ist für *Ratzingers* Analyse seine Feststellung, daß das Geld zu teuer sei. Wolle in „Österreich jemand verdienen", so gehe dies nur über Spekulationsgeschäfte. Die Arbeit brauche aber „billiges Geld". Um dies zu erreichen, fordert er die beschriebene „Aenderung des Währungs- Münz- und Creditsystems", so daß sie „den geschichtlich gewordenen, thatsächlich vorhandenen Bedürfnissen entspricht". Das heißt, es sind im Geld- Kredit- und Währungssystem Anpassungsprozesse notwendig, um makroökonomische Ungleichgewichte auf Geld- und Gütermärkten auszugleichen.

[1298] Vgl. ebd.

Teil IV
Ratzingers Wirtschaftsethik als Pionierleistung

Es wurde schon hervorgehoben, daß *Ratzinger* das Wirtschaftsgeschehen nicht wertneutral in seinem Werk zu analysieren gedachte. Es ging ihm nicht darum, die Regelmechanismen allen wirtschaftlichen Geschehens herauszuarbeiten. Vielmehr bestätigte seine oftmals in seinem Werk wiederholte Polemik gegenüber den „angeblichen ökonomischen Naturgesetzen" der englischen Nationalökonomie,[1299] daß *Ratzinger* den Klassikern der Nationalökonomie eine gewisse Einseitigkeit in der Betrachtungsweise des Wirtschaftslebens vorzuwerfen scheint, indem sie eben zu sehr von einer ordnungsgemäßen „Naturgesetzlichkeit" im Wirtschaftsgeschehen ausgingen und daran glaubten, daß aus dem postulierten „Recht auf vitale Selbstentfaltung" gemäß *Adam Smith* naturgesetzlich auch das größte Glück der Allgemeinheit, also der allgemeine Wohlstand, folgen müsse.[1300] Auch das Wirtschaftsleben würde so vollständig individualisiert, und insofern kann *Ratzinger* denn auch von einem Kampf „zwischen dem Naturgesetze und Sittengesetze", oder, wie er sich auch ausdrückt, „zwischen dem Ich mit seiner Selbstsucht und zwischen Gott mit seinem heiligen Willen"[1301] sprechen.

Ratzinger verfolgt denn auch in seinem Werk ein umfassenderes Ziel, wenn er um eine Rückführung des Wirtschaftsgeschehens auf einen sittlichen Inhalt bemüht ist. Er versucht, im Wirtschaftsleben die Zweckmäßigkeit und Wertmäßigkeit ausfindig zu machen, oder, anders gesagt, die soziale und ethische Funktion von Wirtschaftsgesetzen zu orten. Auf diese Weise ist *Ratzingers* Hauptwerk „Die Volkswirtschaft in ihren sittlichen Grundlagen" im heutigen Sinne als Wirtschaftsethik zu klassifizieren, eine erste umfassende Wirtschaftsethik, und seiner Zeit weit voraus. Erst viel später macht *Gustav Gundlach* darauf aufmerksam, daß der innere Zusammenhang zwischen dem Wirtschaftsgesetz und dem moralischen Gesetz katholischer Auffassung darin liege, daß „das moralisch Gute in der Wirtschaft ja nur aufruhen kann auf dem, was wirtschaftlich gut ist, das heißt richtig und zweckmäßig".[1302]

[1299] Vgl. Vw.², 121 f., 148, 209, 332, 336, 358, 466, 513 f., 530.
[1300] Vgl. Erik Wolf, Das Problem der Naturrechtslehre, 2. Aufl. Karlsruhe 1959, 136.
[1301] Vgl. Vw.², 542.
[1302] Vgl. Gustav Gundlach, Die Ordnung der menschlichen Gesellschaft, Köln, 2. Auflage, 1964, 562. Analog zu QA stellt er darüber hinaus fest: Letzten Endes sind die Wirtschaftsgesetze die wesensmäßigen Zusammenhänge, die da bestehen zwischen den Bedürfnissen des Menschen, die ihm durch seine Natur aufgegeben sind, und der Ordnung der materiellen Dinge, die ihm für diese Bedürfnisbefriedigung zur Verfügung stehen, wobei diese materiellen Dinge nicht nur eine quantitative Beziehung einschließen, sondern auch eine qualitative Beziehung.

Ähnlich geht es auch *Ratzinger* zum Beispiel um die Frage der Gewährleistung der berechtigten Interessen bestimmter sozialer Gruppen oder um die Frage der Rechtfertigung, Legitimierung bestimmter sozial-ethischer Forderungen im Wirtschaftsablauf. Insbesondere scheint nun gerade in Beantwortung der zuletzt gestellten Frage die Gefahr für einen Theologen und so auch für *Ratzinger* groß zu sein, zu theologisieren und vorschnell in eine metaphysische Begründung zu flüchten, die natürlich letztlich in Gott Grund und Ziel des Wirtschaftsgeschehens, also das Warum und Wozu sieht. *Ratzingers* Analyse kumuliert denn auch in dem berechtigten und interessanten Versuch, die kapitalistische Gesellschaftsform in der Ausprägung seiner Epoche mit der christlichen Lehre zu konfrontieren, wobei ihn wohl die mit dem Satz: „Das Sittengesetz fordert im Wirtschaftsleben Gerechtigkeit"[1303] gemachte programmatische Feststellung leitete und motivierte.

1. Kap.: Der dialektische Zweiklang von Imperativen

1.1. Die soziale Gerechtigkeit und die soziale Frage
1.1.1 Zum Begriff der sozialen Gerechtigkeit

Ohne hier auf die Entstehung, Entwicklung und Verwendung des Ausdrucks „Sociale Gerechtigkeit" eingehen zu können,[1304] soll doch vermerkt werden, daß *Ratzinger* sich in der zweiten Auflage seines Werkes auch des Konzeptes der „Socialen Gerechtigkeit"[1305] bedient. So ist es für *Ratzinger* zum Beispiel „eine Forderung der socialen Gerechtigkeit", daß der Reiche mit seinem Überfluß der wirtschaftlichen Tätigkeit des Nächsten mit dem Ziele zu dienen habe, die „Werthschaffung der Gesamtheit" zu steigern. Diese Forderung bezeichnet er sogar als „eine Rechtspflicht".[1306] Die „sociale" Gerechtigkeit beinhaltet also „die Erfüllung socialer Pflichten", und er hält es sogar für geboten, deren Erfüllung „zwar nicht von dem Einzelnen, aber von der Gesamtheit in gesetzlicher Form" zu erzwingen.

Allerdings ist ihm bei der Befürwortung von Zwang gegenüber gesellschaftlichen Pflichten nicht ganz wohl, denn ein derartiger Zwang ist für ihn „immer ein mißliches und bedenkliches Auskunftsmittel". Zudem ist er der Meinung, daß auch „die juristische Fixierung von socialen Verpflichtungen" wenig ausrichtet, wenn dem Großteil der Gesellschaft ein „reges persönliches Pflichtgefühl" abge-

---

[1303] Vgl. Vw.², 21.
[1304] Vgl. Jean-Yves Calvez und Jacques Perrin: Kirche und Wirtschaftsgesellschaft, Recklinghausen 1965, II, 389 ff., Anhang I, Der Ausdruck Soziale Gerechtigkeit vor Quadragesimo Anno.
[1305] Vgl. Vw.², 67 f. mit Vw.¹, 54. In der 1. Aufl. findet sich der Ausdruck sociale Gerechtigkeit noch nicht, stattdessen ein längeres Zitat von Perrin über Gerechtigkeit und Liebe in ihrer Bedeutung für die Harmonie der christlichen Gesellschaft.
[1306] Vgl. Vw.², 67 f.

he. Nur die „gröbsten Mißbräuche", welche auch tatsächlich „ärgernisgebend an die Öffentlichkeit drängen", könne man auf diese Weise bekämpfen. Langfristig gesehen müsse es daher zur Hebung des Pflichtgefühles gegenüber den sozialen Verpflichtungen kommen, was aber nach *Ratzinger* „nur durch religiös-sittliche Einwirkung" ermöglicht werden kann.[1307] Letzteres deutet also hin auf die Forderung nach einem Gesinnungswandel in der Gesellschaft im christlichen Sinne, nach einer Bewußtmachung ihrer sozialen Verantwortung.

Die angeführten Äußerungen *Ratzingers* zeigen, daß auch er mit der sozialen Gerechtigkeit einen sozialethischen Sachverhalt verbindet. Er stellt die soziale Verpflichtung des Reichen gegenüber der „Gesamtheit", also der Gemeinschaft, der Gesellschaft, heraus. Verpflichtungsgrund und Rechtsziel ist das „Gemeinwohl",[1308] oder, wie sich *Ratzinger* auch ausdrückt, „der allgemeine Wohlstand", der „Wohlstand aller" oder, in der Formulierung von *Adam Smith*, der „Wohlstand der Nationen".[1309] Die Gemeinschaft fungiert dabei als Rechtsträger, wobei *Ratzingers* Augenmerk auf den wirtschaftlich und politisch Schwachen gerichtet ist, welchem Rechtsansprüche zustehen, die er „im natürlichen Recht",[1310] - eine Formulierung, die auf naturrechtliches Denken schließen läßt - begründet.

Als Beispiel nennt er die Forderung nach gesetzlichem Schutz des Arbeiters bei Unfall und Invalidität, oder die Rechtspflicht des Unternehmers, bei Erwerbsunfähigkeit für ausreichenden Unterhalt des Arbeiters zu sorgen, und die „gesetzliche" Festsetzung eines Lohnminimums. *Ratzinger* verlangt also für bestimmte Forderungen der sozialen Gerechtigkeit eine positive Gesetzgebung zum Schutze der Rechtssphäre des Nächsten.[1311] Insofern könnte man bei *Ratzinger* den Begriff der sozialen Gerechtigkeit hier im Sinne von „legaler" Gerechtigkeit[1312] auf den „Bereich der positiven Gesetzgebung" eingeschränkt sehen. Dennoch finden sich auch bei *Ratzinger* Anhaltspunkte für die Vermutung, daß eine derartige begriffsinhaltliche Verkürzung der legalen Gerechtigkeit „absolut nicht der theologischen Überlieferung zu entsprechen" scheint.[1313]

Ratzinger verweist denn auch auf jenen Tatbestand, daß „im socialen und wirtschaftlichen Leben" sich „das positive Recht, die erzwingbare Ordnung", eben „nicht immer mit der Forderung der Gerechtigkeit" deckt.[1314] Es sind die bereits oben hervorgehobenen „naturhaften Rechte der Gemeinschaft und ihrer Glieder"[1315] und nicht so sehr lediglich die gesetzlich festgelegten Rechte, die das

---

[1307] Vgl. Vw.², 68.

[1308] Vgl. Vw.², 28; vgl. dazu Calvez-Perrin, a.a.O., II 395.

[1309] Vgl. Vw.², 73, 190, 245 f.

[1310] Vgl. Vw.², 23.

[1311] Vgl. Vw.², 21.

[1312] Vgl. Bernhard Häring, Das Gesetz Christi, Freiburg 6. Aufl. 1961, III, 48.

[1313] Vgl. Joachim Giers, Die Krise der sozialen Gerechtigkeit. In: JChS 17 (1976) 93; vgl. auch Calvez-Perrin, a.a.O. II, 412.

[1314] Vgl. Vw.², 8.

[1315] Vgl. B. Häring, a.a.O., III, 49.

Charakteristische bei der sozialen Gerechtigkeit[1316] ausmachen. Bei *Ratzinger* sind die aus der sozialen Gerechtigkeit resultierenden gesellschaftlichen Pflichten also weit umfassender,[1317] als die allein aus den positiv geschriebenen Gesetzen herrührenden. Das liegt darin begründet, daß auch *Ratzinger* in der herkömmlichen thomistischen Auffassung von Gerechtigkeit zu wurzeln scheint. Er definiert mit den Worten des *Thomas von Aquin* die Gerechtigkeit als „jene dauernde Willensrichtung, welche jedem sein Recht zuteilt", wozu er ergänzend festhält, daß die „Tugend der Gerechtigkeit" eben „wie jedes sittliche Gebot" letztlich „nur im Gewissen" verpflichtet ist.[1318]

Er spricht also jenen bereits an anderer Stelle hervorgehobenen Sachverhalt an, wonach das „Sittengesetz wohl verpflichtet, aber nicht zwingt".[1319] Im Hintergrund steht hier das Verhältnis von Recht und Moral, wobei rechtsphilosophisch gesehen das Recht die Moral nur ermöglichen, nicht aber erzwingen kann, denn, so begründet es *Gustav Radbruch*: „Die moralische Tat kann begriffsnotwendig nur eine Tat der Freiheit sein",[1320] also nur im Gewissen entschieden werden. Dem Verpflichtungsgrade nach genügt der Moral „nur die normgemäße Gesinnung", während dem Rechte schon das vorschriftsmäßige „Verhalten" ausreicht. Moral fordert „Moralität", das Recht dagegen nur „Legalität".[1321]

Einen sich hier offenbarenden Dissens zwischen Recht und Moral hat auch *Ratzinger* im Auge, wenn er feststellen muß, daß das Recht zwar „gleiches Maß und Gewicht" im Güterverkehr erzwingt, „aber Wahrheit und Redlichkeit" dabei „trotzdem häufig genug" verletzt werden.[1322] Wie kann nun nach *Ratzinger* diesem offenkundigen Dilemma im Wirtschaftsleben begegnet werden? Zur Durchsetzung „der Gerechtigkeit im Tauschverkehr und bei der Lohnfestsetzung" fordert er die Bildung von „corporativen Verbänden und Organen der Gesamtheit", denen die Aufgabe obliegen soll, „den gerechten Preis mitzubestimmen". Im Nichtvorhandensein derartiger Institutionen sieht er „die Hauptschwierigkeit" und zugleich „die Achillesferse" der modernen Volkswirtschaft.[1323] Man kann in Anlehnung an *Oswald von Nell-Breuning* also bereits schon bei *Ratzinger* feststellen, daß er die soziale Gerechtigkeit nicht an ihrem „personalen Bereich der Entscheidung als Tugend" belassen, sondern sie auch „institutionell" abgesichert

---

[1316] Vgl. Vw.², 68.
[1317] Vgl. Calvez-Perrin, a.a.O., II, 401.
[1318] Vgl. Vw.², 8 - und Thomas von Aquin, S. th. 2, 2, q. 58 a.1.
[1319] Vgl. Vw.², 21.
[1320] Vgl. Gustav Radbruch, Rechtsphilosophie, 5. Aufl. Stuttgart 1956, 141.
[1321] Vgl. ebd., 134; Radbruch verweist ferner (131) darauf, daß ähnlich wie die Idee der Gerechtigkeit im Rechte, so auch die Idee der Sittlichkeit in der Moral, das heißt in der psychologischen Tatsächlichkeit des Gewissens zur Kulturwirklichkeit wird. Vergleichbar seien ferner entweder nur die zwei Wertbegriffe Gerechtigkeit und Sittlichkeit oder die zwei Kulturbegriffe: Recht und Moral. Recht und Sittlichkeit seien dagegen inkommensurable, nicht vergleichbare Größen, obwohl man sie häufig nebeneinanderstelle.
[1322] Vgl. Vw.², 8.
[1323] Vgl. Vw.², 8.

wissen will.[1324] Nicht anders ist seine Forderung nach berufsgenossenschaftlichen Organisationen öffentlich-rechtlicher Ausgestaltung zu werten.

Auch eine weitere Vermutung, die die soziale Gerechtigkeit „in Verbindung mit einem organischen Gesellschaftsdenken" stehen sieht,[1325] findet bei *Ratzinger* ihre Bestätigung in der schon erwähnten Auffassung von der „christlichen Gesellschaft als einem Organismus".[1326] Dabei hebt er ab auf die „harmonische Gesamtthätigkeit", zu der „alle Glieder in Erfüllung eines individuellen Zweckes" entsprechend ihrer individuellen Ausstattung berufen sind, in ihrem Handeln aber durch „Rücksicht auf den Nächsten und auf das Ganze" bestimmt werden. Dies heißt aber, daß „im sozialen Organismus" eben „auch ein sozialgerechter Ausgleich" herrschen muß.[1327] In der so gearteten Vorstellung vom Gesellschaftsorganismus findet die soziale Gerechtigkeit denn auch als ausgleichende und verteilende Gerechtigkeit sinnbildhaft ihre Deutung und weitere Dimensionierung. Auch die im Zusammenhang mit dem Gesellschaftsorganismus erwähnte paulinische Lehre vom mystischen Leib kann darauf hindeuten, daß *Ratzinger* das Konzept von der „sozialen Gerechtigkeit" sehr weit faßt.

1.1.2. Soziale Gerechtigkeit und christliche Liebe

Ratzinger sieht gemäß der christlichen Lehre Gerechtigkeit und Liebe einander zugeordnet. So spricht er davon, daß sich „an die Postulate der sozialen Gerechtigkeit" schließlich „die Forderungen der Liebespflichten" reihen.[1328] Beide stellt er heraus als „Gestaltungskräfte des sozialen Lebens",[1329] wenn er betont, daß „eine organisierende Kraft" eben nur in der „christlichen Gerechtigkeit" und in der Liebe liege,[1330] nicht im Egoismus, der ein „zerstörendes Element", eben eine desorganisierende Kraft bilde. Dieser Egoismus, hier verstanden als reine „Nützlichkeitstheorie",[1331] führt denn auch bei *Ratzinger* zu einer Abwertung der modernen liberalen Wirtschaftstheorie als reine utilitaristische Disziplin. Die „christliche" Gerechtigkeit qualifiziert er dagegen auch an dieser Stelle in der oben beschriebenen thomistischen Sicht als jene Kraft, „welche jedem das Seine gewissenhaft zuteilt", und die „christliche Liebe" mit ihrer „Hochherzigkeit und Opferfähigkeit", welche „dem Gesamtzwecke als Glied sich einordnet, dem Gesamtinteresse sich unterordnet und auch den Nächsten umfaßt", als ebenbürtige gesellschaftliche Gestaltungskraft. So ist die Gerechtigkeit darauf angelegt, daß sie „eine Ergänzung" in der Liebe finden „muß". Die soziale Funktion bestehe für die Gerechtigkeit darin, „den Kreis der individuellen Befugnisse" abzu-

---

[1324] Vgl. J. Giers, a.a.O., JChS 17 (1976), 109.
[1325] Vgl. ebd., 95.
[1326] Vgl. Vw.², 81.
[1327] Vgl. J. Giers, a.a.O., 95.
[1328] Vgl. Vw.², 68.
[1329] Vgl. J. Giers, a.a.O., 104.
[1330] Vgl. Vw.², 248 bzw. vgl. Vw.¹, 204, in der ersten Auflage fehlt noch der Hinweis auf die christliche Gerechtigkeit als weitere Gestaltungskraft.
[1331] Vgl. Vw.², 248 f., 571.

grenzen, wodurch sie „die Freiheit des Individuums" sichere, während die Liebe „die Beziehungen des Individuums zur Gesamtheit" regele, entsprechend „dem Gesetze der Solidarität und der Einheit des Menschengeschlechtes".[1332]
Welche Wirkungskette die Nichteinhaltung von Liebespflichten auslöst, deutet *Ratzinger* ebenfalls an, denn regele die Liebe nicht die gegenseitigen Beziehungen, dann verschwinde die Freiheit, und die Arbeit verfalle der Ausbeutung und Sklaverei,[1333] wobei die Gefahr bestehe, daß sich der kommunistische und sozialistische Zwang das mit Gewalt ertrotzt, was die Liebe nicht freigeben will.[1334]
Die christliche Nächstenliebe wird hier von *Ratzinger* in ihrer sozialen Dimension gesehen und beschrieben, und so kann er auch in gleichem Zusammenhang als Synonym dazu vom „Gesetz der Solidarität" sprechen. Dabei will er den Begriff der Solidarität nicht nur „auf die Mitlebenden", auf das 'Jetzt' beschränkt, sondern umfassender auf Vergangenheit und Zukunft ausgedehnt wissen. Die Solidarität wird also einmal zeitlich in einem geschichtlichen Bedingungszusammenhang, und strukturell in einer Sozialverbindlichkeit des einzelnen mit der Gesamtheit, und zwar sowohl hinsichtlich der materiellen Beziehungen als auch in bezug auf das „sittliche Leben" gesehen.[1335]
So wie die Liebe ihre Entsprechung in der „Solidarität der Gesamtheit" findet, so ist für *Ratzinger* das Pendant zur Gerechtigkeit die „Freiheit des Individuums". Liebe und Gerechtigkeit ihrerseits stehen nun in Korrelation zueinander und bilden, wie er sagt, das Fundament des sozialen Gebäudes.[1336] Als ein „soziales Gebäude" betrachtet er die „Gesellschaft im Großen" wie auch „die Familie im Kleinen". Die „Grundlagen", auf die sich diese Sozialgebilde aufbauen, sind nach *Ratzinger* „Liebe, Autorität, Vereinigung einerseits",[1337] wobei der Begriff Vereinigung mit Solidarität auswechselbar ist,[1338] und „Freiheit, Gerechtigkeit, Gleichheit andererseits".[1339] Wie die Liebe zur Gerechtigkeit, so steht sie demnach auch in einem Verbund zur Freiheit. An anderer Stelle spricht er davon, daß „Arbeit, Freiheit und Liebe" einen „Bund" bilden. Schließlich stellt er als „Grundzüge der christlichen Lehre", die „Norm und Maß" für die Gestaltung des „wirtschaftlichen und sozialen Lebens" der Völker abgeben, zusammenfassend die Begriffe „Arbeit, Freiheit und Nächstenliebe, welche die Gerechtigkeit in sich schließt", heraus.[1340]

[1332] Vgl. Vw.², 473 bzw. Vw.¹, 416.
[1333] Vgl. Vw.², 367 bzw. Vw.¹, 323.
[1334] Vgl. Vw.², 473 bzw. Vw.¹, 416.
[1335] Vgl. Vw.², 474 bzw. Vw.¹, 417.
[1336] Vgl. Vw.², 472 bzw. Vw.¹, 415.
[1337] Vgl. Vw.², 537 bzw. Vw.¹, 474.
[1338] Vgl. Vw.², 474 bzw. Vw.¹, 416 f.
[1339] Vgl. Vw.², 537 bzw. Vw.¹, 474.
[1340] Vgl. Vw.², 367 bzw. Vw.¹, 323, in Vw.² um den Zusatz „welche die Gerechtigkeit in sich schließt" erweitert.

Es scheint, daß man im Hinblick auf das gesellschaftliche Leben vor dem Hintergrund der christlichen Lehre analog zu *Ratzinger* eine Interdependenz und Korrelation der Begriffe wie Gerechtigkeit, Freiheit, Gleichheit, Arbeit und Liebe, Autorität, Vereinigung, Solidarität konstatieren kann. Vor diesem Hintergrund erscheint auch die bei *Ratzinger* nachweisbare Auswechselbarkeit des Epithetons „sozial" bzw. „gesellschaftlich" mit „christlich" als begründet. Dies dient wohl auch bei *Ratzinger* dem Anliegen, das Eigentliche, was er mit Gerechtigkeit und Liebe verstanden wissen will, „etwas genauer zu bestimmen", um so das besser zu umschreiben, „was der eine dem anderen auf Grund der Wesenähnlichkeit und der Zielgemeinschaft schuldet".[1341]

1.1.3. Zur sozialen Frage

Der Einengung des Begriffes der „sozialen Frage" auf die „Arbeiterfrage" seiner Epoche folgt *Ratzinger* nur zögernd. So stellt er fest, daß man die Arbeiterfrage „gerne als eigentliche 'soziale Frage'" bezeichne, obwohl sie doch nur „einen Theil der schwierigen Frage bildet, wie die Arbeit gegen das Kapital Schutz finden könne". Für ihn ist die „Bauernfrage" und „Handwerkerfrage" in ihren Konsequenzen noch bedrohlicher als die „engere sogenannte Arbeiterfrage".[1342] Er räumt zwar ein, daß die Arbeiterfrage „den hervorragendsten Theil der wirtschaftlichen Mißstände"[1343] seiner Zeit bilde; dementsprechend betrachte man jene „sogen." soziale Frage „immer nur als Arbeiterfrage, obwohl man andererseits die „enorme" Gefahr nicht vergessen dürfe, die dem „Naturfactor" durch die Produktion seiner Epoche drohe. Letztlich konzentrieren sich seine Äußerungen zur sozialen Frage dennoch auf die Arbeiterfrage.

Die Arbeiterfrage meint die schon beschriebene Situation des Arbeiters, speziell des Fabrikarbeiters, welcher in „proletarische Zustände herabgedrückt" worden sei.[1344] Als Ursache dafür bezeichnet *Ratzinger* erneut die „kapitalistische" beziehungsweise „egoistische" beziehungsweise „unsittliche" Ausbeutung seiner Zeit, die schon deshalb die Gerechtigkeit verletze, weil sie eben die „socialen Einrichtungen" der Gerechtigkeit entbehrten.[1345] Die Folge sei, daß die „Schwachen ausgewuchert", die Arbeiter mit einem Hungerlohn abgefunden und „neun Zehntel der Gesellschaft der gebührende Arbeitsertrag verweigert" werde. Die erstaunlichsten Entdeckungen und Erfindungen der Neuzeit hätten „weder die Löhne erhöht noch das Elend vermindert", aber dafür die „Wenigen noch reicher, und die Vielen noch hilfloser" gemacht, eine Aussage, die wiederum an *Marx* erinnert.

Für *Ratzinger* spitzt sich die soziale Frage letztlich auf die eine Frage zu, ob das Lohnniveau immer auf das „zum Leben absolut Notwendige" beschränkt bleiben

---

[1341] Vgl. Calvez-Perrin, a.a.O., II, 397.
[1342] Vgl. Vw.², 454 bzw. Vw.¹, 397.
[1343] Vgl. Vw.², 213 bzw. Vw.¹, 183.
[1344] Vgl. Vw.², 454 bzw. Vw.¹, 397. Zur Situation des Proletariers vgl. Vw.², 186.
[1345] Vgl. Vw.², 471 bzw. Vw.¹, 414.

müsse, was er, wie angeführt, verneint.[1346] Aber als den „Kernpunkt der socialen Frage" bezeichnet er den Verzicht des wirtschaftlich Überlegenen „auf egoistische Ausbeutung", verbunden mit der Gewährung eines „entsprechenden individuellen Benutzungsanteils an den beschränkt vorhandenen äußeren Produktionsmitteln",[1347] und zwar für alle. Als Begründung fügt er hinzu, daß der Besitzlose nicht „als Maschine, als untergeordnetes Wesen", als ausbeutbares Arbeitsobjekt anzusehen sei, sondern es komme ihm als Mitmensch und Mitbruder „ein Anspruch auf die Güter dieser Erde" zu.

Ratzingers Ausführungen enthalten denn auch Lösungsvorschläge zur Arbeiterfrage: „Die Tinte, welche über die Lösung der socialen Frage, um diese Phrase zu gebrauchen, in den letzten Jahrzehnten verschrieben wurde, dürfte bald ein Flußbett ausfüllen. Und doch läßt sich die ganze Lösung in vier Worte zusammenfassen. Das Christenthum lehrt und zeigt uns diese Lösung im Laufe der Jahrhunderte durch Liebe und Freiheit; die Welt kennt nur den Stachel der Noth und die Geißel des Zwanges!"[1348] Er ist der Meinung, daß man die soziale Frage „untheilbar" gemacht habe, und zwar in dem Augenblick, „da man Arbeiter und Unternehmer einander gegenüberstellte", das heißt „ihre Interessen voneinander trennte".[1349] Dadurch sei „der Klassengegensatz, die 'sogen.' sociale Frage zu einer Institution" in der kapitalistischen Produktion seiner Zeit erhoben worden.[1350] Es müsse aber wieder „der Arbeiter stets Unternehmer" und der „Unternehmer Arbeiter" sein. Dies verweist erneut auf die bereits erwähnten Zusammenwirkungsmöglichkeiten von Arbeit und Kapital in der Vorstellung *Ratzingers* hin.

Hinzu kommt seiner Meinung nach die „falsche Zweckbestimmung der Production", in der er „die Wurzel des Übels", welche man sociale Frage nenne, sieht.[1351] Gemeint ist die „industrielle" Produktion, die dem Zwange der Mehrwerterzielung unterliege, wobei der Mehrwert quasi in einer positiven Korrelation zur Ausdehnung des Kredits stehend gesehen wird. Das heißt für *Ratzinger*: „Je ausgedehnter das Creditsystem, um so höher muß dieses Plus sein".[1352] Dies bringe die Gefahr der Überproduktion und damit von Entlassungen der „fleißigen Hände" mit sich. Als „Lösung" fordert er eine „möglichste Einschränkung des Creditsystems", wobei das sich ergebende Problem der Kapitalbeschaffung durch „genossenschaftliche Ausbildung der Production" zu lösen ist.[1353] Im Hintergrund steht also wieder die erwähnte Genossenschaftsidee und das Anteilsystem, von der er sich die Behebung des „Mangels jeglicher Organisation" in

---

[1346] Vgl. Vw.², 360 bzw. Vw.¹, 317.
[1347] Vgl. Vw.², 203 f. bzw. Vw.¹, 84.
[1348] Vw.², 250 bzw. Vw.¹, 206.
[1349] Vgl. Vw.², 218: neu eingefügt 217 bis 227, vgl. mit Vw.¹, 187 und 188.
[1350] Vgl. Vw.¹, 399: nur dort.
[1351] Vgl. Vw.², 217.
[1352] Vgl. Vw.², 455, Neufassung zum Verhältnis zwischen Arbeitgeber und Arbeiter: 455-460, vgl. Vw.¹, 399-402.
[1353] Vgl. Vw.², 456.

der industriellen Production erhofft. In der Schaffung von Organisationen und Berufsgenossenschaften „mit öffentlichem Rechte", die den Gegensatz zwischen Unternehmer und Arbeiter überbrückt, sieht er letztlich auch eine Lösung der Lohnfrage im Sinne der „ausgleichenden Gerechtigkeit".[1354]

1.2. Sittlichkeit und Gesellschaft

1.2.1 Die soziale Frage als sittliche Frage

Ratzinger ist der Meinung, daß, „ehe an eine 'Lösung der socialen Frage' gedacht werden kann", sich zunächst die herrschende „sittliche Auffassung" in der modernen Gesellschaft ändern müsse. Denn eine Besserung sei „nicht von äußeren Organisationen allein", dagegen aber „in erster Linie von innerer Bekehrung" zu erhoffen.[1355] Die soziale Frage ist darum für *Ratzinger* eine „sittliche" Frage.[1356] Als Begründung verweist er auf die Differenz in den sittlichen Anschauungen zwischen den gebildeten Gesellschaftsschichten einerseits und der Schicht des „sogen. 'Volkes', des producierenden, thätigen und arbeitenden Theiles der Bevölkerung" andererseits.

Ermangle den einen bereits das Bewußtsein der sittlichen Verwerflichkeit des lukrativen Erwerbs, so verhalte es sich bei den andern umgekehrt, die sich als die „Enterbten" fühlten. Für *Ratzinger* ergibt sich daraus „die Notwendigkeit der socialen Reform", wie auch die Gefahr des Sozialismus. Dabei müsse „alle Reform", sei es eine wirtschaftliche oder soziale, „von innen kommen", das heißt von einer „Erneuerung des Geisteslebens, von religiöser Neubelebung und sittlicher Kräftigung" begleitet sein.[1357] Die soziale Wirrnis seiner Zeit sei nicht nur eine „Magenfrage", sondern eine „sittliche" und als solche müsse sie „die höchsten metaphysischen Probleme" in Betracht ziehen.[1358]

1.2.2 Zur Umgestaltung der Sittlichkeit der Gesellschaft

Eine für *Ratzinger* zentrale Forderung bezieht sich deshalb auf die Umgestaltung der „Sittlichkeit der Gesellschaft", und zwar mittels „der christlichen Wahrheit". Nur so könne der einzelne „aus freier Überzeugung und aus innerem Antrieb" sowohl die Pflichten der Gerechtigkeit als auch „jene gesellschaftlichen" Pflichten erfüllen, die nicht durch „Recht und Gesetz" erzwingbar sind,[1359] wobei er wiederum das schon erwähnte Verhältnis von Recht und Moral anspricht. Im Unterschied zu den Rechtspflichten will *Ratzinger* die gesellschaftlichen Pflichten als Liebespflichten verstanden wissen.[1360] Nur die Liebespflichten sind seiner Meinung nach „einer vielgestaltigen Gliederung und Steigerung fähig" und daher offen „bis zur Hinopferung der eigenen Persönlichkeit im Dienste des Nächsten

---

[1354] Vgl. Vw.², 218.
[1355] Vgl. Vw.², 466.
[1356] Vgl. Vw.², 434 und 40.
[1357] Vgl. Vw.², 592.
[1358] Vgl. Vw.², 40.
[1359] Vgl. Vw.², 151.
[1360] Vgl. Vw.², 24.

um Gottes willen". Anders die Rechtspflichten, sie gelten „für alle gleich" und sind vom Staat gesetzlich erzwingbar.

Vom Begriff der Gesellschaft ausgehend stellt *Ratzinger* eine Affinität zwischen Sittlichkeit und Gesellschaft her. Für ihn werden mit dem „Begriff der Gesellschaft" jene „zahlreichen Lebenskreise, Gruppen und Verbände", die das Wirtschaftsleben erzeugt, erfaßt. Diese „gesellschaftlichen Lebenskreise" erzeugen nun ihrerseits sittliche Pflichten, deren Erfüllung man nicht erzwingen könne, deren Vernachlässigung aber eine „schwere Versündigung vor Gott" sei. Den sittlichen Pflichten speziell im Wirtschaftsleben kommt also ein hoher moralischer Verpflichtungsgrad zu. Aus dieser Sicht muß das Interesse der Gesellschaft „höher stehen" als der Profit des einzelnen. Die selbstverständliche Forderung der Solidarität werde von der Volkswirtschaft seiner Zeit ständig „theoretisch und praktisch verläugnet".[1361] Das anzustrebende Ziel der Gesellschaft sei die „gemeinsame Benutzung der irdischen Güter für alle". Der christliche Weg dazu führt über „die Liebe zur Arbeit", die „gerechte Vertheilung der erarbeiteten Güter" und die „freie Mittheilung vom Überflusse an die Bedürftigen".[1362] Nur so könne verhütet werden, daß Liebe und Freiheit nicht in Not und Zwang umschlagen.

Die Gesellschaft, so stellt *Ratzinger* weiter heraus, müsse sich „in der Wahrheit des Christentums erneuern"; sie müsse sich „aus dem Schmutze des Egoismus zur Höhe der christlichen Liebe erheben",[1363] ein Gesichtspunkt, nach dem sich auch wieder „die gesamte Bildung und Erziehung" auszurichten habe. „Das Unterrichtswesen, alle Bildungsanstalten, die gesamte öffentliche Erziehung" diene bislang entgegengesetzten Tendenzen, woraus eine allgemeine Verschlechterung in den sittlichen Anschauungen und einer „Abschwächung des Gewissens" resultieren, so daß schließlich die Ausbeutung des Nächsten gar nicht mehr „als unsittlich gefühlt" würde. Als eine „nothwendige Voraussetzung" der anzustrebenden Umwandlung in den sittlichen Anschauungen fordert er daher die „Aenderung des Systems der Erziehung und Bildung".[1364] So ist denn auch die soziale Frage für ihn „in erster Linie" eine Frage des Unterrichts und der Erziehung; erst „in zweiter Linie" stehe die Notwendigkeit einer Reform der wirtschaftlichen Zustände.[1365]

1.2.3 Zum Fortschrittsgedanken

Ist die religiös-sittliche Bildung „mächtig genug", so ist für *Ratzinger* auch „Wohlstand und Fortschritt" möglich.[1366] Der Fortschrittsgedanke selbst wird entgegen der Meinung seiner Epoche im Werke *Ratzingers* in einem sozial-

---

[1361] Vgl. Vw.², 246.
[1362] Vgl. Vw.², 249 f.
[1363] Vgl. Vw.², 470.
[1364] Vgl. Vw.², 151; Einzelheiten zu den Reformvorstellungen Ratzingers zum Bildungswesen und Erziehungssystem vgl. u.a. Vw.², 442 f., 447 f, 590 ff., 612 f.
[1365] Vgl. Vw.², 613.
[1366] Vgl. Vw.², 567; neu 561-577.

ethischen Zusammenhang stehend gesehen. Nach *Ratzinger* ist „das Gesetz des Fortschritts" gleichzusetzen „mit dem christlichen Sittengesetz": Liebe deinen Nächsten wie dich selbst.[1367] Liebe und Freiheit bilden dementsprechend „Grundlage und Gesetz des Fortschritts im geistigen wie im wirtschaftlichen Leben, in Civilisation und Cultur". Dazu im Gegensatz steht die „materialistische Geistesrichtung" seiner Zeit,[1368] auf die schon im Zusammenhang mit der Egoismusproblematik und seiner Kritik an den angeblichen Naturgesetzen hingewiesen wurde. Nach dieser Richtung beinhalte das „Gesetz des Fortschritts" eben die „Ausmerzung" des Untüchtigen und die „Auslese" durch Not und Kampf.[1369] So stellt er für seine Epoche fest, daß sich zwei Weltanschauungen gegenüberstehen: „Die christliche mit ihrer Lehre" von Schöpfung, Sündenfall und Erlösung", und die „sogenannte naturwissenschaftliche Doctrin", welche die gesamte Entwicklung des Menschengeschlechts durch den Daseinskampf erkläre.[1370]

Auf die Widerlegung der naturwissenschaftlichen beziehungsweise der darwinistischen Theorie durch *Ratzinger* kann hier weiter nicht eingegangen werden.[1371] Nach *Ratzinger* liegt die Ursache des Fortschritts „nicht in den sinnlichen Trieben, nicht im Kampf um Brod und Vermehrung".[1372] Der Antrieb im Menschen, sich die Natur zu unterwerfen, entspricht seinen „geistigen Tendenzen", bleibt also nicht auf den rein materiellen Bereich beschränkt. Der Mensch muß die Materie durchgeistigen. Die Gefahr bestehe nun für den Menschen, sich selbst als Mittelpunkt der Natur zu begreifen. „Dauernder Fortschritt" sei aber nur möglich, wenn „des Menschen Geist" den Mittelpunkt des Daseins in einem Höheren Wesen, eben in Gott, suche. So komme der Forscher „schließlich zu den höchsten metaphysischen Fragen".[1373] Nach *Ratzinger* liegt denn auch „das Motiv, das oberste Prinzip und die bewegende Ursache alles sittlichen und materiellen Fortschritts" im „Abglanze der göttlichen Dreieinigkeit" – das heißt in der „dreifachen Liebe zu Gott, zu sich selbst und zum Nächsten", begründet.[1374]

Der Fortschrittsgedanke, hier verstanden im Sinne von sozialem Fortschritt, ist also laut *Ratzinger* ein genuin christlicher und unterliegt bei ihm einer umfassenderen, nämlich zusätzlichen theologischen Interpretation. In der naturwissenschaftlichen Doktrin bleibt er dagegen eingeschränkt auf eine materialistische Sicht, die ihn nicht in einen sittlichen Beziehungszusammenhang zur Gesellschaft stellt, sondern ihn in einem quasi „naturgesetzlichen" beläßt. Nur die christliche Lehre sei in der Lage, „die religiös-sittlichen Voraussetzungen des

---

[1367] Vgl. Vw.², 503 bzw. Vw.¹, 438.
[1368] Vgl. Vw.², 554; andere Formulierung in Vw.¹, 470.
[1369] Vgl. Vw.², 504 bzw. Vw.¹, 438.
[1370] Vgl. Vw.², 585 bzw. Vw.¹, 490.
[1371] Vgl. Vw.², 505-533.
[1372] Vgl. Vw.², 511 bzw. Vw.¹, 7.
[1373] Vgl. Vw.², 512 bzw. Vw.¹, 8.
[1374] Vgl. Vw.², 534, neu: 533-535; vgl. Vw.¹, 456.

Fortschritts der Menschheit" klar aufzuzeigen.[1375] Die Mängel am Fortschritt zeigen sich nicht zuletzt auch darin, daß man es für selbstverständlich halte, daß „jeder Fortschritt in der Technologie nur die Profite des einzelnen Kapitalisten erhöht", die Masse der Arbeiter aber nur „noch tiefer in den Abgrund von Abhängigkeit, Armut und Elend" stürzt.[1376] Das Sinken der Löhne begrüße man als Fortschritt, nur weil so der Unternehmer offensichtlich auf Kosten der Arbeiter seine Profite erhöhe.

Diese Aussagen deuten darauf hin, daß man auch bei *Ratzinger* erst dann von Fortschritt, von „sozialem" Fortschritt sprechen kann, wenn darunter „eine gerechte oder gerechtere Verteilung der Güter" verstanden wird.[1377] Auch hier wird der soziale Fortschritt in Zuordnung zur „sozialen Gerechtigkeit" stehend gedacht. Das Problem des Fortschritts hat also nicht nur eine naturgesetzliche Seite, sondern auch eine soziale und ethische Dimension.

1.2.4. Die christliche Demokratie

Auch *Ratzinger* spricht von der „christlichen" oder, wie er sich auch ausdrückt, von der „gesunden" beziehungsweise „wahren" oder auch „edlen" Demokratie.[1378] Das Christentum habe „durch die Lehre von der Gleichheit aller vor Gott" die Demokratie geschaffen. Sie sei eine „gesunde", wenn sie „in dem mannigfaltigen Wechsel, in vielfachen Gliederungen und Abstufungen ihren Ausdruck" finde. Eine „gesunde" wohl schon deswegen, weil „in diesen Abstufungen" die Extreme, das heißt „der verschwenderische Luxus und das Elend", die der Egoismus erzeuge, fehlen.

Der Radikalismus und Kommunismus strebe in der Demokratie dagegen ein „Einerlei der Wüste" an, worunter er wohl die Anarchie versteht. Als das Ideal der Demokratie bezeichnet er die „gleiche Theilnahme aller an den Gaben Gottes"; dieses Ziel sei jedoch unerreichbar, und der „Communismus", der die Teilnahme aller „an allen Gütern des Lebens" fordere, bleibe eine Utopie. Es sei jedoch eine „wahrhaft christliche Weisheit", unablässig „gegen alle Hindernisse der materiellen Natur und des menschlichen Egoismus zu kämpfen", denn nur so könne man die Völker in jene Lage versetzen, in welcher „das möglichst größte Glück der Antheil der möglichst größten Anzahl von Menschen sein wird".[1379] Diese Situation bezeichnet er als die „wahre, edle Demokratie der volkswirtschaftlichen Lehre des Christenthums".

Das Christentum scheint demnach auch in der Vorstellungswelt *Ratzingers* „als Ferment des gesellschaftlichen und politischen Lebens der Völker"[1380] zu dienen, das heißt der Akzent liegt nicht so sehr auf „religiösem Credo" und „Weg

---

[1375] Vgl. Vw.², 554; Satz fehlt in Vw.¹, 470, vgl. auch ebd. 476.
[1376] Vgl. Vw.², 246 bzw. Vw.¹, 203.
[1377] Vgl. J. Giers, a.a.O., 107 f.; vgl. hierzu Vw.², 250, 518.
[1378] Vgl. Vw.², 70 bzw. Vw.¹, 56 f.
[1379] Vgl. Vw.², 71, indem er hier den französischen Sozialkritiker Perrin zitiert.
[1380] Vgl. Bernard Plongeron, Die Kirche in Europa im 19. Jahrhundert vor der Frage: Revolution oder Restauration? In: Conc. 12 (1976) 225.

zum ewigen Leben". Im Hintergrund stehen vielmehr die christlichen Forderungen nach sozialer Gerechtigkeit und Sittlichkeit in der Gesellschaft. Der Begriff der christlichen Demokratie ist auch bei *Ratzinger* auf die sozialen Bestrebungen und Bemühungen gerichtet.

2. Kap.: Gemeinwohl und Staat

2.1. Kompetenz des Staates

Es wurde schon an anderer Stelle vermerkt, daß für *Ratzinger* der Staat zum Eingreifen verpflichtet ist, wenn zum Beispiel übermächtige soziale Gruppen versuchen sollten, ihr einseitiges Interesse gegen „das gemeinsame Wohl" durchzusetzen.[1381] *Ratzinger* bezeichnet denn auch, wie er sich ausdrückt, „das große Gebiet der Pflege des Gemeinwohles" als eine „Aufgabe des Staates oder der bürgerlichen Gesellschaft".[1382] Unter der Pflege des Gemeinwohls versteht er die „Wahrung der öffentlichen Ordnung, Sicherstellung des öffentlichen Rechtes" und ferner, wobei er anscheinend an die Gewährleistung der sozialen Gerechtigkeit denkt, „die Erzwingung dessen, was gerecht ist in Bezug auf die äußeren Beziehungen des Menschen zum Menschen und zur Gesamtheit". Der Staat wird so als die „entscheidende Ordnungsmacht" anerkannt, die verpflichtet ist, auch in privatrechtliche Reiche vorzudringen, falls diese sich „nicht mehr selbst oder aus eigenem" Antrieb ordnen lassen.[1383]

Als Beispiele erwähnt *Ratzinger* das Eigentum, dessen Gebrauch der Staat mit dem öffentlichen Interesse in Einklang bringen, und das Korporationswesen, das er den jeweiligen Bedürfnissen anpassen könne. Einschränkend dazu vermutet er, daß der Staat hingegen nicht befugt sei, Privateigentum oder das Recht auf Assoziation in Korporationen zu beseitigen, da diese Rechte „von Natur aus gegeben" seien.[1384]

2.2. Verhältnismäßigkeit und Subsidiarität

Dem Staat kommt es zu, „die irdischen Verhältnisse des Menschen zu ordnen". Als Verpflichtungsgrund für ein Intervenieren des Staates erscheint in der Argumentation *Ratzingers* das Gemeinwohl beziehungsweise als „Komplementärbegriff"[1385] die soziale Gerechtigkeit. Neben dem Begriff des Gemeinwohls verwendet *Ratzinger* synonym die Begriffe „allgemeiner Wohlstand", „Wohlstand aller", „Wohlstand der Gesamtheit", „allgemeines Wohl", alles Begriffe, die auf das Werk von *Adam Smith* über den „Wohlstand der Nationen" - ein Ausdruck, der sich ebenfalls häufig bei *Ratzinger* findet - hinweisen. Wohlstand

---

[1381] Vgl. Vw.², 21.
[1382] Vgl. Vw.², 28.
[1383] Vgl. J. Giers, a.a.O. 98.
[1384] Vgl. Vw.², 28.
[1385] Vgl. Franz Klüber, Grundriß der katholischen Gesellschaftslehre, Osnabrück 1971, 38.

für alle bedeutet aber gerechte Verteilung der Güter und Arbeitserträgnisse. Niedrige Löhne seien dagegen ein Anzeichen für ein Schwinden des allgemeinen Wohlstandes.[1386] Nach der Lehre des Christentums seien aber nun alle Menschen gleichberechtigt und frei, das heißt jedem komme das Recht zu „auf mögliche sittliche Entfaltung und wirtschaftliche Bethätigung der Persönlichkeit".[1387] Es liege jedoch am „heidnischen Monopolgeiste der liberalen Doctrin und Praxis", daß Freiheit und Gleichheit scheiterten. Freiheit ohne ökonomische Basis sei eine leere und inhaltlose Phrase, und die Gleichheit solle nicht eine „gleichförmige" sein, müsse aber in einer „verhältnismäßigen, individuell eigenthümlichen Theilnahme aller an der Production und Consumtion der Güter" bestehen. Das „christliche Prinzip" fordere „die sittliche Beherrschung der naturgesetzlichen Bedingungen des Wohlstandes im Interesse der verhältnismäßigen möglichen Beglückung aller".[1388]

Es zeigt sich, daß Wohlstand abhängig ist von einer ethischen Eigenverantwortung und sozialen Bindung. Die Menschen werden hier als „freie" und „gleichberechtigte" gedacht; oder anders gesagt, dem Menschen kommt „Personalität und Sozialität" zu.[1389] „Personales und soziales Wohl" stehen in Korrelation, ein Faktum, das zu beachten ist, um erkennen zu können, „was der Gesellschaft und ihren Gliedern in Gerechtigkeit geschuldet" wird. Die Gefahr bleibt dabei immer gegeben, daß sich „ethische Eigenverantwortung und soziale Bindung verhängnisvoll lockern" können,[1390] oder nämlich, in den Worten seines Zeitgenossen *Linsenmann* ausgedrückt, die „Freiheit ist die geschworene Feindin der Gleichheit".[1391]

Damit nun Freiheit und Gleichheit in ihrem Recht belassen bleiben und es zu einer Ausgewogenheit zwischen beiden kommt, werden dem Staat Handlungsspielräume zuerkannt. Als Handlungsmaximen werden indirekt bei *Ratzinger* die Prinzipien der Verhältnismäßigkeit und der Subsidiarität herangezogen. So ist eine „verhältnismäßige" Beglückung aller anzustreben. Für *Ratzinger* ist es „nun einmal nicht möglich", daß „alle gleichmäßig an den beschränkten Gütern der Natur theilnehmen, da dies nur gegenseitiger Vernichtungskampf" bedeuten müsse. Er ist jedoch überzeugt, daß die „verhältnismäßige Theilnahme aller an den Gütern der Welt" möglich ist, eben bei Respektierung des „rechtlichen" Privateigentums und „ethischen" Gemeineigentums, gemäß der christlichen Lehre. Er folgert weiter als Ziel die „verhältnismäßige Theilnahme aller in der Genossenschaftsgliederung",[1392] wobei eben auch der Staat in seinem Zustän-

---

[1386] Vgl. Vw.², 218 bzw. Vw.¹, 443: d. h. gerechte Verteilung steigert die Konsumkraft, welche ihrerseits eine Produktionsausdehnung bedinge: Volkswirtschaftlicher Kreislauf.
[1387] Vgl. Vw.², 104 f. bzw. Vw.¹, 85 f.
[1388] Vgl. Vw.², 468 bzw. Vw.¹, 410.
[1389] Vgl. J. Giers, a.a.O. 104.
[1390] Vgl. H. C. Recktenwald, a.a.O. 239.
[1391] Vgl. F.-X. Linsenmann, Lehrbuch der Moraltheologie, Freiburg 1878, 409.
[1392] Vgl. Vw.², 462, anders formuliert in Vw.¹, 404.

digkeitsbereich tangiert wird. Dem Staat, der „Gemeinde", obliegt es, „subsidiarisch" helfend einzugreifen.[1393]

2.3. Die Staatsbedürftigkeit der Wirtschaft

Ratzinger grenzt die Zuständigkeitsbereiche von Kirche, Genossenschaften und Staat voneinander ab. Die Kirche müsse sich „für religiöse Wirksamkeit und Besserung, für Belehrung (Schulwesen) und Unterstützung (Armenpflege)" frei entfalten können. Ebenfalls müsse man den Genossenschaften „im Arbeits- und Wirtschaftsleben" die Bahn freigeben, um so „Ungleichheiten im sozialen Leben" ebnen zu können. Dem Staat falle nur die Aufgabe zu, der Kirche entsprechend „freien Raum" und den Genossenschaften entsprechend „öffentliche Macht" zu gewähren.[1394]

Für seine Epoche bezeichnet er es als „die Achillesferse des modernen Staates" und zugleich als einen „inneren Widerspruch", daß vom Staat der „Sozialismus auf geistigem Gebiet" kultiviert werde, während man den „Sozialismus auf materiellem Gebiet" als „staatsgefährlich" bezeichne und bekämpfe.[1395] Der Staat beanspruche, das „gesamte Gebiet geistlicher und sittlicher Kräfte" ausschließlich regeln zu wollen. „Schulzwang und Schulmonopol, Zwangsarmenpflege und das staatlich garantierte Recht auf Unterstützung" bilde „bereits ein Stück Sozialismus" und stelle einen „Angriff des Staates auf die religiöse und geistige Selbstbestimmung, auf das ureigenste Recht der Persönlichkeit, der Eltern, der Familie", dar. Dies „socialistische Monopol- und Zwangssystem" auf „geistigem" Gebiet müsse der Staat beseitigen.

Generell fordert *Ratzinger* eine Revision des Begriffes „von der Aufgabe des Staates und den Attributen seiner 'Souveränität'". Es könne nicht beim Nebeneinander von Staatsomnipotenz auf geistigem Gebiet und der „'Nachtwächteridee' vom Staate" auf materiellem Gebiet bleiben. Gerade das wirtschaftliche Leben sei „am meisten staatsbedürftig".

Verhängnisvoll sei es, das wirtschaftliche Gebiet aus dem Aufgabenbereich des Staates herauszulassen, das heißt, wenn der Staat der freien Konkurrenz „vollen Spielraum" gewähre. Entsprechend der Ansicht von *Schäffle* bedürfe das „äußerliche Interessengewühl" eben „vor allem der schlichtenden und einrichtenden Hand des Staates". Der Staat habe also sowohl die Aufgabe, die „streitenden Privatinteressen auszugleichen", im Sinne der Gerechtigkeit (*suum cuique*) als auch den Zusammenschluß „der vereinzelten, schwachen, auseinandergehenden Kräfte" zu ermöglichen, zum Schutze „gegen Übermacht" und zum „gesellschaftlichen Wohle" im Sinne von *viribus unitis*.[1396]

[1393] Vgl. Vw.², 190 bzw. Vw.¹, 161, wobei er die Verhältnisse im Mittelalter als vorbildhaft ansieht.
[1394] Vgl. Vw.², 452 bzw. Vw.¹, 395.
[1395] Vgl. Vw.², 453 bzw. Vw.¹, 396.
[1396] Vgl. Vw.², 451 bzw. Vw.¹, 394 f.

3. Kap.: Humanität und christliche Lehre

3.1. Verflechtung von Humanität mit christlicher Lehre

Aus der Analyse seiner Zeitsituation, vor dem Hintergrund einer „menschenunwürdigen Lebenslage", die einhergeht mit der Fabrikarbeit von Frauen und Kindern, mit der Mißachtung der Familie, mit der Deklassierung der Mutter zur Lohnarbeiterin, mit der gesundheitsschädlichen Überarbeit, wird für *Ratzinger* deutlich, daß „die Humanität mit den christlichen Ideen unzertrennlich verknüpft" sei.[1397] Die moderne Volkswirtschaft, also die kapitalistische Gesellschaftsform mit ihrem Egoismusprinzip, sei dagegen „unmenschlich, grausam und roh". Die christliche Lehre, so stellt *Ratzinger* weiter fest, erhebe sich „über" das wirtschaftliche Leben,[1398] denn sie regele das Verhältnis des Menschen zu Gott, biete aber zugleich Normen für das Verhalten des Menschen zur materiellen Ordnung, entsprechend der genannten Begriffe wie Arbeit, Freiheit, Nächstenliebe und Gerechtigkeit. Entsprechend ist die christliche Lehre ihrerseits wiederum mehr als lediglich eine „allerweltliche" Humanität.[1399] Sie bietet für die Grundwerte von Gesellschaft und Wirtschaft einen metaphysischen Bezug, der diese Werte für den einzelnen letztlich sittlich verpflichtend macht.

Ratzinger unterscheidet denn auch zwischen dem, was „wahre" Humanität ist, und dem, was die „große Masse der Gebildeten" zu seiner Zeit „unter der Firma Humanität" anstrebt.[1400] Die letztgenannte Humanitätsvorstellung wolle nichts mehr wissen „von der Unterordnung des Menschen als Individuum und der Menschheit, der Gesellschaft im ganzen unter Gott und seine Gebote, unter Christus und seine Lehren". Sie kenne nur die Natur, natürliches Recht und natürliche Sittlichkeit. *Ratzinger* verweist dagegen auf die „Thatsache, daß wahre Humanität und Güte, daß Recht und Sitte nicht bestehen können, ohne daß ein Einfluß thätig ist, welcher höher steht als die Natur". Letztlich zeigten sich die „natürlichen" Prinzipien von Recht und Sitte in ihrer „Klarheit und Kraft" „erst im Lichte der göttlichen Offenbarung, erst in der Gnade der christlichen Erlösung".

Die Humanitätsvorstellung seiner Epoche wird also als eine rein innerweltliche, „natürliche", ohne metaphysischen Bezugspunkt hingestellt. Trotz dieses Mangels sei zum Beispiel auf *Adam Smith* verwiesen, der mit seiner Idee der „natürlichen" Freiheit einer aufgeklärten und geläuterten und eben „nicht einer grenzenlosen Freiheit", wie sie speziell vom Marxismus dem Kapitalismus unterstellt wird, das Wort redete.[1401] Diese Freiheitsvorstellung kann man bei *Smith* als ein Integral für das Allgemeinwohl auffassen, und so kommt auch dieser eine gewisse sittliche Qualität zu.

[1397] Vgl. Vw.², 72 bzw. Vw.¹, 58.
[1398] Vgl. Vw.², 367 bzw. Vw.¹, 323.
[1399] Vgl. J. Giers, a.a.O. 102.
[1400] Vgl. Vw.², 569; neu: 561 bis 577; vgl. Vw.¹, 482.
[1401] Vgl. H. C. Recktenwald, a.a.O. 239.

3.2. Das Prinzip der Nützlichkeit als die Moral der Humanität

Die „Moral der Humanität" seiner Zeit bezeichnet *Ratzinger* als eine „natürliche" Moral mit den Eigenschaften wie „Mäßigung, Schicklichkeit und Nützlichkeit".[1402] Diese rühme sich eines „angeblichen Fortschritts", da sie „im 'mäßigen' Egoismus und im 'geläuterten' Selbstinteresse das Motiv für menschliches Handeln" zu erkennen glaube. *Ratzinger* präzisiert aber weiter und stellt als das „eigentliche Kennzeichen dieser Humanität" eben heraus, daß sie „alles nach den Forderungen des Egoismus und des sinnlichen Genusses" beurteile,[1403] Kriterien, in denen *Ratzinger*, wie erwähnt, das unsittliche Prinzip des Kapitalismus zu sehen glaubte. Das „einzige Prinzip" dieser Humanität sei „die Nützlichkeit". Dementsprechend stelle man nur noch die Frage, was Nutzen bringe. Dagegen frage man sich nicht mehr, was wahr und gerecht, was edel und schön sei. Man bedaure sogar diejenigen, welche noch daran glaubten, „daß die Tugend ohne entsagende Liebe und Opfer" nicht möglich sei. Dies bezeichne man als einen überwundenen Standpunkt, denn „an die Stelle von christlicher Liebe und Opfer" habe nun „wohlverstandener Egoismus und gemäßigter Genuß" zu treten.

Auch die Folgen einer derart verstandenen Humanität sind nicht unerheblich. *Ratzinger* beschreibt diese, indem er *Périn* zitiert und sich so dessen Meinung aneignet. *Périn* weist darauf hin, daß man nicht bloß verlernt habe, für die Gerechtigkeit ein Opfer zu bringen, nein - was sicherlich mit Recht viel schwerwiegender ist - man habe verlernt, „gegen jene unwillig zu werden, welche sie verletzen". Lapidar, aber doch wohl treffend stellt er fest: „Die Ideen verschlechtern sich mit den Gefühlen; das Ideal räumt dem Realismus den Platz". Es nehme schließlich alles in Politik, Wissenschaft und Kunst den Charakter der Spekulation an.[1404] - Zusammenfassend könnte man also sagen, daß die größte Gefahr einer so gearteten Humanität in der theoretischen wie praktischen Relativierung aller ethischen Normen und Werte gesehen werden muß, die so ihre Allgemeinverbindlichkeit einbüßen müßten. Diese Gefahr scheint auch *Ratzinger* hier gemeint zu haben.

3.3. Humanität als Ersatz für eine einheitliche Weltanschauung

Im Hinblick auf Kultur und Zivilisation sieht *Ratzinger* für seine Epoche die größte Gefahr in der geistigen Anarchie und sittlichen Halbheit,[1405] also wohl in der Relativierung aller Normen und Werte. Er behauptet, daß dies die gläubigen Christen wie auch die Materialisten in gleicher Weise fühlten. Auch die Ungläubigen hätten „die Nothwendigkeit einer einheitlichen Weltanschauung" erkannt, deren „obligatorische Verbreitung" sie erstrebten. Man erinnere sich deshalb an *August Comte*, der an die Stelle des Christentums „eine Religion der Humanität" zu setzen suchte, um über diesen Weg wieder eine einheitliche Lebensanschauung zu ermöglichen. Auch der Nationalökonom *John Stuart Mill* habe sich als

---

[1402] Vgl. Vw.², 570.
[1403] Vgl. Vw.², 571.
[1404] Vgl. Vw.², 571 f.
[1405] Vgl. Vw.², 586 bzw. Vw.¹, 491.

Religionsstifter versucht, dessen Bekenntnis sich „in der Zweckmäßigkeit und Nützlichkeit (Utilitarismus)" erschöpfe, einer Religion, die „in der Läugnung höherer edler Sittlichkeit" ende. Im gleichen Sinne wirke zu seiner Epoche auch *Herbert Spencer*.

Ratzinger modifiziert nun zwischen „innerer" und „äußerer" Sittlichkeit. Dabei stellt er fest, daß die Nützlichkeitstheorie, die er als die „Moral des Materialismus" bezeichnet, eine „innere Sittlichkeit" nicht erzeuge, es werde damit vielmehr „nur der äußere Schein der gesellschaftlichen Stellung halber gewahrt".[1406] Der „nackte" Materialismus entbehre auch der „Maske der gesellschaftlichen Rücksichten" und führe zur tiefsten sittlichen Entartung. Charaktere, die zu entsagen und zu opfern verstehen, bilde man auf diese Weise nicht heran.

Die „materialistische Weltanschauung", die *Ratzinger* hier anspricht, erscheint also auswechselbar mit den herrschenden Humanitätsvorstellungen seiner Zeit. Er bezeichnet nur diese als Unglaube. Der Unglaube wiederum kennzeichne sich durch Verneinung und biete insofern „kein verbindendes Organ". Die Gegner der christlichen Wahrheit seien sich daher auch nur in deren Verneinung einig. Zu einer einheitlichen Weltanschauung ist gemäß *Ratzinger* nur die „Religion des Welterlösers" fähig, die „einzig und allein die Religion der Liebe und der Vereinigung" sei.[1407] Der Mangel an Liebe und Vereinigung wurde aber auch als Hauptschwäche des Kapitalismus herausgestellt.

3.4. Rückkehr zur wahren Humanität im Sinne der christlichen Lehre

Eine kapitalistische Gesellschaft, die in Selbstsucht und Genußsucht versinke, müsse die „letzte Consequenz der materialistischen Weltanschauung ertragen" und den Weg „schwerer socialer Kämpfe" gehen, bis die Menschheit sich dann wieder dem Kreuze, „dem Zeichen der Erlösung", zuwende, um so in der „Liebe zu Gott und dem Nächsten, in Entsagungen und Opfern, die Kraft zu neuen idealen Schöpfungen, zu dauernden Gestaltungen und gesellschaftlichen Organisationen" zu gewinnen.[1408] Diese Aussage *Ratzingers* signalisiert erneut, was er letztlich unter „wahrer", das heißt wohl hier unter christlicher Humanität versteht. Diese Humanität kann nicht von der Erlösungstat, von der Menschwerdung Gottes losgelöst gedacht werden; sie ist zu sehen „im Lichte der göttlichen Offenbarung".[1409]

Der Mensch wird in seinem wahren Wesen zu erfassen gesucht, in seinem Selbstsein wie in seinem Gesellschaftssein, in seiner Bindung zu Gott wie in seiner Erneuerung durch Gott.[1410] Der wahre Humanismus bleibt für *Ratzinger* gefährdet durch eine Philosophie des „Natürlichen", einen liberalen Humanis-

---

[1406] Vgl. Vw.², 589 bzw. Vw.¹, 492.
[1407] Vgl. Vw.², 587 f.
[1408] Vgl. Vw.², 577.
[1409] Vgl. Vw.², 569.
[1410] Vgl. Walter Rüegg, Humanismus. In: StL IV (1969) 172.

mus, der nur die „Natur", „natürliches Recht und natürliche Sittlichkeit" kennt,[1411] durch einen Materialismus, einen „Humanismus ohne Gott".

Die Rückkehr zur christlichen Humanität ist für ihn daher eine Frage des Unterrichts und der Erziehung. Religion müsse gelehrt und vor allem auch geübt werden.[1412] Wissenschaft und Religion seien jene zwei geistigen Gewalten, die die moderne Gesellschaft, die *Ratzinger* auch als eine kapitalistische bezeichnet, leiteten. Da diese Gewalten aber miteinander im Kampf liegen und es einer einheitlichen Weltanschauung mangele, bleibe nur ein intellektuelles und moralisches Chaos zurück.[1413] Wissenschaft und Religion sind daher wieder zum Ausgleich zu bringen.

[1411] Vgl. Vw.², 569.

[1412] Vgl. Vw.², 589. Siehe auch Ratzingers Kritik an der wissenschaftlichen theologischen Literatur seiner Zeit, an den theologischen Lehranstalten wie auch an der theologischen Wissenschaft selbst. Die theologische Wissenschaft bleibt hinter den praktischen Bedürfnissen der Zeit zurück. „Die dominierende Richtung der Casuistik" in der Moraltheologie seiner Zeit sei „immer ein Zeichen wissenschaftlichen Verfalles", vgl. Vw.², 606.

[1413] Vgl. Vw.², 589.

Teil V
Bleibende Anregungen für die Zukunft

1. Kap.: In geschichtlicher Hinsicht

Es ist verständlich, daß *Ratzinger* als Historiker die historisch-genetische Form als Darstellungsweise für sein Werk wählte. Wie auch seine anderen literarischen Werke bestätigen, insbesondere seine in der wissenschaftlichen Forschung besonders berücksichtigte 'Geschichte der Armenpflege', kann *Ratzinger* auf diesem Gebiet eine entsprechend wissenschaftliche Kompetenz nachweisen. Es wurde schon darauf verwiesen, daß *Ratzinger* wohl der älteren Historischen Schule der Nationalökonomie zuzurechnen ist. Die Historische Schule ihrerseits ist in gewisser Weise theoriefeindlich, dementsprechend ist *Ratzingers* strikte Ablehnung der sogenannten Naturgesetze der englischen Nationalökonomie zu werten. Er orientiert sich vielmehr an historischen Prozessen.

Die historische Darstellungsweise, das heißt der Versuch *Ratzingers*, seine Zeitsituation quasi in Form einer Rückblende aus den Geschehnissen früherer Jahrhunderte zu erläutern und verständlich zu machen, verbunden mit entsprechenden Empfehlungen für die Überwindung dieser Zeitprobleme, kann auch zu Mißverständnissen führen. Mehrfach zum Beispiel versucht er die sittlichen und gesellschaftlichen Auflösungserscheinungen seiner Zeit in Analogie zum sittlichen und politischen Zerfall des Römischen Reiches zu erklären, während er andererseits des öfteren das mittelalterliche Erwerbsleben mit seiner Zunftverfassung idealisierend kommentierte und es auch für seine Zeit, wenn auch nicht ohne weiteres als übertragbar, so doch als richtungsweisend hinstellt.[1414] *Ratzingers* historische Betrachtungen dienen ihm aber letztlich nur als Erklärungs- und Orientierungshilfen, das heißt, die Lösung liegt für ihn nicht in der Restauration historisch gewordener Gesellschaftsmodelle, sondern seine Lösungsvorschläge basieren auf der Erkenntnis, daß der „Industrialismus"[1415] seiner Epoche eben entsprechend neue und andersgeartete Lösungsvorschläge erfordere.

Die vorgelegte Analyse seines Werkes ging darum davon aus, gewisse Grundvorstellungen *Ratzingers* im Hinblick auf eine christlich zu wertende Kapitalismuskritik freizulegen. Um dies zu ermöglichen, schien es angebracht, von allen geschichtlichen Parallelverweisen zu abstrahieren, insofern es einer inhaltlichen Präzisierung seiner Grundthesen dienlich schien. Andererseits galt es aber auch, die Formulierung bestimmter Kernaussagen *Ratzingers* in die Analyse wörtlich zu übernehmen, um so einer verfälschenden Interpretation vorzubeugen. Es sollte damit zugleich auch der Versuch unternommen werden, zu dokumentieren und deutlich zu machen, wie modern und aktuell sich manche seiner Gedanken, die

---
[1414] Vgl. Vw.², 243: Den richtigen Weg kann nur die historische Betrachtung bieten.
[1415] Vgl. Vw.², 229.

Ratzinger erstmals bereits 1881 formulierte, auch heute noch anhören. Die Analyse will so auf ein wissenschaftliches Werk aufmerksam machen, das sich damals noch einer relativ neuen Diskussion stellte, die bis heute noch nicht ihren Abschluß fand.

2. Kap.: In systematischer Hinsicht

2.1. Zur Auseinandersetzung mit dem Werk 'Das Kapital' von Karl Marx

Es wurde schon darauf verwiesen, daß *Ratzinger* sich in der Analyse seiner Zeitsituation vielfach die Situationsschilderungen von *Karl Marx* zu eigen macht. Auch den Begriff „Kapital" will er analog zu *Marx* enggefaßt im Sinne von „industriellem Kapital" verstanden wissen. Die Diskussion dreht sich dementsprechend nur um das Produktivkapital; nur dieses bleibt für *Ratzinger* in gewisser Weise disponibel, und es stellt sich auch für ihn die Frage nach dem Eigentumsrecht an den Produktionsmitteln. Es wird bereits hier das angesprochen, was man als „die Option zwischen dem Kapitalismus und dem Sozialismus"[1416] bezeichnet hat, das heißt, es geht um das Problem, ob man dem Einzelmenschen oder besonderen Gruppen das Eigentumsrecht an bestehenden Produktionsmitteln zugestehen oder absprechen will. Der Sozialismus als politisches System will dies Eigentumsrecht den Einzelpersonen entziehen und es „höheren Institutionen übergeben", die dann „für das Gemeinwohl Sorge zu tragen haben".[1417] Beim Kapitalismus bleibt dieses Recht dagegen der „wirtschaftlichen Kompetenz ausgehändigt", d. h. den Eigentümern vorbehalten. Die erwähnte Forderung *Ratzingers*, die den Arbeiter mittels eines entsprechend auszugestaltenden Anteilsystems zum Miteigentümer am Produktivvermögen machen möchte, zeigt, daß *Ratzinger* eindeutig zu Gunsten der Einzelperson plädiert. Den geforderten Berufsgenossenschaften kommt lediglich, sozusagen als Clearingstelle, eine Verteilungsfunktion zu.

Gerade dies zeigt erneut, daß für *Ratzinger* die Frage nach dem Menschen Priorität besitzt; der Mensch bildet für ihn den Mittelpunkt der Volkswirtschaft.[1418] Anders ist es dagegen bei *Marx*: Der Mensch ist nicht mehr „Subjekt einer Geschichte, die sich als die Entwicklung einer Menschennatur verstehen ließe, sondern das Ergebnis der Gesellschaftsbezüge",[1419] oder anders ausgedrückt: Für *Marx* ist der Gegenstand des 'Kapitals' „weder der Mensch noch die Arbeit, noch das menschliche Bedürfnis, sondern die kapitalistische Produktionsweise". Der Übergang zu einer anderen Produktionsart orientiert sich für *Marx* nicht an der „Idee des Gesamtmenschen, des Glücks unter Einzelmenschen". In der Tat

---

[1416] Vgl. Juan Luis Segundo, Die Option zwischen Kapitalismus und Sozialismus als theologische Crux, in: Conc. X (1974) 439.
[1417] Vgl. ebd., 438.
[1418] Vgl. Vw.², 358.
[1419] Vgl. Jean-Yves Jolif, Marxismus und Humanismus, in: Conc. IX (1973) 441.

erscheint „jede normative Darstellung des Glücks, der Gerechtigkeit aus dem Gedankengang Marxens ausgeschlossen", das heißt sie „dienen wenigstens nicht als Princip, nicht als Leitfaden für seine Schlußfolgerungen".[1420] Anders verhält es sich beim Werk *Ratzingers*, das vorweg einen ethischen Anspruch postuliert, und das, wie gezeigt, auf bestimmten Werten und sozialethischen Normen gründet.

2.2. Ein Denken in Antinomien

Aus der Analyse von *Ratzingers* Werk geht hervor, wie sehr seine Zeit von einem Denken in Antinomien geprägt war. Vom Marxismus wird behauptet, daß es in seiner Natur liege, „sich nie in ein System einzuschließen, sondern endlos eine schöpferische Dialektik zu entfalten".[1421] Auch *Ratzingers* Kritik am Kapitalismus folgt in gewisser Weise dem dialektischen Prinzip. Dies zeigt sich zum Beispiel schon in den Kapitelüberschriften seines Werkes, in Formulierungen wie ‚Wirtschaft und Sittlichkeit' oder ‚Armut und Reichtum' oder ‚Eigenthum und Communismus', Titel, die bereits nach dem Muster ‚These und Antithese' angelegt sind. In seinen Ausführungen setzt er entsprechend der christlichen Ausrichtung seines Werkes dann „als Synthese die christliche Wahrheit" an.[1422] Alle jene Antinomien, von denen die Rede war, wie zum Beispiel ‚Arbeit und Kapital', ‚Arbeiter und Unternehmer', ‚Besitzlose und Besitzende', ‚Proletarier und Monopolkapitalisten' oder wie ‚Gerechtigkeit und Liebe', ‚Selbstliebe und Nächstenliebe', ‚Freiheit und Solidarität', ‚Freiheit und Gleichheit' oder wie ‚Liberalismus und Sozialismus', ‚Wissenschaft und Religion', verlieren für *Ratzinger* erst in der christlichen Lehre ihren Widerspruchscharakter. Nur das Christentum ist seiner Meinung nach fähig, die Gegensätze aufzuheben, miteinander zu versöhnen und zu überwinden.

Roger Garaudy machte Mitte der siebziger Jahren des vorigen Jahrhunderts darauf aufmerksam,[1423] daß jenes Postulat eines vorbehaltlosen Vertrauens in 'eine Wissenschaft, die uns zu Herren und Besitzern der Natur macht', wie es *Descartes* formuliert, in Frage gestellt sei. Die Zerstörung der Ressourcen der Natur - als Gefahr schon von *Ratzinger* erkannt, - die Entfremdung und Manipulation des Menschen - die, analog zu *Marx* auch *Ratzinger* beklagt -, die „todbringende Verschmutzung der Umwelt und die versklavenden Illusionen eines blinden Wachstums" hätten offenbar werden lassen, daß das „wissenschaftliche, technische und wirtschaftliche Wachstum unserem Leben und unserer Geschichte keine sinngebenden Ziele verleihen" könne. *Garaudy* folgerte aus dieser Feststellung, daß „das theoretische Fundament einer Revolution nicht mehr ein Korrespondenzgesetz", sondern ein „Transzendenzgesetz" sein müsse. Ein Trans-

---

[1420] Vgl. ebd., diese Aussagen beziehen sich nur auf Marxens Werk Das Kapital. Nur mit diesem setzt sich Ratzinger in seiner Analyse auseinander, dagegen nicht mit dem jungen Marx, dem Verfasser der Pariser Manuskripte.
[1421] Vgl. ebd., 440. Meinung von Roger Garaudy hier zitiert.
[1422] Vgl. Vw.², 81.
[1423] Vgl. Roger Garaudy, Die Basis im Marxismus und im Christentum, in: Conc. IV (1975) 255.

zendenzgesetz, das uns, so *Garaudy*, die Forderung vorhalte, „unsere Zielsetzungen nicht innerhalb, sondern außerhalb des Systems zu suchen und uns der Relativität dessen bewußt zu werden, was wir bisher für absolute Werte gehalten" hätten.

Auch *Ratzingers* Aussagen wurzeln gewissermaßen im „Postulate der Transzendenz und Relativität", wenn er dies auch mit anderen Worten ausdrückt und zu einer anderen Schlußfolgerung gelangt als *Garaudy*. *Ratzingers* „Transzendenzgesetz" ist eben in Gott und in dessen Offenbarung begründet. So findet der Mensch, wie es *Ratzinger*[1424] formuliert, „das letzte Ziel seines Strebens, das höchste Glück seines Handelns in Gott. Gott ist die Liebe, er ist unser aller Vater im Himmel". Jeder Dualismus findet in diesen Aussagen seine Aufhebung, denn „in dem gemeinsamen Vater aller finden Selbstliebe (individuelle Freiheit) und Nächstenliebe (Solidarität und Gleichheit der Menschen) ihre Versöhnung". Erst die Synthese macht aus den hier angesprochenen Werten Gestaltungskräfte des wirtschaftlichen und sozialen Lebens, denn „Solidarität und Freiheit", so *Ratzinger*, „bilden die Voraussetzungen und treibenden Kräfte, um die materiellen Güter der Natur (Cultur), die geistigen Güter der menschlichen Gesellschaft (Civilisation) zu schaffen, zu erhalten, allen zugänglich zu machen". Und er untermauert diese Aussage, indem er eine sozialethische Qualifikation begründend hinzufügt, denn „alle Menschen sind Glieder eines Geschlechtes, alle haben Anspruch auf Theilnahme an den Gütern der Natur, alle sind Geschöpfe Gottes, alle sind von Natur aus gleich". Der Kreis seiner Aussage schließt sich, indem er zum Ausgangspunkt zurückkehrt mit der Feststellung: „jeder trägt das Ebenbild Gottes in sich".

2.3. Das Ergebnis einer christlichen Kapitalismuskritik

Gerade die zuletzt gebrachten Zitate aus *Ratzingers* Werk stecken den Rahmen ab, in dem sich *Ratzingers* Kritik am Kapitalismus bewegt. Wie schon hervorgehoben, kann seine Kritik keine wertneutrale sein, vielmehr zeigen die angeführten Zitate, daß sie sich als eine eminent christliche ausweist. Welche Haltung hat eine so geartete Kritik gegenüber dem Kapitalismus einzunehmen? Es wurde gezeigt, daß *Ratzingers* Beurteilung sehr differenziert ausfällt. Er versucht, den Kapitalismus in seiner Eigengesetzlichkeit zu erfassen, ihn als Ideologie anderen gegenüberzustellen, um ihn schließlich dem ethischen Anspruch einer christlichen Lehre auszusetzen.

Dabei zeigt sich, daß er den Kapitalismus als Wirtschaftsmechanismus wie auch als Gesellschaftsform nicht grundsätzlich ablehnt. Seine Absage gilt nur einem ethisch wurzellosen Liberalismus, der die wirtschaftliche Freiheit als eine sittlich grenzenlose mißversteht. Er möchte, wie bereits erwähnt, die Errungenschaften des liberalen Wirtschaftssystems erhalten wissen. Im Grunde bekämpft *Ratzinger* nicht den Kapitalismus als System, obwohl sich vordergründig betrachtet in seinem Werke eine starke Polemik gegen den Kapitalisten und seine überlegene Kapitalkraft, gegen das Großkapital, nachweisen läßt. Dies hat wohl seinen

---

[1424] Vgl. Vw.², 554 f.

Grund in der oft wörtlichen Anlehnung an *Marx*, von dessen agitatorischem Wortschatz er wohl angetan war, zumal er selbst die Agitation zu beherrschen scheint.

Ratzingers Argumentation und Agitation ist vielmehr gegen einen „Monopolkapitalismus", also gegen jenes System seiner Epoche gerichtet, wonach nicht mehr Angebot und Nachfrage ausschließlich den Preis „regeln", sondern eben die Monopolkraft diesen regelmäßig „bestimmt".[1425] Der Monopolkapitalismus, gekennzeichnet durch Kartelle, Syndikate, Konzerne und Trusts, ist in der Tat auf Marktbeherrschung angelegt, er pervertiert und umgeht auf diese Weise eine echte Konkurrenzwirtschaft. *Ratzinger* will mit seinen Reformvorschlägen eine „wirklich freie Konkurrenz" gewährleisten.[1426] Sofern der Liberalismus sich als ungehemmt, ohne jedwede sittliche Bindung offenbart, erfährt er die konsequente Ablehnung durch *Ratzinger*.

Auch den Sozialismus und den Kommunismus, die er in einem dialektischen Zusammenhang zum Liberalismus stehen sieht, verwirft er als Gesellschaftsmodelle ebenfalls, da sie bestimmten christlichen Grundforderungen nicht entsprechen. Er tut sie nicht nur als Sozialutopien ab, sondern auch deswegen, weil sie unter anderem eine antichristliche, materialistische und atheistische Weltanschauung verkörpern, weil sie das Privateigentum ablehnen, eine grundlegend andere Sicht vom Menschen einnehmen und weil sie mit ihrem Klassenkampf für den revolutionären Umsturz der Wirtschafts- und Gesellschaftsordnung eintreten.

Dies hindert ihn nicht daran, sozialistische Argumente, besonders in der Analyse seiner Zeitsituation, wenn er sie als wahr erkannt hat, zu akzeptieren und sich zu eigen zu machen. Dennoch ist seine Polemik gegen den Sozialismus und den Kommunismus an manchen Stellen gleichermaßen vehement wie gegen den Monopolkapitalismus. *Ratzinger* versucht denn auch, sich von den extremen Standpunkten eines Liberalismus wie eines Sozialismus abzusetzen, deren zentrifugalen Kräfte aufzudecken, um so die zentripetalen Gestaltungskräfte des wirtschaftlichen und sozialen Lebens, wie sie dem Christentum von seiner Botschaft her eigen sind, zur Geltung zu bringen. Vielleicht ist dies die Suche nach einem „dritten Weg"; sicher ist aber, daß er bestrebt war, Gegensätze auszugleichen beziehungsweise sie in einer christlichen Synthese zusammenzuführen.

Insofern kann man *Ratzinger* gewiß als einen herausragenden, engagierten Vertreter des Sozialkatholizismus im 19. Jahrhundert bezeichnen. Er wird sicher der sozial-konservativen Richtung nahegestanden haben, schon allein deshalb, weil er bis zu seinem Lebensende über drei Jahrzehnte hinweg zu den Mitarbeitern der Historisch-Politischen Blätter zählte, die man zu den Vorkämpfern dieser Richtung rechnet.[1427]

[1425] Vgl. Vw.², 209 f.
[1426] Vgl. Vw.², 464.
[1427] Vgl. F. J. Stegmann, Geschichte der sozialen Ideen im deutschen Katholizismus, in: DHdPol, III (1969) 386.

Die Sozialkonservativen traten ähnlich wie *Ratzinger* für eine korporative Gesellschaftsverfassung ein; sie zählten allerdings zu den Hauptgegnern des Liberalismus, während *Ratzinger* sich nicht pauschal, wohl aber gegen einen „ungehemmten" Liberalismus wendet, der eben nicht auf einer „wirklich freien", sondern für *Ratzinger* auf einer „egoistischen" und daher „unsittlichen" Konkurrenz beruhte. Mit dem Hauptvertreter der sozialkonservativen Richtung, *Karl Freiherr von Vogelsang* aus Wien, verbindet ihn zum Beispiel das Eintreten für die Erlaubtheit eines Lohnvertrags, eines Gesellschaftsvertrags zwischen Arbeitnehmern und Unternehmern, dem der sozial-konservative *Albert Maria Weiß OP* eine naturrechtliche Begründung gab.[1428] Interessant erscheint nur, daß *Ratzinger Vogelsang* nur einmal im Hinblick auf die Verschuldungsfrage[1429] und *Weiß* zweimal in der Genossenschafts- und Wucherfrage zitiert,[1430] während er an weitaus mehr Stellen und ausführlicher in seinem Werk *Charles Périn* berücksichtigt, den man aber der liberal-katholischen Richtung zurechnet, und der für die freie Konkurrenz eintrat.[1431] Es zeigt sich, wie zu Anfang erwähnt, daß sich *Ratzinger* wie im politischen, so auch im wirtschaftlichen Bereich nicht ohne weiteres einer Ideenrichtung anschloß, sondern um einen eigenen Standpunkt bemüht blieb.

3. Kap.: Abschließende Wertung

3.1. Das Problem der sittlichen Grundlagen

Wolf Lepenies[1432] verweist auf einen Ausspruch *Schopenhauers*, wonach „Moral zu predigen leicht, Moral zu begründen schwer" sei. Dieser Aphorismus scheint auch im Werk *Ratzingers* seine Bestätigung zu erfahren, in welchem nach einer sozial-ethischen Fundierung der Volkswirtschaft gesucht wird. Dabei hat *Ratzinger* drei Argumentationsschichten zu bewältigen: eine soziologische, eine anthropologische und eine theologische, die er in einen Erwartungshorizont zu koordinieren hat. *Ratzinger* will die „wirtschaftlichen und gesellschaftlichen Erscheinungen in ihren sittlichen Grundlagen" erörtern und dies „in einem Bande", mit einem „Blick auf das Große und Ganze."[1433] Das bedeutet Reflexion auf das gesellschaftliche Ganze, verbunden mit der Suche nach Werten und Normen für politisch-ökonomisches Handeln in Kompatibilität mit christlichen Grundsätzen.

Es scheint, daß *Ratzinger* in seiner Argumentation zunächst von einem soziologischen Befund ausgeht, indem er als Historiker die Moral der Gesellschaft sei-

---

[1428] Vgl. ebd., 388 f.
[1429] Vgl. Vw.², 378.
[1430] Vgl. Vw.², 36 f. und 267.
[1431] Vgl. F. J. Stegmann, a.a.O., ebd., 385.
[1432] Vgl. Wolf Lepenies, Schwierigkeiten einer anthropologischen Begründung der Ethik, in: Conc. VIII (1972) 325.
[1433] Vgl. Vw.², VII und IX.

ner Epoche, wie sie wirklich ist, zu charakterisieren versucht. Dabei ist es bezeichnend, daß er sich mit Blick auf die politische Ökonomie seiner Zeit gegen jene These wendet, wonach man aus empirisch feststellbaren Verhaltensweisen in Wirtschaft und Gesellschaft auf sogenannte Naturgesetze oder auf „eherne" Gesetze schließen könnte. Für *Ratzinger* scheint sich die Fundierung einer Sozialethik mehr an einer anthropologischen Dimension zu orientieren, denn letztlich geht er doch davon aus, was dem Menschen „von Natur aus" zukommt.

Dieser Rückgriff auf die allgemeine Menschennatur in der Begründung ethischer Prinzipien verweist auf das katholische Naturrechtsdenken, worauf an dieser Stelle nicht detailliert eingegangen werden kann, zumal von *Ratzinger* selbst die Naturrechtsproblematik nur sporadisch in seiner Analyse berührt wird. Es sei lediglich angemerkt, daß *Ratzinger* wohl in der Tradition der Kirchenväter steht, für die das Rechts- und Sittengesetz der Natur niemals lediglich für eine bloß „gegebene" Ordnung galt, sondern immer auch als „aufgegebene", zu erarbeitende Ordnung verstanden wurde.[1434]

Der Mensch ist nicht nur Sein, sondern auch Sollen. Das Problem der sittlichen Grundlagen stellt sich also einmal in der Frage nach dem Menschen, was er ist, und zum anderen in der Frage nach der Gesellschaft, was diese für den Menschen bedeutet, welche Gesetze das Zusammenleben in der Gesellschaft zu bestimmen haben und wie das Wohl aller einzelnen zu sichern ist. Die Antworten fallen verschieden aus, je nachdem, ob man den Menschen oder der Gesellschaft den Vorzug gibt. Aus einer theologischen Sicht versucht *Ratzinger* den Ausgleich zwischen beiden mit den Worten seiner Zeit zu umschreiben.

3.2. Das Modell einer christlichen Gesellschaft

Ratzingers sozialphilosophische, anthropologische und theologische Argumentation ist zwar in ihrer Art umfassend, aber dennoch nicht differenziert. Ihr kommt oft nur die Funktion einer letzten Rechtfertigung seiner Reformvorschläge zu. Diese Reformvorschläge, die sich zumeist auf den institutionellen Bereich der Gesellschaft beziehen, stehen denn auch im Vordergrund seiner Analyse der Volkswirtschaft, denn der institutionellen Seite scheint es zu obliegen, den Rahmen für die Verwirklichung der Sittlichkeit abzustecken und abzusichern. Seine institutionellen Neuerungsvorschläge haben die Tendenz zur Formierung der Gesamtgesellschaft.

Unwillkürlich erinnert man sich an die Vorstellungen *Ludwig Erhards* von der „formierten Gesellschaft", auch an seine Parole „Wohlstand für alle", mit der er das Ziel der „sozialen Marktwirtschaft" umschrieb, die sich auch als ein „dritter Weg" zwischen den Extremen oder jenseits von Kapitalismus/Sozialismus interpretieren ließ. Es wäre reizvoll, ist aber hier nicht möglich, die Parallelen der beiden Konzepte herauszuarbeiten. Der vorherrschende Eindruck, den die Analyse von *Ratzingers* Werk vermittelt, ist ‚Formierung der Gesellschaft', ‚Abbau von Klassenkonflikten durch institutionelle Zusammenschlüsse mit der Ver-

---

[1434] Vgl. Erik Wolf, Naturrechtslehre, a.a.O., ebd., 63.

pflichtung zur Kooperation', also in gewisser Weise ‚Schaffung eines gesellschaftlichen Verbundsystems'.

Natürlich läßt sich aus *Ratzingers* Werk kein in sich geschlossenes Modell einer christlichen Gesellschaft herleiten; dennoch finden sich Elemente, die auf ein solches abzielen. Es sei nochmals verwiesen auf die erwähnten grundlegenden Gedankengänge und Forderungen *Ratzingers*, so die Auffassung der Gesellschaft als eines Gesamtorganismus, die Forderung der Zulassung und Schaffung von öffentlich-rechtlichen, also autonomen Berufsgenossenschaften, das heißt, keine Omnipotenz des Staates, ferner Miteigentum der Arbeiter am Produktivvermögen mittels eines Anteilssystems, korporative Ausgestaltung des Versicherungswesens, Lohnverträge zwischen Arbeiter und Arbeitgeber, internationale Arbeiterschutzgesetze, ein Koalitionsrecht, die Regelung der Absatzverhältnisse u.a.m. *Ratzingers* Ziel war es also, Konfliktsituationen auch institutionell zu entschärfen, um so Klassengegensätze abzubauen, die Vereinigung von Kapital und Arbeit herbeizuführen ohne Aufhebung des Pluralismus der gesellschaftlichen Gruppen wie auch Interessen, deren Kooperation aber im Sinne des allgemeinen Wohles institutionell ermöglicht werden sollte.

Es sei auch vermerkt, ohne detailliert darauf eingehen zu können, daß die erwähnten Äußerungen und Gedankengänge *Ratzingers* ihre Parallelität wie auch ihre Modifikation in einer Reihe von Feststellungen der Sozialenzykliken wie „Rerum novarum" von 1891, also zehn Jahre nach Publikation der ersten Auflage von *Ratzingers* Werk, wie auch in „Quadragesimo anno" finden. Dies bestätigt auch *Franz Klüber*, indem er *Ratzinger* zu den Mitarbeitern der Freien Vereinigung katholischer Sozialpolitiker zählt. Dieser Vereinigung, die seit 1883 in Österreich und Süddeutschland tätig war, schreibt man wichtige Vorarbeiten für die Enzyklika Rerum novarum (1891) zu.[1435]

Auch das Anliegen, das *Oswald von Nell-Breuning* im Modell der berufsständischen oder besser: der leistungsgemeinschaftlichen Ordnung anspricht, erscheint als deckungsgleich mit dem, was *Ratzinger* mit der öffentlich-rechtlichen Berufsgenossenschaft bezwecken möchte; ohne hier ins Einzelne zu gehen, sei darauf hingewiesen, daß *Nell-Breuning* die Berufsstände oder Leistungsgesellschaften sich als autonome Körperschaften des öffentlichen Rechts, vergleichbar den bürgerlichen Gemeinden, vorstellt, die eine gewisse Autonomie gegenüber staatlicher Gewalt beanspruchen und die ihre eigenen Angelegenheiten aus eigener Machtvollkommenheit selbst verwalten.[1436]

Nell-Breuning bezeichnet die berufsständische Ordnung als „eine institutionelle Angelegenheit",[1437] das heißt, es wird versucht, institutionell innerhalb der Gesellschaft die sozialen Konflikte zu kanalisieren und einer sachgerechten Lösung zuzuführen. Diese ziemlich allgemeinen Vorstellungen von *Ratzinger* und *Nell-*

[1435] Vgl. Franz Klüber, Katholische Gesellschaftslehre. Geschichte und System, Osnabrück, 1 (1968) 270.
[1436] Vgl. Oswald von Nell-Breuning, Wirtschaft und Gesellschaft, Freiburg 1956, I, 221.
[1437] Vgl. ebd., 226. Vgl. auch Giers, Die Krise der sozialen Gerechtigkeit, 109.

Breuning, der sie als Mitautor der Enzyklika „Quadragesimo anno" (1931) dort zur Geltung brachte, galten freilich in der Nachkriegszeit als wenig „operationalisierbar", haben aber wenigstens im Gedanken der Sozialpartnerschaft innerhalb der Tarifautonomie eine gewisse Wirkungsgeschichte erlebt.

Allerdings unterließ es *Nell-Breuning*, wie schon *Ratzinger* nicht, zu erwähnen, daß es zum guten Funktionieren solcher Einrichtung auch einer entsprechenden Gesinnung bedarf. Für *Nell-Breuning* bestand die berufsständische Ordnung „nicht in Gesinnung, wohl aber verlangt sie die entsprechende Gesinnung".[1438] Für beide galt: Klassenkämpferische Positionen sind grundsätzlich abzulehnen.

3.3. Schlußbemerkung

Es zeigt sich, daß sich im Werk *Ratzingers* Gedankengänge finden, die auch heute noch als modern und aktuell gelten können. Als die beiden Brennpunkte seines Werkes fungieren der Liberalismus und der Sozialismus, die *Ratzinger* in einem sozial-ethischen, christlichen Kontext analysiert, bestrebt, diese Extreme auszugleichen, sie in einer höheren Einheit aufzuheben. Wenn *Ratzinger* dabei auch im Denkhorizont seiner Epoche befangen bleibt, so bietet sein Werk zu dieser Thematik doch mannigfaltige Denkanstöße.

Darüber hinaus ist *Georg Ratzingers* „Volkswirtschaft in ihren sittlichen Grundlagen" aber als herausragendes Zeitdokument eines Theologen, Priesters, Publizisten und Politikers zu werten, der sich nicht scheute, volkswirtschaftlichen Fragestellungen nachzugehen, der diese aber nicht wertneutral, sondern in einen sozial-ethischen Beziehungsrahmen einzuordnen suchte. Insofern enthält *Ratzingers* Werk im Kern, in historischer und systematischer Hinsicht, tatsächlich den geglückten Versuch einer christlichen Kritik am Kapitalismus und damit - aus einer inneren Rationalität und Dialektik heraus - auch am Sozialismus.

[1438] Vgl. Oswald von Nell-Breuning, a.a.O., 226.

Quellenverzeichnis – Archiv

ABayL Repertorium 1893 - 1894, I. Session des XXXII Landtags München 1895, Bd. 33, *Ratzinger*, 367-370.
Repert. 1895 - 1896, II. Sess. d. XXXII. L. Mü. 1897, Bd. 34, 418, 419.
Repert. 1897 - 1898, III. Sess. d.XXXII. L. Mü. 1899, Bd. 35, 496, 497. Anlage 2 : Rep. 1893-94, I. Sess.d.L.:Mü.1895, Bd. 33, 367 Hinweis: Sten.Ber.Bd., S. XIII f: Verzeichnis der zur XXXII Landtagsversammlung I. Session 1893/94 einberufenen Mitglieder der Kammer der Abgeordneten.
Katholikentag, München 1876 : Verhandlungen der XXIV. kathol. Generalversammlung Deutschlands zu München 1876, 306-319.

Literaturverzeichnis

Ackermann, Rolf, Die neuen Ökonomie-Nobelpreisträger 2005: die Spieltheoretiker Schelling, Thomas und Aumann, Robert, in: Wirtschaftswoche Nr. 42, 13. 10. 2005, 38 f.
Amann, Freya, Steil, aber steinig. Die Anfänge der politischen Karriere Georg Ratzingers und sein Verhältnis zu Ludwig Graf Arco-Zinneberg, in: Kirchinger / Schütz, 125-152.
Appl, Tobias, „... denn allein fürs Blattschreiben ist ein Priester nicht ausgeweiht worden". Der Priester Georg Ratzinger als Seelsorger, in: Kirchinger / Schütz, 165-220.
Armbruster, Alexander, Drum prüfe, wer sich ewig bindet, in: FAZ, Nr. 168, 21. 07. 2012, S. 9.
Bauer, Clemens, Das Naturrecht in der ersten Auflage des Staatslexikons der Görres-Gesellschaft, in: Albrecht Langner (Hrsg.), Theologie und Sozialethik im Spannungsfeld der Gesellschaft. Untersuchungen zur Ideengeschichte des deutschen Katholizismus im 19. Jahrhundert, München 1974.
Bauer, Clemens, Kapitalismus. In: StL IV, 6. Aufl. (1959), 813.
Bauer, Thomas Johann, Theologische Apologetik als Aufgabe der Kirchengeschichte. Beobachtungen zu Georg Ratzingers Geschichte der kirchlichen Armenpflege, in: Kirchinger / Schütz, 67-94.
Becker, Winfried, Georg von Hertling 1843-1919. Bd. 1. Jugend und Selbstfindung zwischen Romantik und Kulturkampf, Mainz 1981.
Benedikt XVI., Papst, Enzyklika 'Deus caritas est', Vatikan 2006.
Benedikt XVI., Papst, Enzyklika 'Caritas in veritate', Vatikan 2009.

Beutter, Friedrich, Die Eigentumsbegründung in der Moraltheologie des 19. Jahrhunderts, München 1971.

Blümle, Gerold / Goldschmidt, Nils: Sozialpolitik mit dem Markt. Sozialstaatliche Begründung und wirtschaftliche Ordnung, in: DIE NEUE ORDNUNG 58, 2004, 180-193.

Böhm-Bawerk, Eugen von, Kapital und Kapitalzins, Innsbruck 1914³.

Brakelmann, Günter, Die soziale Frage des 19. Jahrhunderts, Witten 1962.

Branahl, Matthias, Zum Verhältnis von sittlicher und ökonomischer Rationalität, aufgezeigt am Beispiel der Unternehmenskultur der Siemens AG, Köln 1991.

Braunberger, Gerald, Christentum und Soziale Marktwirtschaft, in: FAZ, Nr. 299, 24. 12. 2003, 11.

Braunberger, Gerald, Die Rückkehr von Geld und Kredit, in: FAZ, Nr. 108, 10. Mai 2011, S. 9.

Brentano, Lujo, „Meine Polemik mit Karl Marx. Zugleich ein Beitrag zur Frage des Fortschritts der Arbeiterklasse und seiner Ursachen", in: HdSW, Bd. 2, 1959, 410.

Brinkmann, Carl, W.G.F. Roscher, in: HdSW 10, Tübingen 1956, 41-43.

Brüls, K., Ratzinger, in: Katholisches Soziallexikon, hrsg. von der Kath. Sozialakademie Österreichs, Innsbruck 1964.

Buchheim, Christoph, Soziale Marktwirtschaft, in: FAZ, Nr.141, 21. 06. 2007, S. 9.

Büchner, Richard, Freihandel, in: HdSW 4, 1965, 134.

Bülow, Friedrich, Landwirtschaft (II): Agrarsoziologie, in HdSW Bd. 6, Tübingen 1959, 463 f.

Buomberger, Ferdinand, Katholische Grundsätze der Volkswirtschaft, Weggis (Schweiz) 1926.

Calvez, Jean-Yves, Karl Marx. Darstellung und Kritik seines Denkens, Freiburg, 1964.

Calvez, Jean-Ives / Perrin, Jacques: Kirche und Wirtschaftsgesellschaft, Recklinghausen 1965.

Cathrein, Victor, Moralphilosophie, 2 Bände, Freiburg 1911.

Conze, Werner, Sozialgeschichte 1850-1918, in: Hermann Aubin / Wolfgang Zorn (Hrsg.), Handbuch der deutschen Wirtschafts- und Sozialgeschichte, Band 2, Stuttgart 1976, S. 602-684.

Coyne, George, SJ, Gott sprach zu Darwin. Der Schöpfer, der Zufall und der Kardinal, in: FAZ, Nr. 197, 25. August 2005.

Denk, Hans Dieter, Die Christliche Arbeiter-Bewegung in Bayern bis zum ersten Weltkrieg, Mainz 1980.

Deussen, Gieselbert, Christliche Soziallehre: Renaissance oder Nostalgie?, in: JChS, 16, 1975, 9-27.

Dirsch, Felix, Solidarismus und Sozialethik. Ansätze zur Neuinterpretation einer modernen Strömung der katholischen Sozialphilosophie, Berlin 2006.

Eder, Manfred, „Ich habe keine Abneigung gegen die Juden als solche". Georg Ratzingers Haltung zum Judentum, in: Kirchinger / Schütz, 221-289.

Egner, Erich, Heinrich Wilhelm Riehl (1796-1874), in: HdSW 9, Tübingen 1956, 20 f.

Elsner, Kurt, Wachstums- und Konjunkturtheorie, in: KVWL 1, 3. Aufl. (1972) 246.

Filthaut, E., Deutsche Katholikentage 1848-1958 und soziale Frage, Essen, 1960

Fischer, Malte: Laßt Daten sprechen. Der Wirtschaftsnobelpreis für Thomas Sargent und Christopher Sims, in: Wirtschaftswoche Nr. 42 vom 16. 10. 2011, S. 44.

Fränkel, Ludwig, Ratzinger, J. Georg, in: Biographisches Jahrbuch und Deutscher Nekrolog, hrsg. von Anton Bettelheim, Band IV, 1899, Berlin 1900, 246 f.

Fricke, Christel und Hans-Peter Schütt (Hrsg.): Adam Smith als Moralphilosoph, Berlin 2005.

Gablers Wirtschaftslexikon, hrsg. von R.und H. Sellien, Wiesbaden 1971.

Garaudy, Roger, Die Basis im Marxismus und im Christentum, in: Conc. IV (1975) 255.

Giers, Joachim, Der Weg der katholischen Soziallehre, in: JChS 13 (1972), 9 – 27 und JChS 17 (1976), 93.

Gorges, Karl-Heinz, Der christlich geführte Industriebetrieb im 19. Jh. und das Modell Villeroy & Boch, Stuttgart 1989.

Gorges, Karl-Heinz, Georg Ratzinger als Sozialreformer, in: Die Neue Ordnung, hrsg. vom Institut für Gesellschaftswissenschaft Walberberg e.V., Redaktion Wolfgang Ockenfels OP, Jg. 59, Nr. 3/2005, 183 – 194.

Gorges, Karl-Heinz: Christliche Kritik am ‚Kapitalismus' nach Georg Ratzingers Hauptwerk ‚Die Volkswirtschaft in ihren sittlichen Grundlagen', Diplomarbeit (unveröffentlicht), Juli 1976, Fachbereich Theologie, Universität München.

Grenner, Karl Heinz, Wirtschaftsliberalismus und katholisches Denken. Ihre Begegnung und Auseinandersetzungen im Deutschland des 19. Jahrhunderts. Köln 1967.

Greß, Rudolf, Ratzinger, in: StL (5) IV (1931), 554.

Grupp, G., Theorie der Volkswirtschaft, in: HPBl. 117, München 1896, 871.

Gundlach, Gustav, Berufsständische Ordnung. in: StL I, Freiburg 1957, 1124-1136.

Hansmayer, K. H., Gustav Schmoller (1838-1917), in: KVWL I, 40 f.

Hansmeyer, K.H., Lehr- und Methodengeschichte, in: Kompendium der Volkswirtschaftslehre 1, 1969², 47- 49.

Häring, Bernhard, Das Gesetz Christi. Moraltheologie, dargestellt für Priester und Laien, Bd. 1, München 1961.

Halm, George N., Internationaler Währungsfonds (IWF), in: HdSW V, Tübingen 1956, 317-320.

Hayek, Friedrich August von, Der Weg zur Knechtschaft, Zürich 1952³.

Henning, Friedrich Wilhelm, Die Industrialisierung in Deutschland 1800 bis 1914, Paderborn 1923.

Hermans, Baldur, Das Problem der Sozialpolitik und der Sozialreform auf den deutschen Katholikentagen von 1848 bis 1891, Bonn 1972.

Hitze, Franz (Hrsg), Literaturliste zur sozialen Frage, in: Arbeiterwohl 1892, 181.

Höffner Joseph, Der Wettbewerb in der Scholastik, in: Ordo, 5 (1953), 181 ff.

Höffner Joseph, Wirtschaftsethik und Monopole im fünfzehnten und sechzehnten Jahrhundert, Jena 1941.

Homann, Karl, Ungethüm, Michael, Ethik des Wettbewerbs, in: FAZ, Nr. 143, 23. 06. 2007, S. 11.

Hubensteiner, Benno, Bayerische Geschichte, München 1977.

Hundhammer, Alois, Geschichte des Bayerischen Bauernbundes, München 1924.

Jhering, Rudolf v., Der Geist des römischen Rechts auf den verschiedenen Stufen seiner Entwicklung, Bd. 1, Leipzig 1907⁶ (= 1968¹⁰).

Jarchow, Hans-Joachim: Theorie und Politik des Geldes, II. Geldmarkt und geldpolitische Instrumente, Göttingen 1974.

Johannes Paul II., Enzyklika ‚Centesimus annus' (CA), Verlautbarungen des Apostolischen Stuhls 101, hrsg. vom Sekretariat der deutschen Bischofskonferenz, 1. Mai 1991, Nr. 53.

Jolif, Jean-Yves, Marxismus und Humanismus, in: Conc. IX (1973), 441.

Jostock, Paul, Der deutsche Katholizismus und die Überwindung des Kapitalismus. Eine Idee in geschichtlicher Studie, Regensburg o. J. (1932).

Kann, Christoph, Trendelenburg, in: LThK³ Bd. X, 2006, 211 f.

Kellenbenz, Hermann, Wirtschaftsgeschichte, in HdSW 12, Tübingen 1965, 124-141.

Kirchinger, Johann / Schütz, Ernst (Hrsg): Georg Ratzinger (1844-1899). Ein Leben zwischen Politik, Geschichte und Seelsorge, Regensburg 2008.

Klüber, Franz, Grundriß der katholischen Gesellschaftslehre, Osnabrück 1971.

Knoll, August M., Der soziale Gedanke im modernen Katholizismus, Wien/Leipzig 1932.

Köhler, Oskar, Die Ausbildung des Katholizismus in der modernen Gesellschaft, in: HKG, VI/2, 1973, 210.

Krelle, Wilhelm, Lohntheorie: in HdSW 7, Göttingen 1961, 1 – 16.

Krelle, Wilhelm, Verteilungstheorie, in: Die Wirtschaftswissenschaften (hrsg. von Erich Gutenberg), Wiesbaden 1962, 22.

Kromphardt, Jürgen, Wachstum und Konjunktur, Göttingen 1972.

Külp, Bernhard, Verteilungstheorie, Stuttgart 1974.

Kürschner, Joseph, Der bayerische Landtag 1893-1899. Mit einem Nachwort von Leonhard Lenk, Landshut 1989 (Nachdruck der Ausgabe München 1893 f.).

Lepenies, Wolf, Schwierigkeiten einer anthropologischen Begründung der Ethik, in: Conc. VIII (1972), 325.

Liedhegener, Antonius, Der deutsche Katholizismus um die Jahrhundertwende (1890-1914). Ein Literaturbericht. In: Jahrbuch Christlicher Sozialwissenschaft, München 32 (1991), 361-392.

Lill, Rudolf, Die Anfänge der katholischen Bewegung in Deutschland, in: HdSW VI/6, 259-271.

Linsenmann Franz-Xaver, Lehrbuch der Moraltheologie, Freiburg 1878.

Lorenz, Charlotte, Lambert Adolphe Jacques Quetelet, in: HdSW, Bd. 8 (1964), 661-664.

Lütge, Friedrich, Deutsche Sozial- und Wirtschaftsgeschichte, Berlin 1966.

Lutz, Friedrich A., Zins, in: HdSW XII (1965), 434-452.

Mann, Fritz-Karl: Albert Schäffle, in: HdSW IX (1956), 103f.

Marsch, Wolf-Dieter, Marxismus und Christentum - Beginn eines Dialogs? In: Internationale Dialog-Zeitschrift 1, Freiburg 1968, 50-56.

Marx, Karl, Das Kapital, herausgegeben von Friedrich Engels, 2 Bände, Hamburg 1867 und 1885.

Marx, Karl, Das Kapital. Ausgabe Kiepenheuer 1932, Nachdruck im Anaconda-Verlag, Köln 2009.

Marx-Engels-Gesamtausgabe (MEGA), Berlin 1956 ff.

Meitzel, Carl, Wilhelm Neurath, in: HdStW 6, Jena 1925[4], 745.

Mermillod, Gaspard, Kardinal, in: August Knoll, Der soziale Gedanke im modernen Katholizismus, Wien 1932, 109 ff.

Messner, Johannes, Katholische Soziallehre, in: HdSW, Bd. 5, 575-581.

Mises, Ludwig von, Liberalismus (II): Wirtschaftlicher Liberalismus, in: HdSW 6, 1966, 597 f.

Mockenhaupt, Hubert, Franz Hitze (1851-1921), in: LThK 5, 2006, 171.

Muhler, Emil, Die Soziallehre der Päpste, München 1958[2].

Musgrave, Richard A., Finanztheorie, Tübingen 1966.

Nell-Breuning, Oswald von, Die soziale Enzyklika. Erläuterungen zum Weltrundschreiben Papst Pius' XI. über die gesellschaftliche Ordnung, Köln 1932.

Nell-Breuning, Oswald von, SJ, und Hermann Sacher, Zur sozialen Frage, in: Wörterbuch der Politik, Freiburg 1949, Heft 3, 201-226.

Nell-Breuning, Oswald von, Wirtschaft und Gesellschaft, Freiburg 1956.

Nell-Breuning, Oswald von, Arbeit vor Kapital. Kommentar zur Enzyklika ‚Laborem exercens' von Papst Johannes Paul II., Wien 1983.

Ott, Alfred E., Grundzüge der Preistheorie, Göttingen, 1968.

Pawlik, Michael, Welch ein Frühlingserlebnis! Heute schon Adam Smith gelesen? In: FAZ, Nr. 123, 29. 05. 2006, S. 41.

Périn, Charles, De la richesse dans les sociétés chrétiennes, Paris 1861.

Périn, Charles, Die Lehre der Nationalökonomie seit einem Jahrhundert, Freiburg 1882.

Pesch, Heinrich, Lehrbuch der Nationalökonomie, Bd. I, Freiburg 1904.

Peter, Hans, Marx, in: HdSW 7, 1961, 185 ff.

Petersen, Thomas, Die gefühlte Ungerechtigkeit, in: FAZ, 23. 07. 2008, S. 5.

Piper, Nikolaus: Unter Heuschrecken. Hundert Jahre deutsche Kritik am Kapitalismus, in: Süddeutsche Zeitung, Nr. 94, 25. 04. 2005, S. 25.

Plessen, Marie-Louise, Die Wirksamkeit des Vereins für Socialpolitik von 1872 – 1890, Berlin 1975.

Plongeron, Bernard, Die Kirche in Europa im 19. Jahrhundert vor der Frage: Revolution oder Restauration? In: Conc. 12 (1976), 225.

Priddat, Birger P., Zur Ökonomie der Gemeinschaftsbedürfnisse: Neuere Versuche einer ethischen Begründung der Theorie meritorischer Güter, in: ZWS 112 (1992), 239-259.

Raab, Heribert, Wilhelm Hohoff und Johannes Janssen, in: JChS 22, 1981, 249-278.

Radbruch Gustav, Rechtsphilosophie, Stuttgart 1956[5].

Ratzinger Georg, Geschichte der kirchlichen Armenpflege, Herder-Verlag, Freiburg 1868, 2. Auflage 1884, 3.Auflage als Reprint der 2. Auflage, Freiburg 2001.

Ratzinger, Georg, Die Volkswirtschaft in ihrer sittlichen Grundlage, Freiburg 1881; zweite, vollständig umgearbeitete Auflage 1895.

Ratzinger, Joseph, Kardinal, Aus meinem Leben (Erinnerungen 1927-1977), Stuttgart 1977.

Rauscher, Anton (Hrsg.): Ist die katholische Soziallehre antikapitalistisch? Beiträge zur Enzyklika „Populorum progressio" und zur Offenburger Erklärung der Sozialausschüsse, Köln 1968.

Rauscher, Anton (Hrsg.), Kapitalismuskritik im Widerstreit, Köln 1973.

Richter, R., Schlieper, U., Friedmann, W., Makroökonomik, Berlin (u.a.) 1973.

Roos, Lothar, Ordnung und Gestaltung der Wirtschaft. Grundlagen und Grundsätze nach dem II. Vatikanischen Konzil, Köln 1974.

Roscher, Wilhelm, Geschichte der National-Oekonomik in Deutschland, München 1874 (Ndr. 1965).

Rose, Klaus, Grundlagen der Wachstumstheorie, Göttingen 1971.

Rüegg, Walter, Humanismus, in: StL IV (1969), 172.

Ruhland, Gustav, Die Wirtschaftspolitik des Vaterunsers, Berlin 1895.

Sarrazin, Thilo: Europa braucht den Euro nicht. Wie uns politisches Wunschdenken in die Krise geführt hat, München (DVA) 2012.

Scheimpflug, Kapital und Kapitalismus, in: StL III (1894), 588-609.

Schneider, Hans K., Methoden und Methodenfragen der Volkswirtschaftstheorie, in: Komp. d. Vw. Bd. 1, Göttingen 1969, 11 ff.

Schulin, Bertram, Von der Freiheit zur Brüderlichkeit, in: FAZ, Nr. 149, 01. 07. 1989, S. 13.

Schulte, Raphael, Generatianismus, in: LThK Bd. 4, 2006³, 449 f.

Schulte, Raphael, Kreatianismus, in: LThK Bd. 6, 2006³, 433 f.

Schumpeter, Joseph A., Theorie der wirtschaftlichen Entwicklung, München 1926.

Seewald, Michael, Lujo Brentano und die Ökonomien der Moderne. Wissenschaft als Erzählung, Empirie und Theorie in der deutschen ökonomischen Tradition (1871-1931), Marburg 2010.

Segundo, Juan Luis, Die Option zwischen Kapitalismus und Sozialismus als theologische Crux. In: Conc. X (1974), 439.

Sheehan, James, The Career of Lujo Brentano: A Study of Liberation and Social Reform in Imperial Germany, Chicago and London 1966

Smith, Adam, An Inquiry into the Nature and Causes of the Wealth of Nations, 2 Volumes, London 1776.

Sombart, Werner, Der moderne Kapitalismus, 3 Bde., München 1928.

Stavenhagen, Gerhard, Henry Dunning Macleod (1821-1902) in: HdSW Bd. VII, Stuttgart 1961, 90 f.

Stavenhagen, Gerhard, Lorenz von Stein (1815-1890) in: StL Bd. VII, Freiburg 1962, 677-680.

Stavenhagen, Gerhard, Albert Schäffle, in: StL, Freiburg 1961⁶, 1095-1097.

Stegmann, Franz Josef, Geschichte der sozialen Ideen im deutschen Katholizismus, in: Grebing, Helga (Hrsg.), Deutsches Handbuch der Politik, Band. 3, München 1969, 325-560.

Stegmann, Franz Josef, Von der ständischen Sozialreform zur staatlichen Sozialpolitik. Der Beitrag der Historisch-politischen Blätter zur Lösung der sozialen Frage, München 1965.

Stolper, Gustav, Häuser Karl, Borchardt, Knut, Deutsche Wirtschaft seit 1870, Tübingen 1966².

Stein, Claudius, Ignaz von Döllinger und Georg Ratzinger. Rückblick auf ein spannungsreiches Verhältnis, in: Kirchinger / Schütz, 37-66.

Suranyi-Unger, Theo, Wirtschaftsethik, in HdSW 12, Tübingen 1956, 83 -103.

Thünen, Johann Heinrich von, Der isolierte Staat in Beziehung auf Landwirtschaft und Nationalökonomie, Berlin 1875.

Ulrich, Peter, Es gibt eine Alternative zur Gewinnmaximierung, in: FASoZ, Nr. 28, 12. 07. 2009, S. 34.

Utz, Arthur Fridolin, Ethik des Gemeinwohls, gesammelte Aufsätze 1983-1997, hrsg. von Wolfgang Ockenfels, Paderborn 1998.

Utz, Arthur Fridolin, Sozialethik, IV. Teil: Wirtschaftsethik, Bonn 1994.

Vito, Francesco, Guiseppe Toniolo, in: StL 7, Freiburg 1962^6, 1014 f.

Vogel, Bernhard, Rede des Präsidenten des ZDK, Schlußkundgebung, 84. Deutscher Katholikentag, Mönchengladbach 1974, in: Berichte und Dokumente, ZDK (Hrsg.), Nr. 24, 1975, 24 f.

Weinberger, Otto, Carl Menger in: HDSW 7(1961)302

Weinberger, Otto, Kapital (I): 2. Urchristentum und Scholastik, in HdSW, Bd. V, 1956, 481.

Weippert, Georg, Werner Sombart (1863-1941), in: HdSW 9, Tübingen 1956, 298-305.

Weiß, Albert Maria, Sociale Frage und sociale Ordnung oder Handbuch der Gesellschaftslehre, Freiburg 1896.

Wendt, Siegfried, Carl Rodbertus-Jagetzow (1805-1875), in: HdSW Bd. IX, Tübingen 1956, 21-25.

Wohlmuth, Josef, Sozialgeschichtlicher Kontext der konziliaren Judendekrete, in: Christliche Sozialethik, Festschrift für Lothar Roos, hrsg. von Ursula Nothelle-Wildfeuer und Norbert Glatzel, Bonn 2000.

Wolf, Erik, Das Problem der Naturrechtslehre, Karlsruhe 1959^2.

Wolf, Erik, Große Rechtsdenker der deutschen Geistesgeschichte, Tübingen 1963.

Wurster, Herbert W., Eine Familiengeschichte aus dem Hochstift Passau, in: Kirchinger / Schütz, 25-35.

Wysocki, Klaus von, Sozialbilanzen: Inhalt und Formen gesellschaftsbezogener Berichterstattung, Stuttgart 1981.

Zöller, Michael, Das Recht des Einzelnen. Prinzip des Nichtwissens und Umkehr der Beweislast als Kern des Liberalismus, in: FAZ, Nr. 5, 06. 01. 2007, S. 13.

Zorn, Wolfgang, Gustav von Schmoller, in: Handbuch der deutschen Wirtschafts- und Sozialgeschichte, Bd. 2, Stuttgart 1976, 148-197.

Zschaler, Frank E., Georg Ratzinger als Wirtschaftswissenschaftler, in: Kirchinger / Schütz, 291-300.

Der Verfasser zu Besuch bei Papst Benedikt XVI. und seinem Bruder Georg Ratzinger